Georg Picht
Vorlesungen und Schriften

*Studienausgabe
herausgegeben von
Constanze Eisenbart
in Zusammenarbeit
mit Enno Rudolph*

−Klett-Cotta−

Georg Picht
Der Begriff der Natur
und seine Geschichte

*Mit einer Einführung
von
Carl Friedrich von Weizsäcker*

–Klett-Cotta–

Die Drucklegung des Bandes wurde gefördert durch die Forschungsstätte der Evangelischen Studiengemeinschaft, Heidelberg.

CIP-Titelaufnahme der Deutschen Bibliothek
Picht, Georg:
Vorlesungen und Schriften / Georg Picht. Hrsg. von Constanze Eisenbart in Zusammenarbeit mit Enno Rudolph. – Studienausg. – Stuttgart : Klett-Cotta.
NE: Picht, Georg: [Sammlung]

Der Begriff der Natur und seine Geschichte / Georg Picht. Mit e. Einf. von Carl Friedrich von Weizsäcker. – Studienausg. –
Stuttgart : Klett-Cotta, 1989
(Vorlesungen und Schriften / Georg Picht)
ISBN 3-608-91420-X

Verlagsgemeinschaft Ernst Klett-Verlag – J. G. Cotta'sche Buchhandlung
Alle Rechte vorbehalten
Fotomechanische Wiedergabe nur mit Genehmigung des Verlages
© Ernst Klett Verlage GmbH u. Co. KG, Stuttgart 1989
Printed in Germany
Umschlag: Erwin Poell, Heidelberg
Satz: Hans Janß, Pfungstadt
Druck: Gutmann, Heilbronn

INHALT

Carl Friedrich von Weizsäcker
Einführung XI

EINLEITUNG

1. Die Dringlichkeit der Fragestellung 3
2. Erste Zusammenfassung 12
3. Experiment Wissenschaft 15
4. Nietzsches Entdeckung der Geschichte der Wahrheit 22
5. Diskurs über die Methode 26
6. Zweite Zusammenfassung 29
7. Fortsetzung des Methodendiskurses 34
8. Die Gegenbewegung: Goethe, Schelling, Marx 37
9. Dritte Zusammenfassung 46
10. Φύσις und Schöpfung 54
11. Die Einheit der Natur und Kants Systembegriff 60

ERSTER TEIL:
NATUR UND GESCHICHTE – DIE ENTWICKLUNG DES NATURBEGRIFFS

Vorbemerkung 79
I. Zur Bedeutung der Worte „Schöpfung", „Welt", „Kosmos", „Natur" 80
II. Evidenz 95
   1. Evidenz und Klarheit 95
   2. Evidenz und Wahrheit 97
   3. Evidenz und Logik 111
   4. Evidenz und Epiphanie 117

III.	Nihilismus	124
IV.	Denken als Vorgang in der Natur	137
V.	Leben	144
	1. Organismus	153
	2. Evolution	156
VI.	Φύσις, *natura*	160
VII.	Exkurs über Heraklit	167
	1. Der λόγος als Einheit der φύσις	168
	2. Die Elemente als Zustände des Seienden	175
	3. Der λόγος ist κόσμος	178
	4. Der λόγος „steuert" das Weltall	181
	5. Heraklits Lehre von der Seele	183
	6. Die Einheit von Leben und Tod in der φύσις	188
	7. Die φύσις bei Heraklit und die „Natur" der neuzeitlichen Wissenschaft	194

Zweiter Teil:
Natur und Freiheit – Die Konstitution des transzendentalen Subjekts (Kant)

VIII.	Was heißt: der „Begriff" der Natur?	199
	1. Die Lehre vom Begriff in der neuzeitlichen Wissenschaft	199
	2. Anmerkung über Hermeneutik	203
	3. Zur Geschichte des Begreifens	204
	4. „Erfahrung" in den Naturwissenschaften und bei Kant	208
	5. Kants System der transzendentalen Ideen	214
IX.	Horizont und Entwurf	219
	1. Der absolute Standort der Vernunft	219
	2. „Horizont" bei Kant und die Grenzbestimmung der menschlichen Erkenntnis	223
	3. Zusammenfassung	228
	4. Vollendung des Systems der menschlichen Vernunft?	234
	5. Die „gekrümmte Sphäre" der Vernunfterkenntnis *(globus intellectualis)*	238

6. Die Bedeutung der Metapher „Horizont" in der Transzendentalphilosophie 240
7. Was heißt „strenges Denken"? 247
8. Freiheit als „Natur" der Vernunft 248
   a. Die Unterscheidung zwischen konstitutivem und regulativem Gebrauch von Begriffen . 249
   b. Der regulative Gebrauch der transzendentalen Ideen 250
9. Unentrinnbarkeit und Durchschaubarkeit des transzendentalen Scheins 252
10. Entwurf 254

X. Exkurs über Horizont und Entwurf bei Heidegger . 258

XI. Kants Entwurf des transzendentalen Systems der Metaphysik 265
1. Kritik an Spinoza 265
2. Die Aufgabe der Verknüpfung der transzendentalen Ideen in einem System 268
3. Ein Gott, eine Welt, eine Freiheit 270
4. „Man muß durch einen Mittelbegriff" . . . 274
5. Die Selbsterkenntnis der Vernunft und ihre Aporien 278
6. Analogie zur Situation des Menschen in der Krise des Ökosystems 283

XII. „Das All der Wesen in einem System der Vernunft vereinigt" 287

Dritter Teil:
Natur und Wahrheit – Die verborgenen Vorurteile der neuzeitlichen Wissenschaft

XIII. Vorbemerkung 295
XIV. Das Feld der Macht 298
XV. Über die methodischen Schwierigkeiten der Untersuchung 308
1. Die Negation von Natur und Geschichte im modernen Bewußtsein 308
2. Fortschritt durch Wissenschaft? 310

	3. Inkommensurabilität der verschiedenen philosophischen Voraussetzungen der Wissenschaft .	315
	4. Der transzendentale Schein von Identität und Logik	320
XVI.	Das „logische Ich"	323
	1. Die Realität der Projektionen der Subjektivität.	323
	2. Das transzendentale Subjekt der neuzeitlichen Wissenschaft	326
	3. Zusammenfassung und Entfaltung der Frage nach der Wahrheit des Denkens	330
XVII.	Weltseele und Seele des Menschen	337
XVIII.	Der Übertritt aus dem Horizont der Subjektivität in den Horizont der Zeit	347
XIX.	Was heißt: „Der Mensch zerstört die Natur"? . .	352
XX.	Platons Lehre von den Seelenvermögen – Der Zusammenhang zwischen Mensch, Polis und Kosmos .	358
XXI.	„Innen" und „außen", „wirklich", „möglich" und „notwendig" bei Kant	367
XXII.	Die undurchdringliche Evidenz der Modalitäten des Seins – Rückblick auf die Konstitution des transzendentalen Subjekts	373
XXIII.	Notwendigkeit und Grund	382

VIERTER TEIL:
NATUR UND „WELT" – DIE MODALITÄTEN
UND DIE ZEIT

XXIV.	Zwischenbetrachtung über den Horizont der Untersuchung der Modalitäten	393
XXV.	Identität als Medium der Notwendigkeit	400
XXVI.	Das Gefüge der vier *causae* bei Aristoteles	407
XXVII.	Τόπος und Raum – Zeit-Schema, Qualität und Quantität in der griechischen und in der neuzeitlichen Physik	418
XXVIII.	Entstehen und Vergehen bei Aristoteles, Platon und Heraklit	429

XXIX.	Der doppelte Ursprung des neuzeitlichen Verständnisses der „Notwendigkeit" in der Natur . . .	436
XXX.	Erfahrung und Darstellung der Unerschöpflichkeit der Natur in der Kunst – Das Phänomen in seiner Welt	442
XXXI.	Die Frage nach der Einheit der Zeit	449
	1. Die Zeit und die Modalitäten	450
	2. Substanz, Quantität und Qualität	454

Constanze Eisenbart
Editorisches Nachwort 459

Sachregister 471

Personenregister 493

Stellenregister 497

Carl Friedrich von Weizsäcker

Einführung

Georg Picht hat 1972–75 in direkter Folge drei jeweils zweisemestrige, also großangelegte systematische Vorlesungen gehalten: „Kunst und Mythos", „Der Begriff der Natur und seine Geschichte", „Philosophie der Geschichte". Keine der drei Vorlesungsreihen hat er in den ihm danach verbliebenen sieben Jahren wiederholt. „Kunst und Mythos" hat er zu einem Teil für eine geplante Buchfassung überarbeitet. Im Ganzen aber liegt uns der in sich kohärente systematische Ansatz dieser drei Vorlesungen nur als Torso vor.
Im Vorwort zur Ausgabe von „Kunst und Mythos" habe ich hervorgehoben, daß auf Pichts Philosophie die Unterscheidung von „historischer" und „systematischer" Arbeit nicht einfach angewandt werden kann. Dies läßt sich schon aus der Anlage der drei Vorlesungszyklen ablesen. Kunst beschreibt Picht als Darstellung, näher als Transparentwerdenlassen der Phänomenalität der Phänomene. Unter den Begriff der Darstellung fallen auch Mythos, Sprache und Denken. Als Medium der Darstellung im logischen Denken nennt Picht die Identität, die Wurzel des Begriffs. Der Vorlesungstitel „Der Begriff der Natur" verweist die Naturwissenschaft auf ihr Darstellungsmedium, den logisch gesicherten Begriff. Dieses Darstellungsmedium aber ist selbst historisch herausgearbeitet worden. Philosophie führt Picht auf ein mythisches Ereignis, die Epiphanie eines Gottes bei Parmenides, und weiter, in „Kunst und Mythos", auf den apollinischen Musenkult zurück. Man kann den Begriff der Natur, wie ihn die heutige Wissenschaft gebraucht, nicht bearbeiten, wenn man nicht diese seine Geschichte sieht. Deshalb „Der Begriff der Natur und seine Geschichte".
Es wäre aber ein Irrtum, zu meinen, Picht, der gelernte Philologe, wolle damit gleichsam die Naturwissenschaft einer Geisteswissenschaft, der Begriffsgeschichte, unterwerfen. Der Kreis des systematischen Denkens schließt sich. Nicht umsonst ist Natur das Thema der mittleren der drei Vorlesungen. Unser Denken ist selbst ein Vorgang in der Natur. Und alles, was ist, ist in der Zeit. So ist die Natur selbst

in der Geschichte. Deshalb führt die dritte Vorlesung in die Philosophie der Geschichte. Das unvollendete Spätwerk, „Im Horizont der Zeit", bezeichnet diesen Zusammenhang schon durch seinen Titel. Die Natur ist älter als der Mensch; der Mensch ist älter als die Naturwissenschaft. Picht akzeptiert die Auskunft der Naturwissenschaft über unsere Herkunft aus der Natur: Astronomie, Evolutionslehre. Aber, so beginnt seine Vorlesung – mit dissonanten Akkorden wie schon „Kunst und Mythos" – aber erkennt die Naturwissenschaft die Natur so, wie sie von sich her ist? Kann es einen „Begriff" der Natur geben? „Der Begriff ist eine Form des Denkens, die von den Menschen in einer sehr späten Phase ihrer Geschichte erfunden wurde, um andere, fundamentalere Formen menschlicher Welterkenntnis zu verdrängen." „Das neuzeitliche Denken hat die Natur auf Begriffe gebracht und hat dank dieses Kunstgriffes Methoden entwickelt, mit deren Hilfe es sich anschickt, das Stück Natur, in dem wir leben, zu zerstören." (3) „Die Naturwissenschaft ist nicht wahr, denn sie zerstört die Natur."

Diese Dissonanzen werden im Gang der Vorlesung expliziert; aufgelöst werden sie nicht. Das hat, wenn ich richtig sehe, drei unterscheidbare Gründe.

Erstens *soll* die Dissonanz, soweit sie Kritik am Machtwahn der modernen Industriegesellschaft ist, nicht aufgelöst werden. Die Kritik trifft zu.

Zweitens führt das Bemühen, die Natur wahrer zu denken, als es die neuzeitliche Naturwissenschaft tut, in die Philosophie der Geschichte. Die zweite der drei Vorlesungen ist ihrem systematischen – man darf sagen: ihrem musikalischen – Ort gemäß die Ausarbeitung, nicht die Auflösung der Dissonanz.

Drittens aber ist diese zweite Vorlesung mehr als die beiden anderen ein Torso geblieben. Ohne Zweifel hätte Picht sie für den Druck nochmals ganz umgearbeitet, gestrafft, auch gekürzt. Picht selbst weist S. 4f. auf die Grenzen seiner Kenntnis dieses speziellen Fachgebiets hin. Ich hätte gern an einer Umarbeitung des Manuskripts, das er mir damals gesandt hatte, kritisch mitgewirkt; ihm und mir blieb dafür die Zeit nicht.

Ich bitte den Leser, das Inhaltsverzeichnis des Bandes anzusehen. Die Vorlesung wurde im ersten ihrer beiden Semester durch eine mehrwöchige Reise unterbrochen. Das Kapitel „Einleitung" ist das Manuskript für die Vorlesung vor Antritt der Reise: eine knappe,

zum Teil furiose Einführung in die Fragestellung. Unverkennbar ist die Nähe zu der inzwischen als Band 4 dieser Reihe veröffentlichten Vorlesung von 1967 über Nietzsche. Picht war wie Nietzsche ein klassischer Philologe, der sich den Erkenntnissen der Naturwissenschaft als Geschichte der Natur geöffnet hatte.
Die vier „Teile" stellen dann die Gliederung der ganzen Vorlesungsreihe dar. In ihnen spiegelt sich die Geschichte des Naturbegriffs. Ich möchte den Leser auf einige der Positionen ausdrücklich hinweisen.
Der erste Teil hat die Entwicklung des modernen Naturbegriffs zum Thema. Als naiver Physiker möchte ich vor allem meine mühelose Zustimmung zu Pichts These (IV) ausdrücken, daß Denken ein Vorgang *in* der Natur ist, entgegen der dem physikalischen Denken zutiefst fremden neuzeitlichen Subjektivitätsphilosophie. Zum „Exkurs über Heraklit" schrieb ich Picht damals: „Ich finde die ganze Heraklitpartie etwas vom Großartigsten und Heimatlichsten dieser Vorlesung. Wie kann man Physiker sein, wenn man das nicht weiß?" Hierin war freilich eine gewisse Distanzierung von Pichts Darstellung der neuzeitlichen Physik enthalten.
Der zweite Teil schildert die Weise, wie die neuzeitliche Subjektivitätsphilosophie den Begriff der Natur verstehen muß, in ihrer gewaltigsten und auch naturwissenschaftlich präzisesten Form, nämlich in Kants Begriff des transzendentalen Subjekts. Bei einer Neubearbeitung hätte ich allerdings Picht gebeten, meine eigene Auffassung der Einheit der Natur deutlicher von derjenigen Kants abzuheben. Picht sagt, bei mir sei „Einheit der Natur ... identisch mit der Einheit einer geschlossenen Theorie *von* der Natur" (201f.). Auf Seite 61 zitiert er mich genauer. Die Einheit der Physik ist nicht identisch mit der Einheit der Natur, sondern sie ist, was wir in der Physik von der Einheit der Natur erkennen.
Im dritten Teil wird der für diese Unterscheidung von Kant (und erst recht von Descartes) notwendige Schritt bezeichnet als der „Übertritt aus dem Horizont der Subjektivität in den Horizont der Zeit". Zeit ist nicht primär Form der Subjektivität sondern Horizont des Seins, also der Natur, also des Menschen, also auch der Subjektivität, wie *eine* Tradition neuzeitlicher Philosophie sie sieht.
Indem Picht die neuzeitliche Physik im Rahmen der Subjektivitätsphilosophie darstellt, kritisiert er aber zu Recht „die verborgenen Vorurteile der neuzeitlichen Wissenschaft". Dies gilt in zweifacher Weise: erkenntnistheoretisch und moralisch.

Erkenntnistheoretisch: Oben nannte ich die neuzeitliche Subjektivitätsphilosophie „dem physikalischen Denken zutiefst fremd". Der naive Naturwissenschaftler versteht sich selbst mühelos als Teil der Natur. Wie könnte ich mich von Brot ernähren, wenn in meinem Körper nicht die Gesetze der Chemie gälten? Es bleibt das mißliche „Leib-Seele-Problem"; wie mein Bewußtsein Teil der Natur ist, das wird, so denkt man, hoffentlich eine spätere Naturwissenschaft aufklären. Descartes erkannte, daß man sich dieses Problem erleichtert, wenn man es radikalisiert. Wenn Bewußtsein als *res cogitans* eine andere Substanz ist als Materie als *res extensa,* dann kann man die Materie sorglos der Herrschaft der Geometrie unterwerfen. Methodisch arbeitete so die klassische Mechanik und alle Physik vor der Quantentheorie. Die Subjektivitätsphilosophie analysiert zutreffend das wirkliche Verfahren der klassischen Physik, das heißt eines ihrer ihr selbst verborgenen Vorurteile.

Moralisch: Der Physiker, der in der Sprache der autonomen Subjektivität seine ihm bewußten Motive nicht wiedererkennen kann, wird doch das ihm selbst oft verborgen bleibende oder gerne verdrängte Machtstreben des Subjekts anerkennen müssen. Und er zerstört die Natur, solange er diese Selbsterkenntnis nicht leistet.

Ich erlaube mir hier noch eine weiterführende, etwas pedantische Bemerkung. Picht übernimmt die wichtigsten Ergebnisse der Naturwissenschaft. Er erkennt die Naturwissenschaft ausdrücklich als richtig an, bestreitet ihr aber die Wahrheit. Mit dieser Art, Wahrheit und Richtigkeit zu unterscheiden, benützt er eine Redefigur, die meines Wissens erst in gewissen deutschen philosophischen Debatten des beginnenden 20. Jahrhunderts aufgekommen ist. Dies ist etwas Anderes als die logische Unterscheidung zwischen der Wahrheit eines Satzes und der Richtigkeit, das heißt Regelgerechtheit einer Folgerung (die auch von einem falschen Satz auf einen falschen Satz schließen kann). Richtigkeit im von Picht (wohl in der Tradition Heideggers) benützten Sinne hängt mit Urteilswahrheit zusammen, also mit Überprüfbarkeit nach angegebenen Kriterien, Wahrheit in Pichts Sinne aber mit Wahrnehmung, also mit Offenheit über selbstgebaute Kriterien hinaus. Freilich erweisen sich in der Geschichte der philosophisch wachen Wissenschaft „richtige Unwahrheiten" bei tieferer Reflexion wohl stets auch als unrichtig; daher vermeide ich als Physiker diese Sprechweise.

Der vierte Teil führt in die Philosophie der Zeit über. Die in der Logik geläufigen Modalitäten der Möglichkeit und Notwendigkeit, der Wirklichkeit oder, logisch, der Wahrheit gegenübergestellt, erweisen sich als Strukturelemente der Zeit. Auch hier geht Picht auf die griechischen und die frühneuzeitlichen Ursprünge zurück und legt Grundlagen für seine eigene Philosophie der Zeit, welche dann aber in das Thema der Geschichte überleitet.

Picht hat seine eigene Philosophie der Geschichte und der Zeit durch den Bezug auf die Zukunft, durch den Begriff der Verantwortung gekennzeichnet. Er hat in der von ihm geleiteten Forschungsstätte der Evangelischen Studiengemeinschaft die Humanökologie als Ausgangspunkt der Friedensforschung bezeichnet. Ökologie ist vernünftige Verantwortung für unsere Heimat, die Natur. Die Vorlesung über den Begriff der Natur geht von dieser Verantwortung aus. Picht hat aber immer gewußt, daß Verantwortung kein bloß moralisierendes Engagement ist, sondern das präzise Verständnis der Sachverhalte fordert. Philosophie ist der Versuch, zu wissen, was wir tun. In diesem Sinne geschieht hier Philosophie der Natur. Sie fordert zur Diskussion heraus, wie einst, ebenso aus Verantwortung, Sokrates es getan hat.

Kommt es nicht am Ende nur darauf an, daß man Natur nicht erkennen kann, wenn man sie nicht liebt?

Einleitung

⟨1. Die Dringlichkeit der Fragestellung⟩ [1]

Die griechischen Philosophen nannten die Natur τὸ πᾶν – das All. Die Bibel nennt die Natur „die Schöpfung". Der Mensch ist in der Schöpfung ein Geschöpf. Im All bewohnt er einen winzigen Planeten am Rande irgendeiner Milchstraße. Wie kann er dieses All erkennen? Wie kann sein Gedanke dieses All so begreifen, daß er es als die Schöpfung eines Schöpfers zu preisen vermag? Das ist die Frage dieser Vorlesung. Indem ich diese Frage nenne, habe ich den Titel, unter dem sie angekündigt wurde, schon Lügen gestraft; denn der Begriff ist eine Form des Denkens, die von den Menschen in einer sehr späten Phase ihrer Geschichte erfunden wurde, um andere, fundamentalere Formen menschlicher Welterkenntnis zu verdrängen. Nur etwa zweitausend Jahre lang hat ein winziger Teil der Menschheit, nämlich die Europäer, in Begriffen gedacht. Die Meinung, daß es möglich wäre, im Spiegel dieses fragwürdigen Instrumentes das All, von dem wir selbst ein Teil sind, aufzufangen, charakterisiert den Größenwahn der Menschen, aber er widerspricht der Vernunft. Einen *Begriff* der Natur kann es, wie ich in dieser Vorlesung zeigen werde, nicht geben. Aber das neuzeitliche Denken hat die Natur auf Begriffe gebracht und hat dank dieses Kunstgriffes Methoden entwickelt, mit deren Hilfe es sich anschickt, das Stück Natur, in dem wir leben, zu zerstören. Einen Begriff der Natur kann es nicht geben – aber es gibt ihn. Und wenn wir ihn durchschauen wollen, müssen wir seine Geschichte kennen. Im 20. Jahrhundert haben wir verlernt, von der Natur anders als in Begriffen zu sprechen. Die unzähligen Reflexe des Begriffes der Natur umgeben uns, wo wir uns auch bewegen mögen. Sie sind in unsere Sprache eingedrungen. Sie bestimmen

---

[1] Der hier als „Einleitung" abgedruckte Text ist die erste Fassung der Vorlesung für die Wochen von Mitte Oktober bis Ende Dezember 1973 (vgl. Anmerkung 18, 79, „Vorbemerkung" zum Ersten Teil). Die Kenntnis der dort vorgetragenen Gedanken setzt GP später voraus (so z. B. 147f.; 288) und wiederholt sie nicht oder in wesentlich abgewandelter Form. Deshalb schien es gerechtfertigt, den Text, trotz gelegentlicher Überschneidungen und Wiederholungen, in diesen Band aufzunehmen.

unser Denken und unser Verhalten. Man kann deshalb vom All nicht sprechen, ohne vom Begriff der Natur und seiner Geschichte zu sprechen. In diesem Sinne aufgefaßt, hat Sie der Titel dieser Vorlesung doch nicht betrogen. Er bezeichnet, was das europäische Denken seit Descartes stets vorausgesetzt hat, und was in dieser Vorlesung zum Problem werden soll.

Ich setze also mit dieser Vorlesung einen Weg fort, den ich im vergangenen Studienjahr mit der Vorlesung über „Kunst und Mythos"[2] begonnen habe. In jener Vorlesung bin ich davon ausgegangen, daß wir den Standort, von dem aus wir heute denken, uns selbst nur durchsichtig machen können, wenn wir mit unseren heutigen Formen der Welterfahrung und des Denkens beginnen. Wir müssen uns durchsichtig machen, wo wir heute stehen, wenn wir die Vorurteile abbauen wollen, unter denen wir alles Frühere betrachten. Dieses methodische Prinzip ist auch für die neue Vorlesung verbindlich. Man betrügt sich selbst, wenn man sich einreden will, es sei möglich, den Schöpfungsglauben der Bibel oder die Kosmologie der Griechen zu verstehen, ohne die Denkformen der Naturwissenschaft des 20. Jahrhunderts zu kennen. Nun bin ich kein Naturwissenschaftler und möchte nicht den Anschein erwecken, als ob ich einen Sachverstand besäße, den ich nicht habe. Ich kann über Physik und Biologie nicht sprechen, als ob ich Physiker oder Biologe wäre. Sie könnten mir deshalb mit vollem Recht den Vorwurf machen, daß ich mich anheischig mache, ein Thema zu behandeln, für das ich nicht qualifiziert bin. Dabei stellt sich nur folgendes Problem. Wenn Sie stattdessen in den Hörsaal eines Physikers, eines Chemikers oder eines Biologen gingen, würden Sie zwar vieles Wichtige lernen können, aber von dem Problem, das ich behandeln will, wäre gar nicht die Rede. Die Naturwissenschaftler können ihre Forschungen nur deshalb betreiben, weil sie seit Galilei beschlossen haben, die unermeßlich schwierige Frage, was sie zu ihren Erkenntnissen befähigt, auszuklammern. Sie fragen nicht nach der Natur überhaupt, weil sie entdeckt haben, daß der Verzicht ⟨darauf⟩, diese Frage zu stellen, ihnen den Spielraum gibt, sich unbefangen der Erforschung von Phänomenen *innerhalb* der Natur zu widmen. Das Problem: Was und wie ist das All überhaupt? Wie kann der Mensch vom All etwas erkennen?

---

[2] Erschienen als zweiter Band der Studienausgabe, Stuttgart: Klett-Cotta, 1986, ²1987.

liegt in einem Bereich, für den sich heute niemand zuständig fühlt, denn auch die Philosophen haben sei dem Tod von Schelling vor dieser Frage aller Fragen kapituliert. Das hätte man so hingehen lassen können, wenn uns nicht heute drastisch vorgeführt würde, daß die Naturwissenschaft genau deshalb, weil sie nach dem *Wesen* von Natur nicht fragt, die Natur zerstört. Es ist nicht unserem freien Belieben überlassen, ob wir so abenteuerliche Probleme in Angriff nehmen wollen oder nicht. Wir sind um unseres Überlebens willen dazu gezwungen. Da ohnehin dafür niemand zuständig ist, legitimiert man sich zur Behandlung dieses Problems zunächst dadurch, daß man es erkennt und den Mut hat, ihm nicht auszuweichen.
Trotzdem muß man dazu Vieles wissen, was man sich, wenn man kein Naturwissenschaftler ist, nur schwer erwirbt. Ich verdanke die Möglichkeit, mir die Probleme, um die es hier geht, klarzumachen, der lebenslangen Freundschaft mit Carl Friedrich von Weizsäcker. Die Diskussion über Grundlagenprobleme der modernen Physik begleitet mich, seit ich überhaupt bewußt zu denken begann, und alles, was ich sonst gearbeitet habe, ist durch den ständigen Kontakt mit naturwissenschaftlichem Denken stark beeinflußt worden. Ich habe dann außerdem das Glück gehabt, eine Reihe anderer bedeutender Naturwissenschaftler kennenzulernen, und bin an der FEST an interdisziplinären Projekten mit Naturwissenschaftlern beteiligt. Ich werde Ihnen also in dieser Vorlesung nichts vortragen, was ich nicht schon in der einen oder anderen Form mit Naturwissenschaftlern diskutiert hätte. Ich will die Meinungen, die ich vertrete, diesen Naturwissenschaftlern nicht in die Schuhe schieben. Das, was ich sage, muß ich schon selbst verantworten, und ich möchte nicht so verstanden werden, als wären meine Auffassungen durch Weizsäcker oder andere Naturwissenschaftler autorisiert. Ich habe über diese biographische Seite des Unternehmens nur deshalb gesprochen, weil es für Sie vielleicht nicht unwichtig ist zu wissen, daß mein Problembewußtsein nicht einseitig aus irgendwelchen philosophischen Spekulationen entsprungen ist, sondern das Wesentlichste dem Dialog mit Wissenschaftlern verdankt, die an der großen *Umwandlung* des Naturbegriffs, die sich in den letzten Jahrzehnten vollzog, beteiligt waren.
Dies nämlich ist für diese Vorlesung das Entscheidende: Durch die Relativitätstheorie, die Quantenphysik und die revolutionären Entdeckungen der modernen Biologie hat sich im Bereich der Naturwis-

senschaft ein ähnlicher Prozeß vollzogen wie in der modernen Kunst. Ein großer Teil der Dogmen und der Vorurteile, die das naturwissenschaftliche Denken bis in das erste Viertel dieses Jahrhunderts beherrschten, sind durch eine fundamentale Krise, die sich im Inneren dieser Wissenschaften vollzog, außer Kraft gesetzt worden. Das heißt nicht, daß sie einfach verschwunden wären; sie bestehen noch immer als Ideologie und beherrschen nahezu uneingeschränkt das Feld der *Anwendung* naturwissenschaftlicher Erkenntnis, also das Feld der Technik und der Industrie. Aber im Inneren hat sich ein Erdbeben vollzogen, das mit dem großen Erdbeben in der Kunst eine erstaunliche Verwandtschaft hat. Man kann sich fragen, wie es kommt, daß in so weit auseinanderliegenden Bereichen sich gleichzeitig Prozesse vollzogen haben, die äußerlich nichts miteinander zu tun haben, und deren Zusammenhang doch unübersehbar ist. Es hat den Anschein, als seien die Erschütterung des tektonischen Gefüges der europäischen Kunst und die Erschütterung der Fundamente der klassischen Physik nur Symptome eines sehr viel tiefer liegenden Erdbebens, das wir nur deshalb nicht wahrzunehmen vermögen, weil das moderne Bewußtsein den Bereich, in dem es sich vollzieht, als inexistent betrachtet. Das mythische Denken sprach hier von Götterkämpfen. Aber wie das auch sein mag – jedenfalls gilt für diese Vorlesung ebenso wie für die Vorlesung über „Kunst und Mythos", daß meine Fragestellungen gar nicht möglich wären, wenn ich die große Krise in der Kunst und die große Krise in der Naturwissenschaft nicht von Jugend auf miterlebt hätte, und wenn ich nicht mein Leben hindurch versucht hätte zu verstehen, was hier eigentlich geschieht. Ich bin gewiß, daß die Krise von Theologie und Kirche, die wir gleichzeitig erleben, mit dem Erdbeben in Kunst und Wissenschaft wesentlich zusammenhängt, und daß das Verständnis der beiden anderen Grundlagenkrisen für das Selbstverständnis von Theologie und Kirche unentbehrlich ist. Günter Howe hat das immer gesagt; aber er ist auf taube Ohren gestoßen. Sollten Sie also glauben, daß die Beschäftigung mit diesem Problem nicht zum *opus proprium* der Theologie gehöre, so täuschen Sie sich. Ich werde in dieser Vorlesung als ein teils latentes, teils an die Oberfläche tretendes Thema ständig zu zeigen haben, daß zwischen der Form, in der sich die Menschen die Natur, und der Form, in der sie sich Gott vorstellen, ein strenger und unauflöslicher Zusammenhang besteht. Wenn das so ist, dann ist auch die Physik eine verkappte Gestalt von Theologie, so wie umgekehrt die Theologie in der Geschichte als eine verkappte Gestalt von Physik gewirkt hat. Die Theologen meinen immer, von Theologie sei nur dort die Rede, wo man den entsprechenden Topos der Dogmatik an den Rand schreiben und die zugehörigen Bibelstellen mitsamt den einschlägigen Exegesen in Fußnoten anbringen kann. Sie täuschen sich, und diese Täuschung ist eine der wichtigsten Ursachen für das Versagen von Theologie und Kirche in der heutigen Welt. Aber es gibt in Theologie und Kirche auch Anzeichen dafür, daß hier ein Bewußtseinswandel begonnen hat. Ich halte diese Vorlesung nicht zuletzt deshalb, weil ich zu diesem Bewußtseinswandel etwas beitragen will.

Nun werden Sie von mir noch wissen wollen, was Sie lesen können, um in die Thematik dieser Vorlesung besser einzudringen. Die Literatur ist uferlos, und ich erhebe nicht den Anspruch, sie zu kennen. Da für mich selbst das Gespräch mit Weizsäcker so wichtig ist, und er außerdem die seltene Gabe besitzt, die schwierigsten Probleme der modernen Physik in einer für Laien verständlichen Sprache darzustellen, verweise ich Sie zunächst auf seine Bücher: „Die Geschichte der Natur", „Zum Weltbild der Physik", „Die Einheit der Natur"[3]. Im Zentrum der Frage: Was ist die Natur? steht heute die Frage: Was ist die Zeit? Deswegen verweise ich Sie noch auf ein Buch eines Physikers, der es unternommen hat, von dieser Frage aus den Zusammenhang zwischen Physik und Theologie sichtbar zu machen: A. M. Klaus Müller, „Die präparierte Zeit" (Stuttgart: Radius, 1. Aufl. 1972, 2. Aufl. 1973). Philosophisch muß noch immer jede Beschäftigung mit dem Problem der Natur bei Kant einsetzen. Ich werde deshalb immer wieder von Kant sprechen müssen. Aber man kann sich nicht auf Kant und erst recht nicht auf den Kantianismus beschränken. Gerade die neueste Entwicklung der Physik öffnet uns neu die Augen für Leibniz, und durch die ökologische Krise gewinnen wir, wie zu hoffen ist, ein Verständnis für die Tiefe der Fragestellungen von Schelling. Nietzsches nachgelassene Bibliothek bestand zu zwei Dritteln aus naturwissenschaftlichen Büchern. Er ist der erste und bisher einzige Philosoph, der die Tragweite des Darwinismus verstanden hat und in die Dimensionen vorgedrungen ist, die sich eröffnen,

---

[3] Die Geschichte der Natur, Göttingen: Vandenhoeck, 1948, ^{8}1979; Zum Weltbild der Physik, Leipzig: Hirzel, 1943, Stuttgart: Hirzel, ^{12}1976; Die Einheit der Natur, München: Hanser, 1971, ^{8}1987 (dtv Wissenschaftliche Reihe).

wenn man das Problem der Erdherrschaft des Menschen durchdenkt. Die Physik und Biologie des 20. Jahrhunderts hat aber auch das höchst unerwartete Ergebnis gehabt, daß die Naturphilosophie der Griechen plötzlich wieder aktuell geworden ist. Heisenberg hat gesagt, von allen früheren Theorien stünde die Atomtheorie in Platons „Timaios" seiner Theorie am nächsten. Er hat durch das Studium des „Timaios" als junger Mensch wesentliche Anstöße erhalten. Fast noch erstaunlicher ist die Wiederentdeckung der Physik des Aristoteles, denn die Physik der Neuzeit beginnt mit einer vehementen Ablehnung des Aristotelismus der Scholastik, und es ist aufregend genug zu sehen, wie die moderne Physik und Biologie eine Wiederentdeckung und ein neues Verständnis der aristotelischen Texte zur Folge hatte. Selbstverständlich verfügten Platon und Aristoteles nur über sehr beschränkte Kenntnisse von der Natur. Aber im Erfassen der fundamentalen Probleme der Naturerkenntnis waren sie – ähnlich wie die griechischen Bildhauer – den späteren Epochen des europäischen Denkens so weit überlegen, daß auch Physiker wie Heisenberg oder Weizsäcker der Meinung sind, das Studium von Platon und Aristoteles sei für ein Verständnis der Grundlagenprobleme der modernen Physik nicht zu entbehren. Wer sich mit Philosophie beschäftigt hat, wird sich darüber nicht verwundern. Die großen Philosophen sind nicht nur historische Phänomene, man kann sie auch wie Zeitgenossen lesen. Das gibt es ja auch in der Theologie. Augustin oder Luther werden durch den Gang der Geschichte nicht überholt, sondern bleiben immer gegenwärtig. Eine besondere Aktualität gewinnt die Philosophie der Griechen im Zusammenhang dieser Vorlesung durch die ökologische Krise. Wenn die neuzeitliche Physik den sie beherrschenden Begriff der Natur nicht als Gegensatz zum griechischen Begriff der φύσις entwickelt hätte, würden die Konsequenzen ihrer Denkweise nicht zu einer Zerstörung der Natur führen. Die griechische Philosophie hat beim Durchdenken des Wesens der Physis etwas erkannt, was die Naturwissenschaft der Neuzeit zugleich verleugnet und vergessen hat. Wenn es wahr ist, daß wir die Zerstörung der Natur nur eindämmen können, wenn wir das Wesen der Natur neu verstehen, so müssen wir wiederentdecken und auf dem heutigen Niveau der Erkenntnis neu durchdenken, was die Griechen schon wußten. Das hat aber mit der Theologie zu tun, denn die Destruktion der griechischen Physis ist eine direkte Folge des Nominalismus.

Ich wollte Ihnen durch diese Hinweise den Horizont andeuten, in dem man sich bewegt, wenn man im 20. Jahrhundert philosophisch verstehen will, was wir eigentlich meinen, wenn wir das Wort „Natur" aussprechen. Es versteht sich von selbst, daß ich in dieser Vorlesung diese große Landschaft nicht durchmessen kann. Ich habe nicht die Absicht, einen Überblick über die Geschichte des Naturbegriffs von den Vorsokratikern bis heute zu geben. Ich werde nur von den Problemen reden, die uns im 20. Jahrhundert gestellt sind. Aber damit wir diese Probleme verstehen, wird es nötig sein, Schritt für Schritt zu zeigen, wie die Geschichte des europäischen Denkens in unserer heutigen Weise zu denken präsent ist, und wie die großen Weichenstellungen dieser Geschichte noch heute nicht nur unser Denken sondern unser faktisches Schicksal bestimmen. Man kann die Gegenwart nicht verstehen, wenn man die Entscheidungen nicht durchschaut, aus denen sie hervorgegangen ist. Ich betrachte also die vergangene Geschichte als eine gegenwärtige Macht und werde zeigen müssen, warum sie das ist. Für Ihre Mitarbeit bedeutet das, daß ich Ihnen rate, sich in irgendeinen der Philosophen, die ich genannt habe, einzuarbeiten. Die Einheit der Natur tritt auch darin zu Tage, daß es einen erstaunlich festen Grundbestand von Problemen gibt, die von Platon bis heute in allen Versuchen, die Natur zu verstehen, wiederkehren. Wenn man einen einzigen Philosophen gründlich studiert, eröffnet man sich einen Zugang zum Verständnis aller Philosophen. Wenn Sie hingegen eine Geschichte der Philosophie durchlesen, wird Ihnen ein Kaleidoskop von Meinungen vorgeführt, die lediglich deshalb widersprüchlich und verwirrend scheinen, weil ihre Begründung und die Beschreibung des Standorts, von dem aus sie gewonnen wurden, in einem solchen summarischen Überblick nicht dargestellt werden können. Ich setze also nicht voraus, daß jene Geschichte des Denkens Ihnen bekannt ist, auf die ich mich in dieser Vorlesung beziehe, sondern werde versuchen, alles, was zum Verständnis nötig ist, explizit zu sagen.

Nach diesen Vorbemerkungen treten wir nun in die Sache selbst ein. Der Ausgangspunkt dieser Vorlesung ist die Erkenntnis, daß die Menschheit heute in Gefahr ist, durch ihre Wissenschaft von der Natur die Natur zu zerstören. Die Mehrzahl der Naturwissenschaftler versucht, sich diesem Problem dadurch zu entziehen, daß sie zwischen der reinen Forschung und deren sogenannter Anwendung in Technik und Industrie unterscheidet. Ich werde zeigen müssen, daß diese Unterscheidung falsch ist, und daß die neuzeitliche Gestalt des Wissens von seiner Realisierung nicht getrennt werden kann. Bevor ich diesen Nachweis geführt habe, kann ich nur als Hypothese den Satz formulieren, daß neuzeitliche Wissenschaft und Technik einschließlich der industriellen Produktion als eine Einheit zu betrachten sind. Auf der Grundlage dieser Hypothese wiederhole ich den Satz: „Die neuzeitliche Naturerkenntnis zerstört die Natur". Warum zerstört sie die Natur? Weil sie die Natur nicht so erkennt, wie sie von sich aus ist. Das ist der Grund, weshalb wir heute durch einen objektiven Zwang des historischen Prozesses genötigt sind, die unsere Welt beherrschenden Formen der Naturerkenntnis in Frage zu stellen und neue Formen des Denkens auszubilden, die uns vielleicht in Stand setzen könnten, das drohende Unheil aufzuhalten.

Das ist ein einfacher Gedanke. Er hat in seiner Einfachheit eine Evidenz, der wir uns schwer entziehen können. Aber damit, daß etwas evident ist, ist keineswegs schon gegeben, daß es klar sei. Die Aussage $2+2=4$ ist evident; niemand bezweifelt, daß sie wahr ist. Aber wenn man sich mit mathematischen Grundlagenproblemen beschäftigt, versteht man schnell, wie wenig sie klar ist. Man stürzt in einen Abgrund, wenn man versuchen will, genauer zu bestimmen, wovon in dieser Aussage die Rede ist; mit anderen Worten: was das in ihr Ausgesagte ist. Ein anderes Beispiel einer evidenten Aussage wird in dieser Vorlesung eine große Rolle spielen. Es ist die Aussage: Alles, was ist, ist in der Zeit. Wer diesen Satz hört, ist überzeugt, ihn zu verstehen. Man kann ihn auch nicht bestreiten, denn das Bestreiten wäre ein Vorgang in der Zeit und würde damit den Satz bestätigen. Aber wenn Sie versuchen wollen zu erklären, was dieser Satz bedeutet, werden Sie merken, daß er noch abgründiger ist als die Aussage $2+2=4$. Er enthält nämlich die verborgenen Voraussetzungen für $2+2=4$. Er ist, wie wir auch sagen könnten, in $2+2=4$ impliziert. Deshalb ist uns nur wenig damit geholfen, daß es uns evident erscheint, wenn ich sage: eine Wissenschaft, die die Natur zerstört, erkennt die Natur nicht so, wie sie von sich aus ist.

Zunächst ist festzustellen, daß die Wissenschaft die Natur nur deshalb zerstören kann, weil ihre Anwendung und damit sie selbst *funktioniert*. Die Technik ist der Beweis dafür, daß die Naturwissenschaft der Neuzeit nicht ein bloßes Wahngebilde ist, das man durch die Erkenntnis der Wahrheit beseitigen könnte. Wir wissen, daß die Natur den Gesetzen gehorcht, die von der Physik erkannt worden sind, weil wir nach diesen Gesetzen operieren und den Erfolg unserer Operationen mit Sicherheit vorausberechnen können. Jede Maschine widerlegt dadurch, daß sie funktioniert, den Zweifel an der Richtigkeit der Anweisungen, nach denen sie gebaut worden ist. Sooft wir ein Flugzeug besteigen, demonstrieren wir, daß wir bereit sind, auf die Richtigkeit der Physik eine Wette einzugehen, bei der der Einsatz unser Leben ist. Es gibt nicht viele Überzeugungen, von denen sich das Gleiche sagen ließe. So stützt sich die Physik auf eine Gewißheit, die gegen alle sonstigen Überlegungen, die wir anstellen mögen, indifferent zu sein scheint. Auch der Skeptiker fährt Auto und benutzt elektrisches Licht. Die Gegner der Technokratie sind eifrig bemüht, ihre Meinungen über die technischen Massenmedien unters Volk zu bringen. Selbst wenn wir sagen, daß der Mensch durch diese Form der Erkenntnis von Natur die Natur zerstört, bestätigen wir die Richtigkeit der Physik, denn die Destruktion funktioniert. Man nennt das die Positivität der wissenschaftlichen Erkenntnis. Wenn aber sogar dieser unser Satz die Richtigkeit der Physik voraussetzen muß, enthält er in sich eine Behauptung, die alles andere als evident ist. Er behauptet nämlich, daß es eine Form der Erkenntnis von Natur gibt, die unbezweifelbar richtig und doch unwahr ist. Mit dieser Feststellung ist aber die Evidenz des Satzes: „Eine Wissenschaft, die die Natur zerstört, kann keine wahre Erkenntnis der Natur sein" keineswegs aufgehoben. Diese Evidenz hat eine solche Kraft, daß sie sich gegen alle unsere Vorurteile über die Bedeutung der Worte „wahr" und „richtig" durchsetzt. Wir können uns ihr auch dann nicht entziehen, wenn alles in uns sich dagegen wehren will, sie anzuerkennen. Damit tritt das Geheimnis des Wortes „Evidenz" erst ans Licht. Die Tradition der europäischen Philosophie beruht seit Aristoteles auf dem Vorurteil, evident sei das, was von sich aus klar, durchsichtig, einfach und unbezweifelbar sei. Jetzt ist uns hingegen die Evidenz in einer völlig anderen Gestalt begegnet: evident ist das, dem wir uns nicht entziehen können, obwohl es sich bei genauerer Prüfung als unklar, undurchsichtig, rätselhaft und, nach den Vorurteilen, die wir haben, als in sich widersprüchlich zeigt. Da diese Form der Evidenz allen Traditionen unseres Denkens widerspricht, ist der Satz, in dem ich sie beschrieben habe, gewiß kein Satz über unser Denken. Er ist ein Satz über die Natur. Er ist ein Satz über die zugleich unwiderstehliche und unbegreifliche Weise, wie Natur sich zeigt. Das Gleiche gilt auch für die anderen Sätze, durch die ich den

Begriff der Evidenz erläutert habe: 2 + 2 = 4; alles, was ist, ist in der Zeit. Auch diese Sätze sind keine Sätze über das Denken; sie sind Sätze über die Natur. Aber die Sätze sind ja für das Denken evident. Sie sprechen aus, wie sich Natur für das Denken zeigt. Sie sind also trotzdem Sätze über das Denken. Aber das Verhältnis von Natur und Denken hat sich jetzt verändert. Sie sind Sätze über das Denken nur deshalb, weil das Denken selbst ein Vorgang in der Natur ist. Daß unser Denken von der Natur nicht getrennt werden kann, wird in der Evidenz manifest. Im Phänomen der Evidenz kündet sich an, daß die Manifestation der Natur für unser Denken unwiderstehlich ist und sich in unserem Denken durchsetzen muß, selbst wenn das Denken sich ihr widersetzen will.

⟨2. Erste Zusammenfassung⟩ [4]

Wir sind ausgegangen von dem Satz: „Die neuzeitliche Naturwissenschaft zerstört die Natur." Das Wort „Natur" kommt in diesem Satz zweimal vor. Es ist Bestandteil des Wortes „Naturwissenschaft"; es ist zugleich der Name für jene Sphäre, die durch angewandte Naturwissenschaft destruiert wird. Bedeutet das Wort in beiden Fällen das Gleiche? Oder ist die Objektsphäre der Naturwissenschaften von dem Bereich, in dem wir leben, verschieden? Was heißt überhaupt „Natur"?

Christliche Theologie bezeichnet die Natur als „Schöpfung". Aber das Wort „Schöpfung" verstehen wir nur, wenn wir schon vorher eine Ahnung davon haben, was es denn überhaupt ist, wovon wir sagen, es sei von einem Schöpfer geschaffen worden. Deshalb hat sich in der Geschichte die Schöpfungstheologie dem Wechsel des Weltbildes der Physik so lange angepaßt, bis sie schließlich vor der Aufgabe kapitulieren mußte, die Natur der Physik mit der Sphäre des Schöpfungsglaubens in Einklang zu bringen. Das Wort „Schöpfung" setzt ein Naturverständnis voraus, aber die Frage, welches Verständnis der Natur dem Namen „Schöpfung" vielleicht entsprechen könnte, fand nie eine Antwort.

Die griechische Philosophie nannte die Natur „das All". Aber das All ist etwas anderes als die Natur der neuzeitlichen Naturwissenschaft,

---

[4] Überschrift GP: „*Summary*".

denn der Mensch, der die Natur kennt, versteht sich seit Descartes als einen Beobachter, der die Natur von außen betrachtet, als ein Subjekt, dem die Objektsphäre Natur gegenübersteht. Es gibt keine Physik des Denkens; die Physik ist vielmehr eine Theorie dessen, was dem Denken als ewig Anderes gegenübersteht. Der Satz „Die Naturwissenschaft zerstört die Natur" hat damit offenbar etwas zu tun. Er bedeutet: die Wissenschaft von den Objekten innerhalb der Natur zerstört die Sphäre, von der wir selbst ein Teil sind.

Daß die Naturwissenschaft die Gestalt angenommen hat, in der sie uns heute gegenübertritt, hängt wesentlich damit zusammen, daß es seit Galilei das methodische Prinzip der naturwissenschaftlichen Forschung war, die Frage nach dem Wesen der Natur bei der Untersuchung der Phänomene in der Natur auszuklammern. Vom Wesen der Natur ist in der Naturwissenschaft nicht die Rede, wenn auch Naturwissenschaftler immer wieder der Versuchung erlegen sind, aus ihren Erkenntnissen allgemeine Theorien zu extrapolieren und philosophische Behauptungen aufzustellen, die – wie etwa die Behauptung des Determinismus – ihrer eigenen Methode widersprachen, weil sie sich experimentell nicht nachweisen ließen. Betrachtet man die Naturwissenschaften in ihrem positiven und wissenschaftlich ausgewiesenen Bestand, so ist der Satz gerechtfertigt: Von der Natur ist in den Naturwissenschaften nicht die Rede, und eben deshalb verfügen sie über keine Erkenntnis, die die Zerstörung der Natur aufhalten könnte.

Durch diese Überlegung verschiebt sich unsere Fragestellung: Wir können nicht naiv und unbefangen die Natur als etwas Gegebenes auffassen, von dem wir annehmen dürften, daß es uns bekannt sei; wir müssen vielmehr jene Wissenschaft von der Natur, die alle unsere Vorstellungen von dem, was in der Natur ist, prägt, in ihrer eigenen Konstitution genauer betrachten. Wir müssen prüfen, ob sie die Welt durch eine Brille ansieht, die alles, was in der Welt erscheint, durch ihre Optik bereits verfälscht. Das Brillenglas dieser Brille hat einen Namen, den wir tagtäglich gedankenlos verwenden: es heißt „der Begriff". Die neuzeitliche Wissenschaft ist Erkenntnis durch Begriffe.

Erkenntnis durch Begriffe: das ist es, was man „Wissenschaft" nennt. Die gesamte europäische Wissenschaftstheorie beruht bis heute auf den „Analytica Posteriora" des Aristoteles. Aus diesem Werk (beziehungsweise aus der durch es bestimmten scholastischen Tradition) hat Descartes das Prinzip übernommen, das der Methodik der neuzeitlichen Wissenschaft zugrundeliegt. Er lehrt nämlich, daß man durch das Verfahren der Analyse die höchst komplexen und dunklen Sachverhalte, die uns in der Erfahrung zunächst gegeben sind, so lange in ihre Elemente auflösen muß, bis man zu den einfachsten, nicht mehr zusammengesetzten Grundbestandteilen möglichen Wissens gelangt ist. Aus diesen letzten und einfachsten Gegebenheiten alles dessen, was wir erkennen können, soll dann in umgekehrter Richtung, also in einem synthetischen Verfahren, so lange fortgeschritten werden, bis wir bei den Sachverhalten wieder angelangt sind. Dann sind die Sachverhalte nicht mehr dunkel, sondern wir können ihren inneren Bau durchschauen. Die ersten elementaren Daten unserer Erkenntnis haben nach Descartes wie nach Aristoteles die Eigenschaft, aus sich selbst heraus klar und deutlich, also evident zu sein. Alle Gewißheit wissenschaftlicher Erkenntnis beruht auf der Evidenz dieser ersten elementaren Begriffe, die Kant dann als „Erkenntnisse *a priori*" bezeichnet hat. Wenn wir nach der Wahrheit von Wissenschaft fragen, ist also das erste Problem, das sich uns aufdrängt, das Problem der Evidenz der Grundbegriffe und der Grundformen aller Erkenntnis, zum Beispiel das Problem der Evidenz der logischen Formen. Deswegen habe ich mit dem Problem der Evidenz eingesetzt. Ich habe zwei Beispiele für evidente Aussagen genannt: $2+2=4$; alles, was ist, ist in der Zeit. An beiden Sätzen ließe sich demonstrieren, daß sie zwar evident und zwingend aber zugleich undurchsichtig und alles andere als klar und deutlich sind. Wie undurchsichtig sie sind, habe ich durch die Behauptung zu illustrieren versucht, daß der zweite Satz – alles, was ist, ist in der Zeit – die verborgenen Voraussetzungen für die Aussage $2+2=4$ enthält. Da niemand bei der Aussage $2+2=4$ an das Wesen der Zeit denkt, werden Sie mir das vielleicht nicht glauben. Ich merke hier nur im Vorbeigehen an, daß Kant bei seinem Versuch einer Grundlegung der Arithmetik die selbe Behauptung schon aufgestellt hat, und daß er dabei, vermutlich ohne es zu wissen, die Zeittheorie des Aristoteles in veränderter Form reproduziert. Wir bewegen uns also über einem Abgrund, wenn wir darauf vertrauen, die Aussage $2+2=4$ sei wahr. Damit verändert sich der Begriff der Evidenz. Evident, so zeigt sich, sind Erkenntnisse, denen unser Denken sich selbst dann nicht entziehen kann, wenn es sie nicht durchschaut und also auch nicht begreift. Die Evidenz ist demnach keine unmittelbar durchsichtige Gegebenheit des Denkens. Sie ist überhaupt im Denken selbst nicht begründet. Wir nennen vielmehr eine Erkenntnis dann evident, wenn sich in ihr die Natur auf unwiderstehliche und unbegreifliche Weise manifestiert. Evidente Sätze sprechen aus, wie sich Natur für das Denken zeigt – selbst dann zeigt, wenn sich das Denken solcher Erkenntnis widersetzen will. Im Denken kommen solche Erkenntnisse nur deshalb vor, weil das Denken selbst ein Vorgang in der Natur ist. Mit diesem Satz haben wir aber eine Gegenposition zu Descartes bezogen. Wenn Denken so verstanden werden muß, dann ist die Wissenschaftstheorie von Aristoteles bis heute unwahr, dann muß auch die über dieser Theorie errichtete Wissenschaft in Frage gestellt werden.

⟨3. Experiment Wissenschaft⟩

Wenn Sie aufmerksam zugehört haben, kann Ihnen nicht entgangen sein, was bei der Überlegung, die wir durchgeführt haben, geschehen ist. Wir haben den Satz betrachtet: „Eine Wissenschaft, die die Natur zerstört, kann keine wahre Erkenntnis der Natur sein." Die Reflexion auf die Implikationen eines Satzes über die Naturwissenschaft hat uns genötigt, von etwas zu sprechen, was in der Naturwissenschaft nicht vorkommt, nämlich ⟨von⟩ der Wahrheit. Es ist eine Grundlehre der griechischen Philosophie, daß man von der Natur nicht sprechen könne, ohne von der Wahrheit zu sprechen, und daß deshalb die Erkenntnis der Natur sich selbst nur durchsichtig sein kann, wenn sie Schritt für Schritt ihr Verständnis von Wahrheit expliziert. Dann wird die Erkenntnis der Natur unermeßlich schwierig, denn die Wahrheit – dies ist ebenfalls „evident" – ist unteilbar. Wenn wir fordern, daß Naturerkenntnis Schritt für Schritt ihr Verständnis von Wahrheit explizieren müsse, so wird damit methodisch verlangt, daß Schritt für Schritt der Zusammenhang jeder Erkenntnis mit der Gesamtheit aller übrigen Erkenntnisse durchdacht und geprüft werden müsse. Die expansive Entwicklung der neuzeitlichen Naturwissenschaft ist dadurch möglich geworden, daß Galilei sich dieser unendlichen Forderung durch einen methodischen Gewaltstreich entledigt hat. Er ersetzt die überkommenen, unermeßlich komplizierten Formen, die Wahrheit einer Erkenntnis zu prüfen, durch eine neue, im Vergleich dazu höchst einfache, ja primitive Form: das Experiment.

Eine Aussage ist dann bewiesen, wenn sie durch Experimente, wie man heute zu sagen pflegt, „verifiziert" werden kann. Wenn das Experiment zum Beweis einer Aussage genügt, ist die Wissenschaft der Mühe enthoben zu untersuchen, was sie unter Wahrheit versteht, wenn sie behauptet, diese Aussage sei wahr. Sie kann sich dann unbekümmert einem Prozeß der Forschung überlassen, dessen permanenter Fortschritt dadurch garantiert ist, daß jedes neue Experiment neue Erkenntnisse erbringen muß. Die Ausklammerung der Frage nach der Wahrheit war deshalb die Bedingung, unter der die expansive Entwicklung der neuzeitlichen Naturwissenschaft erst möglich wurde. Moderne Wissenschaft ist jene Form der Erkenntnis, die möglich wird, wenn man die Frage nach der Wahrheit methodisch *ausschließt*. Daß das Verbot der Frage nach der Wahrheit einen unermeßlichen Zuwachs an Erkenntnissen erbringt, gehört zu den hintergründigsten Erfahrungen, die der Mensch im Umgang mit Wahrheit gemacht hat. Man kann über Wahrheit nicht nachdenken und von der Wahrheit nichts verstehen, wenn man dies unergründliche Ergebnis jenes Experimentes mit der Wahrheit nicht vor Augen hat, das in der Neuzeit den Namen „Wissenschaft" trägt.

Ich habe mir in dem letzten Satz erlaubt, das Wort „Experiment" in einem Sinn zu gebrauchen, an den Galilei nicht gedacht hat, und den auch die moderne Naturwissenschaft bei ihren Experimenten nicht im Auge hat. Ich habe nämlich den gesamten Prozeß der neuzeitlichen Naturwissenschaft von Galilei bis zur Konstruktion der Wasserstoffbombe als ein einziges Experiment betrachtet. Der Begriff des Experimentes läßt diese Betrachtungsweise zu. Jedes Experiment besteht aus einer Reihenfolge von Operationen. Es steht im freien Belieben des Forschers, wie viele solcher Operationen er bei einer Versuchsanordnung hintereinanderschalten und als ein einziges Experiment bezeichnen will. Wir können uns also in die Lage eines Forschers versetzen, der die gesamte Serie von Operationen, aus denen sich unsere heutige naturwissenschaftliche Erkenntnis aufbaut, als ein einziges Experiment betrachtet. Wenn wir nun Anlaß haben, für möglich zu halten, daß dieses Experiment das Resultat haben wird, daß die gesamte „Versuchsanordnung Naturwissenschaft" in einem Akt der Zerstörung der Natur explodiert, so wäre damit genauer bezeichnet, was der Satz bedeutet: „Eine Naturwissenschaft, die die Natur zerstört, kann nicht wahr sein." Das Experiment „Naturwissenschaft" wäre dann durch einen Knalleffekt, in dem seine Erfolge kulminieren, zugleich verifiziert und falsifiziert – verifiziert, weil die Zerstörung funktioniert; falsifiziert, weil sich in diesem letzten Experiment definitiv herausstellen würde, daß die Naturwissenschaft die Natur nicht so erkannt hat, wie sie von sich aus ist. Es hätte sich dann experimentell herausgestellt, zu welchem Resultat es führt, wenn man das Verbot der Frage nach der Wahrheit zum Prinzip der experimentellen Methode macht. So extrem wird das Experiment nicht ausgehen, weil es in der gesellschaftlichen Dynamik und auch sonst in der Natur Störfaktoren gibt, die eine saubere Versuchsanordnung unmöglich machen. Aber mit Annäherungen an diesen Extremfall müssen wir, sowohl wegen der Umweltkrise wie wegen der permanenten Drohung eines Atomkrieges, rechnen. Weil sich das heute niemand mehr verbergen kann, ist der von mir aufgestellte Satz evident, obwohl er unserer Rationalität und allen unseren Denkgewohnheiten widerspricht. Ist aber dieser Satz evident, so ist auch evident, daß wir wieder lernen müssen, die Frage nach dem Wesen der Natur und die Frage nach dem Wesen der Wahrheit als eine und dieselbe Frage zu verstehen. Das hat sehr weitgehende Implikationen, die ich versuchen muß, im Laufe dieser Vorlesung wenigstens zu einem Teil zu entfalten.

Daß wir die unterdrückte Frage nach der Wahrheit heute wieder stellen müssen, ist, wie wir sahen, das Ergebnis jenes Experimentes mit der Wahrheit, das wir „Wissenschaft" nennen. Die Wahrheit kommt uns, dank dieses Experimentes, heute in einer Gestalt zu Gesicht, in der sie frühere Epochen nicht kannten. Das neuzeitliche Experiment mit der Wahrheit ist nämlich ein Prozeß in der *Geschichte* des Menschen. Während man im Zeitalter der Metaphysik die Wahrheit als ewig und damit als zeitlos verstand, begegnet uns Wahrheit nun in der Geschichte. Gewiß: auch das Zeitalter der Metaphysik hat die Wahrheit aus der Geschichte nicht ausgeschlossen. Es ist ein Grundmotiv der Metaphysik, erklären zu wollen, wie zeitlose Wahrheit in der Vergänglichkeit *erscheint*. Hegel hat sogar den gesamten Prozeß der Menschheitsgeschichte als die Erscheinung der absoluten Idee, das heißt der ewigen Wahrheit Gottes, dargestellt. Aber wir werden sehen, daß eben dieser metaphysische Geschichtsentwurf an der neuen Gestalt, in der sich Wahrheit uns zeigt, zerbricht. Wahrheit, wie sie uns heute entgegentritt, ist nicht mehr zeitlos sondern zeitlich. Die Geschichte ist nicht mehr die bloße *Erscheinung* der Wahrheit im Medium der Vergänglichkeit; sie manifestiert Wahrheit unmittelbar. Sagte ich vorhin, daß die Frage nach dem Wesen der *Natur* sich mit der Frage nach dem Wesen der Wahrheit zusammenschließt, so wäre jetzt zu sagen, daß das Wesen der Wahrheit vom Wesen der *Geschichte* nicht getrennt werden kann. Aber diese beiden Sätze sind identisch, denn die Natur selbst hat Geschichte. Man könnte auch sagen: sie *ist* Geschichte. Wenn ich das aber sage, verändert sich der Begriff der Geschichte ebenso durchgreifend wie der Begriff der Natur. Sieht man sich an, wie nicht nur die Philosophie sondern auch die Theologie und wie die Geschichtswissenschaften von Geschichte sprechen, so zeigt sich, daß das Selbstverständnis des Menschen und die Denkgewohnheiten, in denen wir groß geworden sind, durch den Satz „Die Natur ist Geschichte" ebenso tief erschüttert werden wie dadurch, daß wir die Wahrheit der Naturwissenschaften in Frage stellen. Beides ist ein und dasselbe Erdbeben, denn das Natur- und das Geschichtsverständnis der Neuzeit sind zueinander streng komplementär. Ich werde das Problem der Geschichte in dieser Vorlesung nicht entfalten können. Ich habe den Plan, im nächsten Studienjahr über Philosophie der Geschichte zu lesen. Um so wichtiger ist es, nicht aus dem Auge zu verlieren, daß implizit auch die Vorlesung dieses Semesters fortwährend von der Geschichte handelt.

Nun kommt die Geschichte aber in unsere Fragestellung auch in einem sehr viel spezielleren Sinn schon herein. Jenes Experiment mit der Wahrheit, als das ich die Wissenschaft charakterisierte, wurde im neuzeitlichen Europa angestellt. Im Europa des 16. bis 19. Jahrhunderts hat jene Wissenschaft sich ausgebildet, die dann in der wissenschaftlich-technischen Zivilisation des 20. Jahrhunderts ihre Herrschaft über den ganzen Globus ausgedehnt hat. Wir stehen in dieser Geschichte mittendrin, und alle unsere Vorstellungen von Geschichte sind durch die geschichtlichen Erfahrungen dieser Epoche bestimmt. Wenn wir aber im Zusammenhang unserer Frage nach der Natur des Universums von Geschichte reden wollen, dürfen wir uns nicht durch die Vorurteile bestimmen lassen, die ein sehr kleiner Teil der Menschheit in einem sehr kleinen Ausschnitt seiner Geschichte ausgebildet hat. Wir müssen auch die spezielle Frage nach dem Charakter der europäischen Geschichte der letzten vierhundert Jahre in die Dimensionen rücken, in die sie gehört.

Das organische Leben beginnt auf der Erde vor mehr als drei Milliarden Jahren. Die ersten Primaten – so nennt man unsere tierischen

Vorfahren – werden vor siebzig Millionen Jahren faßbar. Das sogenannte „Tier – Mensch-Übergangsfeld" beginnt am Ende des Tertiärs, vor einer Million Jahren. Vor fünfhunderttausend Jahren finden sich die ersten Spuren von Typen der sogenannten Archonthropinen (einer dieser Typen ist der *Homo Heidelbergensis*, den wir an dieser Stelle nicht vergessen dürfen). Der Menschentyp, den man *Homo sapiens* nennt, tritt zum ersten Mal vor fünfzig- bis vierzigtausend Jahren, in der letzten Eiszeit, auf. Die beiden Merkmale, die ihn auszeichnen, sind seine Kunst und seine Geräte. Die ersten Kleinplastiken, Gravierungen und Höhlenmalereien sind ebenso alt wie der *Homo sapiens* überhaupt. Man pflegt die „Geschichte" von der „Vorgeschichte" dadurch zu unterscheiden, daß man sagt, die Geschichte beginne mit der Schrift, weil mit der Erfindung der Schrift eine neue Art von Dokumenten der Geschichte auftritt. Man kann diese Unterscheidung auch noch tiefer begründen: ich werde später zeigen, daß die Geschichte durch die Erfindung der Schrift eine qualitative Veränderung erfährt. Trotzdem ist es eine Trivialität festzustellen, daß die *Geschichte* des *Homo sapiens* mit dem *Auftreten* des *Homo sapiens* beginnt. Woran erkennen wir, abgesehen vom Bau seiner Knochen, den *Homo sapiens*? An seiner Kunst! Werkzeuge hatten auch schon seine Vorfahren. Sie scheinen auch schon das Feuer gehabt zu haben. Aber der qualitative Sprung von den Vorformen des *Homo sapiens* zu ihm selbst wird durch das Auftreten der Kunst markiert. Er konnte auch technisch höher entwickelte Geräte herstellen als seine Ahnen. Aber diese Fähigkeit hängt offenbar mit jener neuen Form von Weltorientierung zusammen, die sich im Auftreten von Kunstwerken manifestiert. Wir können deshalb sagen: die Geschichte des *Homo sapiens* beginnt mit der Kunst.

Läßt man die „Geschichte" mit der Schrift beginnen, so beginnt sie um 3100 mit der Erfindung der ersten sumerischen Schrift. Etwa zur gleichen Zeit finden sich in Ägypten die ältesten Spuren der späteren Hieroglyphen. Die vorschriftliche Epoche der Geschichte umfaßt also rund vierzigtausend Jahre, bevor in Vorderasien und Ägypten, für lange Zeit lokal eng begrenzt, die schriftliche Phase der Geschichte beginnt. Noch heute lebt der größere Teil der Menschheit in der vorschriftlichen Phase der Geschichte. Daß wir diese Menschen als Analphabeten bezeichnen, verrät, wie fragwürdig die Vorurteile sind, die sich hinter dem gängigen Geschichtsbegriff verbergen.

Nun gilt es aber, näher zu begründen, wieso sich durch die Erfindung der Schrift in jenen Kulturen, die sich dieses neue Instrument geschaffen haben, ein qualitativer Sprung vollzieht, der uns berechtigt, die letzten fünftausend Jahre der europäischen Geschichte, und mit einer gewissen Verspätung die Geschichte der chinesischen und indischen Hochkulturen, aus der Universalgeschichte des *Homo sapiens* herauszuheben. Durch die Schrift gewinnt der Mensch eine Fähigkeit, die andere Lebewesen *nicht* haben. Er kann nämlich mit einem Schlag in breitem Umfang erworbene Kenntnisse und Erfahrungen an spätere Generationen weitergeben. Biologisch ist bekanntlich die Vererbung erworbener Eigenschaften nicht möglich. Die Schrift ist ein Kunstgriff, der die Gesetze der Biologie überspielt und die Vererbung einer bestimmten Klasse von erworbenen Eigenschaften möglich macht. Da sich das schriftlich weitergegebene Wissen von Generation zu Generation akkumuliert, und da die Akkumulation von Wissen das Feld der Aktionsmöglichkeiten erweitert, vollzieht sich durch die Erfindung der Schrift eine ungeheure Beschleunigung der geschichtlichen Prozesse. Je mehr Erinnerung angesammelt wird, desto schneller wird die Fahrt in die Zukunft. Die Schrift ist zwar bei weitem nicht die einzige Bedingung für das Entstehen von Hochkulturen; wohl aber kann man sagen, daß ohne die Akkumulation von Erinnerung die Entstehung und die rasche Entwicklung der Hochkulturen nicht zu denken ist. Es hat dann noch sehr lange gedauert, bis das akkumulierte Wissen jene Gestalt annahm, die wir heute „Wissenschaft" nennen. Trotzdem ist durch die Erfindung der Schrift und die damit verbundene Emanzipation von der Natur der erste Schritt zur Wissenschaft getan.

Was wir „Wissenschaft" nennen, entsteht im 5. Jahrhundert vor Christus bei den Griechen. Diese neue Form des Denkens, über die ich im Lauf dieser Vorlesung noch Vieles werde sagen müssen, hat den Radius der menschlichen Handlungsmöglichkeiten mit einem Schlage derart erweitert, daß kraft der neuen Denkmöglichkeiten der Schüler des Aristoteles, Alexander, mit einem sehr kleinen Heer das Perserreich zertrümmern und in Indien ein griechisches Reich begründen konnte, das Jahrhunderte lang bestanden hat. So zeigte sich schon zu Beginn der wissenschaftlichen Ära, welche Machtpotentiale in wissenschaftlichem Denken enthalten sind. Aber die Wissenschaft der Griechen ist etwas Anderes als die Wissenschaft der Neuzeit, mag auch die Wissenschaft der Neuzeit auf griechischen Prämissen beruhen. Ich werde im Laufe dieser Vorlesung zu zeigen versuchen, daß christliche Theologie jenen Durchbruch vollzogen hat, der dann in Europa in den letzten fünfhundert Jahren die explosive Entwicklung der neuzeitlichen Naturwissenschaft ermöglichte. Verglichen mit den rund fünfzigtausend Jahren der Geschichte des *Homo sapiens*, sind diese fünfhundert Jahre einer geschichtlichen Entwicklung, die nur von einer kleinen Minorität der europäischen Bevölkerung vollzogen wurde, so gut wie nichts. Aber die Instrumente, die eine im Vergleich zu heutigen Vorstellungen verschwindend kleine Zahl von Wissenschaftlern in diesen fünfhundert Jahren geschaffen hat, besitzen eine so unheimliche Gewalt, daß sie im Laufe eines Jahrhunderts nicht nur Europa sondern den Erdball umgestaltet haben und uns heute vor jene umheimliche Frage stellen, mit der ich die Vorlesung begonnen habe.

Warum habe ich diesen Überblick gegeben? Ich wollte Ihnen verständlich machen, daß wir die neuzeitliche Wissenschaft nicht naiv als ein positives Faktum voraussetzen dürfen. Sie ist in den rund fünfzigtausend Jahren menschlicher Geschichte eine Ausnahmeerscheinung, ein Extremfall, der sich nur unter den spezifischen Voraussetzungen der europäischen Geschichte ereignen konnte. Es ist in hohem Grade unwahrscheinlich, daß sich der Weltgeist die neuzeitlichen Europäer ausgesucht hat, um gerade ihnen die absolute Wahrheit zu offenbaren. Es ist in hohem Grade unwahrscheinlich, daß die Geschichte des *Homo sapiens* in der Atombombe ihre Erfüllung findet. Es kann zwar sein, daß die Europäer eine Erfindung gemacht haben, die der Geschichte des *Homo sapiens* ein Ende setzt. Aber es gehört eine nicht geringe Verwegenheit dazu zu glauben, diese Gestalt des Wissens sei die in der Natur des Menschen angelegte Form der Erkenntnis von *Wahrheit*. Es könnte ja auch sein, daß in der Wissenschaft spezifisch europäische Vorurteile enthalten sind, die sich im 20. Jahrhundert wie eine Pest über die anderen Kontinente verbreitet haben. Die indische und die chinesische Kultur sind der europäischen gewiß nicht unterlegen, aber die Formen von Erkenntnis der Wahrheit, die sich dort ausgebildet haben, zeigen uns völlig andere Möglichkeiten menschlicher Welterkenntnis und Weltorientierung. Nichts berechtigt uns dazu, der europäischen Wissenschaft einen höheren Grad an Erkenntnis der Wahrheit zuzusprechen. Das bedeutet aber, daß wir die europäische Naturwissenschaft nicht nur nach dem Erfolg ihrer Experimente beurteilen dürfen. Wir müssen vielmehr – auch dies sollte der Überblick zeigen – die spezifisch europäischen Vorurteile aufdecken, die jedes Experiment und jedes Labor als seine versteckten Voraussetzungen enthält. Das ist der Grund, weshalb es unerlaubt wäre, vom Begriff der Natur zu sprechen, ohne seine Geschichte zu bedenken. In dieser Vorlesung sollen also die europäischen Vorurteile in Frage gestellt werden. Einen der wesentlichen Ansätze für eine solche europäische Selbstkritik habe ich im vergangenen Studienjahr in der Vorlesung über „Kunst und Mythos" aufzuzeigen versucht. Jene Vorlesung war implizit schon eine Vorlesung über die Natur. Ich setze also hier den Gang, der dort begonnen wurde, fort. (Das soll aber keineswegs bedeuten, daß jene Vorlesung hier vorausgesetzt würde. Was zum Verständnis der jetzigen Vorlesung erforderlich ist, werde ich explizieren müssen. Sie können mir durch Fragen dazu helfen.)

⟨4. Nietzsches Entdeckung der Geschichte der Wahrheit⟩

Nachdem wir uns klargemacht haben, daß die europäische Wissenschaft der Neuzeit in der Geschichte der Menschheit ein extremer Ausnahmefall ist, gehe ich nun einen Schritt weiter – jenen Schritt, mit dem die Philosophie von Nietzsche beginnt, und den ich deshalb von ihm selbst in seinen eigenen Worten darstellen lasse. Die aus dem Jahre 1873 stammende nachgelassene Abhandlung „Ueber Wahrheit und Lüge im aussermoralischen Sinne" beginnt mit folgenden Sätzen: „In irgend einem abgelegenen Winkel des in zahllosen Sonnensystemen flimmernd ausgegossenen Weltalls gab es einmal ein Gestirn, auf dem kluge Thiere das Erkennen erfanden. Es war die hochmüthigste und verlogenste Minute der ‚Weltgeschichte': aber doch nur eine Minute. Nach wenigen Athemzügen der Natur erstarrte das Gestirn, und die klugen Thiere mussten sterben. – So könnte Jemand eine Fabel erfinden und würde doch nicht genügend illustrirt haben, wie kläglich, wie schattenhaft und flüchtig, wie zwecklos und beliebig sich der menschliche Intellekt innerhalb der Natur ausnimmt; es gab Ewigkeiten, in denen er nicht war; wenn es wieder mit ihm vorbei ist, wird sich nichts begeben haben."[5] Was

---

[5] Nachgelassene Schriften 1870–1873, III 2, 369. Nietzsches Werke werden zitiert nach der Kritischen Gesamtausgabe (im Folgenden KGW), hg. von Giorgio Colli und Mazzino Montinari, Berlin: de Gruyter, 1967–1977.

Nietzsche in diesen Sätzen darstellt, ist der Gedanke, der das Gebäude der europäischen Metaphysik zum Einsturz gebracht hat. Metaphysik ist ein „System" des Denkens, das den Menschen in den Mittelpunkt der Welt rückt und dadurch verständlich macht, daß er die Wahrheit dieser Welt erkennen kann. Durch die Entdeckungen der Astrophysik wurde dieses anthropozentrische Weltbild aus den Angeln gehoben. Aber der Weg des Geistes ist in den fundamentalen Schichten des menschlichen Bewußtseins sehr langsam. Es hat Jahrhunderte gedauert, bis sich die Menschen eingestanden, was geschehen war. Nun ist die Rede vom Zusammenbruch der Metaphysik seit Hegels Tod zur Trivialität verblaßt. Niemand versteht mehr, was damit gesagt wird. Eben dies wird bei Nietzsche ausgesprochen. Der Metaphysik verdankt nämlich die neuzeitliche Wissenschaft ihre Prämissen. Metaphysik war jene Wissenschaft, die zu erklären versuchte, wie es möglich ist, daß wir mit Hilfe der Wissenschaft Wahrheit erkennen. Wenn die Metaphysik nicht wahr ist, berechtigt uns nichts zu der Behauptung, irgendeine andere wissenschaftliche Erkenntnis sei wahr. Da die positiven Wissenschaften, wie schon gezeigt, dadurch möglich wurden, daß sie die Frage nach der Wahrheit methodisch ausgeschlossen haben, waren sie verblendet genug, nicht zu bemerken, daß mit dem Einsturz der Metaphysik auch ihnen selbst der Boden entzogen wurde. Deshalb sagt Nietzsche, die Erfindung des Erkennens sei die hochmütigste und *verlogenste* Minute der „Weltgeschichte" gewesen. Die Aufdeckung der Vorurteile, auf denen die Lüge des Erkennens beruht, bildet den negativen Teil seiner Philosophie. Aber zugleich ist diese Demaskierung unserer Vorurteile, wie Nietzsche sehr wohl wußte, in sich zweideutig. Er setzt die Wahrheit der Erkenntnisse der Astrophysik voraus, um mit ihrer Hilfe demonstrieren zu können, daß diese selben Erkenntnisse verlogen sein müssen. Nur weil die Astrophysik dem menschlichen Geist die Unermeßlichkeit des Universums erschlossen hat, kann dieser selbe Geist erkennen, daß die Geschichte der Menschheit nur eine Minute in der Geschichte des Weltalls dauert, und daß sie sich auf einem verlorenen Planeten am Rand eines der Milchstraßensysteme abspielt. Hat er den zweiten Schritt der Erkenntnis getan, so wird ihm alsbald unbegreiflich, wie er zum ersten Schritt in der Lage sein sollte. Aber der erste Schritt ist trotzdem vollzogen. Er kann ihn nicht zurücknehmen. Wir *wissen*, wie unser Sonnensystem gebaut ist und welcher Milchstraße es angehört. Ja, wir können sogar die

Distanzen messen, die uns von anderen Himmelskörpern trennen. Auch Nietzsche konnte das nicht in Frage stellen. Die Wahrheit in der Lüge bleibt erhalten, und nur so wird sie zum Instrument der Demaskierung der Lüge. Worin liegt aber dann die Lüge? Ich beschreibe noch einmal den Sachverhalt: Wir haben ein Wissen, das auf den Prämissen der Metaphysik, also auf Prämissen beruht, an die wir nicht mehr glauben können. Nun haben wir also zwar das Wissen, aber wir wissen nicht, woher wir es wissen. Das wäre eine bloße Unwissenheit, wenn dieses nun grundlos gewordene Wissen nicht nach dem Zusammenbruch der Metaphysik an den Privilegien der Metaphysik festhalten wollte. Es gibt sich, wie das Wissen der Metaphysik, als absolutes Wissen aus und rechtfertigt dadurch die Bedenkenlosigkeit, mit der es angewendet wird. Das ist der Hochmut und die Lüge in der Erkenntnis. Nietzsche hat die Erkenntnis nicht geleugnet, aber er hat ihr Wesen durch eine Eigenschaft charakterisiert, die sie zugleich in Frage stellt. Er hat nämlich gelehrt: alle Erkenntnis sei perspektivisch. Wenn wir einen Gegenstand unter einer bestimmten Perspektive betrachten, sehen wir nicht ein Lügengebilde, wir sehen einen wirklichen Aspekt des wirklichen Gegenstandes. Aber dieser Aspekt zeigt uns den Gegenstand in verzerrter Gestalt. Zur Lüge wird die Erkenntnis dann, wenn wir uns einbilden, der perspektivisch verkürzte Aspekt zeige uns die wirkliche Gestalt des Gegenstandes. Daß Menschen, die auf dem Planeten Erde leben, ein perspektivisch verkürztes Bild des Universums gewinnen können, wird durch die Entdeckungen der Astrophysik nicht in Frage gestellt. Aber noch immer bleibt die Frage offen, woher wir dieses Wissen haben. Erst wenn wir diese Frage beantworten können, läßt sich die Perspektive des Wissens bestimmen. Deshalb ist durch den Zusammenbruch der Metaphysik das Problem der Metaphysik nicht ausgeschaltet. Es stellt sich uns in neuer Gestalt. Wenn uns die Fragestellung nicht trügt, von der ich ausgegangen bin, wäre es die Aufgabe der Philosophie, die immanenten Konsequenzen des Zusammenbruchs der Metaphysik so klar zu durchdenken, daß wir die Frage der Metaphysik unter neuen Voraussetzungen neu zu stellen vermögen.

Die Sätze von Nietzsche, die ich Ihnen zitiert habe, bezeichnen den tiefsten Grund der *Krise* der Metaphysik. Sie lassen aber zugleich erkennen, in welcher Richtung sich das Denken weiterbewegt. Durch die Erkenntnis dieser Krise verändert sich nämlich der Begriff der

Natur. Man erkennt das daran, daß Nietzsche sich genötigt sieht, – in Anführungszeichen – einen neuen Begriff der „Weltgeschichte" einzuführen. Weltgeschichte ist nicht mehr die Geschichte der Menschheit auf diesem Globus sondern die Geschichte des Weltalls. Um die Bedeutung dieses Wortes zu verstehen, muß man sich daran erinnern, daß zur Zeit von Nietzsche die Naturwissenschaft noch von einem strengen Determinismus beherrscht war. Man war überzeugt, die Natur habe keine Geschichte, sondern verlaufe auf so genau vorbestimmten Bahnen, daß, wie Laplace gesagt hat, ein allwissender Geist jedes zukünftige Ereignis mit absoluter Gewißheit voraussagen könnte. Die Geschichte des Menschen galt im Gegensatz dazu als eine Domäne der, wie auch immer eingeschränkten, *Freiheit*. Nur wo es einen Spielraum der Freiheit gibt, hat das Wort „Geschichte" einen Sinn. Die Kluft, die seit dem 18. Jahrhundert zwischen Natur- und Geisteswissenschaften aufgebrochen war, ist primär durch die Unvereinbarkeit des Determinismus der Naturwissenschaften mit dem Freiheitsbegriff der Geisteswissenschaften verursacht worden. Wenn Nietzsche nun mit einem zu seiner Zeit prophetischen Ausdruck den Gang des Universums als „Weltgeschichte" bezeichnet, bringt er die Mauer zwischen Natur- und Geisteswissenschaften zum Einsturz und läßt damit erkennen, daß die Zerstörung der metaphysischen Fundamente der Naturwissenschaft auch ihrem deterministischen Begriff der vorberechenbaren Notwendigkeit die Basis entzogen hat. Das wirft ein Licht darauf, wo sich die Lüge in die richtigen Erkenntnisse der Naturwissenschaft eindrängt. Ist der Determinismus nur die Projektion eines perspektivischen Scheins, dann wird wieder denkbar, daß nicht nur die Menschen *in* der Natur eine Geschichte haben, sondern daß die Natur als Ganze eine Geschichte hat. Es wird Ihnen bekannt sein, daß die Naturwissenschaft sich in der von Nietzsche angezeigten Richtung weiterentwickelt hat. Der Titel von Weizsäckers Buch „Die Geschichte der Natur", der seinerzeit als Sensation gewirkt hat, brachte das zum ersten Mal einer breiteren Öffentlichkeit zum Bewußtsein. Die kosmologischen Entwürfe der Astrophysiker in den letzten Jahrzehnten sind insgesamt Geschichtsentwürfe. Man kann das daran erkennen, daß sie durchgängig (in, wie mir scheint, höchst fragwürdiger Weise) physikalische Spekulationen über den Anfang und das Ende der Geschichte des Universums enthalten. In einer anderen Ebene zeigt der fundamentale Begriff der Evolution, daß die Naturwissenschaft des 20. Jahrhunderts die Natur nur als Geschichte zu denken vermag. Deshalb hat Darwin für Nietzsche eine so große Bedeutung gewonnen. Der Satz „Das Weltall hat Geschichte" besitzt für uns heute eine ähnliche Evidenz wie jene Sätze, von denen ich schon gesprochen habe. Die Einheit von Natur und Geschichte zeigt sich uns mit einer Macht, der wir uns nicht entziehen können. Aber wenn wir sagen sollen, was die Worte „Natur" und „Geschichte" in diesem Satz bedeuten, sind wir ratlos. Der evidente Satz erscheint als ein Rätsel, das um so dunkler wird, je mehr wir uns in es versenken. Ich will diesem Rätsel hier nicht weiter nachgehen. Es kam mir zunächst nur darauf an, Ihnen am Beispiel der Sätze von Nietzsche zu zeigen, daß in dem Augenblick, wo die Krise der Metaphysik mit voller Klarheit begriffen und anerkannt wird, eine neue Evidenz ans Licht steigt, die eine neue Epoche des Denkens einleitet. Darin, daß dies möglich ist, zeigt sich uns etwas von der Wahrheit der Natur. Was ich mit diesem Worte meine, soll der Fortgang der Vorlesung zu zeigen versuchen.

⟨5. Diskurs über die Methode⟩

Blicken Sie nun zurück auf das Stück Weg, das wir bisher durchlaufen haben, so werden Sie feststellen, daß dieser Weg sich nach den in der Wissenschaft üblichen methodischen Regeln nicht beschreiben läßt. Er hatte keinen linearen Verlauf. Es wäre irreführend, wenn man die einzelnen Abschnitte mit 1, 2, 3 etc. numerieren wollte [6]. Er war aber auch nicht zusammenhanglos. Jeder neue Schritt ergab sich aus den vorherigen Schritten, und ich habe mich bemüht, bei der Darstellung sichtbar werden zu lassen, daß wir uns in einem einzigen Zusammenhang bewegten. Ich möchte die Weise, wie ich vorgegangen bin, zunächst durch ein Beispiel erläutern. Ich habe versucht, Ihnen einen ersten Überblick und Einblick in die Landschaft zu geben, in der wir uns bewegen, wenn wir im 20. Jahrhundert die Frage stellen: Was ist die Natur? Erschien die Natur im 19. Jahrhundert als ein streng abgeschlossenes System, das in dem ebenso abgeschlossenen System der Physik seine adäquate Darstellung finden sollte, so zei-

---

[6] Trotz dieser Bemerkung wurde der Text, analog zu den übrigen Bänden der Studienausgabe und angelehnt an die folgende Ausarbeitung der Vorlesung, gegliedert und mit Zwischentiteln versehen.

gen sich uns heute, wenn wir diese Landschaft durchwandern, nach allen Richtungen hin offene Horizonte. Das hängt ganz unmittelbar damit zusammen, daß wir durchschaut haben, daß der Mensch als Subjekt der Physik nicht einen absoluten Standort einnimmt, von dem aus er die ewigen Gesetze der Natur in ihrer absoluten Wahrheit erkennen könnte. Der Mensch ist selbst ein Lebewesen *in* der Natur; er muß lernen, sich in seiner Endlichkeit zu verstehen. Wir beginnen zu ahnen, daß unser Wissen keine zeitlosen Wahrheiten enthält, sondern von dem Standort abhängig ist, an dem wir uns jeweils befinden; es dämmert uns, daß wir, wenn wir denken, nicht die Möglichkeit haben, uns in die zeitlose Situation des Laplaceschen Geistes zu versetzen, sondern daß unser Denken eine Bewegung, das heißt eine Wanderung durch die Landschaft ist, bei der uns von verschiedenen Standorten aus verschiedene Ausblicke in dieselbe Landschaft möglich werden. Wenn man sich bei einer solchen Wanderung nicht verirren will, muß man versuchen, dadurch eine Orientierung zu gewinnen, daß man die früheren Stationen des Weges und die Richtungen, in denen man weitergegangen ist, nicht aus der Erinnerung verliert, sondern auf einer Landkartenskizze in ihren relativen Positionen festzuhalten versucht. Tut man das nicht, so kann man wandern, soviel man will – man wird nie wissen, wo man sich befindet.
Deshalb ist die Erinnerung an die Geschichte des Begriffs der Natur nicht zu entbehren. Wir können nur verstehen, wo wir uns heute befinden, wenn wir denken, sofern wir gleichzeitig eine Landkarte zu Hilfe nehmen, die uns die relative Position unseres heutigen Standortes zu den früher durchlaufenen Stationen des Weges zu bestimmen erlaubt. In diesem Vergleich ist zugleich enthalten, daß wir einer Täuschung unterliegen, wenn wir meinen, das, was wir heute denken, sei wahr; das, was früher gedacht worden ist, sei hingegen, weil es dem heute Gedachten widerspricht, falsch. Wenn ich zum Königstuhl hinaufsteige, bekomme ich auf jeder Station des Weges von der Stadt Heidelberg ein anderes Bild; manchmal entzieht sie sich sogar meinen Augen. Würden wir die Aussagen miteinander vergleichen, in denen wir die verschiedenen Bilder beschreiben, und würden wir diese Bilder ohne Rücksicht auf den Standort, von dem aus sie jeweils gewonnen würden, nebeneinanderstellen, so würde sich ergeben, daß sie einander widersprechen. Dann sind nach dem Satz vom Widerspruch (in seiner heute üblichen Formulierung) die einen richtig, die anderen falsch. Aber das kommt nur daher, daß wir den

Wechsel der Standorte nicht berücksichtigt haben. Ein dazu spiegelbildlicher Denkfehler liegt in der Folgerung des Historismus, alles sei ja doch nur relativ, und in Wirklichkeit könnten wir nicht behaupten, daß wir ⟨die Stadt⟩ Heidelberg jemals so gesehen hätten, wie sie wirklich ist. Dabei wird etwas sehr Wichtiges unterschlagen: Gesetzt, wir hätten ein Modell von der hiesigen Landschaft, so würde sich genau berechnen lassen, von welchem Standort aus sich welcher Anblick zeigen muß, und es ließe sich exakt nachprüfen, ob das Bild, das der Beobachter beschreibt, dem wirklichen Anblick entspricht oder nicht. Würden wir überhaupt keinen Standort einnehmen, so würden wir überhaupt nichts zu sehen bekommen. Das Wort „relativ" bedeutet: relativ auf den jeweiligen Standort und auf die von dort aus mögliche Aussicht. Ohne die Aussicht und die Wahrheit, die sich in ihr zeigt, verliert das Wort „Standort" und damit auch das Wort „relativ" seine Bedeutung. Durch diesen Vergleich wird deutlich, wo der fundamentale Fehler in unseren Denkgewohnheiten steckt. Wir halten abstrakt Meinung gegen Meinung, Aussage gegen Aussage und stellen fest, daß sie einander widersprechen, reflektieren aber nicht darauf, daß sie von ihrem ⟨jeweiligen⟩ Standort aus in perspektivischem Sinne des Wortes „wahr" sind. Wir können ihre perspektivische Wahrheit nicht erkennen, weil uns die Landschaft unbekannt ist, durch die wir uns beim Denken bewegen, und weil wir vergessen haben, eine Karte zu zeichnen, auf der wir uns über die Formation dieser Landschaft und über die relative Position der verschiedenen Standorte orientieren könnten. Die Grundthese dieser Vorlesung ist: die Landschaft, durch die wir uns beim Denken bewegen, ist, was auch immer wir denken mögen, die Natur. Ich hebe also – das sollte das Bild von der Landschaft verdeutlichen – die Unterscheidung zwischen Natur und Denken auf. Wenn ich das tue, ist eine Vorlesung über die Natur zugleich eine Vorlesung über das Denken. Das ist in strengstem Sinne des Wortes zu verstehen: ich betrachte in dieser Vorlesung auch das Denken als einen Vorgang innerhalb der Natur und alle möglichen Inhalte des Denkens als Phänomene innerhalb der Natur. Sie werden im Laufe der Vorlesung sehen, wie weit die Konsequenzen reichen, die sich aus diesen letzten Sätzen ergeben.

⟨6. Zweite⟩ Zusammenfassung

Ich beginne wieder mit einem Rückblick, damit Sie über den einzelnen Überlegungen den Gang der Vorlesung nicht aus den Augen verlieren. Es wäre steril und würde Ihnen nicht weiterhelfen, wenn ich Ihnen die schon einmal vorgetragenen Gedanken in derselben Reihenfolge wiederholen würde; ich rufe vielmehr dieselben Gedanken in einer anderen Reihenfolge in Erinnerung. Damit verbinde ich die Hoffnung, daß Sie lernen, daß die lineare Sequenz, in der wir Gedanken zu verknüpfen pflegen, eine perspektivische Täuschung in sich enthält. Jeder Gedanke, der etwas taugt, ist ein mehrdimensionales Gebilde, das in alle Dimensionen des Horizontes unserer Erkenntnis ausstrahlt. Verknüpfen wir Gedanken linear, so bringen wir sie in eine eindimensionale Serie; wir blenden also ihre Mehrdimensionalität aus und verfälschen eben dadurch ihren Sinn. Wir können nicht anders; denn der Vortrag von Gedanken ist – als ein Verlauf in der Natur – ein Verlauf in der Zeit. Hier läßt sich nur nacheinander präsentieren, was doch zugleich übersehen werden muß, wenn der Gehalt des Gedankens ans Licht treten soll. Die Rekapitulationen haben die Aufgabe, diesen perspektivischen Trug wenigstens zum Teil wieder aufzuheben.

Ich setze ein mit dem Zitat von Nietzsche, das mit unüberbietbarer Knappheit unsere Situation in der gegenwärtigen Stunde der Geschichte des Denkens charakterisiert: „In irgend einem abgelegenen Winkel des in zahllosen Sonnensystemen flimmernd ausgegossenen Weltalls gab es einmal ein Gestirn, auf dem kluge Thiere das Erkennen erfanden. Es war die hochmüthigste und verlogenste Minute der ‚Weltgeschichte‘: aber doch nur eine Minute. Nach wenigen Athemzügen der Natur erstarrte das Gestirn, und die klugen Thiere mussten sterben. – So könnte Jemand eine Fabel erfinden und würde doch nicht genügend illustrirt haben, wie kläglich, wie schattenhaft und flüchtig, wie zwecklos und beliebig sich der menschliche Intellekt innerhalb der Natur ausnimmt; es gab Ewigkeiten, in denen er nicht war; wenn es wieder mit ihm vorbei ist, wird sich nichts begeben haben." (III 2, 369; s. 22, 124 f.)

Dieser Gedanke hat das Gebäude der europäischen Metaphysik zum Einsturz gebracht. Er war nicht neu, denn er mußte sich mit Notwendigkeit aus dem Durchdenken der Ergebnisse der neuzeitlichen Astrophysik ergeben. Es gibt einige Stellen bei Kant, an denen spürbar wird, wie er sich aufdrängt, und wie Kant sich seiner zu erwehren versucht. Er findet seinen ersten großartigen Ausdruck in einem der erschütterndsten Dokumente aus der Geschichte der deutschen Literatur [7].

Es läßt sich Einiges dafür anführen, daß die Systementwürfe des deutschen Idealismus – die Systeme von Fichte, Schelling und Hegel – aus einer heroischen Gegenwehr gegen diesen Gedanken entsprungen sind. Aber bei Nietzsche ist der Wendepunkt erreicht, wo dieser Gedanke nicht mehr abgewehrt, sondern zum Zentrum und zum Ausgangspunkt des philosophischen Denkens gemacht wird.

Die Stelle, die ich vorgelesen habe, mündet in den Worten: „wenn es wieder mit ihm" (dem menschlichen Intellekt) „vorbei ist, wird sich nichts begeben haben". Die Lehre von der totalen Nichtigkeit des menschlichen Intellekts und aller seiner Gedanken nennt Nietzsche den „europäischen Nihilismus", eine Geschichte, von der er prophezeit hat, daß sie die nächsten zweihundert Jahre beherrschen würde. Seine eigene Philosophie, deren zukünftige Stunde noch nicht eingetreten ist, versteht er als die *Überwindung* des europäischen Nihilismus. Was hat den Nihilismus heraufgeführt und unausweichbar gemacht? Das ist eine Frage, deren Lösung so hintergründig und verschlungen ist wie die Geschichte, die im Nihilismus mündet. Aber aus der Stelle, die ich vorgelesen habe, ergibt sich ein sehr einfaches und, wie es scheint, unausweichliches Ergebnis: der Nihilismus ist die zwingende Folgerung aus den Entdeckungen der Astrophysik. Wenn das Weltall so beschaffen ist, wie die moderne Astronomie es uns darstellt, dann ist schlechterdings unverständlich, wieso ausgerechnet in diesem „abgelegenen Winkel" ein Lebewesen entstanden sein soll, das bestimmt ist, die absolute Wahrheit des Universums zu erkennen. Wir können aber an der Richtigkeit der astronomischen Erkenntnisse nicht zweifeln. Also stürzt uns gerade die Gewißheit dieser Erkenntnisse in den Zweifel am Absoluten und damit in den absoluten Zweifel.

Der Text von Nietzsche enthält noch einen zweiten Hinweis auf den Ursprung des Nihilismus. Er nennt den Menschen „ein kluges

---

[7] Gemeint ist Jean Pauls „Rede des todten Christus vom Weltgebäude herab, daß kein Gott sei" aus dem „Siebenkäs", Sämtliche Werke, historisch-kritische Ausgabe, hg. von der Preußischen Akademie der Wissenschaften, Weimar: Böhlau, 1927ff., I, 6, 247ff.; vgl. 125 und Anm. 42.

Thier". Daß der Mensch mit einem *Teil* seines Wesens dem Tierreich angehört, hat man nie verkannt. Er ist das ζῷον λογικὸν, das *animal rationale*. Aber von Platon bis Hegel hat die Metaphysik gelehrt, der Mensch gehöre durch das Vermögen der Erkenntnis der Wahrheit zugleich in jenen Bereich, den die Griechen göttlich nannten; er habe also eine Zwischenstellung zwischen Tier und Gott. Auch Descartes wußte die Erkenntnis der Wahrheit nicht anders zu erklären, als daß Gott der menschlichen Vernunft die primären und evidenten Axiome aller Erkenntnis als eingeborene Ideen eingepflanzt hätte. Gegen diese Lehre der Metaphysik richtet sich Nietzsches Wort von den klugen Tieren. Der Mensch wird im Sinne der Darwinschen Theorie jetzt *nur noch* als ein Tier verstanden. Die ganze metaphysische Lehre vom göttlichen Ursprung der Erkenntnis wird über Bord geworfen. Auch hierin hat Nietzsche historisch recht behalten. Heute ist die gesamte wissenschaftliche Anthropologie unter dem Einfluß der Naturwissenschaften eine Theorie von der tierischen Natur des Menschen.

Sie sehen, wie es auch hier die Naturwissenschaft ist, die das Gebäude der Metaphysik zum Einsturz bringt und dem Nihilismus die Bahn bricht. Und wiederum hilft kein Sträuben: die Darwinsche Evolutionstheorie ist richtig; wir können an ihr ebensowenig zweifeln wie an dem Weltbild der Astrophysik. Wiederum ergibt sich das paradoxe Phänomen eines radikalen, eines nihilistischen Zweifels, der nicht durch die Unsicherheit unseres Wissens sondern durch die Unbezweifelbarkeit naturwissenschaftlicher Erkenntnis ausgelöst wird.

Wo aber hat diese Unbezweifelbarkeit ihren Grund? Sie vermochte zu erklären, wie es möglich ist, daß die endliche Vernunft des Menschen ewige, unumstößliche Wahrheit erkennt. Sie vermochte es zu erklären, denn Metaphysik ist überhaupt nichts anderes als der Versuch, auf die Frage, wie Erkenntnis von Wahrheit möglich sein soll, eine Antwort zu finden. Mit dem Zusammenbruch der Metaphysik ist ihre Antwort hinfällig geworden. Wir haben zwar in den Naturwissenschaften einen riesigen Komplex von Erkenntnissen, an denen wir nicht zweifeln können. Aber worauf sich diese Gewißheit stützt, und wo sie ihren Ursprung hat: das wissen wir nicht. Vielleicht haben wir aber heute Anlaß zu fragen, ob uns diese Gewißheit nicht in die Irre führt.

Diese ganzen Probleme habe ich nun in den Kontext einer ganz anderen Fragestellung gerückt. Ich habe durch einen Überblick über den großen Gang der Geschichte der Menschheit gezeigt, daß die neuzeitliche Naturwissenschaft – wie vorher schon die Metaphysik – in der Geschichte der Menschheit ein extrem unwahrscheinlicher Ausnahmefall ist, der sich nur unter den spezifischen Bedingungen der *europäischen* Geschichte der letzten fünfhundert Jahre ereignen konnte. Wenn man behauptet, die Naturwissenschaft der Epoche von Galilei bis heute habe die objektive, unfehlbare und unbezweifelbare Wahrheit der Natur entdeckt, ist man genötigt, zugleich zu behaupten, daß ausgerechnet in der westeuropäischen Staatengemeinschaft des frühkapitalistischen und kapitalistischen Zeitalters die Bedingungen gegeben waren, unter denen die Menschen ihrer Bestimmung, die Wahrheit zu erkennen, am nächsten kommen konnten. Daß dies nicht gerade wahrscheinlich ist, liegt auf der Hand.

Mit dieser Überlegung knüpfen wir an die Fragestellungen einer zweiten großen Grundtendenz des europäischen Denkens der letzten zweihundert Jahre an, die ebenso wichtig war wie die Entwicklung der Naturwissenschaften, und die bei Nietzsche eine ebenso große Rolle spielt: des Historismus. Auch der Historismus führt, wie Nietzsche gesehen hat, zum Nihilismus. Der Historismus lehrt nämlich, daß jeder Gedanke, jede Theoriebildung und jeder Ausdruck des menschlichen Geistes die geschichtliche und gesellschaftliche Situation widerspiegelt, in der sie entstanden sind. Auch wenn eine wissenschaftliche Theorie so auftritt, als enthielte sie eine, dem zeitlichen Wandel entrückte und deshalb absolute Wahrheit, ist dies nach der Erkenntnis des Historismus nichts als ein Selbstbetrug, denn es läßt sich immer demonstrieren, wie sich in einer solchen Theorie die Denkformen und die gesellschaftlichen Verhältnisse einer einmaligen Situation darstellen, von der die Theorie nicht abgelöst werden kann. Das kann man an Newton oder an Einstein genauso demonstrieren wie an Goethe oder an Richard Wagner. Wenn aber alle geistigen Gebilde Ausdruck der Zeitlage sind, in der sie entstanden, so haben sie auch nur relativ auf diese Zeitlage ihren Sinn. Dem Anspruch auf zeitlose Gültigkeit einer Erkenntnis ist der Boden entzogen. So ist der Relativismus historischer Betrachtung ein Vorspiel oder auch schon ein Ausdruck jenes Nihilismus, den Nietzsche dann aufgedeckt hat.

Der Tiefgang des europäischen Nihilismus wird erst verständlich, wenn man sieht, wie in ihm das naturwissenschaftliche Weltbild und der Historismus konvergieren. Damit stellt sich erneut heraus, worauf ich schon mehrfach hingewiesen habe: daß zwischen dem Naturbegriff der neuzeitlichen Naturwissenschaften und dem Geschichtsbegriff der neuzeitlichen Geisteswissenschaften ein streng komplementäres Verhältnis besteht. Ihr verborgener Einklang liegt in der ihnen gemeinsamen Abkehr von der Metaphysik, und mit der Abkehr von der Metaphysik ist es unmöglich geworden, noch zu verstehen, wie Menschen überhaupt in der Lage sein sollen, sei es die Natur, sei es die Geschichte zu erkennen. Deshalb bricht nun an Stelle der Wahrheit das Nichts herein. Dabei ist wieder festzustellen, daß, wie bei den Naturwissenschaften, die nihilistischen Konsequenzen sich in der paradoxen Form ergeben, daß sie nicht das Resultat der Skepsis sondern das Resultat einer Erkenntnis sind, die man nicht mehr loswerden kann. Es war ein riesiger Schritt der Erkenntnis, die historische Bedingtheit alles menschlichen Denkens zu durchschauen, so wie es ein riesiger Schritt der Erkenntnis war, die Welt der Astrophysik zu entdecken. Aber wenn diese Erkenntnisse wahr sind, dann wird vollkommen unverständlich, wie die Bewohner dieses Planeten überhaupt in der Lage sein sollen, Wahrheit zu erkennen. Die Erkenntnisse, die wir haben, sind grundlos geworden, und trotzdem können wir nicht an ihnen zweifeln. Das ist die Grundfigur des Nihilismus, der nicht der Ausdruck absoluter Skepsis sondern im Gegenteil der Ausdruck eines Denkens ist, das aus der sinnlos gewordenen Positivität seiner eigenen Erkenntnisse keinen Ausweg mehr findet.

Betrachtet man nun den Engpaß genauer, in den sich das europäische Denken unseres Zeitalters verlaufen hat, so stellt sich heraus, daß die gesamte Kette der nihilistischen Konsequenzen darauf zurückzuführen ist, daß Natur und Geschichte zwar streng komplementär, aber zugleich als exklusive Gegensätze verstanden werden. Wenn man Natur so definiert, daß die Geschichte in ihr nicht mehr Platz hat, fällt die Naturerkenntnis in dasselbe Nichts wie die Erkenntnis der Geschichte. Nun ist die neuzeitliche Unterscheidung von Natur und Geschichte eine Konsequenz der cartesischen Unterscheidung von Natur und Denken. Weil Descartes das *ego cogito* der *res extensa* entgegengesetzt hat, ist zwischen Natur und menschlichem Bewußtsein ein Bruch entstanden, der sich auch durch die kühnsten Akrobatenstücke des reflektierenden Bewußtseins nicht mehr flicken ließ. Da es nun heute nicht mehr schwer ist zu sehen, daß dieser ganze Ansatz falsch ist und zu unerträglichen Konsequenzen führt, bleibt uns nichts anderes übrig, als das Übel an seiner Wurzel zu packen. Ich habe deshalb gegen Descartes behauptet, das Denken sei ein Vorgang innerhalb der Natur, und alle möglichen Inhalte des Denkens seien Phänomene innerhalb der Natur.

⟨7. Fortsetzung des Methodendiskurses⟩

Selbst wenn Sie bereit gewesen sein sollten, mir auf den vorigen Strecken des Weges zu folgen, so muß ich doch damit rechnen, daß Sie an dieser Stelle Ihren Protest nicht länger unterdrücken können. Wenn man das Denken nicht aus der Natur herausnimmt, sondern als einen Vorgang in der Natur auffaßt, hebt man die Subjektivität des Menschen aus den Angeln. Ich werde das im Laufe der Vorlesung präziser erläutern. Hier sei nur Folgendes gesagt: Man könnte meinen Satz so mißverstehen, als ob ich nur die Meinung wiedergeben wollte, die heute die Mehrzahl der Naturwissenschaftler hat: die Meinung nämlich, daß sich das Denken auf die funktionalen Abläufe im menschlichen Gehirn reduzieren lasse, ohne die Denken allerdings nicht möglich ist. Dem liegt ein Denkfehler zugrunde, den ich durch ein Beispiel erläutern will. Wenn wir auf einem Plattenspieler eine Beethoven-Symphonie anhören, ist das, was sich meßbar vorfinden und beschreiben läßt, die Technik der Tonerzeugung und die Akustik der Schallwellen. Das entspricht der Leistung des Gehirns, wenn wir einen Gedanken denken. Die Beethoven-Symphonie als solche kommt bei einer solchen Beschreibung nicht vor. Nun kann man aber auch in einem Konzert eine Aufführung derselben Symphonie mit anderen Instrumenten und anderen Schallwellen anhören. Die meßbaren Vorgänge sind verschieden. Aber es ist dieselbe Symphonie. Ähnliches spielt sich ab, wenn verschiedene Menschen zu verschiedenen Zeiten und unter verschiedenen Bedingungen denselben Gedanken denken. Die Vorgänge, die sich in den verschiedenen Gehirnen abspielen, sind nicht identisch. Aber der Gedanke ist identisch. Und auf diese Identität des Gedankens beziehen wir uns, wenn wir sagen, eine Behauptung sei wahr. Das setzen auch jene Naturwissenschaftler, ohne sich selbst darüber klar zu sein, voraus. Sie sagen nicht: weil die und die Funktionen in meinem Gehirn abgelaufen sind, behaupte ich, das Denken sei nichts als der Ablauf von

Funktionen im Gehirn. Sie behaupten vielmehr, sie könnten, wenn die Gehirnphysiologie weit genug entwickelt ist, diese These beweisen. Was heißt beweisen? Beweisen heißt: für jeden denkenden Menschen, gleichgültig, welche individuellen Funktionen in seinem Gehirn ablaufen, einsichtig machen. Diese Naturwissenschaftler sprechen also auf einmal nicht mehr vom Plattenspieler sondern von der Beethoven-Symphonie selbst. Aber weil sie zugleich den Unterschied zwischen dem Plattenspieler und der Beethoven-Symphonie ständig vergessen, bleibt ihnen verborgen, daß sie bei ihrer Behauptung sich selbst widersprechen.

Wenn ich hingegen sage, Denken sei ein Vorgang innerhalb der Natur, spreche ich von der Symphonie, nicht vom Plattenspieler. Ich behaupte nicht, was trivial wäre, daß die Vorgänge in Kants Gehirn sondern ⟨daß⟩ die „Kritik der reinen Vernunft" ein Vorgang in der Natur ist. Das ist der Satz, von dem ich annahm, daß er Ihren Protest erregen würde. Wir werden sehr viel Arbeit darauf verwenden müssen, um ihn so genau zu prüfen, daß verständlich wird, was er aussagt. Aber der Grund, weshalb wir um diesen Satz nicht herumkommen, läßt sich sehr einfach angeben. Ich habe schon unter verschiedenen Gesichtspunkten darüber gesprochen, daß die Menschen im Begriff sind, durch die Anwendung der Erkenntnisse der Physik die Natur zu zerstören. Das bedeutet, daß die Wissenschaft, die wir haben, in ungeahntem Ausmaß in die Biosphäre unseres Planeten eingreift. Es gibt keine Macht in der Natur, von der die Erdoberfläche so umgestaltet worden wäre wie von der Wissenschaft des 20. Jahrhunderts. Da diese Wissenschaft Prozesse in der Natur verursacht, muß jenes Denken, das sie hervorgebracht hat, selbst als Prozeß in der Natur verstanden werden. In jedem Experiment wirkt der reine Gedanke als Ursache im Kausalnexus der natürlichen Prozesse. Das läßt sich nur verstehen, wenn der Gedanke als Faktor in der Natur begriffen wird. Es ist ein Teil jener von Nietzsche aufgedeckten Lüge, daß die Wissenschaften von der Natur diesen einfachen Sachverhalt ignorierten und die Natur betrachtet haben, als ob sie nur die Objektsphäre außerhalb der Gedanken wäre. Wenn die Gedanken selbst in der Natur sind, müssen wir alles, was die Neuzeit seit Descartes unter Natur verstanden hat, revidieren. Die durch das Wort „Natur" bezeichnete Landschaft erweitert sich um das Reich des Geistes. Dadurch rückt aber jeder Teil dieser Landschaft in einen neuen Zusammenhang und in ein neues Licht. Wir müssen also lernen, neu zu denken und eine ungeheure Last tief eingewurzelter Vorurteile abzutragen. Das ist eine harte philosophische Arbeit, die wir zu einem Teil versuchen müssen zu leisten.

Damit hängt nun noch etwas anderes zusammen. Wenn die Gedanken Phänomene in der Natur sind, so sind auch die Staaten und die Gesellschaftsordnungen Phänomene innerhalb der Natur. Es ist uns selbstverständlich, ein Rudel von Wölfen, eine Herde oder einen Ameisenhaufen als Phänomene in der Natur zu betrachten. Aber der Mensch will über die Natur hinaus sein, um sie desto besser beherrschen zu können. Deswegen ist in der neuzeitlichen Staatstheorie, Soziologie und den Geschichtswissenschaften von der Natur nur wenig die Rede (Geopolitik); man betrachtet die sozialen Gebilde von der Seite des Bewußtseins und der Ideologien her. Diese Tendenz bestimmt nicht nur die Theorien sondern auch die politische Praxis. Unermeßliches Unheil hätte verhütet werden können, wenn die Menschen gelernt hätten, ihre eigenen Sozietäten, wie es die Griechen noch taten, als Gebilde innerhalb der Natur zu betrachten. Wenn man versteht, daß sogar die Gedanken, die Wertvorstellungen und die Emotionen der Menschen Phänomene innerhalb der Natur sind, so kann man auch die Gesellschaften und Staaten nicht länger so betrachten, als ob sie aus der Natur herausgenommen wären. Das ganze Feld der politischen und sozialen Gebilde gehört also in die Landschaft, über die ich Ihnen einen ersten Überblick zu geben versuche, herein. Wir selbst, die wir uns hier in dieser Vorlesung versammelt haben, sind Natur. Und die Vorlesung selbst ist ein Vorgang in der Natur. Ich spreche hier wiederum nicht nur von den Muskelbewegungen, die uns hierher gebracht haben, und von den Gehirnreaktionen, die sich in unseren Köpfen abspielen, während ich das sage, sondern von der Institution Universität, von der Wissenschaft, der diese Institution dient, und von dem Inhalt dessen, was ich sage. Solange wir nicht durchschauen, daß dies alles Phänomene in der Natur sind, werden wir auch die Natur außerhalb dieses Hörsaals nicht verstehen. Wenn wir den Standort bestimmen wollen, von dem aus in dieser Vorlesung die Natur betrachtet wird, dürfen wir uns nicht in das abstrakte Feld der Ideologien oder der naturlosen philosophischen Reflexion begeben, sondern wir müssen zunächst die konkreten Bedingungen ins Auge fassen, die durch die Worte „dieser Hörsaal" bezeichnet sind. Was ich Ihnen vortrage, ist für Sie bestimmt. Vor einem anderen Auditorium und mit einer anderen Zeitplanung

würde ich ohne jeden Zweifel anders sprechen, anders formulieren und also auch Vieles anders denken, als wenn ich in der Theologischen Fakultät der Universität Heidelberg eine dreistündige Vorlesung zu halten habe. Es ist unübersehbar, daß man eine Vorlesung so, wie ich es tue, nur halten kann, wenn man zu dieser Universität, ihren Lehrern und ihren Studenten sowie zu der Wissenschaft, die hier betrieben wird, bei aller Solidarität ein kritisches Verhältnis hat. In dieser Kritik ist aber alles, was sie kritisiert, notwendig mit enthalten. Wären die Verhältnisse anders, so wäre auch diese kritische Position nicht mehr legitim. So könnte ich noch Vieles aufzählen, was dieser Hörsaal an Bedingungen enthält, die auf das, was ich hier denke und sage, einwirken. Was ich Ihnen nun eben beschrieben habe, ist nichts anderes als die ökologische Nische, die in der Natur den Vorgang dieser Vorlesung möglich macht. Es ist die Umwelt dieser Vorlesung, und wir wissen heute durch die Biologie, daß kein Lebewesen und kein Lebensvorgang isoliert von seiner Umwelt definiert werden kann. Jedes Phänomen innerhalb der Natur ist Phänomen innerhalb einer Umwelt. Der Begriff „Umwelt" bezeichnet den Umkreis von Möglichkeiten für die Erscheinung von Phänomenen. Die von mir kurz skizzierten Bedingungen, unter denen diese Vorlesung entsteht und gehalten wird, kommen in den Naturwissenschaften nicht vor, obwohl diese Wissenschaften selbst unter analogen Bedingungen entstehen. Trotzdem läßt sich gerade an diesen Bedingungen ablesen, daß diese Vorlesung nur als Vorgang in der Natur überhaupt möglich ist, und daß wir bei der Bestimmung des Standortes dieser Vorlesung zunächst diese Bedingungen ins Auge fassen müssen.
Ich habe mit dieser letzten Betrachtung den Überblick über die Landschaft, den ich geben wollte, so weit geführt, daß wir auch unseren eigenen Standort innerhalb dieser Landschaft zu Gesicht bekamen. Das mag zur ersten Orientierung genügen. Wir sind nun, wie ich hoffe, so weit vorbereitet, daß wir in die ernsthafte Arbeit eintreten können.

⟨8. Die Gegenbewegung: Goethe, Schelling, Marx⟩

Wo und wie sollen wir nun beginnen, nachdem doch der Überblick über die Landschaft uns gezeigt hat, daß Natur alles, was wir denken können, durchdringt und umgibt, und daß sie, wie es den Anschein hat, für unser Denken keinen Anfang und kein Ende hat? Man kann nicht erkennen, was man nicht erfahren hätte. Wenn wir von Natur etwas verstehen wollen, müssen wir uns einen Bereich der Erfahrung erschließen, in dem Natur uns zugänglich wird. Nun habe ich in dem Kolleg über „Kunst und Mythos" gezeigt, daß die Menschen im Industriezeitalter nicht nur ihre eigene Umwelt zerstören, sondern zugleich auch die Natur in sich selbst, die primären Vermögen der Wahrnehmung ⟨und⟩ der Erfahrung, destruieren. Wir betrügen uns selbst, wenn wir uns einbilden, daß wir aus Erfahrung von der Natur etwas wüßten. Gerade die Sphäre unserer Sinnlichkeit ist durch die mörderischen Mechanismen der Industriegesellschaft so verletzt, daß unsere Sinne uns betrügen wie unsere Gedanken. Da ich nun hier den Weg nicht wiederholen kann, auf dem ich in der Vorlesung über „Kunst und Mythos" die primäre Sprache unserer Sinne wieder freizulegen versuchte, wähle ich einen anderen Weg. Es gibt einen Text, der kurz vor dem Beginn des „Maschinenzeitalters" fast zur gleichen Zeit geschrieben wurde, in der Kants „Kritik der reinen Vernunft" erschien. In diesem Text spricht sich eine Erfahrung der Natur aus, die unvereinbar ist mit jener Erfahrung, die Kant in der „Kritik der reinen Vernunft" als die Erfahrung der Naturwissenschaft in einer noch heute gültigen Form analysiert hat. Sie finden diesen Text aus dem Jahre 1783 in Goethes Werken, aber er stammt nicht von Goethe sondern von einem jungen Schweizer namens Tobler, der in Weimar war. Die Handschrift stammt von Goethes Schreiber Seidel und enthält Korrekturen von Goethes eigener Hand. Sie war für das handschriftlich verbreitete „Tiefurter Journal" bestimmt. Tobler ließ sich, wie dieser Text bezeugt, von Goethes Denken und Fühlen so durchdringen, daß der Text trotzdem zu Recht in Goethes Werken steht. Ich werde Ihnen anschließend an diesen Text einen Brief des alten Goethe an Kanzler Müller vorlesen, in dem mit unüberbietbarer Klarheit gesagt wird, wie sich der Text zu Goethes eigenem Werk verhält. Zunächst der Text:

DIE NATUR
Fragment
(Aus dem „Tiefurter Journal" 1783)

Natur! Wir sind von ihr umgeben und umschlungen – unvermögend aus ihr herauszutreten, und unvermögend tiefer in sie hineinzukommen. Ungebeten und ungewarnt nimmt sie uns in den Kreislauf ihres

Tanzes auf und treibt sich mit uns fort, bis wir ermüdet sind und ihrem Arme entfallen.

Sie schafft ewig neue Gestalten; was da ist war noch nie, was war kommt nicht wieder – Alles ist neu und doch immer das Alte.

Wir leben mitten in ihr und sind ihr fremde. Sie spricht unaufhörlich mit uns und verrät uns ihr Geheimnis nicht. Wir wirken beständig auf sie und haben doch keine Gewalt über sie.

Sie scheint alles auf Individualität angelegt zu haben und macht sich nichts aus den Individuen. Sie baut immer und zerstört immer und ihre Werkstätte ist unzugänglich.

Sie lebt in lauter Kindern, und die Mutter, wo ist sie? – Sie ist die einzige Künstlerin: aus dem simpelsten Stoffe zu den größten Kontrasten: ohne Schein der Anstrengung zu der größten Vollendung – zur genausten Bestimmtheit immer mit etwas Weichem überzogen. Jedes ihrer Werke hat ein eigenes Wesen, jede ihrer Erscheinungen den isoliertesten Begriff und doch macht alles eins aus.

Sie spielt ein Schauspiel: ob sie es selbst sieht, wissen wir nicht, und doch spielt sies für uns, die wir in der Ecke stehen.

Es ist ein ewiges Leben, Werden und Bewegen in ihr und doch rückt sie nicht weiter. Sie verwandelt sich ewig und ist kein Moment Stillestehen in ihr. Fürs Bleiben hat sie keinen Begriff und ihren Fluch hat sie ans Stillestehen gehängt. Sie ist fest. Ihr Tritt ist gemessen, ihre Ausnahmen selten, ihre Gesetze unwandelbar.

Gedacht hat sie und sinnt beständig; aber nicht als ein Mensch, sondern als Natur. Sie hat sich einen eigenen allumfassenden Sinn vorbehalten, den ihr niemand abmerken kann.

Die Menschen sind all in ihr und sie in allen. Mit allen treibt sie ein freundliches Spiel, und freut sich, je mehr man ihr abgewinnt. Sie treibts mit vielen so im verborgenen, daß sies zu Ende spielt, ehe sies merken.

Auch das Unnatürlichste ist Natur. Wer sie nicht allenthalben sieht, sieht sie nirgendwo recht.

Sie liebet sich selber und haftet ewig mit Augen und Herzen ohne Zahl an sich selbst. Sie hat sich auseinander gesetzt um sich selbst zu genießen. Immer läßt sie neue Genießer erwachsen, unersättlich sich mitzuteilen.

Sie freut sich an der Illusion. Wer diese in sich und andern zerstört, den straft sie als der strengste Tyrann. Wer ihr zutraulich folgt, den drückt sie wie ein Kind an ihr Herz.

Ihre Kinder sind ohne Zahl. Keinem ist sie überall karg, aber sie hat Lieblinge, an die sie viel verschwendet und denen sie viel aufopfert. Ans Große hat sie ihren Schutz geknüpft.

Sie spritzt ihre Geschöpfe aus dem Nichts hervor, und sagt ihnen nicht, woher sie kommen und wohin sie gehen, Sie sollen nur laufen; die Bahn kennt sie.

Sie hat wenige Triebfedern, aber nie abgenutzte, immer wirksam, immer mannigfaltig.

Ihr Schauspiel ist immer neu, weil sie immer neue Zuschauer schafft. Leben ist ihre schönste Erfindung, und der Tod ist ihr Kunstgriff viel Leben zu haben.

Sie hüllt den Menschen in Dumpfheit ein und spornt ihn ewig zum Lichte. Sie macht ihn abhängig zur Erde, träg und schwer und schüttelt ihn immer wieder auf.

Sie gibt Bedürfnisse, weil sie Bewegung liebt. Wunder, daß sie alle diese Bewegung mit so wenigem erreichte. Jedes Bedürfnis ist Wohltat. Schnell befriedigt, schnell wieder erwachsend. Gibt sie eins mehr, so ist's ein neuer Quell der Lust. Aber sie kommt bald ins Gleichgewicht.

Sie setzt alle Augenblicke zum längsten Lauf an und ist alle Augenblicke am Ziel.

Sie ist die Eitelkeit selbst; aber nicht für uns, denen sie sich zur größten Wichtigkeit gemacht hat.

Sie läßt jedes Kind an sich künsteln, jeden Toren über sich richten, tausend stumpf über sich hingehen und nichts sehen, und hat an allen ihre Freude und findet bei allen ihre Rechnung.

Man gehorcht ihren Gesetzen, auch wenn man ihnen widerstrebt, man wirkt mit ihr, auch wenn man gegen sie wirken will.

Sie macht alles, was sie gibt, zur Wohltat, denn sie macht es erst unentbehrlich. Sie säumet, daß man sie verlange, sie eilet, daß man sie nicht satt werde.

Sie hat keine Sprache noch Rede, aber sie schafft Zungen und Herzen durch die sie fühlt und spricht.

Ihre Krone ist die Liebe. Nur durch sie kommt man ihr nahe. Sie macht Klüfte zwischen allen Wesen und alles will sich verschlingen. Sie hat alles isoliert um alles zusammenzuziehen. Durch ein paar Züge aus dem Becher der Liebe hält sie für ein Leben voll Mühe schadlos.

Sie ist alles. Sie belohnt sich selbst und bestraft sich selbst, erfreut und quält sich selbst. Sie ist rauh und gelinde, lieblich und schröklich, kraftlos und allgewaltig. Alles ist immer da in ihr. Vergangenheit und Zukunft kennt sie nicht. Gegenwart ist ihr Ewigkeit. Sie ist gütig. Ich preise sie mit allen ihren Werken. Sie ist weise und still. Man reißt ihr keine Erklärung vom Leibe, trutzt ihr kein Geschenk ab, das sie nicht freiwillig gibt. Sie ist listig, aber zu gutem Ziele, und am besten ists, ihre List nicht zu merken.

Sie ist ganz und doch immer unvollendet. So wie sies treibt, kann sies immer treiben.

Jedem erscheint sie in einer eigenen Gestalt. Sie verbirgt sich in tausend Namen und Termen und ist immer dieselbe.

Sie hat mich hereingestellt, sie wird mich auch herausführen. Ich vertraue mich ihr. Sie mag mit mir schalten. Sie wird ihr Werk nicht hassen. Ich sprach nicht von ihr. Nein, was wahr ist und was falsch ist, alles hat sie gesprochen. Alles ist ihre Schuld, alles ist ihr Verdienst.

ERLÄUTERUNG
ZU DEM APHORISTISCHEN AUFSATZ „DIE NATUR"
Goethe an den Kanzler v. Müller

Jener Aufsatz ist mir vor kurzem aus der brieflichen Verlassenschaft der ewig verehrten Herzogin Anna Amalia mitgeteilt worden; er ist von einer wohlbekannten Hand geschrieben, deren ich mich in den achtziger Jahren in meinen Geschäften zu bedienen pflegte.

Daß ich diese Betrachtungen verfaßt, kann ich mich faktisch zwar nicht erinnern, allein sie stimmen mit den Vorstellungen wohl überein, zu denen sich mein Geist damals ausgebildet hatte. Ich möchte die Stufe damaliger Einsicht einen Komparativ nennen, der seine Richtung gegen einen noch nicht erreichten Superlativ zu äußern gedrängt ist. Man sieht die Neigung zu einer Art von Pantheismus, indem den Welterscheinungen ein unerforschliches, unbedingtes, humoristisches, sich selbst widersprechendes Wesen zum Grunde gedacht ist, und mag als Spiel, dem es bitterer Ernst ist, gar wohl gelten.

Die Erfüllung aber, die ihm fehlt, ist die Anschauung der zwei großen Triebräder aller Natur: der Begriff von Polarität und von Steigerung, jene der Materie, insofern wir sie materiell, diese ihr dagegen, insofern wir sie geistig denken, angehörig; jene ist in immerwährendem Anziehen und Abstoßen, diese in immerstrebendem Aufsteigen. Weil aber die Materie nie ohne Geist, der Geist nie ohne

Materie existiert und wirksam sein kann, so vermag auch die Materie sich zu steigern, so wie sichs der Geist nicht nehmen läßt, anzuziehen und abzustoßen; wie derjenige nur allein zu denken vermag, der genugsam getrennt hat, um zu verbinden, genugsam verbunden hat, um wieder trennen zu mögen.

In jenen Jahren, wohin gedachter Aufsatz fallen möchte, war ich hauptsächlich mit vergleichender Anatomie beschäftigt und gab mir 1786 unsägliche Mühe, bei anderen an meiner Überzeugung: dem Menschen dürfe der Zwischenknochen nicht abgesprochen werden, Teilnahme zu erregen. Die Wichtigkeit dieser Behauptung wollten selbst sehr gute Köpfe nicht einsehen, die Richtigkeit leugneten die besten Beobachter, und ich mußte, wie in so vielen andern Dingen, im stillen meinen Weg für mich fortgehen.

Die Versatilität der Natur im Pflanzenreiche verfolgte ich unablässig und es glückte mir Anno 1787 in Sizilien die Metamorphose der Pflanzen, so im Anschauen wie im Begriff, zu gewinnen. Die Metamorphose des Tierreichs lag nahe dran und im Jahre 1790 offenbarte sich mir in Venedig der Ursprung des Schädels aus Wirbelknochen; ich verfolgte nun eifriger die Konstruktion des Typus, diktierte das Schema im Jahre 1795 an Max Jacobi in Jena und hatte bald die Freude von deutschen Naturforschern mich in diesem Fache abgelöst zu sehen.

Vergegenwärtigt man sich die hohe Ausführung, durch welche die sämtlichen Naturerscheinungen nach und nach vor dem menschlichen Geiste verkettet worden, und liest alsdann obigen Aufsatz, von dem wir ausgingen, nochmals mit Bedacht; so wird man nicht ohne Lächeln jenen Komparativ, wie ich ihn nannte, mit dem Superlativ, mit dem hier abgeschlossen wird, vergleichen und eines funfzigjährigen Fortschreitens sich erfreuen.
Weimar, 24. Mai 1828[8]

Betrachten wir das Fragment über die Natur und den Brief des alten Goethe im Zusammenhang, so deuten sie ein Reich von Gedanken an, das zwei der größten Kommentatoren der Weltgeschichte gefunden hat. Die Naturphilosophien von Schelling und von Hegel lassen sich nämlich als zwei große Versuche darstellen, den Gehalt von

---

[8] Zitiert nach der Hamburger Goethe-Ausgabe, hg. von Erich Trunz, [9]1981, 13, 45ff.

Goethes Anschauung der Natur im Begriff zu fassen. Im Brief an den Kanzler von Müller steht: „Weil . . . die Materie nie ohne Geist, der Geist nie ohne Materie . . . sein kann". Das ist die Formel für Schellings Identitätsphilosophie. Hegels Goethe-Auslegung vernachlässigt den zweiten Teil des Satzes. Das hat Karl Marx mit der ihm eigenen Vehemenz korrigieren wollen und dabei den ersten Teil des Satzes aus dem Auge verloren. Die drei Namen Schelling, Hegel und Marx bezeichnen aber die große Gegenbewegung gegen die neuzeitliche Naturwissenschaft – jene Gegenbewegung, die dann, nicht ohne Einfluß von Engels, im Marxismus untergegangen ist. Auch deshalb ist Marx ein unverstandener Denker geblieben. In anderer Weise hat später Nietzsche diese von Goethe ausgehende Gegenbewegung aufgenommen. Mit Goethes Widerspruch gegen Newton beginnt also eine Richtung des Denkens, in die ich mich selbst zwar nicht einordnen kann, ohne die aber die Gedanken, die ich Ihnen vortragen werde, nicht möglich gewesen wären. Auch aus diesem Grunde ist es sinnvoll, daß wir mit dem Text über die Natur beginnen.

Ich habe Ihnen das Fragment über die Natur zunächst nur deshalb vorgelesen, damit Sie einen unmittelbaren Eindruck davon erhalten, daß Natur ganz anders erfahren werden kann, als wie die Naturwissenschaften sie darstellen und wie die Industriegesellschaft sie wahrnimmt. Eine Interpretation dieses Fragmentes würde uns jetzt vom Weg abführen. Ich gebe nur einige Hinweise. Goethe sagt in dem Brief an den Kanzler von Müller: „Man sieht die Neigung zu einer Art von Pantheismus." Er verweist damit auf den starken Einfluß, den in der Epoche, in die das Fragment gehört, Spinoza auf ihn ausgeübt hat. Sein Jugendfreund Friedrich Jacobi hat bekanntlich an diesem Spinozismus festgehalten und ihn später gegen Schelling philosophisch zu vertreten versucht. „Pantheismus" ist eines jener Schlagworte, die deshalb so beliebt sind, weil sich niemand etwas Genaues dabei denkt. Was man den Pantheismus von Spinoza nennt, ist der Versuch, die durch Descartes in die Philosophie eingeführte Trennung von Geist und Natur dadurch zu überwinden, daß beide als verschiedene Erscheinungsweisen des einen göttlichen Wesens erscheinen. Im Zentrum dieses Versuches steht der Begriff des *amor dei*. Deshalb sagt das Fragment von der Natur: „Ihre Krone ist die Liebe." Die mächtige Wirkung, die Spinoza auf den frühen Goethe und auf den jungen Schelling ausgeübt hat, erklärt sich daraus, daß die Aufhebung des Gegensatzes von Natur und Geist eine Möglichkeit zu eröffnen schien, den toten Mechanismus der Naturbetrachtung der klassischen Physik zu überwinden und die Natur wieder als Leben zu erfahren. Deshalb bezeichnet das Wort „Pantheismus" hier weniger eine philosophische oder theologische Lehre; es bezeichnet eine Zeitstimmung, die sich auch unabhängig von Spinoza in der Literatur und Kunst jener Epoche vielfältig anzeigt. Sie spricht sich im Rahmen einer anderen, vorwiegend durch die stoische Philosophie bestimmten Tradition auch in dem Naturbegriff von Rousseau aus, dem wir die ebenso wichtige wie problematische Entgegensetzung von Natur und Zivilisation verdanken, die Hegel auf den Begriff der Entfremdung gebracht hat. Der junge Marx ist stark von dem Naturbegriff Rousseaus beeinflußt. Goethe unterscheidet sich von den Spinozisten und Rousseauisten seiner Zeit dadurch, daß das Wort „Natur" von ihm nicht ideologisch zur Bezeichnung einer Bewußtseinslage verwendet wird, sondern daß er die Natur wirklich erforscht und in der vergleichenden Morphologie wichtige Entdeckungen gemacht hat. Im Ganzen ist sein Versuch, der Newtonschen Physik ein anderes Modell der Naturwissenschaft entgegenzustellen, mindestens vorläufig gescheitert. Aber er hat die Erscheinungen ernst genommen und mit bewundernswerter Genauigkeit beschrieben und weist dadurch aus, daß seine große Anschauung von der Natur völlig anders begründet ist als die utopischen Träume seiner Zeitgenossen, die „Natur" sagten, wenn sie Gesellschaft meinten. Ebenso hat die Philosophie von Spinoza, wie Leibniz, Kant und die idealistische Schule wußten, eine Basis in den Fundamentalproblemen der Philosophie, von der die Spinozisten des 18. Jahrhunderts, einschließlich Friedrich Jacobi, nichts ahnten. Schelling hat das Problem des Pantheismus in seiner Freiheits-Abhandlung ausführlich erörtert. Ich benutze die Gelegenheit, Sie auf diese Abhandlung und ihre philosophische Erläuterung in dem vor zwei Jahren erschienenen Buch von Martin Heidegger, „Schellings Abhandlung über das Wesen der menschlichen Freiheit (1809)"[9], nachdrücklich hinzuweisen. Nun taucht aber im Hintergrund des Fragmentes über die Natur noch eine ganz andere Größe auf. Man hat schon immer bemerkt, daß

---

[9] Vorlesung aus dem Sommersemester 1936, hg. von Hildegard Feick, Tübingen: Niemeyer, 1971; jetzt: Martin Heidegger Gesamtausgabe, II. Abt., Bd. 42, hg. von Ingrid Schüßler, Frankfurt: Klostermann, 1988.

dieser Text ebenso stark wie durch den Spinozismus durch jenen Platonismus beeinflußt ist, der im 18. Jahrhundert von England ausging und vor allem durch Shaftesbury vermittelt wurde. Der englische Platonismus ist die große Gegenkraft zum Rationalismus der Franzosen. Er bildet das geistige Medium für Hamann und Herder und hat so für die Entwicklung des deutschen Geistes eine kaum abzuschätzende Bedeutung gewonnen. Auch dieser Platonismus ist von dem authentischen Platon weit entfernt. Er ist der Ausdruck einer Zeitstimmung; es fehlt ihm noch der klare Gedanke, oder, wie Hegel sagen würde, der „Begriff". Schelling und Hegel haben dann auch diesen Strom in ihren Systemen aufgefangen und von seinen griechischen Quellen her zu erklären vermocht. Aber auch das Fragment über die Natur geht unmittelbar auf eine griechische Quelle zurück[10].

Im Hintergrund des Fragmentes über die Natur erscheint also die Physis der Griechen. Dem Physis-Begriff der griechischen Philosophie verdankt aber auch Spinoza alles, was seinem System Klarheit und inneren Zusammenhalt verleiht. Betrachten wir die große Gegenbewegung gegen die Naturwissenschaft der Neuzeit, deren wichtigste Namen ich im Zusammenhang mit diesem Fragment erwähnen mußte, so läßt sich zusammenfassend sagen, daß hier der unvollkommene und gescheiterte Versuch gemacht worden ist, jenem Naturbegriff, der seit Descartes das europäische Denken beherrscht, die griechische Physis entgegenzustellen. So führt uns das Fragment über die Natur unmittelbar zu der Frage nach dem Begriff der Natur und seiner Geschichte. Sie haben jetzt eine Anschauung davon gewonnen, wie die Auseinandersetzung um den Begriff der Natur als eine der großen bewegenden Kräfte in die europäische Geschichte der letzten zweihundert Jahre eingreift. Und Sie haben zugleich am Beispiel dieses Fragmentes gesehen, wie die Geschichte dieses Begriffes in einem Dokument gegenwärtig ist, das von dieser Geschichte überhaupt nicht spricht und sie trotzdem mit jedem Worte bezeugt. Das ist ein Beispiel für jene Gegenwart der Geschichte, von der ich einleitend sprach.

---

[10] Vgl. Hamburger Ausgabe, 13, 571, Anmerkungen zum Naturfragment. Franz Dornseiff zeigt, daß das Fragment auf einem orphischen Hymnus basiert, „Goethe und Orpheus", in: Forschungen und Fortschritte, 26, 1950, H. 13/14, 178 ff.

Ich widerstehe der Versuchung, Ihnen an dieser Stelle ausführlich den griechischen Begriff der Physis und den neuzeitlichen Begriff der Natur zu erläutern, denn wenn ich das täte, würde ich doch den gleich zu Beginn abgewiesenen Weg einschlagen müssen, Ihnen eine historische Vorlesung über die Geschichte des Begriffes „Natur" zu halten. Das würde die Folge haben, daß wir nicht mehr über die Natur als solche sondern über die europäische Geistesgeschichte sprechen. Zwar kann man das, was wir heute meinen, wenn wir das Wort „Natur" aussprechen, unmöglich verstehen, wenn man nicht durchschaut, wie sich alle wichtigen Stationen der europäischen Geistesgeschichte in den verschiedenen Bedeutungsnuancen widerspiegeln, die das Wort „Natur" in unserer heutigen Sprache hat. Wir verstehen uns selbst nicht, wenn wir unsere Geschichte nicht verstehen. Aber noch fundamentaler ist der Satz: Wir verstehen uns selbst mitsamt unserer Geschichte nicht, wenn wir die Natur nicht verstehen. Die Natur besser verstehen zu lernen, ist unser Ziel, und wir dürfen nie aus den Augen verlieren, daß uns die Geschichte des Naturbegriffes nur insofern interessiert, als sich von der Natur selbst darin etwas spiegelt. Ich beschränke mich also jetzt auf eine Worterklärung, die uns dann deutlicher erkennen lassen wird, wo wir einzusetzen haben, um die Frage nach dem Wesen der Natur zu präzisieren.

⟨9. Dritte⟩ Zusammenfassung

Betrachten wir Denken als einen Vorgang in der Natur, so betrachten wir es als einen Vorgang des Lebens. Nun können wir den Begriff des Lebens heute nicht mehr naiv verwenden. In der unübersehbaren Skala von Bedeutungen, in denen dieser Begriff für uns schillert, sind alle Vorurteile enthalten, die das europäische Denken vor allem in den letzten zweihundert Jahren ausgebildet hat. Gerade in der Philosophie ist die Verwendung des Begriffes „Leben" höchst bedenklich geworden. Er ist durch die „Lebensphilosophie" und durch die verschiedenen Formen eines primitiven Biologismus ideologisch kompromittiert. Wir haben uns noch nicht die Voraussetzungen erarbeitet, um die Flut von Mißverständnissen, die sich hier eindrängen wollen, abzuwehren. An dieser Stelle beschränke ich mich auf eine sehr einfache Feststellung. Wenn Denken als ein Vorgang in der Natur verstanden werden soll, so reißen wir, wie ich schon sage, die

Mauer ein, die das neuzeitliche Denken zwischen dem Geist und der Natur errichtet hat. Das bedeutet, daß wir nicht bei jener geistlosen Auffassung der Natur stehenbleiben dürfen, die in der Naturwissenschaft kanonisiert wurde, sondern daß die Gesamtheit jener Gehalte, die in das Reich des Geistes verbannt worden sind, nun als vernachlässigte und ignorierte Phänomene in der Natur erscheinen. Dann können wir also auch den Begriff des Lebens nicht so eng fassen, wie die Biologie das tut. Wir müssen lernen, auch die Gebilde des Geistes als Gestaltungen natürlichen Lebens zu interpretieren. Umgekehrt darf sich dann der menschliche Geist, wenn er von Leben spricht, nicht mehr der Willkür seiner Gefühle und Phantasien überlassen, sondern muß einsehen, daß auch jene Sphäre, die er als freie Innerlichkeit verstanden hatte, den strengen und unerbittlichen Gesetzen der Natur unterworfen ist. Wenn ich in diesem Kontext von Leben spreche, kann ich also weder den naturwissenschaftlichen noch den geisteswissenschaftlichen Begriff des Lebens übernehmen. Ich kann aber auch nicht auf ältere Fassungen des Begriffes „Leben" zurückgreifen, denn die Betrachtung unserer eigenen geistigen Situation hat gezeigt, daß uns ganz offenbar alle Voraussetzungen dafür fehlen, um zu verstehen, was etwa im Neuen Testament oder bei Aristoteles oder bei Hegel „Leben" heißt.

Was sich ergibt, wenn man die Schranke zwischen Natur und Denken niederreißt, läßt sich trotz aller dieser Schwierigkeiten sehr einfach sagen. Leben ist ein Phänomen in der Natur. Denken hat es mit Wahrheit zu tun. Wenn Beides zusammengehört, so muß sich im Vorgang des Lebens Wahrheit manifestieren. „Im Leben manifestiert sich Wahrheit": das ist wieder einer jener evidenten Sätze, deren Inhalt wir nicht zu ergründen vermögen. Aber wir können nun sehr einfach sagen, wodurch sich dieses Verständnis des Lebens von den Naturwissenschaften wie von den Geisteswissenschaften unterscheidet. Von Wahrheit ist weder in den Lehrbüchern der Biologie noch in den sogenannten Geisteswissenschaften der Ära nach Hegels Tod die Rede. Seit Popper ist das Wort „Wahrheit" sogar aus der Wissenschaftstheorie verbannt. Ich werde in einer späteren Zusammenfassung genauer erläutern, wie ich die Frage nach der Wahrheit in dieser Vorlesung schon eingeführt habe. Jetzt kam es mir nur darauf an, den Begriff des Lebens gegen die schlimmsten Mißverständnisse zu schützen.

Wenn Denken ein Lebensvorgang ist, so unterliegt es allen jenen

Bedingungen, denen Leben in der Natur überhaupt unterworfen ist. Ich kann diese Bedingungen hier nicht aufzählen, sondern nenne zunächst nur zwei Begriffe, die mit dem Begriff des Lebens untrennbar verbunden sind: der Begriff „Organismus" und ⟨der Begriff⟩ „Evolution". Ich will diese Begriffe hier nicht genauer erörtern, denn dazu fehlen uns noch die Voraussetzungen; für unseren Zusammenhang hebe ich nur folgendes Wichtige hervor:

– Jeder Organismus in der Natur ist ein unverwechselbares Individuum. Das gilt sogar für die Teile der Organismen. Es gibt unter Milliarden Buchenblättern keine zwei identischen Exemplare. Daran erkennen wir, daß für die Natur ein Prinzip konstitutiv ist, das in den Naturwissenschaften vernachlässigt wird, weil es sich nicht mathematisieren läßt. Es trägt in der Philosophie den Namen *principium individuationis*. Mathematisieren läßt es sich deshalb nicht, weil die Zahl der Bestimmungen, die in einem Individuum enthalten sind, und die es von anderen Individuen der gleichen Art unterscheiden, wie man seit alters weiß, im strengen mathematischen Sinne des Wortes „unendlich" ist. Aber obwohl dieses Prinzip sich nicht mathematisieren läßt, ist es die Grundlage aller Mathematik, denn nur durch dieses Prinzip erhält die Zahl 1 einen ausweisbaren Sinn.

– Daß alles Lebendige dem Prinzip der Evolution gehorcht, ist eine der größten Entdeckungen der neuzeitlichen Naturwissenschaft. Manfred Eigen hat vor zwei Jahren in seiner Arbeit „Selforganization of Matter and the Evolution of Biological Macromolecules"[11] gezeigt, daß dieses Grundprinzip des organischen Lebens sich physikalisch ableiten läßt. Wenn er mit seiner Theorie recht behält, wäre ein Bruch in unserem Weltbild geheilt, der mindestens ebenso unheilvoll ist wie der Bruch zwischen Natur und Geist: der Bruch zwischen anorganischer und organischer Natur. Das Wort „Evolution" bezeichnet die allgemeinen Bedingungen jedes geschichtlichen Prozesses. Weil Evolution ein Grundprinzip der Natur ist, müssen wir sagen: die Natur hat Geschichte. Wir können dann nicht mehr die Geschichte des Geistes dem Mechanismus der Natur entgegenstellen, sondern werden uns der Erkenntnis beugen müssen, daß auch die Geschichte dem Naturprinzip der Evolution unterworfen ist. Das klingt, als wäre ich nun doch dem Biologismus verfallen. Aber es

---

[11] Göttingen: Max-Planck-Institut für Biophysikalische Chemie, 1971, Reprint eines Papieres für „Die Naturwissenschaften".

klingt nur so, weil man dabei vergißt, daß der biologische Begriff der Evolution tiefgreifend modifiziert werden muß, wenn auch die Geschichte des menschlichen Denkens einschließlich der Entdeckung des Prinzips der Evolution als Evolution zu verstehen ist.

Die Begriffe „Organismus" und „Evolution" sind aus der Biologie übernommen. Aber sowie wir sie genauer betrachten, erkennen wir in ihnen die beiden Zentralbegriffe des Historismus wieder: Individualität und Entwicklung. Erschien der Satz: „Denken ist ein Vorgang in der Natur" bisher nur als ein willkürliches Postulat, so haben wir jetzt schon einen ersten Schritt getan, der uns zeigt, wie er sich verifizieren läßt. Das berechtigt uns zu einem zweiten Schritt. Will man genauer definieren, was die Begriffe „Organismus" und „Evolution" bedeuten, und wie sie miteinander zusammenhängen, so stellt sich Folgendes heraus: ein Organismus ist kein selbständiges Ding. Er ist nicht das, was die Philosophie seit Aristoteles „Substanz" zu nennen pflegt. Jeder Organismus befindet sich innerhalb seiner Umwelt, und was uns als seine Eigenschaften erscheint, sind in Wahrheit seine Wechselverhältnisse mit dieser Umwelt. Wenn man einen Organismus vollständig definieren wollte, müßte man seine Umwelt vollständig definieren. Diese Umwelt ist aber nicht in sich abgeschlossen, sondern ist, wie wir noch genauer betrachten werden, dem Universum geöffnet. Nun gibt es, wie uns schon die alltägliche Erfahrung lehrt, nicht zwei identische Umwelten, und das ist genau der Grund, weshalb es keine zwei identischen Exemplare derselben Art geben kann. Selbst wenn wir in ein und demselben Garten in fünfzig Zentimeter Abstand zwei Exemplare derselben Rosenart pflanzen, haben diese Exemplare nicht dieselbe Umwelt, denn die chemische Zusammensetzung des Bodens, die Bewässerung und der Lichteinfall sowie die umgebende Vegetation sind an beiden Stellen verschieden, und entsprechend werden die beiden Rosen sich unterscheiden. Hier begegnet uns also zugleich mit der Individualität auch die Relativität aller Organismen in ihrem Wechselverhältnis zur jeweiligen Umwelt. Auch in der Natur ist wie in der Geschichte alles relativ, und trotzdem wäre es ein Unsinn zu sagen, daß eben deshalb alles nichtig wäre.

Im Gegenteil: nur dank dieser Relativität gibt es überhaupt Rosen, gibt es also die Wahrheit, die sich in diesen Rosen manifestiert. Nun ist das Gesetz der Evolution, das ich als das Grundprinzip aller geschichtlichen Prozesse bezeichnet habe, nichts anderes als ein Gesetz über die Wechselbeziehungen, die zwischen Organismen und ihren jeweiligen Umwelten spielen. Man bezeichnet die spezifische Umwelt eines spezifischen Organismus als seine ökologische Nische, das heißt als den Winkel in der Natur, innerhalb dessen seine Entstehung und Entfaltung möglich ist. Die allgemeine Lehre von den spezifischen Lebensbedingungen spezifischer Organismen ist die Ökologie. Aus unserem Gedankengang ergibt sich, daß auch die Gebilde der spezifisch menschlichen Geschichte, also die Gesellschaften, die Staaten und die Wirtschaftssysteme aus dem Wechselverhältnis zwischen menschlichen Gruppen und ihrer Umwelt hervorgehen. Sie sind ebenso ein Teil dieser Umwelt, wie ein Ameisenhaufen ein Teil der Umwelt der in ihm hausenden Ameisen ist. Deshalb wird die Ökologie des Menschen, die Humanökologie, erst dann eine wissenschaftliche Gestalt annehmen, wenn sie zugleich als biologische, als sozialwissenschaftliche und als geschichtswissenschaftliche Grundwissenschaft verstanden wird und alle Sphären des menschlichen Daseins zusammenschließt. Das ist der Grund, weshalb im Friedensforschungs-Projekt der FEST die Humanökologie als Basiswissenschaft der Friedensforschung auftritt.

Ich habe bei diesem Rückblick auf ein schon durchlaufenes Stück unseres Weges den Ausblick in die Landschaft, die wir uns erschließen wollen, etwas erweitert und an einigen Stellen verdeutlicht. Dafür habe ich Anderes unberührt gelassen, was wir bei einer späteren Gelegenheit wieder aufgreifen werden. Ich halte dabei konsequent an jener Form der Gedankenführung fest, die das Bild vom Weg, der durch eine Landschaft führt, erläutern sollte. Das Wort „Methode", griechisch μέθοδος, bedeutet: Weg zu einem Ziel. Wenn man den Weg nach einem Ziel ausrichtet, läßt man alles, was von diesem Ziel ablenken könnte, rechts oder links vom Wege liegen. Läßt man sich von dem Gelände verführen, von der Richtung auf das Ziel abzuweichen, so wird das als „Abschweifung" getadelt. Aus dieser Grundvorstellung ergibt sich der lineare Charakter der Gedankenführung in der europäischen Philosophie. Wenn wir aber verstehen wollen, was Natur ist, wird die Vorstellung von einem zu erreichenden Ziel des Weges sinnlos. Denn Natur ist nicht das Ziel des Weges, sondern die Landschaft, durch die er uns führt, und auch der Weg und wir, die wir ihn gehen, sind Natur. Hier wäre sowohl die Vorstellung von einem zu erreichenden Ziel wie auch die lineare Gedankenführung unsachgemäß und irreführend. Da aber das europäische Denken Methoden nichtlinearer Gedankenführung bisher nicht ausgebildet hat, müssen wir uns, wenn wir Natur verstehen wollen, an unbekannte Formen denkender Erkundung und ⟨an⟩ tief versunkene Formationen von zu durchmessendem Gelände gewöhnen. Was an der Ausarbeitung dieser Vorlesung Arbeit ist, steckt nicht in den niedergeschriebenen Sätzen sondern in dem Versuch, große Zusammenhänge, die man bisher getrennt betrachtet hat, dadurch in ihrer Verbundenheit zu erkennen, daß anders vorgegangen wird.

Um einen solchen Zusammenhang ans Licht treten zu lassen, habe ich Ihnen Toblers Hymnus auf die Natur vorgelesen, den wir trotz der Verschiedenheit in Rhythmus und Diktion, durch Goethes Brief an den Kanzler Müller legitimiert, als ein Zeugnis für Goethes eigene Naturanschauung um 1783 betrachten dürfen. Zwei Jahre vorher, im Jahre 1781, war Kants „Kritik der reinen Vernunft" erschienen, die eine bis heute nicht überholte Grundlegung der neuzeitlichen Naturwissenschaft enthält. Der dort genau bestimmte und begründete Begriff der Natur ist von dem, was in diesem Hymnus „Natur" heißt, so weit entfernt, daß man beim Vergleich geneigt ist zu sagen, es sei unter demselben Namen von gänzlich Anderem, ja Unvereinbarem die Rede. Man könnte also die Frage dieser Vorlesung auch so formulieren: Wie muß Natur beschaffen sein, wenn sie sich Menschen auf so verschiedene Weise zeigen kann? Das Denken unserer Zeit hat einen sehr bequemen Ausweg, sich dieses Problems zu entledigen: die Natur, von der Kant spricht, ist der Bereich der wissenschaftlichen Erkenntnis, die Sphäre der Objektivität. Alles, was in diese Sphäre fällt, stützt sich auf experimentelle Erkenntnis. Es ist nachprüfbar und deshalb wahr. Der Text von Tobler hingegen ist ein Hymnus. Er ist Dichtung. Er fällt also in die Sphäre der Subjektivität. Was in ihm dargestellt wird, ist nicht die Wirklichkeit der Natur sondern der Ausdruck einer ihrer Spiegelungen in der subjektiven Innerlichkeit eines Menschen. Sofern es überhaupt einen Sinn haben sollte, von einer solchen Dichtung zu sagen, sie sei wahr, liegt ihre Wahrheit nicht in der Übereinstimmung mit ihrem vorgeblichen Gegenstand – der Natur; sie liegt vielmehr in der Übereinstimmung mit den subjektiven Gemütsbewegungen eines von Begeisterung ergriffenen jungen Menschen. Wer aus einem solchen Dokument über die Natur selbst etwas lernen will, macht sich lächerlich.

Dem ist entgegenzuhalten, daß Kant gerade durch die streng wissenschaftliche Durchführung seiner Grundlegung der Naturwissenschaft zu der Erkenntnis genötigt wurde, daß diese Wissenschaft nicht die Dinge an sich sondern nur eine bestimmte Form ihrer Erscheinung zu erkennen vermag. Die Gleichung: Objektivität = Wahrheit wurde durch Kant unwiederbringlich aufgehoben. Es ist nur ein Rückfall in überholte Denkweisen, wenn die Wissenschaft in ihren trivialen Formen sich von dem Aberglauben, der sich in dieser Gleichung ausspricht, nicht zu lösen vermag. Jetzt begegnet uns also die Subjektivität und damit das Denken auf der Seite der objektiven Natur. Umgekehrt hat Goethe in seinem Brief an Kanzler Müller diesen Text, bei allen Vorbehalten gegenüber einem überholten „Komparativ", in den Gang der Entwicklung seines naturwissenschaftlichen, nicht seines dichterischen Denkens eingeordnet. Er bringt ihn in Zusammenhang mit so spröden Gebieten wie der vergleichenden Anatomie und der Morphologie der Pflanzen. Man müßte zur Ergänzung auch noch die geologischen Studien erwähnen, die Goethe in jenen Jahren, weil er sich um die thüringischen Bergwerke kümmern mußte, beschäftigt haben. Goethe selbst, der schließlich von Dichtung etwas verstand, hat diesen Text nicht (ästhetisch) als Dichtung, er hat ihn als eine bestimmte Stufe der wissenschaftlichen Erkenntnis verstanden; sein großer Einwand gegen die newtonsche Physik bestand darin, daß nach seiner Auffassung diese Physik die Natur von einem willkürlich gewählten Standort aus, aber nicht so auffaßt, wie diese sich von sich aus zeigt. Eben dies steht nun in merkwürdiger Übereinstimmung mit der Lehre von Kant, die Naturwissenschaft erkenne in ihren Objekten nur die Erscheinung der Dinge. Deshalb hat Goethe gegen Kant nie jenen Widerspruch angemeldet, an dem er Newton gegenüber immer festgehalten hat: er betrachtete Kant, vor allem seit die „Kritik der Urteilskraft" erschienen war, als einen Bundesgenossen aus dem hohen Norden. Schelling und Hegel haben ihre Naturphilosophie als eine begriffliche Durcharbeitung von Goethes Anschauung der Natur entworfen und gezeigt, daß dies gerade auf dem Boden von Kants Transzendentalphilosophie möglich wurde. Deswegen habe ich gesagt, die Werke dieser beiden Philosophen seien ein Kommentar zu den Gedanken, die in dem Hymnus über die Natur und in dem Brief des späten Goethe enthalten sind. Man muß schon einen sehr borniertes Begriff von Wissenschaft haben, wenn man der Philosophie von Schelling und Hegel den Charakter der Wissenschaft absprechen will. Nun steht also auf einmal die Wissenschaft, oder doch eine bestimmte

Form der Wissenschaft, auf der Seite des Hymnus über die Natur, während umgekehrt der Wissenschaftscharakter der objektiven Wissenschaft in einem fragwürdigen Licht erscheint. Das mag uns darüber belehren, wie oberflächlich und wie grundlos das übliche Gerede über Objektivität und Subjektivität, über Wissenschaft und Dichtung und über die Formen menschlicher Erkenntnis tatsächlich ist. Wir müssen diesen ganzen Wust von Vorurteilen beiseitekehren, wenn wir dahin gelangen wollen, von der Natur und vom Menschen etwas zu verstehen.

Tatsächlich ergab dann die genauere Betrachtung einen ganz anderen Befund. Der Hymnus über die Natur ordnete sich in eine große Gegenbewegung des europäischen Denkens gegen das heraufkommende „Maschinenzeitalter" und die damit verbundenen Formen des Kapitalismus ein. Es führt ein direkter Weg von diesem Hymnus zu Karl Marx und zu der Philosophie von Nietzsche. Die Tragfähigkeit der in diesem Hymnus, mit leichter Hand und unverkennbarer Freude am Spiel, vor uns ausgebreiteten Gedanken für eine so große geschichtliche Bewegung ergab sich aber daraus, daß wir hier hinter dem Schleier der dichterischen Worte auf das Urgestein des griechischen Begriffs der Physis stoßen. Der Schrecken vor den unaufhaltsamen Konsequenzen der mechanistischen Denkweise der Naturwissenschaft hat in der Mitte des 18. Jahrhunderts das europäische Denken zu einer Wiederentdeckung versunkener Wahrheiten der griechischen Philosophie geführt. Die Physis der Griechen erscheint als Gegenbegriff zur Natur der neuzeitlichen Naturwissenschaft. Das ist, wie wir im Fortgang sehen werden, noch immer eine falsche Antithese, denn auch der Naturbegriff der Naturwissenschaften hat seine Basis in der Physis der Griechen. Trotzdem habe ich bei dieser Antithese eingesetzt, weil dadurch erst richtig sichtbar wird, daß, wenn wir heute in einer veränderten geschichtlichen Situation danach fragen, was und wie Natur eigentlich ist, die Geschichte des Naturbegriffs etwas anderes ist als ein bloß historisches Beiwerk. Die Positionen, an die ich erinnert habe, haben noch heute in unserem eigenen Denken ihr Schlachtfeld. Sie wirken als gegenwärtige Mächte. Wenn aber unser Denken ein Vorgang in der Natur ist, so sind auch diese Mächte in der Natur. Geschichte ist die Form, wie sich Natur in unserem Denken für uns ereignet. Man kann diesen Satz auch umdrehen: Natur ereignet sich in unserem Denken für unser Denken als Geschichte. Nur in diesem Sinne soll die Rückbesinnung auf die Geschichte des Naturbegriffes hier verstanden werden. Damit wir uns nicht in eine historische Vorlesung verlieren, beschränke ich mich zunächst darauf, die Wortbedeutung von φύσις zu erklären.

⟨10. Φύσις und Schöpfung⟩

Das Wort φύσις ist von dem Verbum φύω abgeleitet. φύειν heißt: wachsen lassen, φύσις heißt also, wenn wir das Wort direkt ins Deutsche übersetzen wollen: der Wuchs. Das lateinische Wort *natura* (abgeleitet von *nasci* = geboren werden) ist als Übersetzung von φύσις gebildet. Wie kommt gerade dieses Wort dazu, die Gesamtheit alles dessen zu umspannen, wovon wir sagen, daß es ist? Da ich mich hier nicht auf die Interpretation griechischer Philosophie einlassen will, ziehe ich zur Erläuterung des Wortes einen Beleg aus der Dichtung heran. Der Höhepunkt der „Aias"-Tragödie des Sophokles ist der Monolog, den der Held spricht, bevor er sich das Leben nimmt. Dieser Monolog beginnt mit den Versen:
ἅπανθ' ὁ μακρὸς κἀναρίθμητος χρόνος
φύει τ'ἄδηλα καὶ φανέντα κρύπτεται –
„Alles läßt die lange und unabzählbare Zeit
Wachsen, das Verborgene, und das Erschienene verbirgt sie."
(646/7)
Das Erste, was wir diesen Versen entnehmen können, ist, daß Wachstum hier anders verstanden wird, als wir dasselbe Wort, mindestens oberflächlich, verstehen. Wir denken beim Wachstum zuerst an die Expansion des quantitativen Volumens. Wachsen heißt in unserer Gesellschaft: größer werden. Diese Bedeutung des Wortes beherrscht die Diskussion über das ökonomische Wachstum. An diese Bedeutung haben die Verfasser der Meadows-Studie gedacht, wenn sie ihr den Titel gaben „Limits to Growth" – Grenzen des Wachstums[12]. Dieser neuzeitliche Begriff des Wachstums, in dem sich Kapitalismus und Sozialismus treffen, hängt unmittelbar mit dem

---

[12] Dennis Meadows, Donella Meadows, Erich Zahn, Peter Milling, The Limits to Growth, New York: Universe Books, 1972; dt. Stuttgart: Deutsche Verlags-Anstalt, 1972; vgl. dazu GP, „Die Bedingungen des Überlebens – Die Grenzen der Meadows-Studie" (1973), in: Hier und Jetzt II, Stuttgart: Klett-Cotta, 1981, 128 ff.

Naturbegriff der neuzeitlichen Physik zusammen, denn die Natur ist nach Descartes *res extensa* – die Realität –, insofern es ihr Wesen ist, ausgedehnt zu sein. Wenn Ausdehnung die Grundbestimmung von Natur überhaupt ist, kann Wachstum nur als quantitative Expansion gedacht werden. Die qualitativen Bestimmungen des Natürlichen kommen dann erst sekundär herein und müssen nach dem methodischen Grundprinzip der neuzeitlichen Naturwissenschaft auf quantitative Bestimmungen zurückgeführt werden. So erkennen wir sofort, daß der Begriff des Wachstums auch für das neuzeitliche Naturverständnis eine große Bedeutung hat, und daß zunächst minimal erscheinende Nuancierungen in der Bedeutung dieses Wortes außerordentliche Konsequenzen haben können.

In den Versen des Sophokles heißt Wachsenlassen: ans Licht Bringen dessen, was verborgen ist. Dem steht das Verbergen dessen, was erschienen ist, gegenüber, und beides zusammen vollbringt die lange, unabzählbare Zeit. Das Erscheinenlassen dessen, was verborgen ist, und das Verbergen dessen, was erschienen ist, sind die beiden Momente des Geschehens in der Zeit, die man zusammendenken muß, um die Bedeutung des griechischen Wortes ἡ ἀλήθεια = die Unverborgenheit = die Wahrheit zu verstehen. So zeigen uns diese Verse des Sophokles zugleich, wie bei den Griechen die Worte φύσις und ἀλήθεια zusammenhängen. Das Erscheinen des Verborgenen trägt in der griechischen Philosophie den Namen γένεσις – das Entstehen. Das Sich-wieder-Verbergen des Erschienenen heißt φθορά – das Vergehen. Die Gesamtheit alles dessen, wovon wir sagen, daß es ist, trägt bei den Griechen den Namen φύσις, weil die „Natur" die Sphäre alles dessen ist, was entsteht und vergeht. Alles Entstehen und Vergehen vollzieht sich aber in der Natur. Wir können aus den Versen des Sophokles sehen, daß auch die Zeit in dem Wort φύσις mitgedacht wird. Das gilt auch für den Naturbegriff der Neuzeit. Die Weise, wie sich Natur den Menschen zeigt, hängt immer davon ab, wie sie die Zeit verstehen.

Die Griechen haben die Zeit nicht wie die Neuzeit als ein indifferentes Verstreichen vorgestellt, das nicht von dem berührt würde, was *in* der Zeit erscheinen mag. Die Verse des Sophokles zeigen uns vielmehr, daß es die Zeit selbst ist, die enthüllt und verbirgt. Die Zeit selbst manifestiert, was in der Zeit ist. Die Zeit selbst bringt das, was sie manifestiert hat, wieder zum Verschwinden. Das ist eine ganz andere Form, die Zeit zu erfahren, die mit der Verschiedenheit der

Naturbegriffe zusammenhängt. Wenn Sie Toblers Fragment über die Natur daraufhin noch einmal durchlesen, werden Sie bemerken, wie stark gerade dieser Grundzug des griechischen Zeit- und Naturverständnisses in ihm wieder durchbricht. Das jüdisch-christliche Verständnis der Zeit geht vor allem von der schmerzlichen Erfahrung der Vergänglichkeit alles Zeitlichen aus, und auch in der griechischen Dichtung findet die Klage über die Vergänglichkeit bewegenden Ausdruck. Aber obwohl die Verse des Sophokles den Todesmonolog des Aias einleiten, hat das Erscheinenlassen in diesen Versen den Vorrang vor dem Entschwindenlassen. Genauer gesagt: die Verse sprechen ein Gleichgewicht zwischen Erscheinen und Entschwinden aus. Aber das Übergewicht des Erscheinens erkennen wir daran, daß nur dank dieses Übergewichtes überhaupt etwas ist.

Nun ist schon verständlicher geworden, warum die Griechen die Natur mit einem Namen bezeichnen, der von dem Verb φύειν – wachsen – abgeleitet ist. Wachstum ist hier kein quantitativer Begriff, sondern bezeichnet das Ans-Licht-Treten dessen, was sich im Wachsen enthüllt. Wachsen heißt also hier: Hervortreten, und φύσις ist der Bereich alles dessen, was hervortritt und sich zeigt. So rückt die Physis in die Nachbarschaft des jüdisch-christlichen Begriffs der Schöpfung, denn auch das Geschaffene tritt in der Schöpfung hervor. Aber es gibt hier einen Unterschied, der für christliches Denken, wie sich aus der Geschichte des Naturbegriffs ablesen läßt, schwer nachzuvollziehen ist. Wenn wir von Schöpfung sprechen, denken wir zu dem, was hervortritt, den, der es hervortreten läßt, hinzu. Wir verstehen also das Hervortreten als ein Hervorgebrachtwerden. Die Natur erscheint als Produktion. Die Griechen hingegen empfanden kein Bedürfnis, zur Sphäre des Hervortretens und wieder Entschwindens einen Schöpfer hinzuzudenken, der dies verursacht. Die Physis kennt kein Woher und kein Wohin. Wenn Sophokles sagt, es sei die Zeit, die alles, was verborgen ist, hervortreten läßt, und alles, was erschienen ist, verbirgt, wird die Zeit nicht zu einem Schöpfergott gemacht, sondern es wird beschrieben, wie die Zeit ist, und wie wir sie Tag für Tag erfahren. Das Hervorbringen kommt dadurch in die Natur hinein, daß es in der Natur ein Wesen gibt, das die Fähigkeit hat, solches, was vorher nicht ist, zum Sein zu bringen, nämlich den Menschen. Der Mensch hat das Vermögen der Produktion. Aber er kann nach griechischem Verständnis dieses Vermögen nur deshalb haben, weil die Natur von sich aus schon so beschaffen ist, daß alles, was in ihr erscheint, hervortritt und wieder entschwindet. Der Mensch ahmt in der Produktion nach, was ihm die Physis unentwegt vormacht. Er kann produzieren, weil er eine in der Physis selbst angelegte Möglichkeit entdeckt hat. Wegen dieser Analogie zwischen dem Hervortreten der Phänomene in der Physis und der Produktion des Menschen hat Platon im „Timaios" das ewige Entstehen des Kosmos so dargestellt, als ob es einen Werkmeister (δημιουργός) gäbe, der sie hervorbringt, und christliche Platon-Deutung hat den platonischen Demiurgen mit dem jüdisch-christlichen Schöpfergott identifiziert. Aber Platon sagt ausdrücklich, der Demiurg sei nur ein mythisches Bild. Die Analogie zum menschlichen Hervorbringen soll uns verständlich machen, wie ein Hervortreten, das keines Schöpfers bedarf, zu denken ist. Ich merke noch an, daß Schelling zwischen der griechischen Physis und dem christlichen Schöpfungsglauben dadurch zu vermitteln sucht, daß er die Natur als bewußtloses Sichselbst-Produzieren von dem bewußten Sich-selbst-Produzieren des Geistes unterscheidet. Sie sehen am Begriff des bewußtlosen Sichselbst-Produzierens, wie nahe die Naturphilosophie von Schelling an den Physis-Begriff der Griechen herankommt. Deswegen habe ich gesagt, daß die Naturphilosophie des Idealismus den Versuch macht, dem mechanistischen Naturbegriff der neuzeitlichen Naturwissenschaft den griechischen Begriff der Physis entgegenzustellen. Trotzdem ist nicht zu übersehen, daß mit dem Begriff des Bewußtseins, selbst wenn er nur negativ gebraucht wird, in den Begriff der Natur ein Element eingeführt wird, das alles verändert.

Da ich schon einmal den Wachstumsbegriff der Ökonomie herangezogen habe, um den Gegensatz zwischen dem neuzeitlichen Begriff des Wachstums und dem griechischen Begriff der Physis zu erläutern, muß auch an dieser Stelle ein Wort darüber gesagt werden, was sich für die Ökonomie ergeben würde, wenn man die Dimensionen wieder öffnet, die im griechischen Begriff des Wachstums enthalten sind. Wir erkennen das am Begriff der Produktion. Die ökonomischen Theorien des Kapitalismus wie des Sozialismus sind Theorien über die Produktions*verhältnisse*. Theorien über die Produktion als solche gibt es nicht und kann es nicht geben, denn wenn man Wachstum nur als quantitativen Prozeß versteht, lassen sich keine Kriterien dafür gewinnen, was hier wachsen soll. Deswegen lernen wir aus den ökonomischen Theorien nur, *wie* produziert werden kann, aber nicht, *was* produziert, was also in der Produktion ans Licht gebracht werden soll. Das ist aber genau der Punkt, an dem heute die Ökonomie mit unserem Ökosystem kollidiert. Wenn wir so weitermachen wie bisher und nicht danach fragen, was in dem uns von der Natur gewährten Spielraum produziert werden kann, werden wir unsere Biosphäre zerstören. Das ist eine ebenso große wie unerwartete Rechtfertigung des griechischen Begriffes der Physis, denn wir beginnen nun zu verstehen, daß Produktion ein Vorgang in der Natur ist, der durch die Möglichkeiten, die die Natur uns vorgibt, streng begrenzt bleibt. Die Wachstumskrise, in die wir eingetreten sind, wird uns zwingen, dies wieder zu lernen. Deshalb ist griechische Philosophie heute so aktuell, wie sie es im christlichen Abendland noch nie gewesen ist.

Nun kann das Denken aber bei dem, was Sophokles in den beiden Versen ausspricht, nicht stehenbleiben. Es muß nach dem Wesen und nach der Herkunft dessen fragen, was verborgen ist, bevor es in der Zeit hervortritt. Wenn wir das organische Leben betrachten, treten in verschiedenen Gestalten immer die gleichen Strukturen hervor. Deswegen können wir diesen Baum hier als Birke und dieses Tier hier als einen Hund identifizieren. Aber auch in der anorganischen Natur tritt immer das Gleiche hervor, nämlich die reinen Verhältnisse der Zahlen, die uns zum Beispiel in der Bewegung der Gestirne erscheinen. Deswegen haben die Griechen das Erscheinen in der Zeit von dem unveränderlichen Sein unterschieden, das in diesem Erscheinen sich manifestiert. Das Unveränderliche, das sich in allem, was erscheint, zugleich manifestiert und verbirgt, haben die Griechen, weil es unsterblich ist, „göttlich" genannt. Auch dieses göttliche und beständige Sein gehört in die Sphäre der Physis, denn es erscheint ja in der Physis. Deswegen umspannt die Physis der Griechen den Bereich des Göttlichen wie den Bereich des Sterblichen, und in dieser Physis lebt der Mensch, der beides – das Sterbliche wie das Göttliche – zu erkennen vermag. Hier liegt der größte, der fundamentale Gegensatz zwischen dem Physis-Begriff der Griechen und dem Naturbegriff der Neuzeit. Der christliche Schöpfungsglaube schließt den Gedanken aus, daß Gott in der Natur enthalten ist. Er kann in der Natur nur seine Gedanken oder die Freiheit seines schöpferischen Willens zu erkennen geben. In diesem sehr präzisen Sinne ist der Naturbegriff der Christen „gottlos". Aber die cartesische Trennung der *res cogitans* von der *res extensa* hat auch den Menschen, der die Natur erkennt, aus der Natur herausgebrochen. Ich werde auf die theologische Vorgeschichte des Cartesianismus noch zu sprechen kommen. Die Natur der neuzeitlichen Naturwissenschaft ist also nur ein Fragment der griechischen Physis. Sie ist der Inbegriff aller jener Phänomene, die Objekte der Erkenntnis sein können, wenn man zuvor die Götter und das menschliche Denken aus der Natur eliminiert hat. Gewiß kommt in dieser Natur dann auch der Mensch vor, aber nur, insofern er Objekt ist. Die Projektion naturwissenschaftlichen Denkens in die sozialen Gefüge hat Strukturen geschaffen, in denen der Mensch tatsächlich nur noch als Objekt rationaler Planung vorkommt. Wenn Sie die letzte Konsequenz dieser Verfahrensweise sich klarmachen wollen, fordere ich Sie auf, in Adornos „Negativer Dialektik" das Kapitel zu lesen, das die Überschrift trägt „Nach Auschwitz Philosophieren".

Die geistige Situation der neuzeitlichen Philosophie und Naturwissenschaft ist also dadurch charakterisiert, daß die in der griechischen Physis zusammengeschlossenen Sphären Gottes, des Menschen und alles dessen, was entsteht und vergeht, auseinandergebrochen sind. Die Naturwissenschaft der Neuzeit setzt diese Situation voraus. Von Gott hat Laplace gesagt, er habe diese Hypothese nicht mehr nötig. Die Humanität des Menschen kommt als Gegenstand naturwissenschaftlicher Forschung nicht vor. Die Physik stellt auch nicht die Frage, wie in der Natur ein Lebewesen, das diese Physik hervorbringt, möglich ist. Natur wird vielmehr nur als Objektsphäre verstanden und erforscht. Sie verhält sich spiegelbildlich zur Theologie, die nach dem Wesen der Natur nicht mehr fragt und deshalb außerstande ist zu sagen, was die Atomkerne oder die Spiralnebel mit dem Schöpfungsglauben noch zu tun haben sollen. Für die Philosophie ist die Zertrümmerung der Welt, die im Denken lange geschehen sein mußte, bevor sie das Industriezeitalter in der Realität praktizieren konnte, die große Herausforderung gewesen. Wir können das daran ablesen, daß es seit Spinoza als die Aufgabe der Philosophie betrachtet wurde, ein „System" zu entwerfen, das heißt die Einheit dessen, was auseinandergebrochen war, wieder denkbar zu machen. Die großen Systementwürfe der Metaphysik von Spinoza bis zu Hegel und dem späten Schelling sind insgesamt Versuche, den Zusammenhang von Gott, Mensch und Natur als Einheit zu denken, also die griechische Physis wieder herzustellen, ohne den Gewinn an Erkenntnissen preiszugeben, die durch die Destruktion der griechischen Physis erst möglich wurden. Die Krise der Metaphysik, von der ich schon sprach, ist dadurch verursacht, daß sich herausgestellt hat, daß diese Aufgabe unlösbar ist. Mit dieser Feststellung ist aber der Punkt bezeichnet, an dem wir mit der genaueren Arbeit einsetzen müssen. Wir müssen versuchen zu verstehen, warum es unmöglich ist, Gott, Mensch und Natur so in ein System zusammenzuschließen, wie die Metaphysik das versucht hat. Denn nur, wenn es uns gelingt, die Klippe zu erkennen, an der diese großen Versuche gescheitert sind, können wir hoffen, einen Horizont des Denkens zu erschließen, in dem sich auch die Natur wieder so zeigt, daß wir als Menschen in ihr leben können, ohne unser Menschsein negieren zu müssen. Ich werde deshalb nach dieser flüchtigen Orientierung über den Unterschied von Physis und Natur versuchen, Ihnen an einem Beispiel zu zeigen, wie der Naturbegriff der neuzeitlichen Naturwissenschaft mit dem philosophischen Begriff des Systems zusammenhängt, und welche Aufgabe des Denkens durch den Entwurf eines Systems gelöst werden sollte. Als Beispiel wähle ich den Philosophen, der selbst ein großer Physiker war und die versteckten Voraussetzungen der neuzeitlichen Physik am besten verstanden hat, nämlich Kant.

⟨11. Die Einheit der Natur und Kants Systembegriff⟩

Wenn ich im Rahmen einer Vorlesung über Kant seinen Begriff des Systems erläutern wollte, müßte ich eine ausführliche Interpretation jenes Kapitels vorlegen, das den Höhepunkt und Abschluß der „Kritik der reinen Vernunft" bildet. Dieses Kapitel ist das dritte Hauptstück der „Transzendentalen Methodenlehre" und trägt die Überschrift „Die Architektonik der reinen Vernunft". Da es uns hier nicht um die genaue und ausführliche Interpretation von Kant sondern um das Verständnis der Natur geht, werde ich einen kürzeren Weg einschlagen und auf das Architektonik-Kapitel nur kurz eingehen. Zuvor muß ich aber deutlich machen, wie das Problem, das Kant durch seinen Systementwurf zu lösen versucht, mit den Problemen der heutigen Naturwissenschaft zusammenhängt. Carl Friedrich von Weizsäcker hat eine Reihe von Aufsätzen über die Grundlagen der Naturwissenschaft unter dem Titel „Die Einheit der Natur" veröffentlicht. Der Sinn dieses Titels ergibt sich aus dem zweiten Teil dieses Buches, der unter der Überschrift „Die Einheit der Physik" einen geschlossenen Entwurf zu einer neuen Grundlegung der Physik enthält. Dabei ist anzumerken, daß die Physik nach der heute allgemein herrschenden Auffassung, die auch Weizsäcker vertritt, die Fundamentaltheorie für die Gesamtheit der Naturwissenschaften ist. Deshalb sagt Weizsäcker in seiner Einleitung: „Den Gegenstand, um den es hier geht, nennen wir die Natur, was eine Übersetzung des griechischen Wortes Physis ist. Die Wissenschaft, die diese Einheit der Natur zum Ausdruck bringen müßte, heißt auch heute noch Physik. Erkannte Einheit der Natur wäre insofern Einheit der Physik." (13) Die Vorlesung, die ich Ihnen halte, ist eine Auseinandersetzung mit dieser These. Wir haben Anfang Oktober ⟨1973⟩ im Rahmen der FEST eine Woche lang unsere wechselseitigen Positionen zueinander in ein Verhältnis zu setzen versucht und dabei ein erstaunlich hohes Maß an Übereinstimmung festgestellt – einer Übereinstimmung, die man nicht zu sehen bekommt, wenn man sich nur an die geschriebenen Worte hält. Bei dem Versuch, die impliziten Voraussetzungen von Weizsäckers Position sichtbar und einer Prüfung zugänglich zu machen, stellte sich heraus, daß ein Rückgang auf den Systembegriff von Kant nicht zu entbehren war. Was ich Ihnen jetzt darüber sagen werde, ist die erweiterte Fassung eines Papiers, das ich als Diskussionsgrundlage für jenes Gespräch ausgearbeitet habe. Ich erzähle Ihnen diese Vorgeschichte, um jeden Zweifel darüber auszuschließen, daß wir mit der Erinnerung an Kant nicht in historische Erörterungen ausweichen, sondern einen direkten Zugang zum Verständnis des Naturbegriffs der Physik des 20. Jahrhunderts suchen.

Weizsäcker schreibt in starker Verkürzung, die Einheit der Physik sei die erkannte Einheit der Natur. Wer begreifen will, was Weizsäcker unter Einheit der Physik versteht, möge in dem Buch die Aufsätze lesen: II, 3 „Die Einheit der Physik als konstruktive Aufgabe" und II, 4 „Ein Entwurf der Einheit der Physik". Die Einheit der Physik hat nach Weizsäcker die Form einer abgeschlossenen Theorie, die, wie er glaubt, erreicht werden kann, wenn die drei Disziplinen: Quantenmechanik, Elementarteilchentheorie und Kosmologie in einem einheitlichen Gedankengang begründet sind. Wenn dies erreicht wird – und Weizsäcker hält das für relativ kurzfristig möglich –, dann wäre die gesamte Physik im selben Sinne eine abgeschlossene Theorie, in dem Heisenberg auch die klassische Mechanik, die klassische Elektrodynamik, die spezielle Relativitätstheorie und die Quantenmechanik als abgeschlossene Theorien bezeichnet hat. Sie können bei Weizsäcker nachlesen, was er über den hier vorausgesetzten Theoriebegriff und die damit verknüpften philosophischen Probleme sagt.

Definiert man „Einheit" durch die konstitutiven Merkmale einer abgeschlossenen Theorie, so gelangt man zu einem nachprüfbaren und logisch konsistenten aber auch sehr eingeschränkten Begriff der Einheit. Die Behauptung, die Einheit einer abgeschlossenen Theorie sei die erkannte Einheit der Natur, ist deshalb geeignet, Widerspruch hervorzurufen. Aber so würde Weizsäcker auch falsch verstanden, denn am Schluß der Einleitung steht ein ganz anderer Satz über die Einheit. Er heißt: „Die Einheit von Mensch und Natur, von Subjekt und Objekt scheint ihren Grund in der Einheit der Zeit zu haben. Wie verhält sich die Einheit der Zeit zur Einheit des Einen? Diese Frage ist in diesem Buch nicht mehr behandelt." (16) Die Einheit von Subjekt und Objekt ist das Grundproblem aller philosophischen Systementwürfe von Spinoza bis zum späten Schelling. Wenn Weizsäcker sagt, diese Einheit scheine ihren Grund in der Einheit der Zeit zu haben, bezieht er sich auf den letzten Abschnitt meiner Abhandlung „Die Erfahrung der Geschichte", in der ich gesagt habe, Wahrheit sei die Erscheinung der Einheit der Zeit[13]. Die Einheit des Einen ist die Gestalt, in der die Metaphysik von Parmenides bis Hegel vom Wesen Gottes gesprochen hat. Philosophie beruht deshalb nach Weizsäckers Schlußsatz auf dem Gerüst der klassischen Metaphysik: Natur – Mensch – Gott im System als Einheit gedacht. Dazwischen schiebt sich die Einheit der Zeit. Die Frage, ob die Einheit der Zeit, wenn sie verstanden wird, uns noch erlaubt, Subjekt, Objekt und Gott als Identität zu denken, wird nicht erörtert. Das ist der Punkt, an dem meine kritische Frage einsetzt. Der Erläuterung dieser Frage soll die Erörterung von Kants Systembegriff dienen.

Auf die Geschichte des Begriffes „System", der aus der Musiktheorie der Pythagoräer stammt, kann ich hier nicht eingehen. Ich wähle einen Abkürzungsweg und entnehme die wichtigsten Bestimmungen des Begriffs „System" dem Architektonik-Kapitel aus der „Kritik der reinen Vernunft". Kant sagt zu Beginn dieses Kapitels: „Ich verstehe unter einer Architektonik die Kunst der Systeme. Weil die systematische Einheit dasjenige ist, was gemeine Erkenntniß allererst zur Wissenschaft, d. i. aus einem bloßen Aggregat derselben ein System, macht, so ist Architektonik die Lehre des Scientifischen in

---

[13] Wahrheit, Vernunft, Verantwortung, Stuttgart: Klett, 1969, 281 ff.

unserer Erkenntniß überhaupt, und sie gehört also notwendig zur Methodenlehre."¹⁴ Die systematische Einheit ist, wie Kant hier sagt, „dasjenige, was gemeine Erkenntniß allererst zur Wissenschaft macht". Solange unsere Erkenntnisse sich nicht zur systematischen Einheit geordnet haben, sind sie eine Rhapsodie oder „bloß ein zufälliges Aggregat" (B 673; 3, 428). Bis tief ins 18. Jahrhundert hinein hatte auch das menschliche Wissen von der Natur die Form, die Kant hier kritisiert. Sie war noch nicht Natur-*Wissenschaft* sondern Natur-*Kunde* – eine Anhäufung von Kenntnissen, die man mit riesigem Sammlerfleiß zusammengetragen hatte, aber über deren Zusammenhang man keine Auskunft geben konnte. Das Wort „Natur-*Kunde*" ist eine Übersetzung des Titels von dem großen Sammelwerk, in dem der ältere Plinius zur Zeit des Nero das gesamte Wissen seiner Zeit von der Natur zusammengetragen hatte. Das Werk hieß „Naturalis historia". Man hat diesen Titel auch mißverständlich durch das Wort „Natur-Geschichte" übersetzt. Noch in meiner Jugend gab es in den Unterklassen der Gymnasien das Lehrfach „Natur-Geschichte". Aber das griechische Wort ἱστορία heißt nicht Geschichte sondern Erkundung. Die Geschichtsforscher heißen nur deshalb Historiker, weil Herodot die Erkundung der Schicksale von Menschen und Reichen „ἱστορίαι" genannt hat. Er hat aber diesen Titel gerade deshalb gewählt, weil die Erforschung dessen, was wir Geschichte nennen, für ihn von der Erforschung der Geographie, der Ethnologie und der sonstigen Merkwürdigkeiten unserer Welt nicht unterschieden war. Die Geschichtskunde fällt aus der Naturkunde nicht heraus, denn beide Formen der Erkundung entdecken Phänomene und Vorgänge innerhalb der Physis. Im 18. Jahrhundert, zur Zeit, als Kant die „Kritik der reinen Vernunft" schrieb, war diese Bedeutung der Worte „Historia" und „historisch" noch lebendig. Die großen Historiker jener Zeit, wie etwa Voltaire oder Gibbon, haben Geschichte nicht im Sinne des Historismus „geschichtlich" sondern als einen Ausschnitt aus einer umfassenden Weltkunde dargestellt.

Das muß man sich klargemacht haben, um zu verstehen, daß Kant hier als Ergebnis seiner Beschäftigung mit Newton und Leibniz und unter dem Einfluß der wissenschaftstheoretischen Postulate der fran-

---

¹⁴ B 860; 3, 538. Kant wird mit Band und Seitenzahl der Akademie-Ausgabe zitiert; die „Kritik der reinen Vernunft" außerdem mit Buchstaben und Seitenzahl der Originalausgaben.

zösischen Enzyclopädisten einen auch im Bereich der Naturwissenschaften ganz neuen Wissenschaftsbegriff einführt, der sich dann, teils unter dem Einfluß von Kant, mehr noch kraft der immanenten Logik einer mathematischen Naturwissenschaft allgemein durchgesetzt hat und im Gegenzug das neue Selbstverständnis der Geschichtswissenschaften erst möglich machte. Für einen heutigen Naturwissenschaftler klingt es wie eine Trivialität, daß gemeine Erkenntnis erst durch systematische Einheit zur Wissenschaft wird. Zur Zeit von Kant war das eine revolutionäre Idee. Das Wort „revolutionär" ist deshalb am Platz, weil zur gleichen Zeit in der Französischen Revolution eine neue Staatsidee zum Durchbruch kam, die auch den Staat aus einem bloßen Aggregat in ein Vernunftsystem verwandeln wollte. In der Wissenschaft ist diese Revolution ebensowenig selbstverständlich wie in der Politik. Wenn uns der Satz von Kant als eine Trivialität erscheint, so zeigt das nur, daß wir die Fähigkeit verloren haben, das Wesen der neuzeitlichen Wissenschaft und das Wesen des neuzeitlichen Staates zu verstehen.

Nun erhebt Wissenschaft den Anspruch, die Welt so zu verstehen, wie sie ist. Sie erhebt den Anspruch auf Wahrheit. Die Forderung der systematischen Einheit kann also nur gerechtfertigt werden, wenn wir voraussetzen dürfen, daß das System einer Wissenschaft von der Natur die Natur darstellt, wie sie ist, mit anderen Worten: daß die Natur selbst und von sich aus eine systematische Einheit hat. Wäre das nicht so, dann würde uns die systematische Einheit der Wissenschaft von der Natur nur betrügen. Sie würde uns die Natur so präsentieren, wie sie von sich aus nicht ist. Wenn Weizsäcker sagt, die Einheit der Physik sei die erkannte Einheit der Natur, spricht er, als ob es ihm selbstverständlich wäre, daß die Natur dieselbe systematische Struktur hat wie die Wissenschaft. Aber das ist eine verkürzte Redeweise, denn als der Kant-Kenner, der er ist, weiß er, daß Kant sich einen so naiven Kurzschluß von der Form der Wissenschaft auf die Form der Natur nicht erlaubt hat. Nach Kant ist die systematische Einheit der Wissenschaft die erkannte Einheit der *notwendigen Erscheinung* der Natur. Was dies bedeutet, wird später noch zu erläutern sein.

Zunächst kam es mir darauf an, deutlich zu machen, daß in diesem neuen Begriff der Wissenschaft zugleich mit einem ungeheuren Vorgriff ein neuer Begriff der Natur eingeführt wird – ein Begriff der Natur, der zwar der Newtonschen Physik gerecht wird, aber der großen Breite der Naturerkenntnis des 18. Jahrhunderts *nicht* entspricht.

Jene neue Form des Denkens, die mit Descartes anhebt, erreicht erst im Zeitalter der Französischen Revolution mit dem Werk von Kant die geschichtliche Gegenwart. Bis dahin war sie Vorwegnahme einer Zukunft, die noch nicht eingetreten war.
Welche Gestalt von Einheit hat Kant vor Augen, wenn er in der „Kritik der reinen Vernunft" seinen neuen, aber dann für die Philosophie des Idealismus ebenso wie für die weitere Entwicklung der Naturwissenschaft grundlegenden Begriff des Systems einführt? Die erste und wichtigste Forderung, die an eine systematische Wissenschaft gestellt werden muß, wird von Kant im Architektonik-Kapitel nicht erörtert, weil hier nur von der Vernunfteinheit des Systems, nicht von seiner Verstandeseinheit die Rede ist. Was zur Verstandeseinheit einer Wissenschaft gehört, hat Kant in der „Transzendentalen Analytik" der „Kritik der reinen Vernunft" vollständig dargestellt. Die oberste, wenn auch nur negative Bedingung für die Verstandeseinheit eines wissenschaftlichen Systems ist die Widerspruchsfreiheit. Sie wird, wie wir sehen werden, in jener übergeordneten Einheit, die Kant die Einheit der Vernunft nennt, nicht aufgehoben sondern vorausgesetzt. Wenn wir eine Wissenschaft formal als einen Zusammenhang von Aussagen betrachten, so ist zu fordern, daß zwischen diesen Aussagen kein Widerspruch vorkommt. Als das exemplarische Modell eines widerspruchsfreien Systems von Aussagen galt noch im 18. Jahrhundert das Werk des Euklid, „Elementa Geometrica". Euklid wurde bis in die Mitte des 19. Jahrhunderts nicht nur an den Schulen sondern auch an den Universitäten dem Unterricht in Mathematik zugrundegelegt. Noch Newton hat seine „Mathematischen Prinzipien der Naturlehre" mit den Mitteln der euklidischen Geometrie dargestellt (was heutigen Physikern bei der Lektüre dieses Werkes große Schwierigkeiten bereitet), und die kanonische Geltung der euklidischen Geometrie hatte Spinoza dazu veranlaßt, sein System *more geometrico,* das heißt nach dem Modell des Werkes von Euklid, aufzubauen. Auch nach der durch Kant herbeigeführten großen Wende des Denkens haben Fichte und der junge Schelling sich Spinoza zum Muster genommen. Auch Fichtes Wissenschaftslehre macht den Versuch, das System der Philosophie nach dem Modell der euklidischen Geometrie aufzubauen.
Nun ist die euklidische Geometrie nicht aus dem Nichts entstanden. Sie ist auch nicht auf dem Boden einer im heutigen Sinn rein mathematischen Forschung erwachsen. Sie führt vielmehr auf dem Felde

der Mathematik ein Modell der deduktiven axiomatischen Wissenschaft aus, dessen Prinzipien in der platonischen Akademie auf der Basis der platonischen Wissenschaftslehre entworfen wurden. Dem systematischen Aufbau der „Elementa" des Euklid geht der systematische Aufbau einer Wissenschaftstheorie voraus, die Aristoteles in den „Analytica Posteriora" zur Vollendung gebracht hat. Durch die kanonische Geltung des Lehrbuches von Euklid hat also, teils direkt, teils indirekt, auch die Wissenschaftstheorie der „Analytica Posteriora" für das europäische Denken kanonische Geltung erlangt. Die ungeheure Erweiterung der Mathematik und die im Zuge dieser Erweiterung erfolgte Relativierung der euklidischen Geometrie vermochten deren wissenschaftstheoretische Grundlegung in den „Analytica Posteriora" nicht zu erschüttern. Auch heute noch verlangt man von jedem mathematischen System einen axiomatischen Aufbau; der Wissenschaftsbegriff der Mathematik verlangt, daß ihr gesamtes Gebäude im Sinne des platonisch-aristotelischen Entwurfs der Wissenschaftstheorie als ein einziges axiomatisches System aufzubauen ist, wobei die mathematische Logik zur axiomatischen Grundwissenschaft wird. Wenn Weizsäcker von „Einheit der Physik" spricht, überträgt er diesen mathematischen Systembegriff auf die Gesamtheit der Wissenschaften von der Natur. Die philosophische Begründung für diese Übertragung hat Kant in der „Kritik der reinen Vernunft" gegeben.

Die durchgängige Mathematisierung der Naturwissenschaften ist also eine Konsequenz des von ihnen vorausgesetzten Systembegriffs. Wenn Widerspruchsfreiheit die negative Bedingung für systematische Einheit ist, müssen die Aussagen, die innerhalb eines Systems zugelassen werden, jenen Grad der logischen Präzisierung erhalten, der es erlaubt, die Widerspruchsfreiheit nachzuprüfen. Diese Bedingung wird streng nur von mathematisierbaren Aussagen erfüllt. Deswegen erzwingt das Postulat der logischen Konsistenz die Mathematisierung der Naturwissenschaften. Das ist die erste und vielleicht wichtigste Folge des neuzeitlichen Systembegriffs. Er setzt, wie gesagt, die Wissenschaftstheorie der „Analytica Posteriora" voraus. Ich werde aber an einer späteren Stelle dieser Vorlesung darüber sprechen müssen, daß die Übertragung dieses Wissenschaftsmodells und damit des Systembegriffs auf die Erkenntnis der Natur nur durch die Aufhebung einer fundamentalen Regel der platonisch-aristotelischen Wissenschaftslehre möglich wird.

Nun ergibt aber die Widerspruchsfreiheit noch kein System, denn eine ins Unendliche fortgesetzte Reihe von widerspruchsfreien Aussagen würde keine Erkenntnis ergeben. Erkenntnis stellt sich erst ein, wenn wir ein gegliedertes Ganzes vor uns haben, das so gebaut ist, daß wir jeder einzelnen Aussage ihren richtigen Platz zuweisen können. Die Gliederung läßt sich aus dem Postulat der Widerspruchsfreiheit nicht ableiten. Sie muß einen anderen Ursprung haben. Nach Kant ist sie nicht eine Leistung des Verstandes sondern der Vernunft. Er sagt: „Ich verstehe aber unter einem Systeme die Einheit der mannigfaltigen Erkenntnisse unter einer Idee. Diese ist der Vernunftbegriff von der Form eines Ganzen, so fern durch denselben der Umfang des Mannigfaltigen sowohl, als die Stelle der Theile untereinander *a priori* bestimmt wird." (B 860; 3, 538 f.) Noch deutlicher formuliert er den selben Gedanken in dem Kapitel „Von dem regulativen Gebrauch der Ideen der reinen Vernunft": „Übersehen wir unsere Verstandeserkenntnisse in ihrem ganzen Umfange, so finden wir, daß dasjenige, was Vernunft ganz eigenthümlich darüber verfügt und zu Stande zu bringen sucht, das S y s t e m a t i s c h e der Erkenntniß sei, d. i. der Zusammenhang derselben aus einem Princip. Diese Vernunfteinheit setzt jederzeit eine Idee voraus, nämlich die von der Form eines Ganzen der Erkenntniß, welches vor der bestimmten Erkenntniß der Theile vorhergeht und die Bedingungen enthält, jedem Theile seine Stelle und Verhältniß zu den übrigen *a priori* zu bestimmen. Diese Idee postulirt demnach vollständige Einheit der Verstandeserkenntniß, wodurch diese nicht bloß ein zufälliges Aggregat, sondern ein nach nothwendigen Gesetzen zusammenhängendes System wird." (B 673; 3, 428) Wenn wir ein einzelnes Gebiet des Wissens in eine systematische Ordnung bringen, ohne sein Verhältnis zu den anderen Gebieten des Wissens zu kennen, ist, strenggenommen, die Verwendung der Worte „System" und „Einheit" noch nicht erlaubt, denn es kann sich ja jederzeit herausstellen, daß diese Ordnung der Ordnung anderer Wissensgebiete widerspricht. Das Chaos, das in der Wissenschaft des 20. Jahrhunderts durch die Partikularisierung der Einzelwissenschaften entstanden ist und sich bei der Anwendung dieser Wissenschaften in eine Restriktion der Einheit der Sachgebiete übersetzt, hat hier seinen Ursprung. Jede Spezialwissenschaft gibt sich einen vermeintlich systematischen Aufbau und versucht dadurch, die Konsistenz eines in sich geschlossenen Systems zu erreichen. Die übergreifende Ordnung, in die sie, gerade wenn sie systematisch sein will, eingeordnet werden müßte, wird aus den Augen verloren, und so entsteht eine Unmasse von kollidierenden Einzelsystemen, die sich gerade wegen ihres pseudosystematischen Charakters in keine Einheit mehr einfügen lassen. Nach Kant ist dieser Zustand der Wissenschaft ein Zustand der totalen Vernunftlosigkeit, denn er definiert die Vernunft als das Vermögen der Einheit. Und unter Einheit versteht er, wie die soeben zitierte Stelle zeigt, die Einheit unserer Verstandeserkenntnisse „in ihrem ganzen Umfange" (Sperrung GP). Nun haben wir aber schon gesehen, daß erst die so verstandene systematische Einheit die Wissenschaft zur Wissenschaft macht. Nach Kant wäre alles, was sich heute „Wissenschaft" nennt, wegen des Fehlens der systematischen Einheit unwissenschaftlich.

Wo ist nun jene Einheit zu finden, durch deren Erkenntnis sich das System als System und die Wissenschaft als Wissenschaft konstituiert? Kant hat gezeigt, daß diese Einheit kein möglicher Gegenstand der Erkenntnis ist. Sie ist im Vernunftvermögen angelegt, aber sie ist der Vernunft nicht gegeben. Sie ist vielmehr eine unendliche Aufgabe der Vernunft. Was heißt das? Kant sagt von den Vernunft-Ideen, deren System die Möglichkeit der systematischen Einheit konstituiert, Folgendes: Sie haben „einen vortrefflichen und unentbehrlich nothwendigen regulativen Gebrauch, nämlich den Verstand zu einem gewissen Ziele zu richten, in Aussicht auf welches die Richtungslinien aller seiner Regeln in einen Punkt zusammenlaufen, der, ob er zwar nur eine Idee *(focus imaginarius),* d. i. ein Punkt, ist, aus welchem die Verstandesbegriffe wirklich nicht ausgehen, indem er ganz außerhalb den Grenzen möglicher Erfahrung liegt, dennoch dazu dient, ihnen die größte Einheit neben der größten Ausbreitung zu verschaffen" (B 672; 3, 428). Der Begriff *focus imaginarius* gehört in die Lehre von der malerischen Perspektive. Er bezeichnet den Punkt, in dem sich alle Linien eines perspektivischen Gemäldes, wenn man sie verlängern würde, treffen müßten. Vielleicht haben Sie schon einmal gesehen, wie etwa Dürer eine solche zentralperspektivische Bildkonstruktion entworfen hat. Der Punkt, auf den sämtliche Linien eines solchen Gemäldes bezogen sind, ist nicht ein Gegenstand der bildnerischen Darstellung. Der Maler blickt unbeirrbar auf diesen Punkt hinaus, aber der Punkt selbst liegt jenseits des erscheinenden Bildes in einem nur vorgestellten, das heißt imaginären Raum. Deswegen wird er *focus imaginarius* genannt. Entsprechend läßt sich jene Einheit, auf welche die Vernunft hinausblickt, wenn sie unsere Verstandeserkenntnisse ordnet, im Bereich der Erscheinungen nicht vorfinden. Sie liegt notwendig jenseits der Erscheinungen und ist deshalb nicht ein Gegenstand sondern eine Idee. Aber der Zusammenhang, innerhalb dessen sich unsere Erkenntnis der Erscheinungen zu einem gefügten Ganzen ordnet, stellt sich nur her, wenn wir alle Erkenntnis der Erscheinungen auf diese, jenseits ihrer liegende Idee beziehen. Im gleichen Sinne, wie man das Gesetz der Zentralperspektive als das Prinzip aller perspektivischen Bilder bezeichnen könnte, nennt Kant auch die Vernunft-Ideen „Prinzipien". Er nennt die Kunst der Systeme „Architektonik", weil die aristotelische Tradition, in der er steht, in diesem Wort den Begriff ἀρχή = Prinzip mit dem Begriff des tektonischen Gefüges verbunden hat. Ein System ist also ein Gefüge der Erkenntnis, das sich nach einem Prinzip zu einem geordneten Ganzen zusammenschließt. Nur eine Erkenntnis aus Prinzipien kann nach Kant als systematische Erkenntnis und damit als Wissenschaft gelten.

Der Vergleich mit der Zentralperspektive macht uns auch deutlich, was Kant meint, wenn er sagt, die Vernunft-Ideen hätten einen „unentbehrlich nothwendigen regulativen" Gebrauch. Auf einem streng nach dem Gesetz der Zentralperspektive aufgebauten Bild gibt es keine einzige Linie, ja keinen Punkt, der nicht durch den Bezug des gesamten Bildes auf den *focus imaginarius* reguliert wäre. Das gesamte Bild ist durch das Gesetz der Zentralperspektive so streng durchorganisiert, daß nicht das kleinste Element verschoben werden könnte. Das ist eine Form der Konsistenz, die einen gänzlich anderen Ursprung hat als jene Einheit, die sich negativ durch den Nachweis der Widerspruchsfreiheit aufzeigen läßt. Um die Struktur dieser Konsistenz sichtbar zu machen, führt Kant Begriffe ein, die nicht in die Wissenschaftslehre der „Transzendentalen Analytik" sondern in die „Kritik der Urteilskraft" gehören. Er sagt: Die Vernunft-Idee „enthält also den Zweck und die Form des Ganzen, das mit demselben congruirt" (B 860; 3, 539). Die Begriffe „der Zweck", „die Form", „das Ganze" gehören in den Zusammenhang jener transzendentalen Teleologie, die Kant in der „Kritik der Urteilskraft" entworfen hat, um die Gesetze des organischen Lebens verständlich zu machen. Kant hat mit seiner durchdringenden Intuition erkannt, daß diese Begriffe ihre Herkunft nicht aus der Wissenschaft sondern aus dem künstlerischen Vermögen des Menschen herleiten. Sie haben

ihren letzten Ursprung in dem Vermögen der produktiven Einbildungskraft. Deshalb hat Kant es für nötig gehalten, seiner Lehre von den Prinzipien des organischen Lebens in der „Kritik der Urteilskraft" eine Theorie der Ästhetik voranzustellen, die uns den transzendentalen Ursprung jener Begriffe erkennen läßt, von denen wir Gebrauch machen müssen, wenn wir die mannigfaltigen Gestaltungen des organischen Lebens erklären wollen. Auch der Begriff der Architektonik verweist schon auf den Ursprung der Idee des Systems aus dem Vermögen zur Kunst. Deshalb sagt Kant im ersten Satz des Architektonik-Kapitels: „Ich verstehe unter einer Architektonik die K u n s t der Systeme." (Sperrung GP)
Die Erkenntnistheorie und Wissenschaftstheorie des 19. und 20. Jahrhunderts hat Kants Entdeckung, daß die Konsistenz einer Wissenschaft nicht durch ihre Widerspruchsfreiheit sondern durch den künstlerischen Entwurf des Ganzen zustandekommt, aus dem Auge verloren. Damit haben die Wissenschaften ihr organisierendes Prinzip eingebüßt und verbreiten sich, wie Krebszellen wuchern. Jene eigentümliche Blindheit für elementare Sachverhalte, die seit der Mitte des 19. Jahrhunderts – parallel zum Fortschritt der Industrialisierung – das wissenschaftliche Denken befallen hat, mußte auch auf die Kant-Interpretation ihre Rückwirkungen haben. Kants Lehre von den Vernunft-Ideen und der in ihnen begründeten systematischen Einheit möglicher Erkenntnis bildet das Zentrum nicht nur der „Kritik der reinen Vernunft" sondern seiner gesamten Philosophie. Aber im Neu-Kantianismus, der bis heute die Kant-Interpretation weithin beherrscht, wurde diese Lehre an den Rand gedrängt oder gar ignoriert, und das hatte für das gesamte Verständnis der Philosophie von Kant die unheilvollsten Folgen. Wenn wir Kants System-Begriff verstehen wollen, müssen wir uns den transzendentalen Ideen zuwenden. Sie bilden untereinander selbst ein System, und dieses System der transzendentalen Ideen ist das System im eigentlichen Sinne des Wortes, weil seine Struktur das Schema vorzeichnet, nach dem wir alle unsere Erkenntnisse ordnen müssen, wenn wir sie zu einer systematischen Einheit zusammenfügen wollen. Sie sind also sozusagen das System im System. Ich halte mich bei ihrer Darstellung nicht an die „Kritik der reinen Vernunft". Wir versuchen vielmehr, uns auf die höchste und letzte Stufe der kantischen Philosophie zu begeben, von der wir durch die Notizensammlung des sogenannten „Opus Postumum", wenn auch nur fragmentarisch,

Kenntnis haben. Ich wähle diesen Weg, um Ihnen zugleich einen Kant vorzustellen, der weithin unbekannt ist, obwohl er uns, wenn wir genauer zusehen, schon in der „Kritik der reinen Vernunft" begegnet.

> **„Der Transscendentalphilosophie höchster Gegenstand**
> Gott, die Welt, und dieser ihr Inhaber, der Mensch
> in der Welt
> in Einem das All der Wesen vereinigenden System
> der reinen Vernunft vorgestellt
> von"[15]

Wir betrachten diese Notiz hier nicht, um Kant-Philologie zu betreiben, sondern um Klarheit in eine Fragestellung zu bringen, die uns von Kant wegführen wird. Ich bitte deshalb die Aufmerksamkeit nicht auf die sehr schwierigen Probleme der Kant-Interpretation zu richten, vor die uns jede Beschäftigung mit dem „Opus Postumum" notwendig stellt. Wir wollen lediglich verstehen, was hier das Wort „System" bedeutet.

Die Überschrift „Der Transscendentalphilosophie höchster Gegenstand" ist das Subjekt dieses Satzes. Die Worte „Gott, die Welt, und dieser ihr Inhaber, der Mensch in der Welt" sind eine Parenthese, die auf höchst ungewöhnliche, ja anstößige Weise den Begriff „höchster Gegenstand" erläutern. Wie Kant auf dieser Stufe seines Denkens den Begriff „Transzendentalphilosophie" verstanden hat, lehrt uns die erste Notiz auf dieser Seite: „Der transsc: Idealism ist der Schlüssel zur Eröfnung aller Geheimnisse des ganzen Weltsystems". Das gibt einen Hinweis auf die Bedeutung der Worte „in Einem das All der Wesen vereinigenden System der reinen Vernunft". Das „Eine das All der Wesen vereinigende System" ist offenbar mit dem „ganzen Weltsystem", dessen Geheimnisse eröffnet werden sollen, identisch. Gleichzeitig ist es aber ein System der reinen Vernunft und wird vorgestellt von Immanuel Kant. Daraus ergibt sich eine Zweideutigkeit im Begriff des Systems, die uns später noch beschäftigen wird.

Was ist nun der Transzendentalphilosophie höchster Gegenstand? Kant hat in der „Kritik der reinen Vernunft" das Wort „Gegenstand" auf die Sphäre der Gegenstände möglicher Erfahrung eingeschränkt. „Gegenstand" ist das Objekt der Verstandeserkenntnis. In

---

[15] 21, 38; vgl. 279ff.

der transzendentalen Dialektik hat er bewiesen, daß weder Gott, noch der Mensch, noch die Welt als Gegenstände vorgestellt werden können. Auch hier bezieht sich das Wort „Gegenstand" nicht auf eines der Glieder dieser Trias. Was in dem System der Vernunft vorgestellt werden soll, ist die Vereinigung des Alls der Wesen, also die Einheit dieses Alls. Die Einheit des Vernunftsystems ist kein Verstandesbegriff sondern ein Vernunftbegriff oder, wie Kant sagt, eine transzendentale Idee. Unmittelbar vor unserer Notiz hat Kant notiert: „Der höchste Standpunct der Transsc. Phil. im System der Ideen Gott die Welt und der seiner Pflicht angemessene Mensch in der Welt". Dieselbe Formulierung erscheint auf der ersten Seite des fünften Bogens als Alternative zu der von uns betrachteten Formulierung des Titels (21, 54). Mit anderen Worten: Kant schwankt zwischen den Begriffen „höchster Gegenstand" und „höchster Standpunkt". Das ist die gleiche Zweideutigkeit, wie sie uns im Begriff des Systems schon begegnet ist. Wie immer wir aber dies zu verstehen haben – jedenfalls müssen wir hinnehmen, daß Kant hier eine transzendentale Idee, genauer: die Einheit des Systems der transzendentalen Ideen, als „Gegenstand" bezeichnet hat. Wir brauchen daran nicht Anstoß zu nehmen, denn der späte Kant hat sich seiner eigenen Terminologie gegenüber durchgängig eine souveräne Freiheit bewahrt.

Ebenso ungewohnt ist der hier auftretende Begriff der Vorstellung: „Der Transscendentalphilosophie höchster Gegenstand . . . in Einem . . . System der reinen Vernunft vorgestellt von" Immanuel Kant. Das Wort kann nicht bedeuten, daß das geplante Werk nur eine Vorstellung des empirischen Subjektes Immanuel Kant enthalten soll. „Vorgestellt" kann hier nur heißen „dargestellt". Auf derselben Seite des „Opus Postumum" steht die Variante: „Gott über mir die Welt außer mir und der freye Wille in mir in Einem System vorgestellt" (21, 41). Wenige Zeilen später folgt der Satz: „Der Welt erkennen will muß sie zuvor zimmern und zwar in ihm selbst". Das Wort „zimmern" erläutert das Wort „vorgestellt". „Zimmern" ist keine Leistung des Verstandes oder der reflektierenden Urteilskraft; wer etwas zimmert, bringt etwas hervor. Die Form des Hervorbringens, um die es sich handelt, haben Fichte und der frühe Schelling als „Konstruktion" bezeichnet. Das war für Kant unmöglich, weil er gezeigt hat, daß Konstruktion sich auf reine Anschauung bezieht, und weil er die intellektuelle Anschauung, in der die Einheit des Systems konstruiert werden müßte, dem Menschen abspricht. Hier verbergen sich „systematische" Schwierigkeiten, auf die ich später zurückkommen muß. Zunächst können wir dankbar feststellen, daß Kant durch das bildhafte Wort „zimmern" unmißverständlich klarmacht, worum es sich handelt: das System hat die Struktur eines Modells. Die Worte „Der Welt erkennen will muß sie zuvor zimmern" bedeuten: jede Erkenntnis der Welt setzt ein vorgängiges Modell dieser Welt voraus. Kants Begriff für ein solches Modell heißt „Entwurf". Kant sagt an der berühmten Stelle in der Vorrede zur zweiten Auflage der „Kritik der reinen Vernunft", er habe die kopernikanische Wendung durch die Erkenntnis vollzogen, „daß die Vernunft nur das einsieht, was sie selbst nach ihrem Entwurfe hervorbringt" (B XIII; 3, 10) [16]. Auf diesen Satz bezieht er sich in der Anmerkung zu B 395: „Die Metaphysik hat zum eigentlichen Zwecke ihrer Nachforschung nur drei Ideen: Gott, Freiheit und Unsterblichkeit ... In einer systematischen Vorstellung jener Ideen würde die angeführte Ordnung, als die synthetische, die schicklichste sein; aber in der Bearbeitung, die vor ihr nothwendig vorhergehen muß, wird die analytische, welche diese Ordnung umkehrt, dem Zwecke angemessener sein, um, indem wir von demjenigen, was uns Erfahrung unmittelbar an die Hand giebt, der Seelenlehre, zur Weltlehre und von da bis zur Erkenntniß Gottes fortgehen, unseren großen Entwurf zu vollziehen." (3, 260) Die Frage, warum die Unsterblichkeit der Weltlehre ⟨und⟩ nicht der Seelenlehre zugeordnet wird, braucht uns hier nicht zu beschäftigen. Wir stellen nur fest, daß der Systementwurf aus dem „Opus Postumum" der synthetischen Ordnung der Anmerkung zu B 395 genau entspricht. Dies ist der „große Entwurf", auf den die Vorrede vorausweist: ein System der Ideen der Transzendentalphilosophie. Dieses System wird auch in der Anmerkung zu B 395 als „systematische Vorstellung" jener Ideen bezeichnet. Die Vorstellung ist auch in dieser Anmerkung die Darstellung dessen, was die Vernunft nach ihrem eigenen Entwurfe „hervorbringt" oder, wie es im „Opus Postumum" heißt, „zimmert". In diesem Sinn ist also das System der reinen Ver-

---

[16] Bei Kant die Schilderung der Entstehung der Naturwissenschaft; in seinen Ausführungen über die „Revolution" der Metaphysik gebrauchte er die Formulierung „daß wir ... von den Dingen nur das *a priori* erkennen, was wir selbst in sie legen" (B XVIII; 3, 13).

nunft die Darstellung des ganzen Weltsystems in einem Modell. „Entwurf" und „Darstellung" sind Formen der Erkenntnis, deren Möglichkeit Kant erst in der „Kritik der Urteilskraft" untersucht hat. Sie gehen aus der Synthesis von produktiver Einbildungskraft und Vernunft hervor.

Bevor wir diese Synthesis genauer erörtern, müssen wir uns den Inhalt des Systementwurfs noch deutlicher machen. Das System soll „das All der Wesen" vereinigen. Was ist das All der Wesen? Auf diese Frage erhalten wir auf der nächsten Seite des Bogens eine klare Antwort: „Das All der Wesen (*vniuersum*) ist Gott u. die Welt" (21, 43). Der Mensch kommt in dieser Definition nicht vor. Er wird an der gleichen Stelle als „Weltbeobachter (*Cosmotheoros*)" eingeführt. Daraus ergibt sich eine wichtige Konsequenz für die Struktur des hier entworfenen Systems. Das All der Wesen enthält in sich Gott und die Welt. Seine Vereinigung im System der reinen Vernunft geschieht durch den Menschen. Gott ist im All der Wesen über mir, die Welt ist im All der Wesen außer mir, obwohl ich selbst, der Inhaber der Welt, in dieser Welt zugleich enthalten bin. Der freie Wille, der das Wesen meiner streng als Subjektivität gedachten Vernunft ausmacht, ist in ihr (21, 41, Z. 13/14). Das Systemmodell ist so gebaut, daß man es nicht mehr anschaulich darstellen kann, weil die Vernunft, die es entworfen hat, hier der Erkenntnis nicht gegenübergestellt wird, sondern so, wie sie von sich selbst aus ist, nämlich als das Subjekt, das das System zu denken vermag, erhalten bleibt. Ich erläutere das durch eine spätere Notiz auf derselben Seite:

„1ste Abtheilung – Gott
2te – – – – die Welt
3te – – – das, was beyde in einem system vereinigt. Der Mensch in der Welt"

Das, was in diesem System vereinigt wird, sind Gott und Welt. Der Mensch erscheint in diesem System nicht als Vereinigtes sondern als der, der vereinigt. Er ist, wie es in einer benachbarten Notiz heißt, „das sich selbst erkennende Sinnenwesen in der Welt" (21, 39). Als Sinnenwesen begegnet er sich selbst, so wie er außerhalb seiner selbst in der Welt ist. Aber sofern er sich selbst erkennt, ist er nicht das Objekt sondern das Subjekt dieser seiner Erkenntnis. Er ist nicht außerhalb seiner selbst sondern in sich. Bedingung seiner Selbsterkenntnis ist aber die Erkenntnis von Gott und Welt. Das ist der Sinn des Satzes: „Der Welt erkennen will muß sie zuvor zimmern und zwar in ihm selbst." (Sperrung GP) Die Eigenart dieses Systems beruht also darin, daß es zwischen den Richtungen, die durch die Worte „*über* mir", „*außer* mir", „*in* mir" bezeichnet werden, vermittelt. Kant sagt in einer benachbarten Notiz: „Man kann Gott u. die Welt nicht in die Idee Eines Systems (vniversum) bringen da sie heterogen sondern muß durch einen Mittelbegrif" (21, 38). Dieser Mittelbegriff ist der als Subjekt des Systems zu denkende Mensch.

Kant kommt mit diesem letzten Wort in eine staunenswerte, um nicht zu sagen erschreckende Nähe zu Hegels „Logik". Um jenen unter Ihnen, die sich mit Hegel vielleicht schon beschäftigt haben, diese Nähe zu illustrieren, führe ich noch einen Parallelentwurf aus dem „Opus Postumum" ein (21, 27)[17].

---

[17] Hier bricht der Text ab. Gemeint ist offenbar der oberste Abschnitt auf 21, 27; im Handexemplar GP der Akademie-Ausgabe steht am Rand „Heidegger, Schelling S. 48." Der Kant-Text lautet:
„System der Transscendental/Philosophie
in drey Abschnitten
Gott, die Welt, *vniversum* und ich Selbst der Mensch als moralisches Wesen
Gott, die Welt und der Weltbewohner der Mensch in der Welt.
Gott, die Welt, und was beyde in realem Verhältnis gegen einander denkt, das Subject als vernünftiges Weltwesen.
Der *medius terminus (copula)* im Urtheile ist hier das Urtheilende Subject (das denkende Weltwesen, der Mensch, in der Welt.) *Subiect, Praedicat, Copula.*"
Vgl. die Ausführung der hier skizzierten Gedanken im Zweiten Teil, 199 ff., insbesondere „Kants System der transzendentalen Ideen", 214 ff.

Erster Teil

⟨Natur und Geschichte

Die Entwicklung des Naturbegriffs⟩

Vorbemerkung

Die erste Hälfte dieser Vorlesung (vom 15. Oktober bis Weihnachten 1973) wurde im November durch eine dreiwöchige Japanreise unterbrochen. Die Vorlesungsstunden vor und nach der Reise wurden zum Teil auf Grund einer sehr flüchtigen Ausarbeitung[18], zum Teil frei gehalten. Damit das Scriptum kein Stückwerk bleibt, habe ich mich entschlossen, die Grundzüge dessen, was bis Weihnachten vorgetragen wurde, nachträglich so weit auszuführen, daß die Anlage des ersten Teiles der Vorlesung durchsichtig wird. Der vorliegende Text reproduziert also bis S. 196 nicht die tatsächlich gehaltene Vorlesung, sondern skizziert nur deren leitende Fragestellung; erst mit S. 199 beginnt der unveränderte zweite Teil der Vorlesung. Der Text stützt sich auf weit verstreute Vorarbeiten, die zum Teil in „Wahrheit, Vernunft, Verantwortung", zum Teil in meinen früheren Vorlesungen, zum Teil in den Aufsätzen enthalten sind, die ich zu ökologischen Problemen veröffentlicht habe[19]. In ihrem systematischen zweiten Teil (Sommersemester 1974) wird die Vorlesung Fragestellungen wieder aufnehmen, die ich im Studienjahr 1972/73 in der Vorlesung über „Kunst und Mythos" ausgearbeitet habe. Die in dem hier rekonstruierten ersten Stück markierte Leitfrage liegt der *gesamten* Vorlesung zugrunde. Sie greift also über das Wintersemester hinaus und dient schon zur Einführung in die Probleme, die uns im Sommersemester 1974 beschäftigen werden.

---

[18] Hier als „Einleitung" abgedruckt, vgl. Anm. 1.
[19] „Philosophie und Völkerrecht" (1971), jetzt in: Hier und Jetzt I, Stuttgart: Klett-Cotta, 1980, 57 ff. – „Mut zur Utopie" (1969) – „Technik und Utopie" (1972) – „Wissenschaftliche Politikberatung und Umweltschutz" (1972), jetzt in: Hier und Jetzt II, 23 ff., 335 ff., 350 ff. – „Umweltschutz und Politik", in: Ernst von Weizsäcker (Hg.), Humanökologie und Umweltschutz (Studien zur Friedensforschung, Bd. 8), Stuttgart/München: Klett/Kösel, 1972, 80 ff. – Die wichtigsten Arbeiten von Georg Picht zu ökologischen Fragen entstanden später: „Die Wertordnung einer humanen Umwelt" (1976), in: Hier und Jetzt II, 383 ff., und vor allem „Ist Humanökologie möglich?" und „Zum Begriff des Maßes", in: Constanze Eisenbart (Hg.), Humanöko-

I. ⟨Zur Bedeutung der Worte „Schöpfung", „Welt", „Kosmos", „Natur"⟩

Die Menschheit ist heute in Gefahr, durch ihre Wissenschaft von der Natur den Bereich der Natur, in dem sie lebt und der ihrem Zugriff ausgesetzt ist, zu zerstören. Eine Erkenntnis, die sich dadurch bezeugt, daß sie das, was erkannt werden soll, vernichtet, kann nicht wahr sein. Deswegen sind wir heute gezwungen, die Wahrheit unserer Naturerkenntnis in Frage zu stellen.
Früheren Zeiten war die Notlage, die uns zu dieser Frage zwingt, noch unbekannt. Ob es in fünfzig Jahren noch Menschen gibt, die über die Muße und die Kenntnisse verfügen, um untersuchen zu können, was das Wort „Natur" heißt, wissen wir nicht. Das Problem, über das wir nachdenken wollen, ist also in einem ungewöhnlich extremen Sinne dieses Wortes ein „geschichtliches" Problem. Die große Krise im Verhältnis von Menschen und Natur, in der wir uns gegenwärtig befinden, wird nämlich darüber entscheiden, ob es in Zukunft eine Geschichte des Menschen überhaupt geben kann; und dadurch, daß wir dies zu erkennen beginnen, rückt auch die gesamte bisherige Geschichte des Menschen unter eine völlig neue Perspektive. Auf die handgreiflichste Weise erfahren wir heute, daß wir Natur nicht unabhängig von der Geschichte, und daß wir Geschichte nicht unabhängig von der Natur verstehen können. Deswegen verbindet der Titel dieser Vorlesung die Frage nach dem Sinn des Wortes „Natur" mit der Frage nach der Geschichte. Es braucht kaum ausdrücklich hinzugefügt zu werden, daß es dabei nicht um die Geschichte eines Wortes sondern um die Geschichte der Stellung des Menschen *in* der Natur und *zur* Natur geht – eine Stellung, die sich in den Worten, die wir gebrauchen, widerspiegelt. Es gibt überhaupt kein Wort, das nicht ein Reflex der Stellung wäre, die wir in der Natur einnehmen. Die Geschichte der Stellung des Menschen *in* der Natur *zur* Natur ist zugleich die wahre Geschichte der Sprachen. Das neuzeitliche Denken ist von dem Vorurteil beherrscht, die Worte, die wir gebrauchen, seien „Begriffe", und alles, was sich als Begriff nicht

---

logie und Frieden, Stuttgart: Klett-Cotta, 1979, 14ff., 418ff., sowie „Ist eine philosophische Erkenntnis der politischen Gegenwart möglich?" (1981), in: Hier und Jetzt II, 229ff.

ausweisen läßt, sei nur als ein „Rauschen" zu bezeichnen (ich verwende hier einen Ausdruck der Informationstheorie). Diese Auffassung von der Sprache und vom Denken ist heute sowohl für unser Verständnis der Natur wie für unser Verständnis der Geschichte bestimmend. Deswegen kann man weder von der Natur noch von der Geschichte etwas verstehen, wenn man nicht ein drittes Grundelement unserer Weltorientierung mit einführt: den Begriff. Deswegen war es nötig, der Vorlesung den Titel zu geben „Der Begriff der Natur und seine Geschichte". Wie sich Natur, Begriff und Geschichte zueinander verhalten, wird im Fortgang schrittweise aufzuklären sein.

Die Worte „Natur", „Begriff" und „Geschichte" indizieren also jene Art von Fragestellungen, die man seit Kant als „systematisch" zu bezeichnen pflegt. Es ist nicht meine Absicht, eine philosophiegeschichtliche Vorlesung zu halten, die erzählt, was man von Thales bis heute unter dem Wort „Natur" verstanden hat. Hingegen wollen wir verstehen, welcher Zusammenhang zwischen dem Wesen von Natur, dem Wesen von Geschichte und dem Wesen jener Form des Denkens besteht, die wir als „Begriff" zu bezeichnen pflegen. Im Zeitalter der Metaphysik hat man die Frage nach dem *Wesen* der Dinge in einen „zeitlosen" Raum verlagert. In der dafür zuständigen philosophischen Disziplin, der Ontologie, kam die Geschichte deshalb nicht vor. Auch der Begriff kam als solcher in ihr nicht vor, denn schon der Name „Onto-logie" bringt zum Ausdruck, daß die absolute Wahrheit der Form des Begriffs seit Aristoteles in ihr vorausgesetzt wurde. Kants Transzendentalphilosophie vermochte diese erste Prämisse der europäischen Metaphysik – den Glauben an die „absolute" und deshalb zeitlose Wahrheit der Form des Begriffes – nicht zu erschüttern. Die Wahrheit der Logik gilt auch *nach* Kant, in der Philosophie wie in den positiven Wissenschaften, als absolute Wahrheit. Deshalb kann Hegel in der Einleitung zur „Logik" sagen: „Die Logik ist sonach als das System der reinen Vernunft, als das Reich des reinen Gedankens zu fassen. *Dieses Reich ist die Wahrheit, wie sie ohne Hülle an und für sich selbst ist.* Man kann sich deswegen ausdrücken, daß dieser Inhalt *die Darstellung Gottes* ist, *wie er in seinem ewigen Wesen vor der Erschaffung der Natur und eines endlichen Geistes ist.*"[20] Die Naturwissenschaftler pflegen sich um Hegel nicht zu küm-

---

[20] 4, 45f.; 5, 44. Hegel wird im Manuskript nach der Jubiläums-Ausgabe

mern. Es ist ihnen deshalb in der Regel unbekannt, daß Hegel hier in einfachen Worten eine ihnen selbst verborgene Voraussetzung der gesamten neuzeitlichen europäischen Naturwissenschaft ausspricht. Alle Gesetze und Theoriebildungen der neuzeitlichen Naturwissenschaft beruhen auf der unausgewiesenen Voraussetzung, daß die Logik und die sie axiomatisch voraussetzende Mathematik „an und für sich selbst" wahr ist. Das Reich der Logik ist, wie Hegel sagt, und wie jeder Naturwissenschaftler ihm zugeben würde, „das Reich des reinen Gedankens". Zugleich aber wird vorausgesetzt, daß alle Vorgänge in der Natur, sofern sie mathematischen Gesetzen gehorchen, der Logik unterworfen sind. Logik ist also jene Wissenschaft, deren Wahrheit die Identität des Reiches der Gedanken und des Reiches der Natur impliziert. Auf dieser, in der Logik stets vorausgesetzten Identität aller der Logik gehorchenden Gedanken mit allen der Logik gehorchenden Sachverhalten beruht die Möglichkeit jener Übereinstimmung von Theorie und Sachverhalt, die in dem Glauben der Naturwissenschaften an ihre eigene Positivität stillschweigend stets vorausgesetzt wird. Die Logik repräsentiert also eine Erkenntnis, die jedem möglichen Prozeß in der Natur sowie jedem möglichen Prozeß in der Geschichte sowie jeder möglichen empirischen Erkenntnis vorausgeht. Eine solche Erkenntnis nennt man „absolut", weil sie aus allen Abläufen in der Zeit „herausgelöst" ist. Ihre Wahrheit hat, weil sie zeitlos ist, ein „ewiges" Wesen, und Alles, was ein ewiges Wesen hat, wird von der Metaphysik, sofern man es in seiner Einheit betrachtet, „Gott" genannt. Deshalb spricht Hegel in den zitierten Sätzen nichts anderes als jene Prämissen aus, die von der neuzeitlichen Naturwissenschaft auch dort vorausgesetzt werden, wo sie Gründe hat, auf ihre Prämissen nicht zu reflektieren. Hegels System ist eine Darstellung jener Identität von Natur, Begriff und Geschichte, die man voraussetzen muß, wenn der Glaube an die Positivität der neuzeitlichen Naturwissenschaften kein bloßer Aberglaube sein soll. Wenn die Naturwissenschaftler ihre eigene Wissenschaft ernst nehmen und begründen wollten, müßten sie Hegelianer

von Hermann Glockner (reprint Stuttgart: Fromann-Holzboog, 1956) zitiert. Für die Studienausgabe werden die Zitate der Glockner-Ausgabe ergänzt durch die Seitenzahlen der Theorie Werkausgabe (Frankfurt: Suhrkamp, 1969ff.); sie ist vollständig und besonders leicht zugänglich. Dieser Ausgabe wurde auch die Schreibweise angeglichen.

werden, denn das, was Hegel in diesen Sätzen behauptet, ist in jedem naturwissenschaftlichen Theorem notwendig und unausweichlich impliziert.

Die Form, wie wir in dieser Vorlesung den Begriff der Natur und seine Geschichte untersuchen, stellt die von Hegel formulierte Grundannahme der neuzeitlichen Metaphysik und Wissenschaft in Frage. Wir können heute die Identität von Natur, Begriff und Geschichte nicht mehr als absolute Wahrheit setzen. Wir machen im Gegenteil die Erfahrung, daß die Natur, wie sie uns in der Wissenschaft erscheint, und die Geschichte auseinanderbrechen, und daß damit auch das Fundament ihrer Identität, nämlich die Logik, erschüttert wird. Das Grundgesetz der europäischen Geschichte der Neuzeit: die Identifikation von Natur und Begriff, enthüllt sich erst heute in seinem wahren Charakter: die neuzeitliche Logik ist eine Theorie der *Macht*; die Identifikation von Natur und Begriff ist jener Gewaltakt, durch den der neuzeitliche europäische Mensch sich einen bestimmten Bereich der Natur *unterwirft*. Das Verfahren, nach dem er dies leistet, ist die Methode der Objektivation. Die Objektivation beschränkt sich nicht auf die Sphäre der außermenschlichen Natur; der Mensch hat nach den Regeln der operationellen Logik auch das, was an ihm selbst Natur ist – Ökonomie, Gesellschaft und Politik –, der Objektivation unterworfen und, nach der Analyse von Hegel, in Gestalten des „objektiven Geistes" – des Geistes in der Form seiner unaufhebbaren Selbstentfremdung, also genauer: der Negation des Geistes – aus sich herausgestellt. Das Verfahren der Objektivation ist deshalb seit dem 18. Jahrhundert nicht nur das Grundgesetz der Natur*erkenntnis*, es ist auch das Grundgesetz der technisch-industriellen *Produktion*. Es ist das Grundgesetz der letzten Phase der europäischen Geschichte in einem Zeitalter, das zugleich mit der Weltherrschaft der europäischen Wissenschaft die politische Selbstvernichtung Europas herbeigeführt hat. Objektivation bedeutet Herrschaft des Begriffs in der Gestalt der operationellen Logik. Im 20. Jahrhundert sind deshalb die beiden durch die Worte „Natur" und „Geschichte" bezeichneten Sphären in eine totale Abhängigkeit von jener Form menschlicher Machtausübung geraten, die durch das Wort „Begriff" bezeichnet wird. Das ist die Konstellation, in der uns heute Tag für Tag das Problem begegnet, das durch den Titel „der Begriff der Natur und seine Geschichte" bezeichnet wird. Der Begriff ist, wie zuerst Kant gezeigt hat, im neuzeitlichen Denken zu einer funktionalen Verfahrensweise des Begreifens geworden, deren metaphysisches Wesen Hegels „Logik" darstellt, und deren abstrakten Formalismus die mathematische operationelle Logik des 20. Jahrhunderts ans Licht gehoben hat. Die Reduktion aller möglichen *Inhalte* des Begreifens (der „Begriffe" im traditionellen Verständnis des Wortes) auf die reinen *Funktionen* des Begreifens ist, wie Kant gezeigt hat, die letzte und zwingende Konsequenz aus jener absoluten Priorität des begreifenden Subjektes vor allem, was dieses Subjekt sich gegenüber sieht, in der das neuzeitliche europäische Denken die Autonomie dieses Subjektes zu begründen versucht. Deshalb vollendet sich in der operationellen Logik und der von ihr beherrschten Physik das Zeitalter der neuzeitlichen Subjektivität. Die Subjektivität kulminiert in ihrer objektiven Selbstvernichtung. Sie erreicht ihr Ende durch den Gegenschlag der dem Zwang der Objektivation unterworfenen Natur. Die Geschichte der kommenden Jahrzehnte wird von diesem Gegenschlag beherrscht sein; in ihm erfahren wir den unauflöslichen Zusammenhang von Natur und Geschichte; wir erfahren ihn in der Zertrümmerung des Begriffes.

Ich habe mit einer Erläuterung des Titels dieser Vorlesung begonnen, um jene falschen Erwartungen abzuwehren, die Sie auf Grund unserer akademischen Tradition mit diesem Titel vermutlich verbunden haben. Diese Erläuterung hat schon deutlich gemacht, daß es ein Vorurteil ist, wenn wir uns einbilden, es sei uns bekannt, was die Worte „Begriff", „Natur" und „Geschichte" bedeuten. Sobald wir, sei es auch noch so oberflächlich, versuchen, uns darüber Rechenschaft abzulegen, was wir uns bei diesen so geläufigen Worten denken, stürzen wir in einen Abgrund. Niemand weiß heute, was ein Begriff, was die Natur oder was die Geschichte ist. Dies alles ist uns derart unbekannt, daß es meine schwierigste Aufgabe sein wird, allmählich, Schritt für Schritt, deutlich zu machen, wovon in dieser Vorlesung eigentlich die Rede sein soll. Wo soll man anfangen, und welche Richtung soll man einschlagen, wenn man verstehen will, was uns umgibt, was uns vorausgeht, was über uns hinweggreift, und was wir selbst sind: die Natur? Die Frage, wo wir eigentlich anfangen sollen, verweist uns wieder auf die Geschichte: Wir können nur dort anfangen, wo wir heute, im Jahre 1973, wirklich stehen. Wir können Natur nur so auffassen, wie sie uns in dieser kritischen Phase des Verhältnisses von Mensch und Natur faktisch begegnet. Deswegen kehre ich zu dem Satz zurück, von dem wir ausgegangen sind. Er hieß: Die neuzeitliche Naturwissenschaft zerstört die Natur.

Das Wort „Natur" kommt in diesem Satz zweimal vor. Es ist Bestandteil des Titels „Naturwissenschaft"; es ist zugleich der Name für jene Sphäre, die durch die Anwendung dieser Wissenschaft destruiert wird. Bedeutet das Wort in beiden Fällen das Gleiche, oder ist die Objektsphäre der Naturwissenschaften von dem Bereich, in dem wir leben und den wir als „Natur" erfahren, verschieden? Was heißt überhaupt „Natur"?

Christliche Theologie bezeichnet die Natur als „Schöpfung". Jeder Theologe weiß, daß das Wort „Schöpfung" nicht so verstanden werden kann, als sei es nur gleichsam die Fabrik-Marke, die der Natur aufgeklebt wird, damit sich jeder, der will, daran erinnern kann, daß die Natur, wie in der Bibel zu lesen steht, von einem Schöpfergott hergestellt wurde. Das Wort „Schöpfung" soll vielmehr zum Ausdruck bringen, daß schlechterdings nichts in der Natur unabhängig vom Schöpfer sein kann und gedacht werden kann. Das Verhältnis der Schöpfung zu Gott ist nicht das Verhältnis eines künstlich hergestellten Dinges zu dem Handwerker, der es verfertigt hat. Es ist – trotz eines mißverständlichen Wortes von Leibniz – auch nicht das Verhältnis eines Mechanismus zu dem „vollkommenen Maschinisten", der ihn konstruiert hat und in Gang hält. Es gibt für das Verhältnis der Schöpfung zu Gott, dem Schöpfer, keine innerweltliche Analogie. Deshalb entzieht sich dieses Verhältnis allen Begriffen, die wir bilden könnten; denn alle Begriffe entspringen unserer innerweltlichen Erfahrung, das Verhältnis der Schöpfung zu Gott geht aber aller möglichen Erfahrung voraus. Trotzdem können wir sagen, daß im Wort „Schöpfung" sich der Glaube ausspricht, nichts in der Welt könne so, wie es wirklich ist, aufgefaßt und verstanden werden, wenn wir es so betrachten, als ob es auch unabhängig von Gott seine Beschaffenheit und seinen Bestand haben könnte. Nun ist es aber seit Galilei das Grundprinzip der neuzeitlichen Naturwissenschaft, daß sie ihre Objekte so erkennen und so bestimmen will, wie sie sich zeigen, wenn man alle theologischen oder metaphysischen Vorstellungen von Gott und Schöpfung ausklammert und die Objekte auf jene Eigenschaften reduziert, die sich an ihnen experimentell feststellen lassen. Die entschlossene Negation des Schöpfungsglaubens hat die Naturwissenschaft der Neuzeit überhaupt erst möglich gemacht.

Wenn man diesen Satz vor Theologen ausspricht, setzt man sich der Gefahr aus, mißverstanden zu werden. Man verführt sie zu dem bequemsten und deshalb auch gottlosesten von allen möglichen Auswegen aus unserer geschichtlichen Krise: nämlich der Meinung, damit sei ja bewiesen, daß diese Wissenschaft nur Teufelswerk sei; der wahre Glaube hingegen führe uns zur Schöpfung und damit auch zur unverdorbenen Natur zurück. Die Fata Morgana von der „heilen Welt" und von der unverfälschten Natur ist eine der gefährlichsten Versuchungen der heutigen Zivilisation. Sie ist antibiblisch und widerspricht dem Evangelium. Für Theologen ist am Widerspruch der Naturwissenschaften gegen den Schöpfungsglauben etwas ganz anderes bedenkenswert. Wir verdanken nämlich dem großen Aufstand der neuzeitlichen Wissenschaft gegen die Theologie eine unermeßliche *Erweiterung* unserer Erkenntnis der Natur. Zwar habe ich gesagt: eine Wissenschaft, die die Natur zerstört, könne nicht wahr sein. Aber niemand wird mir die Meinung unterstellen wollen, die Erkenntnisse der Naturwissenschaft seien nichts als ein Lügengebilde, und die Sonne sei wirklich zu Gibeon stillgestanden (Jos. 10, 13). Der Satz „diese Wissenschaft kann nicht wahr sein" nötigt uns vielmehr, nach Dimensionen des Wortes „wahr" zu fragen, die wir aus dem Auge verlieren, wenn wir uns damit zufriedengeben, festzustellen: eine Erkenntnis sei „wahr", weil sie durch Experimente „verifiziert" werden kann. Ich wiederhole also: jene Erkenntnisse, die wir der Naturwissenschaft der Neuzeit verdanken, und auf die wir weder verzichten können noch dürfen, sind nur durch den Aufstand dieser Wissenschaft gegen die Theologie möglich geworden.

Wenn wir historisch genauer reden wollen, stellt sich alsbald heraus, daß das Wort „*die* Theologie" hier irreführend ist. Es gibt überhaupt nicht „die" Theologie schlechthin, es gibt immer nur Theologien, in denen sich die geschichtliche Lage einer Kultur und eines Zeitalters widerspiegelt. Hinter dem Singular: „*die* Theologie" verbirgt sich das anmaßende Vorurteil, es sei zulässig, diese Wissenschaft mit ihrem Inhalt – dem Evangelium – gleichzusetzen, oder sie gar diesem Inhalt zu substituieren. Das ist blasphemisch. Jene Theologie, gegen die sich der große Aufstand der Naturwissenschaft vollzogen hat, war die Theologie des Zeitalters der Gegenreformation (wobei es des Bedenkens wert ist, daß sich vor allem die lutherische Orthodoxie in ihrer Einstellung zum neuzeitlichen Geist der Wissenschaft die

Position der katholischen Kirche der Gegenreformation widerstandslos zu eigen gemacht hat). Für Galilei und seine Nachfolger war der Aufstand gegen die Theologie nahezu gleichbedeutend mit dem Aufstand gegen jenes Zerrbild des Aristoteles, das im 16. und 17. Jahrhundert als „Aristotelismus" ausgegeben wurde. Der Zwiespalt zwischen säkularer Wissenschaft und Theologie läßt sich also nicht simpel und unverkürzt mit dem Gegensatz zwischen Schöpfung und der Natur der Naturwissenschaften gleichsetzen. Es muß die Möglichkeit in Betracht gezogen werden, daß jener Schöpfungsbegriff, mit dem die Theologie sich zufriedengab, und den sie dogmatisierte, von der Wahrheit der Schöpfung ebensoweit entfernt ist wie die Natur der Naturwissenschaftler.

Damit zeigt sich uns erst das Problem, um das es in dieser Vorlesung geht. Gesetzt, in dem Wort „Schöpfung" werde über die Natur etwas Wesentliches und Unaufgebbares ausgesagt, so ist uns nichts damit geholfen, daß wir die Erkenntnisse von dem, was sich uns *innerhalb* dieser Schöpfung zeigt, ignorieren und uns in erheuchelter Unschuld mit dem zufriedengeben, was im Katechismus über die Schöpfung zu lesen steht. Wir sind nämlich, wie aus demselben Katechismus hervorgeht, dazu berufen, in dieser Schöpfung so zu leben und zu handeln, wie unsere Verantwortung vor Gott es gebietet. Wir müssen also von dieser Schöpfung erkennen, was von ihr erkannt werden kann, und dürfen nicht aus Trägheit oder Leichtfertigkeit vor den Erkenntnissen, die uns zugänglich sind, flüchten. Theologie ist nicht legitimiert, von Schöpfung zu sprechen, wenn sie zugleich dieselbe Schöpfung so mißachtet, daß sie es nicht für der Mühe wert hält, zur Kenntnis zu nehmen, was sich der menschlichen Vernunft von dieser Schöpfung zeigt und als Feld unserer Verantwortung eröffnet. Daraus ergibt sich, daß die Schöpfung (und damit zugleich Inkarnation und Kreuz) niemals den Inhalt abgeschlossener und dogmatisch fixierter theologischer Lehren bilden kann. Diese Namen bezeichnen Dimensionen des Glaubens, deren Bedeutung für das menschliche Denken von unserer jeweiligen Erkenntnis dessen, was in der Schöpfung hervortritt, abhängig ist. Die Bedeutung des Wortes „Schöpfung" wird inhaltlich immer dadurch bestimmt sein, was und wieviel wir von der Natur erkennen, die sich im Glauben als Schöpfung offenbart. Das Verhängnis der Neuzeit erklärt sich *nicht* daraus, daß die Naturwissenschaft sich von einer Theologie emanzipierte, die sich heute niemand mehr zu eigen machen könnte; das größere

Unheil ist vielmehr darin begründet, daß Theologie und Kirche sich weithin gegen jene Erweiterung der menschlichen Erkenntnis verschlossen haben, die durch die neuzeitliche Wissenschaft ermöglicht wurde. Der Glaube ist unglaubwürdig geworden, weil die Theologie vor der Aufgabe kapituliert hat, die Natur der Physik mit der Schöpfung der Bibel in Einklang zu bringen. Das ist nicht die Schuld der Physiker sondern das Versagen von Theologie und Kirche.

Wir halten fest: Im Namen „Schöpfung" spricht sich der Glaube aus, daß nichts in der Natur unabhängig von Gott ist, was es ist, und ⟨als was es⟩ verstanden werden kann. Es gibt aber für das Verhältnis der Schöpfung zu Gott keine innerweltliche Analogie. Es geht aller Erfahrung voraus und kann deshalb in Begriffen nicht dargestellt werden – denn alle Begriffe, auch die sogenannten Begriffe *a priori*, gehen für unser Denken aus Erfahrung hervor. Der Name „Schöpfung" bezeichnet aber nicht nur das Verhältnis der Schöpfung zu Gott, er umfaßt auch alles, was innerhalb der Natur für den Glauben als Geschaffenes hervortritt. Der Inhalt dessen, was wir vor Augen haben, wenn das Wort „Schöpfung" genannt wird, ergibt sich aus unserer Erkenntnis der Natur. Wer Schöpfungstheologie verstehen will, muß unsere Erkenntnis der Natur befragen. Ohne Schöpfungstheologie ist aber weder Gotteslehre noch Christologie zu denken. Deswegen ist die Frage nach dem Begriff der Natur und seiner Geschichte, auch wenn sie streng und ausschließlich mit philosophischen Methoden durchgeführt wird, eine zentrale Frage der Theologie. Die Naturwissenschaft der Neuzeit versucht, die Natur so zu erkennen, wie sie unabhängig von der als überflüssig betrachteten Hypothese eines Schöpfergottes erfaßt und bestimmt werden kann. Sie ist aus einer Auflehnung gegen die Theologie hervorgegangen. Diese Auflehnung ist aber doppeldeutig: sie bezieht sich einerseits auf die Theologie des Zeitalters der Gegenreformation. Sie richtet sich gleichzeitig gegen den Glauben überhaupt, wobei man es nicht mehr für nötig erachtet, nach dem Sinn und der Bedeutung des Wortes „Glauben" weiter zu fragen. Dafür, so meint man, wäre die Theologie zuständig. Und was die Theologie behauptet, ist naturwissenschaftlich Unsinn. Die Schöpfungslehre gibt uns nichts an die Hand, was den Erkenntnissen der Naturwissenschaft inhaltlich gegenübergestellt werden könnte. Sie bezieht notwendig die Inhalte dessen, was als Schöpfung interpretiert wird, aus unserer weltlichen Erkenntnis der Natur. Aber sie bezeichnet Dimensionen des Glaubens, die in uns ein kritisches Bewußtsein gegenüber dem massiven Bestand an Aberglauben wecken könnten, der in die Fundamente der neuzeitlichen Naturwissenschaft eingemauert ist. Deshalb habe ich diese Erinnerung an die Bedeutung des Namens „Schöpfung" an den Anfang unserer Überlegungen gestellt. Denn in dem stets zu führenden Kampf gegen den Aberglauben begegnet sich, wenn nicht die Theologie, so doch der Glaube mit der Philosophie.

Die griechische Philosophie hat für die Natur einen anderen Namen. Sie nennt die Natur τόδε τὸ πᾶν – dieses All hier. Was die Griechen „das All" genannt haben, ist unaustilgbar in den europäischen Begriff der „Welt" eingegangen. Der Begriff „das All" darf nicht quantitativ als die Summe dessen, was es gibt, verstanden werden. Die Griechen haben vielmehr das All immer im Hinblick darauf betrachtet, daß es eine Einheit ist und durch das Eins-Sein in jedem seiner Elemente qualitativ bestimmt ist. Das Wesen der Einheit, die im All ans Licht tritt, haben die Griechen durch zwei Worte bezeichnet: das eine dieser Worte heißt κόσμος – die schöne Ordnung. Die Nachfahren der Griechen haben sich vor allem an den nun abstrakt gefaßten Begriff der „Ordnung" gehalten. Deswegen gibt es in Europa eine mathematische Naturwissenschaft. Für die Griechen spricht sich in dem Begriff κόσμος primär das Erstaunen über die Schönheit dieser Ordnung aus. Schönheit ist für griechisches Verständnis die Manifestation dessen, was göttlich ist. Wenn das All des Kosmos angeschaut wird, erscheint es als ein Götterbild. Dieser Gedanke liegt der Naturphilosophie des Platon und des Aristoteles zugrunde.

Der zweite griechische Name für das All heißt φύσις. Das Wort „Natur" ist ein lateinisches Kunstwort, das von den Römern als Übersetzung des griechischen Wortes φύσις geprägt worden ist. Wie fast alle Übersetzungsworte hebt auch das Wort *natura* einseitig einen bestimmten Aspekt von Physis hervor. Das lateinische Wort *natura* ist von *nasci* – geboren werden – abgeleitet. Der griechische Gegenbegriff heißt γένεσις – das „Entstehen", wobei man sich klarmachen muß, daß die Griechen jedes Entstehen als ein Ans-Licht-Treten und Erscheinen verstanden haben, in dem sich das, was ans Licht tritt, zugleich verbirgt. In den römischen Worten *nasci* und *natura* steht nicht das Erscheinen und Sich-Zeigen sondern das Erzeugt- und Geboren-Werden im Vordergrund. Und was „Geboren-Werden" heißt, ließe sich nur aus dem Zusammenhang der Grundvorstellungen römischer Religion und römischen Rechtsdenkens erklären. Wir treten hier in einen ganz anderen Kontext von Erfahrungen ein, über die ich später noch sprechen werde. Der wichtigste Unterschied zwischen dem Wort *natura* und dem Wort φύσις liegt darin, daß bei den Griechen der γένεσις immer die φθορά, dem Ans-Licht-Treten immer das Entschwinden und Sich-Entziehen zugeordnet ist. Φύσις bedeutet wörtlich Wachstum. Aber das Wachstum wird so verstanden, daß Verwelken und Untergang dazugehören. Dies ist bei der Übersetzung ins Lateinische verlorengegangen, und aus diesem Verlust erklärt sich, daß für das europäische Naturverständnis später der römische Rechtsbegriff der *res* – der Sache – eine Bedeutung gewonnen hat, die von der griechischen φύσις her vollkommen unverständlich bleiben mußte. Entscheidend für den Begriff der *res* ist die Rechtsfrage: wer über eine Sache verfügen kann. Von dem Verfügungsrecht her wird die Sache definiert. Bei der Ausbildung des neuzeitlichen Objektbegriffes wird diese Auffassung der Sachen und der Dinge ganz selbstverständlich immer vorausgesetzt. Die „Natur" als Inbegriff der Objekte ist die Natur als Summe alles dessen, worüber im Denken oder im Handeln verfügt werden kann.

Ich werde später über den griechischen Begriff der φύσις noch ausführlicher zu sprechen haben. Zunächst kommt es mir nur darauf an, den wesentlichsten Unterschied zwischen der φύσις der Griechen und der Natur der neuzeitlichen Naturwissenschaft hervorzuheben. Im griechischen Denken umspannt die φύσις alles, was ist; auch die Götter und die Menschen sind in der φύσις. In der „Natur" der Neuzeit kommen Götter nicht vor. Sie sind von den Christen als Götzen ausgetrieben worden. Aber auch der Mensch, der die Natur erkennt, ist in der Objektsphäre der Naturwissenschaft nicht enthalten. Die Physiker haben nie den Versuch gemacht zu erklären, wie innerhalb der Natur ihre eigene Physik entstehen konnte. Der Mensch, der die Natur erkennt, versteht sich vielmehr seit Descartes als ein Beobachter, der die Natur von außen betrachtet. Es gibt keine Physik des Denkens. Physik ist vielmehr eine Theorie von dem, was dem Denken als ewig Anderes, als Objekt, gegenübersteht. Der Satz: „Die Naturwissenschaft zerstört die Natur" hat damit offenbar etwas zu tun. Er bedeutet: die Wissenschaft von den Objekten innerhalb der Natur zerstört die Sphäre, innerhalb deren das Denken als ein Prozeß des Lebens möglich ist und sich selbst durchsichtig werden kann.

In ihrer neuzeitlichen Gestalt ist Naturwissenschaft nur möglich, wenn das Subjekt dieser Wissenschaft sich selbst als Beobachter aus der Natur herausversetzt. Dieser, mit voller Klarheit zuerst von Descartes vollzogene Schritt hat seine Vorgeschichte in der christlichen Theologie. Er ist die indirekte Folge jener Interpretation des Schöpfungsglaubens, die von der nominalistischen Theologie in ihrer Auseinandersetzung mit dem Aristotelismus ausgebildet wurde. Wenn die Welt nicht, wie die Griechen lehrten, ewig ist, sondern von Gott aus dem Nichts geschaffen wurde, hat Gottes schöpferischer Wille sein Wesen außerhalb der Welt, jenseits der Welt. Vom Menschen aber lehrt die Bibel, er sei nach Gottes Ebenbild geschaffen. Das ist für das Selbstverständnis des Menschen in der frühneuzeitlichen Vorgeschichte des Begriffes der Subjektivität grundlegend geworden. Der neuzeitliche Mensch versteht seine Freiheit als ebenbildlich zum schöpferischen Willen Gottes. Er versteht sie als Freiheit von der Natur; so ist auch der neuzeitliche Begriff der Vernunft dem theologischen Begriff des *intellectus Dei* nachgebildet. Die Subjektivität der neuzeitlichen Philosophie ist das Produkt der frühneuzeitlichen Theologie; sie ist das Produkt einer Aneignung der theologischen Begriffe der *voluntas Dei* und des *intellectus Dei* durch den Menschen. Hier wird nicht Gott anthropomorph gedacht; hier versteht vielmehr umgekehrt der Mensch sein eigenes Wesen theomorph. Die Formel für diesen Akt der Usurpation der Gottesprädikate durch den Menschen ist die „Autonomie der Vernunft", und diese autonome Vernunft konstituiert sich ebenbildlich zum Gott der Schöpfungstheologie als das naturlose Subjekt der Physik.

In Theorie und Praxis der neuzeitlichen Physik findet diese theologische Vorgeschichte ihren sehr handgreiflichen Ausdruck. Die Physik des 18. und 19. Jahrhunderts hat ein streng deterministisches Weltbild entwickelt. Ich halte es für eine Irreführung, wenn man behauptet, durch die Quantenphysik sei dieser Determinismus prinzipiell „überwunden" worden. Man hat den Begriff des Determinismus durch die Einführung der Wahrscheinlichkeit modifiziert und verfeinert, aber die deterministische Grundstruktur der Physik hat sich nicht geändert. Betrachten wir nun aber die massive und eben deshalb unschuldige Form, in der uns im 18. und 19. Jahrhundert der Determinismus gegenübertritt, so zeigt sich eine eigentümliche Paradoxie: obwohl die Physiker lehrten, daß jeder Vorgang in der Natur eindeutig determiniert sei, hat wohl nie ein Physiker daran gezweifelt, daß er die Freiheit hätte, seine Experimente so einzurichten, wie es ihm beliebt. Die Physiker setzten vielmehr mit entwaffnender Naivität voraus, daß jene Gesetze, die durch die Experimente bewiesen werden sollten, für sie selbst, die Beobachter, keine Geltung hätten. Jeder Physiker, der beschließt: „Jetzt will ich einmal dieses Experiment anstellen", nimmt, ohne daß ihm das je bewußt wird, eine Freiheit in Anspruch, die es in der Natur, von der er spricht, nicht geben soll. Er handelt, als ob er sich außerhalb der Natur befände. Er nimmt die Gottebenbildlichkeit in Anspruch. Da aber das Subjekt *per definitionem* nicht Objekt der Naturerkenntnis ist, tritt diese Paradoxie ihm gar nicht ins Bewußtsein. Die Reflexion auf das Subjekt der Physik gehört nicht zum Inhalt der Physik. Im Gegenteil: die gesamte Methodik der Naturwissenschaften ist mit größtem Scharfsinn so konstruiert, daß diese Reflexion verhindert, um nicht zu sagen: unterbunden wird. Was wir naturwissenschaftliche Methode nennen: das konsistente System der Objektivation, ist auf der einen Seite die größte Leistung analytischen Denkens, zu der der menschliche Geist bisher fähig war. Aber von ihrer Rückseite her betrachtet, ist diese selbe Methode der konsequenteste Ausbau der Verdrängungsmechanismen, den die Geschichte der Menschheit bisher kennt. Von dieser Seite her betrachtet, ist naturwissenschaftliche Methode die systematische und totale Negation der Aufklärung des menschlichen Geistes. Das, was dabei verdrängt wird, können wir jetzt schon identifizieren: verdrängt wird die theologische Vorgeschichte der Konstitution der Autonomie der Vernunft. Da aber Theologie und Kirche alles getan haben, um die Naturwissenschaftler in dieser Verdrängung zu bestätigen, kann man sie den Physikern nicht zum Vorwurf machen. Sie ist ein kollektiver Prozeß, der seit der Gegenreformation Theologie und Kirche in genau dem gleichen Maße befallen hat wie die Naturwissenschaften. Es kann kein Zufall sein, daß dieser Prozeß mit der Ausbildung des Kapitalismus parallel lief.

Die Natur der neuzeitlichen Naturwissenschaften ist, wie sich ergeben hat, etwas anderes als die Physis der Griechen. Nicht nur die Götter, auch die Freiheit des Menschen ist aus der Natur herausgebrochen. Natur ist die Sphäre der Objekte menschlicher Erkenntnis in ihrem Gegensatz zur Subjektivität. Die Natur ist dem Gesetz der Kausalität unterworfen. Der Bereich der Subjektivität ist der Bereich der Freiheit. Daraus ergibt sich die neuzeitliche Entgegensetzung von Natur und Geschichte. Die Natur wird als das Reich der

Notwendigkeit, die Geschichte als das Reich der Freiheit verstanden. Die Unterscheidung von Naturwissenschaften und Geisteswissenschaften beruht auf dieser Grenzziehung. Kant hat, wie ich noch ausführlicher darstellen werde, daraus die Folgerung gezogen, zwischen „Natur" und „Welt" zu unterscheiden. „N a t u r ist das D a s e i n der Dinge, so fern es nach allgemeinen Gesetzen bestimmt ist."[21] Sofern der Mensch aus Freiheit zu handeln vermag, kommt er in der so definierten Natur nicht vor. Wohl aber ist der aus Freiheit handelnde Mensch in der Welt. Der kantische Begriff der „Welt" (im „Opus Postumum" spricht Kant vom „All der Wesen") entspricht dem griechischen Begriff der φύσις. Hingegen ist der Begriff der „Natur", wie er in der „Kritik der reinen Vernunft" dargestellt und begründet wird, und wie er unreflektiert der neuzeitlichen Physik zugrundeliegt, ein Begriff, für den es vor Descartes kein Äquivalent gibt. Was die neuzeitliche Naturwissenschaft unter „Natur" versteht, war vor Descartes den Menschen unbekannt.

Dieser erste und flüchtige Überblick über die Bedeutung der Worte „Schöpfung", „All", „Welt" und „Natur" hat uns bereits vor Augen geführt, wie der Begriff der Natur mit der Geschichte dieses Begriffes zusammenhängt. Wir können diese verschiedenen Worte, mit denen wir das Universum bezeichnen, nicht miteinander zur Deckung bringen, obwohl die Menschen, die durch diese Worte auf das Universum verwiesen haben, nicht in verschiedenen Welten lebten, sondern auf sehr verschiedene Weise in ein und demselben Universum als Menschen ihr Dasein zu behaupten und zu verstehen versuchten. Jedes dieser Worte bezeichnet zugleich mit der Welt, in die es uns verweist, eine bestimmte Form der Stellung des Menschen in dieser Welt. An dem Bedeutungswandel dieser Worte können wir ablesen, wie sich die Stellung der Menschen in der Welt und damit zugleich ihr Verständnis ihres eigenen Wesens gewandelt hat. Der Wandel der Stellung des Menschen in der Welt ist jener Prozeß, aus dem alle anderen geschichtlichen Prozesse erst hervorgehen. Er ist Geschichte im tiefsten Sinne des Wortes. Dieser Prozeß ist aber ein Prozeß *in* der Natur, und er verändert die Natur innerhalb der Reichweite menschlicher Macht. Wir können deshalb Geschichte nicht verstehen, solange wir nicht verstehen, wie *in* der Natur ein solcher Wandel mög-

---

[21] Prolegomena zu einer jeden künftigen Metaphysik, die als Wissenschaft wird auftreten können, § 14; 4, 294.

lich ist. Sie sehen: ich habe jetzt das Wort „Natur" wieder eingeführt, weil wir ja nicht von einem zeitlosen Standpunkt aus sondern im Jahre 1973 erkennen wollen, was geschieht. Im 20. Jahrhundert betrachtet der Mensch das Universum als Natur im Sinne der neuzeitlichen Naturwissenschaft, und seine Geschichte ist durch die Tendenz beherrscht, auch das bisherige Reich der Freiheit – die Staaten, die Gesellschaft, die Wirtschaftsordnungen – so zu behandeln, als ob sie nichts anderes wären als „Natur" im physikalischen Sinne dieses Wortes. Dadurch zerstört der Mensch nicht die Physis, denn die Physis *kann* er nicht zerstören; wohl aber zerstört er jene dünne Sphäre organischen Lebens, in die sein Dasein eingebettet ist.

In dieser Sphäre überschneiden sich die „Natur" der Physik, die Physis der Griechen und die Schöpfung. Der Satz: „Die neuzeitliche Naturwissenschaft zerstört die Natur" bringt diesen Sachverhalt zum Ausdruck. Er soll deutlich machen, daß es nicht eine Sache unseres freien Beliebens oder unserer „Weltanschauung" ist zu entscheiden, welcher Naturbegriff uns jeweils am besten ins Konzept paßt, sondern daß wir uns hier in einer Sphäre bewegen, wo unsere Form zu denken uns unser Schicksal bereitet. Je nachdem wie der Mensch „Natur" *versteht*, wird er über „Natur" *verfügen*, und im Verfügen über die Natur verfügt er zugleich über die Bedingungen seines eigenen Lebens. Deshalb steht bei der Erkenntnis von Natur immer die Existenz der Menschheit auf dem Spiel. Hier geht es bei der Frage nach der Wahrheit im buchstäblichen Sinne des Wortes um das Leben. Eine der methodischen Grundentscheidungen der neuzeitlichen Naturwissenschaft war die Entscheidung, daß mit allen anderen metaphysischen Fragen auch die Frage nach dem Wesen der Wahrheit über Bord geworfen werden sollte. Neuzeitliche Wissenschaft ist als die Form des Denkens definiert, die sich verbietet, nach ihrer eigenen Wahrheit zu fragen. Der Satz: „Eine Wissenschaft, die die Natur zerstört, kann nicht wahr sein" sollte dieses Problem ins Bewußtsein heben. Wir wissen nicht, was das Wort „wahr" hier bedeutet. Wenn aber die Naturwissenschaft die Natur zerstört, sind wir gezwungen, nach der verschollenen Bedeutung des Wortes „Wahrheit" wieder zu fragen. Die Differenz der Worte „Schöpfung", „All", φύσις, „Welt", „Natur" verweist uns vielleicht in den Bereich, in dem das versunkene Wesen der Wahrheit zu suchen wäre.

II. ⟨Evidenz⟩

⟨1. Evidenz und Klarheit⟩

Die Naturwissenschaft der Neuzeit hat nicht nur die Frage nach dem Wesen der Wahrheit methodisch ausgeklammert; auch der Begriff der Natur gehört zu jenen *meta*physischen Begriffen, die ausgeblendet werden müssen, wenn man jene Form von positiven Erkenntnissen gewinnen will, auf die es der Naturwissenschaft ankommt. Vom *Wesen* der Natur ist in den Naturwissenschaften nicht die Rede. Ein Naturwissenschaftler, der methodisch sauber denkt, wird es strikt ablehnen, über seinen Begriff der Natur eine positive Auskunft zu erteilen. Die Frage nach dem Begriff der Natur und seiner Geschichte ist in den Fächern der Naturwissenschaft nicht unterzubringen. Sie kommt deshalb normalerweise in einem naturwissenschaftlichen Studium auch nicht vor. Zwar sind Naturwissenschaftler immer wieder der Versuchung erlegen, aus ihren Erkenntnissen allgemeine Theorien zu extrapolieren und allgemeine philosophische Behauptungen aufzustellen, die – wie etwa die Behauptung des Determinismus – ihrer eigenen Methode widersprachen. Schon Hume hat mit großer Klarheit erkannt, daß es nicht möglich ist, allgemeine Sätze durch Experimente zu beweisen. Man kann nur umgekehrt zeigen, daß man allgemeine Hypothesen voraussetzen muß, um Experimente einrichten zu können. Behauptungen über die Natur im Ganzen widersprechen den methodischen Regeln der positiven Wissenschaften. Es ist ein großes Verdienst der neopositivistischen Wissenschaftstheorie, dies nachgewiesen oder besser: wieder in Erinnerung gerufen zu haben. Wir dürfen uns durch die weltanschaulichen Sündenfälle auch großer Physiker nicht beirren lassen. Betrachtet man die Naturwissenschaften in ihrem positiven und wissenschaftlich ausgewiesenen Bestand, so ist der Satz gerechtfertigt: Von der Natur ist in den Naturwissenschaften nicht die Rede. Das ist genau der Grund, weshalb diese Wissenschaften über keine Erkenntnis verfügen, die die Zerstörung der Natur aufhalten könnte.

Durch diese Überlegung verschiebt sich aber unsere Fragestellung. Wir können nun nicht mehr naiv und unbefangen die Natur als etwas Gegebenes auffassen, von dem wir annehmen dürften, daß es der Wissenschaft bekannt sei. Zwar sind alle unsere Vorstellungen von dem, was *in* der Natur hervortritt, durch die Naturwissenschaft geprägt; aber nichts in dieser Wissenschaft gibt uns die Gewähr, daß ihre Form, Natur zu betrachten, nichts Wesentliches in der Natur unterschlägt und anderes unter falscher Perspektive anschaut. Da die Naturwissenschaft selbst uns jede Auskunft darüber verweigert, was der Begriff „Natur" bedeutet, müssen wir die Konstitution dieser Wissenschaft daraufhin überprüfen, von welchem Vorverständnis der Natur sie geleitet ist. Dabei stellt sich heraus, daß die Naturwissenschaft die Welt durch eine Brille ansieht, die alles, was in der Welt erscheint, einer bestimmten Optik unterwirft. Das Brillenglas dieser Brille hat einen Namen, den wir tagtäglich gedankenlos verwenden: es heißt „der Begriff". Die neuzeitliche Wissenschaft ist Erkenntnis durch Begriffe.

Die Lehre, wissenschaftliche Erkenntnis müsse Erkenntnis durch Begriffe sein, wurde im Widerspruch zu Platon von Aristoteles begründet. Um sie zu verstehen, müßten wir uns um die Grundlegung jener Wissenschaftstheorie bemühen, die Aristoteles in den „Analytica Posteriora" dargestellt hat. Ich muß mich hier mit dem Hinweis begnügen, daß Descartes aus dieser, ihm durch scholastische Tradition vermittelten Wissenschaftslehre das Prinzip übernommen hat, das der Methodik der neuzeitlichen Wissenschaft zugrundeliegt. Er lehrt, daß man durch das Verfahren der Analysis die höchst komplexen und dunklen Sachverhalte, die uns in der Erfahrung zunächst begegnet sind, solange in ihre Elemente auflösen muß, bis man zu den einfachsten, nicht mehr zusammengesetzten Grundbestandteilen möglichen Wissens gelangt ist. Aus diesen letzten und einfachsten Gegebenheiten alles dessen, was wir erkennen können, soll dann in umgekehrter Richtung, also in einem synthetischen Verfahren, so lange fortgeschritten werden, bis wir bei den Sachverhalten wieder angelangt sind. Dann sind die Sachverhalte nicht mehr dunkel, sondern wir können ihren inneren Bau durchschauen.

Die ersten elementaren Daten unserer Erkenntnis haben nach Descartes wie nach Aristoteles die Eigenschaft, aus sich selbst heraus klar und deutlich zu sein. Man nennt diese Eigenschaft „Evidenz". Alle Gewißheit wissenschaftlicher Erkenntnis beruht auf der Evidenz dieser ersten elementaren Begriffe, die Kant als „Erkenntnisse *a priori*" bezeichnet hat. Wenn wir nach der *Wahrheit* der Wissenschaft fragen, ist also das erste Problem, das sich uns aufdrängt, das Problem der Evidenz der Grundbegriffe und Grundformen aller Erkenntnis.

„Evident" werden in der philosophischen Umgangssprache Erkenntnisse genannt, die die cartesischen Kriterien der Klarheit und der Deutlichkeit in so hohem Maße erfüllen, daß ihnen nicht widersprochen werden kann, und daß es unmöglich ist, sie in Zweifel zu ziehen. Man sollte deshalb glauben, daß auch der Begriff der Evidenz selbst klar und deutlich sein müßte. Tatsächlich gibt es aber in der Philosophie wenige Begriffe, die es an Dunkelheit, Vieldeutigkeit und Unklarheit mit dem Begriff der „Evidenz" aufnehmen können. Man weiß nicht einmal, worauf sich das Prädikat „evident" eigentlich beziehen soll. Der Begriff der Evidenz wird einmal auf die Sachverhalte, dann wieder auf die Urteile, dann wieder auf das „Urteilserlebnis", dann wieder auf den Akt des Zustimmens bezogen. Man spricht von psychologischer, von formaler, von subjektiver, von logischer, von objektiver Evidenz. Einmal ist Evidenz der objektive Grund für die subjektive Gewißheit. Dann bezeichnet das Wort „Evidenz" wieder den Grund der subjektiven Gewißheit dessen, was objektiv gegeben ist. Angesichts dieses Wirrwarrs ist es offenbar nötig, daß wir uns auf die Herkunft des Begriffes „Evidenz" besinnen. Sie hängt unmittelbar mit der Entstehung des Wortes „Begriff" zusammen, und es wird sich zeigen, daß der Begriff der Evidenz eine bestimmte Auffassung vom Wesen der Natur voraussetzt. Deswegen ist dieser Begriff besonders geeignet, uns in die Frage nach dem Begriff der Natur und seiner Geschichte einzuführen.

⟨2. Evidenz und Wahrheit⟩

Das Wort *evidentia* gehört zu jenem Grundbestand der philosophischen Terminologie des europäischen Denkens, den wir den philosophischen Schriften von Cicero verdanken. Cicero hat das Kunstwort *evidentia* als Übersetzung für den griechischen Begriff ἐνάργεια geprägt[22]. Als Alternative schlägt er das Wort *perspicuitas* – Durchsichtigkeit – vor. Wenn man verstehen will, was *evidentia* (= ἐνάργεια)

---

[22] quod nihil esset clarius ἐνάργεια ut Graeci; perspicuitatem, aut evidentiam nos ... nominemus; Academicorum Priorum Liber secundus M. Tulli Ciceronis Opera Omnia, Hg. Karl Friedrich August Nobbe, Leipzig: Tauchnitz, 1850, 980, Ac II, 17; vgl. H. Merguet, Lexicon zu den Schriften Ciceros, Jena: Fischer, 1887.

bedeuten soll, muß man sich den Kontext der Diskussion vor Augen führen, der dazu nötigte, diesen Begriff einzuführen. Es geht in jenem Kapitel der „Academica" des Cicero um die Verteidigung der Möglichkeit wahrer Erkenntnis gegen die Einwände der Skeptiker. Im Gegensatz zum Skeptizismus der Mittleren Akademie waren sich Epikur und der Stoiker Zenon, trotz der unüberbrückbaren Widersprüche zwischen beiden Schulen, darin einig, daß alles Denken und Erkennen von den Vorstellungen ausgeht, die wir uns mit Hilfe unserer Sinne bilden, und daß deshalb die Gewißheit aller Erkenntnis von der Gewißheit der sinnlichen Wahrnehmung abhängig ist. Epikur hatte den Begriff der ἐνάργεια eingeführt, um die manifeste Wahrheit sinnlicher Eindrücke zu bezeichnen. Nun können aber die sogenannten Wahrnehmungen auch täuschen. Es kommt also darauf an, die Kriterien zu bestimmen, nach denen wir die wahren Sinnesempfindungen von den Sinnestäuschungen unterscheiden können. Die Antwort auf das so gestellte Problem versuchte Zenon durch jene Lehre zu geben, der wir das Wort „Begriff" verdanken. Das von ihm geprägte griechische Wort für „Begriff" heißt κατάληψις. In der Übersetzung von Cicero steht dafür *comprehensio* oder *perceptio*. Das Wort „Vernunft", das im Mittelhochdeutschen auch „Wahrnehmung" bedeutet, dürfte als eine Verdeutschung von *comprehensio* gebildet worden sein. Es ginge dann auf die stoische κατάληψις zurück. Wir müssen diese stoische Lehre kurz betrachten.
Zenon hat im Anschluß an Platon und Aristoteles gelehrt, daß uns die Wahrnehmung nicht täuschen kann. Aber unser Denken bezieht sich nicht unmittelbar auf das, was die Wahrnehmung uns gibt; es bezieht sich vielmehr auf jene Vorstellungen, welche die Einbildungskraft von dem Wahrgenommenen entwirft. Diese Vorstellungsbilder können wahr oder falsch sein, denn sie sind mit der primären Wahrnehmung nicht identisch. Die Vernunft oder, wie die Stoiker sagen, der Logos, muß sich also den Vorstellungsbildern gegenüber die Freiheit bewahren, ihnen entweder zuzustimmen oder sie abzulehnen. Dazu bedarf der Logos sicherer Kriterien, nach denen er entscheiden kann, wie eine Vorstellung beschaffen sein muß, damit sie das Erfassen des Objektes selbst ermöglicht. Als solche Kriterien stellt Zenon fest:
– Die Vorstellung darf keine Einbildung sein, sondern muß von etwas ausgehen, was wirklich ist.
– Sie muß alle Eigentümlichkeiten dessen, was wirklich ist, so

deutlich erfassen, daß es mit Anderem nicht verwechselt werden kann.
Daraus ergibt sich: wahr ist ein Vorstellungsbild, „das von dem Zugrundeliegenden ausgeht und dem Zugrundeliegenden selbst entsprechend so abgeknetet und abgesiegelt ist, wie es ohne das Zugrundeliegende nicht möglich wäre"[23]. Eine solche Auffassung dessen, was sinnlich gegeben ist, nennt Zenon κατάληψις, weil die Seele in dieser Gestalt das, was ihr sinnlich gegeben ist, „ergreift". Cicero berichtet, wie sinnfällig Zenon das Wesen der κατάληψις dargestellt hat[24]. Er verglich die Vorstellung mit der flach gespreizten Hand, die dieser Vorstellung gewährte Zustimmung mit dem Zusammenziehen der Finger und die κατάληψις mit der geballten Faust, in der wir das Erkannte „begreifen" und so festhalten. Das ist die ursprüngliche Bedeutung des Wortes „Begriff". Sie bezieht sich auf das Erfassen und Festhalten des sinnlich Wahrgenommenen in einer Vorstellung, die wir geprüft und als wahr befunden haben.
Das Wort „Evidenz" kommt in der zenonischen Fassung der κατάληψις-Lehre noch nicht vor. Die Einführung dieses Begriffes wurde erst nötig, als die stoische Schule sich gezwungen sah, sich gegen die Skepsis der Mittleren Akademie zu wehren. Die Stoiker machten es sich hier sehr einfach. Sie sagten, wie Cicero berichtet, man dürfe sich auf eine Diskussion darüber, ob es etwas gibt, das in der κατάληψις erfaßt wird, gar nicht erst einlassen. Dies sei nämlich unmittelbar durch die ἐνάργεια, lateinisch durch die *evidentia* und *perspicuitas* des Aufgefaßten klar. Die Stoiker stützen sich also auf die in Zenons Lehre enthaltene Prämisse, daß die Sinneswahrnehmung

---

[23] φαντασία καταληπτική ἐστιν ἡ ἀπὸ τοῦ ὑπάρχοντος καὶ κατ' αὐτὸ τὸ ὑπάρχον ἐναπομεμαγμένη καὶ ἐναπεσφραγισμένη ὁποία οὐκ ἂν γένοιτο ἀπὸ μὴ ὑπάρχοντος. *Stoicorum Veterum Fragmenta* (SVF), hg. von Johannes von Arnim, Leipzig: Teubner, 1921, Bd. I, 59.
[24] Negat enim vos Zeno – scire quicquam. Quo modo? inquies; nos enim defendimus etiam insipientem multa comprehendere. At scire negatis quemquam rem ullam nisi sapientem. Et hoc quidem Zeno gestu conficiebat. Nam, cum extensis digitis adversam manum ostenderat, „visum" inquiebat „huiusmodi est." Deinde, cum paullum digitos contraxerat, „adsensus huiusmodi." Tum cum plane compresserat pugnumque fecerat, comprehensionem illam esse dicebat: qua ex similitudine etiam nomen ei rei, quod antea non fuerat, κατάληψιν imposuit. Cum autem laevam manum admoverat et illum pugnum arte vehementerque compresserat scientiam talem esse dicebat, cuius compotem nisi sapientem esse neminem. *Acad. II, 144 und SVF I, 66.*

selbst nicht täuschen kann. Daß das, was wir durch unsere Sinne auffassen, wirklich ist, hält jedermann für evident – gleichgültig, was die Philosophen darüber disputieren mögen. Die Stoiker sagten darüber hinaus: Wer das in Frage stellen will, ist ein schlechter Philosoph; denn die Evidenz sinnlicher Wahrnehmung ist die Voraussetzung aller Erkenntnis, und wer Erkenntnis überhaupt für unmöglich hält, soll sich nicht selbst dadurch widerlegen, daß er zu diskutieren beginnt.

Wir halten fest: Der Begriff der Evidenz bezieht sich primär auf die Unbestreitbarkeit sinnlicher Wahrnehmung. In der europäischen Philosophie und Wissenschaftstheorie wird der Begriff der Evidenz *nicht* für die sinnlichen Wahrnehmungen sondern für das, was diesen Wahrnehmungen am fernsten liegt, nämlich die ersten Prinzipien der Erkenntnis, in Anspruch genommen. Der Name „Evidenz" soll den spezifischen Wahrheitscharakter dieser ersten Prinzipien bezeichnen. Um den Begriff der „Evidenz" aufzuklären, müssen wir also zunächst den Wahrheitscharakter der ersten Prinzipien der Erkenntnis zu verstehen suchen. Dann wird sich in einem weiteren Schritt verständlich machen lassen, warum ein Begriff, der zunächst die Unbezweifelbarkeit der sinnlichen Wahrnehmung bezeichnen sollte, auf die ersten Prinzipien der Erkenntnis übertragen werden konnte. In einem dritten Schritt werde ich zeigen, daß diese für die Theorie der Erkenntnis auch in der Neuzeit grundlegenden Begriffe eine bestimmte Auffassung vom Wesen der Natur voraussetzen. Das ist der Grund, weshalb der Begriff der Evidenz für unsere Fragestellung von zentraler Bedeutung ist.

Grundlegend waren für diesen Begriff der Evidenz die ersten Kapitel der „Analytica Posteriora" des Aristoteles. Aristoteles hat in diesem Werk die für die gesamte europäische Philosophie bis hin zu Fichte grundlegende Theorie des Aufbaus einer deduktiven Wissenschaft vorgelegt. „Deduktiv" ist eine Wissenschaft dann, wenn sie sich der Regel unterwirft, daß alle Sätze, die sie aufstellt, logisch beweisbar sein sollen. Das klassische Beispiel für eine solche Wissenschaft ist die Mathematik. Von jedem mathematischen Satz, gleichgültig, auf welchem Weg er entdeckt wurde, gilt, daß er erst dann als wahr akzeptiert wird, wenn er „bewiesen", das heißt widerspruchsfrei aus Axiomen abgeleitet ist. Dann ist nämlich jene Definition des Wissens erfüllt, die Aristoteles im zweiten Kapitel des Werkes an die Spitze seiner Untersuchung stellt: „Wir sind dann überzeugt, etwas schlechthin (und nicht nur auf sophistische Weise beiläufig) zu wissen, wenn wir überzeugt sind, den Grund zu kennen, durch den der Sachverhalt ist, daß er der Grund von eben diesem ist, und daß sich dies nicht anders verhalten kann."[25] Ein solches Wissen ist nur möglich, wenn es primäre und oberste Erkenntnisse gibt, die selbst nicht bewiesen werden können, sondern deren Wahrheit ohne Beweis einleuchtet und gesichert ist. Den Wahrheitscharakter dieser obersten Erkenntnisse pflegt man durch das Wort „evident" zu bezeichnen. Ich werde später sagen, warum der Begriff der „Evidenz" von der Unbezweifelbarkeit sinnlicher Wahrnehmung auf die Unbezweifelbarkeit der ersten Prinzipien unserer Erkenntnis übertragen wurde.

Zunächst wollen wir genauer betrachten, wie Aristoteles diese Prinzipien charakterisiert. Er zählt eine Reihe von Prädikaten auf, die diese Prinzipien auszeichnen und von allen anderen Sätzen einer deduktiven Wissenschaft unterscheiden (71 b 21 f.): sie müssen wahr (ἀληθεῖς), erste (πρῶται), unvermittelt (ἄμεσαι), einsichtiger (γνωριμώτεραι), früher (πρότεραι) und für die Schlußfolgen begründend (αἴτιαι) sein. Ich erkläre diese Prädikate nach ihrer Reihenfolge.

Die Prinzipien der Erkenntnis sollen *wahr* sein. Das scheint eine triviale Forderung zu sein. Aber wir müssen uns daran erinnern, daß alle diese Prädikate die Aufgabe haben, deutlich zu machen, wodurch sich die obersten Prämissen einer deduktiven Wissenschaft von allen aus ihnen abgeleiteten Sätzen *unterscheiden*. So wie wir heute das Wort „wahr" gebrauchen, gilt dieses Prädikat von sämtlichen Sätzen der Wissenschaft, nicht nur von ihren obersten Prämissen. Betrachtet man aber den Aufbau einer deduktiven Wissenschaft, so stellt sich heraus, daß die Wahrheit der abgeleiteten Sätze einen ganz anderen Charakter hat als die Wahrheit der obersten Prämissen. Die Wahrheit der abgeleiteten Sätze ist nämlich eines Beweises bedürftig, und dieser Beweis wird dadurch geliefert, daß sie widerspruchsfrei auf die obersten Sätze zurückgeführt werden. Des-

---

[25] Ἐπίστασθαι δὲ οἰόμεθ' ἕκαστον ἁπλῶς, ἀλλὰ μὴ τὸν σοφιστικὸν τρόπον τὸν κατὰ συμβεβηκός, ὅταν τήν τ' αἰτίαν οἰώμεθα γινώσκειν δι' ἣν τὸ πρᾶγμά ἐστιν, ὅτι ἐκείνου αἰτία ἐστί, καὶ μὴ ἐνδέχεσθαι τοῦτ' ἄλλως ἔχειν. *An. Post. 71 b 9 ff.* Aristotle's Prior and Posterior Analytics, Hg. W. D. (Sir David) Ross, Oxford: Clarendon, 1949.

halb ergibt sich die Wahrheit sämtlicher Sätze einer Theorie aus der Wahrheit ihrer obersten Sätze und aus der Wahrheit jener Regeln, nach denen wir abgeleitete Sätze auf die obersten Sätze zurückführen. Im strengen Sinne kann also das Wort „wahr" nur für die obersten Sätze in Anspruch genommen werden. Was ist die Wahrheit der obersten Sätze?

Hier ist zunächst mit Nachdruck festzustellen, daß jene ersten Prinzipien, auf deren Wahrheit sich alles deduktive Wissen gründet, von Aristoteles nicht – oder jedenfalls nicht primär – als Aussagen aufgefaßt werden. Sie sind auch nicht Aussageformen. Aristoteles bezeichnet sie zwar durch ein Wort, das auf lateinisch durch das Wort *positio*, auf deutsch durch das Wort „Satz" übersetzt worden ist: θέσις. Aber θέσις heißt „Setzung". Die Bedeutung des Wortes ergibt sich daraus, daß Aristoteles (72a 15ff.) zwei Arten von θέσεις unterscheidet: die ὑπόθεσις und den ὁρισμός. Die ὑπόθεσις sagt aus, daß etwas ist oder nicht ist. Der ὁρισμός tut das nicht. Er grenzt nur aus, was die Begriffe, die wir in einer Aussage verwenden, bedeuten. Die θέσις hat also zwei Seiten: nach der einen Seite hin wird in ihr „festgestellt" und daher gesetzt, was *ist*. Nach der anderen Seite hin wird durch den ὁρισμός (lat. *definitio*) die Eindeutigkeit der Form dieser Setzung gesichert. Betrachten wir die Prinzipien nur als Aussagen, so vernachlässigen wir, daß die θέσις festsetzen soll, was ist. Betrachten wir nur die „ontologische" Seite der θέσις, so vernachlässigen wir, daß sie das, was ist, so setzt, wie es erkannt und gewußt wird. Erkannt und gewußt wird es in der Form des Satzes. Der ganzen Philosophie des Aristoteles liegt, im Widerspruch zu Platon, die Annahme zugrunde, daß in den θέσεις, das heißt in den ersten Prinzipien unserer Erkenntnis, das Wissen und das Sein zur Deckung gelangen. Es bedarf hier zwischen dem, *was* erkannt wird, und dem Erkennen keiner Vermittlung. Deswegen sind die Prinzipien ἄμεσαι – unmittelbar –, und eben diese Unmittelbarkeit der Erkenntnis wurde später durch das Wort „Evidenz" bezeichnet.

Aus diesem Zusammenhang erklärt sich die sehr merkwürdige Erläuterung des Wortes „wahr", die Aristoteles an dieser Stelle gibt. Er sagt nämlich: Die Prinzipien „müssen wahr sein, weil es nicht möglich ist, das, was nicht ist, zu wissen"[26]. Das bedeutet: Wie immer wir

---

[26] ἀληθῆ μὲν οὖν δεῖ εἶναι, ὅτι οὐκ ἔστι τὸ μὴ ὂν ἐπίστασθαι. a. a. O., *71b 25f.*

das Wort „Wissen" auch deuten mögen, in seinem Kern ist Wissen immer Erkenntnis dessen, was ist. In abgeleiteten und zusammengesetzten Aussagen tritt das, was ist, nur mittelbar ans Licht. Aber in den obersten Setzungen, die solche Aussagen begründen, muß das, was ist, unmittelbar manifest sein. Das ist die Bedeutung des Wortes ἀληθής = unverborgen.
Die folgenden Prädikate der ersten Prinzipien der Erkenntnis habe ich bei der Erklärung dieses ersten und wichtigsten Prädikates zum Teil schon erläutert. Sie müssen „erste" (πρῶται) sein. Warum das nötig ist, wird im dritten Kapitel näher erläutert. Es ist nicht möglich, alles zu beweisen, denn dies würde zu einem *regressus ad infinitum* führen. Wir würden nie zu einem Grund gelangen, aus dem sich unsere Aussagen ableiten ließen. Wenn überhaupt Wissen dadurch definiert ist, daß wir einen Sachverhalt dann erkennen, wenn wir den Grund erkennen, aus dem er nur so und nicht anders sein kann, dann muß es erste Setzungen geben, die ihrerseits keines Beweises bedürfen. Entweder gibt es überhaupt keine Wissenschaft, oder sie muß aus unbewiesenen und unbeweisbaren Prinzipien abgeleitet werden. Das ist der Grund, weshalb Aristoteles das Wort „erste Setzungen" durch das Wort „unbeweisbare Setzungen" erläutert. Die Unbeweisbarkeit ist ebenfalls eines der klassischen Merkmale der Evidenz.
Eben deshalb sind diese Prinzipien, wie schon gesagt, ἄμεσαι – *unmittelbar*. Das soll nicht bedeuten, daß sie jedem Menschen ohne weitere Vermittlung bekannt sind. Aristoteles sagt ausdrücklich, es sei nicht nötig, daß jeder, der etwas lernen will, sie bereits kennt. Seine ganze Erste Philosophie ist eine aporetische Suche nach den ersten Prinzipien. Man kann zu ihrer Erkenntnis hingeführt, sie können Schritt für Schritt aufgedeckt werden. Aber bewiesen werden können sie nicht. Bei Aristoteles hat das Wort „unmittelbar" eine strikt auf das syllogistische Beweisverfahren eingeschränkte Bedeutung: diese Sätze können nicht in einem Schluß aus einem Mittelsatz abgeleitet werden.
Es folgt ein gar nicht leicht zu verstehendes und in der Forschung umstrittenes Prädikat. Aristoteles sagt nämlich, die Prinzipien müßten γνωριμώτεραι – *in einem höheren Grade kenntlich* – sein. Was heißt hier „erkennen"? Was bedeutet der Komparativ? In seiner Erläuterung ersetzt Aristoteles dieses Wort durch das Wort προγιγνωσκόμεναι – vorher erkannt (31f.). Da er ausdrücklich sagt, es sei nicht nötig, daß der, der etwas lernen will, über die Erkenntnis der Prinzi-

pien schon verfügt, kann dieses Wort nicht bedeuten, daß der empirische Prozeß der Erkenntnis mit der Erkenntnis der Prinzipien beginnt. Wir sahen ja schon: die Erste Philosophie ist eine Suche nach den Prinzipien. Sie sind uns also gerade *nicht* zum Voraus immer schon bekannt. Aber sie haben eine andere Eigenschaft: Sobald wir ein solches Prinzip erkannt haben, rückt es an die Spitze der Erkenntnisse, und alles, was wir sonst erkannt haben mögen, muß daraufhin überprüft werden, ob es aus diesem Prinzip abgeleitet werden kann. Sie werden erkannt als solches, das, *wenn* es erkannt ist, vor allen anderen Erkenntnissen einen Vorrang hat. In diesem Sinn sagt Aristoteles zu Beginn des Werkes: „Jedes Lehren und jedes denkende Lernen geht aus einer im Voraus als Ursprung zugrundeliegenden Erkenntnis hervor."[27] Man hat später dieses Vorausgehen durch das Wort *a priori* bezeichnet.

Aus diesem „Vorausgehen" erklärt sich auch der überraschende Komparativ. Heinrich Scholz[28] hat an diesem Komparativ Anstoß genommen. Er meint, der Begriff der Evidenz lasse keine Steigerung zu. Indem Aristoteles Grade der Evidenz annehme, führe er in die logische Betrachtung ein psychologisches Element ein. Das ist eine handgreifliche Mißdeutung, die sich daraus erklärt, daß selbst ein Logiker wie Heinrich Scholz sich aus dem Bann der Subjektivität nicht befreien konnte. Hingegen wird in der Tat durch diesen Komparativ ein Element eingeführt, das sich zwar sehr wohl mit dem aristotelischen Verständnis der Logik, hingegen nicht mit jenem abstrakten Verständnis der Logik vereinigen läßt, das die moderne mathematische Logik beherrscht. Aristoteles verweist nämlich durch diesen Komparativ auf seine Unterscheidung von zwei Formen der Priorität. Das, was wir durch die Sinne erfassen, ist πρότερον πρὸς ἡμᾶς. Es hat eine Priorität für uns und unser Auffassen. Die ἀρχαί hingegen sind πρότεραι τῇ φύσει. Sie haben in der Physis selbst eine Priorität. Der Weg der Erkenntnis ist nach Aristoteles ein Weg, auf dem wir dahin zu gelangen versuchen, daß das, was in der Physis die Priorität hat, auch für unsere Erkenntnis die Priorität hat. Wo das

---

[27] Πᾶσα διδασκαλία καὶ πᾶσα μάθησις διανοητικὴ ἐκ προϋπαρχούσης γίνεται γνώσεως. a. a. O., 71 a 1 f.
[28] „*Die Axiomatik der Alten*", in: *Blätter für Deutsche Philosophie, 4, 1930/ 31, 259 ff.*, Wiederabdruck: Heinrich Scholz, Mathesis Universalis. Abhandlungen zur Philosophie als strenger Wissenschaft, hg. von Friedrich Kambartel und Joachim Ritter, Berlin: Benno Schwabe, 1961, 27 ff.

gelingt, kommt jene Form der Wissenschaft zustande, deren Aufbau Aristoteles in den „Analytica Posteriora" darstellt. Wir können nämlich dann aus den Prinzipien jene Sachverhalte, die *in Relation auf uns* die näheren, der Physis nach aber die abgeleiteten sind, begründen. Der Komparativ erklärt sich daraus, daß – nicht in unserer Psychologie sondern in der Physis selbst – ein Verhältnis der Relation besteht: die Elemente sind das, was sie sind, in Relation auf alles, was aus ihnen zusammengesetzt ist. Das Zusammengesetzte ist das, was es ist, in Relation auf seine Elemente. Die Elemente dessen, was ist, sind das, dessen Sein in der θέσις gesetzt wird. Sie haben einen Vorrang in der Erkenntnis, weil das Zusammengesetzte sich so, wie es ist, nur von seinen Elementen her erkennen läßt. Weil hier der Bezug auf die Physis wesentlich ist, fügt Aristoteles in seiner Erläuterung hinzu: die Prinzipien seien das „Vorher-Erkannte", nicht nur in Hinsicht auf das Verstehen sondern auch in Hinsicht auf das Wissen, daß sie (wahrhaft) *sind*[29]. Die Elemente dessen, was in Wahrheit ist, sind in Bezug auf unser Auffassen das Fernste. Das Fernste ist nämlich das Allgemeinste. Das Allgemeine hat in der Physis eine Priorität *relativ* (komparativ) auf das, was entsteht und vergeht, weil es für Alles gilt und Alles zusammenhält, für das es das Gemeinsame ist.

Wir haben also hier den Punkt erreicht, wo der Begriff der Evidenz mit dem aristotelischen Begriff der φύσις zusammenhängt. Das ist das für den modernen Logiker anstößige und fremde Element, das in die logische Betrachtung eindringt. Für Aristoteles sieht das anders aus. Er lehrt, daß die θέσις setzt, was *ist*, und deshalb kann er die logischen Formen unmittelbar als Seinsstrukturen interpretieren. Dieser Zusammenhang von Logik und Sein ist der Sinn des Wortes „Ontologie".

Die Erklärung der beiden folgenden Prädikate, die Prinzipien müßten πρότεραι – *früher* – und αἴτιαι – *für die Schlußfolgen begründend* – sein, ist in dem bisher Gesagten schon enthalten. Die hier ausdrücklich hervorgehobene Priorität bezeichnet durch den Komparativ wieder die Relation zu allem, was sich aus den Prinzipien ableiten läßt. Im Unterschied zur modernen Wissenschaftstheorie geht Aristoteles davon aus, daß uns die Auswahl dessen, was als Axiom gelten

---

[29] προγινωσκόμενα οὐ μόνον τὸν ἕτερον τρόπον τῷ ξυνιέναι, ἀλλὰ καὶ τῷ εἰδέναι ὅτι ἔστιν. a. a. O. *71 b 31 ff.*

soll, nicht freisteht, sondern durch die Struktur der Physis vorgezeichnet ist. In der Physis selbst ist das Einfache zugleich das Primäre, und nur, wenn dieses Einfache erkannt ist, können wir komplexe Sachverhalte so erkennen, wie sie in Wahrheit sind. Die Prinzipien werden also nicht nur deshalb „begründend" genannt, weil sie als Aussagen an der Spitze einer deduktiven Theorie stehen; sie sind vielmehr primär deshalb begründend, weil das, was in der Natur der Grund ist, in diesen Setzungen als Erkanntes gesetzt wird.

Die Prädikate, die wir betrachtet haben, erläutern in ihrer Gesamtheit den Sinn des ersten Prädikates: Sie heben in ihrer Gesamtheit ans Licht, was die *Wahrheit* der Prinzipien ist. Alles, was sonst „Wahrheit" genannt wird, ist eine Ausstrahlung dieser primären Wahrheit, und diese Wahrheit der Prinzipien wurde später durch das Wort „Evidenz" bezeichnet. Wir beantworten nun zunächst die Frage, wie zu erklären ist, daß ein Begriff, der bei Cicero die Unbezweifelbarkeit der sinnlichen Wahrnehmung bezeichnet, auf die Wahrheit der Prinzipien übertragen werden konnte, und werden dann in einem nächsten Schritt den Zusammenhang von Evidenz und Physis noch weiter aufzuhellen versuchen.

Was hat die Wahrheit sinnlicher Wahrnehmungen mit der Wahrheit der ersten Prinzipien gemein? Es gibt auf diese Frage eine einfache Antwort: Wir nennen die Leistung der Sinne „Wahrnehmung", weil sie das Wahre unmittelbar so erfaßt, wie es sich zeigt. Ebenso unmittelbar zeigt sich, wie wir gesehen haben, die Wahrheit der Prinzipien. Im Unterschied zu allen anderen Formen der Erkenntnis, bei denen das Erkannte stets durch andere Erkenntnisse vermittelt wird, manifestiert sich in jeder Wahrnehmung das Sein des Wahrgenommenen direkt und ohne zwischengeschaltete Erkenntnis allein dadurch, daß es uns berührt. Analog hat auch das Wort „Grund" nur einen Sinn, wenn wir in der Erkenntnis des Grundes auf etwas stoßen, hinter das nicht zurückgefragt werden kann, sondern das sich allein schon dadurch bezeugt, daß es sich zeigt, daß es ans Licht tritt. Für die Wahrnehmung wie für die Erkenntnis der Prinzipien gilt also der Satz: Sie sind „e-vident", weil sie nicht vermittelt durch Anderes sondern aus sich selbst heraus sichtbar und einsichtig sind. Es gibt nach Aristoteles zwei Erkenntnisvermögen, die solches, was aus sich selbst heraus sichtbar ist, auffassen können: die αἴσθησις und den νοῦς. Die αἴσθησις erfaßt das Sinnliche, der νοῦς erfaßt die ἀρχαί. Deswegen hat Aristoteles in dem Werk „Über die Seele" seine Lehre von der sinnlichen Wahrnehmung und seine Lehre von der noetischen Erkenntnis genau parallel aufgebaut [30]. Alle anderen Formen menschlicher Erkenntnis bewegen sich zwischen diesen beiden Polen. Diese Lehre des Aristoteles enthält die Rechtfertigung und die Begründung der Übertragung des Begriffes *evidentia* von der sinnlichen Wahrnehmung auf die Wahrheit der ersten Prinzipien. Man kann noch weitergehen und sagen, daß der Begriff der Evidenz der ersten Prinzipien erst durch seine Analogie zur Evidenz der sinnlichen Wahrnehmung seinen Sinn und seine Rechtfertigung erhält. Erst dadurch kommt nämlich heraus, daß das Wort Evidenz die unmittelbare Manifestation dessen, *was in Wahrheit ist*, bezeichnet. Wir haben gesehen, daß bei Aristoteles die ganze Wissenschaftslehre daran hängt, daß die obersten Setzungen unmittelbar das, was in Wahrheit ist, erfassen. Nur so können sie eine Wissenschaft begründen, „denn es ist nicht möglich, das, was nicht ist, zu wissen".

Die neuzeitliche Philosophie der Subjektivität hat diese unmittelbare Identität zwischen den obersten Grundsätzen der Erkenntnis und den Prinzipien des Seins auseinandergebrochen. Die Evidenz der Prinzipien der Erkenntnis ist nun nicht mehr Manifestation der Wahrheit des Seins, sondern wird aus der Konstitution der Subjektivität des Subjektes abgeleitet. „Evidenz" kann dann nur noch bedeuten, daß es gewisse oberste Begriffe und Grundsätze gibt, die ohne weitere Ableitungen aus sich selbst heraus einleuchtend sind, weil die Vernunft so gebaut ist, daß sie ihr aus sich selbst heraus einleuchten müssen. Über die Wahrheit dieser Begriffe und Grundsätze ist damit noch nichts ausgemacht. Den Übergang zu dieser subjektivistischen Deutung der Evidenz bildet die stoische Lehre von den uns eingeborenen Ideen, den *ideae innatae*. Die Wahrheit dieser *ideae innatae* sollte der ontologische Gottesbeweis sichern. So hängt der Begriff der Evidenz mit Gotteslehre und Theologie zusammen. Ich kann dies alles hier nicht ausführen, sondern habe diese Hinweise nur deshalb gegeben, damit Sie sehen, daß der Begriff der Evidenz eine der großen Achsen der Geschichte der europäischen Philosophie gewesen ist. Um diese Achse dreht sich die Geschichte der Auslegung des Verhältnisses von Gott, Mensch und Natur – mit anderen Worten: die Metaphysik. Vor allem das Verständnis der Natur ist immer da-

---

[30] Vgl. hier und im Folgenden: Georg Picht, Aristoteles' „De anima", Stuttgart: Klett-Cotta, 1987.

von abhängig gewesen, welches Vorverständnis der Evidenz in den verschiedenen Epochen, sei es ausdrücklich, sei es nur implizit, bestimmend war. Denn von dem Vorverständnis der Evidenz hängt ab, was die Menschen unbefragt für wahr halten, was ihnen selbstverständlich ist und deshalb auch in der wissenschaftlichen Forschung als herrschende Meinung vorausgesetzt wird. Auch unsere Vorurteile haben die Eigenschaft, daß sie uns unbefragt als evident erscheinen, und wenn Evidenz nur vom Subjekt aus dadurch begründet wird, daß sie die Eigenschaft hat, unmittelbar einzuleuchten, ist kein Kriterium gegeben, mit dessen Hilfe wir die Evidenz der Vorurteile von der Evidenz notwendiger und wahrer Setzungen unterscheiden könnten. Ein bloß formaler Begriff der Evidenz ist deshalb in jedem Falle unbrauchbar. Axiome, die wir für notwendig erachten, könnten ja auch bloße Zwangsvorstellungen sein. Das Problem der Evidenz ist deshalb das Problem der *Wahrheit* der Evidenz. Ich habe die Untersuchung des Begriffs Evidenz in unserem Rahmen deshalb für unentbehrlich gehalten, weil das Wort „Evidenz", wie es jetzt wohl deutlich geworden ist, im Zeitalter der Metaphysik nicht nur die Wahrheit sondern das Wesen der Wahrheit bezeichnet. Wie immer man Wahrheit auch verstehen mag: stets wird man sich, direkt oder indirekt, darauf beziehen müssen, daß das, was wahr ist, in der Natur hervortritt. Dann ist das Wesen der Wahrheit das Wesen der Natur. Deswegen müssen wir nun in einem dritten Schritt uns den Zusammenhang zwischen Evidenz und Natur noch klarzumachen versuchen.

Aristoteles hat sich in den „Analytica Posteriora", der Thematik dieses Werkes entsprechend, darauf beschränkt, von den Prinzipien und ihrer Wahrheit das anzudeuten, was für die Wissenschaftstheorie nicht zu entbehren war. Wir erfahren deshalb dort nichts darüber, wie diese selben Prinzipien als Prinzipien der Physis zu denken sind. Ich kann dies hier auch nicht ausführen, denn sonst müßte ich die ganze Naturphilosophie des Aristoteles darstellen. Ich gebe nur einige Hinweise, die für die Frage nach dem Wesen der Natur nicht zu entbehren sind.

Wahrheit im primären Sinn der Evidenz ist das, was nicht erst dadurch sichtbar ist, daß es von Anderem beleuchtet wird, sondern dessen Sichtbarkeit darin besteht, daß es aus sich selbst heraus leuchtet und sich zeigt. Diesen Charakter dessen, was im ursprünglichen Sinne wahr ist, hat Platon durch das Wort ἰδέα bezeichnet. Jede Wis-

senschaft, die ihre Erkenntnisse aus evidenten Grundsätzen ableitet, und die gleichzeitig voraussetzt, daß in diesen Erkenntnissen die Natur sich so darstellt, wie sie wirklich ist, impliziert die Annahme, daß die fundamentalen Strukturen in der Natur jenen Charakter haben müssen, den Platon durch das Wort ἰδέα bezeichnet hat. Nur unter dieser Voraussetzung kann eine Wissenschaft, die komplexe und vielfach zusammengesetzte Sachverhalte dadurch erklärt, daß sie aus fundamentalen und einfachen Sachverhalten abgeleitet werden, den Anspruch erheben, mit der Natur übereinzustimmen. In diesem Sinne müssen wir alle wissenschaftlichen Theorien, die Europa im Zeitalter der Metaphysik hervorgebracht hat, bis hin zur Physik des 20. Jahrhunderts, als „idealistische" Theorien bezeichnen. Denn sie sind alle nach jenem Grundmodell von wissenschaftlicher Erkenntnis entworfen worden, das Aristoteles in den „Analytica Posteriora" dargestellt hat. In diesem Sinn ist auch der Materialismus eines der Musterbeispiele für eine idealistische Theorie; denn er setzt voraus, daß die Materie jene Struktur hat, die Platon als ἰδέα bezeichnet. Die Auseinandersetzung, die Platon und Aristoteles mit den materialistischen Theorien von Leukipp und Demokrit geführt haben, hat gerade darin ihr Zentrum, daß sie dagegen Einspruch erhoben, daß die Materie in diesen Theorien nicht als Materie sondern so aufgefaßt wird, als ob sie die Struktur von Ideen hätte. Der Begriff der Evidenz impliziert, es sei wiederholt, die Annahme, daß allem, was in der Natur erscheint, reine Strukturen zugrundeliegen, die in dem Sinne einfach sind, daß sie, ohne Vermittlung durch Anderes, aus sich selbst heraus strahlen, die ganze Natur durchwirken und deshalb einleuchtend sind. Solche Grundstrukturen sind zum Beispiel die Zahlen und die elementaren mathematischen Verhältnisse, die Elemente und alle jene Strukturen, die in der neuzeitlichen Naturwissenschaft als „Gesetze" bezeichnet werden. (Auch das Wort „Gesetz" ist in seiner naturwissenschaftlichen Bedeutung mit den θέσεις des Aristoteles begriffsgeschichtlich verbunden.)
Die neuzeitliche Philosophie hat zugleich mit der Evidenz auch die Begründung der Wahrheit der Logik und der Mathematik in das Subjekt verlagert. Die Evidenz der Gesetze des Denkens wird nicht mehr daraus abgeleitet, daß die elementaren Strukturen der Natur aus sich selbst hervorleuchten und sich manifestieren. Deswegen kann die moderne Physik nicht mehr erklären, warum die Natur der Mathematik und damit der Logik gehorchen soll. Wir werden noch

sehen, daß sich hinter diesem Dilemma ein sehr viel tiefer liegendes Problem verbirgt. Zunächst kommt es für uns nur darauf an zu erkennen, daß alles, was die Philosophie der Neuzeit in das Subjekt verlagert hat – die obersten Grundsätze der Erkenntnis, die Logik und die Struktur der Wissenschaft –, für die Griechen den innersten und fundamentalen Bereich dessen ausmachte, was sie φύσις nannten. Die aristotelische Wissenschaftslehre ist eine Lehre der Erkenntnis dessen, was in Wirklichkeit ist. Sie ist deshalb ein Teil seiner Lehre von der Natur. Das kann sie aber nur sein, weil sie darauf beruht, daß das Wesen der Wahrheit als Evidenz, das heißt von der platonischen Ideenlehre her gedacht wird.

Nun muß ich aber auf einen sehr wesentlichen Unterschied zwischen Aristoteles und Platon hinweisen. Nach Platon ist die Erkenntnis der Idee eine Erkenntnis, die im Logos, das heißt in der aufweisenden Aussage, nicht dargestellt werden kann, sondern jedem möglichen Logos vorausgeht. Die Unmittelbarkeit der Evidenz erweist sich gerade darin, daß sie sich in der Struktur des Logos *nicht* darstellen kann; denn jeder Logos ist eine Synthesis, und jede Synthesis setzt eine Einheit voraus, die in ihr selbst nicht mehr ausgesprochen werden kann. Versucht man sie auszusprechen, so gerät man, wie Platon im „Parmenides" gezeigt hat, in unaufhebbare Antinomien. Kant hat später in einem Kernstück der „Kritik der reinen Vernunft" diese platonische Antinomienlehre selbständig, wenn auch nur partikulär, wieder entdeckt. Eine θέσις im aristotelischen Sinne ist deshalb nach Platon niemals evident. Platon definiert vielmehr im VII. Buch der „Politeia" jene Form des Denkens, die er „Dialektik" nennt, und die er im „Parmenides" demonstriert, als die Kunst der Aufhebung der θέσεις. Aristoteles hingegen definiert in den „Analytica Posteriora" die θέσις einerseits als ἀρχή, das heißt als evidentes Prinzip, und andererseits als den unmittelbar evidenten Obersatz eines syllogistischen Beweisganges (72a 7). Wenn die ἀρχή die Form der θέσις hat, so ist sie als eine Aussage definiert, die die entgegengesetzte Aussage ausschließt. Durch diesen Bezug auf die in ihr negierte Antithesis wird sie zur „Behauptung". So definiert Aristoteles (72a 19f.) die θέσις in ihrer Gestalt als ὑπόθεσις. Der Satz vom Widerspruch ist deshalb bei Aristoteles (im Gegensatz zu Platon) das Axiom, das die Evidenz der „Grundsätze" begründet.

⟨3. Evidenz und Logik⟩

Die Entscheidung, die Aristoteles hier im Gegensatz zu Platon getroffen hat, ist für den europäischen Begriff der Natur von unermeßlicher Bedeutung gewesen. Sie ist die oberste Voraussetzung der gesamten europäischen Naturwissenschaft: die als „evident" geltende Grundannahme, daß die Erkenntnis der Natur den Gesetzen der Logik zu gehorchen habe. In meinem Aristoteles-Kolleg habe ich vor zwei Jahren zu zeigen versucht, wo der primäre Grund für den Widerspruch von Aristoteles gegen Platon zu suchen ist. Er liegt weder in der Physik noch in der Logik, er liegt vielmehr in der Gotteslehre. Während nach Platon die Idee des Guten = Gott ἐπέκεινα τῆς οὐσίας[31] liegt, also nicht als „Substanz" gedacht werden darf, hat Aristoteles es für denknotwendig gehalten, Gott, dessen Wesen er im Gegensatz zu Platon als νοῦς bestimmte, als οὐσία, als Substanz zu begreifen. Die beherrschende Stellung des Satzes vom Widerspruch, die Begründung der Philosophie, vor allem aber der Physik, auf die Kategorienlehre, und die damit für die gesamte europäische Tradition festgelegte Vorherrschaft der Logik für die Naturerkenntnis ist auf die theologische Grundentscheidung zurückzuführen, Gott müsse als das höchste und primäre Seiende, er müsse als οὐσία begriffen werden. Nur unter dieser Prämisse war es Aristoteles möglich, seine Physik und seine Lehre vom Sein auf eine Hermeneutik des Logos, also auf eine Ontologie aufzubauen; und dieser ontologische Ansatz ist, wie sich aus der Geschichte des europäischen Denkens nachweisen läßt, die versteckte, aber deshalb nicht weniger wirksame Grundvoraussetzung, auf der die neuzeitliche Physik beruht, insofern sie annimmt, unsere Erkenntnis der Natur sei wahr, wenn sie den Gesetzen der Logik entspricht. Hegel ist, wie ich in jener Vorlesung gezeigt habe, der letzte Philosoph gewesen, der durchschaut hat, daß die Physik der Neuzeit die aristotelische Gotteslehre notwendig und unaustilgbar impliziert. Der unaustilgbare Zusammenhang zwischen Physik und aristotelischer Gotteslehre hängt aber an der aristotelischen Prägung des Begriffes der Evidenz. (Für eine genaue Erklärung der spezifisch aristotelischen Bedeutung von „Evidenz" verweise ich auf das Aristoteles-Kolleg. Dort wurde gezeigt, daß die Grundfrage der aristotelischen Philosophie – im Rahmen der

---

[31] Politeia 509 B 9.

Kategorienlehre – die Verbindung von Wahrheit und Bewegung ist. Weil Wahrheit als „Evidenz", das heißt als Sich-von-sich-aus-Manifestieren verstanden wird, kann die Natur – der Inbegriff dessen, was in Bewegung ist – von der Selbstbewegung her interpretiert werden.)

Die Erkenntnis der ersten Prinzipien wird, wie sich gezeigt hat, deshalb „evident" genannt, weil das, was sie unmittelbar erkennt, die Eigenschaft hat, sich von sich selbst her zu manifestieren. Evident ist, was von sich aus einsichtig ist. Dieses von sich aus Einsichtige ist aber gerade nicht das, was uns selbstverständlich ist. Im Gegenteil – es ist das, was unserer alltäglichen Auffassung der Natur, unserem alltäglichen Weltverständnis und unserer gewohnten Denkweise am fernsten liegt. Nichts ist so schwer zu erkennen wie das, was von sich aus evident ist. Aber wenn wir überhaupt versuchen zu verstehen, wie Wissen möglich sein soll, werden wir immer darauf zurückgeführt, daß wir von unserem Wissen nur dann sagen können, es sei wahr, wenn in ihm etwas zum Vorschein kommt, das die Eigenschaft hat, sich von sich selbst her zu manifestieren. Das ist nun nicht mehr eine Aussage über die menschliche Erkenntnis, sondern es ist eine Aussage über das, was in ihr erkannt wird und ans Licht tritt. Es ist eine Aussage über die Natur. So führt uns die Frage nach dem Wesen der Natur auf die Frage nach dem Wesen der sich in ihr zugleich manifestierenden und sich eigentümlich verbergenden Evidenz, also auf die Frage nach dem Wesen der Wahrheit der Natur. Die Wahrheit der Natur ist Wahrheit menschlicher Erkenntnis, wenn sie in dieser Erkenntnis unmittelbar erfaßt wird. Wenn Aristoteles recht hat mit dem Satz, daß wir nichts wissen können, was nicht – in welcher Form auch immer – *ist*, so muß sich in allen möglichen Gestalten menschlichen Wissens auf irgendeine Weise die Evidenz der Natur manifestieren.

Dies läßt sich freilich nur erkennen, wenn man nicht, wie die neuzeitliche Philosophie, damit beginnt, das Denken des Menschen aus der Natur herauszubrechen. Aber wir sahen ja schon, daß das Subjekt der neuzeitlichen Philosophie sich dadurch konstituiert, daß die in der griechischen Philosophie ans Licht gehobenen Seinsstrukturen in das Bewußtsein projiziert und als die konstitutiven Strukturen der Subjektivität gedeutet werden. Wenn in der Neuzeit von Verstandesbegriffen, von Funktionen des Denkens und von Grundsätzen die Rede ist, wird also der Sache nach von nichts anderem gesprochen als von jenen Strukturen des Seins, die sich kraft ihrer Evidenz im Bewußtsein unmittelbar manifestieren. Die Unmittelbarkeit dessen, was evident ist, bereitet die Möglichkeit dafür, die Manifestation des Seins als Datum des Bewußtseins aufzufassen, und das, was die Griechen φύσις nannten, in das Subjekt zu transponieren. Wenn wir verstehen wollen, was „Natur" ist, müssen wir also jene Sphäre, die von der neuzeitlichen Philosophie als Sphäre des Subjektes ausgegrenzt wurde, in ihrer Gesamtheit in die Natur wieder einbeziehen. Natur ist, wie Schelling erkannt hat, „Subjekt-Objekt"[32]. Das durch diesen Ausdruck bezeichnete Prinzip der Identität hat seine Basis in der Evidenz.

Mit diesen allgemeinen Bemerkungen ist aber noch nichts darüber gesagt, ob die griechische Philosophie, der wir die Erkenntnis der Evidenz verdanken, diese so aufgefaßt hat, wie sie von sich aus ist und in der Natur hervortritt. Wir müssen also zunächst versuchen, uns die griechische Auffassung des Wesens der Evidenz genauer zu verdeutlichen. Aristoteles hat in seiner Liste der Prädikate, durch die er die Evidenz der Prinzipien aufgezeigt hat, einige Bestimmungen dessen, was evident ist, nicht ausdrücklich genannt, obwohl er sie in seiner Wissenschaftstheorie ständig voraussetzt, weil sie den

---

[32] So z. B. in der „Einleitung zu dem Entwurf eines Systems der Naturphilosophie" von 1799: „Die Natur als bloßes Produkt (natura naturata) nennen wir Natur als Objekt (auf diese allein geht alle Empirie). Die Natur als Produktivität (natura naturans) nennen wir Natur als Subjekt (auf diese geht alle Theorie)." (WW III, 284) – „Die Natur muß ursprünglich sich selbst Objekt werden, diese Verwandlung des reinen Subjekts in ein Selbst-Objekt ist ohne ursprüngliche Entzweiung in der Natur selbst undenkbar. . . . Warum ist kein ursprüngliches Phänomen der Natur ohne jene Dualität, wenn nicht in der Natur ins Unendliche fort alles sich wechselseitig Subjekt und Objekt, und die Natur ursprünglich schon Produkt und produktiv zugleich ist?" (WW III, 288). Für diese Wechselseitigkeit verwendet Schelling verschiedentlich den Begriff „Subjekt-Objekt", so in den „Ideen zu einer Philosophie der Natur als Einleitung in das Studium dieser Wissenschaft" von 1797 (WW I/2, 62ff.). Im „System des transzendentalen Idealismus" erklärt Schelling (WW III, 372f.), daß das „Subjekt-Objekt" als Begriff einer „ursprünglichen Identität in der Duplizität" nur im Selbstbewußtsein vorkomme; in dem selben Text wird aber auch das Ich, sofern es als Materie erscheint, als „Subjekt-Objekt" bezeichnet (WW III, 452). Alle zitierten Stellen hat GP in seinem Handexemplar von Schellings Werken – Münchener Jubiläumsausgabe, Hg. Manfred Schröter, München: Beck, Oldenbourg, 1927, mit der Seitenzählung der Originalausgabe – angestrichen oder mit Verweisen versehen.

Lesern, für die er schrieb, so vertraut waren, daß ihre Erörterung sich erübrigte. Ich zähle einige dieser Bestimmungen auf:
– In seiner Definition des Wissens (71b 9ff., s. Anm. 25, 101) stellt Aristoteles fest, daß wir dann überzeugt sind, etwas zu erkennen, wenn wir wissen, aus welchem Grund sich dies nur so und nicht anders verhalten kann. Mit dieser Definition des Wissens würde auch ein neuzeitlicher Wissenschaftler vermutlich einverstanden sein. Deshalb machen sich auch die Aristoteles-Interpreten nur selten klar, daß diese Worte bei Aristoteles etwas total anderes bedeuten als in der modernen Naturwissenschaft. Aristoteles hat nämlich den Begriff τὸ μὴ ἐνδεχόμενον ἄλλως ἔχειν – das, was sich nicht anders verhalten kann – strikt auf die Sphäre dessen bezogen, was unveränderlich ist und sich selbst immer gleichbleibt. Er hat die Wissenschaft so definiert, daß Wissenschaft im strengen Sinne des Wortes nur von dem möglich ist, was sich in allem zeitlichen Wandel als gleichbleibend und unveränderlich durchhält. Unveränderlich sind in der Natur alle bleibenden Strukturen. Dazu gehört in der Physik des Aristoteles alles, was mathematisch darstellbar ist. Dazu gehören außerdem die Gattungen und die Arten. Nach der Physik des Aristoteles ist (aus Gründen, auf die ich hier noch nicht eingehen kann) der Kosmos ewig, ungeschaffen und unvergänglich. Deshalb sind in seiner Physik auch die Gattungen und die Arten ewig. Die Gattung „Baum" ist das, was sich unveränderlich durchhält, obwohl die einzelnen Bäume entstehen und vergehen. Ein Wissen im strengen Sinne des Wortes ist nach Aristoteles, es sei wiederholt, nur von diesen unveränderlichen Strukturen in der Natur möglich. Es ist nur von solchem möglich, was der Veränderung in der Zeit entzogen, was zeitlos ist. In den Bereich des Werdens und Vergehens dringt das Wissen nur insoweit vor, als darin immer das, was unveränderlich ist, hervortritt oder wieder entschwindet. Von einem einzelnen Pferd kann ich im strengen Sinne des Wortes alles das „wissen", was von der Art „Pferd" überhaupt gilt und sich deshalb in jedem einzelnen Pferd wiederfinden lassen muß. Hingegen entziehen sich die individuellen Bestimmungen, die dieses einzelne Pferd hier zu dem Exemplar machen, das es ist, und ⟨die⟩ es von allen anderen Pferden unterscheiden, dem „Wissen" im strengen Sinne des Wortes; denn sie verändern sich unablässig und sind außerdem unabzählbar. In dieser prinzipiellen Unbestimmbarkeit jeder individuellen Erscheinung zeigt sich uns nach Aristoteles das Wesen der Materie.

Das hat nun eine sehr wichtige Konsequenz. Der Bereich der legitimen Anwendung der logischen Formen ist nämlich nach Aristoteles auf die Sphäre dessen eingeschränkt, was nach seiner Definition „gewußt" werden kann. Die Anwendung der logischen Formen setzt nämlich voraus, daß die Begriffe, die in den Aussagen vorkommen, eindeutig definiert werden können. Eindeutig definieren kann man nur, was von sich aus definit ist. Das Unbestimmbare wird eben deshalb „unbestimmbar" genannt, weil es sich der Definition entzieht. Deswegen hat Aristoteles Individual-Urteile aus der Logik ausgeschlossen. Das Operieren mit logischen Formen in Bezug auf individuelle Erscheinungen hat er, in seinem pejorativen Verständnis dieses Wortes, als „Dialektik", das heißt als Kunst der Erzeugung von Schein betrachtet.

Für die Philosophie der Neuzeit sind die Gesetze der Logik nicht erkannte Seinsstrukturen sondern die notwendigen Gesetze des Denkens. Auf Grund des anti-aristotelischen Aberglaubens, daß alles Denken überhaupt den Gesetzen der Logik folgen müsse, war es der neuzeitlichen Philosophie nicht mehr möglich, die aristotelische Einschränkung der Logik auf die Sphäre dessen, was unveränderlich ist, zu akzeptieren. Nun mußte also alles, was überhaupt ist, in logischen Formen gedacht und dargestellt werden. Da das Veränderliche, so wie es sich primär zeigt und von uns erfahren wird, sich den logischen Operationen nicht fügt, mußte die Wissenschaft Methoden erfinden, nach denen sich die logischen Formen auch auf das Zeitliche und Veränderliche applizieren lassen. Der Oberbegriff für diese Formen heißt „Objektivation". Das Verfahren, das dabei befolgt wird, ist der operative Eingriff des Experimentes. Jeder Versuch wird so eingerichtet, daß das Phänomen, das beobachtet werden soll, gezwungen wird, sich in einer Form zu präsentieren, die es erlaubt, es eindeutig zu bestimmen. Alles, was sich dieser Regel widersetzt, wird als Störfaktor künstlich ausgeschaltet. Durch dieses Verfahren werden auch in der Sphäre des Veränderlichen jene Bedingungen herausgestellt, die nach Aristoteles nur bei dem Unveränderlichen gegeben sind. Da aber diese Operation das Objekt nicht so lassen darf, wie es von sich aus ist, ist die Zerstörung der Natur im experimentellen Verfahren schon vorprogrammiert. Sie ist eine unmittelbare Folge der Anwendung der logischen Formen auf das, was individuell und veränderlich ist. Man könnte mit Aristoteles auch sagen: sie ist die Folge jener fundamentalen Unkenntnis der Materie, die dazu geführt hat, daß, wie ich schon sagte, alle materialistischen Theorien in idealistischer Gestalt auftreten.

Wir halten fest: Nach Aristoteles ist evident nur das, was unveränderlich, was zeitlos ist. Auf diese Sphäre ist nicht nur die Logik sondern auch die Wissenschaft im strengen Sinne dieses Wortes eingeschränkt.

– Heinrich Scholz hat in dem schon zitierten Aufsatz (269; vgl. Anm. 28, 104) festgestellt, daß Aristoteles zur Beantwortung der Frage, wer darüber entscheidet, ob eine Behauptung so evident ist, daß sie unter die Prinzipien aufgenommen werden kann, auf den νοῦς rekurrieren müsse. Dies sei der fundamentale Mangel des sonst so großartigen logischen Systems des Aristoteles. Ein Mangel ist dies in der Tat dann, wenn man wie Scholz es für selbstverständlich hält, daß der νοῦς als ein subjektives Erkenntnisvermögen interpretiert werden müsse. Aber bei Aristoteles gibt es nur einen einzigen νοῦς – den νοῦς Gottes. Dieser νοῦς ist der selbst unbewegte Beweger der Natur. Der Mensch erkennt die Wahrheit, wenn sein Denken aus seiner sterblichen Sphäre heraustritt und zur Identifikation mit dem göttlichen νοῦς gelangt. Er erkennt die Wahrheit, wenn er das Selbe vor Augen hat, was der νοῦς Gottes ewig vor Augen hat. Wenn der νοῦς so verstanden werden darf, ist das, was Heinrich Scholz als Mangel auffaßte, die einzig mögliche Rechtfertigung und zugleich die Stärke der aristotelischen Philosophie, insofern die aristotelische Theologie erklärt, wie das, was in der Physis von sich selbst her evident ist, zugleich für die Erkenntnis evident ist. Das Wesen des Gottes ist nach Aristoteles νόησις νοήσεως: Sich-Evidentsein der Evidenz. Wenn Gott ein solches Wesen hat, können auch die Prinzipien der Natur den Charakter haben, aus sich selbst evident zu sein. Sie sind nämlich für Gott evident, und diese Evidenz für Gott ist das Prinzip aller Bewegung in der Natur. Alle Schwierigkeiten, die der Begriff der Evidenz dem europäischen Denken später bereitet hat, haben ihren Ursprung darin, daß dieser Begriff die aristotelische Gotteslehre notwendig impliziert. Man konnte diese Gotteslehre so, wie sie ist, nicht übernehmen, denn sie widerspricht dem christlichen Glauben. Man konnte sie aber auch nicht loswerden, weil das europäische Denken den Begriff der Wissenschaft der Philosophie des Aristoteles verdankt, und weil die Wissenschaft, trotz aller Anstrengungen, den Rekurs auf Evidenz nicht loswerden kann. Jede axiomatisch aufgebaute Wissenschaft enthält, man mag sich anstellen, wie man will, in sich den von Heinrich Scholz verzeichneten Mangel. Man wird ihn auch nicht dadurch los, daß man am Begriff des Axioms herumzubasteln versucht, denn sowie man angeben will, wie es möglich sein soll, daß axiomatisch aufgebaute Wissenschaften in der Natur „wahr" sind, wird man auf den aristotelischen Begriff der Evidenz und damit auf den aristotelischen νοῦς zurückgeworfen.

Im zweiten, für das Sommersemester 1974 geplanten Teil dieser Vorlesung wird uns der Zusammenhang des europäischen Naturbegriffs mit der Evidenz des „Gottes der Philosophen" erneut beschäftigen[33].

⟨4. Evidenz und Epiphanie⟩

Der Begriff der Evidenz hat seinen Ursprung in jener Epiphanie des Göttlichen, deren reine Gestalt sich in jenem Gottesbegriff ausgebildet hat, der die griechische Philosophie und die griechische Lehre von der Physis in ihrem Zentrum bestimmt. Man muß das Wesen und die Erscheinung der griechischen Götter verstanden haben, wenn man einsehen will, warum die Wahrheit in ihrer reinsten Gestalt als Evidenz aufgefaßt wurde. Das zeigt sich auch an dem Gebrauch des griechischen Wortes, das Cicero durch *evidentia* übersetzt hat: ἐνάργεια. Homer gebraucht das zugehörige Adjektiv ἐναργής, wenn er davon spricht, daß die Götter nicht wie gewöhnlich in eine Tier- oder Menschengestalt verkleidet erscheinen, sondern sich in ihrer eigenen Gestalt zeigen. In der „Odyssee" heißt es: „Es ist nicht möglich, daß die Götter allen in ihrer eigenen Gestalt (ἐναργεῖς) erscheinen."[34] Warum das nicht möglich ist, sagt uns die „Ilias": χαλεποὶ δὲ θεοὶ φαίνεσθαι ἐναργεῖς – „schwer zu ertragen sind die Götter, wenn sie in ihrer eigenen Gestalt erscheinen" (20, 131). Ich habe dieses Wort in meiner Vorlesung über „Kunst und Mythos" interpretiert und den Versuch gemacht, verständlich zu machen, wie die Er-

---

[33] GP spricht vom „ersten Teil", wenn er die Vorlesung des Wintersemesters 1973/74, vom „zweiten Teil", wenn er die des Sommersemesters 1974 meint; der „erste Teil" umfaßt also den Ersten und den Zweiten Teil des vorliegenden Bandes, der „zweite Teil" den Dritten und Vierten Teil.
[34] οὐ γάρ πως πάντεσσι θεοὶ φαίνονται ἐναργεῖς; 16, 161.

scheinungsweise der griechischen Götter ist (531 ff.). Zwar bedeutet das Wort ἐναργής die Offenkundigkeit und Deutlichkeit. Nichts kann strahlender sein als die ungebrochene Epiphanie eines Gottes, und einen Abglanz dieses Strahlens verspüren wir, wenn Pindar einen Altar ἐναργής nennt, um den göttlichen Glanz zu bezeichnen, der von ihm ausgeht[35]. Aber die Menschen vermögen diesen Glanz nicht zu ertragen. Platon hat im Höhlengleichnis ausführlich beschrieben, wie schwer und widerwillig sich das geistige Auge des Menschen darein schickt, den ungebrochenen Glanz dessen zu ertragen, was wir als „Evidenz" zu bezeichnen pflegen. Das, was wir vor Augen sehen und gemeinhin denken, wird deshalb von ihm im Gegensatz zum wirklichen Licht der reinen Evidenz als etwas Schattenhaftes, Trübes, Dunkles, Undeutliches und Wesenloses beschrieben[36]. Weil das Wort ἐναργής schon bei Homer bezeichnet, was die große Masse der Menschen *nicht* sieht, sondern was nur erblickt werden kann, wenn wir aus unserem alltäglichen Zustand entrückt sind, wird dieses Wort besonders häufig zur Bezeichnung von Traumerscheinungen verwendet. Es soll dann aber nicht die Unwirklichkeit des Traumes sondern den Schrecken und das Staunen darüber zum Ausdruck bringen, daß wir gelegentlich im Traum eine Erscheinung leibhaftig zu sehen glauben, die gerade auch in ihrer Leibhaftigkeit und Deutlichkeit etwas Übernatürliches an sich hat und jenseits aller unserer alltäglichen Erfahrung liegt. Gemeint sind also jene Träume, an die sich in mythischen Zeiten die Wahrsagung knüpft. Die Erkenntnis der Wahrheit durch das reine Denken ist oft mit der Entrückung im Traum verglichen worden. Wenn Epikur dieses Wort auf die sinnliche Wahrnehmung überträgt, so ist das ein Ausdruck seiner Lehre, das sinnlich Wahrnehmbare – und nicht die Götter – sei das in Wahrheit Leuchtende und Strahlende, das „Evidente". Die Wahrnehmungstheorie des Aristoteles hat, wie ich schon sagte, Stoikern die Möglichkeit gegeben, von Epikur diesen, bei ihm auf die Sinnlichkeit eingeschränkten Begriff der ἐνάργεια zu übernehmen. Auf einen solchen stoischen Text stützt sich Cicero an jener Stelle, der wir das Wort *evidentia* verdanken. Es ist ein sehr wichtiger Schritt für das

---

[35] ὡς ἂν θεᾷ πρῶτοι κτίσαιεν βωμὸν ἐναργέα, καὶ σεμνὰν θυσίαν θέμενοι – *Olympia VII, 42*, zitiert nach Pindar, The Olympian and Pythian Odes, Hg. Basil L. Gildersleeve, Amsterdam: Hakkert, 1965, 27.
[36] 515 C 6 – 516.

Verständnis der europäischen Naturauffassung, einzusehen, daß jenes Licht der Evidenz, in dem sich bis zum heutigen Tage alle Naturerkenntnis bewegt, mythischen Ursprungs ist und in der Epiphanie der griechischen Götter seinen Ursprung hat.
Im 20. Jahrhundert ist der Begriff „Evidenz" durch Husserl ins Zentrum seiner Phänomenologie gerückt worden. Er interpretiert Evidenz als „originäre Selbstgebung", das heißt als die ursprüngliche Form, in der sich Phänomene zeigen. Während man sonst bei der Diskussion über den Begriff der Evidenz nur das jeweils als evident Ausgegebene zu betrachten pflegt und darüber streitet, ob etwas als evident gelten darf oder nicht, hat Husserl gezeigt, daß es *darauf* gar nicht ankommt; denn auch wenn wir bestreiten, daß eine als evident ausgegebene Behauptung wirklich evident sei, stellen wir nicht in Frage, daß Evidenz die primäre Gestalt der Wahrheit sei. Husserl sagt: „Selbst eine sich als apodiktisch ausgebende Evidenz kann sich als Täuschung enthüllen und setzt doch dafür eine ähnliche Evidenz voraus, an der sie ‚zerschellt'."[37] Das, was untersucht werden muß, ist deshalb nach Husserl, *wie* eigentlich das als wahr Gesetzte in der Evidenz zur Gegebenheit kommt. Das ist das Programm der Phänomenologie. Diese Fragestellung ist dann für Heideggers Frage nach dem Wesen der Wahrheit bestimmend geworden. Aus Husserls Erkenntnis, daß die „originäre Selbstgebung" der Evidenz immer die Form der „Gegenwärtigkeit" hat, ergibt sich, daß die Frage nach dem Wesen der Wahrheit nur als die Frage nach dem Verhältnis von Sein und Zeit durchgeführt werden kann.
Die Erläuterung des Begriffs der Evidenz hat uns sehr tiefe und wesentliche Zusammenhänge in der Geschichte des europäischen Naturverständnisses erkennen lassen. Er ist, wie wir jetzt sehen, selbst ein geschichtlicher Begriff. Stünde das europäische Denken nicht bis heute im Licht der Epiphanie der griechischen Götter, so würden wir uns bei der Erkenntnis der Natur nicht von der Suche nach evidenten Erkenntnissen leiten lassen. Unser Glaube, daß wir die Natur dann so erkennen, wie sie wirklich ist, wenn wir sie in wissenschaftlicher Gestalt erkennen, beruht auf dem unbeweisbaren, aber für das europäische Denken unwiderstehlichen Dogma, die Natur müsse in sich selbst die gleiche Durchsichtigkeit (*perspicuitas*)

---

[37] *Formale und transzendentale Logik, 1929, 140*, zitiert nach Husserliana, Bd. XVII, hg. von Paul Janssen, Den Haag: Nijhoff, 1974, 164.

haben wie eine axiomatisch aufgebaute Wissenschaft. Woher kommt die Unwiderstehlichkeit dieses Dogmas?

Unwiderstehlichkeit ist selbst ein wesentlicher Charakter der Evidenz, und wir werden einen neuen Aspekt der Evidenz zu Gesicht bekommen, wenn wir ihre Unwiderstehlichkeit betrachten. In dieser Unwiderstehlichkeit manifestiert sich nämlich, daß Evidenz ihren Ursprung nicht im Denken sondern in der Natur hat. Die Meinung, Evidenz habe ihren Ursprung im Denken, stützt sich darauf, daß sie von Cicero mit der *perspicuitas* – der Durchsichtigkeit – gleichgesetzt wird. Die neuzeitliche Philosophie geht nämlich davon aus, daß dem Subjekt nur sein eigenes Sein durchsichtig ist, während ihm alles, was nicht Subjekt ist, als etwas Fremdes und Undurchsichtiges gegenübersteht. Wenn also Durchsichtigkeit das Wesen der Evidenz ausmacht, so muß sie im Subjekt ihren Ursprung haben. Ich will versuchen zu zeigen, daß die Gleichsetzung von Evidenz und Durchsichtigkeit falsch ist. Die Evidenz, so behaupte ich, ist *a priori* undurchsichtig; und eben auf ihrer Undurchsichtigkeit beruht ihre Unwiderstehlichkeit.

Das ist ein sehr paradoxer Satz. Ich will versuchen, ihn so einfach, wie es geht, zu erläutern. Als ein Musterbeispiel für eine evidente Wahrheit pflegen wir die Aussage 2 + 2 = 4 anzuführen. Man sagt: „Das ist so sicher, wie daß 2 + 2 = 4 ist". Niemand ist in der Lage, die Wahrheit dieser Aussage zu bezweifeln. Weder können wir sagen, wovon in dieser Aussage die Rede ist – denn was die Zahlen sind, weiß kein Mensch –, noch können wir diese Aussage begründen – das ist nicht möglich, weil jeder Versuch einer axiomatischen Ableitung der natürlichen Zahlen diese in versteckter Form voraussetzen muß. Die Evidenz der Aussage 2 + 2 = 4 erweist sich ja auch, wie wir aus Aristoteles gelernt haben, gerade darin, daß sie einen Beweis nicht zuläßt. Evident sind Wahrheiten, die ohne Beweis aus sich selbst heraus als wahr angenommen werden müssen. Es ergibt sich also: die Aussage 2 + 2 = 4 ist evident, obwohl *und* weil wir sie nicht durchschauen und nicht einmal behaupten können, wir wüßten, was sie eigentlich bedeutet.

Ich gebe nun ein anderes Beispiel einer evidenten Aussage, das in der Vorlesung des Sommersemesters 1974 eine große Rolle spielen wird: „Alles, was ist, ist in der Zeit." Jeder, der diesen Satz hört, ist überzeugt, ihn zu verstehen. Vermutlich leuchtet er auch jedermann ein, obwohl er der Wissenschaftstheorie des Aristoteles, die ich erörtert habe, direkt zu widersprechen scheint. Denn nach Aristoteles ist, wie wir uns erinnern, evident und wissenschaftlicher Erkenntnis zugänglich, was der Veränderung entzogen, also, wie man zu sagen pflegt, „zeitlos" ist. Aber selbst wenn man versuchen wollte, den Satz: „Alles, was ist, ist in der Zeit" zu bestreiten, würde er unmittelbar bestätigt, denn das Bestreiten wäre ein Vorgang in der Zeit. Auch dieser Satz ist also evident, obwohl er allem, was die Metaphysik über Evidenz gelehrt hat, zu widersprechen scheint. Aber wiederum ist die Evidenz dieses Satzes auf eine eigentümliche Weise damit verbunden, daß wir ihn ganz offensichtlich *nicht* verstehen. Niemand ist in der Lage zu sagen, was die Worte „Zeit", „ist", „alles" bedeuten. Der Satz ist vermutlich der undurchsichtigste von allen Sätzen überhaupt, denn er enthält die Bedingungen der Möglichkeit dafür, daß Sätze gesprochen werden können.

Vergleichen wir nun die beiden Beispiele für evidente Sätze, so stellt sich etwas sehr Merkwürdiges heraus: Wann immer wir zählen, denken wir eine Reihenfolge; wir denken also ein Nacheinander, und alles Nacheinander ist in der Zeit. Kant hat deswegen die Arithmetik als eine Konstruktion der Zahlen in der reinen Anschauungsform der Zeit interpretiert. Wenn das so ist, dann müssen wir sagen: die Aussage „Alles, was ist, ist in der Zeit" ist in der Aussage $2 + 2 = 4$ impliziert. Sie enthält die verborgenen „Voraussetzungen" der Aussage $2 + 2 = 4$. Nehmen wir an, die Aussage „Alles, was ist, ist in der Zeit" sei wahr, so muß sich der selbe Sachverhalt an allen Aussagen aufweisen lassen, die wir als evident auffassen. In jedem evidenten Satz muß der Satz „Alles, was ist, ist in der Zeit" impliziert sein. Das besagt aber, daß der Inhalt des Satzes „Alles, was ist, ist in der Zeit" in jeder evidenten Aussage, sofern er in ihr enthalten ist, zugleich hervorscheint.

Nun erinnern wir uns an die Erkenntnis von Husserl, daß wir zum Verständnis der Evidenz nicht dadurch gelangen, daß wir Sätze, die als evident gelten, angaffen, oder ⟨daß wir⟩ herumprobieren, ob man sie nicht irgendwie in Zweifel ziehen könnte – denn jeder erfolgreiche Zweifel wäre nur dadurch erfolgreich, daß er eine neue und konkurrierende Evidenz ins Spiel bringt. Was Evidenz bedeutet, verstehen wir nur, wenn wir die Weise des Gegebenseins verstehen, die wir mit diesem Namen bezeichnen. Wenn es nun wahr sein sollte, daß jeder evidente Satz den Satz „Alles, was ist, ist in der Zeit" notwendig impliziert, so drängt sich die Vermutung auf, daß dieser Satz

jene Form des Gegebenseins ausspricht, die sich uns als Evidenz manifestiert. In dem Satz „Alles, was ist, ist in der Zeit" würde sich dann das *Wesen* der Evidenz verbergen.
Der Satz „Alles, was ist, ist in der Zeit" ist ein Satz über die Natur – auch das ist „evident". Noch mehr: er ist ein Satz über die Natur im Ganzen – deswegen können wir nicht sagen, was das Wort „alles" in diesem Satz bedeutet. Wenn er zugleich das Wesen der Evidenz verborgen in sich enthält, so wäre in ihm die Lösung des Rätsels enthalten, wie Evidenz sich in Natur manifestiert. Ich kann dieses Rätsel hier noch nicht auseinanderfalten, sondern zitiere nur zwei Thesen, die ich in früheren Publikationen zur Beleuchtung dieser Frage aufgestellt habe:
– Wahrheit ist die Erscheinung der Einheit der Zeit.
– Die Evidenz des Zeitalters der Metaphysik ist die Erscheinung der Einheit der Zeit, wie sie sich darstellt, wenn die Zeit im Ganzen in der Form eines bestimmten Modus der Zeit, nämlich der Gegenwart vorgestellt wird [38].
Es ist nicht möglich, diese beiden Thesen jetzt schon verständlich zu machen. Ich habe sie hier nur deshalb angeführt, damit wenigstens ahnungsweise sichtbar wird, wohin der Weg weiterführen könnte, den wir mit diesem Versuch einer Klärung des Begriffs der Evidenz eröffnet haben.
Die Undurchsichtigkeit dessen, was evident ist, verbirgt sich, wenn wir den Satz „Alles, was ist, ist in der Zeit" noch einmal betrachten, hinter dem Wort „ist". Wir können Gegebenes in der Form erkennen, daß wir uns darauf beschränken festzustellen, *daß* es ist, *was* es ist, und *wie* es ist. Gelingt es uns, das eindeutig zu bestimmen, so kommt jene Form von Erkenntnis zustande, die man als „objektiv" zu bezeichnen pflegt. Das Gegebene wird als ein Faktum konstatiert. Man nennt (mit einem seltsamen Nachklang der aristotelischen θέσις) ein solches Wissen auch „positiv". Das Faktum wird als ein Faktum „gesetzt". Was dieses Gesetztsein ist, und wie es möglich sein soll, darf man nicht fragen. Jedes Faktum ist für dieses Wissens-

---

[38] So insbesondere in den Aufsätzen: „Die Erfahrung der Geschichte" (1958) und „Die Epiphanie der Ewigen Gegenwart" (1960), beide wieder abgedruckt in: Wahrheit, Vernunft, Verantwortung, a. a. O., 36ff., 281ff.; vgl. auch die Sachregister aller Bücher von Georg Picht s. v. „Zeit", „Einheit der Zeit", „Gegenwart".

verständnis ein Brett, mit dem die Welt zugenagelt ist. Die Naturwissenschaft unserer Zeit begründet ihr Selbstbewußtsein wesentlich auf diese ihre Positivität. Zwar macht diese Wissenschaft von Evidenz ständig Gebrauch. Die Evidenz ist sogar der einzige Rückhalt der Setzungen, die sie als positiv betrachtet. Aber die Weise, wie die Evidenz sich manifestiert und dadurch das Gegebene „gibt", wird ausgeblendet; und erst durch diese Ausblendung des ursprünglichen Wesens der Evidenz konstituiert sich Positivität in ihrem neuzeitlichen Sinn als nackte und brutale Faktizität. Ich habe hier das Wort „brutal" mit Überlegung verwendet, weil sich in diesem Charakter der Faktizität, wie er uns zum Beispiel in moderner Architektur ganz unverhüllt vor Augen tritt, ein wesentliches Moment der Evidenz selbst zeigt. So sieht die Unwiderstehlichkeit der Evidenz aus, wenn man den Zusammenhang dieser Unwiderstehlichkeit mit dem Wesen der Wahrheit unterschlägt. Auch die spezifisch modernen Formen der Machtausübung haben diesen Charakter.

Damit gewinnen wir wieder den Anschluß an jenen Satz, von dem wir ausgegangen sind: „Die Naturwissenschaft der Neuzeit zerstört die Natur." Sie zerstört die Natur, weil sie die Wahrheit der Natur nur noch in der verstümmelten Gestalt der Faktizität zuläßt und anerkennt. Ich habe an jenen Satz den Satz gefügt: „Eine Wissenschaft, die die Natur zerstört, kann nicht wahr sein." Auch auf diesen Satz ist jetzt ein Licht gefallen, weil uns die Erklärung des Begriffs der Evidenz die Möglichkeit gegeben hat,
– zwischen Evidenz und Faktizität zu unterscheiden;
– die Evidenz als solche, wie sie im Zeitalter der Metaphysik verstanden wurde, noch einmal in Frage zu stellen.

Wir beginnen zu ahnen, daß experimentell nachweisbare Richtigkeit zwar Wahrheit voraussetzt, aber deshalb noch lange nicht mit Wahrheit identisch zu sein braucht. Damit, daß ich einen Menschen an einem Fließband in die Zwangslage bringen kann, sich zu verhalten, als ob er ein Automat wäre, ist noch nicht bewiesen, daß dieser Mensch in Wirklichkeit nichts anderes ist als ein Automat. Damit, daß ich ein Phänomen der Natur durch eine bestimmte Versuchsanordnung so zur Erscheinung bringen kann, wie die Konsistenz einer mathematisch aufgebauten Theorie es erfordert, ist noch nicht bewiesen, daß dieses „Faktum" uns das Phänomen so zeigt, wie die Natur es uns von sich her gibt. Ein „Faktum" ist, der korrekten Wortbedeutung nach, etwas „Gemachtes". Jedes „Machen" verändert das Gegebene. Der *homo faber* führt sich selbst hinters Licht, wenn er sich nachträglich weismachen will, das Gemachte sei mit dem Gegebenen identisch und sei die primäre Gestalt des Wahren.

III. ⟨Nihilismus⟩

Die Naturauffassung des Zeitalters der Metaphysik wird von der Evidenz beherrscht. Deswegen habe ich – nach einigen einführenden Bemerkungen über die Begriffe „Schöpfung" und „All" – mit einer Erläuterung des Begriffs der Evidenz eingesetzt. Diese Erläuterung ist nicht abgeschlossen. Im Sommersemester 1974 werde ich den Zusammenhang von sinnlicher Wahrnehmung und Evidenz auf eine neue Weise aufgreifen. Ich habe sie nur so weit geführt, wie es unentbehrlich ist, wenn wir den „Begriff der Natur und seine Geschichte" im Zeitalter der Metaphysik verstehen wollen. Heute befinden wir uns in einer *Krise* der Metaphysik. Ich habe 1965 in einem Aufsatz über den „Gott der Philosophen" gezeigt, daß Nietzsches Wort „Gott ist tot" besagen will, daß das ursprüngliche Licht der Evidenz erloschen ist[39]. Die Wissenschaft, die die Natur zerstört, ist der „schauerliche Schatten" jenes untergegangenen Gottes. Sie handelt nach den Spielregeln der Evidenz, obwohl sie an Evidenz nicht mehr glaubt. Die evidenten Wahrheiten der Metaphysik sind für sie zu Zwangsvorstellungen geworden. Da die Metaphysik versunken ist, sind wir – trotz jenes Ausblickes, den ich am Schluß zu geben versuchte – nicht mehr berechtigt, unmittelbar von der Evidenz auszugehen, wenn wir verstehen wollen, was und wie die Natur ist. Wir müssen zunächst uns in unsere Gegenwart versetzen und zu verstehen versuchen, was der Ausdruck „Krise der Metaphysik" bedeutet. Zu diesem Zweck zitiere ich den Anfang der aus dem Jahre 1873 stammenden und im Nachlaß veröffentlichten Abhandlung von Nietzsche „Ueber Wahrheit und Lüge im aussermoralischen Sinne": „In irgend einem abgelegenen Winkel des in zahllosen Sonnensystemen flimmernd ausgegossenen Weltalls gab es einmal ein Gestirn,

---

[39] In: Wahrheit, Vernunft, Verantwortung, a. a. O., 229 ff.; vgl. auch Georg Picht, Nietzsche, Stuttgart: Klett-Cotta, 1988.

auf dem kluge Thiere das Erkennen erfanden. Es war die hochmüthigste und verlogenste Minute der ‚Weltgeschichte': aber doch nur eine Minute. Nach wenigen Athemzügen der Natur erstarrte das Gestirn, und die klugen Thiere mussten sterben. – So könnte Jemand eine Fabel erfinden und würde doch nicht genügend illustrirt haben, wie kläglich, wie schattenhaft und flüchtig, wie zwecklos und beliebig sich der menschliche Intellekt innerhalb der Natur ausnimmt; es gab Ewigkeiten, in denen er nicht war; wenn es wieder mit ihm vorbei ist, wird sich nichts begeben haben."[40] Was Nietzsche in diesen Sätzen darstellt, ist der Gedanke, der das Gebäude der europäischen Metaphysik zum Einsturz gebracht hat. Nietzsche ist nicht der Erste gewesen, der diesen Gedanken gefaßt hat. Er taucht im Hintergrund der Philosophie von Kant auf; er hat eine beherrschende Stellung im Denken des jungen Hegel[41], und er hat seinen ersten großen Ausdruck in einem fast vergessenen Dokument aus dem Jahre 1796 gefunden: der „Rede des todten Christus vom Weltgebäude herab, daß kein Gott sei"[42]. Günther Bornkamm hat die Bedeutung dieses Textes für die Theologie dadurch hervorgehoben, daß er ihn als Anhang in seinen „Studien zu Antike und Urchristentum"[43] unverkürzt abgedruckt und mit einem Nachwort versehen hat. Die modische Tod-Gottes-Theologie der letzten Jahre ist nicht in die Dimensionen des Textes von Jean Paul vorgedrungen. Ich lege ihn hier nur deshalb nicht vor, weil ich ihn vor einigen Jahren in meiner Vorlesung über „Glaube und Wissen" ausführlich besprochen habe.
Warum ist die europäische Metaphysik an dem von Nietzsche hier in knappster Form dargestellten Gedanken zerbrochen? Metaphysik ist ein „System" des Denkens, das den Menschen in den Mittelpunkt der Welt rückt und so verständlich macht, daß er die Wahrheit dieser Welt erkennt. Man kann gegen diese Behauptung einwenden, daß schon die Physik der Griechen das geozentrische Weltbild, nach dem der Mensch im Mittelpunkt des Kosmos steht, aufgehoben hat, und daß erst recht zu Beginn der Neuzeit die Physik sich von allen geozentrischen Vorstellungen emanzipiert hat. Vor dem Gericht des

---

[40] KGW III 2, 369; vgl. 22, 29 und Anm. 5.
[41] *Vgl. Christian Link, Hegels Wort „Gott selbst ist tot"* (Theologische Studien, Bd. 114), *Zürich:* Theologischer Verlag, *1974.*
[42] Vgl. Anm. 7, 30.
[43] Gesammelte Aufsätze, Bd. 2, München: Kaiser, 1959, ²1963.

europäischen Geistes hat Galilei seinen Prozeß gegen die römische Kirche gewonnen. Trotzdem bleibt die Philosophie der Neuzeit Metaphysik. Sie kann aber Metaphysik nur dadurch bleiben, daß sie einen Kunstgriff erfunden hat, um die zentrale Position des Menschen trotz der Revolution des physikalischen Weltbildes zu erhalten. Mag auch der Globus, auf dem wir leben, im Weltbild dieser neuen Physik in eine exzentrische Position gerückt sein, so bleibt doch der Mensch das Subjekt dieser Physik. Die Wissenschaft dreht sich um ihn selbst, auch wenn sein empirischer Körper sich mitsamt dem Globus auf einer elliptischen Bahn um die Sonne bewegt. Der Wille, dem Menschen seine zentrale Stellung zwischen Natur und Gott zu erhalten, ist das bestimmende Motiv für die Ausbildung der Metaphysik der Subjektivität und für die absolute Position des *ego cogito* außerhalb der sichtbaren Natur. Wenn die Physik sich um die Achse des *ego cogito* dreht und das menschliche Denken durch diese Physik sich die Weite des Weltraums erobert, bleibt die anthropozentrische Stellung des Menschen erhalten, gleichgültig, wo sein empirischer Leib innerhalb dieses Weltraumes rotieren mag. War der griechische Kosmos geozentrisch, so ist erst die neuzeitliche Philosophie der Subjektivität im strengen Sinne des Wortes anthropozentrisch. Die Physik der Neuzeit ist angewandte Metaphysik. Sie ist es auch dann, wenn sie ihre eigenen metaphysischen Prämissen verleugnet, denn sie hat mit letzter Konsequenz jene Theorie von der Natur ausgebaut, die sich ergeben muß, wenn das nach den Gesetzen der Logik denkende Subjekt das unerschütterliche Fundament aller Erkenntnis sein soll. Die Frage nach der Wahrheit der Physik geht deshalb, streng durchgeführt, notwendig über in die Frage nach der Wahrheit des Subjektes der physikalischen Erkenntnis. Dies deutlich zu machen, ist die wichtigste Aufgabe der Vorlesung in diesem Wintersemester.
Wenn wir nun fragen, wie es möglich war, dem denkenden Subjekt eine so zentrale Position zu sichern, ergibt sich die Antwort aus der Erläuterung des Begriffs der Evidenz. Die erste, fundamentale Evidenz für das Bewußtsein ist nach Descartes die Evidenz, *daß* es denkt, genauer: daß es Bewußtsein hat. Durch diesen Satz wird die Evidenz der Sinneswahrnehmung in ein Sich-selbst-Gegebensein des Bewußtseins umgedeutet. Die Wahrnehmung wird zur „sinnlichen Gewißheit" (Hegel)[44]. In einem zweiten Schritt versichert sich Des-

---

[44] Hegel thematisiert die Wahrnehmung unter dem Aspekt der sinnlichen

cartes in den „Meditationes" der Evidenz dessen, *was* das Bewußtsein denkt. Hier werden die aristotelischen Prinzipien des Seins in unmittelbare Daten des Bewußtseins umgedeutet. Descartes bedarf für diesen zweiten Schritt des ontologischen Gottesbeweises, denn die Evidenz der Prinzipien impliziert auch bei Aristoteles, wie wir sahen, notwendig die metaphysische Theologie. Aber der Gottesbegriff erfährt durch die Umdeutung der Seinsprinzipien in Prinzipien der Konstitution des Bewußtseins eine Verwandlung: Gott manifestiert sich nicht mehr unmittelbar in der Natur als deren erster Beweger. Er manifestiert sich unmittelbar jetzt nur noch im Bewußtsein, dem die Natur als tote Objektsphäre gegenübersteht. Die Natur ist damit zur toten Materie für die schrankenlose Herrschaft des Menschen degradiert. Dies alles wurde nur dadurch möglich, daß die „klaren und distinkten", also die evidenten Erkenntnisse nach der Wissenschaftslehre des Aristoteles dem Denken „unmittelbar" einleuchten und deshalb, wenn man die Ontologie des Aristoteles über Bord wirft, als „reine" Daten des Bewußtseins interpretiert werden können. Kein Wunder, daß Descartes auch in der Darstellung der analytischen Methode auf dem Boden der aristotelischen Wissenschaftstheorie steht. Nachdem die aristotelischen Seinsprinzipien in die Konstitution des Subjektes verlagert waren, verwandelt sich die aristotelische Methode der Rückführung alles dessen, was ist, auf seine Prinzipien, in die neuzeitliche Methode der Rückführung aller Erkenntnisse auf das Subjekt. Auf dieser Basis ruht die gesamte neuzeitliche Wissenschaft. Die Rückführung aller Evidenz auf die Form, in der das Subjekt sich selbst evident zu sein wähnt, begründet eine Stellung des Menschen im Universum, angesichts derer es belanglos erscheint, an welchem Ort im Raum des Universums der ausgedehnte Körper des Menschen sich jeweils befindet. Das Denken des Menschen befindet sich nämlich überhaupt nicht im Raum und kann sich deshalb auf jede Stelle im Raum gleichmäßig nach den gleichen mathematischen Gesetzen beziehen.
Nachdem uns deutlich geworden ist, in welchem Sinne, trotz der Revolution des physikalischen Weltbildes, die Physik anthropozentrisch bleibt, wiederhole ich den Satz, der uns zu dieser Erläuterung veranlaßt hat: Metaphysik ist ein „System" des Denkens, das den Men-

---

Gewißheit z. B. in der „Phänomenologie des Geistes", Teil A, Abschnitt I: „Die sinnliche Gewißheit oder das Diese und das Meinen", 3, 82 ff.

schen in den Mittelpunkt der Welt rückt und dadurch verständlich macht, daß er die Wahrheit dieser Welt erkennen kann[45]. Der Mensch hat nach der Erschütterung des geozentrischen Weltbildes seine zentrale Stellung im Universum dadurch behauptet, daß er sich zum Subjekt der Evidenz gemacht hat. Der Text von Nietzsche spricht davon, wie der Mensch diese zentrale Stellung verloren hat. Er hat sie dadurch verloren, daß die positiven Wissenschaften sich von ihrer metaphysischen Basis emanzipierten. Der Metaphysik verdankt, wie wir nun sehen, die neuzeitliche Wissenschaft ihre Prämissen. Metaphysik war jene Wissenschaft, die den Anspruch erhob zu erklären, wie es möglich sein sollte, daß der menschliche Geist mit Hilfe positiver Wissenschaft die Wahrheit erkennt. Sie war also jene Wissenschaft, auf der die zentrale Stellung im Universum beruhte, die der neuzeitliche Mensch in Anspruch nahm. Wenn die Metaphysik nicht wahr ist, berechtigt uns nichts zu der Behauptung, irgendeine andere wissenschaftliche Erkenntnis sei wahr; denn alle Wahrheit beruht auf Evidenz; und daß Evidenz kein Selbstbetrug sondern Wahrheit sei, ließ sich nur mit Hilfe der Metaphysik sichern. Da die positiven Wissenschaften ihre Positivität dadurch definieren, daß die Frage nach der Wahrheit als solcher methodisch ausgeschlossen wird, waren sie verblendet genug, nicht zu bemerken, daß mit dem Einsturz der Metaphysik auch ihnen selbst der Boden entzogen wurde.
Dies könnte so aufgefaßt werden, als wäre alles Unheil aus einer Art von Sündenfall der positiven Wissenschaften abzuleiten, und als könnte die „heile Welt" wiederhergestellt werden, wenn es uns nur gelingen würde, den sogenannten Zusammenbruch der Metaphysik wieder rückgängig zu machen. Die vielfachen Versuche, durch eine Wiederbelebung der klassischen Ontologie oder der Philosophie des deutschen Idealismus, vor allem Hegels, eine Renaissance der Metaphysik herbeizuführen, sind aus einem solchen Mißverständnis zu erklären. Um allen solchen Ausfluchtsversuchen vorzubeugen, habe ich mich auf Nietzsche berufen. Wenn Nietzsche in unserem Text sagt, die Erfindung des Erkennens sei die hochmütigste und verlogenste Minute der Weltgeschichte, so spricht er nicht von den positiven Wissenschaften sondern von der Metaphysik. „Hochmütig" ist die Metaphysik wegen ihres Anthropozentrismus. „Verlogen" ist die Metaphysik, weil es nach Nietzsche nicht wahr ist, daß sich die Wahr-

---

[45] Vgl. 125; nicht ganz wörtlich.

heit in der Gestalt der Evidenz dem menschlichen Denken unmittelbar manifestiert. Im Ersten Buch von „Jenseits von Gut und Böse" hat Nietzsche unter der Überschrift „Von den Vorurtheilen der Philosophen" eine vernichtende Kritik des Begriffes der Evidenz durchgeführt, auf die ich hier nur verweisen kann. Sie ist ein Kernstück des negativen Teiles seiner Philosophie[46]. Der Grundgedanke ist sehr einfach. Wenn Descartes damit recht hat, daß er den Menschen zum Subjekt der Evidenz gemacht hat (Nietzsche stellt diese Grundentscheidung der neueren Philosophie nicht in Frage), dann kann die Evidenz nicht mehr als absolute Wahrheit betrachtet werden. Sie ist dann eine Projektion jener Grundbestimmung der Subjektivität, die auf dem Wege von Leibniz über Kant zu Schelling immer deutlicher ans Licht getreten ist: des Willens. Wenn Evidenz Projektion des Willens ist, dann ist sie nicht Wahrheit sondern, indem sie sich als Wahrheit ausgibt, Lüge. Sie ist Ausdruck jenes Willens zur Macht, der den vielgepriesenen Siegeszug der neuzeitlichen Wissenschaft und Technik getragen hat. Effizient ist diese Lüge aber nur so lange, als der Mensch sich selbst und anderen erfolgreich vormachen kann, sie sei Wahrheit. Der Selbstbetrug ist Bedingung ihres Erfolges. Deshalb ist diese Lüge obendrein noch verlogen, und erst in dieser Verlogenheit vollendet sich das Bild der neuzeitlichen Wissenschaft. Hat man die Lüge einmal durchschaut, so ist dem Anthropozentrismus der Boden entzogen. Der Mensch ist nicht mehr kraft der Erkenntnis von Evidenz gottunmittelbar. Es bleibt ihm nur noch die nackte Positivität eines physikalischen Weltbildes, das dem Menschen die schiere Zwecklosigkeit und Flüchtigkeit seines kümmerlichen Intellekts demonstriert.

Nun ist aber diese Demaskierung unserer Vorurteile, wie Nietzsche sehr wohl wußte, in sich zweideutig. Er setzt die Wahrheit der Erkenntnisse der Astrophysik voraus, um mit ihrer Hilfe demonstrieren zu können, daß diese selben Erkenntnisse verlogen sein müssen. Nur weil die Astrophysik dem menschlichen Geist die Unermeßlichkeit des Universums erschlossen hat, kann dieser selbe Geist erken-

---

[46] KGW VI 2, 10–33. Das Wort „Evidenz" kommt in dem „Ersten Hauptstück: von den Vorurtheilen der Philosophen" nicht vor. Über „a priori", „Sinnenfälligkeit" und „unmittelbare Gewißheit" handeln die Abschnitte 4, 11 und 16; der Nietzsche-Index von Karl Schlechta, München: Hanser, [4]1984, hat das Stichwort nicht.

nen, daß die Geschichte der Menschheit nur eine Minute in der Geschichte des Weltalls dauert, und daß sie sich „in irgend einem abgelegenen Winkel des in zahllosen Sonnensystemen flimmernd ausgegossenen Weltalls" abspielt. Hat der Mensch den zweiten Schritt der Erkenntnis getan und die Nichtigkeit seiner exzentrischen Stellung durchschaut, so wird ihm alsbald unbegreiflich, wie er zum ersten Schritt befähigt sein und die Unermeßlichkeit des Weltalls entdecken konnte. Aber der erste Schritt ist trotzdem vollzogen. Er kann ihn nicht zurücknehmen. Wir *wissen*, wie unser Sonnensystem gebaut ist und welcher Milchstraße es angehört. Ja wir können sogar die Distanzen messen, die uns von anderen Himmelskörpern trennen. Auch Nietzsche konnte das nicht in Frage stellen. Die Wahrheit in der Lüge bleibt erhalten, und eben dadurch, daß sie erhalten bleibt, wird sie zum Instrument der Demaskierung der Lüge. Worin liegt aber dann die Lüge? Ich beschreibe noch einmal den Sachverhalt: Wir haben ein Wissen, das auf den Prämissen der Metaphysik beruht. Aber wir können an diese Prämissen nicht mehr glauben. Das Wissen ist uns dadurch nicht abhanden gekommen. Aber wir wissen nicht, woher wir es wissen. Die bloße Richtigkeit des Wissens vermag, nachdem die Evidenz ihre Basis verlor, die Wahrheit dieses Wissens nicht mehr zu verbürgen. Wenn wir uns dies nun eingestehen wollten, wären wir wenigstens wieder in der Lage, nach der Wahrheit zu *fragen*. Aber wir sind daran interessiert, auch nach dem Zusammenbruch der Metaphysik die Privilegien der Metaphysik nicht zu verlieren und den auf sie gestützten Vorrang des Menschen nicht preiszugeben. Deshalb verkleidet sich die nun grundlos gewordene Positivität der Wissenschaft in das Kostüm der Metaphysik. Sie gibt sich immer noch als unbezweifelbare Instanz, als absolutes Wissen aus und rechtfertigt dadurch die Bedenkenlosigkeit, mit der Wissenschaft angewendet wird. Das ist der Hochmut und die Lüge in der Erkenntnis.

Nietzsche hat die Erkenntnis nicht geleugnet. Aber er hat ihr Wesen durch eine Eigenschaft charakterisiert, die den Begriff der Evidenz in Frage stellt. Er hat nämlich gelehrt: alle Erkenntnis sei perspektivisch. Wenn wir einen Gegenstand unter einer bestimmten Perspektive betrachten, sehen wir nicht ein Lügengebilde. Wir sehen einen wirklichen Aspekt des wirklichen Gegenstandes. Aber dieser Aspekt zeigt uns den Gegenstand verkürzt. Er zeigt ihn uns in verzerrter Gestalt. Zur Lüge wird die Erkenntnis dann, wenn wir uns einbilden,

der perspektivisch verkürzte Aspekt sei die absolute Wahrheit; er zeige uns die wirkliche Gestalt des Gegenstandes, so wie er von sich aus ist. Die Lüge liegt also
1. im metaphysischen Begriff der Evidenz,
2. in der Verlagerung der so verstandenen Evidenz in das Subjekt.
Wenn die Welt so aussieht, wie die Astrophysik sie uns darstellt, wäre zu erwarten, daß die Bewohner des Planeten Erde ein perspektivisch verkürztes Bild des Universums haben. Die Konsequenzen, die sich aus dem physikalischen Weltbild ergeben, sollten uns veranlassen, den Anspruch der Physik auf unbezweifelbare und deshalb absolute Wahrheit in Frage zu stellen. Aber wie konnten die Menschen überhaupt zu astrophysikalischen Erkenntnissen gelangen, die wir nur schwer bezweifeln können, obwohl jener Evidenz, auf die sie sich stützen, ganz offenbar der Boden entzogen ist? Dieses Problem ist das theoretische Äquivalent zu jenem praktischen Zweifel an der Wahrheit der Naturwissenschaft, zu dem wir durch die Zerstörung der Natur genötigt werden. Nach beiden Seiten hin zeigt sich ein Widerspruch zwischen der nicht zu bezweifelnden Richtigkeit naturwissenschaftlicher Erkenntnis und der von ihr in Anspruch genommenen Wahrheit. Nietzsches These vom perspektivischen Charakter der „Wahrheit" macht einsichtig, wie eine Behauptung, die nachprüfbar richtig ist, trotzdem unwahr sein kann.
Es käme also darauf an, die Verkürzungen und Brechungen der Perspektive zu bestimmen, unter der Physik die Natur betrachtet. Bestimmt ist diese Perspektive, wie wir gesehen haben, durch das Vorverständnis des Wesens der Wahrheit als Evidenz. So werden wir zu einer Frage genötigt, die nicht nur das Fundament der Metaphysik sondern auch alle Vorurteile erschüttert, auf denen die positiven Wissenschaften beruhen. Die Frage heißt: auf welchem Trug beruht die Evidenz? Durch diese Frage wird keine einzige jener Erkenntnisse in Zweifel gezogen, die wir dem Zeitalter der Metaphysik und der Entwicklung der positiven Wissenschaften verdanken. Es eröffnet sich uns aber die Möglichkeit, den perspektivischen Charakter dieser Erkenntnisse zu durchschauen. Was wir in Europa als „Metaphysik" bezeichnen, ist aus der aristotelischen Antwort auf die Frage nach dem Wesen der Wahrheit hervorgegangen. Der Zweifel an den aristotelischen Prämissen der europäischen Wissenschaft zwingt uns, den Raum der Metaphysik zu verlassen. Aber die Grundfrage der Metaphysik – die von der neuzeitlichen Wissenschaft verdrängte

Frage nach dem Wesen der Wahrheit – kommt uns dadurch überhaupt erst wieder zu Gesicht. So zeigt sich: durch den Zusammenbruch der Metaphysik werden die *Probleme* der Metaphysik nicht aus der Welt geschafft. Sie stellen sich uns in neuer Gestalt. Es wäre dann die Aufgabe der Philosophie, die immanenten Konsequenzen des Zusammenbruchs der Metaphysik so klar zu durchdenken, daß wir die Fragen der Metaphysik in einem neuen Horizont neu zu stellen vermögen.

Wir werfen nun noch einmal einen Blick auf jene Sätze von Nietzsche. Sie münden in den Worten: „wenn es wieder mit ihm" (dem menschlichen Intellekt) „vorbei ist, wird sich nichts begeben haben". Die Lehre von der totalen Nichtigkeit des menschlichen Intellekts und aller seiner Gedanken nennt Nietzsche den „europäischen Nihilismus". Unter „Nihilismus" versteht er weder eine Lehre noch eine Weltanschauung; er bezeichnet vielmehr mit diesem Wort einen historischen Prozeß, jenen Prozeß, in dem der Mensch durch Wissenschaft und Technik zur Erdherrschaft gelangt. Seine eigene Philosophie, deren zukünftige Stunde noch nicht eingetreten ist, versteht Nietzsche als die *Überwindung* des europäischen Nihilismus. Die Mißdeutungen und der Mißbrauch, denen Nietzsches Denken ausgesetzt war, sind in dieser Philosophie schon antizipiert, denn sie ergeben sich mit Zwangsläufigkeit aus den Reaktionen des in uns allen wirksamen, aber von keinem eingestandenen Nihilismus auf ein Denken, das seine Wahrheit auf die von ihm vorausgesagte Katastrophe des Nihilismus gründet. Daraus erklären sich auch die schrillen und oft entstellenden Töne, in denen dieses Denken sich ausspricht.

Was hat den Nihilismus heraufgeführt und unausweichbar gemacht? Eine Beantwortung dieser Frage müßte ebenso hintergründig und verschlungen sein wie die Geschichte, die im Nihilismus mündet. Der Nihilismus ist gleichsam die finstere Kehrseite der Evidenz. Aber aus den Sätzen, die ich vorgelesen habe, ergibt sich, daß der Nihilismus in zwiefacher Hinsicht das unausweichliche Resultat der Naturwissenschaft ist. Eine dieser Hinsichten habe ich schon besprochen: Wenn das Weltall so beschaffen ist, wie die neuzeitliche Astronomie es uns darstellt, dann ist schlechterdings unverständlich, wieso ausgerechnet in diesem abgelegenen Winkel zu einem durch nichts ausgezeichneten Zeitpunkt ein Lebewesen entstanden sein soll, das bestimmt ist, die Wahrheit des Universums zu erkennen.

Wir können aber an der Richtigkeit der astronomischen Erkenntnisse nicht zweifeln. Also stürzt uns gerade die Gewißheit dieser Erkenntnisse in den Zweifel an ihren Prämissen, in den Zweifel am Absoluten, ins Nichts.
Der Text von Nietzsche enthält aber noch einen zweiten Hinweis auf den Ursprung des Nihilismus aus der Naturwissenschaft. Nietzsche nennt den Menschen „ein kluges Thier". Daß der Mensch mit einem *Teil* seines Wesens dem Tierreich angehört, hat man nie verkannt. Die antike Philosophie bestimmt ihn als ζῷον λογικόν – als *animal rationale*[47]. Aber von Platon bis Hegel hat die Metaphysik gelehrt: der Mensch gehöre durch das Vermögen der Erkenntnis der Wahrheit zugleich in jenen Bereich, den die Griechen „göttlich" nannten. Er habe also eine Zwischenstellung zwischen Tier und Gott. Auch Descartes war, wie wir sahen, genötigt, die Evidenz der Axiome unserer Erkenntnis durch den ontologischen Gottesbeweis zu stützen. Die Evidenz des Wissens war jene Gabe, durch die der Mensch sich vom Tier unterschied. Gegen diese Grundlehre der Metaphysik richtet sich Nietzsches Wort von den klugen Tieren. Der Mensch wird im Sinne der Evolutionstheorie von Darwin jetzt *nur noch* als ein Tier verstanden. Die ganze metaphysische Lehre vom göttlichen Ursprung der Erkenntnis wird über Bord geworfen. Dann ist der Nihilismus unausweichlich. Historisch hat Nietzsche auch hierin recht behalten. Heute ist die gesamte wissenschaftliche Anthropologie unter dem Einfluß der Naturwissenschaften zu einer Theorie von der rein tierischen Natur des Menschen geworden. Wieso der Mensch sowohl das Universum wie das Gesetz der Evolution erkennen kann, darf man nicht fragen.
Auch hier war es also die Naturwissenschaft, die das Gebäude der Metaphysik zum Einsturz gebracht und dem Nihilismus die Bahn gebrochen hat. Und wiederum hilft kein Sträuben: die Darwinsche Evolutionstheorie ist richtig. Wir können an ihr ebensowenig zweifeln wie an dem Weltbild der Astrophysik. Aber die Evolutionstheo-

---

[47] Platon und Aristoteles sprechen vom ζῷον λόγον ἔχον (so z. B. Politica I, 1253a 9f.). Häufig belegt ist ζῷον λογικόν dagegen in der Stoa, vor allem bei Sextus Empiricus, Chrysipp und Zenon (vgl. SVF, 4 Bde., Stuttgart: Teubner, 1964). Dominic Kaegi, dem ich diese Hinweise verdanke, macht auf eine theologisch besonders interessante Stelle bei Philon aufmerksam: De Abrahamo, 32, Philonis Alexandrini Opera quae supersunt, Hg. Leopold Cohn und Paul Wendland, Berlin: de Gruyter, 1962.

rie steht im Widerspruch zu der Annahme, daß das menschliche Bewußtsein im Besitz jener zeitlosen Erkenntnisse wäre, durch die es sich zum Subjekt der Naturwissenschaft qualifiziert. Wiederum ergibt sich das paradoxe Phänomen eines nihilistischen Zweifels, der nicht durch die Unsicherheit unseres Wissens sondern durch die Unbezweifelbarkeit einer naturwissenschaftlichen Erkenntnis ausgelöst wird, die durch den Inhalt ihrer Erkenntnisse ihre eigene Basis untergräbt. Wir haben zwar in den Naturwissenschaften einen riesigen Komplex von Erkenntnissen, die wir „positiv" nennen, weil wir an ihnen nicht zweifeln können. Aber worauf sich die Gewißheit dieser Erkenntnisse stützt, und wo sie ihren Ursprung haben: das wissen wir nicht. Vielleicht haben wir heute Anlaß zu fragen, ob uns diese ihres Bodens beraubte Gewißheit nicht in die Irre führt.

Nun steht aber in dem Text von Nietzsche ein Wort, das diese ganzen Fragen in einen bisher noch nicht betrachteten Kontext rückt. Er nennt den Augenblick, in dem die Menschen das Erkennen erfanden, die „hochmüthigste und verlogenste Minute der ‚*Weltgeschichte*'" (Sperrung GP). Hier wird ein Begriff von Weltgeschichte eingeführt, den vor Nietzsche, soweit ich sehe, kein Philosoph zu denken gewagt hat. Weltgeschichte bedeutet nämlich hier weder, wie etwa bei Hegel und Ranke, die Geschichte der Menschheit, noch die Geschichte unseres Globus. „Weltgeschichte" nennt Nietzsche die Geschichte des Universums. Carl Friedrich von Weizsäcker hat in seiner „Geschichte der Natur" in ähnlichem Sinne von Weltgeschichte gesprochen, und in der Astrophysik der letzten Jahrzehnte spielen Spekulationen über die Geschichte des Universums eine wachsende Rolle. Aber zur Zeit von Nietzsche waren die Physiker noch weit davon entfernt, Physik und Geschichte miteinander in Zusammenhang zu bringen. Auf den Titel der Vorlesung „Der Begriff der Natur und seine Geschichte" fällt dadurch ein völlig neues Licht; denn es drängt sich die Frage auf, ob nicht die Worte „Natur" und „Geschichte" in Wahrheit das Selbe bezeichnen. Nietzsche hat seine ganze Philosophie als „historische Philosophie" bezeichnet, und das Geschichtsverständnis seiner Zeit – das Zeitalter des Historismus – ist vermutlich von keinem Philosophen so konsequent zu Ende gedacht worden wie von ihm. Er hat auch den Zusammenhang erkannt, der sich darin ausspricht, daß der Historismus und die Evolutionstheorie der gleichen Phase menschlichen Denkens angehören. Deswegen führt es uns von unserem Thema – dem Wesen der

Natur – nicht ab, wenn wir auch den Zusammenhang zwischen Historismus und Nihilismus noch ins Auge fassen. Der Historismus lehrt, daß jeder Gedanke, jede Theoriebildung und jede Gestaltung menschlichen Geistes die geschichtliche, die ökonomische, die gesellschaftliche und die politische Situation widerspiegelt, in der sie entstanden sind. Auch wenn eine wissenschaftliche Theorie so auftritt, als enthielte sie eine dem zeitlichen Wandel entrückte und deshalb absolute Wahrheit, ist dies nach der Erkenntnis des Historismus nichts als ein Selbstbetrug. Es läßt sich immer demonstrieren, wie sich in einer solchen Theorie die Denkformen und die gesellschaftlichen Verhältnisse einer Situation darstellen, von der die Theorie nicht abgelöst werden kann. Das gilt von Newton oder Einstein ebenso wie von Goethe oder Richard Wagner. Wenn aber alle geistigen Gebilde Ausdruck der Zeitlage sind, in der sie entstanden, ist dem Anspruch auf zeitlose Gültigkeit einer Erkenntnis der Boden entzogen. Die Behauptung, die reinen Formen menschlichen Denkens hätten eine für alle Zeiten verbindliche Evidenz, läßt sich dann nicht mehr aufrechterhalten. Deshalb impliziert der „Historismus" genannte Relativismus der Geschichtsbetrachtung schon jenen Nihilismus, den Nietzsche dann aufgedeckt hat. Das rückt aber die Positivität der Naturwissenschaften in ein eigentümliches Licht. Die Epoche, der wir die Entdeckungen der neuzeitlichen Naturwissenschaft verdanken, ist ein winziger Ausschnitt aus der Geschichte der Menschheit. Nur auf einem kleinen Teil des Globus, nämlich in Europa, waren in einem kurzen Zeitabschnitt der westeuropäischen Partikulargeschichte jene Bedingungen gegeben, unter denen sich die neuzeitlichen Wissenschaft ausbilden konnte. Wer behauptet, daß die Natur wirklich so sei, wie sie in der modernen Naturwissenschaft dargestellt wird, der ist zugleich genötigt zu behaupten, daß ausgerechnet in der westeuropäischen Staatengemeinschaft der kapitalistischen Ära die Bedingungen gegeben waren, unter denen die Menschen der Natur am nächsten gekommen sind. Setzt er die Erkenntnisse der Physik absolut, so muß er behaupten, der westeuropäische Kapitalismus sei jene Ordnung der Verhältnisse, in der die absolute Wahrheit zur Erscheinung gelangt. Auch dies habe ich im Sinn gehabt, als ich sagte, die Physiker müßten, wenn sie konsequent sind, Hegelianer werden.

Die Fragestellung von Nietzsche dringt in ganz andere Schichten vor. Er hat erkannt, daß der Tiefgang des europäischen Nihilismus erst verständlich wird, wenn man sieht, wie in ihm das naturwissenschaftliche Weltbild und der Historismus konvergieren. Zwischen dem Naturbegriff der neuzeitlichen Naturwissenschaft und dem Geschichtsbegriff der neuzeitlichen Geisteswissenschaft besteht ein komplementäres Verhältnis. Ihr verborgener Einklang liegt in der gemeinsamen Abkehr von der Metaphysik – einer Abkehr, die mit der Fortentwicklung des Kapitalismus eng zusammenhängt. Es war ein riesiger Schritt der Erkenntnis, die historische Bedingtheit alles menschlichen Denkens zu durchschauen, so wie es ein riesiger Schritt der Erkenntnis war, das Universum der Astrophysik zu entdecken. Aber wenn diese Erkenntnisse wahr sind, wird jenem Wahrheitsbegriff der Boden entzogen, der in die Methodik derselben Wissenschaften eingebaut ist, denen wir diese Erkenntnisse doch verdanken. Die Erkenntnisse, die wir haben, sind grundlos geworden – und trotzdem können wir nicht an ihnen zweifeln. Das ist die Grundfigur des Nihilismus, der nicht der Ausdruck absoluter Skepsis sondern im Gegenteil der Ausdruck eines Denkens ist, das aus der sinnlos gewordenen Positivität seiner eigenen Erkenntnisse keinen Ausweg mehr findet.

Betrachtet man den Engpaß näher, in den sich das europäische Denken unseres Zeitalters verlaufen hat, so stellt sich heraus, daß sich die Problematik genau lokalisieren läßt. Was ist die These, die sich weder mit der exzentrischen Situation des Globus im Weltall, noch mit der Evolutionstheorie, noch mit der geschichtlichen Relativität des menschlichen Denkens vereinigen läßt? Es ist die These von Descartes, das menschliche Bewußtsein sei der Sitz der absoluten Evidenz. Es sei die Basis der Erkenntnis zeitloser Wahrheit. Nicht die Wahrheit als solche wird durch die Entdeckungen der neuzeitlichen Wissenschaft in Frage gestellt; in Frage gestellt wird nur die Verlagerung der absoluten und unbezweifelbaren Wahrheit in die Konstitution des menschlichen Bewußtseins. Geschichtlich ist die Identifikation von Wahrheit und Bewußtsein im Begriff des Subjekts, wie wir gesehen haben, untrennbar mit dem Glauben an die absolute Gültigkeit der Logik verbunden. Denn die zentrale Position, die dem Subjekt in der neuzeitlichen Philosophie eingeräumt wird, beruht auf einer Prämisse, an der außer Nietzsche niemand zu rütteln wagte: der Prämisse, daß die Gesetze der Natur auf den Gesetzen des Denkens beruhen, und daß deshalb die gesamte Physik axiomatisch auf der Logik aufgebaut werden müsse. Wenn das so ist, dann ist, wie Kant unwiderleglich demonstriert hat, das Subjekt der Logik das Subjekt der Natur. Die Bedingungen der Möglichkeit der Erkenntnis, nämlich die Axiome der Logik, sind dann zugleich die Bedingungen der Möglichkeit der Gegenstände der Erkenntnis. Der Mensch hat dann als das Subjekt der Physik jene zentrale Stellung im Universum, die ich im Abschnitt über die Evidenz beschrieben habe. Da aber Evolutionstheorie und Historismus dieser – der *transzendentalen* – Subjektivität menschlichen Denkens den Boden entziehen, bleibt dem Menschen, solange er daran festhält, sich als Subjekt zu verstehen und als Subjekt zu handeln, nur der Nihilismus übrig. Das ist die große Wahrheit, die die Geschichte des Nihilismus ans Licht gefördert hat: die Erkenntnis, daß nihilistische Theorie und nihilistische Praxis die unausweichliche Konsequenz der Philosophie der Subjektivität und der durch sie gesetzten Vorherrschaft der Logik sind. Nihilismus ist, wie ich schon sagte, die finstere Rückseite der Evidenz.

IV. ⟨Denken als Vorgang in der Natur⟩

Nietzsche bezeichnet, wie wir sahen, als „Weltgeschichte" die Geschichte des Universums. Nehmen wir diesen neuen Begriff der Weltgeschichte ernst und durchdenken wir ihn in seinen inneren Konsequenzen, so ergibt sich alsbald, daß er zwei metaphysische Grundpositionen aufhebt.
1. In der neuzeitlichen Philosophie werden Natur und Geschichte reziprok durch die Weise definiert, wie sie sich wechselseitig ausschließen. Als Grundgesetz der Natur gilt die Kausalität. Natur ist deshalb die Sphäre der Notwendigkeit. Im Gegensatz dazu wird die Geschichte von der Freiheit des Menschen her interpretiert, die auch im neuzeitlichen Begriff der Praxis vorausgesetzt wird. Natur ist der Bereich der theoretischen Vernunft, Geschichte der Bereich der praktischen Vernunft. Derselbe Gegensatz liegt der Unterscheidung zwischen Natur- und Geisteswissenschaften zugrunde. Er hat seine philosophische Basis in der cartesischen Entgegensetzung von *ego cogito* und *res extensa*, von Subjekt und Objekt. Der Gang der neueren Philosophie hat gezeigt, daß es unmöglich ist, den Gegensatz von

Subjekt und Objekt zu überbrücken, solange man an der absoluten Priorität des Subjektes festhält. Andererseits konnte man die absolute Priorität des Subjektes nicht erschüttern, weil das Subjekt als der Sitz der Evidenz der fundamentalen Voraussetzungen aller Erkenntnis definiert war, und weil die Denkformen der Subjektivität mit solcher Konsequenz in die Methodik der positiven Wissenschaften übersetzt worden sind, daß man das ganze Gebäude der Wissenschaften ins Wanken bringt, wenn man das cartesische Fundament in Frage stellt. Eben dies hat Nietzsche im vollen Bewußtsein aller sich daraus ergebenden Konsequenzen getan. Er reißt die Schranken zwischen Natur und Geschichte ein. Wir werden uns noch damit beschäftigen, welche Folgerungen sich daraus ergeben.

2. In dem Abschnitt über die Evidenz habe ich zu zeigen versucht, daß es historisch sowohl wie dem Sachverhalt nach ein Aberglaube war zu meinen, für das Subjekt sei seine eigene Konstitution die primäre Gegebenheit der Erkenntnis. Was die Philosophie der Neuzeit seit Kant mit dem Namen „Subjekt" bezeichnet, ist das Produkt einer Projektion: die Evidenz der ersten Prinzipien der Natur, so wie Aristoteles sie herausgestellt hatte, wurde in das Innere des Menschen zurückprojiziert, und erst durch diese Rückprojektion wurde die Möglichkeit geschaffen, daß der Mensch in der Tiefe seiner eigenen Seele das „Erste Zugrundeliegende", das *fundamentum* aller wahren Erkenntnis, zu entdecken glaubte. Durchschauen wir diese Projektion, so tritt zunächst die ontologische Basis der aristotelischen Metaphysik wieder in ihren originären Zusammenhang ein. Die Evidenz ist wieder Evidenz der Natur, und man könnte, wie ich es früher versucht habe, behaupten, die Gesetze der Logik seien nicht Gesetze des Denkens sondern erkannte Seinsstrukturen[48]. Das ist der Ansatz der aristotelischen Philosophie. Auf ihm beruht die in Wahrheit nie gebrochene Herrschaft des Aristoteles über das europäische Denken.

Aristoteles hat aber genau erkannt, daß dieser Ansatz nur wahr sein kann, wenn man eine Voraussetzung macht, die wir heute nicht mehr machen können. Die ersten Prinzipien des Denkens sind nur notwendig, wenn sie unveränderlich sind und zu allen Zeiten die gleichen bleiben. Das Gleiche gilt von den logischen Strukturen. Die

---

[48] So z. B. in: Kants Religionsphilosophie, Stuttgart: Klett-Cotta, 1985, 384f.

Notwendigkeit der logischen Formen impliziert die Annahme, daß sie unveränderlich sind und immer und überall gelten. Deshalb ist die Evidenz nach Aristoteles zeitlos. Sollen die Prinzipien der Evidenz und ihre Strukturen zugleich die Prinzipien und Strukturen des Seins sein, so muß die Natur ebenfalls unveränderlich, ungeschaffen und unvergänglich, also ewig sein. Das gilt nicht nur von der Natur im Ganzen, es gilt, wie wir gesehen haben, auch von den Gattungen und Arten in der Natur. Selbst wenn man die Termlogik auf sich beruhen läßt und nur die Aussagenlogik in Betracht zieht, wird daran im Prinzip nichts geändert. Die Fundamente der Evidenz sind so tief gelegt, daß die ungeheure Erweiterung, die das Reich der Logik und der Mathematik seit den Griechen erfahren hat, daran erstaunlich wenig verändert ⟨hat⟩ – jedenfalls dann nicht, wenn man, wie ich es hier tue, die dem jeweiligen Zeitgeist folgenden Interpretationen dieser fundamentalen Sachverhalte außer Betracht läßt.

Wie steht es aber, wenn das Universum eine Geschichte hat? Man ist noch heute vielfach geneigt, das, was im Universum Geschichte ist, in den Bereich der sogenannten „Kontingenz" abzudrängen, dem ein massiver und unantastbarer Block der Notwendigkeit gegenübersteht. Man überträgt also das aristotelische Schema des Verhältnisses von Substanz und Akzidentien auf das gesamte Universum, ohne die Rechtmäßigkeit einer solchen Übertragung zu untersuchen. Aber das hält der Prüfung nicht stand; denn wenn man die ⟨Gesetze der⟩ Logik als erkannte Seinsstrukturen interpretiert und gleichzeitig lehrt, daß das Seiende im Ganzen, nämlich die Natur, eine Geschichte hat, so müßte sich in dieser Geschichte auch die Logik ändern. Anders gesagt: wenn man nicht mehr wie Aristoteles die Ewigkeit der Welt voraussetzt, kann man auch nicht mehr wie Aristoteles die Zeitlosigkeit der Logik behaupten. Physikalische Theorien über die Entstehung des Universums und seine Dauer können hier nicht ins Feld geführt werden, denn sie sind Extrapolationen, in denen die zeitlose Gültigkeit der Logik bereits vorausgesetzt wird. Tatsächlich wird durch den Satz: „Das Universum hat eine Geschichte" oder durch den noch weitergehenden Satz: „Das Universum *ist* Geschichte" jene Gestalt der Wahrheit, die ich als Evidenz zu charakterisieren versuchte, in ihrer Gesamtheit in Frage gestellt.

Ich werde im Sommersemester zu zeigen versuchen, wie dieses Problem uns dazu nötigt, die Frage, was das Wesen der Zeit sei, neu zu stellen. Vorläufig klammere ich alle Probleme, die mit dem ursprünglichen Wesen der Evidenz zusammenhängen, hier aus und frage nur, was sich ergibt, wenn die cartesische Unterscheidung von *res cogitans* und *res extensa* nicht mehr die erste Voraussetzung unseres Denkens sein soll. Was sich daraus ergibt, läßt sich sehr einfach sagen: Wenn das Subjekt und seine Erkenntnis nicht mehr, wie bei Descartes, aus der Natur herausgebrochen und der Natur gegenübergestellt wird, dann muß das Denken als ein Vorgang innerhalb der Natur betrachtet werden. Alle möglichen Inhalte des Denkens sind dann Phänomene innerhalb der Natur. Die Physik kann dann das Denken nicht mehr als etwas, was nicht zur Natur gehört, ausklammern, sondern muß das Denken und alles, was durch Denken hervorgebracht wird, also die gesamte „Geschichte" im uns vertrauten Sinne des Wortes, die Politik, die gesellschaftlichen Prozesse und die geistige Produktion, in ihre Theorie mit einbeziehen. Nur wenn sie das leisten würde, könnte sie den Anspruch behaupten, eine umfassende und allgemeine Theorie der Prozesse in der Natur zu sein.

Es gibt heute viele Naturwissenschaftler, die dieses Problem nicht nur erkennen, sondern auch überzeugt sind, daß es mit ihren Methoden lösbar sei. Sie glauben nämlich, daß sich das Denken auf die funktionalen Abläufe im menschlichen Gehirn reduzieren läßt. Wenn man die Vorgänge im menschlichen Gehirn einmal vollständig aufgeklärt habe, sei damit auch das Denken erklärt, und die Erklärung des Denkens liefere automatisch die Erklärung aller möglichen Gedanken. Dem liegt ein Denkfehler zugrunde, den ich durch ein Beispiel erläutern will. Wenn wir auf einem Plattenspieler eine Beethoven-Symphonie anhören, ist das, was sich meßbar vorfinden und beschreiben läßt, die Technik der Tonerzeugung und die Akustik der Schallwellen. Das entspricht der Leistung des Gehirns, wenn wir einen Gedanken denken. Die Beethoven-Symphonie als solche kommt in einer solchen Beschreibung nicht vor. Nun kann man aber auch in einem Konzert eine Aufführung derselben Symphonie mit anderen Instrumenten und anderen Schallwellen anhören. Die meßbaren Vorgänge sind verschieden, aber es ist dieselbe Symphonie. Ähnliches spielt sich ab, wenn verschiedene Menschen zu verschiedenen Zeiten und unter verschiedenen Bedingungen denselben Gedanken denken. Die Vorgänge, die in den verschiedenen Gehirnen ablaufen, sind nicht identisch. Aber der Gedanke ist identisch, und auf diese Identität des Gedankens beziehen wir uns, wenn wir sagen, eine Behauptung sei wahr. Das setzen auch jene Naturwissenschaftler, ohne sich selbst darüber klar zu sein, voraus. Sie sagen nicht: weil die und die Funktionen in meinem Gehirn abgelaufen sind, behaupte ich, diese Theorie sei wahr; sie sagen vielmehr: diese Theorie ist wahr, weil ich sie jedem Menschen beweisen kann, gleichgültig, ob sein Gehirn mit dem meinigen identisch ist oder nicht. Sobald die Naturwissenschaftler argumentieren, sprechen sie nicht mehr vom Plattenspieler sondern von der Beethoven-Symphonie. Aber weil sie zugleich den Unterschied zwischen dem Plattenspieler und der Beethoven-Symphonie ständig vergessen, bleibt ihnen verborgen, wie oft sie sich selbst widersprechen.

Schon Leibniz hat die Unterscheidung zwischen dem Denken von Gedanken und dem Funktionieren des Gehirns mit der ihm eigenen Präzision und Klarheit bezeichnet. Sein Zeitalter war beherrscht von der Faszination des mechanistischen Denkens, das damals noch im Glanz einer neuentdeckten Welt erschien. Es war die große Zeit der kunstvollen Uhrwerke und der Automaten, und ich habe das Wort von Leibniz schon zitiert: Gott sei der vollkommene Maschinist[49]. Deswegen gehört auch in diese Zeit die Idee, der Denkapparat des Menschen sei als eine unglaublich kunstreiche und raffinierte Maschine zu erklären. Dagegen wendet sich Leibniz selbst in § 17 der „Monadologie": „Man ist übrigens gezwungen einzugestehen, daß die Perzeption und das, was von ihr abhängt, durch mechanische Gründe nicht erklärt werden kann, also nicht durch Figuren und Bewegungen. Stellen wir uns vor, es gäbe eine Maschine, deren Struktur Denken, Fühlen und Perzeption zu haben erlaubt. Man könnte sich diese Maschine unter Beibehaltung der gleichen Proportionen vergrößert vorstellen, so daß man in sie eintreten könnte wie in eine Mühle. Dies vorausgesetzt, wird man, wann immer man sie besichtigt, nur Stücke finden, die sich wechselseitig stoßen. Man wird niemals etwas finden, womit man eine Perzeption erklären könnte. Folglich kann man die Perzeption nur in der einfachen Substanz und nicht in dem Zusammengesetzten oder in der Maschine suchen. Auch gibt es nichts als dies, was man in der einfachen Substanz auffinden kann: nämlich Perzeptionen und ihre Ver-

---

[49] „Dieu, consideré comme Architecte de la Machine de l'univers", Monadologie, § 87, Gottfried Wilhelm Leibniz, Die philosophischen Schriften, hg. von C. J. Gerhardt, reprint Hildesheim: Olms, 1961, VI, 622. Vermutlich im mündlichen Vortrag breiter ausgeführt; vgl. 85.

änderungen. Darin allein können auch alle inneren Tätigkeiten der einfachen Substanzen ihren Bestand haben."[50] Als „einfache Substanz" bezeichnet Leibniz die Einheit des Bewußtseins. Die Einheit des Bewußtseins läßt sich nicht aus den Funktionen des Gehirns zusammensetzen. Erkenntnisse aber haben, wenn sie wahr sein sollen, ihren Bestand in der Einheit des Bewußtseins und nicht im Mechanismus der Funktionen, die im Gehirn ablaufen müssen, damit ein Mensch sie denken kann. Leibniz bezeichnet die derart von den Gehirnfunktionen unterschiedenen Gedanken als „innere Tätigkeiten der einfachen Substanzen". Darin kommt zum Ausdruck, daß er, wie Descartes, die Subjektivität als Basis betrachtet. Die Gedanken werden nicht aus den Gehirnfunktionen sondern aus ihren Prinzipien erklärt: dem Satz des Grundes und dem Satz vom Widerspruch. Die Evidenz dieser Prinzipien beruht darin, daß sie die „einfache Substanz", das heißt die Subjektivität des Subjektes konstituieren, was Leibniz wie Descartes nur durch den ontologischen Gottesbeweis erklären kann. Insofern richtet sich meine These, das Denken sei ein Vorgang in der Natur, auch gegen Leibniz. Aber seine Unterscheidung zwischen Gehirnfunktionen und Gedanken ist fundamental und wird dadurch nicht angetastet.

Ich behaupte also nicht – was trivial wäre –, die Vorgänge in Kants Gehirn seien ein Vorgang in der Natur. Ich behaupte, der Gedankengang der „Kritik der reinen Vernunft" sei ein Vorgang in der Natur. Das widerspricht allen unseren Vorstellungen, und ich kann erst im Sommersemester erklären, wie es möglich ist, auf eine so paradoxe Behauptung zu verfallen. An dieser Stelle mag es genügen, eine sehr einfache Überlegung anzustellen, die vielleicht verständlich macht, wodurch eine solche Umkehrung unserer Vorstellungsweise veranlaßt ist.

---

[50] On est obligé d'ailleurs de confesser, que la Perception et ce qui en depend, est inexplicable par des raisons mecaniques, c'est à dire par les figures et par les mouvemens. Et feignant, qu'il y ait une Machine, dont la structure fasse penser, sentir, avoir perception , on pourra la concevoir aggrandie en conservant les mêmes proportions, en sorte qu'on y puisse entrer comme dans un moulin. Et cela posé, on ne trouvera en la visitant au dedans que des pieces qui poussent les unes les autres, et jamais de quoy expliquer une perception. Ainsi c'est dans la substance simple et non dans le composé, ou dans la machine, qu'il la faut chercher. Aussi n'y at-il que cela qu'on puisse trouver dans la substance simple, c'est à dire les perceptions et leur changemens. C'est en cela seul aussi que peuvent consister toutes les Actions internes des substances simples, a. a. O., VI, 609.

Wir sind ausgegangen von dem Satz: „Die Naturwissenschaft zerstört die Natur". In jedem Experiment greift der reine Gedanke als Ursache in den Kausalnexus der natürlichen Prozesse ein. Die Wissenschaft vermochte die Erdoberfläche umzugestalten, die chemische Zusammensetzung der Ozeane und der Atmosphäre zu verändern und irreversible Veränderungen in Flora und Fauna auszulösen, weil das Denken die Macht hat, in den Naturprozeß einzugreifen. Das läßt sich nur verstehen, wenn der Gedanke als Faktor in der Natur begriffen wird. Daß unsere Wissenschaft die Natur zerstört, ist wesentlich dadurch veranlaßt, daß die Physik jene Energie, die unseren Planeten einer so unheimlichen Verwandlung unterwirft, nämlich die Energie des Denkens, methodisch ausgeklammert hat. Obwohl die Physik nur dadurch möglich ist, daß Physiker als Experimentatoren den Eingriff des Denkens in die Naturprozesse praktizieren, wurde die Physik als eine Theorie der Naturprozesse entworfen, die das Denken und Handeln der Physiker ausschließt. Dieses Verfahren erlaubt zwar zu behaupten, daß jedes Mal, wenn bestimmte Bedingungen gegeben sind, ein bestimmter Effekt eintreten muß, aber es reicht zur Begründung einer abgeschlossenen Theorie von der Natur nicht aus. Die empirische Feststellung, daß Gedanken in die Naturprozesse eingreifen, schließt die Möglichkeit aus, daß eine Theorie, die das Denken ausgeklammert hat, mit dem Anspruch auftreten kann, sie sei eine geschlossene Theorie von der Natur. Wenn aber die Gedanken selbst Phänomene *in* der Natur sind, müssen wir alles revidieren, was die Neuzeit seit Descartes unter „Natur" verstanden hat.

Ich skizziere, welche Konsequenzen sich abzeichnen. Wenn die Gedanken Phänomene in der Natur sind, so sind auch die Gesellschaftsordnungen und die Staaten Phänomene innerhalb der Natur. Es ist uns selbstverständlich, ein Rudel von Wölfen, eine Herde oder einen Ameisenhaufen als Phänomene in der Natur zu betrachten. Aber der Mensch will über die Natur hinaus sein, um sie desto besser beherrschen zu können. Er will die „Werte", nach denen er sich orientiert, nicht aus der Natur ablesen, sondern aus souveräner Freiheit „setzen". Der Begriff der Emanzipation, der eine der wesentlichsten Tendenzen der kapitalistischen Gesellschaften bezeichnet (der Sozialismus ist ein Produkt des Kapitalismus und nur als Reflex der ökonomischen Bedingungen kapitalistischer Industriegesellschaften zu verstehen) – der Begriff der Emanzipation, so sagte ich, impliziert in allen seinen Varianten den Trieb zur Emanzipation von der Natur. Der Schein einer Emanzipation von der Natur wird in den Industriegesellschaften dadurch erzeugt, daß eine kleine Minorität der Menschheit sich kurzfristig in die Lage versetzt hat, die Energie- und Rohstoffreserven der Erde auf Kosten der übrigen Teile der Menschheit auszubeuten. So glaubt man, sich in ein „Reich der unbegrenzten Möglichkeiten" versetzt zu haben. Nahezu sämtliche sozialen Forderungen, die im Namen der Emanzipation erhoben werden, setzen gesteigertes Wirtschaftswachstum, also gesteigerte Ausbeutung der Natur und der nichtindustrialisierten Völker voraus und reflektieren dadurch die kapitalistische Grundtendenz zur Emanzipation von der Natur. Diese Tendenz steht aber in einer genauen Entsprechung zu der Methode der Physik, das Denken aus der Natur und ihren Prozessen auszuklammern. Wir haben also jetzt den Zusammenhang zwischen der Struktur der neuzeitlichen Physik und den ökonomisch-gesellschaftlichen Bedingungen, unter denen sie entstanden ist, aufgedeckt. Physik und Kapitalismus decken sich darin, daß sie dem Menschen eine Stellung außerhalb und oberhalb der Natur zuweisen, die seine Herrschaft über die Natur theoretisch rechtfertigen und zugleich die Funktionssicherheit der Methoden garantieren soll, durch die Natur unterworfen und ausgebeutet wird. Vielleicht ist dadurch der Sinn des Satzes „Eine Wissenschaft, die die Natur zerstört, kann nicht wahr sein" um Einiges deutlicher geworden.

V. ⟨Leben⟩

Betrachten wir Denken als einen Vorgang in der Natur, so betrachten wir es als einen Vorgang des *Lebens*.
Nun können wir den Begriff des Lebens heute nicht mehr naiv verwenden. In der unübersehbaren Skala von Bedeutungen, in denen dieser Begriff für uns schillert, sind alle Vorurteile enthalten, die das europäische Denken vor allem in den letzten zweihundert Jahren ausgebildet hat. Besonders in der Philosophie ist die Verwendung des Begriffes „Leben" höchst bedenklich geworden. Er ist durch die „Lebensphilosophie" und durch die verschiedenen Formen eines primitiven Biologismus ideologisch kompromittiert. Wir müssen also

zuerst versuchen, uns einige sehr einfache Strukturen klarzumachen, von deren Bestimmung das Verständnis des Wortes „Leben" abhängt.

Descartes bestimmte alles, was nicht Bewußtsein ist, als *res extensa*, als räumlich Ausgedehntes. Was räumlich ausgedehnt ist, läßt sich quantitativ bestimmen. Was quantitativ bestimmt ist, läßt sich berechnen. Deshalb war die ontologische Bestimmung der Natur als *res extensa* die Basis für eine mathematische Physik. Diese Physik war eine Physik der anorganischen Natur, denn der Begriff des Lebens läßt sich aus rein quantitativen Bestimmungen des Ausgedehnten nicht ableiten. Der cartesische Ansatz impliziert also die Annahme, daß das Universum im Ganzen den Gesetzen der anorganischen Physik gehorcht, und daß nur innerhalb des Universums auf dem Planeten Erde und vielleicht anderen uns unbekannten Gestirnen als eine Art Epiphänomen der Natur jene Ausnahmeerscheinung hervortritt, die wir als organisches Leben bezeichnen. Wie aus der anorganischen Natur organisches Leben hervorgehen kann, und wie sich die Sphäre des Lebens zur Physik verhält, bleibt bis zum heutigen Tag unerklärt. Erst Manfred Eigen hat eine Theorie entwickelt, die uns die Möglichkeit eines Überganges von anorganischer Materie zu organischem Leben oder – von der Wissenschaft her betrachtet – eines Überganges von Physik zu Biologie ahnen läßt, ohne daß man behaupten könnte, er hätte die Probleme bereits gelöst (s. 48). Da Eigen die Physik in der Gestalt der Quantentheorie voraussetzt, und da die Quantentheorie ihrerseits die klassische Physik voraussetzt, bleibt es dabei, daß der Unterbau der Natur die anorganische Physik des Universums ist, und daß das Epiphänomen des Lebens in diesem riesigen leblosen Block nur wie eine Blume erscheint, die die Natur sich ins Knopfloch steckt – man weiß nicht, warum. In dem Titel des Buches von Monod „Hasard et Nécessité" – Zufall und Notwendigkeit – findet dieses Weltbild seinen ebenso naiven wie frappanten Ausdruck[51]. Naiv ist es deshalb, weil Monod, wie die erdrückende Mehrzahl seiner Fachkollegen, nicht darauf reflektiert, daß die Notwendigkeit uns lediglich deshalb als notwendig erscheint, weil sie sich mathematisch berechnen läßt, also den Gesetzen der Logik gehorcht, und weil die Logik ihre Basis in jener Evidenz hat, durch die sich die Subjektivität des aus der Natur herausgebrochenen Subjek-

---

[51] Jacques Monod, Le hasard et la nécessité, ³Paris: Éditions du Seuil, 1970.

tes konstituiert. Würde man die Theorie von Monod auf sein eigenes Buch als Ausdruck des Lebens eines Individuums anwenden, so wäre dieses Buch ein Zufall. Ist es ein Zufall, so sieht man nicht recht, wie Monod gleichzeitig behaupten kann, seine Theorie sei wahr.

Der erste Philosoph, der mit Klarheit erkannt hat, daß sich das Phänomen des Lebens auf der Basis der mechanistischen Naturerklärung cartesischer Prägung nicht verstehen läßt, war Leibniz. Der schon zitierte § 17 der „Monadologie" handelt nicht nur von dem Verhältnis des Denkens zum Funktionieren jener Mechanismen, ohne die Denken nicht möglich ist. Er handelt zugleich vom Leben; denn jene „inneren Tätigkeiten" der einfachen Substanzen, die nach Leibniz das Wesen des Denkens ausmachen, sind in seiner Philosophie zugleich die Wesensbestimmungen des Lebens. Bei Leibniz sind Leben und Denken identisch. Seine ganze Philosophie ist ein Versuch, nach dem in diesem Paragraphen skizzierten Modell, Denken und Leben in Übereinstimmung zu bringen. Wir werden noch sehen, in welchen großen Zusammenhang Leibniz sich durch diesen Entwurf einordnet.

Zuvor ist es aber nötig, daran zu erinnern, daß in der griechischen Philosophie der Zusammenhang zwischen Natur und Leben vollkommen anders gedacht wird. Platon hat in seinem „Timaios" den Kosmos in seiner Gesamtheit als ein „sichtbares Lebewesen" dargestellt, „das alles Sichtbare umgreift"[52]. Hier wird also Leben nicht als ein Epiphänomen *innerhalb* der Natur dargestellt; Leben ist vielmehr das Wesen des Kosmos im Ganzen. Leben ist Selbstbewegung der Weltseele; alles, was innerhalb des Kosmos als etwas Lebendiges hervortritt, hat dadurch Leben, daß sich die Selbstbewegung der Weltseele in ihm manifestiert. Auch die von uns als „anorganisch" betrachtete Natur ist nach Platon organisiert, denn sie hat Struktur. Die Selbstbewegung der Weltseele ist die Kraft, die die Materie strukturiert und ihre Wechselwirkungen bestimmt. Solange man die Strukturen nur von außen als etwas faktisch Gegebenes betrachtet, bekommt man die organisierende Kraft der sich selbst bewegenden Weltseele nicht zu Gesicht. Aber dadurch, daß man für sie blind ist, hat man noch nicht bewiesen, daß sie nicht existiert. Wir verbinden heute mit dem Wort „Seele" Vorstellungen, die sich so weit von dem

---

[52] θνητὰ γὰρ καὶ ἀθάνατα ζῷα λαβὼν καὶ συμπληρωθεὶς ὅδε ὁ κόσμος οὕτω, ζῷον ὁρατὸν τὰ ὁρατὰ περιέχον. *92 C 5 ff.*

platonischen Begriff der Weltseele entfernen, daß diese Lehre uns zunächst vollkommen unverständlich ist. Immerhin darf ich daran erinnern, daß diese platonische Lehre auch in der Neuzeit eine bedeutende Nachwirkung gehabt hat. Schelling veröffentlichte im Jahre 1798 eine Schrift unter dem Titel „Von der Weltseele, eine Hypothese der höheren Physik"; Hegels Lehre, die Natur sei der Weltgeist im Modus seiner Entäußerung, ist eine durch Schelling ermöglichte Neufassung der platonischen Lehre von der Weltseele, und dieser Hegelsche Entwurf wird von Karl Marx vorausgesetzt, wenn er die Materie dialektisch, also von ihrer Selbstbewegung her erklärt – denn Selbstbewegung ist das Prinzip der platonischen Weltseele.

Die in der Philosophie des deutschen Idealismus erfolgte Wiederentdeckung der platonischen Lehre von der Weltseele, ohne die auch Schleiermachers „Reden über die Religion" nicht zu denken sind, erfolgt unter der Einwirkung eines Philosophen, ohne den auch der Entwurf von Leibniz nicht möglich gewesen wäre: Spinoza. Spinoza versuchte, den cartesischen Bruch zwischen *ego cogito* und *res extensa* dadurch zu heilen, daß er diese beiden endlichen Formen des Seins von Seiendem als verschiedene Modi des unendlichen Seins Gottes darstellte. Er hat diesen Entwurf *more geometrico* dargestellt, um Gott zugleich als Ursprung der Evidenz darstellen zu können. Dagegen richtete sich dann die Kritik Kants und der idealistischen Philosophen, die die Basis der Subjektivität nicht preisgeben wollten und über das skeptische Instrumentarium verfügten, mit dem sie diese unreflektierte und – dies sei nebenbei gesagt – antiplatonische Einführung eines dogmatischen Begriffs der Evidenz zu kritisieren vermochten. Aber die riesige Wirkung des Spinoza beruht nicht auf der Scheinevidenz einer dem Lehrbuch des Euklid entlehnten Methode. Sie beruht darauf, daß es in diesem Entwurf wieder möglich wurde, die Natur im Ganzen vom Leben her zu denken, weil die Unterscheidung zwischen Subjekt und Objekt nun nicht mehr absolut gesetzt wurde, sondern als sekundäre Modifikation der Erscheinung des Göttlichen aufgefaßt werden konnte. So eröffnete Spinoza die Aussicht, Geist und Materie wieder als Einheit zu denken und Leben als Identität von Geist und Materie zu verstehen.

Im mündlichen Vortrag dieses Teiles der Vorlesung habe ich dieses spinozistische Naturverständnis durch den unter Goethes Namen überlieferten „Hymnus auf die Natur" von Tobler illustriert. Ich übergehe hier diesen Text und alles, was ich dazu angemerkt habe (38 ff.), und zitiere nur einige Sätze aus dem Brief an den Kanzler Müller, in dem sich der alte Goethe zu dem Aufsatz von Tobler äußert: „Die Erfüllung aber, die ihm" (jenem Aufsatz) „fehlt, ist die Anschauung der zwei großen Triebräder aller Natur: der Begriff von Polarität und von Steigerung, jene der Materie, insofern wir sie materiell, diese ihr dagegen, insofern wir sie geistig denken, angehörig; jene ist in immerwährendem Anziehen und Abstoßen, diese in immerstrebendem Aufsteigen. Weil aber die Materie nie ohne Geist, der Geist nie ohne Materie existiert und wirksam sein kann, so vermag auch die Materie sich zu steigern, so wie sichs der Geist nicht nehmen läßt, anzuziehen und abzustoßen; wie derjenige nur allein zu denken vermag, der genugsam getrennt hat, um zu verbinden, genugsam verbunden hat, um wieder trennen zu mögen." (13, 48)

In den Worten „weil ... die Materie nie ohne Geist, der Geist nie ohne Materie ... sein kann" formuliert Goethe den Grundgedanken einer Anschauung von Natur, die die gesamte Natur vom Phänomen des Lebens her deutet und sich von Spinoza her dazu legitimiert, Platons Anschauung vom Kosmos als einem göttlichen Lebewesen zu erneuern. Der Satz „weil ... die Materie nie ohne Geist, der Geist nie ohne Materie ... sein kann" ist aber zugleich die Formel für Schellings Identitätsphilosophie. Die ganze Naturphilosophie des Idealismus ist nichts anderes als ein großer Versuch, Goethes Naturanschauung mit den Mitteln von Kants Transzendentalphilosophie zu *denken*, das heißt auf den „Begriff" zu bringen. Nur Schelling hat das durch die Begriffe „Polarität" und „Steigerung" bezeichnete geheimnisvolle Gleichgewicht von Materie und Geist im Goetheschen Sinne festgehalten. Hegels Goethe-Auslegung vernachlässigt den zweiten Teil jener Formel: „weil der Geist nie ohne Materie ... sein kann". Das hat Karl Marx mit der ihm eigenen Vehemenz korrigieren wollen und dabei den ersten Teil jener Formel „weil ... die Materie nie ohne Geist sein kann" aus dem Auge verloren. Bei Engels und bei Lenin ergibt sich daraus ein Rückfall des dialektischen Denkens in jenen von der französischen Philosophie des 18. Jahrhunderts ausgebildeten Positivismus, zu dessen Überwindung es entdeckt worden war.

Betrachten wir nun diese große Gegenbewegung gegen Descartes und den Naturbegriff der mechanistischen Physik historisch, so rückt sie in einen größeren Kontext. Die im Licht von Spinoza erfolgte Wiederentdeckung der griechischen Physik und des sie tragenden Begriffs von Leben gehört in den Zusammenhang einer großen, aber zugleich auch verzweifelten Gegenwehr gegen das beginnende Maschinenzeitalter und gegen die Vollendung des Kapitalismus in der aufkommenden Industriegesellschaft. In diesen Zusammenhang gehört auch Karl Marx. An derselben Stelle, wo der späte Goethe am Schluß von „Wilhelm Meisters Wanderjahren" als einzigen Ausweg die Emigration in die „neue Welt" empfehlen kann, entspringt bei Marx die Idee der Revolution. Marx ist ein desperat gewordener Nachfolger von Goethe. Die Fortentwicklung der technischen Zivilisation ist über beide hinweggegangen und hat von Goethe nur einen seine Wahrheit verleugnenden Bildungsbegriff, von Marx nur den Marxismus übriggelassen.

Auf der Grundlage der Philosophie von Spinoza entfaltete sich, wie wir gesehen haben, im Gegenzug zu Descartes und der Mechanistik der Physik und als Widerstand gegen das drohende Verhängnis des hochkommenden Maschinenzeitalters eine neue Auffassung von der Natur, die ihren größten Ausdruck im Werk von Goethe gefunden hat und philosophisch durch die Namen Leibniz, Jacobi, Schleiermacher, Schelling, Hegel, Marx, Nietzsche bezeichnet werden kann. Obwohl Spinoza stets im Hintergrund steht, hat diese große Gegenbewegung gegen die Naturwissenschaft der Neuzeit zahlreiche andere Traditionen in sich aufgenommen, vor allem die Tradition des in der Spätrenaissance durch Giordano Bruno erneuerten Platonismus und des durch Hegel neu entdeckten Aristotelismus. Im Gegensatz zur Physik, die ihr Naturverständnis auf die Mechanik der Bewegung der Massen in der anorganischen Natur aufbaut und das Leben, den Organismus, nur als ein Epiphänomen in der Natur betrachtet, wird hier der Versuch gemacht, die Natur im Ganzen vom Leben her zu begreifen. Im Phänomen des Lebens ist die cartesische Trennung von Materie und Bewußtsein, von Natur und Geist aufgehoben. Deswegen ist diese Gegenbewegung gegen die neuzeitliche Naturwissenschaft zugleich die Geschichte einer Reihe von Versuchen, den cartesischen Dualismus zu überwinden. Aber mit Ausnahme von Nietzsche hat keiner dieser Denker gewagt, die Prämissen der Philosophie der Subjektivität zu erschüttern. Sie scheuen alle vor den letzten Konsequenzen ihres großangelegten Versuches zurück. Deshalb ist es niemals gelungen, Ansatz und Methode des neuen Naturverständnisses mit solcher Klarheit zu entwickeln, daß es in der Erforschung und Entdeckung von wirklichen Sachverhalten der wirklichen Natur mit der mathematischen Physik hätte konkurrieren können. Das physikalische Naturverständnis hat nicht nur deshalb auf der ganzen Linie gesiegt, weil seine Methoden, projiziert in die Technik, sich mit den herrschenden Interessen einer kapitalistischen Industriegesellschaft widerstandslos in Verbindung bringen ließen; die Physik hat vor allem deshalb gesiegt, weil ihre Methodik der positiven Forschung einen Ertrag an Erkenntnissen einbrachte, die alles hinter sich ließen, was der menschliche Geist in seiner bisherigen Geschichte zu entdecken vermochte. Der Satz „Eine Wissenschaft, die die Natur zerstört, kann nicht wahr sein" stellt diese Erkenntnisse nicht in Frage; er stellt nur in Frage, daß wir sie in dem Kontext verstehen, in den sie „von Natur aus" gehören. Solange die große Gegenbewegung gegen die neuzeitliche Physik an der ersten, wenn auch versteckten Voraussetzung dieser Physik, nämlich der absoluten Priorität eines um eben dieser Priorität willen aus der Natur herausgebrochenen Subjektes, nicht zu rütteln vermochte, bestand keine Aussicht, daß sie den wirklichen Kontext der wirklichen Natur ans Licht heben könnte. Die Ahnungen, die sich mit dem Wort „Leben" verbanden, wurden dadurch betrogen, daß das Leben als solches im Sinne der Philosophie der Subjektivität reflexiv, und das heißt auf deutsch „umgebogen", ausgelegt wurde.

Es ist hier noch nicht der Ort, um zu entwickeln, wie sich ein anderer Begriff des Lebens entfalten ließe. Ich gebe nur einige Hinweise, die uns gegen die allzu bequeme, aber heute herrschende Meinung absichern sollen, jene geistige Gegenbewegung gegen Naturwissenschaft und Kapitalimus sei nichts als eine vergebliche Ausflucht gewesen, über die der Fortschritt der positiven Wissenschaft und der objektive Gang der Geschichte längst schon erbarmungslos hinweggegangen seien.

Was ergibt sich, wenn man die Schranke zwischen Natur und Denken niederreißt? Leben ist ein Phänomen in der Natur, Denken hat es mit Wahrheit zu tun. Wenn beides zusammengehört, muß sich im Vorgang des Lebens Wahrheit manifestieren. Indem wir das Wort „Wahrheit" nennen, bricht aber in das Gefüge der Wissenschaften ein Licht ein, das die paradoxe Qualität hat, die Theoriebildungen der Wissenschaft nicht zu erleuchten und zu bestätigen, sondern im Gegenteil als schattenhaft und fragwürdig erscheinen zu lassen. Positive Wissenschaft ist dadurch definiert, daß sie verbietet, nach der Wahrheit zu fragen. Von Wahrheit ist weder in der Physik noch in der Biologie die Rede. Die positive Wissenschaft verweigert es, so etwas wie Wahrheit in Betracht zu ziehen. Sie hat sich längst daran gewöhnt, dieses mit ihren Methoden schlechterdings nicht aufzuhellende „Phänomen" in den Bereich der Subjektivität abzuschieben. Um so leichter kann sie dogmatisch behaupten: wie immer Wahrheit beschaffen sein möge – jedenfalls dürfe sie zur Positivität dessen, was die Wissenschaft als ihre Erkenntnis ausgibt, nicht im Widerspruch stehen. Das ist die versteckte Form, in der die positive Wissenschaft nun doch einen Begriff der Wahrheit einführt. Sie dogmatisiert das Vorurteil, die positive sei unmittelbar die absolute Wahrheit. Damit ist unter der Hand das Phänomen des Lebens bereits eliminiert; es ist jedenfalls dann eliminiert, wenn wir daran festhalten wollen, daß sich im Vorgang des Lebens manifestiert, was positive Wissenschaft methodisch ausschließt, nämlich Wahrheit.

Aber dürfen wir diese Voraussetzung machen? Ich möchte behaupten: wir *müssen* sie machen. Der Satz „Im Leben manifestiert sich Wahrheit" ist wieder einer jener „evidenten" Sätze, denen wir uns nicht zu entziehen vermögen, obwohl wir außerstande sind, ihren Inhalt zu ergründen. Die Wissenschaft zerstört die Natur, weil sie methodisch die Möglichkeit ausgeschlossen hat, sich selbst als einen Prozeß des Lebens und als einen Prozeß in der Geschichte zu verstehen. Weil sie durch ihre eigenen Prämissen, die im metaphysischen Begriff der Evidenz verankert sind, sich selbst dieser Möglichkeit beraubt hat, ist ihr zugleich die methodische Möglichkeit verbaut, ihre eigenen *Rückwirkungen* auf das Leben, also die Konsequenzen ihrer Anwendung auf die Natur zu durchschauen. Nicht nur die Physik sondern in wachsendem Umfang auch die Biologie und die Sozialwissenschaften beruhen auf methodischen Verfahren, die zum Zweck der Erkenntnis und Beherrschung der Gesetze der anorganischen Materie entwickelt wurden. Man projiziert die Schematismen unserer Erkenntnis der anorganischen Natur in die Sphären der organischen Natur und der Gesellschaft. Diese Projektion bewirkt unmittelbar eine Zerstörung dieser Sphären. Sie ist möglich, weil organisches Leben und ökonomische oder gesellschaftliche Prozesse notwendig immer auch materielle Prozesse sind. Aber in der manifesten Zerstörung dieser Sphären durch die Anwendung physikalischer Methoden kommt heraus, daß die quantifizierenden Methoden der Physik die

Materie noch nicht so erfassen, wie sie von sich aus ist. Materie kann sich unter gewissen Versuchsanordnungen notwendig als *res extensa zeigen*; damit ist aber nicht bewiesen, daß sie auch ohne den Eingriff solcher Versuche von sich aus nichts als *res extensa ist*. Wir werden dieser Frage weiter nachgehen, wenn ich im Sommersemester das Wesen des „Phänomens" genauer diskutiere. Hier begnüge ich mich mit der Behauptung: Wenn evident ist, daß sich im Leben Wahrheit manifestiert, dann ist auch evident, daß die Materie in jenen Bestimmungen, die die anorganische Physik zu erfassen vermag, nicht aufgeht.

Ich habe die These, daß Denken als Vorgang des Lebens ein Vorgang in der Natur sei, durch den Satz „Im Leben manifestiert sich Wahrheit" so weit zu erläutern versucht, wie das an dieser Stelle unseres Weges möglich ist. Ich beleuchte sie nun noch von einer anderen Seite her. Wenn Denken ein Lebensvorgang ist, so unterliegt es allen jenen Bedingungen, denen Leben in der Natur überhaupt unterworfen ist. Das ist der eigentliche Grund, weshalb die Wissenschaft der Neuzeit sich gegen die griechische Einbeziehung des Denkens in das Leben der Natur aufgelehnt hat. Denn wenn das Denken den Bedingungen des Lebens in der Natur unterworfen ist, kann es keine Autonomie in Anspruch nehmen. Autonomie ist aber der neuzeitliche Begriff für Freiheit, hinter dem sich, wie ich früher einmal gezeigt habe, eine säkulare Umdeutung der Lehre von der Gottebenbildlichkeit des Menschen versteckt[53]. Dann steht es dem Menschen nicht mehr frei, in der Natur zu machen, was er will. Weil der Mensch Autonomie in Anspruch nimmt, zerstört er durch eine nach den Prinzipien dieser Autonomie entwickelten Wissenschaft die Natur. So schließt sich die folgende Überlegung mit unserer Ausgangsthese zusammen: „Eine Wissenschaft, die die Natur zerstört, kann nicht wahr sein."

Um die Bedingungen zu erläutern, denen das Denken unterworfen sein muß, wenn es ein Vorgang des Lebens ist, bespreche ich hier kurz zwei Begriffe, die mit dem Begriff des Lebens untrennbar verbunden sind: „Organismus" und „Evolution". Ich habe hier der Bequemlichkeit halber von „Begriffen" gesprochen, obwohl ich die Erkenntnis für wesentlich halte, daß die Worte „Leben", „Organismus" und „Evolution" nicht in der Form definiert werden können, wie wir

---

[53] „Der Sinn der Unterscheidung von Theorie und Praxis in der griechischen Philosophie", in: *Wahrheit, Vernunft, Verantwortung*, a. a. O., *bes. 133 ff.*

es fordern müßten, wenn diese Worte in eine logische Aussageform eingesetzt werden sollen. Wir bedienen uns der logischen Formen auch dort, wo ein striktes Verständnis der Logik die Anwendung dieser Formen verbieten müßte. Dadurch erzeugen wir jenes Phänomen, das Kant als „transzendentalen Schein" beschrieben hat. Der transzendentale Schein ist, wie ebenfalls Kant gezeigt hat, nicht zu vermeiden. Wohl aber kann ein aufgeklärtes Denken ihn durchschauen. Wenn ich in Bezug auf Phänomene, die sich ihrem Wesen nach der Applikation logischer Formen entziehen, trotzdem so spreche, *als ob* die Anwendung der Logik hier zulässig wäre, und *als ob* die Worte, die wir verwenden, die Form von Begriffen hätten, beuge ich mich der Unausweichlichkeit des transzendentalen Scheins, indem ich zugleich durch ein Warnsignal auf diesen transzendentalen Schein hinweise. So sind die folgenden Bemerkungen zu den „Begriffen" „Organismus" und „Evolution" zu verstehen.

1. ⟨Organismus⟩

Als „Organismen" pflegt man höchst komplexe Substanzen zu bezeichnen, deren Teile in einem Wechselverhältnis stehen, das Aristoteles durch das Wort ὄργανον bezeichnet hat. Wenn wir die Teile eines Organismus „Organe" nennen, verweisen wir auf die Struktur des funktionalen Zusammenhanges, der alle Teile eines Organismus zu einem Ganzen verbindet. Die funktionale Einheit dieses Ganzen bezeichnet Aristoteles als „Leben". Zur genaueren Analyse der Struktur des Organismus muß ich auf meine Aristoteles-Vorlesung von 1971/72 verweisen[54]. Dort habe ich auch die Problematik aufzudecken versucht, auf die wir stoßen, sobald wir uns klargemacht haben, daß die Begriffe „Leben" und „Organismus" in der gesamten europäischen Tradition von Aristoteles bis zur Biologie unserer Zeit den ontologischen Begriff der „Substanz" implizieren. Der Begriff der „Substanz" ist mit der aristotelischen Kategorienlehre und der durch sie begründeten Vorherrschaft der Logik im europäischen Denken untrennbar verbunden. Wenn man Gründe hat zu bezweifeln, daß es zulässig ist, „Leben" als Prädikat von „Substanzen" zu bestimmen, wird mindestens die Begrifflichkeit der Biologie in Frage

---

[54] Aristoteles' „De anima", a. a. O.

gestellt. Vielleicht gerät noch sehr viel mehr von dem, was sie als positive Erkenntnis oder als „facts" ausgibt, ins Rutschen. Ich nehme an, daß eine konsequente Analyse jener Strukturzusammenhänge, die wir recht undeutlich durch das Wort „Ökologie" zu bezeichnen pflegen, in der Tat dazu führen muß, die überlieferte Verkoppelung des Begriffs „Leben" mit dem Begriff „Substanz" aufzulösen oder doch zu modifizieren. Das würde eine entsprechende Modifikation des Begriffs „Organismus" zur Folge haben. Dies mußte hier schon angedeutet werden, obwohl wir noch nicht die Stufe der Überlegungen erreicht haben, auf der diese Probleme genauer diskutiert werden könnten. Nur wenn wir die hier angedeuteten Vorbehalte berücksichtigen, ist es erlaubt, von „Organismen" zu sprechen, als ob wir voraussetzen dürften, es sei selbstverständlich bekannt, was dieses Wort bedeuten soll.

Unter Berücksichtigung aller Vorbehalte, die sich ergeben müssen, wenn wir die Substanz-Ontologie in Frage stellen, formuliere ich nun einen sehr einfachen Satz, der allgemein anerkannt ist, über dessen Implikationen aber zu wenig nachgedacht wird. Der Satz heißt: „Jeder Organismus in der Natur ist ein unverwechselbares Individuum." Das gilt sogar für die Teile der Organismen, die „Organe". Es gibt unter Milliarden von Buchenblättern keine zwei identischen Exemplare. Daran erkennen wir, daß für alles Leben in der Natur ein Prinzip konstitutiv ist, das in den Naturwissenschaften vernachlässigt wird, weil es sich nicht mathematisieren läßt. Es trägt in der Philosophie den Namen *principium individuationis*. Mathematisieren läßt dieses Prinzip sich deshalb nicht, weil die Zahl der Bestimmungen, die in einem Individuum enthalten sind und dieses von anderen Individuen der gleichen Art unterscheiden, wie man seit alters weiß, im strengen, mathematischen Sinne des Wortes „unendlich" ist.

Wir haben das *principium individuationis*, der herrschenden Denkweise entsprechend, hier zunächst so eingeführt, als ob es auf die organische Natur beschränkt wäre. Nun ist aber daran zu erinnern: daß die „Unendlichkeit" in der eben genauer bezeichneten Bedeutung nach Aristoteles das Wesen der Materie ausmacht; ⟨und⟩ daß „Individuum" die lateinische Übersetzung von ἄτομον ist.

Wenn unbegrenzbare Bestimmbarkeit das Wesen der Materie ausmacht, müßte das *principium individuationis* auch für die nach diesem Prinzip benannten Atome gelten. Das ist der Grundgedanke der Monadenlehre von Leibniz. Leibniz hat daraus die Folgerung gezogen, daß jedes der von ihm als „Monaden" bezeichneten Atome in der Natur als belebte Substanz gedacht werden müsse. Die Physik hat eine Atomtheorie entworfen, die auf der Basis ihrer durch die Logik bestimmten Prämissen das *principium individuationis* für den Bereich der anorganischen Natur ignoriert; und auch die Biologie hat sich daran gewöhnt, von Genen, Zellen etc. zu reden, als ob das *principium individuationis* in der organischen Natur nicht gälte. Das hat einen methodischen Grund. Wegen der Unendlichkeit der Bestimmungen jedes Individuums gilt der alte Satz: „*Individuum est ineffabile*" – ein Individuum kann man nicht definieren. Was man nicht definieren kann, darauf läßt sich die Logik nicht anwenden. Deswegen hat, wie wir schon sahen, Aristoteles den Anwendungsbereich der Logik auf die unveränderlichen Gattungen und Arten eingeschränkt.

Nun ist aber auch die Physik auf ihren Wegen auf das *principium individuationis* gestoßen. Wegen der universalen Wechselwirkung, wie sie im Gesetz der Gravitation und in anderen Gesetzen ausgesprochen wird, repräsentiert jeder Massenpunkt, wie schon Leibniz erkannt hat, das gesamte Universum in einer Gestalt, die durch seine spezifische Lage innerhalb des Universums bestimmt ist. Wegen der Unendlichkeit der Bezüge, in die jeder Massenpunkt schon durch diese einfachsten aller Gesetze gestellt ist, kann man eine allgemeine Theorie nur aufbauen, wenn man die dadurch gegebene Individualität jedes Atoms vernachlässigt. Ich will hier die methodischen Bedingungen, denen die Phänomene durch eine solche Theorie unterworfen werden, nicht genauer diskutieren, sondern beschränke mich darauf festzustellen, daß die Zerstörung der Natur mit jenen Ausblendungen beginnt, die erforderlich sind, wenn man individuelle Phänomene allgemeinen Schematismen unterwerfen will.

Beim heutigen Stand der Wissenschaft ist dieses Verfahren nicht mehr auf die Physik beschränkt. Ich erläutere das an einem handgreiflichen Beispiel: Wenn ein Patient erkrankt, untersucht man in Laboratorien, welche Symptome sich bei ihm nachweisen lassen. Man kann dann durch einen Computer ausrechnen lassen, welcher im Lehrbuch verzeichneten Krankheit diese Kombination von Symptomen entspricht. Nun ist sein Zustand nicht mehr die individuelle Krankheit eines individuellen Menschen, sondern sie ist das Exemplar einer bestimmten Art von Erkrankung. Das Lehrbuch gibt an, mit welchen Mitteln diese Krankheit im allgemeinen und deshalb auch das Einzelexemplar zu behandeln ist. Treten Komplikationen auf, so handelt es sich um eine Abweichung von der Regel. Der Arzt muß zusehen, wie er auf Grund seiner individuellen Erfahrung damit fertig wird. Aber die medizinische Wissenschaft als solche wird von diesen Abweichungen nicht tangiert. Für die Wissenschaft ist der Patient nicht Individuum sondern „ein Fall", das heißt das Exemplar einer Art. Nur unter dieser Voraussetzung, das heißt unter Vernachlässigung des *principium individuationis*, lassen sich allgemeine Sätze auf Spezialfälle applizieren. Die Streuungsbreite des Allgemeinen ist auch im Individuum so groß, daß man auf diese Weise Menschen gesund machen kann, während umgekehrt unser Vermögen, die unbestimmbare Unendlichkeit der Determinanten eines Individuums zu erfassen, so wenig ausgebildet ist, daß es noch nicht gelungen zu sein scheint, Individualtherapie auf eine wissenschaftliche Basis zu stellen. Wenn das *principium individuationis* nicht auf die organische Natur beschränkt werden darf, gilt vom Atom das Selbe wie von dem eben geschilderten Patienten.

2. ⟨Evolution⟩

Daß alles Lebendige dem Prinzip der Evolution gehorcht, ist eine der größten Entdeckungen der Naturwissenschaft des letzten Jahrhunderts. Ich will auch dieses Prinzip hier nicht genauer besprechen, sondern setze es als bekannt voraus. Die Entdeckung des Prinzips der Evolution hat eines der wichtigsten Fundamente der aristotelischen Ontologie erschüttert: Wir können heute die Gattungen und Arten nicht mehr als unveränderliche Strukturen in der Natur betrachten. Eine genauere Analyse würde ergeben, daß damit auch der Anwendung der Kategorie der Substanz auf natürliche Phänomene der Boden entzogen ist. Insofern hängen meine kritischen Bemerkungen zum Begriff des Organismus und zu der Form, wie die Naturwissenschaften allgemeine Begriffe auf natürliche Phänomene anwenden, mit dem Prinzip der Evolution zusammen. Die Gattungen und Arten haben nach diesem Prinzip eine Geschichte; durch die Entdeckung des Prinzips der Evolution ist deshalb die nach-cartesische Trennung zwischen Natur und Geschichte aufgehoben. Man wundert sich, daß die Theologie dem Darwinismus gegenüber eine Abwehrstellung bezogen hat. Sie hätte die Entdeckung der Geschichtlichkeit der Natur begrüßen müssen, weil damit alles zu Fall gebracht ist, wogegen mindestens die evangelische Theologie in ihrer Auseinandersetzung mit Naturrecht und natürlicher Theologie der katholischen Kirche stets protestiert hat.

Beschränkt man das Prinzip der Evolution auf den Bereich der Organismen, so hat zwar die belebte Natur Geschichte, aber das Universum bliebe geschichtslos. Nun hat aber die Astrophysik schon seit Kants Theorie über die Entstehung des Planetensystems die Dimension der Geschichte auch in den Bereich der anorganischen Physik eingeführt, und in der neueren Astrophysik wird das gesamte Universum „geschichtlich" betrachtet, ohne daß man sich dessen bewußt wäre, daß man dadurch mit der geschichtslosen Gestalt der Logik und der Mathematik, die man dabei benutzt, in Kollision gerät. Ich wage die Vermutung, daß der Begriff der Evolution so weit gefaßt werden müßte, daß er die allgemeinen Bedingungen jedes geschichtlichen Prozesses enthält (wegen der Worte „Begriff" und „allgemein" wird wieder das Warnsignal gezogen). Wenn wir mit Carl Friedrich von Weizsäcker sagen, daß die Natur im Ganzen, daß also das Universum Geschichte hat, dann sollten wir Evolution als eines der großen Grundprinzipien der gesamten Natur auffassen. Das ist freilich ein sehr weittragender Satz, denn er würde uns nötigen, von einem „Leben" der anorganischen Natur zu sprechen. Neueste Entwicklungen in der Naturwissenschaft legen eine solche Möglichkeit nahe. Manfred Eigen hat vor zwei Jahren in seiner Arbeit „Selforganization of Matter and the Evolution of Biological Macromolecules" zu zeigen versucht, daß die Entstehung organischen Lebens unter bestimmten Bedingungen physikalisch abgeleitet werden kann, *wenn* man in die Mathematik, die man dazu braucht, eine abstrakte Größe einführt, die er als „value", als „Wert" bezeichnet. Diese Größe ist die Formalisierung jenes Prinzips der Natur, das Goethe in dem schon zitierten Brief an den Kanzler Müller als „Steigerung" bezeichnet. Wo aber Steigerung ist, da ist nach Goethe Einheit von Natur und Geist und in diesem Sinne „Leben". In Eigens Theorie tritt das noch nicht zutage. Sie setzt, wie die gesamte Naturwissenschaft, die Physik der anorganischen Natur so, wie sie ist, dogmatisch als Fundament voraus und bleibt dabei, das organische Leben als Epiphänomen der anorganischen Physik zu betrachten. Aber nachdem der Damm einmal gebrochen ist, drängt sich die Vermutung auf, daß uns die weitere Entwicklung der Forschung zu einer Generalrevision der

Begriffe und der Methoden nötigen wird, deren Grenzen sich heute nicht abstecken lassen.

Die Begriffe „Organismus" und „Evolution" sind aus der Biologie übernommen. Aber so, wie wir sie genauer betrachten, erkennen wir in ihnen die beiden zentralen Begriffe des Historismus wieder: „Individualität" und „Entwicklung". Es kann kein Zufall sein, daß Darwins Theorie der Evolution und die Blütezeit des Historismus der gleichen Epoche angehören. Hier werden Möglichkeiten des Denkens erschlossen, die vor der Krise der Metaphysik durch metaphysische Vorurteile verriegelt waren. Diese Vorurteile der Metaphysik entspringen jener Gestalt der Wahrheit, die ich als Evidenz beschrieben habe. Sie konstituieren, wie ich zu zeigen versuchte, auch den neuzeitlichen Begriff des Subjektes. Sie konstituieren zugleich die Methodik der positiven Wissenschaften. Die Wissenschaft gerät also, ohne sich dessen bisher bewußt zu sein, in Konflikt mit ihrer eigenen Positivität. Ich begnüge mich hier mit diesem Hinweis, möchte Sie aber noch auf eine andere Perspektive aufmerksam machen, die sich aus der Entsprechung zweier Grundprinzipien der Biologie mit den Prinzipien des Historismus ergibt.

Will man versuchen, genauer zu bestimmen, was jeweils unter einem „Organismus" und was jeweils unter „Evolution" zu verstehen ist, so stellt sich heraus, daß der spezifische Sinn dieser Worte sich immer nur in einem größeren Zusammenhang bezeichnen läßt, den man heute auf ziemlich schlampige Weise „System" zu nennen pflegt. Ein Organismus ist kein selbständiges Ding. Er ist, wie ich schon andeutete, auch nicht das, was die Philosophie seit Aristoteles als „Substanz" zu bezeichnen pflegt. Jeder Organismus befindet sich innerhalb seiner Umwelt, und was uns als seine Eigenschaften erscheint, sind in Wahrheit die Reflexe seiner Wechselverhältnisse mit dieser Umwelt. Wenn man einen Organismus vollständig definieren wollte, müßte man seine Umwelt vollständig definieren. Diese Umwelt ist aber nicht, wie das Wort „System" uns vorspiegelt, in sich abgeschlossen, sondern sie ist dem Universum geöffnet. Nun gibt es, wie uns schon die alltägliche Erfahrung lehrt, nicht zwei identische Umwelten. Das ist der Grund, weshalb es keine zwei identischen Exemplare derselben Art geben kann. Die Individualität alles dessen, was ist, hat ihren Grund in seiner Relativität zur jeweiligen Umwelt. Auch in der Natur ist, wie in der Geschichte, „alles relativ". Das Prinzip der Evolution läßt uns den Sinn des Wortes „relativ" erkennen. Es wäre ein manifester Unsinn, daraus, daß in der Natur alles relativ ist, zu folgern, daß alles nichtig sei. Der Historismus hat diese falsche Konsequenz nur deshalb gezogen, weil er sich von der Subjektivität nicht zu lösen vermochte und deshalb auch nicht in der Lage ist, dem Schlagschatten der Metaphysik zu entfliehen.

Das Prinzip der Evolution, das ich als Grundprinzip aller Prozesse des Lebens und deshalb auch aller gesellschaftlichen Prozesse bezeichnet habe, ist jenes Prinzip, das den Wechselbeziehungen zugrundeliegt, die zwischen Organismen und ihren jeweiligen Umwelten spielen. Man bezeichnet die spezifische Umwelt eines spezifischen Organismus als seine „ökologische Nische", das heißt als den Winkel in der Natur, innerhalb dessen seine Entstehung und Entfaltung möglich ist. Die Lehre von den spezifischen Lebensbedingungen spezifischer Organismen nennt man „Ökologie". Es ist prinzipiell nicht einzusehen, warum die Ökologie auf lebendige Organismen eingeschränkt sein soll. Auch ein Planet kann innerhalb des Universums nur in einer bestimmten Form von „Gehäuse" entstehen. Vielleicht verbergen sich hinter dem Wort „Ökologie" Verhältnisse in der Natur, die einen fundamentaleren Charakter haben, als wir heute schon einzusehen vermögen.

Wie alle Kollektive von Organismen sind auch menschliche Siedlungen, Stämme, Städte, Gesellschaften, Staaten und Wirtschaftssysteme an bestimmte Lebensbedingungen in der Natur gebunden. Ihre Entwicklung und ihre Strukturen ergeben sich aus dem Wechselverhältnis zwischen menschlichen Gruppen und ihrer Umwelt. Sie sind ebenso ein Teil dieser Umwelt, wie ein Ameisenhaufen in seine Umwelt gehört und selbst die künstliche Umwelt der in ihm hausenden Ameisen bildet. Deshalb wird die Ökologie des Menschen, die „Humanökologie", erst dann eine wissenschaftliche Gestalt annehmen, wenn sie nicht nur die außermenschliche, unbearbeitete Natur sondern auch jene Gebilde erfaßt, die der Mensch – analog zum Ameisenhaufen – innerhalb dieser Natur selbst aufbaut, und wenn sie jene Formationen mit einbezieht, die bisher als das Reservat der Sozialwissenschaften und der Geschichtswissenschaften gelten. Aber alle diese Gebilde sind ein Produkt menschlichen Denkens und menschlicher Erkenntnis. Humanökologie ist als Wissenschaft nur möglich, wenn wir das Denken als einen Prozeß innerhalb der Natur zu verstehen lernen. Solange die Erkenntnis der Wahrheit in der metaphysischen Gestalt der Evidenz als Block der Zeitlosigkeit aus der Natur herausgebrochen bleibt und in das Selbstbewußtsein des Menschen zurückprojiziert wird, ist es unmöglich, daß der Mensch die Bedingungen seines eigenen Lebens erkennt.

VI. ⟨Φύσις, natura⟩

Die Kapitel IV und V sollten verständlich machen, daß es Gründe gibt, das Phänomen des Lebens innerhalb der Natur anders aufzufassen und anders zu deuten, als es auf der Basis der überlieferten Unterscheidung von unbelebter und belebter Natur möglich ist. Man braucht weder Spinozist noch Schellingianer zu sein, um einzusehen, daß Leben mehr und anderes ist als nur ein Epiphänomen der anorganischen Natur. Es gibt Gründe für die Vermutung, daß uns das Wesen von Natur im Leben unmittelbarer begegnet als in der klassischen Mechanik. Das Wort „Natur" ist aus einer solchen Auffassung alles dessen, was ist, hervorgegangen. Es ist die lateinische Übersetzung des griechischen Wortes φύσις. Φύσις heißt Wachstum. Wenn die Griechen das Seiende im Ganzen als „Wachstum" bezeichneten, sind sie ganz offenbar davon ausgegangen, daß es seine Einheit in einem Vorgang findet, der untrennbar mit dem Wesen dessen, was lebt, verbunden ist.

Nun ist es unmöglich, daß ich in unserem Rahmen entwickle, was die griechische Philosophie von Thales bis zu Aristoteles über die Physis gelehrt hat. Ich wähle deshalb einen Abkürzungsweg: ich werde in diesem Kapitel zwei Verse von Sophokles erläutern, aus denen sich die Wortbedeutung von φύσις ablesen läßt. In Kapitel VII werde ich dann aus Heraklit zu erklären versuchen, wie die für die gesamte europäische Naturauffassung grundlegende Verbindung von Physis und Logos entstanden ist, und was Logos in dieser Verbindung ursprünglich bedeutet. Aus Beidem gewinnen wir dann gewisse Kriterien für die Beurteilung der späteren Entwicklung des europäischen Denkens. Den Höhepunkt des „Aias" von Sophokles bildet der Monolog, den der Held spricht, bevor er sich das Leben nimmt. Er beginnt mit folgenden Versen:

ἅπανθ' ὁ μακρὸς κἀναρίθμητος χρόνος
φύει τ'ἄδηλα καὶ φανέντα κρύπτεται –

> „Alles läßt die lange und unabzählbare Zeit
> Wachsen, das Verborgene, und das Erschienene verbirgt
> sie."[55]

Das Erste, was wir diesen Versen entnehmen können, ist, daß „Wachstum" hier anders verstanden wird, als wie wir dasselbe Wort zu verstehen pflegen. Wenn, wie in der Neuzeit, alles, was überhaupt in der Natur erscheint, auf quantitative Bestimmungen zurückgeführt wird, so kann „Wachstum" nichts anderes bedeuten als Expansion des quantitativen Volumens. Deshalb heißt „Wachstum" in unserer Gesellschaft: größer werden. Diese Bedeutung des Wortes beherrscht die Diskussion über das ökologische Wachstum und seine möglichen Grenzen. Es springt in die Augen, wie unmittelbar dieser ökonomische Begriff des Wachstums, in dem sich Sozialismus und Kapitalismus treffen, mit dem Naturbegriff der neuzeitlichen Physik zusammenhängt. Wenn Ausdehnung die Grundbestimmung von Natur überhaupt ist, müssen sich alle qualitativen Bestimmungen des Natürlichen auf quantitative Bestimmungen reduzieren lassen. Wachstum läßt sich dann nur nach den Parametern der Ausdehnung bestimmen. Dies ist eines der wichtigsten Beispiele für jene Projektion physikalischer Denkweisen in den Bereich der Gesellschaft, von der ich schon gesprochen habe. Das Beispiel zeigt, daß die Gestalt, in der die Menschen ihren eigenen Lebensbereich einrichten, immer davon abhängt, wie sie „Natur" überhaupt verstehen. Das Beispiel zeigt zugleich, daß minimale Nuancierungen in der Bedeutung des Wortes „Natur" außerordentliche Konsequenzen haben können.

In den Versen des Sophokles heißt „Wachsen-Lassen": ans Licht bringen dessen, was verborgen ist. Dem steht das Verbergen dessen, was erschienen ist, gegenüber. Beides zusammen vollbringt die lange, unabsehbare Zeit. Das Erscheinen-Lassen dessen, was verborgen ist, und das Verbergen dessen, was erschienen ist, sind die beiden Momente des Geschehens in der Zeit, die man zusammendenken muß, um die Bedeutung des griechischen Wortes ἀλήθεια = Unverborgenheit = Wahrheit zu verstehen. So zeigen uns diese Verse des Sophokles zugleich, wie bei den Griechen die Worte φύσις und ἀλήθεια untrennbar verbunden sind – während das neuzeitliche Denken, wie schon gezeigt, die Wahrheit aus der Natur herausnimmt

---

[55] Sophocles, The Plays and Fragments, hg. von Sir Richard Claverhouse Jebb, Cambridge: The University Press, 1896, 646f.; vgl. 54ff.

und in die Konstitution des Subjektes verlagert. Das Erscheinen des Verborgenen trägt in der griechischen Philosophie den Namen γένεσις = „Entstehen". Das Sich-wieder-Verbergen des Erschienenen heißt φθορά = „Vergehen". Die Gesamtheit alles dessen, wovon wir sagen, daß es „ist", trägt bei den Griechen den Namen φύσις, weil die „Natur" die Sphäre alles dessen ist, was entsteht und vergeht. Alles Entstehen und Vergehen vollzieht sich aber in der Zeit. Wir können aus den Versen des Sophokles sehen, daß auch die Zeit in dem Wort φύσις mitgedacht wird. Das gilt auch für den Naturbegriff der Neuzeit. Die Weise, wie sich Natur den Menschen zeigt, hängt immer davon ab, wie sie die Zeit verstehen.

Wichtig ist in den Versen des Sophokles das Wort, das an der Spitze steht: ἅπαντα – Alles. Ich habe schon erwähnt, daß die griechischen Philosophen die Natur τόδε τὸ πᾶν – „dieses All hier" – genannt haben. Es ist durchaus nicht selbstverständlich, aber es ist unserem Denken vorgegeben, daß, wenn wir die Worte φύσις, „Natur", „das All" aussprechen, wir gar nicht anders können, als die Gesamtheit alles dessen, was ist, auf seine *Einheit* hin zu betrachten. Deswegen nennen wir heute die Welt „Uni-versum". Man kann eine Vielheit auf sehr verschiedene Weise in ihrer Einheit aufzufassen versuchen. Für die nacharistotelische Philosophie zeichnet die Logik die Formen vor, in denen wir die Einheit des Mannigfaltigen zu erfassen vermögen. Deswegen werden wir später dem Zusammenhang von Physis und Logos nachgehen müssen. In den Versen des Sophokles sieht das anders aus. Hier ist der Horizont der Einheit die Zeit in den beiden Modi des Ans-Licht-treten-Lassens und Wieder-Verbergens.

Durch die gleichgewichtige Polarität dieser Modi unterscheidet sich das Wort φύσις von dem lateinischen Übersetzungswort *natura*. *Natura* heißt eigentlich: die Geburt, das Entstehen. Das Wort ist in Europa die herrschende Bezeichnung für die Welt geworden, weil der Dichter Lukrez in ciceronischer Zeit seinem Lehrgedicht über das Wesen des Alls den Titel *„De rerum natura"* gegeben hat. Er hat damit den Titel des griechischen Lehrgedichtes von Empedokles wiedergegeben, das ihm als Vorbild diente: περὶ φύσεως. Auch Cicero verwendet als Übersetzung des griechischen Wortes φύσις den Ausdruck *rerum natura*. Hier dringt also ein ganz neues Element in das Naturverständnis ein: die *res*, die Sache. *Res* ist ein juristischer Begriff, dessen Bedeutung bis heute in dem Terminus „Sachenrecht" erhalten ist. *Res publica* heißt nicht „der Staat"; es heißt vielmehr „der

Gemeinbesitz" im Gegensatz zur *res familiaris*, dem Familienbesitz, dem Vermögen. Besitz ist das, worüber man verfügen kann, und kraft dessen man sich in der Welt behauptet. Auf der Verfügbarkeit beruht die Macht. „*De rerum natura*" heißt deshalb: über die Entstehung dessen, was verfügbar ist. Die Römer hatten ein Weltverständnis, das es nicht zuließ, das Vorhandensein dessen, worüber Menschen verfügen können, in Frage zu stellen. Es lag ihnen fern, sich einen Naturbegriff zumuten zu lassen, aus dem sich ergibt, daß die Zeit alles, was ans Licht getreten ist, wieder entschwinden läßt. Deswegen haben sich die Römer bei der Übersetzung des Wortes φύσις an das Entstehen gehalten und das Vergehen ausgeblendet. Für das neuzeitliche Naturverständnis ist die römische Einstellung zur Welt bestimmend gewesen. Das ist der Grund, weshalb man die Wirklichkeit als „Realität" bezeichnet; denn *realitas* ist der Inbegriff dessen, was eine *res* zur *res* macht.

Der Horizont der Einheit der Natur ist bei Sophokles, wie wir sahen, die Zeit. Die Griechen haben die Zeit nicht wie das moderne Europa als ein indifferentes Verstreichen vorgestellt, das nicht von dem berührt würde, was *in* der Zeit erscheinen mag. Die Verse des Sophokles zeigen uns vielmehr, daß es die Zeit selbst ist, die enthüllt und verbirgt. Die Zeit selbst manifestiert, was in der Zeit ist. Die Zeit selbst bringt das, was sie manifestiert hat, wieder zum Verschwinden. Das ist eine uns ganz ungewohnte Form, die Zeit zu erfahren. Sie ist von unserer heutigen Zeiterfahrung ebenso weit entfernt wie die Bedeutung des Wortes φύσις von dem Naturbegriff der modernen Naturwissenschaft.

In einer anderen Weise als die Römer haben freilich auch die Griechen dem Ans-Licht-treten-Lassen einen Vorrang vor dem Entschwinden gegeben – sonst hätten sie das All nicht φύσις genannt. Aber der Vorrang des Ans-Licht-Tretens ist nicht in der Faktizität des Vorhandenseins von Verfügbarem begründet. Er ergibt sich aus dem Glanz des Verborgenen, das im Wachstum hervortritt. Wachstum ist hier kein quantitativer Begriff, sondern bezeichnet das Hervortreten von etwas, das sich im Wachstum enthüllt. In diesem Sinn ist Physis als eine Sphäre des Erscheinens zu denken.

Wird die Natur im Ganzen in diesem Sinne als „Wachstum" verstanden, so ergibt sich ein Verständnis von Welt, das mit dem jüdisch-christlichen Begriff der „Schöpfung" nahe verwandt zu sein scheint; denn auch das Geschaffene tritt in der Schöpfung hervor. Aber es gibt hier einen Unterschied, der für christliches Denken, wie sich aus der Geschichte des Naturbegriffs ablesen läßt, schwer nachzuvollziehen ist. Wenn wir von „Schöpfung" sprechen, verstehen wir das Hervor*treten* als ein Hervor*gebrachtwerden*. Wir denken den, der es hervortreten läßt, hinzu. Die Griechen hingegen empfanden kein Bedürfnis, zur Sphäre des Hervortretens und wieder Entschwindens einen Schöpfer hinzuzudenken, der sie „gemacht" hat. Die Physis kennt kein Woher und kein Wohin. Wenn Sophokles sagt, es sei die Zeit, die alles, was verborgen ist, hervortreten läßt, und alles, was erschienen ist, verbirgt, wird die Zeit nicht zu einem Schöpfergott gemacht. Es wird nur beschrieben, wie die Zeit ist, und wie wir sie Tag für Tag erfahren. Das Hervorbringen kommt dadurch in das Naturverständnis herein, daß es in der Natur ein Wesen gibt, das die Fähigkeit hat, solches, was vorher nicht ist, zum Sein zu bringen, nämlich den Menschen. Der Mensch hat das Vermögen der Produktion. Aber er kann nach griechischem Verständnis dieses Vermögen nur deshalb haben, weil die Natur schon von sich aus so beschaffen ist, daß alles, was in ihr erscheint, hervortritt und wieder entschwindet. Der Mensch ahmt in der Produktion nach, was ihm die Physis ringsum zeigt. Er kann produzieren, weil er eine in der Physis selbst angelegte Möglichkeit entdeckt hat.

Dieser Zusammenhang zwischen dem Hervortreten der Phänomene in der Physis und der Produktion des Menschen hat Platon veranlaßt, im „Timaios" das ewige In-Erscheinung-Treten des Kosmos bildlich so darzustellen, als ob es einen Werkmeister (δημιουργός) gäbe, der den Kosmos hervorbringt; und christliche Platon-Deutung hat den platonischen Demiurgen mit dem jüdisch-christlichen Schöpfergott identifiziert. Aber Platon sagt ausdrücklich, der Demiurg sei nur ein mythisches Bild. Dieses Bild stellt die Wirkung des νοῦς in der Weltseele dar. Es bezeichnet deshalb den Zusammenhang von Leben und Wahrheit. Die Analogie zur menschlichen Produktion soll uns eine Hilfe geben zu verstehen, wie ein Hervortreten, das *keines* Schöpfers bedarf, zu denken ist.

Ich merke noch an, daß Schelling zwischen der griechischen Physis und dem christlichen Schöpfungsglauben dadurch eine Vermittlung zu schaffen versucht, daß er die Natur als bewußtloses Sich-selbst-Produzieren von dem bewußten Sich-selbst-Produzieren des Geistes unterscheidet. Die Idee eines bewußtlosen Sich-selbst-Produzierens ist aus der griechischen Physis gewonnen. Sie steht bei Schelling im

Gegensatz zum mechanistischen Naturbegriff der klassischen Physik. Aber es darf nicht übersehen werden, daß das neuzeitliche „Bewußtsein" etwas anderes ist als die platonische Weltseele. Selbst die negative Verwendung dieses Begriffes in dem Gedanken der „bewußt-losen" Produktion führt in die Natur ein Element ein, das der Physis fremd ist.

Der Zusammenhang von Physis und Produktion erinnert uns von neuem an die Verbindung zwischen Naturverständnis und Ökonomie. Die ökonomischen Theorien des Kapitalismus wie des Sozialismus sind Theorien über die Produktions*verhältnisse*. Theorien über die Produktion als solche, also darüber, *was* in der Natur produziert werden *kann*, und *was* in der Natur produziert werden *soll*, gibt es nicht und kann es auf der Basis des neuzeitlichen Naturverständnisses nicht geben. Wenn Wachstum nicht als Physis sondern als quantitativer Prozeß verstanden wird, lassen sich keine Kriterien dafür gewinnen, was wachsen soll, und welche Maße in der Natur dem Wachstum gesetzt sind. Das ist aber genau der Punkt, an dem heute die Ökonomie mit unserem Ökosystem kollidiert. Wenn wir so weitermachen wie bisher und nicht danach fragen, welche Maße des Wachstums in dem von der Natur uns gewährten Spielraum vorgezeichnet sind, werden wir unsere Biosphäre zerstören. Diese Erkenntnis rechtfertigt nachträglich den Versuch jener Gegenbewegung gegen das mechanistische Denken, die ich in Kapitel V charakterisiert habe. Die Wachstumskrise, in die wir eingetreten sind, bestätigt gerade jene Momente im griechischen Begriff der Physis, die das europäische Denken später verleugnet hat. Deshalb ist griechische Philosophie heute so aktuell, wie sie es im christlichen Abendland vielleicht noch nie gewesen ist.

Nun kann das Denken aber bei dem, was Sophokles in den beiden Versen ausspricht, nicht stehen bleiben. Es muß nach dem verborgenen Wesen dessen fragen, was im Entstehen ans Licht tritt und sich im Vergehen wieder entzieht. Wenn wir das organische Leben betrachten, treten in verschiedenen Gestalten immer die gleichen Strukturen hervor. Deswegen können wir diesen Baum hier als Birke und dieses Tier hier als Hund identifizieren. Aber auch in der anorganischen Natur tritt immer wieder das Gleiche hervor, nämlich die reinen Verhältnisse der Zahlen. Diese reinen Verhältnisse sind das, was zum Beispiel in der Bewegung der Gestirne ans Licht tritt. Deswegen haben die Griechen das Erscheinen in der Zeit von dem unveränderlichen Sein alles dessen unterschieden, das sich *in* diesem Erscheinen manifestiert. Das Unveränderliche, das in allem Erscheinenden zugleich ans Licht tritt und sich verbirgt, haben die Griechen, weil es unsterblich ist, „göttlich" genannt. Auch dieses göttliche und beständige Sein gehört in die Sphäre der Physis, denn es erscheint ja in der Physis. Deswegen umspannt die Physis der Griechen den Bereich des Göttlichen wie den Bereich des Sterblichen, und in dieser Physis lebt der Mensch, der beides – das Sterbliche wie das Göttliche – zu erkennen vermag.

Hier zeigt sich der fundamentale Gegensatz zwischen dem Physis-Begriff der Griechen und dem Naturbegriff der Neuzeit. Der christliche Schöpfungsglaube schließt den Gedanken aus, daß Gott in der Natur enthalten sein könnte. Er kann als Schöpfer in der Natur nur seine Gedanken oder die Freiheit seines schöpferischen Willens zu erkennen geben. In diesem sehr präzisen Sinne ist der Naturbegriff der Christen „gottlos". (In der Juden- und Christenverfolgung durch Domitian war die juristische Formulierung des Verbrechens, dessen sie beschuldigt wurden: ἀθεότης – Gottlosigkeit[56].) Würde die Natur nicht als gottlose Sphäre betrachtet, hätte sich die Naturwissenschaft der Neuzeit nie ausbilden können. Aus dem selben Grunde wird seit Descartes der Mensch, der die Natur erkennt und in der Freiheit seines Willens über sie verfügt, aus der Natur herausgebrochen; denn in seiner Erkenntnis und in der Freiheit seines Willens ist er gottebenbildlich und versteht sich von einem Schöpfer her, der jenseits der Natur ist.

Die Natur der neuzeitlichen Naturwissenschaft ist also nur ein Fragment der griechischen Physis. Sie ist der Inbegriff aller jener Phänomene, die Objekte der Erkenntnis sein können, wenn man zuvor die Götter und das menschliche Denken aus der Natur eliminiert hat. Zwar kommt der Mensch auch in der Natur noch vor, aber nur insoweit, als er Objekt ist. Die Projektion naturwissenschaftlichen Denkens in die sozialen Gefüge hat Strukturen geschaffen, die den Menschen tatsächlich nur noch als Objekt rationaler Planung „erfassen". Hier wird das Phänomen des Lebens auch aus dem menschlichen Dasein eliminiert.

---

[56] Cambridge Ancient History XI, Burnett Hillman Streeter, The Rise of Christianity; „the charge ... was atheism", 255.

VII. ⟨Exkurs über Heraklit⟩[57]

Es hat sich gezeigt, daß unsere Auffassung der Natur stets davon abhängig ist, wie die Natur in ihrer *Einheit* verstanden wird. Was „Einheit" heißt, und in welcher Gestalt „Einheit" gedacht wird, gelangt nur auf seltenen großen Höhepunkten des philosophischen Denkens zur Klarheit. In der Regel lassen sich die Menschen durch ein unartikuliertes Vorverständnis von Einheit leiten. Die Macht dieses Vorverständnisses ist umso größer, je weniger es ins Bewußtsein tritt. Die neuere Philosophie und Wissenschaft ist von dem Vorverständnis geleitet, die Einheit unserer Anschauung der Natur sei in der Vernunft begründet. Zur Klarheit gelangt diese erste Voraussetzung des neuzeitlichen Denkens erst bei Kant. Es ist aber für das Zurückweichen des wissenschaftlichen Denkens vor der Frage nach der in ihm vorausgesetzten Idee der Einheit charakteristisch, daß Kants Lehre von der Vernunft als Vermögen der Einheit zu den am wenigsten bearbeiteten und deshalb undurchsichtigsten Teilen seines Werkes gehört. Ich werde aus diesem Grund im zweiten Teil dieser Wintervorlesung zu zeigen versuchen, daß Kant in seiner Lehre von der Konstituierung des Vernunftvermögens durch die transzendentalen Ideen die Grundlegung der gesamten Transzendentalphilosophie und damit auch seiner Metaphysik der Natur vorgelegt hat. Wenn ich mit der These recht habe, daß hier die sonst verborgene Voraussetzung der gesamten neuzeitlichen Naturwissenschaft ans Licht tritt, ist eine ausführlichere Behandlung dieser weithin unbekannten Lehre von Kant für unsere Fragestellung nicht zu entbehren.

---

[57] Das Heraklit-Kapitel ist handschriftlich von GP sehr viel gründlicher überarbeitet worden als die vorausgehenden und die folgenden Abschnitte. Vielleicht sollte es herausgenommen und als selbständiger Text verwertet werden. Die griechischen Worte sind zum Teil in Umschrift wiedergegeben, ein Verfahren, das der Verfasser wenig schätzte und nur gelegentlich verwendete, wenn eine Abschrift unter großem Zeitdruck erstellt werden mußte. Diese Umschriften wurden für den Druck nicht immer übernommen. Außerdem haben die Herausgeber einige bei der Überarbeitung gestrichene Passagen als Anmerkungen abgedruckt, weil sie ihnen sowohl für das Verständnis der Vorlesung als auch für die Einordnung des Textes in das Gesamtwerk des Autors nicht unwichtig zu sein scheinen. Das ist in jedem Falle angemerkt worden.

⟨1. Der λόγος als Einheit der φύσις⟩

Kants Begriff der Vernunft steht in einer Tradition, in der sich sehr verschiedenartige Ansätze des europäischen Denkens überkreuzen. Wenn wir aber fragen, woher es kommt, daß hier der Begriff der Natur untrennbar mit dem Begriff der Vernunft verkoppelt ist, so erweist sich als bestimmend die Tradition der stoischen Philosophie. Der neuzeitliche Begriff der Vernunft und vor allem Kants Begriff der Vernunft ist ohne die große Renaissance der stoischen Philosophie im 17. und 18. Jahrhundert nicht zu verstehen. Die Verbindung von Vernunft und Natur, die von der neuzeitlichen Naturwissenschaft so selbstverständlich vorausgesetzt wird, hat ihre Grundlagen in der stoischen Identifikation von Logos und Physis. Die stoische Philosophie ist aber aus einer großen Umdeutung der Lehre des Heraklit hervorgegangen. Heraklit ist der erste Philosoph, bei dem – in einem völlig anderen Sinn – Physis und Logos zusammengedacht werden oder genauer: der Logos als die Einheit der Physis ans Licht tritt. Deswegen muß man bei Heraklit einsetzen, wenn man die Gestalt, in der bei Kant die Einheit der Natur auf die Einheit der Vernunft zurückgeführt wird, in ihrer Eigenart von ihren geschichtlichen Voraussetzungen her bestimmen will.

Das ist nun aber eine schwere Aufgabe, denn alle mir bekannten Deutungen von Heraklit tragen in seinen „Begriff" des Logos, als ob das selbstverständlich wäre, spätere Ausdeutungen dieses Begriffes hinein. Das tritt gerade bei den neuesten philologischen Versuchen der Heraklit-Interpretation in einer besonders naiven Form zutage. Man hält für unmöglich, daß ein griechischer Philosoph zu Beginn des 5. Jahrhunderts vor Christus etwas anderes gedacht haben soll, als was ein Philologe des 20. Jahrhunderts einleuchtend findet. Wenn man Heraklit verstehen will, muß man damit beginnen, alle Assoziationen, die spätere Zeiten mit dem Wort λόγος verbunden haben, auszuklammern und die Fragmente so zu befragen, als ob wir überhaupt nichts davon wüßten, was das Wort λόγος bedeuten könnte. Ich werde versuchen, in sehr einfacher Form und ohne Berücksichtigung der philologischen Diskussionen, die sich an jedes Wort dieser Texte knüpfen, zu demonstrieren, wie man hier vorgehen kann [58].

[58] *Wenn Sie sich über das, was man den Stand der Forschung nennt, informieren wollen, verweise ich Sie auf das Buch von Geoffrey Stephen Kirk, Heracli-*

Bevor wir aber in die Arbeit eintreten, formuliere ich eine einfache Grundthese, die gleich zu Beginn deutlich machen soll, wie sich die Betrachtung von Heraklit in den bisherigen Gang der Vorlesung einordnet.

Die griechische Philosophie (im engeren Sinne dieses Wortes) beginnt mit zwei ganz verschiedenartigen und in gewissem Sinne inkommensurablen Entwürfen dessen, was die Einheit der φύσις ausmacht und begründet. Der eine Entwurf ist das Lehrgedicht des Parmenides, in dem jene Gestalt der Wahrheit ans Licht tritt, die im europäischen Denken als „Evidenz" aufbewahrt bleibt. Über Evidenz habe ich schon gesprochen. Auf den sie begründenden Entwurf des Parmenides gehe ich hier nicht ein, weil meine Parmenides-Deutung schon publiziert ist[59]. Der andere Entwurf der Einheit der Physis war die Schrift des Heraklit. Man kann, wenn man vor einer starken Simplifikation nicht zurückscheut, die Philosophie von Platon, vor allem aber seine Naturphilosophie, als eine Synthese von Parmenides und Heraklit darstellen. Das gilt mit Einschränkungen auch von Aristoteles. In der europäischen Tradition waren Parmenides und Heraklit nur noch Namen, mit denen sich zum Teil sehr absonderliche Vorstellungen verbanden. Die Größe von Heraklit hat, nach einigen großen Ahnungen von Hegel, als Erster Nietzsche wieder erkannt. Parmenides ist erst im 20. Jahrhundert in seiner originalen Gestalt allmählich wieder ans Licht getreten. Aber die platonische Synthese dieser beiden Entwürfe der Einheit der Natur liegt dem gesamten europäischen Denken zugrunde. Deshalb ist es nicht nur die Beliebigkeit historischen Interesses – es ist ein Gebot der Sache selbst, das uns lehrt, daß wir versuchen müssen, Parmenides und Heraklit zu verstehen, wenn wir verstehen wollen, wie wir selber denken.

Die Schrift des Heraklit beginnt mit folgenden Sätzen: „Für diesen Logos hier, der ewig ist, zeigen die Menschen sich ohne Verstand, sowohl bevor sie ihn gehört haben, wie nachdem sie ihn zum ersten

---

tus, *The Cosmic Fragments,* Cambridge: University Press, *1954; „Reprinted with corrections" 1962.*
[59] „Die Epiphanie der Ewigen Gegenwart – Wahrheit, Sein und Erscheinung bei Parmenides", in: Wahrheit, Vernunft, Verantwortung, a. a. O., 36ff. In dem Fragment des Buches: Im Horizont der Zeit finden sich ausführliche Kapitel über Parmenides und über Heraklit.

Mal gehört haben. Denn obwohl alles gemäß diesem Logos hier sich zeigt, gleichen sie Erfahrungslosen – und erfahren doch solche Worte und Werke, wie ich sie hier der Reihe nach erzähle, indem ich ein jedes seinem Wuchs gemäß auseinanderlege und sage, wie es sich verhält. Den anderen Menschen aber bleibt verborgen alles, was sie im Wachen tun ebenso wie alles, was sich im Schlaf ihnen entzieht."[60]

Was heißt im ersten Satze λόγος? Zunächst sei gesagt, was λόγος *nicht* heißt. Λόγος heißt im Griechischen nie „das Wort". Λόγος heißt „die zusammenhängende Rede" oder, bei den Mathematikern, „die Proportion"; daraus ergibt sich, daß λόγος auch in der Bedeutung „Rede" nicht deren Wortgestalt sondern deren Einheit bezeichnet. Wenn Aristoteles in seiner Logik den Schluß (den Syllogismus) einen λόγος nennt, hat er vor Augen, daß zwischen den Prämissen und der Conclusio ein ähnliches Verhältnis besteht wie zwischen den Gliedern einer Proportion. Der Terminus für eine solche Ähnlichkeit ist „Ana-logie"; er bringt zum Ausdruck, daß der λόγος, der eine Übereinstimmung zwischen Verschiedenem trägt, eine Struktur ist, nicht aber aus bloßen Worten besteht. Der Begriff „Logik" hat mit der Sprache nichts zu tun. Er bezeichnet vielmehr die mathematische Struktur der reinen Formen der Möglichkeit einer bestimmten Klasse von Aussagen; diese Struktur hat Aristoteles in seiner Syllogistik für einen Teilbereich der Logik als Erster dargestellt. Wenn wir sagen, eine Beweisführung sei „wahr", ist uns die sprachliche Gestalt, in der sie vorgetragen wird, solange gleichgültig, wie sie die mathematische Struktur des Beweisganges nicht verhüllt. „Wahr" nennen wir den Beweisgang dann, wenn er einen Strukturzusammenhang rein ans Licht treten läßt, von dem wir annehmen dürfen, daß er die Verknüpfung der durch die Aussagen bezeichneten Sach-

---

[60] τοῦ δὲ λόγου τοῦδ' ἐόντος ἀεὶ ἀξύνετοι γίνονται ἄνθρωποι καὶ πρόσθεν ἢ ἀκοῦσαι καὶ ἀκούσαντες τὸ πρῶτον· γινομένων γὰρ πάντων κατὰ τὸν λόγον τόνδε ἀπείροισιν ἐοίκασι, πειρώμενοι καὶ ἐπέων καὶ ἔργων τοιούτων, ὁκοίων ἐγὼ διηγεῦμαι κατὰ φύσιν διαιρέων ἕκαστον καὶ φράζων ὅκως ἔχει. τοὺς δὲ ἄλλους ἀνθρώπους λανθάνει ὁκόσα ἐγερθέντες ποιοῦσιν, ὅκωσπερ ὁκόσα εὕδοντες ἐπιλανθάνονται. Hermann Diels/Walther Kranz, Die Fragmente der Vorsokratiker, [11]Zürich/Berlin: Weidmann, 1964 (im Folgenden zitiert als VS), 22 B 1. Die deutschen Übersetzungen im Text, die teilweise erheblich von den VS-Übersetzungen abweichen, stammen, soweit nicht ausdrücklich angemerkt, von GP. Das Gleiche gilt für alle Übersetzungen aus anderen Sprachen.

verhalte unverfälscht darstellt. Heraklit konnte noch nicht wissen, daß die Menschen einmal die Logik erfinden würden. Aber wir werden sehen, daß seine Lehre, in einem allerdings für jeden Logiker höchst anstößigen Sinn, die Möglichkeit von Logik begründet.
Ein griechischer Leser, der den Beginn des Textes las, konnte die Worte τοῦ λόγου τοῦδε nur so verstehen, als sei damit die von Heraklit vorgelegte Schrift bezeichnet. In diesem Sinn war das Wort λόγος in der ionischen Heimat von Heraklit damals geläufig. So bezeichnet zum Beispiel Herodot die einzelnen Abschnitte seines Werkes als λόγοι. Auch die Fortsetzung des Textes scheint diese Bedeutung vorauszusetzen. Es wird davon gesprochen, daß die Menschen diesen Logos hören, und daß sie ihn, wenn sie ihn hören, nicht verstehen. Heraklit sagt, daß er ihn erzählt und dabei spricht. Aber gleich zu Beginn wird von diesem selben Logos etwas gesagt, das jeden möglichen Bezug des Wortes λόγος auf die vorliegende Schrift aus den Angeln zu heben scheint. Es wird nämlich gesagt, daß dieser Logos ewig ist. Unendliche Zeit, bevor Heraklit seine Schrift verfaßte, war er schon da, und wenn Heraklit längst vergessen ist, wird er immer noch da sein – sich selbst gleich und unveränderlich. Man hat diese Schwierigkeit dadurch beseitigen wollen, daß man das Wort ἀεί – ewig – grammatisch anders bezogen hat. Aber in dem sicher in die Nachbarschaft dieser Sätze gehörenden Fragment B 2 steht zu lesen: „Obwohl dieser Logos ein gemeinsamer ist, leben die Vielen, als hätten sie eine eigene Einsicht."[61] Wenn dieser Logos allen gemeinsam ist, gleichgültig, was sie denken mögen, so verstehen wir, daß er ewig ist und von der Verschiedenartigkeit der Menschen zu verschiedenen Zeiten nicht abhängt. Das Wort „gemeinsam" interpretiert das Wort „ewig" und bestätigt damit, daß auch in Fragment B 1 vom Logos selbst seine Ewigkeit ausgesagt wird. Umso schwieriger wird das Problem, wie das selbe Wort zugleich die von Heraklit vorgelegte Schrift bezeichnen soll.
Hingegen verstehen wir nun einige andere Aussagen, die in Fragment B 1 über den Logos gemacht werden. Es wird gesagt, daß alles diesem Logos gemäß in Erscheinung tritt. Hier wird weder von der Schrift des Heraklit noch von der Denkweise der Menschen sondern von der Natur, und zwar von der Natur im Ganzen, gesprochen.

---

[61] ξυνὸς γὰρ ὁ κοινός. τοῦ λόγου δ' ἐόντος ξυνοῦ ζώουσιν οἱ πολλοὶ ὡς ἰδίαν ἔχοντες φρόνησιν. (VS 22 B 2)

Alles, was überhaupt in der Natur erscheint, soll κατὰ τὸν λόγον τόνδε – diesem Logos gemäß – hervortreten. Der Logos ist also der Grund der Einheit der Natur, und auf diesen Grund wird mit demselben Demonstrativpronomen verwiesen, das drei Zeilen vorher jeden Leser nötigen mußte, das Wort λόγος auf die Schrift des Heraklit zu beziehen.

Heraklit beschreibt, wie die Natur, die diesem Logos folgt, sich für die Menschen zeigt. Sie umfaßt alles, womit die Menschen im Leben ihre Erfahrungen machen, und woran sie sich zu erproben haben. Diese Gesamtheit alles dessen, was ist, wird durch die archaische, von Homer entlehnte Formel „Worte und Werke" angezeigt. „Werk" heißt in dieser Formel nicht: „das Produkt menschlichen Handelns"; ebensowenig steht das Wort für die „Praxis", also das abstrakt und isoliert betrachtete „Handeln"; es bezeichnet vielmehr die im „Wirken" erfahrene „Wirklichkeit". Das Wort „Wirken" und „Wirklichkeit" sind als Übersetzungen für den aristotelischen Begriff der ἐνέργεια in die deutsche Sprache eingedrungen. In dieser Wortprägung des Aristoteles ist die alte und authentische Bedeutung des Wortes ἔργα aufgehoben. Die „Worte" (wiederum sind eigentlich „Reden" gemeint) decken die Wahrheit dieser Wirklichkeit auf oder verhüllen sie. Sie sind nicht etwa „Theorie"; die „Wirklichkeit" selbst tritt in ihnen ans Licht, wie sie im Wechsel von Wahrheit und Trug sich manifestiert. Deshalb umfaßt die Formel „Worte und Werke" die Gesamtheit dessen, was ist und sein kann.

Die Formel „Worte und Werke" enthält, so zeigt sich, dieselbe Paradoxie, die uns beim Wort λόγος begegnet ist: die „Worte" sind die Äußerungen von Menschen (beziehungsweise bei Homer auch von Göttern); aber zugleich zeigen dieselben Worte auf, was in Wahrheit ist, oder verhüllen diese Wahrheit. Sie gehören zur „Wirklichkeit" der „Werke" selbst, denn sie machen – so oder so – diese Wirklichkeit sichtbar. Nach Heraklit ist auch das Verhüllen der Wahrheit nicht bloß der Torheit oder dem Unverstand menschlicher Subjekte zur Last zu schreiben; er sagt in dem Fragment B 123: φύσις κρύπτεσθαι φιλεῖ – „die Natur liebt es, sich zu verbergen". Versteht man das Wesen der Wahrheit als *evidentia* und *perspicuitas*, so ist dies ein anstößiger Satz; besagt er doch: sich zu verhüllen, gehöre zum *Wesen* der Natur selbst. Wenn das so ist, dann ist die Annahme, Natur, in ihrem Wesen erfaßt, müsse „durchsichtig" sein, ein Schein – jener Schein, den Kant als „transzendentalen Schein" bezeichnet hat. Die

Dunkelheit und Undurchsichtigkeit von Natur fällt dann nicht auf das Schuldkonto der Menschen; vielmehr drängt der Verdacht sich auf, die Durchsichtigkeit der Evidenz könnte eine besonders wirksame Form des Sich-selbst-Verhüllens der Natur sein. Wir wären dann der Natur am fernsten, wenn wir in ihr evidente Sachverhalte zu erfassen glauben. Die Griechen haben Heraklit den Beinamen ὁ σκοτεινός – der Dunkle – gegeben. Das braucht nicht zu bedeuten, daß er nicht fähig war, sich klar auszudrücken; es kann auch bedeuten, daß er das Dunkel in der Natur so aufzuzeigen vermochte, wie es ist.

Nachdem wir den universalen Gehalt der Formel „Worte und Werke" verstanden haben, ist wenigstens eine der vielen Schwierigkeiten dieses Textes aus dem Wege geräumt. Zunächst scheint der herakliteische Logos in dieser Formel auf die Seite der Worte zu gehören. Die Werke würden dann auf der anderen Seite liegen bleiben. Aber der Ausdruck „so beschaffene Werke und Worte" setzt beides, die Werke wie die Worte, mit dem Ausdruck „dieser Logos hier" in Verbindung. Alles, die Worte wie die Werke, tritt diesem Logos gemäß in Erscheinung. Weil es in Entsprechung zu ihm ans Licht tritt, ist es so beschaffen, wie er es vorzeichnet. Der Logos übergreift also Worte und Werke. Er übergreift alles, was überhaupt ist und sein kann. Unser Leben besteht darin, daß wir uns hieran erproben. Das nennen wir „Erfahrung". Aber diese Erfahrung hat eine paradoxe Gestalt: wir gleichen in ihr „Erfahrungslosen", weil wir inmitten dieser Erfahrung den Logos, dem alles folgt, gar nicht wahrnehmen. Gleichgültig, ob wir ihn hören oder nicht, zeigen wir uns wie solche, die ihn nicht vernehmen. Deswegen bleibt uns verborgen sowohl, was wir im Wachen tun, wie was sich uns im Schlafen entzieht. Die Worte „verborgen bleiben" (λανθάνειν) und „sich entziehen" (ἐπιλανθάνεσθαι; deutsch paraphrasiert) spielen auf die Wortbedeutung von ἀλήθεια an: die meisten Menschen befinden sich in einer solchen Stellung zur Wahrheit, daß sie ihnen, obwohl sie in ihr leben, verborgen bleibt, gleichgültig, ob sie wachen oder schlafen. Die Wahrheit ist die Wahrheit des Logos, demgemäß alles in der Physis in Erscheinung tritt [62].

Der Gehalt des Fragmentes B 1 ist durch diese Hinweise längst nicht

---

[62] An dieser Stelle steht handschriftlich am Rand das Wort „Einfügung"; aber weder das Handexemplar GP noch der Durchschlag CE enthält einen

erschöpft. Wir betrachten es hier nur, um schrittweise zu lernen, was bei Heraklit λόγος heißt. Bisher ist uns nur deutlich geworden, daß dasselbe Wort sowohl die Schrift des Heraklit wie auch den Grund der Einheit der Physis bezeichnet, und daß Heraklit den Anfang der Schrift sprachlich so gebaut hat, daß, mit einer unerhörten Paradoxie, die Identität dieser beiden Bedeutungen hervorgehoben wird. Kann er behaupten, diese seine Schrift sei der ewige Grund der Einheit der Welt?

Da wir diese Frage kurzerhand nicht beantworten können, erweitern wir unser Verständnis seines Gebrauches von λόγος durch den Vergleich mit anderen Fragmenten. Wir wenden uns zunächst einem Fragment zu, in dem ein anderes Grundwort der griechischen Philosophie vorkommt: κόσμος. „Diesen Kosmos hier, denselben von allem, hat weder einer der Götter noch einer der Menschen gemacht, sondern er war immer und ist und wird sein: ewig lebendes Feuer, sich entzündend in Maßen und verlöschend in Maßen."[63] Was immer das Wort κόσμος bedeuten mag – wir stellen diese Frage zunächst zurück – jedenfalls ist hier von der Physis im Ganzen die Rede. Von ihr wird gesagt, daß sie immer war und ist und sein wird. Von ihr wird gesagt, daß sie nicht geschaffen ist. Die Götter werden damit nicht geleugnet. Sie spielen in den Fragmenten von Heraklit eine große und geheimnisvolle Rolle. Aber sie stehen nicht, wie der Gott der Bibel, als Schöpfer außerhalb, sie stehen *in* der Physis. Der seltsame Ausdruck „sich entzündend in Maßen und verlöschend in Maßen" (μέτρα ist Akkusativ des inneren Objekts) bedarf noch der Erläuterung; aber man sieht sofort, daß er die Polarität des Entstehens und Vergehens, der γένεσις und ⟨der⟩ φθορά, bezeichnet. Alles, was überhaupt in der Physis ist, steht in der Gegensätzlichkeit eines Entstehens, das zugleich schon ein Vergehen, eines Vergehens, das zugleich schon ein Entstehen ist. Was aber ist das „ewig lebende Feuer"?

Text oder den Hinweis auf einen Text, der hier hätte eingeschoben werden können.
[63] κόσμον τόνδε, τὸν αὐτὸν ἁπάντων, οὔτε τις θεῶν οὔτε ἀνθρώπων ἐποίησεν, ἀλλ' ἦν ἀεὶ καὶ ἔστιν καὶ ἔσται πῦρ ἀείζωον, ἁπτόμενον μέτρα καὶ ἀποσβεννύμενον μέτρα. *(VS 22 B 30)*

⟨2. Die Elemente als Zustände des Seienden⟩

Betrachtet man die Lehre des Heraklit, wie auch viele Griechen es getan haben, gleichsam von außen, so gehört das Feuer bei ihm in den Zusammenhang einer „Elementenlehre", mit der er an die sogenannten „ionischen Naturphilosophen" anknüpft. Bei ihm ist nicht das Wasser oder die Luft sondern das Feuer der „Ursprung", aus dem die anderen Elemente hervorgehen. In dem Fragment B 31 heißt es: „Feuers Wenden: zuerst Meer; des Meeres eine Hälfte Erde, die andere Hälfte flammendes Wetter"[64]. (πρηστήρ = „flammendes Wetter" [Snell] oder „Gluthauch" [Kranz] ist der erscheinende Glanz des Blitzes und der Gestirne. Das Medium dieses Glanzes ist die Luft, sofern das Wesen der Luft ihre Transparenz ist. Das Wort πρηστήρ faßt also die Eigenschaften der „Elemente" ἀήρ und αἰθήρ in Einem zusammen. Wir setzen deshalb für πρηστήρ vorerst „Luft" ein; später wird sich eine andere Bedeutung ergeben.) Hier wird gesagt, daß die Elemente Wasser, Erde, Luft als „Wenden" oder „Umschläge" aus dem Feuer hervorgehen. Nun darf man aber einem Mißverständnis nicht erliegen, das seit alter Zeit auch die Deutung der ionischen Naturphilosophie verfälscht hat. Feuer, Wasser, Erde, Luft dürfen nicht in dem Sinn als „Elemente" verstanden werden, wie die Naturwissenschaft das Wort später verwendet hat. Der uns geläufige Begriff der chemischen Elemente konnte nämlich erst entstehen, nachdem eine Atomtheorie erfunden war. Vor Leukipp sind Feuer, Wasser, Erde, Luft nicht als Bausteine der Materie sondern als die primären Zustände alles dessen, was ist, zu verstehen – Zustände, die als ursprüngliche Möglichkeiten des Seins die gesamte Natur durchwalten. Alles, was ist, ist entweder fest (Erde) oder flüssig (Wasser) oder durchsichtig (Luft). Was aber bedeutet dann Feuer? Feuer ist jenes ursprüngliche Licht, in dem sich Sein als solches zeigt. Da Festes, Flüssiges und Durchsichtiges sich nur zeigen kann, wenn es zuvor schon *ist*, muß jenes Licht, in dem das Sein als solches erscheint, der Ursprung aller übrigen Zustände sein. „Feuer" bedeutet also hier etwas ganz anderes, als was wir brennen sehen. Bei Heraklit ist „Feuer" das ungebrochene Licht der Wahrheit des Seins. Entsprechend bezeichnet bei ihm das Wort „Meer"

---

[64] πυρὸς τροπαὶ πρῶτον θάλασσα, θαλάσσης δὲ τὸ μὲν ἥμισυ γῆ, τὸ δὲ ἥμισυ πρηστήρ.

nicht unser „Element" des Wassers sondern jene „Flüssigkeit" der gesamten Physis, die sich im ewigen Auf und Ab des Entstehens und Vergehens offenbart. Im Zustand „Erde" befindet sich alles, was ausgedehnt ist. „Erde" ist also bei Heraklit das Äquivalent zu Descartes' *res extensa*. Die Frage nach der Bedeutung von πρηστήρ stellen wir zurück[65].

Was uns zuerst als „Elementenlehre" erschien, zeigt sich jetzt als eine Stufenfolge von Modifikationen der Möglichkeiten von Sein überhaupt in der Physis. Die Stufenfolge heißt: Licht der Wahrheit des Seins – Medium des Entstehens und Vergehens (= Leben) – Ausdehnung – Transparenz (= das Göttliche). Es ist aber falsch, diese verschiedenen Seins-Modi als „Stufen" zu bezeichnen; denn Heraklit hat sie nicht in einer hierarchischen Statik aufgebaut, sondern bezeichnet sie als „Wenden" oder „Umschläge" des Feuers. Das reine Licht der Wahrheit des Seins muß in Anderes umschlagen, um sich überhaupt zeigen zu können. Deswegen „liebt die Physis, sich zu verbergen"[66]. Unmittelbar bekommen wir dieses Licht überhaupt nicht zu sehen. Es zeigt sich uns im Werden und Vergehen, dem nicht nur das organische Leben sondern Alles überhaupt unterworfen ist: sogar die Sonne ist nach Heraklit nur dadurch scheinbar ewig, daß sie an jedem Tag neu ist (B 6). Ein Teil dessen, was entsteht oder vergeht (Heraklit sagt: „die Hälfte"), ist räumlich ausgedehnt: das ist die Beschaffenheit unserer irdischen Natur. Das Übrige, also der Luftraum, ist anderen Wesens; hier stellt sich das Rätsel der Bedeutung des Wortes πρηστήρ. Wie Heraklit die Physis gedacht hat, wird erst verständlich, wenn man es erträgt, sich dies alles als ewig wechselnde „Umschläge" der Wahrheit des Seins vorzustellen. Es gibt ein Wort, das Heraklits Anschauung der Physis sinnfällig macht: τὰ δὲ πάντα οἰακίζει Κεραυνός – „das All aber steuert der Blitz" (B 64). Der Blitz: das ist das „ewig lebende Feuer". Wir werden sehen, daß dieses selbe Feuer der Logos ist[67].

---

[65] In der Überarbeitung gestrichen: *Was πρηστήρ = „flammendes Wetter" bedeuten soll, ist schwer zu erklären. Ich vermute, daß Heraklit die Gestirne im Auge hat, die nach griechischer Naturanschauung eine andere Seinsverfassung haben als unsere sublunare Welt.*
[66] φύσις κρύπτεσθαι φιλεῖ (VS 22 B 123).
[67] Bei der Überarbeitung gestrichen: *Es fehlt der Raum, die hier vorgetragene Deutung der sogenannten Elementenlehre zu begründen. Sie wurde mir beim Studium von Platons „Timaios" klar.*

„Ewig lebendes Feuer, sich entzündend in Maßen und verlöschend in Maßen." (B 30) Das Sich-Entzünden und Verlöschen sind jene „Umschläge" der Modi des Seins, in denen sich das Entstehen und Vergehen vollzieht – denn diese ganze Lehre von den „Wenden des Feuers" wird nur verständlich, wenn man sich klargemacht hat, daß „Werden und Vergehen", „Ausdehnung", „Göttliches" nicht statisch gegeneinander abgesetzt werden können, sondern sich durchdringen: ein Teil dessen, was entsteht und vergeht, ist zugleich ausgedehnt; ein anderer Teil ist zugleich göttlich; und von diesem allem sagen wir, daß es ist. Die Zustände können sich nicht so ablösen, daß zuerst der eine, dann der andere ist; sondern die Modifikationen der Möglichkeiten des Seins sind gleichzeitig, ohne doch aufeinander reduziert werden zu können. Wie sie sich in Wahrheit zueinander verhalten, wird ausgesprochen durch das Wort μέτρα – Maße. Alles, was überhaupt ist, hat sein Maß und kann dieses Maß niemals verlassen: „Denn Helios wird seine Maße nicht überschreiten – oder die Erinnyen, der Dike Schergen, werden ihn ausfindig machen." [68]
Die Maße kamen bisher noch nicht vor; sie lassen sich aus der Schilderung der „Zustände" oder „Modi" des Seins noch nicht ableiten. Einen Aufschluß über die Herkunft der „Maße" gibt uns der zweite der in B 31 zitierten Sätze: „Erde fließt auseinander als Meer, und dieses erhält seine Maße nach dem selben Logos, wie er war, bevor Erde hervorgetreten war." [69] Auch hier ist wieder vom Logos die Rede; aber das Wort λόγος kann an dieser Stelle nur die Bedeutung „Proportion" haben. Auch wenn das Ausgedehnte sich im Fluß des Werdens und Vergehens auflöst, bleiben die gleichen Grundmaße erhalten. Die Welt wird weder größer noch kleiner; sie ist in feste Maßverhältnisse gebunden, in denen alles, was hervortritt, sein eigenes Maß hat, aus dem es nicht ausbrechen kann. Deshalb ist die Physis als Ganze durch eine Proportionalität bestimmt, die von den „Wenden des Feuers" nicht erschüttert wird. Diese Proportionalität des Alls bezeichnet Heraklit durch das Wort κόσμος = schöne Ordnung. Kosmos ist nicht das All als Summe dessen, was sichtbar und vorhanden ist; der Name verweist auf dessen innere Ordnung: die Propor-

---

[68] Ἥλιος γὰρ οὐχ ὑπερβήσεται μέτρα· εἰ δὲ μή, Ἐρινύες μιν Δίκης ἐπίκουροι ἐξευρήσουσιν. (VS 22 B 94)
[69] ⟨γῆ⟩ θάλασσα διαχέεται, καὶ μετρέεται εἰς τὸν αὐτὸν λόγον, ὁκοῖος πρόσθεν ἦν ἢ γενέσθαι γῆ.

tionalität alles dessen, was in Erscheinung tritt. Kosmos und Logos sind identisch; der Logos *ist*, sofern er Proportion ist, Kosmos. Zugleich aber ist der Logos „Feuer", ja sogar „Blitz": er bricht hervor, er manifestiert sich selbst. Er ist also „Proportion" und „Kosmos" nicht in der Weise einer von außen her zu konstatierenden und als vorhanden festzustellenden Ordnung sondern so, daß er in den „Wenden des Feuers" die Maße seiner Proportionalität fortwährend neu aus sich erzeugt. Deswegen ist das Sein der Physis „ewiges Leben": „Diese Ordnung hier, die selbe von Allem, hat weder einer der Götter noch einer der Menschen hervorgebracht, sondern sie war immer und ist und wird sein: ewig lebendes Feuer, sich entzündend in Maßen und verlöschend in Maßen." (B 30)

⟨3. Der λόγος ist κόσμος⟩

Die Feststellung, daß derselbe Logos, der in der angeblichen Elementenlehre als „Feuer" erscheint, zugleich auch „Proportion" und „Kosmos" ist, widerspricht so sehr unseren Denkgewohnheiten, daß die Gleichung Logos = Kosmos durch einen zusätzlichen Beleg erhärtet werden soll. In Fragment B 2 bezeichnet Heraklit die Kluft zwischen seiner Lehre und den Meinungen der Sterblichen durch den Satz: „Obwohl dieser Logos ein gemeinsamer ist, leben die Vielen, als hätten sie eine eigene Einsicht." (s. 171) Dieses Fragment steht in genauer Korrespondenz zu der nur in Plutarchs Paraphrase erhaltenen Aussage: „Heraklit sagt, für die Wachenden sei die Ordnung (Kosmos) eine einzige und gemeinsame, von den Schlafenden aber wende sich jeder in seine eigene ab."[70] Die „Vielen" (B 2) befinden sich im Zustand der „Schlafenden" (B 89); der gemeinsame Logos (B 2) ist der gemeinsame Kosmos (B 89). Das Wort κόσμος hebt einen bestimmten Aspekt jener Einheit hervor, aus der die Gemeinsamkeit der selben Physis für alles, was in ihr lebt, hervorgeht. Nun wird aber in beiden Fragmenten die *Einheit* des Logos = Kosmos mit seiner *Wahrheit* in Verbindung gebracht. Die Polarität: „Wachen – Schlafen" ist in B 89, wie in B 1, ein Bild für die Polarität „Wahrheit – Trug"; derselbe Gegensatz erscheint in B 2 als Differenz

---

[70] ὁ Ἡ. φησί τοῖς ἐγρηγορόσιν ἕνα καὶ κοινὸν κόσμον εἶναι, τῶν δὲ κοιμωμένων ἕκαστον εἰς ἴδιον ἀποστρέφεσθαι. (VS 22 B 89)

von „Gemeinsamkeit des Einen Logos" ⟨und⟩ „Eigen-sinn". Daraus ergibt sich unsere nächste Frage: Wie ist das Verhältnis von Logos, Einheit und Wahrheit?[71]

„Nicht auf mich, sondern auf den Logos hörend ist es weise, mit dem Logos übereinstimmend zu sagen (ὁμολογεῖν): Alles sei Eines."[72] Da Hegels ganze „Logik" ein Kommentar zu diesem Losungswort seiner Freundschaft mit Schelling und Hölderlin ist, ragt es in unsere geschichtliche Gegenwart herein. Was bedeutet es?

Die verschiedenen Bedeutungen des Wortes λόγος, die wir bisher betrachtet haben, werden durch diesen Satz zusammengeschlossen. „Nicht auf mich hörend" verweist auf λόγος in der Bedeutung „Schrift", „Rede". Wenn es bloßer Wahn ist, sich einzubilden, man hätte eine eigene Einsicht, dann kann Heraklit nicht mit dem Anspruch auftreten, eine ihm selbst gehörende Weisheit zu verkünden. Erkenntnis ist dann kein Privatbesitz. Wenn seine Schrift überhaupt Wahrheit enthält, ist diese Wahrheit nicht mit der Textgestalt der zu Beginn des 5. Jahrhunderts ⟨vor Christus⟩ in Ephesus niedergeschriebenen Worte gleichzusetzen. Die Wahrheit der Schrift ist dann nichts anderes als die in ihr zum Vorschein gelangende unteilbare Wahrheit der Physis im Ganzen – eine Wahrheit, die zu allen Zeiten und für alle Menschen die gleiche, die eine gemeinsame und unteilbare ist. „Die Wahrheit sagen" heißt: das Selbe sagen, was sich durch „die Wenden des Feuers" in der Physis ausspricht; es heißt: im Einklang mit dem Logos der Welt sprechen: ὁμολογεῖν. Wenn das sich in der Schrift des Heraklit ereignet, enthält sie in sich den Logos der Welt.

Ein Logos wird nicht gesehen sondern gehört. Darin stimmt B 50 mit B 1 überein, und dieser Gedanke zieht sich durch die ganze Schrift. Der Vorrang des Hörens vor dem Sehen spricht eine Form der Welterfahrung aus, durch die sich Heraklit von der durch das Auge

---

[71] In der Überarbeitung gestrichen: *Das ist nicht nur ein Problem der Heraklit-Interpretation; weil Heraklit dem europäischen Denken die Bahn seiner Geschichte vorgezeichnet hat, ist dieses Problem zur Leitfrage der europäischen Philosophie und der durch diese ermöglichten Naturwissenschaft geworden. Ich werde dies im zweiten Teil dieser Wintervorlesung an Kant demonstrieren; für unsere Gegenwart verweise ich auf Carl Friedrich von Weizsäckers Buch Die Einheit der Natur.*

[72] ʼοὐκ ἐμοῦ, ἀλλὰ τοῦ λόγου ἀκούσαντας ὁμολογεῖν σοφόν ἐστιν ἓν πάντα εἶναι' ὁ Ἡ. φησι. *(VS 22 B 50)*

beherrschten, die Wahrheit als „Evidenz" erfassenden Welterfahrung des Parmenides und der übrigen griechischen Philosophen unterscheidet. Das bestimmt auch sein Verständnis des Logos als „Proportion" und als „Kosmos": es ist primär nicht geometrisch sondern musikalisch [73].

Die Griechen wußten seit Pythagoras, den Heraklit kannte und bekämpfte [74], daß wir im Hören von Tönen proportionale Verhältnisse wahrnehmen. Eine in proportionalen Verhältnissen geordnete Skala von Tönen heißt ἁρμονία („Harmonie" ist bei den Griechen eine geordnete Tonfolge, nicht der Zusammenklang mehrerer Töne). Platon hat im „Timaios" die Weltseele, deren Selbstbewegung die Physis zusammenhält und ihre Einheit trägt, aus den proportionalen Verhältnissen einer Tonskala „komponiert"; auch bei ihm kann man die Einheit der Physis in der „Sphärenharmonie" *hören*. Dieser Begriff der ἁρμονία erläutert, was das Wort κόσμος ursprünglich bedeutet. Die Namen von Kepler und Leibniz mögen genügen, daran zu erinnern, wie diese „musikalische" Auffassung der Einheit von Natur in Europa später weitergewirkt hat. Aber bei Heraklit erhält das Wort ἁρμονία eine Bedeutung, die, wie wir noch sehen werden, in ganz andere Richtung weist als die pythagoreische Tradition der europäischen Naturauffassung.

In dem Gedanken, daß wir jenen Logos hören können, nach dem alles in der Physis entsteht und vergeht, spricht sich eine Erfahrung aus, die sich in unsere Denkformen nicht übersetzen läßt. Das neuzeitliche Denken hat (in stoischer Tradition) die Rationalität des Menschen aus seiner Sinnlichkeit herausgebrochen und ihr entgegengesetzt. Deshalb ist diese Rationalität abstrakt; sie ist nicht „Wahr-

---

[73] In der Überarbeitung gestrichen: *In meiner Vorlesung über „Kunst und Mythos" habe ich zu zeigen versucht, daß den Wahrnehmungen durch das Auge und durch das Ohr zwei verschiedene Formen der Welterfahrung entsprechen, die sich komplementär zueinander verhalten und wechselseitig durchdringen: das Auge erfaßt die Seiendheit als Struktur, das Ohr erfaßt die Seiendheit als Kraft. Eine dritte, gleich ursprüngliche Form der Welterfahrung ist die Arbeit. Sie erfaßt die Seiendheit als Masse. Diese drei Formen, aufzufassen, wie Seiendes beschaffen ist, haben etwas mit den verschiedenen Seinsmodi der heraklitischen „Elementenlehre" zu tun.*

[74] πολυμαθίη νόον ἔχειν οὐ διδάσκει· Ἡσίοδον γὰρ ἂν ἐδίδαξε καὶ Πυθαγόρην αὖτίς τε Ξενοφάνεά τε καὶ Ἑκαταῖον. – Vielwisserei lehrt nicht Verstand haben. Sonst hätte sie's Hesiod gelehrt und Pythagoras, ferner auch Xenophanes und Hekataios. (VS 22 B 40; Übersetzung von Kranz)

nehmung", nicht unmittelbares Auffassen dessen, was ist, sondern kann nur *über* Wahrgenommenes reflektieren, das ihr von anderswoher gegeben sein muß. Wissenschaft hat im neuzeitlichen Europa die Gestalt von Theorien *über* das jeweils als wirklich Geltende angenommen; die Wirklichkeit ist etwas Anderes als die Wissenschaft, die nur deren Reflexionsformen zu erfassen vermag[75]. Wenn Heraklit hingegen den Logos der Welt hörbar macht, spricht er ein Wissen aus, in dem Rationalität und Wahrnehmung nicht auseinandergerissen sind, und in dem sich deshalb die Wahrheit des Seins der Physis unmittelbar manifestieren kann. Darauf beruht die Übereinstimmung seiner Rede mit dem Logos der Welt. Das Wort ὁμολογεῖν bezeichnet also nicht die Übereinstimmung rationaler Erkenntnis mit Sachverhalten in der Natur sondern einen „Einklang" von Natur und Wissen, der darauf beruht, daß die Einheit der Natur im Wissen unmittelbar „erklingt".

⟨4. Der λόγος „steuert" das Weltall⟩

Diese in der Geschichte des europäischen Denkens einzigartige Form des Wissens bezeichnet in B 50 das Wort σοφόν ἐστιν. Im alltäglichen Sprachgebrauch heißt σοφόν ἐστιν mit dem Infinitiv: „es ist weise, das oder jenes zu tun"; „man ist gut beraten, wenn man sich so oder so verhält". Das Wort „weise" ist in dieser Redewendung nicht Prädikat eines Menschen, sondern charakterisiert ein Verhalten. So ist das Wort auch in B 50 zunächst aufzufassen. Aber in einem philosophischen Text, der den Einklang des Logos der Welt, des menschlichen ὁμολογεῖν und des Seins der Physis (εἶναι) darstellt, kann eine so äußerliche Auffassung der Worte σοφόν ἐστιν nicht zufriedenstellen. Heraklit hat das Wort σοφόν in einer Bedeutung gebraucht, für die es keine griechische Parallele gibt. B 32 sagt er: „Das Eine einzig Weise will und will nicht benannt werden mit dem Namen des Zeus."[76] Ἓν τὸ σοφὸν μοῦνον – das Eine einzig Weise: damit ist gesagt, daß das Wort σοφόν nicht von Menschen und nicht von Verhaltensweisen sondern ausschließlich (μοῦνον) von jenem Einen

---

[75] In der Überarbeitung gestrichen: *Das ist ein sehr wichtiger Aspekt des Satzes: „Eine Wissenschaft, die die Natur zerstört, kann nicht wahr sein."*
[76] ἓν τὸ σοφὸν μοῦνον λέγεσθαι οὐκ ἐθέλει καὶ ἐθέλει Ζηνὸς ὄνομα.

ausgesagt werden darf, das als Logos die Einheit der Welt ist. Entsprechend ist die Homologie von B 50 darum „weise", weil in der Formel: „Alles ist Eins" die Wahrheit des Einen sich unverhüllt und unzerspalten manifestiert. Wie aber kommt hier Zeus herein?
Das sagt uns Heraklit B 41: ἓν τὸ σοφόν· ἐπίστασθαι γνώμην, ὁτέη ἐκυβέρνησε πάντα διὰ πάντων – „Eines, das Weise: zu wissen den Ratschluß, der Alles durch Alles hindurch steuert." Daß Zeus der Steuermann ist, der alles regiert, ist eine Vorstellung, die uns schon bei Homer in seinem Beinamen begegnet: ὑψίζυγος = der hoch auf der Steuerbank sitzt[77]; es entspricht griechischem Sprachgebrauch, den Ratschluß des Steuermanns in diesem Zusammenhang als γνώμη zu bezeichnen. Aber Heraklit hat dieses mythische Bild in den Zusammenhang seiner Lehre von der Physis gerückt und neu gedeutet. Vom „Steuern" (οἰακίζειν) des Alls spricht auch der Satz aus B 64: „Das All aber steuert der Blitz"[78]. Der Blitz ist, wie wir sahen, der Logos als Feuer; er steuert „alles durch alles hindurch"[79], weil alles, was in Erscheinung tritt, aus einer „Wende des Feuers" hervorgeht. Im Mythos ist der Blitz „Attribut", richtiger: Ausdruck der Macht des Zeus; jetzt wird er zur Manifestation des Logos. Entsprechend ist die γνώμη, die das All steuert, nicht, wie bei Homer, der Ratschluß eines anthropomorph vorgestellten Gottes sondern die Wahrheit des Logos selbst. Wenn Heraklit sagt: „Das Eine einzig Weise" (also die γνώμη aus B 41) „will und will nicht benannt werden mit dem Namen des Zeus", so meint er: in ihrer Wahrheit aufgefaßt, ist die Göttergestalt des Zeus identisch mit dem Logos, der die Welt regiert. Aber die herrschende anthropomorphe Vorstellung verdeckt diese Wahrheit – Homer hätte, wie Heraklit sagt, verdient, aus den Wettkämpfen der Rhapsoden herausgeworfen und mit Ruten gestrichen zu werden[80]. Mit dem Namen dieses unwahren Gottes will der Logos nicht benannt werden.

---

[77] *Eduard Fraenkel, Aeschylus Agamemnon,* Oxford: Clarendon Press, schreibt in seinem Kommentar, daß Ζεὺς ὑψίζυγος viermal in der Ilias erwähnt wird; 1950, Bd. II, 109 f. Kommentar zu Agamemnon 182f., wo dargelegt wird, daß das Bild vom Steuerruder eines Schiffes in dem schwer zu deutenden Vers 183 benutzt wird.
[78] τὰ δὲ πάντα οἰακίζει Κεραυνός.
[79] ὁτέη ἐκυβέρνησε πάντα διὰ πάντων. (VS 22 B 41)
[80] τὸν τε Ὅμηρον ἔφασκεν ἄξιον ἐκ τῶν ἀγώνων ἐκβάλλεσθαι καὶ ῥαπίζεσθαι καὶ Ἀρχίλοχον ὁμοίως. (VS 22 B 42)

Der Ratschluß, der das Weltall steuert, ist, wie wir sahen, der Logos selbst. Aber geraten wir durch diese Feststellung nicht in Widerspruch zu unseren bisherigen Ergebnissen? In B 32 war „das Eine einzig Weise" der Logos. In B 41 ist „das Eine Weise: die γνώμη, die Alles durch Alles hindurch steuert, zu *wissen*". Ist hier nicht vom Wissen der Menschen die Rede? Und wird nicht in diesem Satz dem Wissen der Menschen der Logos der Welt als das zu Wissende gegenübergestellt? Ist dann das „Eine Weise" nicht in Wahrheit ein Doppeltes: auf der einen Seite das Wissen der Menschen – auf der anderen Seite der Logos der Welt? Die Antwort auf diese Fragen ergibt sich aus Heraklits Lehre von der Seele.

⟨5. Heraklits Lehre von der Seele⟩

In der sogenannten „Elementenlehre" des Heraklit gibt es, wie wir sahen, drei „Wenden des Feuers": Meer, Erde, „flammendes Wetter" (B 31). Für die noch ungeklärte Bedeutung des Ausdrucks „flammendes Wetter" findet sich bei Heraklit selbst eine Erläuterung, die ich zurückgestellt habe: „Für Seelen ist es Tod, Wasser zu werden; für Wasser ist es Tod, Erde zu werden; aus Erde wird aber Wasser, aus Wasser Seele."[81] In der Heraklit-Paraphrase B 76 hat der Verfasser diesen Gedanken der konventionellen Elementenlehre angeglichen und für „Seele" eingesetzt: „Luft"; „Es lebt Feuer den Tod der Erde und Luft lebt den Tod des Feuers, Wasser lebt den Tod der Luft, Erde den des Wassers." „Seele" ist also bei Heraklit die dritte der „Wenden des Feuers", neben Meer und Erde. Wir sahen schon, daß die übliche Auffassung dieser Worte, die sie als „Elemente" deutet, in sie eine nach-atomistische Denkweise hineinträgt; sie bezeichnen, wie am Gefrieren oder Verdunsten des Wassers demonstriert werden könnte, Zustände, die als Möglichkeiten die ganze Physis durchgreifen: „Erde" ist – das zeigt Platons „Timaios" – das στερεόν, die *res extensa*, dreidimensional ausgedehnte *Struktur*. „Meer" ist der „flüssige" Zustand alles dessen, was sich im unablässigen Übergang des Werdens und Vergehens befindet: *Kontinuum* = die aristotelische ὕλη. Was aber ist der Zustand, den Heraklit

---

[81] ψυχῆισιν θάνατος ὕδωρ γενέσθαι, ὕδατι δὲ θάνατος γῆν γενέσθαι, ἐκ γῆς δὲ ὕδωρ γίνεται, ἐξ ὕδατος δὲ ψυχή. (VS 22 B 36)

sowohl als „Seele" wie als „flammendes Wetter" bezeichnen kann?

Der Name „Luft" (ἀήρ) der traditionellen Elementenlehre hat einen Bedeutungswandel erfahren, der die Quelle vieler Mißverständnisse ist. Bei Homer bedeutet ἀήρ: der Nebel (mit dem Beiklang des Dunkels). Der Gegensatz dazu ist αἰθήρ: das strahlende Licht, in dem die Götter wohnen. Nun sagt Heraklit B 118: αὐγὴ ξηρὴ· ψυχὴ σοφωτάτη καὶ ἀρίστη – „trockener Glast: weiseste und beste Seele"[82]. „Trockener Glast" ist der homerische αἰθήρ, der „Äther". Im Gegensatz dazu heißt es B 117: „Sooft ein Mann sich betrunken hat, wird er von einem unreifen Knaben geführt, stolpernd, nicht verstehend, wo er geht, weil er die Seele feucht hat."[83] Die „feuchte Seele" ist der homerische ἀήρ. Wir entnehmen daraus, daß „Seele" eine „Wende des Feuers" bezeichnet, die sowohl trocken wie feucht, hell wie dunkel sein kann. Das ist nicht die als „Materie" vorgestellte „Luft" sondern das Medium, in dem diese Materie sich befindet: die Transparenz der Luft, die sich verdunkeln oder erhellen kann, in der sich der Wechsel von Tag und Nacht vollzieht – ein Wechsel, dem in der Seele des Menschen der Wechsel von Wachen oder Schlafen, von Klarheit oder Betäubung entspricht. Wenn wir die chemische Zusammensetzung der Luft untersuchen, setzen wir diese Transparenz – das Medium des Lichtes – immer schon voraus; deswegen kann auch die beste chemische Analyse das Leuchten des Lichts, in dem sie vorgenommen wird, nicht entdecken. Neben *Struktur* und *Kontinuum* wäre also *Transparenz* der dritte Zustand, der aus den „Wenden des Feuers" hervorgeht. Weil der Mensch diese Transparenz in sich trägt, kann er erkennen. Sie ist nicht im atomistischen Sinne dieses Wortes „materiell"; sie ist auch nicht in einem durch die Antithese zur Materie definierten Sinne „geistig". Transparenz ist vielmehr als „Wende des Feuers" eine die Physis im Ganzen durchdringende Modifikation Eines und desselben Seins, das seine Wahrheit durch sie hindurch manifestiert. Was Heraklit hier „Seele" nennt (nicht ohne von der pythagoreischen Seelenlehre berührt zu sein), ist weit entfernt von allem, was man später „Seele" nannte. Aber Platons Lehre von der

---

[82] *Der Text ist unsicher überliefert und umstritten, weil man ihn nicht verstanden hat; ich übernehme die Lesung von Diels.*
[83] ἀνὴρ ὁκόταν μεθυσθῆι, ἄγεται ὑπὸ παιδὸς ἀνήβου σφαλλόμενος, οὐκ ἐπαΐων ὅκη βαίνει, ὑγρὴν τὴν ψυχὴν ἔχων.

*Welt*seele ist ohne Heraklit nicht zu verstehen, und auch in seiner Lehre von der *menschlichen* Seele, die dann die gesamte europäische Tradition beherrscht, ist die Nachwirkung von Heraklit noch deutlich zu greifen. Deswegen müssen wir Heraklit verstehen, wenn wir uns selbst verstehen wollen.

Wenn man erkannt hat, was und wie in der Physis im Ganzen „Seele" ist, eröffnet sich ein Zugang zum Verständnis des berühmtesten Satzes von Heraklit über die Seele: „Der Seele Grenzen könntest du wandernd nicht ausfindig machen, selbst wenn du jeden Weg einherzögest: einen so tiefen Logos hat sie."[84] „Seele" ist ohne Grenze, grenzenlos, ἄπειρον: mit diesem Satz übernimmt Heraklit die Lehre seines ionischen Landmanns Anaximandros von Milet. Anaximandros hat gelehrt, Ursprung des Seienden sei „das Grenzenlose (τὸ ἄπειρον) – woraus aber das Hervortreten ist für das Seiende, in dieses vollziehe sich auch das Entschwinden nach der Schuldigkeit; denn sie zahlen einander Strafe und Buße für die Ungerechtigkeit nach der Ordnung der Zeit."[85] Es ist hier nicht der Ort, diese Aussage (die Simplikios bei seinem Referat in die Sprache späterer Philosophie übersetzt hat) zu interpretieren; sie ließe sich Wort für Wort aus Heraklit erläutern. Auch die Unterschiede zwischen Anaximander und Heraklit sind hier nicht von Belang. Heraklit bestimmt wie Anaximander das Sein als Grenzenlosigkeit. Wir dürfen uns durch das Bild von den „Wegen" nicht dazu verleiten lassen, diese Grenzenlosigkeit nach dem Modell des Weltraumes der klassischen Physik als quantitative Unendlichkeit vorzustellen. Πέρας – die Grenze – ist in der griechischen Philosophie eine *qualitative* Bestimmung. Πέρας ist das, was eine Struktur zur Struktur macht: das immer mit sich selbst identische und deshalb unveränderliche So-und-nicht-anders-Sein, dessen Wesen Platon später als ἰδέα bestimmt hat, und das wir in seiner reinsten Gestalt in der Mathematik erfassen. Gewiß: auch bei Heraklit gibt es so etwas wie „Struktur". „Struktur" haben die dreidimensionalen Figurationen von „Erde"; „Struktur" haben in anderem Sinn auch die Maße, in denen sich die

---

[84] ψυχῆς πείρατα ἰὼν οὐκ ἂν ἐξεύροιο, πᾶσαν ἐπιπορευόμενος ὁδόν· οὕτω βαθὺν λόγον ἔχει. (VS 22 B 45)
[85] Ἀ. . . . ἀρχὴν . . . εἴρηκε τῶν ὄντων τὸ ἄπειρον . . . ἐξ ὧν δὲ ἡ γένεσίς ἐστι τοῖς οὖσι, καὶ τὴν φθορὰν εἰς ταῦτα γίνεσθαι κατὰ τὸ χρεών· διδόναι γὰρ αὐτὰ δίκην καὶ τίσιν ἀλλήλοις τῆς ἀδικίας κατὰ τὴν τοῦ χρόνου τάξιν. *(VS 12 B 1)*

Proportionalität des Logos manifestiert. Durch diese Erkenntnis geht Heraklit über Anaximander hinaus. Aber die Transparenz, in der diese Strukturen sichtbar werden, hat keine qualitativen Grenzen, sie ist „grenzenlos". Und alle „Strukturen" innerhalb der Physis sind als „Wenden des Feuers" so beschaffen, daß sie nicht mit sich selbst identisch bleiben, sondern ineinander umschlagen – nur der Logos besteht. Deswegen kann man im Medium jener Transparenz, in der die Physis hervortritt, wie sie ist, wandern, wohin man will: nie wird man auf ein πέρας, nie wird man auf eine unveränderliche Bestimmung stoßen. Denn der Logos der Welt – die Proportionalität, die alles dennoch in Maßen hält – liegt so tief, daß er sich niemals *innerhalb* der Physis als etwas Erscheinendes vorfinden läßt.

Durch den Vergleich mit Anaximander ist deutlich geworden: das Fragment B 45 handelt nicht von der Seele des Menschen sondern von der Physis im Ganzen. Das Gleiche gilt von dem Fragment B 115: ψυχῆς ἐστι λόγος ἑαυτὸν αὔξων – „der Seele eignet ein Logos, der sich selbst wachsen läßt." Wieder darf das Wort αὔξων nicht im Sinne der quantitativen Vermehrung verstanden werden; denn dann käme bei jeder Interpretation, die sich ausdenken ließe, immer nur offenbarer Widersinn heraus. Dieses Fragment des Heraklit gibt uns vielmehr seine Erklärung des Wortes φύσις: die Physis hat einen Logos, dem sie verdankt, daß sie, wie eine Pflanze wächst, ständig neu aus sich selbst hervorgehen kann. Dieses Aus-sich-selbst-Hervorgehen der Physis hat Platon später als Selbstbewegung der Weltseele dargestellt. Wir bezeichnen es als „Leben". Deshalb ist der Logos „ewig *lebendes* Feuer" (B 30). Dieser Logos eignet darum der Seele, weil „Seele" jene „Wende des Feuers" ist, in der das Feuer aus sich selbst die Transparenz hervorgehen läßt, in die hinein seine Wahrheit sich manifestiert.

Soll dieses alles nun bedeuten, daß das Wort „Seele" bei Heraklit mit der Seele des Menschen überhaupt nichts zu tun hat? Ein oft zitiertes Wort heißt: ἐδιζησάμην ἐμεωυτόν – „ich suchte mich selbst" (B 101). Heraklit ruft hier die Weisheit des delphischen Gottes in Erinnerung, von dem er gesagt hat: „Der Herrscher, dem das Orakel in Delphi gehört, sagt nicht, und er verbirgt nicht, sondern er zeigt."[86] Vor dem Tempel in Delphi stand eingemeißelt der Spruch: γνῶθι σεαυτόν –

---

[86] ὁ ἄναξ, οὗ τὸ μαντεῖόν ἐστι τὸ ἐν Δελφοῖς, οὔτε λέγει οὔτε κρύπτει ἀλλὰ σημαίνει. (VS 22 B 93)

„Erkenne dich selbst!" Das bedeutet: Erkenne angesichts des Gottes, daß du nichts als ein Mensch bist! Das Wort: „Ich suchte mich selbst" spricht aus, daß die Schrift des Heraklit als eine Antwort auf die Weisung des Apollon zu verstehen ist. „Ich suchte mich selbst" bedeutet: ich suchte die Nichtigkeit meines menschlichen Daseins zu durchschauen. Wir kennen schon den Satz, in dem der Selbstbetrug aufgedeckt wird, der unserem gewöhnlichen Verständnis der menschlichen Seele zugrundeliegt: „Obwohl der Logos ein gemeinsamer ist, leben die Vielen, als hätten sie eine eigene Einsicht." (B 2) Man könnte, ohne den Sinn zu verfälschen, paraphrasieren: obwohl die Seele eine gemeinsame ist, leben die Vielen, als hätten sie eine eigene Seele. Bei Kant erscheint das gleiche Problem in der Gestalt der Frage nach dem Verhältnis von transzendentalem und empirischem Subjekt. Aber das neuzeitliche Denken hat die von Heraklit hier als Trug charakterisierte Eigenschaft der Menschen, jede Erkenntnis als *eigene* Erkenntnis betrachten zu wollen, in das transzendentale Subjekt projiziert. Die reflexive Struktur des Bewußtseins, die alles Erkannte auf ein erkennendes Ich zurückbezieht, wird als die Grundstruktur der Wahrheit, so wie sie „an *und für* sich" selbst ist, ausgegeben. So wird das Ich zum Prinzip der Philosophie. Das Fragment B 2 des Heraklit besagt, daß sich der Mensch durch diese Bewegung des Denkens aus der Wahrheit der Natur herausreflektiert. Da die Naturwissenschaft der Neuzeit die Methode der Reflexion formalisiert und verfestigt hat, ist dies eine der wichtigsten Ursachen für die von ihr bewirkte Zerstörung der Natur. Das Gleiche sagt Heraklit in dem Satz: „Mit dem Logos, mit dem sie vor allem anderen unablässig Umgang haben, mit diesem entzweien sie sich, und das, worauf sie täglich stoßen – eben dieses erscheint ihnen fremd."[87] Dieser Zustand gleicht dem Zustand des Betrunkenen aus B 117, der nicht versteht, wo er geht. Die Griechen haben ihn ἀφροσύνη – „Besinnungslosigkeit" genannt. Das Gegenteil heißt φρόνησις oder σωφροσύνη; das ist die apollinische Tugend der „Besonnenheit". Wer diese Tugend übt, der weiß, daß die Erkenntnis ebensowenig wie die Seele sein Eigentum ist: „Etwas Gemeinsames ist für alle das φρονεῖν", das heißt die Besonnenheit, die aus dem Wissen

---

[87] ὧι μάλιστα διηνεκῶς ὁμιλοῦσι λόγωι τῶι τὰ ὅλα διοικοῦντι, τούτωι διαφέρονται, καὶ οἷς καθ' ἡμέραν ἐγκυροῦσι, ταῦτα αὐτοῖς ξένα φαίνεται. (VS 22 B 72)

des „Einen einzig Weisen" entspringt [88]. Als gemeinsame steht diese Erkenntnis – die Erkenntnis des *Einen* Logos und ihrer eigenen Nichtigkeit – allen offen: „Allen Menschen steht es frei, sich selbst zu erkennen und einen heilen Sinn zu haben." [89]

⟨6. Die Einheit von Leben und Tod in der φύσις⟩

„Einen heilen Sinn haben" ist eine unzulängliche Übersetzung der delphischen Tugend des σωφρονεῖν. Das Wort bedeutet: auf unversehrte Weise im Sinn tragen, was förderlich ist. Förderlich ist die Erkenntnis des eigenen Maßes; denn wer sein Maß nicht erfüllt oder es überschreitet, kommt zu Fall. In der delphischen Religion verhilft dazu die Begegnung mit Apollon, dem Gott, und seinem „Zeigen", das uns in unsere Schranken weist. In der philosophischen Deutung durch Heraklit erwächst das σωφρονεῖν aus der Erkenntnis des Einen, gemeinsamen Logos, der alle Maße aus sich hervorgehen läßt und in sich zurücknimmt. Die Verfassung des σωφρονεῖν wird dem Zustand des Wachseins im Gegensatz zum Schlaf verglichen (B 89); im Gegensatz zur Trunkenheit (B 117) ist es die Nüchternheit: „Wäre es nicht Dionysos, dem sie die Prozession veranstalten und das Lied auf den Phallos singen, so wäre es schamloses Treiben. Derselbe aber ist Hades und Dionysos. Für ihn rasen sie und feiern sie ihr Lenaeenfest." [90]

Hades ist der Gott des Todes; Dionysos ist der Gott des Lebens. Wer durch das Wissen des „Einen einzig Weisen" zur Nüchternheit gelangt ist, erkennt, daß diese beiden Götter identisch sind. Das ist die Gestalt der Identität, in der wir die Einheit des Logos erkennen und Antwort auf die Frage erhalten, wie Heraklit die Einheit der Physis versteht. Es ist bekannt und ist bequem nachzusprechen, daß Heraklit „die Einheit der Gegensätze" gelehrt hat; schwerer ist es zu verstehen, was das heißt. Wir gehen aus von Fragment B 51 (nach der Lesung von Kirk, 203): οὐ ξυνιᾶσιν ὅκως διαφερόμενον ἑωυτῷ

---

[88] ξυνόν ἐστι πᾶσι τὸ φρονέειν (VS 22 B 113).
[89] ἀνθρώποισι πᾶσι μέτεστι γινώσκειν ἑωυτοὺς καὶ σωφρονεῖν. (VS 22 B 116)
[90] εἰ μὴ γὰρ Διονύσωι πομπὴν ἐποιοῦντο καὶ ὕμνεον ᾆσμα αἰδοίοισιν, ἀναιδέστατα εἴργαστ' ἄν. ὡυτὸς δὲ 'Αίδης καὶ Διόνυσος, ὅτεωι μαίνονται καὶ ληναΐζουσιν. (VS 22 B 15)

συμφέρεται· παλίντονος ἁρμονίη ὅκωσπερ τόξου καὶ λύρης – „sie verstehen nicht, wie Auseinandergezogenes mit sich selbst zusammengezogen wird: gegenstrebige Fügung, wie die des Bogens und der Leier."
Heraklit vergleicht hier die „gegenstrebige Fügung" der Einheit des Logos – denn von dieser ist die Rede – mit der des Bogens und der Leier. Der homerische, aus zwei Hörnern zusammengefügte Bogen erhielt seine Spannung durch ihre „Gegenstrebigkeit":

Das Gleiche gilt von der Konstruktion der Leier:

Jene Spannung, die den Bogen erst zum Bogen, die Leier erst zur Leier macht, wird in beiden Instrumenten dadurch erzeugt, daß die zusammengefügten Teile „auseinandergezogen" sind. Gerade durch dieses Auseinandergezogensein wird das Instrument in die Einheit seines Wesens „zusammengezogen". Diese Einheit wird durch das Wort ἁρμονία = Fügung bezeichnet, das bei Homer in den Bereich der Kunst des Zimmermanns gehört und erst zur Zeit des Heraklit in den Bereich der Musik übertragen wird. Die durch die gegenstrebige Fügung hervorgebrachte Einheit ist Spannung; jede Spannung ist „gegenstrebig". Gerade die Gegenstrebigkeit der Spannung macht das Wesensgefüge des Bogens und der Leier aus; die Kraft des Auseinanderstrebens ist identisch mit der Kraft, die diese Instrumente in das hineinspannt, was sie sind.
Die Schönheit dieses Vergleiches liegt in seiner Sinnfälligkeit. Aber es leuchtet nicht unmittelbar ein, daß die Physis im Ganzen, und daß, wie wir noch sehen werden, alles Einzelne *innerhalb* der Physis die gleiche Fügung hat wie Bogen und Leier. Das wird erst einsichtig, wenn wir verstehen, daß der Vergleich mit diesen beiden Instrumenten noch eine tiefere Bedeutung hat. Für den Bogen werden wir von

Heraklit selbst in einem anderen Fragment (B 48) darauf hingewiesen. Das griechische Wort für „Leben" – βίος – ist gleichlautend mit dem Wort für „Bogen" – βιός. In Anspielung darauf sagt Heraklit: „Der Bogen hat den Namen ‚βιός', aber sein Werk ist Tod."[91] Das ist eine ganz andere „Gegenstrebigkeit" im Wesen des Bogens als die Form seiner Konstruktion. Wenn aber der Vergleich mit dem Bogen in die Dimension der „Gegenstrebigkeit" von Leben und Tod verweist, so läßt sich (trotz Kirk) nicht mehr beiseite drängen, was jedem Griechen bei dem Vergleich von Bogen und Leier einfallen mußte. Bogen wie Leier sind die Attribute des Apollon: wenn er den Bogen trägt, bringt er Tod und Krieg; wenn er die Leier trägt, Frieden und Heiterkeit. So stellt ihn der Apollon-Hymnos dar; so war er den Griechen von unzähligen Bildern vertraut. Bogen und Leier bilden also selbst eine „gegenstrebige Fügung": die gegenstrebige Fügung, die sich im Wesen jenes Gottes manifestiert, der weder sagt noch verbirgt, sondern zeigt[92]. Das, was er zeigt, ist die selbe Einheit im Gegensatz wie in der Identität von Hades und Dionysos: die Einheit von Leben und Tod im Wesen der Physis. In den Worten von Heraklit: „Der Gott ist Tag/Nacht; Winter/Sommer; Krieg/Frieden; Sättigung/Hunger."[93]

Der selbe Gedanke wird in einem viel mißbrauchten Satz zum Ausdruck gebracht, dessen originale Gestalt Kirk aus einer Vielzahl von Varianten rekonstruiert hat[94]: ποταμοῖσι τοῖσιν αὐτοῖσιν ἐμβαίνουσιν ἕτερα καὶ ἕτερα ὕδατα ἐπιρρεῖ – „Über die, welche in die selben Flüsse steigen, fließen andere und wieder andere Gewässer hin." Wir sagen, ein Fluß sei immer Einer und derselbe: der Neckar. Aber der Fluß *ist* nichts anderes als sein Wasser, und das Wasser ist fortwährend anderes Wasser. Die „gegenstrebige Fügung", die sein Wesen ausmacht, ist die Fügung von Selbigkeit und ständigem Wechsel, von Dasein und Entschwinden, Leben und Tod. In einem schwer zu interpretierenden Fragment hat Heraklit zusammenfassend gezeigt, wie jedes Einzelne in der Natur die gleiche „gegenstrebige Fügung" hat (ich gebe mit eigener Interpunktion die von Kirk gerechtfertigte Fas-

---

[91] βίος: τῶι οὖν τόξωι ὄνομα βίος, ἔργον δὲ θάνατος.
[92] *VS 22 B 93;* vgl. Kunst und Mythos, a. a. O., Fünfter Teil, III. Apollon, 523 ff.
[93] ὁ θεὸς ἡμέρη εὐφρόνη, χειμὼν θέρος, πόλεμος εἰρήνη, κόρος λιμός (VS 22 B 67).
[94] *VS 22 B 12, B 49a, B 91, A 6, A 15;* Kirk, 375.

sung): συλλάψιες· ὅλα καὶ οὐχ ὅλα· συμφερόμενον διαφερόμενον· συνᾶδον διᾶδον· ἐκ πάντων ἓν καὶ ἐξ ἑνὸς πάντα – „Zusammenfassungen: Ganzes und Nichtganzes; zusammengezogen/auseinandergezogen; im Einklang/außer Einklang: aus Allem Eines und aus Einem Alles."[95] Jedes Einzelne ist „Ganzes und Nichtganzes": es *ist* das Maß der Gestalt, in der es hervortritt, aber da es sich ständig wandelt, ist es diese Gestalt auch nicht. So zeigt sich der Logos als „ewig lebendes Feuer, sich entzündend in Maßen und verlöschend in Maßen" (B 30). Jedes Einzelne ist „zusammengezogen/auseinandergezogen", wie es das Bild von Bogen und Leier erläutert. Jedes Einzelne ist „im Einklang/außer Einklang" oder, wie sich auf Englisch besser sagen läßt, „in tune/out of tune": das bedeutet, in musikalischer Metaphorik, das Gleiche wie „ganz/nicht ganz": es stimmt mit der Linienführung seiner Gestalt überein und stimmt zugleich mit ihr nicht überein. In all dem manifestiert sich die Polarität der beiden sich durchdringenden Zustände: „Erde" = Struktur und „Meer" = Kontinuum. Wenn Heraklit in B 1 ankündigt, er werde „der φύσις entsprechend ein Jedes auseinanderlegen und sagen, wie es sich verhält", hat er den Aufweis dieser Alles durchgreifenden Polarität im Sinn. Die Worte „der φύσις entsprechend" bedeuten also bei Heraklit *nicht* – wie später bei Platon und bei Aristoteles: dem „Wuchs" des einzelnen Seienden gemäß. Sie bedeuten: der Physis im Ganzen gemäß, in der Alles *gemäß* dem Einen Logos entsteht und vergeht (B 1). Heraklit bezeichnet Alles, was ist, also Jedes, das wir ein Seiendes nennen, als „Zusammenfassungen", weil nichts, was in der Physis hervortritt, anders als in der Verbindung von Gegensätzen entstehen kann. Deshalb zeigt sich in allem, was ist, jene „gegenstrebige Fügung", die der Vergleich von Bogen und Leier deutlich macht.

Das „Wachsen", von dem die Physis ihren Namen hat, ist das Durchgreifen des sich im „Feuer" seines ewigen Lebens manifestierenden Logos durch die in seinen „Wenden" hervorgebrachten Gegensätze. Ohne diese Gegensätze könnte nichts in der Natur in Erscheinung treten; denn was wir „Werden" und „Vergehen" nennen, ist ein Ans-Licht-Treten und Wieder-Entschwinden im Durchgang durch einander entgegengesetzte Zustände. Der Gegensatz macht das Leben der Physis erst möglich. Dieser Gegensatz ist nichts Abstraktes und

---

[95] *VS 22 B 10;* Kirk, 167.

Ausgedachtes; der Durchgang des Feuers, in dem sich der Logos manifestiert, vollzieht sich im Umschlag von Leben in Tod, von Tod in Leben: „Für die Seelen ist es Tod, Wasser zu werden; für das Wasser ist es Tod, Erde zu werden; aus Erde wird aber Wasser, aus Wasser Seele."[96] Das ist der ganze Kreislauf durch die drei „Wenden des Feuers"; jedesmal ist der Umschlag Tod des Versinkenden, Aufleben des ans Licht Tretenden. Derselbe Vorgang ist zugleich Leben und Tod; Hades und Dionysos sind identisch. Weil es hier stets um Tod und Leben geht, hat Heraklit den Gegensatz, der die Physis durchgreift und zugleich ermöglicht, als πόλεμος – „Krieg" bezeichnet: „Krieg ist von allem der Vater, von allem der König, und hat die Einen als Götter gezeigt, die Anderen als Menschen, die Einen zu Sklaven gemacht, die Anderen zu Freien."[97] Auch das Feuer, in dem sich die Wahrheit des Logos manifestiert, enthält die gleiche „Gegenstrebigkeit". Erscheint es als Blitz (B 64), bringt es Tod und Vernichtung: das ist der Logos in seiner Gestalt als „Krieg", dargestellt im Symbol des Bogens. Erscheint es als Licht, bringt es Heiterkeit und Frieden, die Einheit in der Gegenstrebigkeit, die ἁρμονία, dargestellt im Symbol der Leier. Aber Bogen und Leier, Hades und Dionysos sind gleichzeitig gegenstrebig und identisch, und diese Identität macht das Feuer erst zum „Feuer", das zugleich verbrennt und erleuchtet und so die ewige Wahrheit des Logos in seinen „Wenden" hervortreten läßt.

Die Einheit der Physis erkennen wir darin, daß überhaupt nichts ist, das nicht κατὰ τὸν λόγον τόνδε – „diesem Logos hier gemäß" (B 1) hervortreten würde. Wie die Physis im Ganzen, so ist auch alles innerhalb der Physis „gegenstrebige Fügung". Das wird in B 10 (nach der durch Kirk, 167, gesicherten Lesart) durch das Wort συλλάψιες (attisch συλλήψιες, von συλλαμβάνω) zum Ausdruck gebracht: es ist aus den von Heraklit aufgezählten Gegensätzen „zusammengegriffen". Hier beginnt jener Weg des europäischen Denkens, der schließlich – in einer ungeheuerlichen Umdeutung – dazu geführt hat, daß der „Begriff" dialektisch als Synthesis aus Gegensätzen dargestellt wird[98].

---

[96] ψυχῆισιν θάνατος ὕδωρ γενέσθαι, ὕδατι δὲ θάνατος γῆν γενέσθαι, ἐκ γῆς δὲ ὕδωρ γίνεται, ἐξ ὕδατος δὲ ψυχή. (VS 22 B 36)
[97] Πόλεμος πάντων μὲν πατήρ ἐστι, πάντων δὲ βασιλεύς, καὶ τοὺς μὲν θεοὺς ἔδειξε τοὺς δὲ ἀνθρώπους, τοὺς μὲν δούλους ἐποίησε τοὺς δὲ ἐλευθέρους. (VS 22 B 53)
[98] In der Überarbeitung gestrichen: *Um die unerbittliche Konsistenz der*

In der Geschlossenheit und Spannung ihrer antithetischen Fügungen zeigt diese Sprache die παλίντονος ἁρμονία unmittelbar. Dieser Einklang von Sprache und Physis macht das Wesen jener ὁμολογία, jener Übereinstimmung der menschlichen Rede mit dem Logos der Welt aus, die Heraklit als Bürgschaft für deren Wahrheit betrachtet. Durch Begriffe kann dieser Einklang nicht bezeichnet werden; jeder Begriff, jedes Wort, jede Verweisung setzt die Einheit des „einzig Weisen", das hier, nicht ohne Gewaltsamkeit aber eben darin unmittelbar, zum Durchbruch kommt, bereits voraus. „Die unsichtbare Fügung hat größere Macht als die sichtbare"[99]: wer Heraklit verstehen will, muß sich der Macht der unsichtbaren Fügung der Gegensätze: Logos der Welt/Rede des Heraklit unterwerfen. Aber diese unsichtbare Fügung entzieht sich jener Methode der Interpretation, die in der menschlichen Rede wie in der Physis nur zulassen will, was man mit Händen greifen, was man „beweisen" und eindeutig fixieren kann. Nicht nur für uns ist die archaische Gestalt, in der das Denken hier auftritt, fremdartig, fern, nicht zu assimilieren; Heraklit versetzte auch die Griechen in Schrecken und blieb ihnen (mit Ausnahme von Platon) unverständlich; es umgibt ihn etwas von jener „terribilità", die in der Neuzeit von der ihm verwandten Naturerfahrung des Michelangelo ausstrahlt. Deshalb hat Raffael in der „Schule von Athen" dem Heraklit mit dämonischer Intuition die Züge von Michelangelo verliehen. Schon für die Zeitgenossen hatte seine Lehre eine durch und durch „paradoxe", das heißt der gewöhnlichen Auffassung widersprechende Gestalt. Heraklit betrachtet gerade den schroffen Widerspruch seiner Lehre zu der Denkweise seiner Zeitgenossen als eine Gewähr für ihre Wahrheit; daraus erklärt sich die Invektive gegen „die Vielen", die seine ganze Schrift durchzieht. Die Natur ist ihrem Wesen nach so beschaffen, daß die Masse der Menschen ihrem schreckenerregenden Anblick ausweichen und vor der Wahrheit des Logos eine Ausflucht in der Benebelung ihrer angemaßten „eigenen Einsicht" suchen muß. Aber sie werden dafür

Lehre von Heraklit sichtbar zu machen, haben wir ihn in breitem Umfang selbst zu Wort kommen lassen, weil man nur durch seine eigene Diktion etwas von der elementaren Macht der Welterfahrung, die er ausspricht, zu spüren bekommt. So, wie er spricht, ist weder vor ihm noch nach ihm jemals gesprochen worden.
[99] ἁρμονίη ἀφανὴς φανερῆς κρείττων (VS 22 B 54).

mit ihrem Untergang bezahlen, denn: „wie sollte sich einer vor dem verbergen können, was niemals versinkt?"[100]

⟨7. Die φύσις bei Heraklit und die „Natur" der neuzeitlichen Wissenschaft⟩

Vergleicht man Heraklits Darstellung der Physis mit der „Natur" der späteren Philosophie und Naturwissenschaft, so scheint von etwas völlig Anderem die Rede zu sein. Was Heraklit zeigt, kommt in der Naturwissenschaft nicht vor; die Objekte der Naturwissenschaft – der Fluß, die Sonne – erscheinen bei Heraklit nur als Vergleiche und Bilder, in denen, nach seiner Lehre, etwas sichtbar werden soll, was die Naturwissenschaft mit ihren Methoden an diesen Objekten nicht feststellen kann und deshalb als inexistent betrachtet. Das macht es der modernen Wissenschaft, einschließlich der klassischen Philologie, so leicht, diese Lehre als eine primitive, noch halb mythische und verstiegene Spekulation eines abseitigen Sonderlings aus einer vorwissenschaftlichen Epoche zu betrachten – eine Spekulation, von der kein vernünftiger Mensch annehmen kann, sie könnte eine Wahrheit entfalten, die sich der positiven Wissenschaft des 20. Jahrhunderts gegenüberstellen läßt. Niemand macht deshalb den Versuch, zwei so inkommensurable Gestalten des Wissens (denn „Wissen" beansprucht ja auch Heraklit) auch nur ernsthaft zu vergleichen.

Nun wurde aber an einigen Stellen wenigstens angedeutet, wo der Vergleich einsetzen könnte:
– Die Physik des 20. Jahrhunderts stößt in der Basis ihrer Theorie auf die Antinomie von Struktur und Kontinuum. Diese Antinomie scheint unauflösbar zu sein; sie kann nur als gegeben hingenommen werden. Die so bezeichneten Zustände dessen, was ist, zeigen sich in der Physis des Heraklit unter den Namen „Erde" und „Meer" als zwei der „Wenden des Feuers". Die dritte „Wende des Feuers", die Heraklit als „Seele" bezeichnet, kommt in der Objektsphäre der Wissenschaft nicht vor; sie erscheint im Rücken wissenschaftlicher Erkenntnis als das Bewußtsein, das über diese Erkenntnis verfügt, aber

---

[100] τὸ μὴ δῦνόν ποτε πῶς ἄν τις λάθοι; (VS 22 B 16). – Anfang des nächsten Absatzes in der Überarbeitung gestrichen: *Warum war es im Gang dieser Vorlesung nötig, Heraklit so ausführlich zu betrachten?*

sich selbst nicht als „Natur" betrachtet. Schließlich das „Feuer" selbst, das alles durchgreifende Sich-Manifestieren des Seins, dem wir verdanken, daß überhaupt „Objekte" vom „Bewußtsein" erkannt werden können: diese Vorgabe aller Erkenntnis wird ignoriert, weil sie sich weder in den Objekten noch im Subjekt vorfinden läßt. Es war also ein Irrtum zu meinen, die Lehre des Heraklit und die moderne Wissenschaft seien inkommensurabel. Der Entwurf des Heraklit umfaßt im Aufriß den gesamten Horizont des europäischen Denkens. Aber die Konsistenz dieses Entwurfes ist später auseinandergebrochen. Wir können die drei „Wenden des Feuers" – Struktur, Kontinuum und Bewußtsein – nicht mehr zusammendenken, weil wir das „Feuer" selbst, die Wahrheit des Logos, das Sein als Einheit von Leben und Tod, aus den Augen verloren haben. Wenn wir heute gezwungen sind, in neuer Form nach dem Wesen der Natur zu fragen, werden wir damit beginnen müssen, das auseinandergebrochene Gefüge der Dimensionen des uns überkommenen Naturverständnisses neu zu entdecken.

– Der europäische Begriff der Vernunft ist geschichtlich dadurch entstanden, daß die Stoa den Entwurf des Heraklit übernommen aber gewaltsam umgedeutet hat. Alle Elemente und Worte der Lehre des Heraklit tauchen hier wieder auf, aber der Logos ist nicht mehr παλίντονος ἁρμονία sondern in sich selbst gegensatzlose Identität. So wird der Logos zur Weltvernunft, mit der die Vernunft des Menschen sich zu identifizieren vermag. So wird die unbewegte, gegensatzlose Identität zur Achse des Weltverständnisses, und dieses Prinzip hält sich in der europäischen Tradition durch. Die unbewegte Identität der Vernunft vermag die Mannigfaltigkeit des Gegebenen nur noch in der Form der Reflexion auf sich zu beziehen; deswegen hat die stoische Erkenntnistheorie die Figur der Reflexion ausgebildet und der neuzeitlichen Philosophie vorgezeichnet. Daraus ergibt sich dann unausweichlich, daß das Seiner-selbst-gewiß-Sein des Logos in der Geschichte als συνείδησις – als *conscientia* – als Selbstbewußtsein entfaltet. Die ἰδία φρόνησις, das Sich-selbst-zueigen-Sein des Wissens, wird in direktem Widerspruch zu Heraklit Prinzip des Wissens. Von Heraklit her gesehen ist „evident", daß sich das Wissen dadurch aus der Physis herausreflektiert und den Logos der Welt aus dem Auge verlieren muß. So konstituiert sich die „Vernunft" (im europäischen Sinne dieses Wortes) durch eine Negation des heraklitischen Logos und damit zugleich der Physis. Weil sie im innersten Bereich mit einer Destruktion der Physis begann, muß sie in einer äußeren Destruktion alles dessen, was um sie und in ihr Natur ist, jene Strafe erleiden, die Heraklit mit klaren Worten bezeichnet hat.

Der Weg dieser Vorlesung führt nicht „zurück zu Heraklit"; ich werde im Sommersemester zu zeigen versuchen, daß wir im Gegenteil genötigt sind, uns von Heraklit weiter zu entfernen, als die europäische Tradition es je getan hat. Aber um dies leisten zu können, müssen wir zuerst die Wahrheit von Heraklit wieder entdecken. Und wenn es zulässig ist, hier von „Wahrheit" zu sprechen, wird die Entfernung in einer Form vollzogen werden müssen, die diese Wahrheit durchsichtig macht und aufbewahrt. Deswegen ist der Exkurs über Heraklit ein nicht zu überspringender Schritt im „systematischen" Gang dieser Vorlesung[101].

---

[101] *Im mündlichen Vortrag bildete die Stoa den Übergang zu Kant. Dort wurde versucht, deutlich zu machen, aus welchen Gründen wir auch noch im 20. Jahrhundert bei Kant einsetzen müssen, wenn wir die Frage nach dem Wesen der Natur so ansetzen wollen, daß wir an der Physik von Newton bis Einstein und Bohr nicht vorbeifragen. Die Erläuterung der kantischen Unterscheidung von Begriff und Anschauung ⟨sowie⟩ von Verstandesbegriffen und Vernunftbegriffen bewegte sich auf bekanntem Gelände und braucht hier nicht wiederholt zu werden. –* Mit dieser Anmerkung endet die zweite, nachträglich geschriebene Fassung des ersten Teiles der Vorlesung aus dem Wintersemester 1973/74; vgl. „Vorbemerkung", 79.

Zweiter Teil

⟨Natur und Freiheit

Die Konstitution des transzendentalen Subjekts (Kant)⟩

⟨VIII. Was heißt: der „Begriff" der Natur?⟩

⟨1. Die Lehre vom Begriff in der neuzeitlichen Wissenschaft⟩

Nachdem die Vorlesung in der ersten Hälfte des Semesters durch meine Japanreise ein wenig aus den Fugen gegangen ist, betrachte ich es als meine erste Aufgabe, die Fragestellung dieser Vorlesung noch einmal klar zu umreißen und den Weg, den wir verfolgen wollen, so zu markieren, daß Sie die Orientierung nicht verlieren. Angezeigt wurde die Vorlesung unter der Überschrift „Der Begriff der Natur und seine Geschichte". Wir leben in der Natur, und wir sind Natur, aber wir beginnen heute zu entdecken, daß die Natur sich den Formen, in denen wir mit ihr umgehen, und in denen wir über sie denken, widersetzt. Die angewandte Naturwissenschaft zerstört die Natur. Die Projektion der selben Denk- und Verfahrensweisen in Politik und Gesellschaft zerstört den Menschen. Wir handeln falsch, weil wir falsch denken. Natur ist offenbar anders beschaffen, als das neuzeitliche europäische Denken sich Natur vorgestellt hatte.
Die Grundform, in der sich das neuzeitliche Denken die möglichen Gegenstände der Erkenntnis zur Vorstellung bringt, ist der Begriff. Deswegen fragen wir nach dem Begriff der Natur. Diese Frage darf nicht so verstanden werden, als ob es meine Absicht sein könnte, den bisher herrschenden Begriff der Natur zu kritisieren, um ihn durch einen anderen, vermeintlich besseren Begriff der Natur zu ersetzen. Wir müssen in eine viel tiefere Schicht vordringen, wenn wir den neuzeitlichen Naturbegriff verstehen und seine Rechtmäßigkeit prüfen wollen. Es drängt sich die Vermutung auf, daß schon die erste Voraussetzung des neuzeitlichen Denkens, nämlich die Meinung, daß wir das Wesen der Natur in der Form des Begriffes erfassen können, falsch ist. Gesetzt, dieser Verdacht wäre berechtigt, dann würden wir durch jeden Versuch, den Begriff der Natur zu korrigieren, den Irrtum, aus dem wir uns befreien sollten, nur verfestigen.
Aber ist es denn wahr, daß sich das neuzeitliche Denken durch einen Begriff der Natur bestimmen läßt? Wenn wir die Naturwissenschaft-

ler fragen, so werden sie das weit von sich weisen. Die neuzeitliche Naturwissenschaft setzt gerade ihren Stolz darein, sich *nicht* durch metaphysische Grundannahmen wie einen allgemeinen Naturbegriff bestimmen zu lassen. Sie versteht sich als empirische Forschung, die das methodische Prinzip hat, nichts zu behaupten, was sich nicht durch Experimente nachweisen läßt. Die Naturwissenschaftler haben, wenn man ihren Aussagen Glauben schenken darf, keinen Begriff der Natur, und kein Student eines naturwissenschaftlichen Faches bekommt über den Begriff der Natur etwas zu hören. Betrachtet man den positiven Bestand der heute schon unübersehbar gewordenen Zahl von naturwissenschaftlichen Spezialfächern, so haben sie statt des Begriffes etwas anderes: sie haben Methoden und sie haben Gesetze. Gemeinsam ist diesen Methoden und diesen Gesetzen, daß sie sich mathematisch formulieren lassen. Die Gesamtheit der Naturwissenschaften beruht auf der Grundannahme, daß es in der Natur nichts gibt, was sich der Mathematisierung entziehen könnte. Von der Mathematik wird auf der einen Seite vorausgesetzt, daß die wirkliche Natur ihr wirklich gehorcht; andererseits wird von derselben Mathematik vorausgesetzt, daß sie auf den notwendigen Gesetzen der Operationen unseres Denkens beruhe. In diesem Sinne hat die moderne Mathematik die operationelle mathematische Logik zur axiomatischen Grundwissenschaft gemacht. Wie es möglich sein soll, daß die Massen im Raum und die Atome denselben Gesetzen gehorchen, die wir auch als die Gesetze des menschlichen Denkens betrachten: diese Frage drängt sich zwar auf, aber sie wird zugleich verboten; denn sie gehört nach der klassischen Einteilung der Disziplinen in das Feld der Metaphysik, und das gesamte Selbstverständnis der neuzeitlichen Naturwissenschaften begründet sich darauf, daß diese neue Form der Wissenschaft metaphysische Voraussetzungen ausschließt. Die Übereinstimmung von Denken und Natur wird zwar mit kaum zu übertreffender Naivität überall dort vorausgesetzt, wo man Computer benutzt, rationalisiert, Instrumente baut und experimentiert; aber zugleich soll es nicht zugelassen werden, nach der Möglichkeit, den Implikationen und den Grenzen einer solchen Übereinstimmung zu fragen. An dieser Stelle hat die neuzeitliche Naturwissenschaft eine Tafel mit einem Denkverbot errichtet. Sie widersetzt sich der Aufklärung über ihre eigenen Voraussetzungen. Sie ist in ihrer Basis aufklärungsfeindlich.

Die Naturwissenschaft, so sagte ich, beruht auf der Voraussetzung, daß sämtliche Phänomene der Natur mathematischen Gesetzen gehorchen. Die Wissenschaft von den Grundlagen der Mathematik ist die mathematische Logik. Logik ist aber nach Kant die Lehre von jenen Handlungen des Denkens, in denen wir die Natur begreifen. Diese Handlungen des Denkens nennt Kant „Begriff". Was wir in unserem gewöhnlichen Wortgebrauch als „Begriffe" bezeichnen, sind die *Produkte* dieser Handlungen des Denkens. Kant hat in der „Kritik der reinen Vernunft" gezeigt, daß diese Ergebnisse unseres Denkens – Begriffe wie „Stein", „Pflanze", „Hund", „Atom", „Stern", „Materie", „Energie" – auf die ursprünglichen Handlungen des Denkens zurückgeführt werden können, in denen der Mensch alles, was nicht er selbst ist, so vor sich hinstellen kann, daß es sich als Objekt erkennen und bestimmen läßt. Die Handlungen des Denkens, in denen er das leistet, sind jene ursprünglichen Funktionen, die operationelle Logik zur Darstellung bringt. Sie sind die reinen Formen des Begreifens. Und da alle sonstigen Begriffe aus diesen Formen des Begreifens abgeleitet werden können, nennt Kant nicht die Produkte des Begreifens sondern die primären Handlungen des Denkens „Begriffe". Er versteht alles Denken überhaupt – im Gegensatz zur Anschauung – als Begreifen. In diesem transzendentalen Sinn ist die gesamte Logik eine Lehre vom Begriff. Diese transzendentale Bedeutung hat das Wort „Begriff" auch bei Fichte, Schelling und Hegel.

Was ergibt sich daraus für unsere Fragestellung? Die Naturwissenschaft beruht auf der Mathematik. Die Mathematik beruht auf der Logik. Die Logik ist die Lehre von jenen Operationen des Denkens, in denen wir mögliche Objekte begreifen. Also beruht die gesamte Naturwissenschaft auf einer Lehre vom Begriff im Sinne der ursprünglichen Handlungen des Begreifens. Damit ist deutlich, was das Wort „Begriff der Natur" für die moderne Naturwissenschaft bedeutet. Der Begriff der Natur ist in der neuzeitlichen Naturwissenschaft nicht einer jener abgeleiteten Begriffe, deren Bedeutung man in einer Definition angeben kann. Als Begriff der Natur kann in der neuzeitlichen Naturwissenschaft nur die Gesamtheit jener Operationen bezeichnet werden, die diese Wissenschaft voraussetzt, auf denen ihre Konsistenz beruht, und die sie bei ihren Theoriebildungen zugrundelegt. In diesem Sinne spricht etwa Weizsäcker von der „Einheit der Natur". Prüft man genauer nach, was er darunter versteht, so stellt sich heraus, daß Einheit der Natur bei ihm identisch ist mit der Einheit einer geschlossenen Theorie *von* der Natur, die ihrerseits auf der Logik beruht. Der Begriff der Natur ist definiert durch die Konsistenz des Systems der operationellen Regeln, mit deren Hilfe wir die Natur begreifen. Die Regeln des Begreifens *sind* der Begriff der Natur. Wenn wir angeben wollen, was der Begriff der Natur in der modernen Naturwissenschaft bedeutet, beschreiben wir nicht die Phänomene in der Natur, sondern wir beschreiben die wissenschaftlichen Theorien von diesen Phänomenen. Das sieht zunächst aus, als ob die wissenschaftliche Theorie mit dem Begriff der Natur identisch wäre. Die wissenschaftliche Theorie wird aber ihrerseits auf ein System von operationellen Regeln zurückgeführt. Dann wäre der Begriff der Natur durch die Kybernetik oder die mathematische Logik definiert. Kybernetik und mathematische Logik stellen aber ihrerseits gewisse Regelsysteme dar, die gleichzeitig als Regelsysteme unseres Denkens gelten sollen. Sie sind die Systeme jener Operationen, die Kant als „Begriffe" bezeichnet hat. In diesem Sinne kann man sagen: Der Begriff der Natur ist in der Naturwissenschaft des 20. Jahrhunderts identisch mit jenen Regelsystemen, durch die wir die Natur begreifen. Der Begriff der Natur ist für die moderne Naturwissenschaft nicht einer jener abgeleiteten Begriffe wie etwa der Begriff „Lampe" oder „Baum". Diese Wissenschaft ist vielmehr nur dadurch möglich, daß sie die Regeln ihrer eigenen Theoriebildung mit dem Begriff der Natur identifiziert.

Kant ist der Philosoph, dem wir verdanken, daß es uns möglich ist, diesen Sachverhalt zu durchschauen. Er hat in der „Kritik der reinen Vernunft" den berühmten Grundsatz aufgestellt, auf dem bis heute alle naturwissenschaftliche Erkenntnis beruht. Dieser Grundsatz heißt: „Die Bedingungen der Möglichkeit der Erfahrung überhaupt sind zugleich Bedingungen der Möglichkeit der Gegenstände der Erfahrung." (B 197; 3, 145) Der Inbegriff der möglichen Gegenstände der Erfahrung heißt bei Kant „die Natur". Die Bedingungen der Möglichkeit der Erfahrung sind einerseits die Formen der Anschauung, andererseits die reinen Verstandesbegriffe und die Vernunftbegriffe. Wenn wir die Anschauung zunächst ausklammern und nur den *Begriff* der Natur ins Auge fassen, so bedeutet der kantische Grundsatz: Die ursprünglichen Handlungen des Begreifens sind zugleich der Begriff der Natur. Bei jeder Erkenntnis von Phänomenen innerhalb der Natur setzen wir diese Handlungen des Begreifens voraus. Alles, was in der Natur objektiviert werden kann, wird durch diese Handlungen des Begreifens ans Licht gezogen und hervorgebracht. Es ist in diesem Sinne ein Produkt der ursprünglichen Handlungen des Begreifens. Damit Naturwissenschaft zustandekommen kann, müssen uns die Erscheinungen innerhalb der Natur außerdem irgendwie gegeben sein. Die Formen, in denen sie gegeben sind, nennt Kant die „reinen Formen der Anschauung": Raum und Zeit. Aber wenn wir das Gegebene erkennen und aus solchen Erkenntnissen eine Wissenschaft aufbauen wollen, sind wir auf jene Formen zurückverwiesen, in denen sich unser Denken das Gegebene zum Bewußtsein bringt. Deshalb beruht die Einheit der Natur, sofern sie Einheit der Naturwissenschaft und damit Einheit der Naturerkenntnis sein soll, auf der Einheit unseres erkennenden Denkens, wie das System der Logik es uns darstellt. Die Einheit der Natur ist also identisch mit jener Einheit, die sich uns im System der Verstandesbegriffe und der Vernunftbegriffe darstellt. Die ganze moderne Naturwissenschaft beruht darauf, daß hier das menschliche Denken die Einheit der Natur nicht außerhalb seiner selbst in der „Natur", der wir angehören, sondern in der Konsistenz seiner Theoriebildungen, das heißt in sich selbst sucht. In diesem Sinn ist die gesamte moderne Naturwissenschaft bis zum heutigen Tage – und nicht nur die Naturwissenschaft – das Produkt der neuzeitlichen Philosophie der Subjektivität, also das Produkt einer Philosophie, die von der Voraussetzung ausgeht, die Prinzipien des Denkens seien zugleich die Prinzipien alles dessen, was durch unser Denken erkannt werden kann.

⟨2. Anmerkung über Hermeneutik⟩

Ich schiebe hier die Anmerkung ein, daß für die Theologie das Gleiche gilt wir für die Naturwissenschaft. Die Hermeneutik wie die systematische Theologie gewinnen ihre im neuzeitlichen Sinne wissenschaftliche Gestalt dadurch, daß in diesen Disziplinen Vernunftprinzipien, die auch auf allen anderen Gebieten ihre Geltung haben, zu Kriterien der theologischen Erkenntnis wurden. Das Neue Testament wird nach denselben methodischen Regeln interpretiert, die sich in der modernen Philologie auch für die Bearbeitung aller übrigen Texte durchgesetzt haben. Die autonome wissenschaftliche Vernunft entscheidet über die Richtigkeit der Auslegung eines biblischen Textes. Daran wird sich vermutlich erst dann etwas ändern, wenn die profane Wissenschaft entdeckt, daß ihre Hermeneutik im profanen Bereich die Gebilde, die sie erklären soll, zerstört. In unserer heutigen geistigen Situation ist die Erleuchtung der Theologen vermutlich nur von den Profanwissenschaften her zu erhoffen. Jedenfalls sollten aber Theologen über die Zerstörung der Natur nicht reden, ohne sich klargemacht zu haben, daß sie genau das gleiche Zerstörungswerk auf ihrem eigenen Gebiet vollziehen und die ganze Neuzeit hindurch vollzogen haben.

⟨3. Zur Geschichte des Begreifens⟩

Die neuzeitliche Naturwissenschaft hat, wie wir sahen, deshalb keinen Begriff der Natur im landläufigen Sinn dieses Wortes, weil sich die Einheit und damit das Wesen der Natur in die Widerspruchsfreiheit und damit Konsistenz der methodischen Regeln verlagert hat, nach denen sie bei ihrer Erkenntnis verfährt. Die Einheit der Natur wird mit der Einheit des Subjektes der Naturerkenntnis gleichgesetzt. Deshalb muß man, wie Kant gezeigt hat, das System der reinen Verstandesbegriffe untersuchen, wenn man verstehen will, wo der Naturbegriff der neuzeitlichen Physik verankert ist. Die Logik hat sich – entgegen der Annahme von Kant – seit Frege tiefgreifend verändert. Die aristotelische Logik, von der Kant ausging, hat neben dem neu entdeckten Feld der mathematischen Aussagenlogik nur noch eine untergeordnete Bedeutung. Aber Kants transzendentale Grunderkenntnis, daß die logischen Formen auf die ursprünglichen Handlungen des Begreifens zurückzuführen sind, wird durch die operationelle Aussagenlogik nicht widerlegt, sondern im Gegenteil bestätigt. Sollte es einmal wieder Logiker geben, die es für der Mühe wert halten [102], Philosophie zu lernen, so werden sie vermutlich entdecken, daß jene große Wendung des Denkens, die später die mathematische Logik möglich machte, mit Kants transzendentaler Logik beginnt und nur von ihr her begründet werden kann. Denn wenn Kant die traditionelle Lehre vom Begriff über Bord wirft, entzieht er der aristotelischen Logik die Basis. Und wenn er die kühne terminologische Entscheidung trifft, die Funktionen des Urteilens und des

---

[102] Im Text: „der Mühe für wert".

Schließens durch das Wort „Begriff" zu bezeichnen, verlagert er die Lehre von den logischen Formen auf das Feld jener operationellen Regeln, die dann zur eigentümlichen Domäne der mathematischen Logik geworden sind. Deshalb wird eine philosophische Deutung der Verfahrensweisen moderner Naturwissenschaft noch heute bei Kant einsetzen müssen.

Diese Überlegungen haben mich veranlaßt, in den letzten Stunden vor den Ferien Kants Lehre von den Verstandesbegriffen und von den Vernunftbegriffen so knapp wie möglich zu erläutern (s. Einleitung, 68). Sowie man diese Lehre genauer betrachtet, stellt sich heraus, daß sie aus sich selbst heraus und gleichsam zeitlos gar nicht verstanden werden kann. Sie ist, wie ich Ihnen zu demonstrieren versuchte, eine Antwort auf das von Descartes gestellte Problem, wie es möglich sein sollte, daß sich das denkende Ich auf die Natur außerhalb seiner selbst bezieht. Ich habe Ihnen zu zeigen versucht, daß die cartesische Unterscheidung zwischen *ego cogito* und *res extensa* ebenfalls nicht vom Himmel gefallen ist, sondern sich nur aus der Geschichte des europäischen Denkens verstehen läßt. Führt uns die Frage nach jenem Begriff der Natur, von dem die neuzeitliche Naturwissenschaft sich leiten läßt, auf die Formen zurück, in denen wir Natur begreifen, so erklärt sich nun die Vorherrschaft dieser Formen aus der Geschichte des europäischen Denkens. Das ist der Grund, weshalb es sich verboten hätte, diese Vorlesung unter die Überschrift „Der Begriff der Natur" zu stellen. In der Frage nach dem „Begriff" der Natur ist die Frage nach der Natur des Begreifens, und in der Frage nach der Natur des Begreifens ist die Frage nach der Geschichte des Begreifens enthalten. Wir müssen uns das ins Bewußtsein rufen, weil wir sonst keine Möglichkeit haben, uns von den in dieser Geschichte enthaltenen Vorurteilen zu emanzipieren. Hat man einmal durchschaut, in welchem Maße sich die Menschen, als ob sie nichts als Marionetten wären, von unverstandenen Reminiszenzen vergangener Geschichte bestimmen lassen, so wird die Aufklärung geschichtlicher Vorurteile zu einer der wichtigsten Aufgaben des Denkens. Man bildet sich dann nicht mehr ein, man könnte bei der Erkenntnis der Natur, der Gesellschaft oder anderer Sachverhalte die geschichtlichen Bedingungen, unter denen man steht, ignorieren. Man verfällt nicht mehr dem Aberglauben, man wäre „modern", wenn man so tut, als ob es Geschichte nicht gäbe. Wer die Geschichte nicht zur Kenntnis nimmt, verurteilt sich dazu, für bare

Münze zu nehmen, was nichts als das Produkt höchst fragwürdiger geschichtlicher Entwicklungen ist. Er fällt auf die Geschichte gleichsam herein, wird eben dadurch zu ihrem Sklaven und ist nicht „modern" sondern ein bloßer Nachläufer des 19. oder 18. Jahrhunderts. Das ließe sich etwa an den heute gängigen Formen des sogenannten Marxismus, es ließe sich auch an den Ideologien der heutigen Naturwissenschaft illustrieren, die zum größten Teil nur die Klischees des englischen Empirismus und des französischen Positivismus des 18. Jahrhunderts reproduzieren. Die Hilflosigkeit, mit der wir im 20. Jahrhundert unseren Problemen gegenüberstehen, erklärt sich zu einem guten Teil daraus, daß wir aus Mangel an geschichtlicher Bildung nicht in der Lage sind, modern zu sein, sondern versuchen, die Nöte unserer Zeit mit Rezepten unserer Urgroßväter zu kurieren. Das Instrumentarium derer, die sich heute fortschrittlich dünken, ist um nichts weniger reaktionär als die begriffliche Ausstattung jener Köpfe, die ehrlich genug sind, aus ihrer reaktionären Einstellung kein Hehl zu machen. Auch der Pegelstand der geschichtlichen Bildung ist auf beiden Seiten so ziemlich der gleiche.

Was ergibt sich aus diesen Überlegungen für das Verständnis unserer Aufgabe? Ich habe versucht, die Überschrift „Der Begriff der Natur und seine Geschichte" zu interpretieren. Die philosophische Tradition, in der wir uns noch immer bewegen, verbindet mit den Worten „Natur", „Begriff" und „Geschichte" ein Vorverständnis, das bis heute unsere gesamte Weltorientierung bestimmt. Das Wort „Natur" bezeichnet die gesamte Sphäre dessen, was außerhalb menschlichen Daseins liegt und den Gesetzen der Physik gehorcht. Das Wort „Begriff" verweist uns in die Sphäre der menschlichen Erkenntnis. Es gehört in den Bereich der Logik und Erkenntnistheorie. Niemand versucht, die Logik oder die Erkenntnistheorie mit Hilfe der Physik zu erklären. Wohl aber halten wir umgekehrt ein physikalisches Gesetz nur dann für richtig, wenn es der Logik nicht widerspricht. Die Sphäre des Begriffs liegt also außerhalb der Sphäre der Natur, obwohl wir aus Gründen, nach denen nicht gefragt werden darf, überzeugt sind, daß für die Natur dieselben Gesetze gelten wie für das Denken. Das Wort „Geschichte" bezeichnet im europäischen Denken der letzten zwei Jahrhunderte eine Sphäre, die der Natur entgegengesetzt ist. Alle Prozesse in der Natur sind nach der klassischen Physik der Kausalität unterworfen. In der Natur herrscht die Notwendigkeit. Hingegen hat das europäische Denken seit Kant und seit der Französischen Revolution die Geschichte als das Reich der Freiheit verstanden. Da sich der neuzeitliche Begriff der Freiheit mit dem neuzeitlichen Begriff der Kausalität nicht vereinigen läßt, hat man die Geschichte aus der Natur herausgebrochen und vom Bewußtsein her interpretiert. Die Sphäre der Geschichte ist – im Gegensatz zur Sphäre der Natur – das Reich des Geistes. Die gesamte neuzeitliche Geschichtsbetrachtung ist Geistesgeschichte, auch wenn sie als Sozialgeschichte, Wirtschaftsgeschichte oder politische Geschichte auftritt; denn auch die Wirtschaftsgeschichte und Sozialgeschichte setzt einen Begriff der Freiheit voraus, der zur neuzeitlichen Physik im Widerspruch steht und sich nur durch einen naturlosen Begriff von Bewußtsein rechtfertigen läßt. Marx hat dagegen Einspruch erhoben. Aber die Marxisten haben die Tiefe seiner Fragestellung nicht verstanden. Die Hilfskonstruktion der Überbautheorie reicht nicht aus, um den geschichtlichen Prozeß zu erklären. Deshalb ist der Marxismus in seiner Theorie und noch mehr in seiner Praxis in die Philosophie der Subjektivität zurückgefallen und hat sich durch sein Philosophieverbot als eine der großen reaktionären Mächte in der heutigen Welt fest etabliert.

Durch unsere Überlegung hat sich das Verhältnis der durch die Worte „Natur", „Begriff", „Geschichte" bezeichneten Sphären verschoben. Wie kommt der Determinismus in die Natur hinein? Wir haben gesehen, daß jenes System von operationellen Regeln, das den Naturbegriff der Naturwissenschaften trägt, seinen Ursprung und seinen Halt nicht in den Phänomenen außer uns sondern in der Logik, das heißt in der Natur des Begreifens hat. Ich werde noch genauer demonstrieren, daß der Determinismus entsteht, wenn man die Regeln des Begreifens in die Zeit projiziert. Die Natur wird nur dadurch zu einer Sphäre der jede Freiheit ausschließenden Notwendigkeit, daß das menschliche Denken sie sich durch das Instrument des Begriffes in dieser Gestalt gegenüber- und entgegenstellt. Durch genau denselben Akt stellt das menschliche Denken sich selbst aus der Natur heraus in ein naturloses, ja naturwidriges Niemandsland, in dem das Denken autonom, das heißt den Gesetzen der Natur nicht unterworfen ist. Dieser Akt der Entgegensetzung von Mensch und Natur ist aber nicht ein Akt der Willkür, er ist das Ergebnis eines geschichtlichen Prozesses. So kamen wir auf die Frage nach der Geschichte des Begreifens. Die Geschichte des Begreifens ist die Geschichte eines Wandels in der Stellung des Menschen zur Natur, genauer: eines Wandels in der Stellung des Menschen *innerhalb* der Natur. Wenn wir das eingesehen haben, verändern die Worte „Begriff" und „Begreifen" ihre Bedeutung. Sie bezeichnen jetzt die Form, wie der Mensch seine geschichtliche Stellung innerhalb der Natur zur Natur bestimmt. Was aber ist dann die Geschichte? Geschichte ist dann der Inbegriff jener Prozesse, die daraus resultieren, wie der Mensch in der Natur seine Stellung bestimmt und kraft dieser Stellung über Natur verfügt. Geschichte ist also ein Prozeß in der Natur, der daraus resultiert, daß die Natur dem Menschen einen Spielraum selbstherrlicher Verfügungsgewalt gestattet. Das Instrument, dessen sich der Mensch bedient hat, um diese Verfügungsgewalt zu steigern, ist der Begriff. Die Logik ist deshalb „operational", weil sie ein Mittel der Machtausübung ist. Logik ist Theorie der Macht. Deshalb haben logische Operationen Zwangscharakter. Versteht man die Geschichte des Begreifens als eine Geschichte der Potenzierung menschlicher Macht, so tritt auch die Natur des Begriffes ans Licht. Die Natur des Begriffes ist eine von der Physik theoretisch ignorierte aber praktisch mit höchster Effizienz ins Werk gesetzte Form der Energie. Die Geschichte der Neuzeit ist jener Prozeß in der Natur, der durch die Freisetzung dieser Form von Energie verursacht wurde. Ihr Resultat ist die technische Zivilisation und die durch sie in Gang gesetzte Destruktion aller jener Bereiche innerhalb der Natur, die dem Zugriff des Begriffes ausgeliefert sind. Deshalb konvergieren in der Metaphysik von Hegel das Wesen der Natur und das Wesen der Geschichte mit vollem Recht im Wesen des Begriffes.

⟨4. „Erfahrung" in den Naturwissenschaften und bei Kant⟩

Ich habe den Titel dieser Vorlesung erläutert, um den Horizont sichtbar zu machen, in dem unsere Arbeit sich bewegt. Damit haben wir zugleich den Anschluß an die letzten Vorlesungsstunden vor Weihnachten wiedergewonnen, in denen ich Kants Lehre von den Verstandesbegriffen und den Vernunftbegriffen so weit erläutert habe, wie es für unsere Zwecke nötig ist. Wer unter Ihnen sich mit Kant schon beschäftigt hat, wird bemerkt haben, daß ich Kants Lehre von den Verstandesbegriffen unter einer anderen Perspektive betrachtet habe, als das üblich ist; ich habe die Kategorien nämlich als den

Entwurf des Koordinatensystems interpretiert, durch das der neuzeitliche Mensch seine Stellung in der Natur bestimmt[103]. Kant untersucht in der „Transzendentalen Analytik" der „Kritik der reinen Vernunft" unter dem Titel „Transzendentale Analytik" die Bedingungen der Möglichkeit der theoretischen Erfahrung. Das Wort „Erfahrung" hat dabei nicht den weiten und zugleich unbestimmten Sinn, in dem wir es in der Umgangssprache zu gebrauchen pflegen. Kant untersucht vielmehr die Form der Erfahrung, aus der die Erkenntnisse der Naturwissenschaften hervorgehen. Die Naturwissenschaften lassen nur solche Erkenntnisse zu, die eindeutig und nachprüfbar sind. Die Methode, durch die man solche Erkenntnisse gewinnt, ist das Experiment. Die Naturwissenschaften verdanken den sicheren Gang, den sie seit Galilei verfolgt haben, den experimentellen Methoden. Das Wort *experimentum* ist von *experi* = erfahren abgeleitet. Deswegen kann Kant die Gesamtheit der nach dem methodischen Modell des Experimentes gewonnenen Erkenntnisse als „Erfahrung" bezeichnen. Erfahrung hat bei ihm die klar definierte Bedeutung: Erkenntnis der Objekte durch Wahrnehmungen. Diese Form der Erfahrung unterscheidet sich durch ihre Methode von allem, was wir sonst Erfahrung nennen. Die Weise, wie uns die Natur, unsere Mitmenschen und wir selbst im Lebensvollzug begegnen, hat eine völlig andere Gestalt als jene Erfahrung, die wir durchs Experiment gewinnen. Hegel hat in der „Phänomenologie des Geistes" eine „Wissenschaft der Erfahrung des Bewußtseins" vorgelegt, die es im Unterschied zu Kant unternimmt, sämtliche Formen menschlicher Erfahrung in ihrem inneren Zusammenhang zu entwickeln. Von einer solchen Fragestellung ist Kant in der „Kritik der reinen Vernunft" weit entfernt. Er untersucht unter dem Titel der „Erfahrung" lediglich die objektive Erkenntnis. Aber das Feld der objektiven Erkenntnis ist für ihn identisch mit der Natur, denn Natur ist in formeller Bedeutung „der Inbegriff der Regeln, unter denen alle Erscheinungen stehen müssen, wenn sie in einer Erfahrung als verknüpft gedacht werden sollen"[104]. Der Begriff der Natur steht also zu jenem Begriff der Erfahrung, der an die Methode des Experimentes geknüpft ist, bei Kant in einer strengen Korrelation. Die

---

[103] Wohl mündlich vorgetragen – der Text enthält diese Überlegungen nicht; vgl. jedoch Kants Religionsphilosophie, a. a. O., 466ff.
[104] *Prolegomena § 36;* 4, 318.

Einheit der Natur ist bei ihm mit der Einheit möglicher Erfahrung identisch.

Ich habe schon darauf hingewiesen, daß die Formen, in denen wir dadurch, daß wir leben, Natur und in der Natur uns selbst erfahren, sich von dieser wissenschaftlichen Form der Erfahrung nicht nur dem Grade nach sondern fundamental unterscheiden. Wenn Sie diesen Raum betreten und sich auf eine Bank setzen, machen Sie von dem Raum und der Bank eine ganz andere Erfahrung als jene objektiven Erfahrungen, die ein Team von Naturwissenschaftlern gewinnen würde, wenn sie die Bank, den Raum, die Atmosphäre und das Licht, das diesen Raum erfüllt, mit experimentellen Methoden untersuchen würden. Das Resultat der Erfahrungen, die Sie machen, wenn Sie sich in diesem Raum aufhalten, kann man nicht in Zahlen und Gleichungen an die Tafel schreiben. Andererseits entzieht sich Ihrer Erfahrung, was mit naturwissenschaftlichen Methoden festgestellt werden kann. Die Bedingung für Ihre Form des Erfahrens ist, daß Sie leben, und daß Ihre Organe durch Erziehung, Gewohnheit und die Mechanismen der Gesellschaft auf bestimmte Reaktionsweisen eingestellt sind. Hingegen wird die Erfahrung der Naturwissenschaft nicht durch den Lebensvollzug gewonnen. Sie bedarf künstlicher Vorrichtungen und komplizierter Instrumente. Sie ist außerdem, wie Kant gezeigt hat, an Regeln gebunden, in die eine jahrhundertealte Tradition von Methoden und Erkenntnissen eingegangen ist. Wenn ein bestimmtes Experiment gemacht wird, um etwa den Schwefelgehalt der Luft in diesem Raum festzustellen, so sind wir von der Richtigkeit des erzielten Resultates nur deshalb überzeugt, weil wir zugleich davon überzeugt sein können, daß die Physik und die Chemie, die dieses Experiment voraussetzt, eine konsistente Theorie darstellen. Nur dank der Konsistenz dieser Theorie vermittelt ein solches Experiment eine Erfahrung, die objektiv gültig ist. Sie sehen schon an diesem einfachen Beispiel, wie weit sich dieser Begriff der Erfahrung, der der Gesamtheit der Naturwissenschaften zugrundeliegt, von allem entfernt, was wir sonst Erfahrung nennen. Kein Mensch kann die Natur so erfahren, wie sich natürliche Phänomene in einem Experiment darstellen, denn jedes Experiment setzt die Gesamtheit jener unzähligen Experimente voraus, aus denen das Lehrgebäude der Physik und der Chemie hervorgegangen ist. Zwar wird durch jedes gelungene Experiment die Richtigkeit der Theorie, die es voraussetzt, neu bestätigt, aber das Eintreten eines bestimmten Effekts ist mit dem Kontext der Erfahrung, auf dem das Experiment beruht, nicht identisch. Dieser Kontext der Erfahrung hat kein Subjekt, es sei denn, man bezeichnete als ein solches Subjekt die anonyme Größe „Wissenschaft". Zwar ist diese Wissenschaft aus einer unzählbaren Menge von Experimenten hervorgegangen, aber getragen wird sie nicht durch Erfahrung von dem, was wahrgenommen wird, sondern durch die Konsistenz ihrer Theorie. Ich zitiere dazu noch einmal Kant: „Unter Natur (im empirischen Verstande) verstehen wir den Zusammenhang der Erscheinungen ihrem Dasein nach nach nothwendigen Regeln, d. i. nach Gesetzen. Es sind also gewisse Gesetze und zwar *a priori*, welche allererst eine Natur möglich machen." (KrV B 263; 3, 184) Die Regeln, als deren Inbegriff Natur sich darstellt, sofern sie wissenschaftlich erkannt wird, entspringen aber aus den Verstandesbegriffen. Der Verstand schreibt die Methoden vor, nach denen die Experimente eingerichtet werden, und Experimente können nur auf Fragen Antworten geben, die der Verstand an die Natur gestellt hat. Deswegen wird, wie Kant gezeigt hat, das der Logik substituierte Subjekt, oder nach dem Ausdruck von Kant „das logische Ich", in der Naturwissenschaft der Neuzeit zum Subjekt der Erfahrung. Kein Mensch ist mit dem logischen Ich identisch, aber die Wissenschaft hat Schematismen und Regeln erfunden, die dafür sorgen, daß jeder beliebige Mensch, wenn er sich diesen Regeln unterwirft, bei denselben Experimenten dieselben Resultate erzielen muß. Auf diesen Regeln beruht die Objektivität der Wissenschaft. Auf dem Vertrauen in diese Regeln beruht die Überzeugung, Objektivität und Wahrheit seien identisch, und die Natur sei wirklich so beschaffen, wie sie sich uns darstellt, wenn wir diese Regeln befolgen.

Die Identifikation von Objektivität und Wahrheit steht aber im Widerspruch zu Kant. Kant hat vielmehr aus seiner Analyse der Grundlagen der Naturwissenschaft die Konsequenz gezogen zu lehren, daß die am Experiment orientierte Erfahrung uns die Natur nicht so präsentiert, wie sie von sich aus ist, sondern nur so, wie sie unter bestimmten Bedingungen erscheint. Er hat nicht gelehrt, daß die Dinge an sich dem Gesetz der Kausalität gehorchen; er hat vielmehr gelehrt, daß das Gesetz der Kausalität überall dort gilt, wo wir unsere Experimente nach den aus den Verstandesbegriffen abgeleiteten Grundsätzen des reinen Verstandes einrichten. Er fand sich einer Physik gegenüber, die alle Vorgänge in der Natur nach dem Prinzip

des Determinismus erklärte. Zugleich entdeckte er, daß zum Dasein des Menschen ein unbedingtes Bewußtsein seiner Freiheit gehört. Diese Freiheit war in der Natur, wie die Physik sie darstellte, nicht möglich. Durch die Entdeckung, daß die Physik die Natur nicht so erkennt, wie sie von sich aus ist, sondern nur so, wie sie dem Verstand erscheint, machte er wieder möglich, Freiheit zu denken. Er hat die terminologische Entscheidung getroffen, die Objektsphäre der Naturwissenschaften als „Natur" zu bezeichnen. Daraus ergibt sich dann für ihn der Gegensatz von Natur und Welt. „Welt" ist das All der Wesen, insofern es den aus Freiheit handelnden Menschen in sich enthält. Natur ist die Sphäre möglicher Erscheinungen, wie sie unter Ausschluß der aus Freiheit handelnden Menschen vom Verstand vorgestellt und objektiv bestimmt wird. Die Lehre von der theoretischen Erfahrung und von der mit ihr in Korrelation stehenden Natur ist vom Neukantianismus als das Herzstück der kantischen Philosophie aufgefaßt worden. Kant gilt deshalb als der Begründer der Theorie der naturwissenschaftlichen Erkenntnis. An dieser Auffassung kann man nur festhalten, wenn man den größeren Teil der „Kritik der reinen Vernunft" – die „Transzendentale Dialektik" und die „Transzendentale Methodenlehre" – ausklammert und den Zusammenhang der „Kritik der reinen Vernunft" mit der „Kritik der praktischen Vernunft" und der „Kritik der Urteilskraft" ignoriert. Das Herzstück der Philosophie von Kant ist nicht seine Theorie der objektiven Erfahrung sondern seine Philosophie der Freiheit. Im Verhältnis zu diesem positiven Teil seiner Philosophie hat aber die Theorie der Erfahrung lediglich die negative Funktion, den Verstandesgebrauch in seine Grenzen zurückzuweisen.
Kants Grundlegung der naturwissenschaftlichen Erkenntnis ist zugleich eine Grenzbestimmung dieser Erkenntnis. Die Entwicklung der Naturwissenschaften im 19. und 20. Jahrhundert ist wesentlich darauf zurückzuführen, daß sie sich über die kantische Grenzbestimmung hinweggesetzt haben. Sie stützen sich heute, wie schon gesagt, wissenschaftstheoretisch auf den englischen Empirismus und den französischen Positivismus des 18. Jahrhunderts, also auf jene Form der Philosophie, die Kant durch seine Transzendentalphilosophie überwunden zu haben glaubte. Wenn wir in dieser Vorlesung einen neuen Zugang zum Verständnis von Natur suchen, soll das Wort „Natur" in die Richtung weisen, die Kant durch den Begriff der Welt bezeichnet hat. Der Begriff „Welt" ist bei ihm nicht ein Verstandes-

begriff sondern ein Vernunftbegriff oder, wie er auch sagt, eine „transzendentale Idee". Deswegen hat es sich im Zuge unserer Fragestellung als nötig erwiesen, den Unterschied von Verstandesbegriffen und Vernunftbegriffen zu erläutern.
Es würde uns zuviel Zeit kosten, wenn ich an dieser Stelle auf die Verstandesbegriffe noch einmal eingehen wollte. Das Produkt der Verstandesbegriffe ist jene Form der Erfahrung, die dem neuzeitlichen Naturbegriff zugrundeliegt. Ich habe diese Form der Erfahrung genauer besprochen, um deutlich zu machen, daß jener Begriff der Natur, von dem die neuzeitliche Naturwissenschaft sich leiten läßt, durch das System der Verstandesbegriffe definiert ist. Das Thema dieser Vorlesung ist, wie schon gesagt, in der Sprache von Kant nicht „die Natur" sondern „die Welt". Wir versuchen also, in jenen Bereich vorzudringen, der bei Kant durch die *Vernunft*begriffe repräsentiert wird. Es fehlt uns die Zeit, um hier zu rekapitulieren, was ich vor Weihnachten über die Vernunftbegriffe schon gesagt habe. Wenn aber ein Verständnis der Geschichte des Begreifens für unsere eigene Weltorientierung so konstitutiv ist, wie ich es deutlich zu machen versuchte, können wir uns über Kants Lehre von den Vernunftbegriffen auch nicht einfach hinwegsetzen. Für jeden neuen Schritt des Denkens gilt die Regel, daß er erst durchsichtig und damit zulässig ist, wenn wir in der Lage sind, genau zu bestimmen, wie er sich zu der bisherigen Geschichte des Denkens verhält. Wenn ich sage, daß wir versuchen, in den Bereich vorzudringen, der bei Kant durch die Vernunftideen repräsentiert wird, ist eine Distanzierung von Kants Entwurf der transzendentalen Ideen nicht zu überhören. Die damit angezeigte Abkehr von Kant ist aber nicht eine Sache des freien Beliebens. Sie muß begründet und zur Klarheit gebracht werden, wenn wir verstehen sollen, wohin unser Weg uns führt. Ich betrachte jetzt also Kants System der transzendentalen Ideen nicht so, wie ich es darstellen würde, wenn ich eine Vorlesung über Kant zu halten hätte, sondern hebe nur das hervor, was wir klar vor Augen haben müssen, wenn wir uns rund zweihundert Jahre nach dem Erscheinen der „Kritik der reinen Vernunft" mit Kant auseinandersetzen wollen.
Kant sagt in dem Kapitel „Von der Vernunft überhaupt": „Der Verstand mag ein Vermögen der Einheit der Erscheinungen vermittelst der Regeln sein, so ist die Vernunft das Vermögen der Einheit der Verstandesregeln unter Principien." (KrV B 359; 3, 239) Wie der Verstand „die Einheit der Erscheinungen" (die Natur) durch seine

Regeln (die Grundsätze des reinen Verstandes) konstituiert, hat Kant in der „Transzendentalen Analytik" gezeigt: die Einheit der Erscheinungen wird dadurch hergestellt, daß sich die Grundsätze des Verstandes kraft der Verstandesbegriffe reflektiv auf die Einheit des denkenden Bewußtseins (die transzendentale Apperzeption) zurückbeziehen. Die Quintessenz von Kants Theorie der Erfahrung ist also die Lehre, daß die Einheit der Natur, sofern sie nach den Regeln der Logik begriffen wird, in der Einheit des Selbstbewußtseins, das nach diesen Regeln denkt, begründet ist.

⟨5. Kants System der transzendentalen Ideen⟩

Das ist eine klare und bündige Antwort auf die von der Naturwissenschaft nicht zugelassene Frage, wie es möglich sein soll, daß die Natur den Gesetzen der Mathematik und damit der Logik gehorcht. Aber wie ist die Einheit des Verstandes möglich? Wo kommt sie her? Wie läßt sie sich begründen? In seiner Theorie der Verstandeserkenntnis spricht Kant von der Einheit des denkenden Bewußtseins, als ob sie ein gegebenes, genauer: ein vorgegebenes Faktum wäre. Ein solches Faktum als gegeben hinzunehmen, widerspricht aber den Prinzipien der Transzendentalphilosophie. Zudem zeigt Kant in dem Kapitel „Von den Paralogismen der reinen Vernunft" (KrV B 399 ff.), daß wir uns durch die Annahme eines solchen Faktums in transzendentalen Schein verstricken würden. Deshalb war es ein Irrweg der Kant-Deutung, die „Transzendentale Analytik" isoliert zu betrachten. In dem soeben zitierten Satz sagt Kant mit klaren Worten, daß die Einheit der Verstandesregeln durch die Vernunft erst hergestellt wird. Die Vernunft ist also jenes Vermögen, das die Einheit des Selbstbewußtseins erst konstituiert. Sie leistet dies, wie Kant hier sagt, durch Prinzipien. Das Wort „Prinzip" bedeutet an dieser Stelle nicht, wie anderswo, das Selbe wie „Grundsatz", denn Kant zeigt in der „Transzendentalen Dialektik", daß die Vernunft immer dann dem transzendentalen Schein verfällt, wenn sie die Begriffe der reinen Vernunft synthetisch (also nach Verstandesregeln) zu Grundsätzen zusammenfügen will. Die Lehre vom Verstand (die „Transzendentale Analytik") hat zwei Bücher: 1. „Die Analytik der Begriffe", 2. „Die Analytik der Grundsätze". Die Lehre von der Vernunft hingegen enthält nur ein Buch „Von den Begriffen der reinen Ver-

nunft". Daran schließt sich unter der Überschrift „Von den dialektischen Schlüssen der reinen Vernunft" die Destruktion des transzendentalen Scheins. Von Grundsätzen der reinen Vernunft ist nicht die Rede. Erst in der „Kritik der praktischen Vernunft" erscheint dann als das erste Hauptstück ein Kapitel „Von den Grundsätzen der reinen praktischen Vernunft" (35; 5, 19). Aber der Grundsatz der reinen praktischen Vernunft hat nicht mehr die logische Form der theoretischen Grundsätze, nämlich die Form des synthetischen Urteils. Er hat vielmehr die Form des Imperativs. Damit ist klargestellt, daß die Prinzipien, kraft derer die Vernunft die Einheit des Selbstbewußtseins konstituiert, nicht die Form von theoretischen Grundsätzen haben können. Diese Prinzipien sind vielmehr Ideen, die deshalb eine Einheit begründen können, weil sie selbst im „System der transzendentalen Ideen" zu einer Einheit zusammengeschlossen sind. Der Satz: die Einheit der Natur sei in den Verstandesregeln und damit in der Einheit des denkenden Bewußtseins begründet, war deshalb nur eine Vorstufe der Erkenntnis. Die Einheit des Selbstbewußtseins ist nämlich ihrerseits nicht durch sich selbst sondern durch das System der transzendentalen Ideen begründet. Die transzendentalen Ideen erscheinen bei Kant je nach dem Zusammenhang unter verschiedenen Titeln. Wir orientieren uns an der letzten und höchsten, durch das „Opus Postumum" repräsentierten Fassung des Entwurfs der transzendentalen Ideen; sie tragen dort die Namen: Gott – Welt – Mensch. Nur wenn die transzendentalen Ideen „Gott – Welt – Mensch" zu einer Einheit zusammengeschlossen sind, hat die Einheit des Selbstbewußtseins und damit zugleich die Naturwissenschaft eine Basis. Deshalb ist die Grundfrage der Transzendentalphilosophie die Frage nach der Einheit des Systems der transzendentalen Ideen. An der Antwort auf diese Frage muß sich erweisen, ob die Vernunft tatsächlich, wie Kant postuliert, als „das Vermögen der Einheit" bestimmt werden kann.
Gott – Welt – Mensch sind die drei großen Themen der klassischen Metaphysik. Nun hat aber Kant im Zweiten Buch der „Transzendentalen Dialektik" (KrV B 396ff.) gezeigt, daß die Metaphysik in allen drei Stücken dem transzendentalen Schein erlegen ist. Das erste Hauptstück „Von den Paralogismen der reinen Vernunft" destruiert die „rationale Psychologie", also die metaphysische Anthropologie. Das zweite Hauptstück „Die Antinomie der reinen Vernunft" zertrümmert die metaphysische Kosmologie. Das dritte Hauptstück

„Das Ideal der reinen Vernunft" widerlegt die metaphysischen Gottesbeweise. Nicht nur die Zeitgenossen sondern auch die Nachfahren von Kant bis heute haben die transzendentale Dialektik so verstanden, als hätte er in diesem Buch die gesamte Metaphysik in Stücke geschlagen. Vor allem der Neukantianismus hat seit dem letzten Drittel des 19. Jahrhunderts Kant als den Zerstörer der Metaphysik präsentiert. Die wirkliche und sehr viel tiefere Krise der Metaphysik ist nicht zuletzt deshalb bis heute nur ungenügend verstanden worden, weil man im Widerspruch zu Kant geglaubt hat, die Metaphysik sei schon durch seine transzendentale Dialektik erledigt. Das hatte seine Rückwirkungen auf die Interpretation der transzendentalen Ideen. Man hielt sie für ein System von Fiktionen, von denen sich die menschliche Vernunft aus unbegreiflichen Gründen nicht befreien kann. Soweit ich sehe, hat niemand ernstgenommen, daß die Einheit des Selbstbewußtseins und damit die Einheit der Natur nach Kant durch die transzendentalen Ideen erst konstituiert wird.

Da ich mich hier auf diese Probleme der Kant-Interpretation nicht einlassen kann, begnüge ich mich damit, zwei Stellen zu zitieren, die ausreichen, das bisher Gesagte zu begründen. Die eine steht in dem Ersten Entwurf zu seiner Preisschrift über die Fortschritte der Metaphysik. Hier sagt Kant in einem Rückblick auf die „Kritik der reinen Vernunft":

„Die Transscendentalphilosophie, d. i. die Lehre von der Möglichkeit aller Erkenntniß *a priori* überhaupt ... hat zu ihrem Zweck die Gründung einer Metaphysik, deren Zweck wiederum als Endzweck der reinen Vernunft, dieser ihre Erweiterung von der Grenze des Sinnlichen zum Felde des Übersinnlichen beabsichtiget, welches ein Überschritt ist, der, damit er nicht ein gefährlicher Sprung sey, indessen daß er doch auch nicht ein continuirlicher Fortgang in derselben Ordnung der Prinzipien ist, eine den Fortschritt hemmende Bedenklichkeit an der Grenze beyder Gebiete nothwendig macht.

Hieraus folgt die Eintheilung der Stadien der reinen Vernunft, in die Wissenschaftslehre, als einen sichern Fortschritt, – die Zweifellehre, als einen Stillstand, – und die Weisheitslehre, als einen Überschritt zum Endzweck der Metaphysik: so daß die erste eine theoretisch-dogmatische Doctrin, die zweyte eine sceptische Disciplin, die dritte eine practisch-dogmatische enthalten wird." (20, 272f.)

Für unsere Zwecke genügt es, aus diesem Zitat Folgendes festzuhalten:

– „die Transscendentalphilosophie ... hat zu ihrem Zweck die Gründung einer Metaphysik";
– diese neue Metaphysik ist nicht, wie die überlieferte Metaphysik, eine theoretisch-dogmatische sondern eine praktisch-dogmatische, das heißt eine aus Prinzipien der Freiheit entworfene Doktrin;
– die transzendentale Dialektik, die hier als „Zweifellehre" charakterisiert wird, hat nicht den Zweck, die Metaphysik überhaupt zu destruieren; sie soll nur eine falsche Form der Metaphysik aus dem Wege räumen. Sie soll den Übergang von den Verstandesprinzipien zu einer neuen Ordnung der Prinzipien vollziehen. Diese neue Ordnung der Prinzipien ist das System der transzendentalen Ideen, sofern sie in ihrer reinen Gestalt als Ideen begriffen, nicht aber so mißdeutet werden, als ob sie sich wie Verstandesbegriffe zum Zweck der Erkenntnis möglicher Gegenstände gebrauchen ließen.
Damit komme ich zum zweiten Zitat; ⟨es stammt⟩ aus dem Kapitel „Von den transzendentalen Ideen": „Ob wir nun gleich von den transscendentalen Vernunftbegriffen sagen müssen: sie sind nur Ideen, so werden wir sie doch keinesweges für überflüssig und nichtig anzusehen haben. Denn wenn schon dadurch kein Object bestimmt werden kann, so können sie doch im Grunde und unbemerkt dem Verstande zum Kanon seines ausgebreiteten und einhelligen Gebrauchs dienen, dadurch er zwar keinen Gegenstand mehr erkennt, als er nach seinen Begriffen erkennen würde, aber doch in dieser Erkenntniß besser und weiter geleitet wird. Zu geschweigen, daß sie vielleicht von den Naturbegriffen zu den praktischen einen Übergang möglich machen und den moralischen Ideen selbst auf solche Art Haltung und Zusammenhang mit den speculativen Erkenntnissen der Vernunft verschaffen können." (KrV B 385f.; 3, 255) Aus dieser Stelle halten wir Folgendes fest: Der Ausdruck, die transzendentalen Vernunftideen „sind *nur* Ideen", erweckt, wenn man ihn von dem Standort des theoretischen Verstandes her betrachtet, den Eindruck, als würde die Bedeutung der transzendentalen Ideen dadurch eingeschränkt und herabgesetzt. Was „nur" Idee ist, gilt dem theoretischen Verstand als bloße Fiktion. Deshalb zucken die Naturwissenschaftler bis heute über die Metaphysik die Achseln. Vollzieht man aber den Übergang, den Kant durch diese Worte einleiten will, so kehrt sich das Verhältnis um. Kant sagt nämlich im nächsten Satz, wenn schon durch diese Ideen kein Objekt bestimmt werden könne, „so können sie doch im Grunde und unbemerkt dem

Verstande zum Kanon seines ausgebreiteten und einhelligen Gebrauchs dienen". Das Wort „Kanon" hat bei Kant einen sehr hohen Rang. Es bezeichnet nämlich den Inbegriff der Prinzipien des richtigen Gebrauches eines Erkenntnisvermögens. Der Satz bedeutet also, daß die transzendentalen Ideen die Bedingung der Möglichkeit für den richtigen Verstandesgebrauch sind. Sie konstituieren nämlich das Denkvermögen überhaupt. Durch die Vernunftideen werden nicht die Gegenstände der Erkenntnis, durch sie wird die Erkenntnis selbst konstituiert. Wir können nach Kant überhaupt nicht richtig denken, ohne die Ideen von Gott, Welt (das heißt Freiheit) und Mensch (das heißt Unsterblichkeit) vorauszusetzen. Würden wir Gott, Welt und Mensch nach der Denkform der überlieferten Metaphysik als mögliche Objekte der Erkenntnis bestimmen, so würden wir diese Ideen in das Feld der möglichen Erscheinungen herunterziehen; wir würden sie damit degradieren. Das Wort „sie sind nur Ideen" disqualifiziert also nicht Gott, Freiheit und Unsterblichkeit zu bloßen Fiktionen. Es hat im Gegenteil die Funktion, diese Ideen über die Grenzen möglicher Erfahrung und damit des bloßen Verstandes hinauszuheben und unser Denken zu jenem Übergang zu zwingen, der uns den Endzweck der reinen Vernunft erkennen läßt. Deshalb sagt Kant in einer Anmerkung zu dem Kapitel über das „System der transzendentalen Ideen": „Alles, womit sich diese Wissenschaft" (die von ihm neu begründete Metaphysik) „sonst beschäftigt, dient ihr bloß zum Mittel, um zu diesen Ideen und ihrer Realität zu gelangen." (KrV B 395; 3, 260) Nach diesen Stellen ist ein Zweifel über die Rangordnung des Systems der transzendentalen Ideen in Kants Metaphysik der endlichen Vernunft nicht mehr möglich.

Schon aus dem bisher Gesagten geht hervor, daß Kant unter dem Titel „die transzendentalen Ideen" eine Lehre vorträgt, die allem, was wir heute bei dem Wort „Natur" zu denken pflegen, widerspricht. Er lehrt, daß das System der transzendentalen Ideen, daß also die Einheit von Gott, Welt und Mensch jenes „logische Ich" erst konstituiert, das dann als Subjekt der naturwissenschaftlichen Erkenntnis nach den Verstandesbegriffen die Gesetzmäßigkeit der Erscheinungen erkennt. Eliminiert man das System der transzendentalen Ideen, eliminiert man also die Metaphysik, so hat man nicht nur den Naturwissenschaften sondern auch allem, was in ihnen „Natur" genannt wird, den Boden entzogen. Man hat die Naturwissenschaften damit nicht abgeschafft, aber man hat dem Verstand die Möglichkeit geraubt, sich der Grenzen seines rechtmäßigen Gebrauches bewußt zu werden. Man hat ihn zugleich der Möglichkeit beraubt, mit sich selbst im Einklang zu stehen; denn nur das metaphysische Vermögen der Vernunft vermag die Einheit der Verstandesregeln herzustellen. Damit ist ganz genau beschrieben, was seit der Mitte des 19. Jahrhunderts tatsächlich eingetreten ist: unter der Herrschaft eines Verstandes, der sich von dem metaphysischen Vermögen der Vernunft emanzipiert hat, ist die Rationalität gleichsam ins Wuchern geraten. Sie ist in sich selbst desorganisiert und überschreitet gleichzeitig alle Grenzen, die dem Menschen durch seine Natur gesetzt sind. Die Entwicklung, die von der technischen Zivilisation im letzten Jahrhundert durchlaufen wurde, erscheint so wie eine große Gegenprobe auf die Wahrheit von Kants Systementwurf. Wir haben deshalb Grund, ihn ernstzunehmen. Ich diskutiere ihn im Hinblick auf Fragestellungen, die uns über Kant hinausführen werden, und gehe zunächst von zwei Begriffen aus, die Kant in die Philosophie eingeführt hat, und die ich von ihm übernehme, die aber dann im weiteren Fortgang eine Bedeutung erhalten werden, die Kant noch nicht vor Augen haben konnte: die Begriffe „Horizont" und „Entwurf". Es wird sich herausstellen, was diese Begriffe mit den transzendentalen Ideen zu tun haben.

IX. Horizont und Entwurf

⟨1. Der absolute Standort der Vernunft⟩

Vielleicht ist es nützlich, uns zunächst in einer vorphilosophischen Weise klarzumachen, was das Wort „Horizont" bedeutet. Als „Horizont" bezeichnen wir die Grenze unseres Gesichtskreises. Wenn wir uns irgendwo in einer Landschaft befinden, beschreibt der Horizont den Umkreis alles dessen, was wir innerhalb seiner sehen können. Bewegen wir uns von der Stelle, so verschiebt sich zugleich der Horizont. Steigen wir einen Berg hinauf, so kann sich der Horizont erweitern. Wir haben dann eine weitere Aussicht. Der Horizont ist also immer auf unseren jeweiligen Standort bezogen; zwischen den Grenzen des Gesichtskreises und dem Standort, auf dem wir uns befinden, be-

steht eine feste Relation. Aber eben diese Relation bekommen wir nicht zu Gesicht. Zu Gesicht bekommen wir nur, was innerhalb dieser Relation zum Vorschein kommt. Es ist deshalb auch ein Irrtum, wenn wir uns einbilden, daß unser Horizont für uns sichtbar wäre. Sichtbar ist nicht der Horizont, sichtbar sind nur die Phänomene, die uns am Rande des Horizontes erscheinen. Sichtbar ist nur, was innerhalb des Horizontes erscheint, niemals der Horizont als solcher.
Wenn wir nun die Wahrheit erkennen wollen, so interessiert uns nicht die Frage, wie irgendein Ding von einem bestimmten Standort aus innerhalb eines bestimmten Horizontes erscheint; wir wollen vielmehr wissen, wie das Ding „an sich", also unabhängig von jedem Horizont, beschaffen ist. Das ist der Anspruch, den die Wissenschaft erhebt. Die Naturwissenschaft will uns nicht darüber belehren, wie die Natur unter der Perspektive des Menschen erscheint; sie will erkennen, welchen Gesetzen die Natur gehorcht – gleichgültig, ob es Menschen gibt oder nicht. Um dieses leisten zu können, müßte sich das wissenschaftliche Bewußtsein an einen Standort versetzen können, der in dem Sinne absolut ist, daß er nicht mehr in die Relation zu einem Horizont gebunden ist. Die moderne Naturwissenschaft ist in der Tat überzeugt, einen solchen Standort entdeckt zu haben. Sie findet ihn in einer Logik, von der ohne weitere Begründung vorausgesetzt wird, daß sie im ganzen Universum und zu allen Zeiten gilt. Was an jedem möglichen Ort und zu jedem möglichen Zeitpunkt wahr ist, das ist nicht mehr von einem bestimmten Standort und seiner Relation zu einem Horizont abhängig; es gilt vielmehr ohne alle Bedingung; es gilt also unbedingt, das heißt absolut. Auf dieser Voraussetzung beruht die Physik als ein logisch konsistentes System. Es ist nicht schwer zu sehen, daß eine Naturwissenschaft, die in diesem Sinne allgemein gültig sein will, eine von ihr zugleich verdrängte Metaphysik impliziert – eben jene Metaphysik, die wir in Frage stellen müssen, wenn wir das Wort „Natur" neu verstehen wollen. Wie stellt man diese Metaphysik in Frage? Indem man untersucht, ob der Standort der Naturwissenschaft wirklich so absolut ist, wie er erscheint, oder ob auch dieser Standort auf einen bestimmten Horizont bezogen ist, von dem man dann fragen kann, wie er sich zur Natur und zum Menschen verhält.
Hat man sich, vom Begriff des Horizontes ausgehend, einmal klargemacht, wie unwahrscheinlich, ja wie ungeheuerlich der Anspruch der Naturwissenschaft ist, einen absoluten Standort erreicht zu haben,

von dem aus sie die Gesetze erkennen kann, durch die das Universum beherrscht wird, so versteht man auch, warum es Kant für nötig hielt, nach den Bedingungen der Möglichkeit eines solchen Standortes zu fragen. Daß menschliches Denken in der Lage ist, sich über den empirischen Standort, an dem sich ein Individuum gerade befindet, hinauszuschwingen und dieselben Phänomene von einem anderen Standort aus zu betrachten, erläutert Kant am Beispiel des Kopernikus. Er sagt in der Schrift vom „Streit der Facultäten": „Die Planeten, von der Erde aus gesehen, sind bald rückgängig, bald stillstehend, bald fortgängig. Den Standpunkt aber von der Sonne aus genommen, welches nur die Vernunft thun kann, gehen sie nach der Kopernikanischen Hypothese beständig ihren regelmäßigen Gang fort." (7, 83) Die Theorie des Kopernikus kommt also dadurch zustande, daß die Vernunft sich auf den Flügeln der Einbildungskraft von ihrem irdischen Standort weg in den Weltraum hinausschwingt, den Standort auf der Sonne wählt und nun den Lauf der Planeten so beschreibt, wie er sich von diesem Standort aus darstellen muß. Hätte Kant ganz genau gesprochen, hätte er sagen müssen, daß sich die Vernunft bei dieser Operation ins Zentrum der Sonne versetzt. Dort aber würde sie nichts sehen. Deshalb wird bei einer bildlichen Darstellung des Planetensystems ein fiktiver Standort außerhalb des Planetensystems gewählt, von dem aus dann aber die Planetenbahnen wieder in perspektivischer Verkürzung erscheinen. Auf diese Details kam es Kant nicht an. Er wollte nur zeigen, daß die Entdekkung des Kopernikus voraussetzt, daß die Vernunft das Vermögen hat, den Horizont unserer unmittelbaren sinnlichen Erfahrung zu verlassen und sich mit Hilfe der Einbildungskraft an einen anderen Standort zu versetzen. Dieser Standort ist dann richtig gewählt, wenn er erlaubt, ⟨das⟩, was vorher ungeordnet schien, in einer regelmäßigen Ordnung zu erblicken.

In der Schrift über den „Streit der Facultäten" erscheint das Beispiel des Kopernikus in einem sehr merkwürdigen Zusammenhang. Kant sagt: „Vielleicht liegt es auch an unserer unrecht genommenen Wahl des Standpunkts, aus dem wir den Lauf menschlicher Dinge ansehen, daß dieser uns so widersinnisch scheint." (a. a. O.) Hypothetisch ließe sich, wie er meint, ein Standpunkt denken, von dem aus auch in der Geschichte eine uns verborgene Gesetzmäßigkeit erscheint. Auf diesen Standpunkt hat sich dann Hegel in seiner Philosophie der Geschichte zu stellen versucht. Hingegen sagt Kant:

„Aber das ist eben das Unglück, daß wir uns in diesen Standpunkt, wenn es die Vorhersagung freier Handlungen angeht, zu versetzen nicht vermögend sind. Denn das wäre der Standpunkt der Vorsehung, der über alle menschliche Weisheit hinausliegt." (a. a. O.) Die Vernunft kann aber etwas anderes leisten. Sie kann sich, analog zur Leistung des Kopernikus, auf einen Standort versetzen, von dem aus sie die *Prinzipien* der Geschichte zu erkennen vermag. Auf welchem Wege Kant das zu leisten versucht, habe ich in einem Aufsatz über „Kants transzendentale Grundlegung des Völkerrechts" gezeigt [105].

In der Vorrede zur zweiten Auflage der „Kritik der reinen Vernunft" hat Kant die „kopernikanische Wendung" als Modell für jene „Revolution der Denkart" verwendet, durch die er die Metaphysik neu zu begründen versuchte [106]. Er unternimmt es in diesem Werk, den Standort zu bestimmen, auf den sich die Vernunft hinausschwingen muß, um Kausalität und Freiheit ohne Widerspruch vereinigen zu können. Wie bei Kopernikus die Regelmäßigkeit der Planetenbahnen das Kriterium für die Richtigkeit des von ihm eingenommenen Standorts war, so ist das Kriterium der Richtigkeit hier der Einklang der Vernunft mit sich selbst. Und wie Kopernikus den Standort des irdischen Beobachters verlassen mußte, um das Gesetz der Planetenbewegungen zu entdecken, so muß auch die Vernunft, um diesen Standort zu finden, die Grenzen der Sinnlichkeit und der Erfahrung überschreiten. „Denn das, was uns nothwendig über die Grenze der Erfahrung und aller Erscheinungen hinaus zu gehen treibt, ist das Unbedingte, welches die Vernunft in den Dingen an sich selbst nothwendig und mit allem Recht zu allem Bedingten und dadurch die Reihe der Bedingungen als vollendet verlangt." (KrV B XX; 3, 13f.) Kants Lehre von dem Unbedingten ist im System der transzendentalen Ideen enthalten. Deshalb ist diese Lehre die Begründung der Möglichkeit jenes Standortes, den die Vernunft einnehmen muß, wenn wir die Wahrheit erkennen sollen. Zugleich ist aber diese selbe Lehre, wie Kant zeigt, nur als eine Lehre von den Grenzen der menschlichen Erkenntnis möglich. Die Grenzen menschlicher Erkenntnis umschreiben den Horizont unseres Denkens. Kants Meta-

---

[105] In: Hier und Jetzt I, a. a. O., 21 ff.
[106] Wörtlich: als eine der kopernikanischen Hypothese „analogische Umänderung der Denkart", B XXII; 3, 15.

physik der endlichen Vernunft hält sich deshalb streng im Rahmen der Relation von Horizont und Standort. Er zeigt in der „Transzendentalen Dialektik" der „⟨Kritik der⟩ reinen Vernunft", daß für die theoretische Erkenntnis des Verstandes ein absoluter Standort nicht möglich ist. Dadurch unterscheidet sich seine Philosophie von der in den Naturwissenschaften implizierten, zugleich aber von ihnen auch verdrängten Metaphysik, die sich durch ihren Glauben an die absolute Gültigkeit der Logik nach der Lehre von Kant in transzendentalen Schein verstrickt.

⟨2. „Horizont" bei Kant und die Grenzbestimmung der menschlichen Erkenntnis⟩

Ich nehme an, es ist schon deutlich geworden, daß uns der Versuch, den Begriff des Horizontes genauer zu bestimmen, nicht nur über Kant und seine Philosophie belehrt, sondern uns tief in unsere Frage nach dem Wesen der Natur und nach der Stellung des Menschen in der Natur hineinführt. Die Anthropologie unserer Zeit beschreibt von verschiedenen Ansätzen aus den Menschen, wie er erscheint, wenn wir ihn gleichsam von außen als Lebewesen auf diesem Planeten oder als Glied einer Gesellschaft betrachten. Wir verdanken dieser Forschung eine Fülle von wichtigen Ergebnissen, die in kürzester Zeit für unser Verständnis des Menschen und seines Verhaltens unentbehrlich geworden sind. Vor allem die Verhaltensforschung hat uns gelehrt, die Verwurzelung des Menschen in der Natur ganz neu zu verstehen. Aber möglich werden diese Wissenschaften – neben der Verhaltensforschung wäre vor allem die Genetik zu nennen – nur dadurch, daß die wissenschaftliche Erkenntnis einen „archimedischen Punkt außerhalb" einnimmt, der ihr erlaubt, die Gattung Mensch von außen als eine besondere Klasse von Objekten der Naturwissenschaft zu betrachten. Die Frage, wie es möglich ist, daß der Verstand diesen Standort außerhalb des Menschen einnimmt, wird in der zeitgenössischen Anthropologie nicht gestellt, man muß sogar sagen: sie wird unterschlagen. Sie entspricht, wie wir nun sehen, genau der kantischen Frage nach den Bedingungen der Möglichkeit der kopernikanischen Hypothese. Der Mensch ist aber gerade jenes Lebewesen, das das Vermögen hat, sich in dieser Form aus sich heraus und über sich hinwegzusetzen. Erst wenn wir dieses Vermögen be-

greifen, verstehen wir den Menschen so, wie er in der Geschichte der Menschheit auftritt: als das Lebewesen, das Wissenschaft macht und kraft dieser Wissenschaft die Erdherrschaft errungen hat. Die Naturwissenschaft hat nur allzu gute Gründe, nach diesem Vermögen des Menschen nicht zu fragen. Erst wenn wir dieses Vermögen ergründen, verstehen wir die wirkliche Stellung des Menschen in der Natur.
Im weiteren Verlauf der Vorlesung soll die Frage nach dem Horizont der menschlichen Erkenntnis und des menschlichen Handelns Schritt für Schritt weiter entwickelt, vertieft und präzisiert werden. Als Vorbereitung dazu müssen wir Kants Begriff des Horizontes noch genauer betrachten. Ich habe einen falschen Ausdruck gebraucht, wenn ich eben von Kants „Begriff" des Horizontes sprach. Alles, was wir begreifen können, kommt innerhalb eines Horizontes zum Vorschein. Sowohl die Handlung des Begreifens wie ihr Resultat, der sogenannte „Begriff", setzen den Horizont immer schon voraus. Das Wort „Horizont" bezeichnet also keinen Begriff; es bezeichnet den Bereich, innerhalb dessen so etwas wie „Begreifen" und „Begriffe" möglich ist. Betrachten wir das Wort genauer, so zeigt sich: es ist eine Metapher, eine bildliche Ausdrucksweise. Der Umkreis, innerhalb dessen unsere Augen etwas sehen können, dient als ein Bild für den Umkreis, innerhalb dessen unser Denken etwas begreifen kann. Wir verwenden das Bild aus der Sphäre des sinnlichen Scheins, um uns analoge Verhältnisse im Bereich des Denkens deutlich zu machen. Nicht als Begriff sondern als Metapher wird das Wort „Horizont" von Kant in der Methodenlehre der „Kritik der reinen Vernunft" eingeführt. In dem Kapitel „Von der Unmöglichkeit einer sceptischen Befriedigung der mit sich selbst veruneinigten reinen Vernunft" (B 786; 3, 495 ff.) erläutert Kant im Rückblick auf die transzendentale Dialektik noch einmal das Grundproblem der ganzen „Kritik der reinen Vernunft": „die Grenzbestimmung unserer Vernunft ... nach Gründen *a priori*" (a. a. O.). Hier soll also der Horizont des menschlichen Denkens so festgelegt werden, daß die Beschreibung seines Verlaufes jedem Zweifel entzogen ist. Um die formale Struktur dieses Problems verständlich zu machen, bedient sich Kant eines breit ausgeführten Vergleiches: „Wenn ich mir die Erdfläche (dem sinnlichen Scheine gemäß) als einen Teller vorstelle, so kann ich nicht wissen, wie weit sie sich erstrecke. Aber das lehrt mich die Erfahrung: daß, wohin ich nur komme, ich immer einen Raum um mich sehe, dahin ich weiter fortgehen könnte; mithin er-

kenne ich Schranken meiner jedesmal wirklichen Erdkunde, aber nicht die Grenzen aller möglichen Erdbeschreibung. Bin ich aber doch soweit gekommen, zu wissen, daß die Erde eine Kugel und ihre Fläche eine Kugelfläche sei, so kann ich auch aus einem kleinen Theil derselben, z. B. der Größe eines Grades, den Durchmesser und durch diesen die völlige Begrenzung der Erde, d. i. ihre Oberfläche, bestimmt und nach Principien *a priori* erkennen; und ob ich gleich in Ansehung der Gegenstände, die diese Fläche enthalten mag, unwissend bin, so bin ich es doch nicht in Ansehung des Umfanges, den sie enthält, der Größe und Schranken derselben." (B 787; 3, 495f.)
Kant beschreibt hier, wie ein Geograph zur Erkenntnis des Horizontes aller möglichen Erdbeschreibung gelangen kann. Erdbeschreibung beschreibt die Oberfläche der Erde. Ihre Grenzen sind also mit den Grenzen der Erdoberfläche identisch. Die Erdoberfläche enthält die Gesamtheit aller möglichen Horizonte unseres Auges. Gelingt es mir also, die Grenzen der Erdoberfläche zu bestimmen, so habe ich zugleich den Umriß aller möglichen Horizonte unserer optischen Wahrnehmung festgelegt. Aber wie gelangen wir zu einer Bestimmung der Grenzen der Erdoberfläche? Solange wir nur eine naive Vorstellung von der Erfahrungserkenntnis haben, sind wir der Meinung, erkennen ließe sich nur, was wir sinnlich wahrnehmen können. Sinnlich wahrnehmen können wir immer nur den winzigen Ausschnitt der Erdoberfläche, auf dem wir uns jeweils gerade befinden. Die Gestalt des Globus ist der sinnlichen Wahrnehmung entzogen. Dem sinnlichen Schein nach ist die Erdoberfläche ein Teller: wohin ich auch komme, kann ich nach allen Richtungen weitergehen. Die Oberfläche der Erde ist deshalb dem sinnlichen Schein nach unendlich. Zur Erkenntnis der Kugelgestalt der Erde sind die Menschen dadurch gelangt, daß sie im Widerspruch zum sinnlichen Schein ein mathematisches Modell konstruiert haben, das unsere Sinne zwar nicht auffassen können, das aber doch zugleich erlaubt, die Beschaffenheit unserer Sinneswahrnehmung zu erklären. Auf welche Erkenntnisquelle stützen wir uns bei der Konstruktion eines solchen Modells? Wir bedienen uns der Erkenntnisse der reinen Geometrie. Geometrische Erkenntnisse gewinnen wir nicht aus unserer sinnlichen Erfahrung; wir gewinnen sie aus einer axiomatisch aufgebauten Wissenschaft, also aus nichtsinnlicher Erkenntnis. Kant nennt diese Form von Erkenntnis eine Erkenntnis *a priori*, weil sie eine Erkenntnis ist,

die keiner sinnlichen Wahrnehmung bedarf. Wenn ich, im Widerspruch zum sinnlichen Schein, aus Gründen *a priori* dazu gelange, mir die Erdoberfläche nicht nach dem Modell eines Tellers sondern nach dem Modell einer Kugel vorzustellen, kann ich aus einem kleinen Teil der Fläche, ohne sinnliche Wahrnehmung zu Hilfe zu ziehen, den Umfang der ganzen Kugel berechnen. Ich erkenne nun aus Prinzipien *a priori* die Grenzen aller möglichen Erdbeschreibung. Welche Gegenstände sich auf der Erdoberfläche befinden, kann ich auf diese Weise nicht erkennen. Dazu bedarf ich der sinnlichen Wahrnehmung. Aber die bloße Wahrnehmung der Phänomene auf der Erdoberfläche würde mir nie zu einer wissenschaftlichen Erklärung dieser Phänomene verhelfen, wenn ich nicht zuvor ein Bild von der Kugelgestalt der Erde gewonnen hätte.

Dieses sehr einfache Beispiel ist illustrativ für das Verfahren der Naturwissenschaft. Es zeigt, wie reine mathematische Erkenntnis und sinnliche Erfahrung ineinandergreifen. Der fundamentale Sachverhalt, den es hier zu begreifen gilt, ist die unbestreitbare Tatsache, daß wir zur Erkenntnis der Kugelgestalt der Erde nicht durch die sinnliche Erfahrung sondern durch eine mathematische Konstruktion gelangen. Die mathematischen Figuren erkennen wir nicht durch sinnliche Wahrnehmung sondern in der Idee. Die Kugelgestalt der Erde ist für uns *a priori* gewiß, weil wir hier eine ideale Konstruktion gefunden haben, die zwar dem sinnlichen Schein widerspricht, uns aber doch erlaubt, die Gestalt der sinnlichen Wahrnehmungen, die wir machen, zu erklären. Die Erkenntnis, daß alle wissenschaftliche Erfahrung auf der Konstruktion von idealtypischen Modellen beruht und aus Leistungen des reinen Denkens hervorgeht, nennt Kant „transzendentalen Idealismus". Das Beispiel von der Kugelgestalt der Erde zeigt, wie töricht es ist, den Idealismus als Gegensatz zum sogenannten „Materialismus" zu betrachten – bezeichnet doch auch der Begriff „Materie", sofern man sich überhaupt etwas dabei denkt, nichts anderes als eine idealtypische Konstruktion. Wenn wir verstehen wollen, was „Natur" ist, müssen wir versuchen zu verstehen, wie es möglich ist, daß Strukturen, die wir jenseits aller sinnlichen Wahrnehmung rein noetisch zu erkennen vermögen, in der wirklichen Natur zur Erscheinung gelangen. Der erste Philosoph, der dieses Problem klar formuliert hat, war Platon.

Das Beispiel von der Erdoberfläche sollte also zeigen, daß in den Naturwissenschaften der Entwurf von Modellen allen anderen Erkenntnissen notwendig vorausgeht. Empirisch können solche Modelle nicht gefunden werden, denn sie sind selbst die Voraussetzung jeder Empirie. Wir müssen diese Modelle nach Prinzipien *a priori* konstruieren, und die Konstruktion muß der Forderung genügen, daß das Modell sowohl den Umfang wie die Grenzen jener empirischen Erkenntnisse bestimmt, die durch das Modell ermöglicht werden. Wären nicht mit dem Umfang zugleich auch die Grenzen festgelegt, so würden wir nie zur Erkenntnis allgemeiner Gesetze gelangen; denn wir nennen einen Satz dann ein „Gesetz", wenn er für alle möglichen Einzelfälle, also für ihre Totalität gültig ist. Die Totalität der Einzelfälle ist empirisch niemals gegeben. Sie wird durch das Modell definiert und ist in strenger Form nur dann definiert, wenn das Modell zugleich die Grenzen dieser Totalität eindeutig zu bestimmen erlaubt.

Der Grund, weshalb Kant zur Erläuterung des Problems der Grenzbestimmung unserer Vernunft den Vergleich mit der Erdoberfläche gewählt hat, ergibt sich aus der Tradition. Spätestens seit der Renaissance (der genaue Ursprung ist mir nicht bekannt) bezeichnet man in Analogie zur Erdkugel und zum Himmelsglobus die Gesamtheit unserer reinen Erkenntnisse als *globus intellectualis*. Das Problem einer Grenzbestimmung der Vernunft ist im Rahmen dieser Metapher mit dem Problem einer Bestimmung der Grenzen der Erdoberfläche vergleichbar. Dieser Vergleich wird von Kant an unserer Stelle durchgeführt: „Der Inbegriff aller möglichen Gegenstände für unsere Erkenntniß scheint uns eine ebene Fläche zu sein, die ihren scheinbaren Horizont hat, nämlich das, was den ganzen Umfang derselben befaßt, und ist von uns der Vernunftbegriff der unbedingten Totalität genannt worden. Empirisch denselben zu erreichen, ist unmöglich, und nach einem gewissen Princip ihn *a priori* zu bestimmen, dazu sind alle Versuche vergeblich gewesen. Indessen gehen doch alle Fragen unserer reinen Vernunft auf das, was außerhalb diesem Horizonte, oder allenfalls auch in seiner Grenzlinie liegen möge." (B 787f.; 3, 496) Hier wird das Feld der menschlichen Erkenntnis mit der Erdoberfläche verglichen. Es wird zugleich behauptet, daß wir uns in der Erkenntnis dieses Feldes noch auf der Stufe jener Geographen befinden, die sich, dem sinnlichen Scheine gemäß, die Erdoberfläche als einen Teller vorstellen. Was auf der Erdoberfläche der sinnliche Schein war, das nennt Kant im Bereich des *globus intellectualis* den „transzendentalen Schein". Wie wir die Phänomene auf der Erdoberfläche nur dann richtig erkennen können, wenn wir uns von der Totalität und den Grenzen der Erdoberfläche ein Modell konstruieren, so müssen wir auch im Bereich der Vernunft, um überhaupt etwas erkennen zu können, einen Inbegriff aller möglichen Gegenstände für unsere Erkenntnis zugrundelegen. Als solcher Inbegriff dient die transzendentale Idee der unbedingten Totalität. Aber der transzendentale Schein, dem wir unterliegen, macht es unmöglich, die Grenzen dieser Totalität zu bestimmen. Von den empirischen Wissenschaften her ist eine solche Grenzbestimmung prinzipiell unmöglich, denn: „das lehrt mich die Erfahrung: daß, wohin ich nur komme, ich immer einen Raum um mich sehe, dahin ich weiter fortgehen könnte" (a. a. O.). Die Grenzbestimmung unserer Erkenntnis, also der Übergang von der unbestimmbaren Fläche zur Konstruktion eines Modells des Globus, wäre die Aufgabe der Metaphysik. Von der Metaphysik aber sagt Kant in der Schrift über die „Fortschritte...": Sie „ist ein uferloses Meer, in welchem der Fortschritt keine Spur hinterläßt, und dessen Horizont kein sichtbares Ziel enthält, an dem, um wieviel man sich ihm genähert habe, wahrgenommen werden könnte" (20, 259). Wir erkennen aus diesem Wort, welche Bedeutung die Metapher des Horizontes für das Denken von Kant gewonnen hat. Er bestimmt von dieser Metapher her die Aufgabe, die sein Entwurf einer Metaphysik der endlichen Vernunft zu lösen hat. In Analogie zur Modellkonstruktion der Erdkugel soll ein Modell des *globus intellectualis* entworfen werden, das es erlaubt, aus Prinzipien *a priori* zugleich mit der Einheit auch die Grenzen der menschlichen Erkenntnis zu bestimmen: „Denn Metaphysik ist ihrem Wesen, und ihrer Endabsicht nach, ein vollendetes Ganze; entweder Nichts, oder Alles." (a. a. O.) Ich merke zu diesem Satze an, daß er ein geschichtliches Echo jener Formel von Heraklit ist, die dann für den deutschen Idealismus so große Bedeutung gewann: ἓν καὶ πᾶν. Diese Formel bezeichnet das Wesen der Physis. Für das griechische Denken lag auch der *globus intellectualis* in der Natur.

⟨3. Zusammenfassung⟩

Damit wir die Übersicht über die Reihenfolge der Schritte unseres Gedankenganges nicht verlieren, fasse ich noch einmal zusammen, was sich für uns bisher ergeben hat:

1. Natur ist nach Kant „der Zusammenhang der Erscheinungen ihrem Dasein nach nach nothwendigen Regeln, d. i. nach Gesetzen" (KrV B 263; 3, 184). Diese Definition umreißt jenes Vorverständnis von Natur, das, wie wir gesehen haben, noch heute Methodik und Theoriebildung der Naturwissenschaften bestimmt.
2. Die Regeln, als deren Inbegriff Natur sich darstellt, sofern sie wissenschaftlich erkannt wird, entspringen aus den Verstandesbegriffen, das heißt aus den elementaren logischen Funktionen. Die Einheit der Natur als Inbegriff der Objekte möglicher Erfahrung hat demnach ihre Basis in der Einheit der logischen Funktionen.
3. Die logischen Funktionen sind dadurch eine Einheit, daß sie sich als Verstandesbegriffe auf die Einheit des Bewußtseins zurückbeziehen, das in diesen Begriffen denkt und sich Natur in den Formen der Verstandesbegriffe zur Vorstellung bringt. Das Subjekt der Regeln, „welche allererst eine Natur möglich machen" (a. a. O.), ist das logische Ich.
4. Die vom logischen Ich nach diesen Regeln zur Vorstellung gebrachte Natur ist demnach nicht der Zusammenhang der Dinge, wie sie an sich sind, sondern der Zusammenhang der Dinge, wie sie dem nach Verstandesregeln denkenden Selbstbewußtsein erscheinen. Der Verstand bringt sich die Objekte seiner Erkenntnis in der Form der Gesetzmäßigkeit zur Vorstellung. Deshalb gehorchen die Erscheinungen, wenn sie nach Verstandesbegriffen als Objekte bestimmt werden sollen, dem Prinzip der Kausalität.
5. Mit dem Selbstbewußtsein des Ich ist aber ebenso notwendig das Bewußtsein seiner unbedingten Freiheit verbunden. Es weiß, und zwar unbedingt, daß sein eigenes Dasein nicht so beschaffen ist, wie es das Dasein der Dinge in der Natur sich vorstellt. Es weiß zugleich, ebenso unbedingt, daß es in der Welt ist: Das Selbstbewußtsein konstituiert sich demnach durch die Entgegensetzung von Natur und Welt.
6. Durch die Erkenntnis dieses Gegensatzes geht dem denkenden Selbstbewußtsein auf, woher es die Möglichkeit hat, „Bewußtsein" zu sein. Es ist Bewußtsein dadurch, daß die als logisches Ich bei der Erkenntnis von Natur stets vorausgesetzte Einheit der Verstandesregeln nicht als ein vorgegebenes Faktum betrachtet werden kann. Im Widerspruch von Kausalität und Freiheit, von Natur und Welt wird der Verstand ständig gezwungen, sich selbst gleichsam über die Schultern zu schauen und nach seiner eigenen Möglichkeit zurück-

zufragen. Seine Einheit macht eine Natur „allererst möglich" (211). Sie ist die Basis der Objektivität der Naturwissenschaften. Aber der Verstand kann diese Basis nicht als absolute Gegebenheit hinnehmen, denn sie widerspricht der Freiheit seines eigenen Denkens. Dadurch eröffnet sich die Möglichkeit zu fragen, wie diese Basis sich konstituiert. Erst mit der Frage nach der Konstitution der Basis unserer Naturerkenntnis gelangen wir in die Region, in der Kant untersucht, wie die endliche Vernunft des Menschen das „All der Wesen" (21, 42) (also die griechische Physis in ihrem Gegensatz zur vorgestellten Natur) zu denken vermag (215).

7. Der Übergang von der Verstandeseinheit zu der Frage, wie diese Einheit sich konstituiert, entspricht im Aufbau der „Kritik der reinen Vernunft" dem Übergang vom Verstand zur Vernunft. Die Vernunft ist das Vermögen der Einheit der Verstandesregeln unter Prinzipien (B 359; 3, 239). Der Begriff „Prinzipien" bezeichnet hier nicht die Grundsätze des reinen Verstandes. Er bezeichnet überhaupt nicht Grundsätze der theoretischen Erkenntnis sondern Ideen (213f.). Die Vernunft erkennt auf dem Weg ihrer Selbsterkenntnis in ihrem eigenen Grunde das System der transzendentalen Ideen: Gott, Welt, Mensch. Sie sind ihr als unendliche Aufgaben vorgegeben. Welt erscheint also nun nicht als der Inbegriff der vom Verstand vorgestellten Objekte. Die reflektierende Urteilskraft erkennt vielmehr Welt im Rücken des vorstellenden Verstandes als eine Bedingung seiner eigenen Möglichkeit. Weil diese Idee im Rücken des Verstandes auftaucht, ist sie nach Verstandesbegriffen nicht zu denken. Trotzdem muß sie vorausgesetzt sein, damit der Verstand sich als Einheit konstituieren und Objekte nach seinen Regeln vorstellen kann.

8. Wie ist jene Vernunfterkenntnis möglich, durch die alle Verstandeserkenntnis erst begründet wird? Die transzendentalen Ideen sind nicht Begriffe, nach denen wir mögliche Gegenstände bestimmen könnten. Sie dürfen nicht, wie in der traditionellen Metaphysik, gebraucht werden, als ob sie Verstandesbegriffe wären. Sie können aber auch nicht als Fiktionen betrachtet werden, denn sie konstituieren die Einheit des Verstandes und bereiten damit aller Verstandeserkenntnis erst den Boden. Die Vernunfterkenntnis des Systems der transzendentalen Ideen hätte die Gestalt des Systems der Metaphysik. Aber dieses System kann nicht die Verstandesform eines theoretischen Lehrgebäudes haben. Deshalb ist das Problem der Metaphysik bei Kant mit dem Problem der inneren Möglichkeit des Ent-

wurfes einer nicht an die logischen Formen der Verstandesbegriffe gebundenen Gestalt der Vernunfterkenntnis identisch.

9. Um Kants Modell einer möglichen Metaphysik so ans Licht zu heben, daß zugleich sichtbar wird, wie die Einheit von Welt von unserer endlichen Vernunft gedacht werden kann, untersuchen wir zwei Begriffe, die für Kant konstitutive Bedeutung haben: die Begriffe „Horizont" und „Entwurf". Wir befinden uns bei der Untersuchung des Begriffes „Horizont", der, wie sich zeigte, genau genommen kein Begriff sondern eine Metapher für die Einbildungskraft ist. Ich fasse zusammen, was wir über die Bedeutung dieser Metapher bisher ausgemacht haben:

a. Das Wort „Horizont" bedeutet eigentlich die Grenze unseres Gesichtskreises. Dieser Gesichtskreis ist durch seine Relation auf den Standort des Beobachters bestimmt. Diese Relation wird bei dem Wort „Horizont" immer mitgedacht. Es ist also ungenau, wenn wir beim Wort „Horizont" nur an die Grenzen des Gesichtskreises denken. Genauer bestimmt, bezeichnet das Wort die Einheit der Struktur des Zusammenhanges von Gesichtskreis und Beobachter in seinen wechselnden Relationen. Alles, was unserem Auge sichtbar wird, zeigt sich uns innerhalb dieses Zusammenhanges.

b. Mit dem Wechsel des Standortes wechselt der Horizont; es wechselt zugleich die Perspektive, unter der sich uns dieselben Dinge zeigen. Wenn wir die Wahrheit erkennen wollen, müssen wir einen Standort finden, von dem aus sich die Dinge zeigen, wie sie sind. Sie zeigen sich dann in ihrem wahren Horizont. Die Frage nach dem richtigen Standort und nach dem richtigen Horizont der Erkenntnis geht deshalb aller Erkenntnis notwendig voraus.

c. Am Beispiel der Kugelgestalt der Erde illustriert Kant, wie menschliches Denken dazu gelangen kann, sich zu einem Standort aufzuschwingen, der mit dem Standort des empirischen Menschen auf irgendeinem Punkt der Erde nicht identisch ist. Die Einbildungskraft entwirft nach Prinzipien *a priori* das nichtsinnliche mathematische Modell einer Kugel und demonstriert, daß alle sinnlichen Bilder, die wir von irgendeinem Standort aus auf der Erde gewinnen können, unter Voraussetzung dieses Modells erklärt, berechnet und miteinander in Einklang gebracht werden können. Alle überhaupt möglichen empirischen Horizonte sind auf dem Kugelmodell enthalten. Die Kugeloberfläche ist also der

Horizont aller möglichen sinnlichen Horizonte. Der Standort, von dem aus wir die nichtsinnliche Erkenntnis dieses Horizontes gewonnen haben, ist durch die Prinzipien definiert, nach denen wir für unsere Einbildungskraft in der reinen Anschauung des Raumes mit Hilfe von reinen Verstandesbegriffen das geometrische Modell konstruiert haben. Es ist ein Standort außerhalb des empirischen Raumes und der empirischen Zeit. Als Kriterium der Richtigkeit des von diesem Standort aus konstruierten Modells gilt erstens seine Konsistenz, zweitens seine Einfachheit, drittens der Umstand, daß sich alle empirisch möglichen Bilder von der Erdoberfläche mit diesem nichtsinnlichen Modell zur Deckung bringen lassen.

d. Hier sei eine Überlegung durchgeführt, die bei der Erläuterung dieses Beispieles übersprungen wurde: Der Horizont für das Kugelmodell der Erde ist der geometrische Raum. Der Standort des Beobachters ist die Einheit der transzendentalen Apperzeption. Die Relationen zwischen Beobachter und Horizont sind die reinen Verstandesbegriffe. Im Unterschied zum Wechsel der empirischen Standorte und Horizonte sind die Anschauungsformen des Raumes, die Verstandesbegriffe und die Einheit der transzendentalen Apperzeption für alle objektive Erkenntnis Bedingungen der Möglichkeit *a priori*. Jedes empirische Subjekt, das objektive Erkenntnis gewinnen will, muß in diesen Horizont eintreten und sich auf den Standort der transzendentalen Apperzeption versetzen. Anders vermag es in seine Erfahrungen keinen einheitlichen Zusammenhang zu bringen. Darauf beruht die Objektivität der Naturwissenschaften.

e. Was ich bis jetzt beschrieben habe, ist das Prinzip der kopernikanischen Wendung. Denn die Entscheidung des Kopernikus, bei seinem Modell der Planetenbewegungen in der Einbildungskraft einen Standort auf der Sonne einzunehmen, unterscheidet sich prinzipiell nicht von jenem gedanklichen Schritt, der uns die Kugelgestalt der Erde erkennen läßt. Auch hier schwingt sich das Denken aus der Sphäre unserer sinnlichen Wahrnehmung hinaus und konstruiert nach Prinzipien *a priori* ein mathematisches Modell, das der Bedingung genügen soll, alle empirischen Beobachtungen, die wir von der Erde aus machen können, nach einer einfachen und berechenbaren Regel zu erklären. Kant zeigt, daß die Physik seit Galilei bei ihrem experimentellen Verfahren immer nach diesem Prinzip vorgegangen ist. Aber dieses Prinzip als solches hat erst er selbst in der „Kritik der reinen Vernunft" durchsichtig gemacht.

f. Kants Freilegung des Horizontes aller möglichen objektiven Erkenntnis erlaubt zugleich, die Grenzen dieser Erkenntnis genau zu bestimmen. Die Verstandesbegriffe haben nur bezogen auf die reinen Formen der Anschauung eine legitime Funktion. Was jenseits der Grenzen der Anschauung liegt, läßt sich in Verstandesbegriffen nicht denken. Wir denken aber die Freiheit, denn ihre Spontaneität ist die Bedingung der Möglichkeit des Denkens selbst und stellt sich in jeder Handlung des Denkens dar. Was ist der Horizont, innerhalb dessen Freiheit gedacht wird? Auf welchem Standort befinden wir uns, wenn wir in diesem Horizonte Freiheit wirklich denken?

g. Die Gestalt dieser Frage macht Kant dadurch deutlich, daß er das Bild der Erdkugel auf den *globus intellectualis* überträgt. Dem empirischen Schein, die Erdoberfläche habe die Gestalt eines Tellers, auf dem man ins Unendliche weitergehen kann, entspricht der transzendentale Schein, das Denken könnte nach dem Leitfaden der Verstandesbegriffe über die Grenzen der sinnlichen Anschauung hinaus ins Unendliche fortschreiten. Wie bei der Erkenntnis der Gestalt der Erdoberfläche können wir auch hier den transzendentalen Schein nur durchbrechen, indem wir den wahren Horizont und zugleich den wahren Standort der innerhalb dieses Horizontes sich selbst erkennenden Vernunft bestimmen. Es gilt also, nach Analogie des Globus ein Modell des *globus intellectualis* zu entwerfen. Da die Vernunft sich als Vermögen der Einheit durch das System der transzendentalen Ideen konstituiert, ist das Problem gelöst, wenn es gelingt, ein Modell für das System der transzendentalen Ideen – Gott, Mensch, Welt – zu entdecken. Für die Gestalt eines solchen Systementwurfes enthält die Metapher einen versteckten aber wichtigen Hinweis. Die Oberfläche der Erde ist nach einem berechenbaren Gesetz gekrümmt. Das widerspricht unserer sinnlichen Anschauung, läßt sich aber geometrisch im euklidischen Raum noch für die Anschauung zur Darstellung bringen. Ist auch die Gestalt des *globus intellectualis*, metaphorisch gesprochen, gekrümmt, und läßt das Gesetz dieser Krümmung sich berechnen? Erst wenn wir diese Frage beantworten können, läßt sich absehen, ob wir Kants Problem – das

Problem einer Festlegung des Horizontes der Metaphysik der endlichen Vernunft – verstehen.

⟨4. Vollendung des Systems der menschlichen Vernunft?⟩

Wir haben damit den Punkt wieder erreicht, an dem ich es für nötig hielt, diesen Aufriß unserer Fragestellung einzuschieben. Gesucht ist ein Modell des *globus intellectualis*, das es erlaubt, aus Prinzipien *a priori* zugleich mit der Einheit auch die Grenzen der menschlichen Erkenntnis zu bestimmen. Wir untersuchen, was die Metapher des Horizontes für das Verständnis dieser Aufgabe austrägt. Wir hatten erkannt, daß die Aufgabe nur dann als gelöst gelten kann, wenn die Metaphysik zu einem in sich abgeschlossenen Ganzen vollendet ist. Ist nämlich die Metaphysik nicht in sich abgeschlossen, so kann sie keine Einheit bilden. Bildet aber das System der transzendentalen Ideen keine Einheit, so ist auch die Vernunft nicht mehr Vermögen der Einheit und kann deshalb dem Verstand nicht mehr zum Kanon seines Gebrauches dienen. Die Einheit der Verstandeserkenntnis hätte dann keine Basis mehr, und damit wäre auch dem Naturbegriff der Naturwissenschaften der Boden entzogen. Abgeschlossen ist ein Ganzes innerhalb seiner notwendigen Grenzen. Die Vollendung der Metaphysik ist demnach mit der Bestimmung der Grenzen menschlicher Erkenntnis identisch. Die Bestimmung der Grenzen menschlicher Erkenntnis erfordert aber die Ausmessung des Horizontes unserer endlichen Vernunft. Der schon zitierte Satz aus der Schrift über die „Fortschritte der Metaphysik" erhält dadurch einen unerwarteten Sinn. Der Satz hieß: „Denn Metaphysik ist ihrem Wesen, und ihrer Endabsicht nach, ein vollendetes Ganze; entweder Nichts, oder Alles." (20, 259) Das klingt zunächst wie ein hybrider Anspruch der sich selbst absolut setzenden spekulativen Vernunft. So hat dieser Gedanke von Kant auf die Philosophie des deutschen Idealismus, vor allem auf Hegel, auch gewirkt. Hingegen hat sich jetzt herausgestellt, daß die Vollendung durch die Horizontbestimmung, also durch die Selbstbeschränkung der menschlichen Vernunft erreicht werden soll. Das System der endlichen Vernunft soll endgültig jene Grenzen festlegen, über die menschliches Denken nicht hinausschweifen kann. Es soll die Schwärmerei der spekulativen Phantasie definitiv in ihre Schranken weisen. So hatte auch die Entdeckung der

Kugelgestalt der Erde, wie Kant in seiner Geschichtsphilosophie entwickelt hat, dem Menschengeschlecht die unüberschreitbaren Grenzen seiner Expansion in der Natur vor Augen gestellt. Das Bild des Horizontes interpretiert demnach, wie bei Kant die Einheit des Systems zu verstehen ist, so wie umgekehrt die Einheit des Systems erst verständlich macht, was „Horizont" bedeutet. Die Begriffe „System" und „Horizont" sind untrennbar verbunden. Die Festlegung des Horizontes bestimmt notwendig die Struktur des ganzen Systems.

Kant hat für jene Form der Erkenntnis, die uns erlaubt, die Grenzen der menschlichen Vernunft zu bestimmen, in die Philosophie einen neuen Begriff eingeführt. Die Erkenntnis des möglichen Horizontes menschlichen Denkens erhält durch ihn den Namen „Kritik". Der Name „Kritik" bezeichnet bei Kant die Methode und zugleich den inneren Bau der Transzendentalphilosophie im Ganzen. Es ist also nicht zuviel gesagt, wenn wir behaupten, daß der Gesamtentwurf der kantischen Philosophie in der Metapher vom Horizont der menschlichen Erkenntnis vorgezeichnet ist.

Das klingt wie eine jener übertriebenen Behauptungen, durch die der Hörer sich veranlaßt sieht, kopfschüttelnd festzustellen, hier sei doch offenbar die Interpretation „überzogen". Wir brauchen aber nur in dem Kapitel „Von der Unmöglichkeit einer sceptischen Befriedigung der mit sich selbst veruneinigten reinen Vernunft" (B 786; 3, 495) weiterzulesen, so stellen wir fest, daß Kant das Gleiche sagt. Er hat in diesem Kapitel das Beispiel von der Erkenntnis der Kugelgestalt der Erdoberfläche und die Metapher des Horizontes nur eingeführt, um sich die Möglichkeit zu schaffen, seine kritische Philosophie gegen den Skeptizismus von Hume abzugrenzen: „Der berühmte David Hume war einer dieser Geographen der menschlichen Vernunft, welcher jene Fragen" (sc. der reinen Vernunft) „insgesammt dadurch hinreichend abgefertigt zu haben vermeinte, daß er sie außerhalb dem Horizont derselben verwies, den er doch nicht bestimmen konnte ... Aus dem Unvermögen unserer Vernunft", vom Grundsatz der Kausalität „einen über alle Erfahrung hinausgehenden Gebrauch zu machen, schloß er die Nichtigkeit aller Anmaßungen der Vernunft überhaupt, über das Empirische hinauszugehen." (B 788; 3, 496) Empirisch läßt sich das Prinzip der Kausalität, wie Hume gezeigt hat, niemals nachweisen, denn Kausalität ist nur dann ein Prinzip, wenn sie ausnahmslos zu allen Zeiten für alle möglichen Prozesse gilt. Alle möglichen Prozesse zu allen Zeiten können uns aber empirisch nicht gegeben sein. Empirisch lassen Gesetze sich nicht begründen. Es ist eine grobe philosophische Unwissenheit, wenn Naturwissenschaftler sich das gelegentlich einbilden. Empirie kann immer nur Gesetze bestätigen, die vorher aus ganz anderen Erkenntnisquellen gefunden sein müssen. Es verhält sich also mit den Naturgesetzen ebenso wie mit der Kugelgestalt der Erde: eine Erkenntnis von Naturgesetzen kommt zustande, wenn aus Prinzipien *a priori* ein idealtypisches Modell entworfen wird, das den empirischen Daten nicht widerspricht und uns erlaubt, sie nach einer einfachen und durchsichtigen Formel zu ordnen. Die Erkenntnis idealtypischer Modelle ist aber keine empirische, sie ist eine nichtsinnliche Erkenntnis. Da Hume jede solche Erkenntnis für unmöglich hielt, hat er das Prinzip der Kausalität und damit die theoretische Basis der Newtonschen Physik für unhaltbar erklärt. Das ist jene Gestalt der Skepsis, die Kant in diesem Kapitel vor Augen steht.

Der gemäßigte Skeptizismus lehrt seit der Antike, man solle sich bei allen Fragen, die die Grenzen unseres Erkenntnisvermögens übersteigen, des Urteils enthalten und sich mit seiner Unwissenheit zufrieden geben. Dieser Zustand der Enthaltung – die ἐποχή – galt als eine Voraussetzung der Seelenruhe, denn man wird dann nicht durch Fragen gequält, die der Verstand doch nicht lösen kann. Kant bezeichnet diesen Grundsatz als „den Grundsatz der Neutralität" bei den Streitigkeiten der Vernunft (B 784; 3, 494). Er sagt: „Allein es bei diesen Zweifeln gänzlich bewenden zu lassen und es darauf auszusetzen, die Überzeugung und das Geständniß seiner Unwissenheit... als die Art, den Streit der Vernunft mit sich selbst zu beendigen, empfehlen zu wollen, ist ein ganz vergeblicher Anschlag und kann keinesweges dazu tauglich sein, der Vernunft einen Ruhestand zu verschaffen..." (B 785; 3, 494f.). Auf diesen Schlußabsatz des vorigen Kapitels bezieht sich Kant nun in seiner Auseinandersetzung mit Hume zurück. Er sagt: „So ist der Scepticism ein Ruheplatz für die menschliche Vernunft, da sie sich über ihre dogmatische Wanderung besinnen und den Entwurf von der Gegend machen kann, wo sie sich befindet, um ihren Weg fernerhin mit mehrerer Sicherheit wählen zu können, aber nicht ein Wohnplatz zum beständigen Aufenthalte; denn dieser kann nur in einer völligen Gewißheit angetroffen werden, es sei nun der Erkenntniß der Gegenstände selbst, oder der Grenzen, innerhalb denen alle unsere Erkenntniß von Gegenständen eingeschlossen ist." (B 789 f.; 3, 497) Zum Zweck der Befreiung von dem transzendentalen Schein des alle Grenzen der Verstandeserkenntnis überschreitenden Dogmatismus ist die skeptische ἐποχή, eine vorübergehende Enthaltsamkeit, legitim und unentbehrlich, aber nur dann, wenn dieser skeptische Stillstand der Vernunft die Freiheit zu einem Übergang ermöglicht, der dann aus der Erkenntnis der Grenzen unserer Erkenntnis eine neue Gewißheit zu begründen erlaubt.

Man versteht das Gewicht dieser Stelle erst dann, wenn man sie mit der schon zitierten Stelle aus der Schrift über die „Fortschritte der Metaphysik" über die drei Stadien der reinen Vernunft vergleicht: „Hieraus folgt die Eintheilung der Stadien der reinen Vernunft, in die Wissenschaftslehre, als einen sichern Fortschritt, – die Zweifellehre, als einen Stillestand, – und die Weisheitslehre, als einen Überschritt zum Endzweck der Metaphysik: so daß die erste eine theoretisch-dogmatische Doctrin, die zweyte eine sceptische Disciplin, die dritte eine practisch-dogmatische enthalten wird." (20, 273) Die skeptische Disziplin, die sich bei Kant, in unermeßlichem Fortschritt über Hume, zur transzendentalen Dialektik entfaltet hat, erhält hier klar ihren Platz angewiesen. Sie ist, wie Kant an unserer Stelle sagt, „ein Ruheplatz für die menschliche Vernunft, da sie sich über ihre dogmatische Wanderung besinnen und den Entwurf von der Gegend machen kann, wo sie sich befindet, um ihren Weg fernerhin mit mehrerer Sicherheit wählen zu können". Der Skeptizismus der transzendentalen Dialektik wird hier mit deutlicher Anspielung an die Metapher des Horizontes als ein Ruheplatz beschrieben, wo man sich mit Hilfe eines Entwurfes von der Gegend, wo man sich befindet, über die Geographie dieser geistigen Wanderung orientiert, um dann den Übergang zu einer neuen Form der in völliger Gewißheit gegründeten, nicht mehr theoretisch-dogmatischen sondern praktisch-dogmatischen Metaphysik vollziehen zu können. Praktisch-dogmatisch ist eine Metaphysik, die aus Prinzipien der Freiheit entworfen ist, eben deshalb aber dem Verstandesprinzip der Kausalität nicht unterworfen sein kann. Durch die Orientierung über die Gegend und den neuen geographischen Entwurf wird der Übergang von den Verstandesbegriffen zu den Vernunftbegriffen, von der Natur zur Welt vollzogen. Wir werden später sehen, daß Kant aus diesem Grund die „Weisheitslehre" seiner Metaphysik als „Weltbegriff" der Philosophie bezeichnet hat (B 866; 3, 542).

⟨5. Die „gekrümmte Sphäre" der Vernunfterkenntnis
(globus intellectualis)⟩

Ich habe beim Aufriß unserer Frage nach der Bedeutung des Begriffes „Horizont" bei Kant erwähnt, daß der Vergleich der Erdkugel mit dem *globus intellectualis* uns einen Hinweis darauf gibt, daß Kant die Auflösung der Antinomien unserer Vernunft nur unter der Bedingung für möglich hielt, daß wir uns die Sphäre unserer Vernunfterkenntnis als gekrümmt vorstellen. Die Bestimmung der Grenzen und damit des Horizontes unserer Erkenntnis wäre dann mit der Berechnung der Krümmung der Erdoberfläche vergleichbar. Das wird von Kant in dem jetzt folgenden Absatz dieses Kapitels ausgesprochen: „Unsere Vernunft ist nicht etwa eine unbestimmbar weit ausgebreitete Ebene, deren Schranken man nur so überhaupt erkennt, sondern muß vielmehr mit einer Sphäre verglichen werden, deren Halbmesser sich aus der Krümmung des Bogens auf ihrer Oberfläche (der Natur synthetischer Sätze *a priori*) finden, daraus aber auch der Inhalt und die Begrenzung derselben mit Sicherheit angeben läßt." (B 790; 3, 497) Ich unterbreche hier das Zitat, um diesen schwierigen Text zu erklären. Kant stößt hier in Regionen des Denkens vor, die sich der Anschauung entziehen und der Einbildungskraft kaum noch erreichbar sind. Auf Veranschaulichung für die Einbildungskraft beruht aber die menschliche Sprache. Auch hier muß Kant eine Metapher verwenden, und zwar genau jene Metapher von der Erdkugel, durch die er seinen Begriff des Horizontes erläutert. Aber während sich eine geometrisch konstruierte Kugel im euklidischen Raum noch anschaulich darstellen läßt, dient hier dieses Bild als Hilfe zur Erläuterung eines Modells, das jenseits jeder möglichen Anschauung liegt. Der erste Teil dieses Satzes heißt: „Unsere Vernunft ist nicht etwa eine unbestimmbar weit ausgebreitete Ebene, deren Schranken man nur so überhaupt erkennt." Diese Worte finden ihre Erklärung durch den schon zitierten Satz: „Der Inbegriff aller möglichen Gegenstände für unsere Erkenntniß scheint uns eine ebene Fläche zu sein, die ihren scheinbaren Horizont hat, nämlich das, was den ganzen Umfang derselben befaßt, und ist von uns der Vernunftbegriff der unbedingten Totalität genannt worden." (B 787; 3, 496) Auch wenn wir uns die Vernunft als „unbestimmbar weit ausgebreitete Ebene" vorstellen, nötigt uns der Vernunftbegriff der Totalität, diese Ebene als eine Einheit zu denken, die alle möglichen

Gegenstände der Erkenntnis in sich enthält. Indem wir diese Ebene als „Inbegriff" und damit als Totalität denken, denken wir irgendwie auch ihre Ganzheit und damit auch ihre Abgeschlossenheit, also ihre Schranken mit. Aber wir erkennen diese Schranken „nur so überhaupt", das heißt nur als Implikat des Begriffs der Totalität, ohne in der Lage zu sein, sie zu bestimmen. Das ist eine treffende Beschreibung der Form, wie die Sphäre alles dessen, was denkbar sein könnte, einer Nebellandschaft vergleichbar unseren Verstand umgibt. Kant aber will den Horizont unserer Vernunft, er will also die Grenzen ihrer Sphäre bestimmen. Dann muß, wie er hier sagt, der Halbmesser des *globus intellectualis* sich analog zum Halbmesser der Erdkugel aus der Krümmung des Bogens auf ihrer Oberfläche berechnen lassen. Was ist die Krümmung des Bogens auf der Oberfläche der Sphäre unseres Denkens? Das wird von Kant in der Klammer durch eine unverständliche Parenthese erläutert. Die Krümmung des Bogens auf der Oberfläche unserer Erkenntnis ist die „Natur synthetischer Sätze *a priori*". Wieso? Die Antwort muß sich aus dem obersten Grundsatz aller synthetischen Urteile *a priori* ergeben. Er heißt: „Die Bedingungen der Möglichkeit der Erfahrung überhaupt sind zugleich Bedingungen der Möglichkeit der Gegenstände der Erfahrung." (B 197; 3, 145) Was hat dieser Grundsatz mit der Krümmung der Oberfläche unserer Erkenntnis zu tun? Die Gegenstände möglicher Erfahrung sind, wenn wir in diesem Vergleich bleiben wollen, mit den Erscheinungen auf der Erdoberfläche zu vergleichen. Alles, was auf der Erdoberfläche zu sehen ist, befindet sich idealtypisch im gleichen Abstand zu einem unserem Blick verborgenen Zentrum. Entsprechend ist nach dem obersten Grundsatz alles, was Gegenstand der Erfahrung sein kann, auf die Bedingung der Möglichkeit der Erfahrung zurückbezogen. Das verborgene Zentrum der Bedingungen der Möglichkeit der Erfahrung überhaupt ist die Einheit der transzendentalen Apperzeption. Auf der Oberfläche der Sphäre unserer Erkenntnis kann uns als Gegenstand nur begegnen, was den Bedingungen gehorcht, unter denen der Verstand sich in der Anschauung gegebene Erscheinungen vorstellen kann. Wir können uns einbilden, daß unsere Naturerkenntnis sich bei der Erforschung des Universums beliebig weit von uns Erdbewohnern entfernt. Tatsächlich aber beschreibt sie stets eine Kurve um das verborgene Zentrum der Einheit der Apperzeption. Um aber dieses Zentrum erkennen zu können, müssen wir die Oberfläche der

Sphäre unserer Erkenntnis nicht nach außen hin oder nach oben hin sondern in der Richtung auf ihr verborgenes Zentrum transzendieren. Das ist dann keine transzendente sondern eine transzendentale Erkenntnis. Hier finden sich keine Gegenstände der Erfahrung, denn diese befinden sich nur auf der Oberfläche, das heißt im Bereich der sinnlichen Anschauung. Aber was gibt es dann zu erkennen? Kant sagt im nächsten Satz: „Außer dieser Sphäre (Feld der Erfahrung) ist nichts für sie Object; ja selbst Fragen über dergleichen vermeintliche Gegenstände betreffen nur subjective Principien einer durchgängigen Bestimmung der Verhältnisse, welche unter den Verstandesbegriffen innerhalb dieser Sphäre vorkommen können." (B 790; 3, 497f.)

⟨6. Die Bedeutung der Metapher „Horizont"
in der Transzendentalphilosophie⟩

Wir wagen nun also einen Vorstoß in das Innere der Kugel, deren Oberfläche das Feld unserer Erfahrung ist. Was wir hier vorfinden, ist, wie Kant sagt, „nur subjektiv". Wenige Gedanken von Kant sind mit solcher Beharrlichkeit ständig mißverstanden worden wie diese, der ganzen Transzendentalphilosophie zugrundeliegende Lehre. Das Mißverständnis hat zwei Gründe:
– Man unterschiebt, dem nachkantischen Wortgebrauch entsprechend, dem Wort „subjektiv" die empirische Subjektivität der einzelnen Individuen. Dann bedeutet „subjektiv" soviel wie zufällig, willkürlich, unverbindlich. Kant bezeichnet aber als subjektiv alles, was die transzendentale Subjektivität konstituiert. Subjektiv ist demnach alles, was unserem Erkenntnisvermögen *a priori* zukommt. Subjektiv bedeutet demnach soviel wie allgemeingültig und notwendig. Maßgebend war für seine Prägung des Begriffs „Subjekt", daß der terminus *subiectum* (als Übersetzung des griechischen ὑποκείμενον) „das erste Zugrundeliegende" bezeichnet. Er lehrt, daß das erste Zugrundeliegende für alle Gegenstände der Erfahrung die Bedingung der Möglichkeit der Erfahrung selbst, also die Struktur des Erkenntnisvermögens ist. Deshalb bestimmt in unserem Bild das verborgene Zentrum des transzendentalen Subjekts die Krümmung des Feldes der Erfahrung. Das Subjekt hat demnach einen Vorrang vor den Objekten, deren Form zu erscheinen durch die Prinzipien der Subjek-

tivität bestimmt ist. „Nur subjektiv" bedeutet nicht: weniger wahr oder weniger wirklich als die Erscheinungen im Feld der Erfahrung, es bedeutet vielmehr: ausschließlich subjektiv, womit zugleich gesagt ist, daß die Verstandesbegriffe, nach denen wir uns Objekte vorstellen, im Inneren der Kugel keine Anwendung finden.
– Damit ist zugleich das zweite Vorurteil widerlegt, nämlich das Vorurteil, objektiv bedeute soviel wie „wahr". Bei Kant ist Objektivität die Form, wie wir uns die Erscheinungen nach den subjektiven Gesetzen unseres Erkenntnisvermögens notwendig vorstellen müssen. Die Objektivität ist also vor der bloßen Zufälligkeit unserer ungeordneten Wahrnehmungen dadurch ausgezeichnet, daß sie gesetzmäßig ist. Aber die Gesetzmäßigkeit hat ihre Basis in den Prinzipien der Subjektivität. Wenn man Kant mit dem Vorurteil liest, den Namen „Wahrheit" verdiene nur die objektive Erkenntnis der Wissenschaft, so hat man sich den Zugang zum Verständnis der Transzendentalphilosophie bereits versperrt.
Nachdem wir uns von diesem Mißverständnis befreit haben, können wir uns dem Text zuwenden. Innerhalb der Kugel finden wir „nur subjektive Prinzipien" einer durchgängigen Bestimmung der Verhältnisse, welche unter den Verstandesbegriffen innerhalb dieser Sphäre vorkommen können. Was sind das für Prinzipien?
Die Verstandesbegriffe regulieren nach den Grundsätzen des reinen Verstandes die Verhältnisse, die auf der Oberfläche der Kugel im Feld der Erfahrung vorkommen. Sie bestimmen, wie der vorige Satz gesagt hat, die Krümmung dieses Feldes. Davon ist hier nicht mehr die Rede. Hier ist vielmehr von Prinzipien die Rede, welche die Verhältnisse zwischen den Verstandesbegriffen selbst regulieren. Damit wird deutlich, wovon hier die Rede ist: Kant greift auf seine schon zitierte Definition der Vernunft zurück: „Der Verstand mag ein Vermögen der Einheit der Erscheinungen vermittelst der Regeln sein, so ist die Vernunft das Vermögen der Einheit der Verstandesregeln unter Principien." (B 359; 3, 239) Diese Prinzipien sind, wie wir schon gesehen haben, nicht theoretische Grundsätze sondern die transzendentalen Ideen: Gott, Welt, Mensch.
Wir finden nun also im innersten Zentrum der Kugel, das heißt im Zentrum der Subjektivität, jene Ideen wieder, durch die sich die Einheit des denkenden Subjekts erst konstituiert. Die große Wendung, die Kant vollzogen hat, und die er mit der Wendung des Kopernikus vergleicht, besteht darin, daß er das System der transzendentalen

Ideen aus dem Bereich der möglichen Objekte der Erkenntnis in den Bereich der Subjektivität verlagert hat. Sie dürfen demnach nicht wie Objekte nach Verstandesbegriffen sondern müssen in jenen Denkformen gedacht werden, in denen das Subjekt sich selbst versteht. Die reine Form der Selbsterkenntnis des Subjektes ist die Form, in der es sich selbst zu seinem Wesen bestimmt: der Kategorische Imperativ. Deswegen dürfen auch die transzendentalen Ideen nicht als *gegeben* vorgestellt werden; sie eröffnen sich der Vernunft in der imperativischen Figur unendlicher *Aufgaben*, durch deren Erkenntnis ⟨diese⟩ [107] ihre eigene Einheit fortwährend konstituiert. Dies nennt Kant den „Endzweck" der Vernunft. Der Endzweck liegt nicht außerhalb ihrer selbst, sondern ist die Verwirklichung ihres eigenen Wesens im Ausblick auf die unendliche Aufgabe der transzendentalen Ideen. Nur kraft ihrer Einheit ist die Vernunft dazu befähigt, das Zentrum jener Kugel zu bilden, die durch das Feld der Erfahrung begrenzt wird. So führt die Frage nach der Einheit der Natur bei Kant in das Zentrum der Kugel zurück. Sie führt auf die Frage nach der Einheit des Systems der transzendentalen Ideen. Die Begrenzung der Kugel und die Bestimmung der letzten Zwecke der menschlichen Vernunft geschehen durch eine einzige Handlung des Denkens; die Bestimmung des Horizontes menschlicher Erkenntnis und die Bestimmung des transzendentalen Standortes der Vernunft sind voneinander nicht zu trennen. Deshalb sagt Kant in der „Logik" (Pölitz): „Horizont ist die Congruenz der Gränzen unserer Erkenntniß mit den Zwecken der Menschheit." (24, 521)

An einer berühmten Stelle im Kapitel über „Die Architektonik der reinen Vernunft" unterscheidet Kant vom Schulbegriff der Philosophie ihren „Weltbegriff", „der dieser Benennung", das heißt dem Wort Philosophie, „jederzeit zum Grunde gelegen hat, vornehmlich wenn man ihn gleichsam personificirte und in dem Ideal des Philosophen sich als ein Urbild vorstellte. In dieser Absicht ist Philosophie die Wissenschaft von der Beziehung aller Erkenntniß auf die wesentlichen Zwecke der menschlichen Vernunft *(teleologia rationis humanae)*, und der Philosoph ist nicht ein Vernunftkünstler, sondern der Gesetzgeber der menschlichen Vernunft. In solcher Bedeutung wäre es sehr ruhmredig, sich selbst einen Philosophen zu nennen und sich anzumaßen, dem Urbilde, das nur in der Idee liegt, gleichge-

---

[107] Im Text: „sie ihre eigene Einheit".

kommen zu sein." (B 866f.; 3, 542) Wir betrachten die Definition: „die Wissenschaft von der Beziehung aller Erkenntniß auf die wesentlichen Zwecke der menschlichen Vernunft". Als *Erkenntnis* bezeichnet Kant in der „Kritik der reinen Vernunft" die theoretische Erkenntnis von Objekten, also die Erkenntnis im Felde der Erfahrung. Die *wesentlichen Zwecke* der menschlichen Vernunft sind die in ihr vorgezeichneten Aufgaben, die dadurch „wesentlich" sind, daß sich durch sie das „Wesen" der Vernunft allererst konstituiert. Die *Beziehung* der Erkenntnis auf die transzendentalen Ideen wird durch den Entwurf der Kugel hergestellt, die wir betrachtet haben. Deshalb deckt sich Kants Definition des Weltbegriffes der Philosophie mit seiner Definition des Horizontes. Damit ist aber zugleich die These erwiesen, daß die Metapher des Horizontes für Kants Entwurf eines Systems der Transzendentalphilosophie die Grundlage bietet.

Aus der Metapher vom „Horizont" der Erkenntnis, die durch das Bild vom *globus intellectualis* erläutert wird, zieht Kant, wie wir gesehen haben, die Konsequenz, daß jene Einheit, auf die sich alle Verstandeserkenntnis bezieht, und die durch die transzendentalen Ideen konstituiert wird, nicht an der Oberfläche der Kugel im Feld der Erfahrung sondern im Rücken des theoretischen Bewußtseins, das heißt im Zentrum der Kugel zu suchen ist. Nun stellt sich die Frage, wie die Vernunft es leisten soll, unter diesen Bedingungen die Einheit der Erkenntnisse im Feld der Erfahrung herzustellen. Das erklärt Kant im „Anhang zur transzendentalen Dialektik" unter der Überschrift „Von dem regulativen Gebrauch der Ideen der reinen Vernunft". Zunächst ein Wort über die Stellung dieses Kapitels im Aufbau des Werkes. Im ersten Buch der „Transzendentalen Dialektik" wird der positive Teil der Lehre von den transzendentalen Ideen entworfen. Dieses Buch ist also der Höhepunkt der kantischen Lehre von den Bedingungen der Möglichkeit der theoretischen Erkenntnis – einer Lehre, die man bis zur Unkenntlichkeit dadurch verstümmelt hat, daß man den positiven Teil von Kants transzendentaler Grundlegung der Wissenschaft auf die transzendentale Ästhetik und transzendentale Analytik zu reduzieren pflegt. Im zweiten Teil der „Transzendentalen Dialektik" folgt mit der Destruktion des transzendentalen Scheins die Aufdeckung des Mißbrauches, den die überlieferte Metaphysik mit den transzendentalen Ideen getrieben hat. Den Anhang „Von dem regulativen Gebrauch der Ideen der reinen Vernunft" hat Kant hinzugefügt, um nun auch jene Umkehrung des transzendentalen Scheins zu destruiren, die sich ergeben würde, wenn man aus der Destruktion der klassischen Metaphysik die Folgerung ziehen wollte, Metaphysik sei überhaupt nur eine Phantasmagorie, und die transzendentalen Ideen – Gott, Welt, Mensch – seien nichts als Fiktionen. Da ein nicht geringer Teil der Kant-Interpreten diesen Weg tatsächlich eingeschlagen hat, ist der Anhang zum Zweiten Buch der „Transzendentalen Dialektik" zugleich eine Selbstverteidigung von Kant gegen die Mißdeutungen, denen seine Philosophie seit der zweiten Hälfte des 19. Jahrhunderts ausgesetzt war.

Das Kapitel enthält die Interpretation jener schon zitierten Definition der Vernunft, die Kant in der Einleitung zur „Transzendentalen Dialektik" aufgestellt hat: „Der Verstand mag ein Vermögen der Einheit der Erscheinungen vermittelst der Regeln sein, so ist die Vernunft das Vermögen der Einheit der Verstandesregeln unter Principien." (B 359; 3, 239) Das Zweite Buch der „Transzendentalen Dialektik" schien gezeigt zu haben, daß die Vernunft durch den Gebrauch der sie konstituierenden transzendentalen Ideen mit sich notwendig in Widerspruch gerät. Dann wäre sie nicht ein Vermögen der Einheit sondern ein Vermögen der Selbstentzweiung; liegt aber die Vernunft mit sich selbst in einem unaufhebbaren Widerstreit, so ist auch die Einheit der transzendentalen Apperzeption, die den Verstandesbegriffen zugrundeliegt, eine Fiktion. Dann ist auch theoretische Erfahrungserkenntnis nicht möglich. Nun hat Kant im Zweiten Buch der „Transzendentalen Dialektik", vor allem in der Widerlegung der Gottesbeweise, auch schon das Mißverständnis aufgedeckt, durch das die Vernunft mit sich selbst in Zwietracht gerät. Sie verwickelt sich immer dann in einen unaufhebbaren Widerstreit mit sich selbst, wenn sie die Vernunftbegriffe so gebraucht, als ob sie Verstandesbegriffe wären. Verstandesbegriffe sind jene Handlungen des Denkens, die den logischen Funktionen des Urteilens zugrundeliegen. Um die Vernunftbegriffe von diesen Handlungen des Begreifens von Gegenständen zu unterscheiden, führt er statt dessen im Ersten Buch der „Transzendentalen Dialektik" den Terminus „Idee" ein. Da in der Logik der Terminus „Begriff" auf das Feld der Verstandesbegriffe eingeschränkt ist und dort nicht wie bei Kant die Handlungen des Begreifens sondern ihr Resultat zu bezeichnen pflegt, müssen wir zunächst mit allem Nachdruck sagen: *Ideen sind etwas anderes als Begriffe*. Kant beruft sich bei der Einführung des Wortes „Ideen" in dem Kapitel „Von den Ideen überhaupt" (B 368 ff.; 3, 245 ff.) mit einer bei ihm seltenen Feierlichkeit der Sprache auf Platon. Was er über die Bedeutung der Idee bei Platon sagt, ist der erdrückenden Mehrheit der Platon-Interpretationen eben dadurch weit überlegen, daß Kant auf Grund der Unterscheidung zwischen Ideen und Verstandesbegriffen in der Lage war zu erkennen, daß und warum die Ideen keine Begriffe sind. Aber was sind dann die Ideen? Was leisten sie für unsere Erkenntnis?

In dem Kapitel „Von dem regulativen Gebrauch ..." geht Kant von einem Satze aus, der allen kritischen Prinzipien zu widersprechen scheint, die in der transzendentalen Analytik und Dialektik gewonnen waren. Der Satz heißt: „Alles, was in der Natur unserer Kräfte gegründet ist, muß zweckmäßig und mit dem richtigen Gebrauche derselben einstimmig sein." (B 670; 3, 427) Wie ist es möglich, daß Kant von der „Natur" unserer Kräfte, das heißt hier unseres Erkenntnisvermögens, so sprechen kann, als ob wir diese Natur zum Gegenstand unserer Erkenntnis machen könnten? Zunächst ist zu sagen, daß das Wort „Natur" hier in einer Bedeutung auftritt, die wir bisher noch nicht ins Auge gefaßt haben, die aber für uns noch wichtig werden wird. Kant unterscheidet nämlich von der „Natur in materieller Bedeutung", die er als „Inbegriff aller Dinge, so fern sie Gegenstände unserer Sinne, mithin auch der Erfahrung sein können", die „Natur in formaler Bedeutung". Natur in formaler Bedeutung ist „das erste, innere Princip alles dessen ..., was zum Dasein eines Dinges gehört"[108]. Entfaltet wird Kants Lehre von der Natur in formaler Bedeutung in der transzendentalen Teleologie der „Kritik der Urteilskraft". Man könnte also sagen, daß Kant, wenn er hier von der Natur unserer Kräfte spricht, den Begriff „Natur" in formaler Bedeutung verwendet. Aber auch damit kommen wir noch nicht durch, denn „Dasein" hat in der Terminologie von Kant nur das, was in der Zeit erscheint. Hier aber ist von unserem transzendentalen Vermögen die Rede, also vom Inneren der Kugel. Was soll dann das Wort „Natur" noch bedeuten? Das System der transzendentalen Ideen ist die Bedingung der Möglichkeit dafür, daß unser Erkenntnisvermögen etwas leistet, was aus der Analytik der Verstandesbegriffe nicht erklärt werden kann. Die transzendentalen Ideen

[108] Metaphysische Anfänge der Naturwissenschaft, Vorrede; 4, 467.

sind nämlich die Bedingung der Möglichkeit dafür, daß wir die Natur in formaler Bedeutung im empirischen Dasein der Dinge erkennen können. Hätten wir dieses Vermögen nicht, so könnten wir die Mannigfaltigkeit der Erscheinungen weder erkennen noch verstehen, denn von den reinen Verstandesbegriffen auf der einen Seite und der unbestimmten Materie der Empfindungen auf der anderen Seite führt zur Mannigfaltigkeit als solcher keine Brücke. Ohne eine Erkenntnis des Mannigfaltigen in der Natur wäre aber Naturwissenschaft nicht möglich. Deshalb ist die transzendentale Teleologie der „Kritik der Urteilskraft" – was man immer übersehen hat – selbst für das eingeschränkte Ziel einer transzendentalen Begründung der Naturwissenschaft die unentbehrliche Ergänzung zur transzendentalen Analytik der Verstandesbegriffe.

Was hilft uns dies nun zur Erklärung des Begriffes „Natur" in unserem Satz? Kant ist insofern legitimiert, den Begriff „Natur in formaler Bedeutung" auf die „Natur unserer Kräfte" zu übertragen, als sich aus unseren Kräften transzendental ableiten lassen muß, was uns befähigt, „Natur in formaler Bedeutung" zu erkennen und zu denken. Er überträgt hier den Namen des Begriffs „Natur" auf dessen Ursprung. Das ist, wie das Wort „Horizont", eine Übertragung, also eine Metapher. Da aber alle Worte, die wir haben, aus der Sphäre der Erscheinungen stammen, kann von dem Inneren der Kugel prinzipiell nur in Metaphern gesprochen werden. Auch die Worte „Kräfte" oder „Gebrauch", ja sogar die Worte „wir" und „unser" sind, wenn wir vom transzendentalen Vermögen sprechen, nur in metaphorischer Bedeutung zu verstehen. Der ganze Kernbereich der Transzendentalphilosophie besteht aus Metaphern. Metaphern sind etwas anderes als Begriffe. Sie werden mißbraucht, wenn man sie so behandelt, als ob sie wie Begriffe verwendet, also in Aussagen eingefügt werden dürften, die den Verstandesformen der Logik gehorchen. Ein solcher Mißbrauch erzeugt nach der Lehre von Kant notwendig transzendentalen Schein. Wir müssen uns also dem Sachverhalt fügen, daß wir einer, wie Kant gezeigt hat, nahezu unüberwindlichen Illusion verfallen, wenn wir uns einbilden, in der logischen Form des Begriffes die fundamentalen Sachverhalte der menschlichen Erkenntnis aufweisen zu können. Wenn Philosophen streng von ihrem eigenen Sachbereich sprechen, sprechen sie niemals in Begriffen sondern notwendig immer in Metaphern.

⟨7. Was heißt „strenges Denken"?⟩

Ich habe hier das Wort „streng" in jener Bedeutung verwendet, die ich neulich in einer eingelegten Stunde bei der Antwort auf mir vorgelegte Fragen erläutert habe. Die neuzeitliche Wissenschaft ist von dem Aberglauben beherrscht, das Denken in der Form des Begriffes, das man auch als „exaktes Denken" zu bezeichnen pflegt, sei die einzig *„strenge"* Form des Denkens. Wenn wir die Bedingungen klar definieren, unter denen „exaktes" Denken angebracht ist, ist diese Meinung – innerhalb der durch diese Bedingungen vorgezeichneten Grenzen – richtig. Vernachlässigen wir aber diese Bedingungen und bilden wir uns ein, auch außerhalb des Geltungsbereiches der Verstandesbegriffe von diesen Funktionen des Denkens Gebrauch machen zu dürfen, so denken wir – wegen der Vernachlässigung der Grenzen – „unstreng". Wir erzeugen dann den Schein der Exaktheit auf Gebieten, wo sie weder möglich noch zulässig ist. Ein sehr großer Teil des Unheils, das durch den Mißbrauch der exakten Wissenschaften in der technischen Welt verursacht wurde, hat in dieser unstrengen Verwendung der Begriffe und der logischen Formen seinen Ursprung. Damit ist negativ gesagt, warum Philosophie nicht streng sein kann, wenn sie den Anschein erzeugt, dort in Begriffen zu reden, wo der Gebrauch von Begriffen nicht zulässig ist. Das positive Recht, den Gebrauch von Metaphern als „strenges" Denken zu bezeichnen, kann ich an dieser Stelle noch nicht begründen, aber ich kann es durch ein Beispiel illustrieren. Wir haben Kants Gebrauch der Metapher „Horizont" untersucht. Was dabei ans Licht trat, ist nicht nur ein Musterbeispiel dafür, was in der Philosophie „strenges Denken" heißt; es ist darüber hinaus der Aufweis der Bedingungen der Möglichkeit exakten Denkens. Die Grundlegung des exakten Denkens kann nicht weniger streng sein als das exakte Denken selbst, aber sie wäre keine Grundlegung, sondern würde uns nur zum Narren halten, wenn sie ihrerseits von dem, was erst begründet werden soll, nämlich dem exakten Denken, schon Gebrauch machen würde.

⟨8. Freiheit als „Natur" der Vernunft⟩

Ich habe diese methodische Überlegung hier etwas breiter ausgeführt, weil sich in der eingelegten Stunde herausgestellt hat, daß diese Fragen Ihnen wichtig sind, und weil wir außerdem dadurch schon eine Vorarbeit für unsere späteren Überlegungen geleistet haben. Wir kehren nun zu dem Satz zurück, den ich noch einmal zitieren will: „Alles, was in der Natur unserer Kräfte gegründet ist, muß zweckmäßig und mit dem richtigen Gebrauche derselben einstimmig sein." (245) Betrachten wir die grammatische Form dieses Satzes, so sehen wir auf den ersten Blick: er hat gar nicht jene Aussageform, die Kant als „Urteil" bezeichnet hat, und auf die der Anwendungsbereich der logischen Funktionen eingeschränkt ist. Kant sagt nicht: „alles *ist* zweckmäßig"; er sagt vielmehr: „alles *muß* zweckmäßig sein". Kant nennt diese Figur des Denkens in der „Kritik der praktischen Vernunft" ein Postulat. Auch die Postulate sind reine Handlungen der Vernunft. Auch in der Form der Postulate wird Wahrheit erkannt. Aber sie sind nicht Handlungen der Vernunft in ihrem theoretischen sondern in ihrem praktischen Gebrauch. Wenn Kant von praktischer Vernunft spricht, hat er nicht jene trüben Niederungen vor Augen, die wir heute für das Feld der sogenannten „Praxis" halten; die Vernunft ist praktisch dann und nur dann, wenn sie sich selbst zu autonomer Freiheit ermächtigt. Die Postulate der praktischen Vernunft sind die Bedingungen der Möglichkeit von Freiheit. In den Postulaten der Vernunft wird also erkannt, was die Vernunft dazu ermöglicht, Vernunft zu sein. Das, was die Vernunft ermöglicht, Vernunft zu sein, ist das erste innere Prinzip der Vernunft. Es ist demnach – im metaphorischen Sinn dieses Wortes – die „Natur" der Vernunft. Die transzendentalen Ideen sind nichts anderes, als was in den Postulaten erkannt wird. Der Satz hat die grammatische Form des Postulates, weil er nach Prinzipien der Freiheit zur Darstellung bringt, was die Vernunft zu ihrem eigenen Wesen ermächtigt.
Nachdem wir uns das klargemacht haben, wird verständlich, was Ihnen vielleicht schon aufgefallen ist: der Satz steht in einer genauen Entsprechung zu dem schon erläuterten Weltbegriff der Philosophie: „Philosophie" ist „die Wissenschaft von der Beziehung aller Erkenntniß auf die wesentlichen Zwecke der menschlichen Vernunft *(teleologia rationis humanae)*" (B 866; 3, 542; s. 237). Wir werden also in dem Kapitel „Von dem regulativen Gebrauch der Ideen" erfahren,

wie die Vernunft alle Erkenntnis auf ihre wesentlichen Zwecke bezieht. Ich kann dies hier nicht ausführen, sondern beschränke mich darauf, Ihnen den Absatz vorzulesen und zu erläutern, in dem Kant durch die Einführung einer neuen Metapher illustriert, wie die Vernunft es leistet, als „Vermögen der Einheit der Verstandesregeln unter Principien" zu handeln: „Ich behaupte demnach: die transscendentalen Ideen sind niemals von constitutivem Gebrauche, so daß dadurch Begriffe gewisser Gegenstände gegeben würden, und in dem Falle, daß man sie so versteht, sind es bloß vernünftelnde (dialektische) Begriffe. Dagegen aber haben sie einen vortrefflichen und unentbehrlich nothwendigen regulativen Gebrauch, nämlich den Verstand zu einem gewissen Ziele zu richten, in Aussicht auf welches die Richtungslinien aller seiner Regeln in einen Punkt zusammenlaufen, der, ob er zwar nur eine Idee *(focus imaginarius)*, d. i. ein Punkt, ist, aus welchem die Verstandesbegriffe wirklich nicht ausgehen, indem er ganz außerhalb den Grenzen möglicher Erfahrung liegt, dennoch dazu dient, ihnen die größte Einheit neben der größten Ausbreitung zu verschaffen. Nun entspringt uns zwar hieraus die Täuschung, als wenn diese Richtungslinien von einem Gegenstande selbst, der außer dem Felde empirisch möglicher Erkenntniß läge, ausgeschossen wären (so wie die Objecte hinter der Spiegelfläche gesehen werden); allein diese Illusion (welche man doch hindern kann, daß sie nicht betrügt) ist gleichwohl unentbehrlich nothwendig, wenn wir außer den Gegenständen, die uns vor Augen sind, auch diejenigen zugleich sehen wollen, die weit davon uns im Rücken liegen, d. i. wenn wir in unserem Falle den Verstand über jede gegebene Erfahrung (den Theil der gesammten möglichen Erfahrung) hinaus, mithin auch zur größtmöglichen und äußersten Erweiterung abrichten wollen." (B 672f.; 3, 427f.) Ich erläutere die wichtigsten Gedanken.

a. Die Unterscheidung zwischen konstitutivem und regulativem Gebrauch von Begriffen

Begriffe oder Grundsätze sind nach Kants Terminologie „konstitutiv", wenn sie die Möglichkeit der Erkenntnis von Gegenständen der Erfahrung (Naturwissenschaft) oder von Gegenständen in der reinen Anschauung (Mathematik) begründen. Hingegen sind Prinzipien „regulativ", wenn sie nicht direkt eine Erkenntnis von Gegenständen begründen, sondern in ihrem Gebrauch darauf eingeschränkt sind, für den Gebrauch der konstitutiven Prinzipien als Regel zu dienen. Um diese Einschränkung zu bezeichnen, sagt Kant, diese Prinzipien seien „nur" regulativ (B 283f.; 3, 195f.); das ist jenes „nur", von dem ich schon gesprochen habe. Wenn nämlich die regulativen Ideen für den Gebrauch der konstitutiven Prinzipien als Regel oder, wie Kant auch sagt, als „Kanon" dienen, sind sie konstitutiv in der zweiten Potenz: sie konstituieren die Möglichkeit jener Prinzipien, die Kant dann in einem engeren Sinne des Wortes als „konstitutiv" bezeichnet. Sie sind die Grundlage jener Prinzipien, die uns eine Erkenntnis von Gegenständen möglich machen. Deswegen sagt Kant hier, die transzendentalen Ideen hätten „einen vortrefflichen und unentbehrlich nothwendigen regulativen Gebrauch".

b. Der regulative Gebrauch der transzendentalen Ideen

Um den regulativen Gebrauch der transzendentalen Ideen verständlich zu machen, vergleicht Kant das Verfahren der Vernunft bei ihrer Regulierung der Verstandesfunktionen mit dem Projektionsverfahren der Zentralperspektive. Die Vernunft richtet durch die transzendentalen Ideen den Verstand zu einem gewissen Ziele, „in Aussicht auf welches die Richtungslinien aller seiner Regeln in einen Punkt zusammenlaufen". Wir erinnern uns, daß dieser eine Punkt, auf den sich alle Verstandesbegriffe beziehen, wie die transzendentale Analytik ergab, im Rücken der Erfahrungserkenntnis liegt. Er ist die Einheit des Ich-denke, die transzendentale Apperzeption. Aber wenn wir zwischen unseren Erfahrungserkenntnissen eine Einheit herstellen wollen, stellen wir diese Einheit als etwas außerhalb unserer selbst und vor uns Liegendes vor uns hin. Wir „stellen" sie „vor". Das entspricht genau dem Verfahren bei der Zentralperspektive; denn jener unsichtbare Punkt, in dem alle Linien eines perspektivischen Bildes konvergieren, ist nichts als die Projektion des Standortes, ⟨an⟩[109] dem der Beobachter des Bildes steht. So vorgestellt, ist die Idee der Einheit ein Punkt, „aus welchem die Verstandesbegriffe wirklich nicht ausgehen, indem er ganz außerhalb der Grenzen möglicher Erfahrung liegt, dennoch dazu dient, ihnen die größte Einheit neben der größten Ausbreitung zu verschaffen". Es wird

---

[109] Im Text: „auf dem".

durch dieses Beispiel evident, daß es eine Täuschung wäre zu meinen, der *focus imaginarius* eines perspektivischen Bildes wäre ein wirklicher Ort in der wirklichen Landschaft. Insofern beruht alle Perspektive auf einer Täuschung. Deshalb sagt Kant: „Nun entspringt uns zwar hieraus die Täuschung, als wenn diese Richtungslinien von einem Gegenstande selbst, der außer dem Felde empirisch möglicher Erkenntniß läge, ausgeschossen wären (so wie die Objecte hinter der Spiegelfläche gesehen werden)." Aber diese Illusion, der im Felde des Denkens der transzendentale Schein entspricht, schafft gleichwohl erst die Möglichkeit zur Darstellung eines perspektivisch geordneten Bildes beziehungsweise im übertragenen Sinn zum Entwurf einer konsistenten Wissenschaftstheorie.

Um nun genauer zu verstehen, was Kant hier sagen will, müssen wir Kants Worte noch etwas näher betrachten. Kant sagt, aus der perspektivischen Darstellung entspringe die Täuschung „als wenn diese Richtungslinien von einem Gegenstande selbst, der außer dem Felde empirisch möglicher Erkenntniß läge, ausgeschossen wären". Hier gibt es eine textkritische Schwierigkeit, denn in den Originaldrucken steht „ausgeschlossen", was offenbar unmöglich ist – soll doch zum Ausdruck gebracht werden, daß in der perspektivischen Konstruktion sämtliche Linien des Bildes wie Strahlen aus dem *focus imaginarius* hervorgehen[110]. Da Kant hier unter Berufung auf Platon das Wesen der Idee erläutert, liegt es noch näher, an das Sonnengleichnis für die Idee des Guten zu denken, das auch im Hintergrund der Metapher steht, die Leibniz verwendet. Die Täuschung beziehungsweise der transzendentale Schein besteht also darin, daß wir den Ursprung dieser Strahlen als etwas außer uns Liegendes vorstellen, während in Wahrheit die Vernunft jener Ursprung ist, den wir, von der Perspektive geleitet, wie eine Spiegelung vor uns zu sehen meinen.

---

[110] *„Ausgeschossen" ist die Konjektur der Akademie-Ausgabe, die Heimsoeth z. St. durch den Gedanken von Leibniz illustriert, daß die Unendlichkeit der Monaden wie „effulgurationes" („Ausblitzungen") aus der einen und einfachen Urmonas hervorgeht.* Heinz Heimsoeth, Transzendentale Dialektik, Ein Kommentar zu Kants Kritik der reinen Vernunft, Berlin: de Gruyter, 1966ff., 3. Teil, 554, Anm. 213.

⟨9. Unentrinnbarkeit und Durchschaubarkeit
des transzendentalen Scheins⟩

„Wie eine Spiegelung": damit haben wir die nächste Stufe im Verständnis von Kants tiefsinniger Metaphorik erreicht. Kant erinnert daran, daß das perspektivische Bild uns die Gegenstände so vor Augen stellt, wie wir sie auf einer Spiegelfläche erblicken würden. Wenn wir in einen Spiegel schauen, erscheinen uns die Gegenstände so, als ob sie sich jenseits der Außenfläche des Spiegels nach dem Gesetz der Perspektive in eine hinter dem Spiegel liegende Tiefe erstrecken würden. Das, was wir derart vor uns zu sehen meinen, liegt aber in Wahrheit in unserem Rücken. Ein solcher Spiegel ist auch das perspektivische Bild, selbst wenn die Gegenstände, die es zeigt, nicht wirklich in unserem Rücken liegen. Es zeigt uns nämlich diese Gegenstände, wie sie für die Vorstellung eines Betrachters erscheinen, der sich auf einem bestimmten Standort befindet. Es erzeugt die Illusion, die gemalten Dinge seien die wirklichen Dinge in der wirklichen Natur. Aber was wir gemalt sehen, sind dieselben Dinge unter einer bestimmten Perspektive, im Hinblick auf eine als *focus imaginarius* projizierte Einheit vorgestellt. Die Einheit, die dem Bild erst seine Gestalt gibt und jede Linie auf dem Bild bestimmt, ist ein Spiegel des Bewußtseins des Malers. Wollen wir nur die Gegenstände sehen, die jeweils gerade vor uns sind, so bedürfen wir keines solches Bildes. Genauer gesagt: wir erzeugen es unbewußt aus uns selbst. Das Bild wird nötig dort, wo wir Spiegel brauchen, die uns sichtbar machen, was notwendig und immer im Rücken des Bewußtseins liegt, nämlich seine eigene Subjektivität. Das sagt Kant im letzten Teil dieses Abschnittes: „... allein diese Illusion ... ist gleichwohl unentbehrlich nothwendig, wenn wir außer den Gegenständen, die uns vor Augen sind, auch diejenigen zugleich sehen wollen, die weit davon uns im Rücken liegen". Vor Augen liegt uns die „Oberfläche der Kugel", das Feld der Erfahrung. Es ist aus perspektivischen Gründen gekrümmt. In unserem Rücken liegt der Inhalt der Kugel und ihr Zentrum: die Einheit der Vernunft. Direkt bekommen wir das Zentrum der Kugel nie zu Gesicht. Wir können es nur im Spiegel betrachten, also aus dem Zentrum der Kugel hinausprojizieren. Deshalb bekommen wir die transzendentalen Ideen nur in der Gestalt des transzendentalen Scheins vor Augen. Ohne die transzendentalen Ideen und das in ihnen vorgezeichnete Gesetz der

Perspektive würden wir aber überhaupt zu keiner gesetzmäßigen Ordnung unserer Erkenntnisse gelangen. Deshalb geht Kant so weit zu sagen: „diese Illusion . . . ist . . . unentbehrlich nothwendig". Das Wichtigste fügt er in Klammern hinzu „welche man doch hindern kann, daß sie nicht betrügt". Die Illusion als solche kann man nicht verhindern; verhindern kann man, daß man auf sie hereinfällt und das Spiegelbild mit der Wirklichkeit verwechselt. Wir sollen die Illusion zwar haben, aber zugleich als Illusion durchschauen. Wir sollen die Wahrheit des Bildes erfassen, indem wir das Bild nur als Bild betrachten. Dies zu bewirken, ist die Aufgabe der „Kritik der reinen Vernunft".

In einem späteren Absatz desselben Kapitels sagt Kant mit nicht zu überbietender Klarheit, was die Metapher des Spiegelbildes und seiner Perspektive für die Erklärung der Verstandeserkenntnis leistet: „Der hypothetische Vernunftgebrauch geht also auf die systematische Einheit der Verstandeserkenntnisse, diese aber ist der Probirstein der Wahrheit der Regeln. Umgekehrt ist die systematische Einheit (als bloße Idee) lediglich nur projectirte Einheit, die man an sich nicht als gegeben, sondern nur als Problem ansehen muß; welche aber dazu dient, zu dem mannigfaltigen und besonderen Verstandesgebrauche ein Principium zu finden und diesen dadurch auch über die Fälle, die nicht gegeben sind, zu leiten und zusammenhängend zu machen." (B 675; 3, 429f.) Ich hebe das Resultat hervor: Die systematische Einheit der Verstandeserkenntnisse ist als bloße Idee „lediglich nur projectirte Einheit". „Projektiert" bedeutet: als Projektion nach dem Gesetz der Zentralperspektive erzeugt. Gleichzeitig ist aber diese selbe Einheit, das heißt die Idee, „Probirstein der Wahrheit", denn von Wahrheit können wir nur reden, wenn unsere Erkenntnisse sich nicht widersprechen, sondern sich zu systematischer Einheit konsistent zusammenschließen lassen. Der Probierstein der Wahrheit ist die Identität. Identität ist uns aber nie in der Erfahrung als möglicher Gegenstand gegeben. Sie ist eine reine Idee, oder, wie Kant hier sagt: ein Problem, ein πρόβλημα, ein „Vor-Wurf" oder, wie Kant in deutscher Sprache sagt: eine unendliche Aufgabe der Vernunft. Wenn wir eine solche Aufgabe in einem Satz formulieren wollen, hat dieser Satz die Form des Postulates: die Verstandeserkenntnisse *müssen* „eine systematische Einheit" bilden. Aber dieses Postulat ist zugleich „Probirstein der Wahrheit". Damit rechtfertigt sich unsere Behauptung, die Postulate seien eine Form der Erkenntnis. Erkannt wird in der Form des Postulates nichts Geringeres als der „Probirstein der Wahrheit", nämlich der Kanon für den rechten Gebrauch der konstitutiven Prinzipien der Verstandeserkenntnis.

⟨10. Entwurf⟩

Es wird, auch ohne daß ich das genauer erläutere, deutlich geworden sein, wie die Metapher von der Spiegelfläche und ihrer Perspektive sich mit der Metapher vom Horizont zusammenschließt. Wir verstehen erst dank der Metapher von der Spiegelfläche das Verhältnis zwischen der Oberfläche und dem Inneren der Kugel. Die Relationen zwischen Horizont und Standort des Beobachters werden durch das Bild der Perspektive erläutert. Wesentlich ist für unsere weiteren Überlegungen der in diesem Zusammenhang von Kant aus der Theorie der Perspektive übernommene Begriff der Projektion. Alle wissenschaftlichen Theorien sind nach Kant Projektionen in dem durch das Spiegelgleichnis erläuterten Sinne. Sie sind Projektionen der im System der transzendentalen Ideen verankerten Einheit der Vernunft. Das Wesen dieser Projektionen wird durch das Wort „Problem" erläutert, das Kant, wie sich gezeigt hat, in seinem wörtlichen, griechischen Sinne als „Vor-wurf", also als Schema eines sich vor uns auftuenden Entwurfes versteht. Daraus ergibt sich für uns der Übergang zu dem nächsten Begriff, den wir betrachten wollen: dem Begriff des Entwurfes.

Wir haben am Beispiel der Konstruktion des Erdkugelmodells schon gesehen, wie die Vernunft vorgeht, wenn sie dem Verstand die Regeln vorschreibt, nach denen er eine systematische Einheit in seine Erkenntnisse bringt. Die Kugel ist eine reine geometrische Konstruktion, für die wir die Erfahrung nicht zu Hilfe zu ziehen brauchen. Nachdem die Einbildungskraft mit Hilfe der Verstandesbegriffe in der reinen Anschauung ein solches idealtypisches Modell konstruiert hat, wird geprüft, ob sich mit Hilfe dieses Modells unsere sinnlichen Wahrnehmungen widerspruchsfrei erklären und zur Einheit bringen lassen. Dies ist nach Kant das Verfahren, das die experimentelle Naturwissenschaft immer verfolgt. Er sagt in der Vorrede zur zweiten Auflage der „Kritik der reinen Vernunft":

„Als Galilei seine Kugeln die schiefe Fläche mit einer von ihm selbst gewählten Schwere herabrollen, oder Torricelli die Luft ein Gewicht, was er sich zum voraus dem einer ihm bekannten Wassersäule gleich gedacht hatte, tragen ließ, oder in noch späterer Zeit Stahl Metalle in Kalk und diesen wiederum in Metall verwandelte, indem er ihnen etwas entzog und wiedergab: so ging allen Naturforschern ein Licht auf. Sie begriffen, daß die Vernunft nur das einsieht, was sie selbst nach ihrem Entwurfe hervorbringt, daß sie mit Principien ihrer Urtheile nach beständigen Gesetzen vorangehen und die Natur nöthigen müsse auf ihre Fragen zu antworten, nicht aber sich von ihr allein gleichsam am Leitbande gängeln lassen müsse; denn sonst hängen zufällige, nach keinem vorher entworfenen Plane gemachte Beobachtungen gar nicht in einem nothwendigen Gesetze zusammen, welches doch die Vernunft sucht und bedarf." (B XIIf.; 3, 10) Ich habe in einer früheren Stunde einmal darüber gesprochen, daß vor Galilei die Gesamtheit der Naturwissenschaften, und noch zur Zeit von Kant die Mehrzahl der Naturwissenschaften außerhalb der Physik, jene Gestalt hatten, von der sich die Physik, die Kant hier schildert, seit Galilei durch eine „Revolution ihrer Denkart" (B XIII) abkehrt. Sie hatten die Gestalt der „Naturkunde" oder „Naturgeschichte", deren Modell für das europäische Abendland Plinius in neronischer Zeit durch seine *„Naturalis Historia"* aufgestellt hatte. Erst die französischen Enzyclopädisten wurden durch ihren rationalen Positivismus dazu geführt, für die Gesamtheit aller Erkenntnisse eine rationale, streng systematische Form zu fordern, die eine durchgängig bestimmte Einheit für die Gesamtheit aller möglichen Erkenntnisse, also ein System des menschlichen Wissens, postulierte. Im Jahre 1770 veröffentlichte der als Franzose denkende und fühlende pfälzische Edelmann Paul Heinrich Dietrich d' Holbach das Hauptwerk des französischen atheistischen Materialismus unter dem Titel „Système de la nature ou, Des lois du monde physique et du monde moral" („System der Natur oder von den Gesetzen der physischen und der moralischen Welt"). Der Einfluß dieses Buches auf Kant sollte neu untersucht werden, denn Kant bezieht sich im Architektonik-Kapitel in seiner berühmten Definition der Philosophie ganz offensichtlich auf den Titel dieses Werkes. Er sagt dort: „Die Gesetzgebung der menschlichen Vernunft (Philosophie) hat nun zwei Gegenstände, Natur und Freiheit, und enthält also sowohl das Naturgesetz, als auch das Sittengesetz, anfangs in zwei besonderen, zuletzt aber in einem einzigen philosophischen System." (B 868;

3, 543). Das ist eine wörtliche Paraphrase des Holbachschen Titels [111].
Kant hat also seinen Systembegriff aus dem Programm von Holbach übernommen. Holbach war ein philosophischer Dilettant. Kant hat diesen Systembegriff auf dem Weg der transzendentalen Methode philosophisch durchdacht und im Architektonik-Kapitel der „Kritik der reinen Vernunft" jenen strengen Begriff des Systems entworfen und begründet, der dann von der Philosophie des deutschen Idealismus übernommen und weitergebildet wurde. In diesem umfassenden Begriff des Systems liegt die transzendentale Begründung für die kantische Lehre, daß ein Aggregat von Kenntnissen (also eine „Kunde" im traditionellen Sinne des Wortes) erst durch die systematische Einheit zur Wissenschaft wird. Der Wissenschaftsbegriff, der heute die gesamte Methodik der Naturwissenschaften bestimmt, wurde zum ersten Mal in Kants „Kritik der reinen Vernunft", und zwar in der Methodenlehre, streng dargestellt und begründet. Ein wissenschaftliches System ist in dem vorhin beschriebenen Sinn eine Projektion. Die perspektivischen Gesetze dieser Projektion sind in der Einheit des Vernunftvermögens, genauer: im System der transzendentalen Ideen, vorgezeichnet. Der Satz, „daß die Vernunft nur das einsieht, was sie selbst nach ihrem Entwurfe hervorbringt", bezieht sich auf das uns nun durchsichtige Verfahren, nach dem die Vernunft dem Verstand die Regeln gibt. Alles, was die stets auf Erfahrung bezogene Verstandeserkenntnis einsehen und objektiv bestimmen kann, liegt innerhalb eines Entwurfes, den die Vernunft vorgängig vollzogen haben muß. Das, was in dem Entwurf entworfen wird, ist also der Horizont der Verstandeserkenntnis.
Nun haben wir an dem Bild von der Kugel unserer Erkenntnis be-

---

[111] *Es ist erstaunlich, daß sogar in dem Kommentar von Heimsoeth die Übereinstimmung dieses Satzes mit dem Titel des Werkes von Holbach nicht vermerkt wird. Die deutsche Tradition der Philosophiegeschichte ist noch immer durch den Nationalismus des 19. Jahrhunderts so stark bestimmt, daß die Bedeutung der französischen Philosophie und Literatur für die Entwicklung des deutschen Denkens in unbegreiflicher Weise unterschätzt und vernachlässigt wird.* Paul Heinrich Dietrich (1723–1789) erbte von einem Onkel dessen gekauften Adelstitel Baron von Holbach. Das „Système de la nature" erschien 1770 in Amsterdam unter fingierten Verfassernamen (z. B. de Mirabaud – 1760 gestorben) und Verlagsorten (London); deutsche Übersetzung: Frankfurt 1783.

reits gesehen, daß die Vernunft dabei nicht willkürlich verfahren kann. Sie muß, wie in dem Beispiel von der Erdkugel, die wahren Grenzen der menschlichen Erkenntnis erkennen. Probierstein der Wahrheit ist ihre Einheit mit sich selbst: die Identität. Gerät sie in Widerstreit mit sich selbst, so muß sie ihren Entwurf korrigieren, ebenso wie sie ihre Entwürfe korrigieren muß, wenn ⟨diese in⟩ [112] Widerspruch zur Erfahrung geraten. Aufgabe der Philosophie ist deshalb die Selbsterkenntnis der Vernunft. Die Möglichkeit der Philosophie beruht auf einer Prämisse, die Kant schon in der Vorrede zur ersten Auflage der „Kritik der reinen Vernunft" mit der ihm eigenen Klarheit ausgesprochen hat: „In der That ist ... reine Vernunft eine so vollkommene Einheit, daß, wenn das Princip derselben auch nur zu einer einzigen aller der Fragen, die ihr durch ihre eigene Natur aufgegeben sind, unzureichend wäre, man dieses immerhin nur wegwerfen könnte, weil es alsdann auch keiner der übrigen mit völliger Zuverlässigkeit gewachsen sein würde." (A XIII; 4, 10) Durch diesen Satz wird mit Nachdruck bestätigt, worauf ich schon mehrfach hingewiesen habe: daß auch die naturwissenschaftliche Erkenntnis jeglicher Grundlage entbehren würde, wenn es nicht gelingt, die Vernunft mit den unendlichen Aufgaben, die Kant als transzendentale Ideen bestimmt, in Einklang zu bringen. Nur ein System der transzendentalen Metaphysik, also ein System der Ideen: Gott, Welt, Mensch, kann der Erfahrungserkenntnis als Grundlage dienen.
Am Schluß des ersten Buches der „Transzendentalen Dialektik", also unmittelbar vor dem negativen Teil der Kritik, in dem Kant den transzendentalen Schein der überlieferten Metaphysik destruiert, hat er noch einmal in Erinnerung gerufen, daß diese negative Dialektik nur als der Übergang zu einer Neubegründung der Metaphysik aus Vernunftprinzipien, das heißt aus Prinzipien der Freiheit, verstanden werden darf. Hier kehrt auch der Begriff des Entwurfes wieder. Kant sagt: Wir müssen „von demjenigen, was uns Erfahrung unmittelbar an die Hand giebt, der Seelenlehre, zur Weltlehre und von da bis zur Erkenntniß Gottes fortgehen, unseren großen Entwurf zu vollziehen" (B 395 Anm.; 3, 260). Vermutlich haben Sie nicht bemerkt, daß das Wort „Entwurf" in demselben Sinne an der Stelle vorkam, wo Kant die drei Stadien der Vernunfterkenntnis durch das Gleichnis vom *globus intellectualis* erläuterte. Dort hieß es: „So ist

---

[112] Im Text: „wenn sie im".

der Scepticism", das heißt die transzendentale Dialektik, „ein Ruheplatz für die menschliche Vernunft, da sie sich über ihre dogmatische Wanderung besinnen und den E n t w u r f von der Gegend machen kann, wo sie sich befindet, um ihren Weg fernerhin mit mehrerer Sicherheit wählen zu können." (B 789; 3, 497; Sperrung GP) In dem Entwurf der Metaphysik entwirft die Vernunft also die Gegend, in der sie selbst sich befindet. Sie entwirft durch die Grenzbestimmung menschlicher Erkenntnis den ihr durch ihre eigene Natur unabänderlich vorgezeichneten Horizont und entdeckt, daß ihre eigene „Gegend" das Zentrum des *globus intellectualis* ist.

Nun geht es aber der Vernunft, da sich ihr Wesen aus Prinzipien der Freiheit, das heißt aus Postulaten bestimmt, in ihrer Selbsterkenntnis notwendig zugleich um ihre Existenz, das heißt um die Realisierung dessen, was vernunftgemäß ist, in der Zeit. In die Zeit projiziert, erscheinen die unendlichen Aufgaben der Vernunft als das Postulat eines unendlichen Fortschritts. Das ist das Prinzip von Kants Philosophie der Geschichte, die unter dem Leitsatz steht: die Vernunft „kennt keine Grenzen ihrer Entwürfe"[113]. Der *focus imaginarius*, die vorgestellte Idee der Einheit, die dem menschlichen Handeln in der Geschichte, soweit es sich von der Vernunft bestimmen läßt, die Richtung weist, ist die Idee des ewigen Friedens. Hier projiziert die Vernunft als Vermögen der Einheit den Einklang, der sie selbst bestimmt, in die Zeit. Deshalb gab Kant der Schrift, in der seine Philosophie der Geschichte ihren Höhepunkt erreicht, den Titel: „Zum ewigen Frieden. Ein philosophischer E n t w u r f von Immanuel Kant".

⟨X. Exkurs über Horizont und Entwurf bei Heidegger⟩

Ich füge eine Zwischenbemerkung ein, die erläutern soll, warum – über das Interesse an Kant hinaus – ein genaueres Verständnis der Worte „Horizont" und „Entwurf" für unser heutiges Denken wichtig ist. In der Philosophie des deutschen Idealismus geht Kants Frage nach dem Horizont der menschlichen Vernunft unter, weil Fichte, Schelling und Hegel in je verschiedener Weise das Wissen als absolu-

---

[113] *Idee zu einer allgemeinen Geschichte in weltbürgerlicher Absicht, 8, 18f.*

tes Wissen verstehen. Absolutes Wissen kann kein endliches, es kann kein begrenztes Wissen sein; es kann also im Sinne von Kant nicht durch einen Horizont eingeschränkt sein. Nietzsche fragt über Kant hinaus nach dem Horizont der Metaphysik überhaupt, die er mit der Geschichte von Platonismus und Christentum gleichsetzt. Er interpretiert die Unentbehrlichkeit eines Horizontes für das menschliche Leben vom Perspektivismus her als „Lüge". Deshalb erscheint bei ihm der Horizont als notwendige Lüge; wobei „Lüge" nicht im moralischen Sinne verstanden werden darf, sondern im Kontext seiner Philosophie der Kunst interpretiert werden muß. Lüge ist jener Schein, ohne den nichts Lebendiges zur Erscheinung gelangt. Hier deutet sich also ein Zusammenhang zwischen Schein und „Phänomen" an, den wir später noch weiter verfolgen werden. Außerdem interpretiert Nietzsche nicht nur das Dasein des Menschen sondern auch die Natur als Geschichte, und die Geschichte selbst als einen Wandel der Horizonte [114]. Er kann also nicht mehr wie Kant darauf bauen, daß der Horizont, und damit das Wesen menschlicher Vernunft, in der Identität verankert, ein für alle Mal feststeht. Philosophie ist bei Nietzsche nicht mehr die Erkenntnis dessen, was immer ist, sondern die Erschließung von neuen Horizonten. Seine Abkehr von der Metaphysik wird in dem Satze angesprochen, daß „es für den Menschen allein unter allen Thieren keine ewigen Horizonte und Perspectiven giebt"[115]. Mit diesem Satz ist das Zeitverständnis der Metaphysik in Frage gestellt, denn die europäische Metaphysik einschließlich Kants versteht die Zeit als die Erscheinung der Ewigkeit, die, wenn sie sich als Zeit manifestiert, als ewige Gegenwart gedacht werden muß. Daraus ergibt sich dann die Frage, mit der Heidegger „Sein und Zeit" abschließt: „Offenbart sich die *Zeit* selbst als Horizont des Seins?"[116] Allein schon dadurch, daß man diese Frage stellt, verändert sich der Sinn des Wortes „Sein". Wenn Sein als solches einen Horizont hat, läßt sich das Wort „Sein" nicht länger mit dem Wort „absolut" verbinden; und wenn die Zeit sich als sein Horizont offenbart, muß unser Seinsverständnis das Sein transzendieren,

---

[114] Zu Georg Pichts Interpretation von Nietzsches „historischer Philosophie" vgl. Nietzsche, a. a. O., passim.
[115] *Fröhliche Wissenschaft, Drittes Buch, 143;* V 2, 169.
[116] Gesamtausgabe, I. Abt., Bd. 2, hg. von Friedrich-Wilhelm von Herrmann, Frankfurt: Klostermann, 1977, 577.

um es im Horizont der Zeit verstehen zu können. Das ist die Aufhebung der Ontologie und damit zugleich der Metaphysik.
Heideggers Frage nach dem Horizont des Seins steht in einem unverkennbaren Zusammenhang mit der Verwendung dieses Wortes bei Husserl. Im Ersten Buch von Husserls „Ideen zu einer reinen Phänomenologie und phänomenologischen Philosophie" steht zu lesen: „Das aktuell Wahrgenommene, das mehr oder minder klar Mitgegenwärtige und Bestimmte (oder mindestens einigermaßen Bestimmte) ist teils durchsetzt, teils umgeben von einem **dunkel bewußten Horizont unbestimmter Wirklichkeit**. Ich kann Strahlen des aufhellenden Blickes der Aufmerksamkeit in ihn hineinsenden, mit wechselndem Erfolge. Bestimmende, erst dunkle und dann sich verlebendigende Vergegenwärtigungen holen mir etwas heraus, eine Kette von solchen Erinnerungen schließt sich zusammen, der Kreis der Bestimmtheit erweitert sich immer mehr und ev. so weit, daß der Zusammenhang mit dem aktuellen Wahrnehmungsfelde, als der **zentralen** Umgebung, hergestellt ist. Im allgemeinen ist der Erfolg aber ein anderer: ein leerer Nebel der dunkeln Unbestimmtheit bevölkert sich mit anschaulichen Möglichkeiten oder Vermutlichkeiten, und nur die ‚Form' der Welt, eben als ‚Welt', ist vorgezeichnet. Die unbestimmte Umgebung ist im übrigen unendlich, d. h. der nebelhafte und nie voll zu bestimmende Horizont ist notwendig da."[117] Die Metapher des Horizontes dient also hier zur Aufhellung der „Form" von Welt überhaupt. Aber im Widerspruch zu der für Kant bestimmenden Wortbedeutung wird „Horizont" hier nicht als Grenzlinie sondern im Gegenteil durch die Unbestimmtheit charakterisiert. Horizont ist, wie Husserl sagt: „ein leerer Nebel der dunkeln Unbestimmtheit", und dieser leere Nebel ist „Welt". Ich will hier nicht entwickeln, wie Heidegger bei der Explikation seines Weltbegriffs diesen leeren Nebel der dunklen Unbestimmtheit zu erhellen und in ihm eine neue Form von Bestimmungen einzuführen versucht. Wichtiger ist, daß bei Heidegger über „Welt" hinaus nach dem Horizont von Welt gefragt wird, und daß als der Horizont von Welt die Zeit hervortritt. Zeit läßt sich nicht linear als Grenze interpretieren, aber Zeit begrenzt. Deshalb ist es nicht möglich, das Wort „Horizont", wie es bei Heidegger auftritt, von Husserl her zu interpretieren.

[117] *Band III, 58f.*

Nun steht das Wort „Horizont" bei Heidegger wie bei Kant in einer unlösbaren Verbindung mit dem Wort „Entwurf". Der Name „Entwurf" wird von Heidegger im Vollzug der existentialen Analyse des Daseins als Verstehen eingeführt. Heidegger beruft sich dabei ausdrücklich auf Kant. Er fragt: „Ist es Zufall, daß die Frage nach dem *Sein* von Natur auf die ‚Bedingungen ihrer *Möglichkeit*' zielt? Worin gründet solches Fragen? Ihm selbst gegenüber kann die Frage nicht ausbleiben: *warum* ist nichtdaseinsmäßiges Seiendes in seinem Sein verstanden, wenn es auf die Bedingungen seiner Möglichkeit hin erschlossen wird? *Kant* setzt dergleichen vielleicht mit Recht voraus. Aber diese Voraussetzung selbst kann am allerwenigsten in ihrem Recht unausgewiesen bleiben.

Warum dringt das Verstehen nach allen wesenhaften Dimensionen des in ihm Erschließbaren immer in die Möglichkeiten? Weil das Verstehen an ihm selbst die existenziale Struktur hat, die wir den *Entwurf* nennen. Es entwirft das Sein des Daseins auf sein Worumwillen ebenso ursprünglich wie auf die Bedeutsamkeit als die Weltlichkeit seiner jeweiligen Welt. Der Entwurfcharakter des Verstehens konstituiert das In-der-Welt-sein hinsichtlich der Erschlossenheit seines Da als Da eines Seinkönnens. Der Entwurf ist die existenziale Seinsverfassung des Spielraums des faktischen Seinkönnens. Und als geworfenes ist das Dasein in die Seinsart des Entwerfens geworfen. Das Entwerfen hat nichts zu tun mit einem Sichverhalten zu einem ausgedachten Plan, gemäß dem das Dasein sein Sein einrichtet, sondern als Dasein hat es sich je schon entworfen und ist, solange es ist, entwerfend. Dasein versteht sich immer schon und immer noch, solange es ist, aus Möglichkeiten. Der Entwurfcharakter des Verstehens besagt ferner, daß dieses das, woraufhin es entwirft, die Möglichkeiten, selbst nicht thematisch erfaßt. Solches Erfassen benimmt dem Entworfenen gerade seinen Möglichkeitscharakter, zieht es herab zu einem gegebenen, gemeinten Bestand, während der Entwurf im Werfen die Möglichkeit als Möglichkeit sich vorwirft und als solche *sein* läßt. Das Verstehen ist, als Entwerfen, die Seinsart des Daseins, in der es seine Möglichkeiten als Möglichkeiten *ist*." [118]

Eine Interpretation dieses Textes würde uns weit über den hier gesteckten Rahmen hinausführen. Ich hebe nur seinen Zusammenhang

---

[118] *Sein und Zeit, § 31;* 2, 192f.

mit Kant hervor. Zunächst ist darauf hinzuweisen, daß hier nicht von außen her etwas in Heidegger hineingedeutet wird, wenn wir seinen „Begriff" des Entwurfes mit Kant in Verbindung bringen. Heidegger selbst verweist auf Kant mit unüberhörbarem Nachdruck. Gleichzeitig macht er sichtbar, in welche Richtung seine Frage über Kant hinausgehen will. Er sagt, Kant setze „vielleicht mit Recht" voraus, daß wir Natur nur verstehen können, wenn wir nach den Bedingungen ihrer Möglichkeit fragen. Aber diese kantische Voraussetzung dürfe nicht unausgewiesen bleiben. Es müsse vielmehr gefragt werden: „Worin gründet solches Fragen?" Heidegger übernimmt Kants „Begriff" des Entwurfes. Aber durch seine existential-analytische Auslegung dieses Begriffes will er zugleich die seiner Meinung nach bei Kant unterlassene Aufhellung der impliziten Voraussetzungen dieses Begriffes geben.

Nun stoßen wir hier bei dem Versuch, das Verhältnis von Heidegger zu Kant zu verstehen, sofort auf eine Schwierigkeit, die diese Aufgabe erheblich erschwert. Heideggers Kant-Interpretation ist die erste entscheidende Gegenwehr gegen die Kant-Interpretation des Neu-Kantianismus. Vor kurzem ist das wichtigste Dokument dieser Auseinandersetzung, seine berühmte Davoser Diskussion mit Ernst Cassirer, im Anhang der Neuauflage seines Buches „Kant und das Problem der Metaphysik" zum ersten Mal veröffentlicht worden[119]. Zugleich aber steht Heidegger selbst noch im Bannkreis neukantianischer Vorurteile: auch er vernachlässigt Kants Lehre von der Vernunft und den transzendentalen Ideen, die in dem Kant-Buch überhaupt nicht berücksichtigt und in der Skizze der Geschichte des Weltbegriffes, die Heidegger später in der Schrift „Vom Wesen des Grundes"[120] vorgelegt hat, in ihrer vollen Bedeutung noch nicht erkannt wird. Heidegger hat deshalb übersehen, daß Kants eigene Antwort auf die von ihm in „Sein und Zeit" gestellte Frage, wie ich zu zeigen versuchte, in der Lehre von der Vernunft und den transzendentalen Ideen tatsächlich vorliegt. Das hat zur Folge, daß es Heidegger nie gelungen ist, das Verhältnis seines eigenen Entwurfes zur Philoso-

---

[119] Sogenannte „Davoser Disputation"; abgedruckt in der vierten, erweiterten Auflage von „Kant und das Problem der Metaphysik", Frankfurt: Klostermann, 1973, 246ff.; als Band 3 der Gesamtausgabe geplant.
[120] Zuerst veröffentlicht in der Festschrift für Edmund Husserl 1929; jetzt Bd. 9, 123ff. GP benutzte die 2. Auflage 1955.

phie von Kant in jene Klarheit zu rücken, die dann auch Heideggers eigene Fragestellung durchsichtiger gemacht hätte, als sie bisher ist. Die Trübungen in seinem Kant-Verständnis haben unmittelbar eine korrespondierende Trübung in dem Verständnis seiner eigenen philosophischen Frage zur Folge. Ich sage das hier nicht, um schulmeisterlich am Werk eines großen Philosophen herumzukritisieren, sondern um an diesem Beispiel deutlich zu machen, daß die Fähigkeit zum Durchdenken jener Fragen, die wir als Nachläufer von Kant „systematisch" zu nennen pflegen, zu unserem Verständnis der Geschichte des Denkens in einem unauflöslichen Wechselverhältnis steht. Wir haben, wie Heideggers Beispiel zeigt, allen Grund, über unser Verhältnis zu Kant zur Klarheit zu kommen, wenn wir in der heutigen Zeit unser eigenes Verständnis von Natur neu durchdenken wollen.

Ich beschränke mich also darauf, den formalen Zusammenhang zwischen Kants „Entwurf" und Heideggers „Entwurf" sichtbar zu machen.

1. Bei Kant ist „Entwurf" diejenige Handlung der Vernunft, in der sie sich ihre unendlichen Aufgaben als Ziele vorstellt und darin ihren Endzweck erkennt. Heidegger charakterisiert das „Verstehen" – dieser Begriff korrespondiert dem kantischen Begriff der Vernunft – deshalb als Entwurf, weil das Verstehen das „Sein des Daseins auf sein Worumwillen" entwirft. Das „Worumwillen" korrespondiert dem kantischen Begriff des „Endzwecks".

2. Bei Kant ist die transzendentale Idee der „Welt" die Bedingung der Möglichkeit dafür, daß unser Erkenntnisvermögen in der Welt die Einheit der Objekte möglicher Erfahrung als „Natur" erkennen und bestimmen kann. Heidegger sagt: „Aber auch die ‚Einheit' des mannigfaltigen Vorhandenen, die Natur, wird nur entdeckbar auf dem Grunde der Erschlossenheit einer *Möglichkeit* ihrer." (192) Das ist nichts anderes als eine Kant-Paraphrase.

3. Bei Kant wie bei Heidegger wird zwischen Welt und Natur unterschieden. Das Wort „Welt" bezeichnet den Horizont, innerhalb dessen der Mensch sich schon befinden muß, um die Gegenstände außer ihm, also nur gleichsam einen Ausschnitt der Welt, als Objekte bestimmen zu können. Das Vermögen, das ihn dabei leitet, zeigt sich uns in der Gestalt des Entwurfes. Der Horizont des Entwurfes ist bei Kant wie bei Heidegger die Welt.

4. Kant lehrt, daß wir dem transzendentalen Schein verfallen, wenn

wir die Idee als einen Begriff verwenden und die Welt so vorstellen, als ob sie ein möglicher Gegenstand der Erkenntnis wäre. Durch das Wort „Entwurf" wird bei ihm das regulative Vorstellen der Idee von dem konstitutiven Vorstellen durch Verstandesbegriffe unterschieden. Entsprechend sagt Heidegger: „Der Entwurfcharakter des Verstehens besagt . . ., daß dieses das, woraufhin es entwirft, die Möglichkeiten, selbst nicht thematisch erfaßt" (193). Dies wird genauer durch den Satz beschrieben, daß „der Entwurf im Werfen die Möglichkeit als Möglichkeit sich vorwirft und als solche *sein* läßt" (a. a. O.). Das entspricht dem schon erläuterten kantischen Gebrauch des Wortes „Problem". Heideggers Formulierung, daß „der Entwurf . . . die Möglichkeit . . . als solche sein läßt", bringt in seiner Sprache das Ergebnis von Kants transzendentaler Dialektik zum Ausdruck: sowie wir uns Möglichkeit in Verstandesbegriffen, also vergegenständlicht, vorstellen, berauben wir sie alles dessen, was sie zu Möglichkeit macht. Die Möglichkeiten sind aber unsere eigenen Möglichkeiten. Wir destruieren durch diese Form der Objektivation den Spielraum unseres menschlichen Daseins. Kants transzendentale Ideen konstituieren die Einheit der Vernunft, indem die Vernunft sie als ihre eigenen Aufgaben und damit Möglichkeiten entwirft. Menschliches Dasein wird nach Kant dadurch ermöglicht, daß die Vernunft sich selbst auf diese ihre Möglichkeiten hin entwirft und dabei diese Möglichkeiten nicht objektiviert, sondern nur hypothetisch oder problematisch sich vorstellt, das heißt Möglichkeiten sein läßt. In diesen Gedanken ist der Entwurf von Heideggers existentialer Analytik des Daseins als Verstehen antizipiert – so groß sonst die Unterschiede sein mögen. Da aber § 31 von „Sein und Zeit" zugleich – und zwar explizit – die Antwort auf die Frage nach den Bedingungen der Möglichkeit von Heideggers eigener existentialer Analytik des Daseins enthält, ergibt sich aus der Übereinstimmung zwischen Heidegger und Kant zugleich, daß „Sein und Zeit" eine bestimmte Fortbildung von Kants Transzendentalphilosophie ist.

5. Die Unterscheidung, ja der Gegensatz zwischen Heidegger und Kant besteht darin, daß die transzendentalen Ideen bei Kant zeitlos gedacht sind. Darauf beruht für Kant die Möglichkeit, eindeutig und für immer die Grenzen der Vernunft zu bestimmen. Dieser metaphysische Gedanke begründet die Verbindung von Horizont und Entwurf bei Kant. Hingegen will Heidegger zeigen, daß der Entwurfscharakter des Verstehens das In-der-Welt-Sein als In-der-Zeit-Sein

konstituiert. Der Horizont des Entwurfes ist hier die Zeit. In dieser Differenz manifestiert sich, was Heidegger das „Problem der Metaphysik" genannt hat. Sie wird sich auch für uns im Fortgang als die Grundfrage herausstellen, von der aus wir genötigt werden, das ganze Problem der Stellung des Menschen in der Natur und der Formen seiner Naturerkenntnis neu aufzurollen. Wir können diese Frage aber nicht von außen her Kant oktroyieren, sondern müssen untersuchen, wie sie im Zentrum der kantischen Philosophie, nämlich in seiner Lehre von den transzendentalen Ideen, sich aufdrängt. Unter der Perspektive dieser Fragestellung versuchen wir deshalb, im Folgenden noch tiefer in die innere Problematik von Kants System der transzendentalen Ideen einzudringen. Der Ausblick auf Heidegger hat gezeigt, daß dieser Weg uns zugleich auf die Grundprobleme der Philosophie von Heidegger, also ins 20. Jahrhundert führt. Ich gehe auf Heidegger in dieser Vorlesung explizit nicht ein und habe diesen Exkurs nicht zuletzt deshalb eingeschaltet, um darauf hinzuweisen, daß wir Heidegger die Möglichkeit verdanken, daß wir die Problemstellung von Kant mit den Problemen der zweiten Hälfte des 20. Jahrhunderts in Verbindung bringen können.

⟨XI. Kants Entwurf des transzendentalen Systems der Metaphysik⟩

⟨1. Kritik an Spinoza⟩

Kant hat sein System der transzendentalen Ideen in der „Kritik der reinen Vernunft" nur skizziert aber nicht ausgearbeitet. Schon die Reihenfolge, in der innerhalb des Systementwurfes die transzendentalen Ideen auftreten, war in der Fortentwicklung von Kants Philosophie mindestens dem Anschein nach unterschiedlich; diese Verschiebungen hat Albert Schweitzer in seinem Kant-Buch mit einem erstaunlich sicheren Griff ins Zentrum zur Basis seiner ganzen Interpretation von Kants Religionsphilosophie gemacht[121]. Das erste Konvolut der im sogenannten „Opus Postumum" gesammelten Noti-

---

[121] Albert Schweitzer, Die Religionsphilosophie Kants von der Kritik der

zen läßt erkennen, daß Kant die Arbeit am System der transzendentalen Ideen auf der letzten Stufe seiner Entwicklung als seine Hauptaufgabe betrachtet hat. Aus diesen Notizen geht zugleich hervor, daß Kant erst auf dieser letzten Stufe seines Denkens zu voller Klarheit über die in den transzendentalen Ideen gesetzte vollkommen neuartige Systemstruktur gelangt ist. Deswegen werden wir hier einsetzen müssen, wenn wir verstehen wollen, wie das Problem der Metaphysik – nicht etwa nur der Metaphysik von Kant sondern der Metaphysik überhaupt – sich auf dem Boden der Transzendentalphilosophie darstellt.

Es gibt eine kostbare Notiz, aus der wir lernen können, daß der späte Kant, wie nach ihm Fichte, Schelling und Hegel, bei dem Entwurf eines transzendentalen Systems der Metaphysik stets dessen Unterschied und Gegensatz zum System des Spinoza vor Augen hatte. Die Notiz heißt: „Spinoza. Die ungeheure Idee alle Dinge u. sich in Gott anzuschauen" ist „transscendent, nicht blos transscendental und immanent objectiv (an sich).

Frage: Machen Gott u. die Welt zusammen ein System aus oder ist nur die Lehre von der Verknüpfung beyder subjectiv systematisch" (21, 50)[122]. Spinoza hatte das Problem, das durch die cartesische Trennung von *res cogitans* und *res extensa* entstanden war, durch ein System zu lösen versucht, in dem sowohl das Denken (Bewußtsein) wie die Natur als Modifikationen Gottes dargestellt wurden. Er hatte gelehrt, daß wir sowohl uns selbst wie die Natur nur so anschauen und anschauen können, wie beides in Gott ist. Etwas in seiner Wahrheit erkennen, ist das selbe wie: es in Gott anschauen. Von Gott muß die Philosophie deshalb ausgehen, wenn sie was auch immer erkennen will, wie es in Wahrheit ist. Gott steht an der Spitze des Systems, und das System hat die Aufgabe, in streng deduzierender Form darzustellen, wie alles, was überhaupt ist, von Gott her in seiner Wahrheit betrachtet, als Modifikation Gottes erscheint. Das setzt voraus, daß wir Gott zu erkennen vermögen. Es setzt zugleich

---

reinen Vernunft bis zur Religion innerhalb der Grenzen der blossen Vernunft, Tübingen: Mohr-Siebeck, 1899 (reprint Hildesheim: Olms, 1974).

[122] Hier ist der Satz gestrichen worden: *„Die Orthographie wurde um der Verständlichkeit willen normalisiert"*, weil die Studienausgabe durchweg die Rechtschreibung der Akademie-Ausgabe übernimmt, also auf Normalisierung verzichtet.

voraus, daß wir die unendliche Wirklichkeit Gottes so zu erkennen vermögen, wie sie an sich ist. Diese, wie Kant sagt, „ungeheure Idee" würde uns dann erlauben, die Einheit der Welt und damit zugleich die Einheit der Natur zu erkennen, denn Gott *ist* dann die Einheit der Welt. Wo immer später von Pantheismus gesprochen wird, bezieht man sich auf das System des Spinoza. Bei aller staunenden Bewunderung vor der Größe dieser Idee muß aber Kant auf dem Hintergrund des zweiten Buchs der „Transzendentalen Dialektik" sagen: der Gott des Spinoza ist transzendent; er wird von Spinoza betrachtet, als ob er „objectiv (an sich)" erkannt werden könnte. Und diese Form, Gott anschauen zu wollen, ist transzendentaler Schein. Deshalb heißt es in der Notiz: Diese „ungeheure Idee" sei „transscendent, nicht blos transscendental und immanent". Das Wort „bloß" bezeichnet die gleiche Einschränkung, die ich aus Anlaß von Kants Verwendung des Wortes „nur" schon erläutert habe: *„bloß* transzendental" ist eine Metaphysik, die von der Grenzbestimmung der menschlichen Vernunft ausgeht und deshalb die transzendentalen Ideen nur „immanent" auffassen kann. „Immanent" bedeutet: innerhalb der Sphäre der menschlichen Vernunft, also innerhalb der Sphäre des Subjektes. Der transzendentale Schein, als ob der Mensch in der Lage wäre, Gott, die Welt und sich selbst so zu erkennen, wie sie an sich sind, ist nun durchbrochen. Die Ideen Gott, Welt, Mensch erscheinen „im Inneren der Kugel" als jene Prinzipien, die Subjektivität erst möglich machen. Sie sind Bedingungen der Möglichkeit der Subjektivität, aber verbürgen keine Erkenntnis von Gott und der Welt, wie sie unabhängig von uns an sich sein mögen.

Das hat nun sehr weittragende Konsequenzen im Hinblick auf die Frage, wie wir uns die Einheit des Systems der transzendentalen Ideen eigentlich vorstellen sollen. Bei Spinoza ist Gott selbst diese Einheit, in der alles, was sein kann, die Natur wie das Denken, aufgehoben ist. Wenn wir aber Gott an sich nicht anschauen können, muß sich die von Kant formulierte Frage stellen: „Machen Gott u. die Welt zusammen ein S y s t e m aus oder ist nur die Lehre von der Verknüpfung beyder subjectiv systematisch"? Die Idee, daß Gott und die Welt zusammen ein System ausmachen, ist, wie sich an Spinoza zeigte, transzendentaler Schein. Wir können weder positiv noch negativ, wir können überhaupt nicht darüber eine Aussage machen, wenn wir einmal erkannt haben, daß Gott und Welt, da sie außerhalb aller möglichen Erfahrung liegen, nicht als mögliche Objekte gedacht werden können. Also bleibt im Entwurf von Kant nur die Alternative, die Einheit des Systems der transzendentalen Ideen, die wir voraussetzen müssen, um überhaupt denken zu können, in der Form zu suchen, wie wir diese Ideen subjektiv verknüpfen. Dann ist die Lehre von der Verknüpfung Gottes und der Welt, wie Kant sagt, „subjectiv systematisch", und das kann gar nicht anders sein, hat Kant doch im Architektonik-Kapitel gezeigt, daß „System" überhaupt die Struktur des „Entwurfes" hat, also aus den subjektiven Prinzipien der Vernunft hervorgeht. „System" gehört ins Innere der Kugel; es ist transzendentaler Schein, wenn wir die systematische Einheit aus der Kugel herausprojizieren und uns einbilden, wir könnten den Horizont der menschlichen Vernunft überschreiten.

⟨2. Die Aufgabe der Verknüpfung der transzendentalen Ideen in einem System⟩

Kant hat in einer anderen Notiz aus dem ersten Konvolut des „Opus Postumum" seinen Begriff des Entwurfes und dessen unaufhebbare Subjektivität sehr sinnfällig zum Ausdruck gebracht. Er sagt dort: „Der Welt erkennen will muß sie zuvor zimmern und zwar in ihm selbst." (21, 41) Wir haben am Beispiel des Kugelmodells für die Gestalt der Erde gesehen, was dieser Satz bedeutet: das idealtypische Modell der Kugelgestalt wird nach Prinzipien *a priori* rein geometrisch konstruiert. Erst wenn wir dieses Modell „zuvor", das heißt bevor wir die sinnliche Erfahrung befragen, „in uns selbst" derart entworfen haben, können wir an die sinnliche Erscheinung von Natur auf Grund dieses Modells die Fragen richten, die uns dann schließlich erlauben, die reale Gestalt des realen Globus objektiv zu erkennen. Der Satz entspricht also genau der Feststellung in der Vorrede zur zweiten Auflage der „Kritik der reinen Vernunft": „daß die Vernunft nur das einsieht, was sie selbst nach ihrem Entwurfe hervorbringt" (B XIII; 3, 10). „Zimmern" ist keine Leistung des Verstandes oder der reflektierenden Urteilskraft. Wer etwas zimmert, bringt etwas hervor. Wenn er dadurch zugleich etwas erkennt, so muß man sagen: er bringt etwas, was vorher verborgen war, ans Licht. Das Moment des Hervorbringens ist bei Kant eine Leistung der produktiven Einbildungskraft. Das Moment des Erkennens ist eine Leistung der

Vernunft. Das Wort enthält demnach die sehr tiefsinnige Lehre, daß alles, was wir „Wahrheit" nennen, im letzten Grunde aus einer Synthesis der transzendentalen Vermögen von Vernunft und produktiver Einbildungskraft hervorgeht.

Nun stellt sich aber für den Entwurf eines Systems der transzendentalen Ideen ein sehr schwieriges systematisches Problem. Die geometrische Konstruktion ist nach Kants Lehre nur dadurch möglich, daß der Verstand sich (mit Hilfe der produktiven Einbildungskraft) auf die reinen Formen der sinnlichen Anschauung, das heißt auf Raum und Zeit bezieht. Aber das Innere des *globus intellectualis*, die reine Subjektivität, kann in den Formen der sinnlichen Anschauung nicht zur Vorstellung gebracht werden. Es ist nicht räumlich, und es ist, nach Kant, auch nicht zeitlich. Deshalb haben Fichte und der frühe Schelling die Lehre von den reinen Formen der sinnlichen Anschauung erweitert und für die Konstruktion des Systems, in dem das denkende Subjekt sich selbst erkennt, das Vermögen der intellektuellen Anschauung eingeführt. Diesen Ausweg mußte sich Kant verbieten; denn wäre die menschliche Vernunft der intellektuellen Anschauung fähig, so wäre die Grenze des Horizontes durchbrochen, die Kant durch seine Grenzbestimmung gezogen hatte. Menschliches Denken wäre dann einer nicht an die Sphäre der Sinnlichkeit gebundenen, einer nicht endlichen und somit einer absoluten Erkenntnis, einer Erkenntnis des Absoluten fähig. Das ist ja dann auch die Konsequenz, die Fichte und Schelling alsbald gezogen haben. Die Destruktion der überlieferten Metaphysik im zweiten Buch von Kants „Transzendentaler Dialektik" ist für Fichte und Schelling nicht hinfällig geworden. Sie restituieren nicht die vorkantische Metaphysik und verlassen nicht den Boden des transzendentalen Denkens. Aber wenn intellektuelle Anschauung möglich ist, bezieht sich Kants Kritik nur auf den Mißbrauch der Verstandesbegriffe. So stellte sich für Fichte, Schelling und Hegel die Frage, nach welchem Gesetz sich Vernunftbegriffe auf intellektuelle Anschauung beziehen können. Zur Lösung dieses Problems hat Fichte die dialektische Methode entdeckt, die dann von Schelling und Hegel fortgebildet wurde. „Dialektik" ist nun nicht mehr, wie bei Kant, die Kunst der Auflösung des transzendentalen Scheins. Sie hat nicht mehr eine negative Funktion, sondern ist, positiv verstanden, das Verfahren, nach dem die Vernunft in der intellektuellen Anschauung konstruiert. Auf die Gründe, die Schelling und Hegel später veranlaßt haben, die Begriffe der „Konstruktion" und der „intellektuellen Anschauung" wieder fahren zu lassen, brauche ich hier nicht einzugehen. Wenn hier die Philosophie des deutschen Idealismus unser Thema wäre, hätte ich die Aufgabe, den Nachweis zu führen, daß die dialektische Methode in dem Augenblick, wo sie von Kants negativer Dialektik in die positive Dialektik des sogenannten Idealismus umschlägt, eine neue Form des transzendentalen Scheins erzeugt. Das gilt nicht nur für den Idealismus, es gilt aus den gleichen Gründen auch für ⟨den⟩ Marxismus. Man darf sich diesen Nachweis nicht so billig machen, wie es bei den Kritikern der absoluten Metaphysik des Idealismus üblich ist. Fichte, Schelling und Hegel haben das zweite Buch von Kants „Transzendentaler Dialektik" sehr genau studiert. Ihre Systementwürfe werden von keinem der Argumente getroffen, die Kant gegen die Verstandes-Metaphysik der Wolffschen Schule ins Feld führen konnte. Wenn man behauptet, auch der Idealismus habe sich in transzendentalen Schein verstrickt, so muß doch hinzugefügt werden, daß dies ein transzendentaler Schein ist, der sich mit den Mitteln Kants nicht auflösen läßt. Ich werde auf diese Form des transzendentalen Scheins zurückkommen müssen, wenn ich dazu übergehe, das Problem der Natur – und damit notwendig zugleich das Problem der Metaphysik – in einer Form systematisch aufzurollen, die der geistigen Lage der zweiten Hälfte des 20. Jahrhunderts entspricht. Deswegen mußte ich dieses Problem und seinen Zusammenhang mit dem Problem der intellektuellen Anschauung hier kurz erwähnen. Kant wußte für dieses Problem, wie wir noch sehen werden, keine tragfähige Lösung anzubieten. Aber er hatte es in voller Klarheit vor Augen. Die Alternative zu Spinozas Anschauung in Gott ist, wie wir sahen, bei ihm die subjektiv-systematische Verknüpfung. Er mußte also fragen, wie die transzendentalen Ideen Gott, Welt, Mensch verknüpft sind, und wie wir diese Verknüpfung erkennen. Das ist das Grundproblem des Systems der transzendentalen Ideen und zugleich die Probe auf die Tragfähigkeit von Kants Metaphysik der endlichen Vernunft.

⟨3. Ein Gott, eine Welt, eine Freiheit⟩

Wie schwierig es ist, die Form der Verknüpfung zu erkennen, in der die transzendentalen Ideen miteinander verbunden sind, sagt eine sehr einfache Notiz aus dem ersten Konvolut des „Opus Postumum": „Gott über mir die Welt außer mir und der freye Wille in mir in Einem System vorgestellt." (21, 41) Es geht darum, die drei Dimensionen zu verbinden, die durch die Worte „über mir", „außer mir", „in mir" bezeichnet werden. Wenn ich sage, Gott ist über mir, meine ich nicht, Gott sei innerhalb des Raumes oberhalb meiner. Schon die archaische Dichtung und Philosophie der Griechen hatte erkannt, daß die biblische Vorstellung vom „Gott im Himmel" nichts als ein Bild ist, um eine Dimension des „über mir" zu bezeichnen, die sinnlich im Raum nicht vorstellbar ist. Daraus, daß Gott über mir ist, kann ich nicht schließen, er sei außer mir. Denn das Wort „außer mir" verweist in die Dimensionalität von Welt. Wäre Gott außer mir, so wäre er in der Welt. Er ist aber – in einem anderen Sinn des Wortes „außer" – gewiß außer der Welt. Er ist nämlich *über* der Welt so gut wie er über mir ist.

Ähnliche Schwierigkeiten ergeben sich bei der Welt. Die Welt, so sagt Kant, ist „außer mir". Trotzdem ist ebenso wahr der Satz: ich bin *in* der Welt, das heißt ich bin ein Teil der Welt. Ich bin also selbst, sofern ich in der Welt bin, außer mir, wenn der Satz, die Welt ist außer mir, einen Sinn haben soll. Kant hat das auf der nächsten Seite desselben Bogens so formuliert: „Ich (das Subject) ist eine Person nicht blos mich meiner selbst bewust sondern auch als Gegenstand der Anschauung im Raume u. der Zeit also zur Welt gehörend." (21, 42)

Damit sind wir schon auf die Problematik der Worte: „in mir" gestoßen. Das Wort „in mir" bezeichnet zunächst die Form, wie ich im Selbstbewußtsein – und das heißt zugleich: im Bewußtsein meiner Freiheit – bei mir selbst bin. Aber das Bewußtsein meiner selbst ist nach Kant mit dem Bewußtsein meines Daseins in der Zeit identisch verbunden. Das Dasein in der Zeit ist Dasein in der Welt, also außer mir. Anders gesagt: das Wort „in" bedeutet offenbar etwas Verschiedenes je nachdem, ob ich sage: „*in* mir selbst" oder „*in* der Welt". Nun soll aber obendrein „in mir selbst" geleistet werden, was der Satz ausspricht: „Gott über mir die Welt außer mir und der freye Wille in mir in Einem System vorgestellt". Sofern ich „in mir selbst" Gott über mir, die Welt außer mir und den freien Willen in mir *in* Einem System vorstelle, sind Gott und Welt zugleich in mir, nämlich als Ideen. Aber diese Ideen sind keine Fiktionen, sondern das In-sich-Sein des Subjektes ist nur dadurch möglich, daß ich Gott über

mir und die Welt außer mir vorstelle – beides aber in mir. Sind es nun nur die Präpositionen der Sprache, die uns bei diesen Gedanken zum Narren halten? Oder liegt es in der Sache selbst, daß wir diese Ideen, so notwendig sie sind, nicht in Zusammenhang bringen können?
Es liegt in der Sache selbst, denn aus der Sache heraus ergibt sich eine Schwierigkeit, die Kant in folgender Notiz formuliert: „Ein jeder dieser Gegenstände ist schlechthin Einer *(vnicum)*. – Wenn Gott ist so ist nur Einer. Ist eine Welt in metaphysischer Bedeutung so ist nur Eine und ist der Mensch so ist es das Ideal Urbild *Prototypon* Eines der Pflicht adäqvaten Menschen." (21, 40)
Daß Gott nur Einer ist, glauben wir zu verstehen und halten wir für evident, weil wir in der Tradition des Monotheismus groß geworden sind. Vielleicht ist es nicht so evident, wie es erscheint, aber nach Kant ist die Einheit Gottes ein notwendiges Postulat der Vernunft. Die Gründe, warum das so ist, habe ich vor einigen Jahren in meinem Aufsatz über den „Gott der Philosophen" entwickelt [123].
Ebenso ist der Satz evident: „Ist eine Welt . . . so ist nur Eine". Was aber soll der Satz bedeuten: „Ist der Mensch so ist es das Ideal . . . Eines der Pflicht adäqvaten Menschen"? In der Welt der Erscheinungen an der Oberfläche der Kugel begegnen uns im Wandel der Zeiten unzählige Lebewesen, die wir als Menschen bezeichnen. Es erscheint als ein absurder Gedanke zu behaupten: ist ein Mensch, so ist er nur Einer. Aber wodurch ist jeder dieser Menschen ein Mensch? Kant hält an der Tradition fest, die lehrt, der Mensch sei Mensch durch die Vernunft. Die Vernunft ist ein Wort, das wir nur im Singular gebrauchen können. Niemand käme auf den Gedanken zu behaupten, es gäbe so viele „Vernünfte", wie es Menschen gibt. Zwar gibt es sicher so viele Weisen, sich unvernünftig zu verhalten, als es Menschen gibt. Aber von dem, was die Vernunft erkennt und was die Vernunft gebietet, nehmen wir an, daß es für alle Menschen verbindlich sei, und daß nur Unverstand, Unkenntnis oder böser Wille die Menschen daran verhindern kann, gemeinsam einzusehen, was Vernunft uns lehrt. Vernunft ist nämlich das Vermögen, die Wahrheit zu erkennen. Wenn es nur eine Wahrheit gibt, so gibt es auch nur eine Vernunft. Vernunft ist außerdem nach Kant das Vermögen, kraft des Sittengesetzes aus Freiheit zu handeln. Die Formel der Freiheit ist der Kategorische Imperativ, der ebenfalls nach seiner Lehre für alle

---

[123] *Wahrheit, Vernunft, Verantwortung, a. a. O., 229ff.*

Menschen zu allen Zeiten verbindlich ist, weil sie nur kraft des Kategorischen Imperativs die Möglichkeit haben, überhaupt Menschen zu sein. Wenn das wahr ist, so gilt nicht nur der Satz: es gibt nur eine Wahrheit; es gilt auch der für uns viel beschwerlichere Satz: es gibt nur eine Freiheit. Das ist zugleich ein politischer Satz. Gäbe es nämlich beliebig viele miteinander gleichberechtigte Formen von Freiheit, so wäre keine politische Ordnung möglich, die die gemeinsame Freiheit aller verbürgt. Die Freiheitsideen der Französischen Revolution wären dann nichts als eine Illusion, und das Selbe würde vom Sozialismus gelten. Jede politische Ideologie, die ohne Unterschied der Klasse oder der Individuen eine gemeinsame Freiheit für Alle fordert, impliziert Kants metaphysisches Prinzip, daß es im Grunde der menschlichen Natur nur eine einzige Freiheit gibt, die unter wechselnden Bedingungen in der Geschichte realisiert werden soll.

Fassen wir nun diese Überlegungen zusammen und sagen, die Vernunft macht den Menschen zum Menschen; sie ist das Vermögen der Einheit, weil sie das Vermögen ist, aus Freiheit die Wahrheit zu erkennen, und weil es im Grunde der menschlichen Natur nur eine Freiheit und nur eine Wahrheit gibt – so haben wir in diesen Sätzen zusammengefaßt, was die reflektierende Urteilskraft im Inneren der Kugel als transzendentale Subjektivität erkennt, obwohl es im Rücken unseres Bewußtseins liegt und uns nur im Spiegel der Idee begegnet, die wir bei dem Wort „Mensch" aus uns herausprojizieren und in jedem lebenden Menschen wiedererkennen. Nun sagt aber Kant: „Ist der Mensch so ist es das Ideal ... Eines der Pflicht adäquaten Menschen". „Ideal" bedeutet bei Kant die ungebrochene Erscheinung der Idee in einem Individuum. Der Satz: Es ist nur ein Mensch, darf also nicht so verstanden werden, als ob das transzendentale Subjekt so etwas wie ein vorhandenes Ding, ein für sich selbst bestehender Gegenstand wäre. Die transzendentale Subjektivität *ist* nur, insofern sie in Individuen in der Zeit erscheint, also insofern Individuen die Wahrheit erkennen und aus Freiheit handeln. Aber wenn sie das tun, denken sie das Selbe, und handeln sie auf die gleiche Weise. Ihr Denken und Handeln ist auf das Ideal orientiert, daß die vollkommene Wahrheit und die vollkommene Freiheit in *Einem* Menschen in der Zeit erscheinen könnte. Kant hat bekanntlich die Gestalt Jesu als dieses Ideal gedeutet. Wenn wir einen Menschen daraufhin betrachten, daß er ein Mensch ist, daß die

Humanität in ihm zur Erscheinung gelangt, so betrachten wir ihn im Lichte des transzendentalen Ideals von dem Einen der Pflicht adäquaten Menschen. Wenn es wahr ist, daß wir die Menschlichkeit im anderen Menschen ohne dieses Eine Ideal gar nicht wiedererkennen könnten, so wird verständlich, daß nach Kant der als Ideal vorgestellte Mensch genauso schlechthin Einer ist wie Gott und die Welt.

Jede der drei transzendentalen Ideen – Gott, Welt und Mensch – bezeichnet also schlechthin eine Einheit. Zugleich aber sollen diese drei Ideen so verknüpft werden, daß sie untereinander ein System, also wiederum eine Einheit, bilden, und die Zusammenfügung dieser drei Ideen soll uns verständlich machen, wie die Dimensionen: über mir, außer mir, in mir zusammenhängen. Das ist das Grundproblem von Kants transzendentalem Idealismus.

⟨4. „Man muß durch einen Mittelbegriff"⟩

Kant war überzeugt, dieses Problem gelöst zu haben. Er sagt im „Opus Postumum": „Der transsc: Idealism ist der Schlüssel zur Eröfnung aller Geheimnisse des ganzen Weltsystems." (21, 38) Es gilt, diesen Schlüssel zu prüfen. Zunächst zitiere ich eine Notiz, in der Kant mit besonderer Klarheit formuliert, weshalb er nicht jenen Weg einschlagen kann, den Spinoza gewiesen hatte. Er sagt: „Man kann Gott u. die Welt nicht in die Idee Eines Systems *(vniversum)* bringen da sie heterogen" sind, „sondern muß durch einen Mittelbegrif. – Diese Objecte sind im höchsten Grade heterogen. Es sind Verhältnisse der Ideen in uns nicht der Objecte außer uns." (21, 38) Daß Gott und die Welt im höchsten Grade heterogen sind, ist eine philosophische Lehre, durch die sich Kant, wie mit seinem Freiheitsbegriff, in eine Tradition einordnet, die ihren Ursprung nicht in der Philosophie sondern in der theologischen Gotteslehre des Nominalismus hat, wenn sie sich auch mit der platonischen Lehre in Verbindung bringen läßt, die Idee des Guten (= Gott) liege ἐπέκεινα τῆς οὐσίας – jenseits des Seins[124]. Formal läßt sich die Heterogeneität von Gott und Welt dadurch beschreiben, daß man sagt: keines der Prädikate, mit denen wir das bezeichnen, was in der Welt ist, läßt

---

[124] Politeia 509 B 9; vgl. 111, Anm. 31.

sich auf Gott übertragen. Denn wäre eine solche Übertragung möglich, so wäre Gott in die Welt versetzt. Er wäre also nicht mehr Gott. Aus dem gleichen Grunde können wir die Prädikate, mit denen wir das Wesen Gottes bezeichnen, nicht auf die Welt übertragen, denn wenn wir das täten, würde die Weltlichkeit der Welt vernichtet. Der jüngste Tag wäre angebrochen. Diese formale Beschreibung des Gedankens ist aber dem, was Kant sagen will, nicht adäquat. Denn wenn wir von Prädikaten sprechen, denken wir Gott und die Welt in Verstandesbegriffen. Gott und Welt sind aber transzendentale Ideen, von denen jede sich in ihrer Einheit durch die totale Heterogeneität zur anderen konstituiert. Das ist Kants Einwand gegen den Pantheismus des Spinoza. Es wäre auch sein Einwand gegen den frühen Schelling und gegen Hegel gewesen. Die erste Voraussetzung von Kants System ist also die Erkenntnis, daß alle Systementwürfe der überlieferten Metaphysik unhaltbar sind, weil sie die Heterogeneität von Gott und Welt verdunkeln.

Die Lösung deutet Kant durch den Satz an: Man „muß durch einen Mittelbegrif". Das Wort „Mittelbegriff" ist aus der formalen Schlußlogik übernommen. Der *medius terminus* ist jener Begriff, der die drei Urteile eines Syllogismus verbindet. So ist in dem berühmten und berüchtigten Schulbeispiel

    Alle Menschen sind sterblich
    Gaius ist ein Mensch
    Also ist Gaius sterblich

der Begriff „Mensch" der Mittelbegriff zwischen Gaius und sterblich. Aber wenn Kant hier von einem „Mittelbegriff" spricht, will er nicht behaupten, der Mensch – denn diesen hat Kant hier im Auge – sei der *medius terminus*, durch den sich Gott und Welt wie die Urteile in einen Syllogismus „vermitteln" lassen. Wir müssen uns vielmehr, um diesen Satz zu verstehen, daran erinnern, daß das Wort „Begriff" bei Kant die Handlung des Begreifens bezeichnet. Die transzendentalen Ideen Gott und Welt sind Projektionen, die uns gleichsam im Spiegel ursprüngliche Handlungen unserer Vernunft erkennen lassen, durch die die Vernunft sich als Vermögen der Einheit konstituiert. Die Heterogeneität von Gott und Welt darf also, wie Kant sagt, nicht als Heterogeneität „der Objecte außer uns" betrachtet werden, es handelt sich vielmehr um „Verhältnisse der Ideen in uns".

Um uns ganz klarzumachen, was Kant meint, müssen wir uns daran erinnern, was das Wort „Verhältnisse" hier bedeutet. Die „Verhältnisse", um die es sich handelt, wurden durch die präpositionalen Ausdrücke „über mir" und „außer mir" bezeichnet. Wir sind bei dem Versuch, diese Ausdrücke zu erläutern, auch ihrer Heterogeneität schon begegnet. „Über mir" heißt nicht oberhalb meiner im Raum, sondern weist in eine Richtung, die in der Welt nicht angegeben werden kann, sondern jenseits der Welt liegt. Jetzt sagt Kant: dieses „über mir" und „außer mir" seien Verhältnisse der Ideen in mir. Das Wort „in" soll also so verstanden werden, daß es das „über" und „außer" in sich enthält. Wie ist das zu denken?

Wenige Zeilen später hat Kant sich auf denselben Bogen notiert: „Der Raum ist kein äußeres Sinnesobject: die Zeit nicht ein inneres worinn wir die Dinge und ihre Ausübungen warnehmen sondern Formen unserer Wirkungskräfte." (21, 38) Man sieht an dieser Notiz, daß Kant sich durch die Reflexion auf den Sinn des „Außer-mir-Seins" der Welt zu einer Fortbildung der transzendentalen Ästhetik der „Kritik der reinen Vernunft" genötigt sah. Dort hatte er Raum und Zeit als reine Formen der sinnlichen Anschauung charakterisiert. Jetzt führt er die transzendentale Frage weiter und untersucht die Bedingungen der Möglichkeit dieser Formen der Anschauung. Dabei stellt sich heraus: die Formen der Anschauung sind, in ihrem transzendentalen Grunde betrachtet, Formen unserer Wirkungskräfte. Sie sind Projektionen, in deren Schema wir uns die Gegenstände so vorstellig machen, daß sie einen Wirkungszusammenhang darstellen, der unseren Wirkungskräften entspricht. Ich widerstehe der Versuchung, diesen Gedanken mit der Problemstellung von Kants „Metaphysischen Anfangsgründen der Naturwissenschaft" in Verbindung zu setzen, und beschränke mich darauf, festzustellen, daß diese Notiz ein ganz neues Licht auf den Sinn des Ausdruckes „außer mir" wirft. Die Vorstellung von etwas außer mir ist räumlich. Deshalb war in der „Transzendentalen Ästhetik" der Raum die Form der *äußeren* Anschauung. Nun ist aber sofort deutlich, daß die Unterscheidung von „außen" und „innen" sich auf das Verhältnis dessen, was im Raum ist, zum vorstellenden Objekt nicht übertragen läßt. „Innen" ist nämlich ebenfalls eine räumliche Vorstellung. Wenn wir sagen, ein Zimmer sei in einem Haus, so bringen wir damit zum Ausdruck, daß sich das Zimmer im selben physikalischen Raum befindet wie das Haus. „Außen" und „innen" sind Verhältnisbestimmungen von Lagen innerhalb eines und desselben Raumes. Gedanken hingegen haben keine räumliche Ausdehnung. Sie sind überhaupt nicht im

Raum. Sie können auch sinnlich nicht wahrgenommen werden. Es ist eine bloße Metapher, wenn wir den Bereich der Subjektivität durch das Wort „innen" bezeichnen, indem wir eine räumliche Anschauungsform auf das, was schlechterdings jenseits des Raumes ist, übertragen. Betrachten wir aber diese Übertragung genauer, so stellen wir fest: sie kommt dadurch zustande, daß wir Verhältnisse, die nicht räumlich sind, in räumliche Verhältnisse projizieren, um sie uns vorstellig zu machen. Was wir „Raum" nennen, ist also ein Projektionsschematismus. Und wenn Kant sagt, der Raum sei eine Form unserer Wirkungskräfte, versucht er aufzudecken, was der Ursprung der Projektion unserer Vorstellungen in den Raum ist. Nun liegt der Raum nicht außer mir sondern in mir, denn er ist eine Form meines Begreifens. Das zeigt am Beispiel der Idee der Welt, wie das „außer mir", wenn es durch den „Mittelbegriff" der Subjektivität hindurchgeht, sich in ein „in mir" verwandelt.

Das „über mir" Gottes weist in eine ganz andere Dimension. Ich fasse, da uns die Zeit fehlt, dies hier ausführlich zu erörtern, knapp zusammen, was auf der zweiten Seite desselben Bogens (21, 42f.) darüber zu lernen ist, und halte mich dabei eng an Kants eigene Formulierungen. Ich bin nach dem Kategorischen Imperativ ein Wesen, das Freiheit besitzt. In der „Kritik der praktischen Vernunft" hat Kant gezeigt, daß der Kategorische Imperativ Gott als ein notwendiges Postulat voraussetzt. Deshalb kann Kant hier so weit gehen zu sagen (ich zitiere wörtlich): „jener Imperativ ist der Act eines Göttlichen Wesens als einer Person". Als Person bestimmt er im selben Kontext auch den Menschen. Der Unterschied zwischen Gott und Mensch besteht nach ihm darin, daß Gott als Person ein Wesen ist, das Rechte hat und keine Pflichten, während der Mensch als Person beides, sowohl Rechte als auch Pflichten hat. Wenn man erläutern wollte, was Kant damit sagen will, müßte man sehr tief in seine Rechtsphilosophie einsteigen. Aber es leuchtet auch ohne Erläuterungen ein, daß ein Wesen, welches nur Rechte und keine Pflichten hat, einem Wesen, das sowohl Rechte als auch Pflichten hat, übergeordnet sein muß. Gott wird nämlich in demselben Kontext als „absolute Spontaneität" gedacht, während die Spontaneität des Menschen endlich, das heißt auf die Bedingungen seines sinnlichen Daseins eingeschränkt ist. Da aber der Kategorische Imperativ, der meine Freiheit begründet, die absolute Spontaneität Gottes als ein notwendiges Postulat impliziert, ist Gott, *indem* er „über mir" ist, als Bedingung der Möglichkeit meiner Freiheit zugleich „in mir". Er ist so sehr in mir, daß Kant eine Seite zuvor sich notieren konnte: „Gott, der innere LebensGeist des Menschen in der Welt" (21, 41).

Das erstaunliche Wort, das ich zitiert habe, läßt die Frage aufsteigen, ob Gott und Welt durch die Verlagerung in die Sphäre der Subjektivität nicht derart aufgelöst werden, daß am Ende nur der Mensch noch übrigbleibt, daß also Gott und Welt nur noch als Momente der Subjektivität des Menschen erscheinen. Hier ist zunächst daran zu erinnern, daß wir uns bei diesen Gedanken auf jener Stufe der transzendentalen Reflexion befinden, wo vom Menschen nur noch strikt im Singular gesprochen werden kann. Das Wort „Mensch" bezeichnet nicht den einzelnen empirischen Menschen, es bezeichnet vielmehr jene Idee, genauer: jenes Ideal, kraft dessen der empirische Mensch die Möglichkeit gewinnt, seinem eigenen Menschsein als einer unendlichen Aufgabe nachzustreben. Nicht nur tierisches Dasein in der empirischen Natur sondern dieses Streben, in dem der empirische Mensch die Vernunft als seine innere Möglichkeit entdeckt, wird von Kant „Leben" genannt. Das Gleiche bedeutet das Wort „Leben" auch in der Philosophie des Idealismus. Wenn Kant sagt: „Gott, der innere LebensGeist des Menschen in der Welt", meint er nichts anderes, als wenn er sagt: der Kategorische Imperativ „ist der Act eines Göttlichen Wesens als einer Person" (21, 42). Weil der Kategorische Imperativ Gott als notwendiges Postulat impliziert, weil dieser Imperativ die Grundformel der Freiheit ist, und weil jeder Gedanke, den wir denken, aus dieser Freiheit hervorgeht und sie bezeugt, ist Gott, insofern er die Freiheit ermöglicht, in jeder Äußerung der Freiheit enthalten, ohne daß man deshalb sagen könnte, Gott sei dem Menschen immanent. Wird die Vernunft des Menschen in sich selbst für die ihre Freiheit konstituierende Idee Gottes transparent, so heißt sie im „Opus Postumum": „Geist". Der Sinn dieses Wortes wird durch den Satz: „Gott, der innere LebensGeist des Menschen in der Welt" erläutert.

⟨5. Die Selbsterkenntnis der Vernunft und ihre Aporien⟩

Ich habe durch diese Hinweise zu erläutern versucht, was der Satz bedeutet: „Man kann Gott u. die Welt nicht in die Idee Eines Systems *(vniversum)* bringen da sie heterogen" sind, „sondern muß durch einen Mittelbegrif". Der System-Entwurf, der in dieser Überlegung vorgezeichnet ist, findet seine Zusammenfassung in dem Titel, den Kant dem geplanten, seine Philosophie zum Abschluß bringenden Werke geben wollte. In den Notizen des „Opus Postumum" findet sich eine ganze Serie von Versuchen, diesen Titel zu formulieren. Man sieht an Kants Ringen um eine der Struktur der Transzendentalphilosophie adäquate Formel, wie klar ihm die Aporien vor Augen standen, um deren Aufhellung es uns hier geht. Ich wähle die Formulierung aus, die mir den höchsten Grad von Klarheit erreicht zu haben scheint:

„Der Transscendentalphilosophie höchster Gegenstand
Gott, die Welt, und dieser ihr Inhaber, der Mensch
in der Welt
in Einem das All der Wesen vereinigenden System
der reinen Vernunft vorgestellt
von"
(Immanuel Kant) [125]

Wir betrachten diese Notiz hier nicht, um Kant-Philologie zu betreiben, sondern um Klarheit in eine Fragestellung zu bringen, die uns von Kant wegführen wird.

Die Überschrift „Der Transscendentalphilosophie höchster Gegenstand" ist das Subjekt eines Satzes, der durch die Worte: „in Einem das All der Wesen vereinigenden System der reinen Vernunft vorgestellt von" (Immanuel Kant) fortgeführt wird. Dazwischen schiebt sich die Parenthese „Gott, die Welt, und dieser ihr Inhaber, der Mensch in der Welt". Die Parenthese erläutert auf eine bei Kant höchst ungewöhnliche, ja anstößige Weise den Begriff „höchster Gegenstand". Was ist „der Transscendentalphilosophie höchster Gegenstand"?

Kant hat in der „Kritik der reinen Vernunft" das Wort „Gegenstand" auf die Sphäre der Gegenstände möglicher Erfahrung eingeschränkt. Gegenstand ist das Objekt der Verstandeserkenntnis. In der „Transzendentalen Dialektik" hat er bewiesen, daß weder Gott noch der Mensch noch die Welt als Gegenstände vorgestellt werden können. Auch hier bezieht sich das Wort „Gegenstand" nicht auf eines der Glieder dieser Trias. Was in dem System der Vernunft vor-

---

[125] 21, 38; Kants Name fehlt im Original; vgl. für das Folgende auch den als „Einleitung" abgedruckten ersten Entwurf von Teil I der Vorlesung.

gestellt werden soll, ist die Vereinigung des „Alls der Wesen", das alle drei transzendentalen Ideen in sich enthält. Es soll also vorgestellt werden, wie sich die transzendentalen Ideen zur Einheit des Alls der Wesen zusammenfügen. Die Form der Zusammenfügung wird hier als „Gegenstand" bezeichnet. Daß der späte Kant sich seiner eigenen Terminologie gegenüber eine souveräne Freiheit bewahrt hat, zeigt sich auf jeder Seite des „Opus Postumum". Das terminologische Problem braucht uns also nicht zu beunruhigen. Aber es verbirgt sich hinter dem Wort „Gegenstand" auch ein sehr schwieriges systematisches Problem. Um dieses Problem zu erläutern, zitiere ich einen in unmittelbarer Nachbarschaft zu diesem Entwurf des Titels stehenden Parallelversuch:

„Der höchste Standpunct der Transscendental Philosophie
im System der Ideen
Gott
die **Welt**
und der seiner Pflicht angemessene
Mensch
in der Welt" (21, 54)

Daß diese Formulierung nicht ⟨als⟩ ein alsbald verworfener Versuch sondern als gleichwertige Parallelfassung betrachtet werden muß, ergibt sich daraus, daß Kant sie auf dem fünften Bogen dieses Konvoluts im Kontext einer sehr viel weiter ausgeführten Skizze wieder aufgenommen hat:

⟨„Der Transscendentalphilosophie
höchster Standpunct
im
System der Ideen: Gott, die Welt und der
durch Pflichtgesetze sich selbst beschränkende
Mensch in der Welt
vorgestellt
von

Das All der Wesen
Gott und die Welt
in einem System der Ideen
der Transsc. Phil.
vorgestellt."⟩ (21, 59)

Die wichtigste Differenz der beiden Entwürfe besteht darin, daß dasselbe, was einmal „der Transscendentalphilosophie höchster *Ge-*

genstand" hieß, das andere Mal als „der höchste *Standpunct* der Transscendentalphilosophie" bezeichnet wird. Die Erläuterung für diese zweite Fassung ergibt sich aus dem Satz: „Es ist hier nicht von einem Object die Rede, das bestimmbar ist, sondern" von „dem Subject" (21, 58). Kant hat schon im Paralogismus-Kapitel der „Transzendentalen Dialektik" gezeigt, daß das Subjekt dem transzendentalen Schein verfällt, wenn es sich für sich selbst als ein Objekt vorstellen will. Wir stehen hier also vor dem ungelösten Problem der Transzendentalphilosophie, wie Selbsterkenntnis der Vernunft möglich sein soll, wenn Denken Vorstellen durch Begriffe ist, die Vernunft aber nicht die Möglichkeit hat, sich ihr eigenes Wesen durch einen Begriff, das heißt als Gegenstand vorzustellen. Was im Paralogismus-Kapitel für das dort noch nicht aufgeschlüsselte Subjekt gezeigt wird, begegnet uns nun auf einer höheren Ebene angesichts des Systems der transzendentalen Ideen, durch deren Vereinigung das Subjekt sich *als* Subjekt erst konstituiert. Betrachtet man die Vereinigung der transzendentalen Ideen als den Akt, in dem die Vernunft sich selbst erkennt, so erreicht die Vernunft hier ihren höchsten Standpunkt. Aber dieser Akt kann nur *vollzogen*, er kann nicht als etwas, das der Vernunft gegenübersteht, *betrachtet* und *begriffen* werden. Wollen wir hingegen das System der transzendentalen Ideen uns so vor Augen stellen, daß wir es begreifen, so ist die Vereinigung der Ideen zu einem System nicht mehr der Akt, in dem die Vernunft zu sich selbst kommt. Das System steht uns vielmehr gegenüber, als ob es ein Gegenstand wäre. Beide Formen der Erkenntnis des Systems der transzendentalen Ideen sind nötig. Aber wenn wir sie vereinigen wollen, müssen wir eine Drehung des Bewußtseins vollziehen, bei der immer das wieder aufgehoben wird, was wir vorher erkannt zu haben glaubten. Denkt die Vernunft sich als Subjekt, so kann sie nicht sagen, *was* sie denkt. Will sie sagen, was sie denkt, so denkt sie sich nicht mehr als Subjekt. Hegels Dialektik ist ein, wie mir scheint, erschlichener Lösungsversuch für dieses Problem.

Eine ähnliche Schwierigkeit ergibt sich, wenn wir die Verwendung des Wortes „vorgestellt" genauer betrachten: „Der Transscendentalphilosophie höchster Gegenstand ... in Einem ... System der reinen Vernunft vorgestellt von" Immanuel Kant. Zunächst ist es leicht, das Mißverständnis auszuschalten, das Wort „vorgestellt" solle bedeuten, daß das geplante Werk eine bloße Vorstellung des empirischen Subjektes Immanuel Kant enthalten solle. Kant wollte in diesem Werk die Bedingungen der Möglichkeit jeder Erkenntnis *a priori*, einschließlich der Naturwissenschaft ans Licht heben. Er wollte zeigen, was die Vernunft überhaupt erst zur Vernunft macht, und deshalb in jeder notwendigen und allgemeingültigen Erkenntnis impliziert ist. Das Wort „vorgestellt" muß also dasselbe heißen wie „dargestellt". Tatsächlich findet sich auf derselben Seite die Variante:

„Gott, die Welt,
im höchsten Standpuncte der Transscendentalphilosophie
und was beyde in Einem System vereinigt.
Der Mensch in der Welt
vereinigt dargestellt
von"
Immanuel Kant (21, 38).

Aber auch das Wort „dargestellt" konnte Kant nicht befriedigen, denn jede Darstellung setzt einen Horizont, in den hinein sie ihre Bilder projiziert, schon voraus. Hier aber geht es nicht um die Darstellung von Solchem, was innerhalb eines vorgegebenen Horizontes aufgezeigt werden kann. Es handelt sich vielmehr um die ursprüngliche Erschließung des Horizontes selbst. Diese Erschließung des Horizontes der menschlichen Vernunft nennt Kant, wie wir gesehen haben, „Entwurf". Deshalb bezeichnet er das System der transzendentalen Ideen in der schon mehrfach zitierten Anmerkung[126] zur „Kritik der reinen Vernunft" (B 395) als „unseren großen Entwurf". In derselben Anmerkung wird das in diesem Entwurf entworfene System der transzendentalen Ideen als „systematische *Vorstellung*" jener Ideen bezeichnet.

Aus dem Vergleich dieser Stellen und der in ihnen auftretenden Verwendung der Worte „Vorstellung", „Darstellung", „Entwurf" ergibt sich, daß die terminologischen Schwierigkeiten, mit denen Kant hier kämpft, nur ein Reflex des Fundamentalproblems einer Selbsterkenntnis der Vernunft sind. Der Entwurf der transzendentalen Ideen ist jene ursprüngliche Handlung des Erkennens, die allen anderen Erkenntnissen vorausgeht, weil die Vernunft in dieser Handlung erst Vernunft wird. Sprechen wir aber von diesem Entwurf und versuchen wir, ihn selbst zu erkennen, so stellen wir ihn uns schon gegenüber. Wir stellen ihn dar und bringen ihn durch die Darstellung

---

[126] „Einleitung", 73, und IX, 10, 257.

uns zur Vorstellung. Aber der vorgestellte Entwurf ist nicht identisch mit jenem Entwerfen, das allem Vorstellen notwendig vorausgeht. Wir müssen also, um nicht dem transzendentalen Schein zu verfallen, wiederum jene Wendung vollziehen, die dann, was schon gewonnen zu sein schien, wieder aufhebt.

⟨6. Analogie zur Situation des Menschen in der Krise des Ökosystems⟩

Um zu erläutern, daß es sich hier nicht um verstiegene Spekulationen sondern um das Verständnis eines Zirkels handelt, in dem sich unser alltägliches Verhalten ständig, ohne daß wir ihn doch durchschauen, bewegt, schiebe ich hier eine Überlegung ein, die den Zusammenhang dieser spekulativen Fragen mit den handgreiflichen Aspekten unserer Frage nach der Natur verdeutlichen soll. Wir sind durch die ökologische Krise gezwungen, uns die Stellung des Menschen in seinem Ökosystem klarmachen zu müssen. Die Situation eines lebendigen Organismus innerhalb seiner ökologischen Nische ist durch das Spiel der Wechselwirkungen und Rückkoppelungsmechanismen definiert, die jenen Prozeß in Gang halten, den wir „Leben" nennen. Wenn man beschreiben will, was das Wort „Leben" heißt, muß man sich von der Vorstellung freimachen, das Wort „lebendig" sei ein Prädikat, das einer bestimmten Klasse von Substanzen, nämlich den Organismen zukommt. Man muß sich auch von der noch tiefer verankerten Vorstellung lösen, der Organismus sei das Subjekt seines eigenen Lebens. Für sich allein genommen und isoliert betrachtet, „hat" nämlich der Organismus kein Leben. Isoliert und, wie man seit Hegel sagt, „an und für sich" betrachtet, *ist* der Organismus gar nicht lebendig. Das Phänomen, das wir als „Leben" bezeichnen, kommt erst durch den Austausch, die Wechselwirkungen und die Rückkoppelungen zwischen Organismus und Umwelt zustande. Es *ist* dieser Austausch; und wir können das, wie schon Aristoteles gesehen hat, von den primitivsten Stufen der Organismen bis zu den höchsten Stufen verfolgen. Die Skala der Wechselwirkungen, aus denen Leben hervorgeht, beginnt mit dem Stoffwechsel, setzt sich in der Wahrnehmung fort und differenziert sich zu immer komplizierteren Formen. Auch das Denken des Menschen ist, biologisch betrachtet, ein Austausch zwischen Mensch und Umwelt. Es ist, wie ich noch näher begründen werde, falsch, zu meinen, das Denken sei eine Eigenschaft des Subjektes Mensch, die ihm auch unabhängig von der Umwelt zukäme, in der er lebt. Wie das Wort „Leben" so bezeichnet auch das Wort „Denken" nicht die Eigenschaft eines Subjektes sondern eine dem Menschen spezifische Stufe der Wechselbeziehung von Organismus und Umwelt, die ich im systematischen Teil dieser Vorlesung genauer untersuchen werde.

Betrachten wir nun die Stellung irgendeines nichtmenschlichen Organismus innerhalb seines Ökosystems, so stehen wir als Beobachter draußen. Wir können deshalb das Verhältnis der Ameise zu ihrer Umgebung objektivieren. Das fällt uns um so leichter, als die Ameise nicht wie der Mensch die Möglichkeit hat, sich von den Instinktmechanismen zu distanzieren, die ihr Verhältnis zu ihrer Umgebung regulieren und die Wechselbeziehungen, die ihr Leben ausmachen, sicher steuern.

Wollen wir aber das Ökosystem des Menschen und seine Stellung in diesem Ökosystem verstehen, so stoßen wir genau auf das Problem, von dem Kant im System der transzendentalen Ideen handelt. Die Distanzierung von den Instinktmechanismen, die das Verhalten niedriger Lebewesen regulieren, verleiht dem Menschen jene Fähigkeit, der er verdankt, daß er sich im Prozeß der Selektion durchsetzen und alle anderen Lebewesen sich entweder unterwerfen oder ausrotten konnte – wann immer er wollte. Er kann das Verhalten der anderen Lebewesen auf Grund von Beobachtungen berechnen, während sein eigenes Verhalten in einem uns unbekannten Spielraum unberechenbar ist. Die anderen müssen sich an Spielregeln halten. Er aber kann die Spielregeln innerhalb eines uns noch unbekannten Spielraumes wechseln und sich dadurch immer in Vorteil setzen. Diese Eigenschaft des Menschen nennen wir „Freiheit". Es wäre besser zu sagen, diese Eigenschaft sei die biologische Voraussetzung für jene hohe und seltene Möglichkeit des Menschen, die wir als seine Freiheit bezeichnen. Auch wenn der Mensch sich durch Wechsel der Spielregeln seinen Vorteil sichert, ist er nicht aus dem Austausch mit seiner Umgebung herausgenommen. Was wir „Freiheit" nennen, ist immer noch nicht ein Prädikat des Menschen sondern seine spezifische und nicht gerade durch Fairness ausgezeichnete Form, innerhalb unseres Ökosystems seine Selbstbehauptung in der Selektion durch ein Kampfspiel zu sichern. Kampf ist eine besonders vehemente Ausprägung des Wechselverhältnisses zur Umwelt. Man pflegt die Lebewesen, die vom Kampf gegen andere Lebewesen existieren, als „Raubtiere" zu bezeichnen. Der Mensch ist ein Raubtier, denn er lebt von der Vertilgung anderer Lebewesen. Außerdem hat er die Möglichkeit, zu *wissen*, daß er ein Raubtier ist; aber von dieser Möglichkeit macht er in der wissenschaftlich-technischen Zivilisation nur einen destruktiven Gebrauch.

Nun hat die ökologische Krise, die der Mensch durch dieses Verhalten verursacht hat, dazu geführt, daß man versucht, die Wechselwirkungen, die das Verhältnis zwischen dem Menschen und seiner Umwelt bestimmen, systemanalytisch zu untersuchen. Man hofft, die Entwicklung dadurch wieder in den Griff zu bekommen, daß man mathematische Modelle konstruiert, nach denen sich diese Wechselwirkungen berechnen lassen. Das bekannteste Modell dieser Art ist das von Forrester entwickelte Modell der „World dynamics", das der Meadows-Studie des Club of Rome über die „Grenzen des Wachstums" zugrundeliegt. Die Diskussion über diese Studie hat deutlich gemacht, daß jeder Versuch einer quantifizierenden Analyse der unsere Stellung in der Umwelt bestimmenden Systemstrukturen an der Unberechenbarkeit des menschlichen Verhaltens scheitert. Der Mensch kommt in dem „System" genannten ökologischen Zyklus als ein Wesen vor, das, sei es in Folge von Lernprozessen (wie zum Beispiel durch die Entwicklung neuer Technologien), sei es aus Willkür (wie durch die Auslösung eines Krieges), sei es in Folge von Bewußtseinsveränderungen, deren Dynamik uns unbekannt ist, sein Verhalten auf unvorhersehbare Weise verändern und damit jedes mathematische Modell außer Kraft setzen kann. Die Meadows-Studie ist ein Musterbeispiel dafür, denn der Club of Rome hat sie in der Absicht publiziert, dadurch eine Verhaltensänderung zu provozieren, die der Prognose den Boden entziehen würde. Es handelt sich also hier um eine sehr paradoxe Form der wissenschaftlichen Erkenntnis: eine Prognose, die zu dem Zweck erstellt wird, falsifiziert zu werden [127].

Was hat dies alles mit dem System der transzendentalen Ideen zu tun? „Gott über mir" kommt in der modernen Systemanalyse nicht mehr vor. Das ist der Grund dafür, weshalb die Freiheit des Menschen hier nur noch in ihrer niedrigsten Form, nämlich als Unbe-

---

[127] Vgl. „Die Bedingungen des Überlebens – Die Grenzen der Meadows-Studie", Anm. 12, 54, sowie die in Anm. 19, 79, genannten Arbeiten.

rechenbarkeit, eingeführt werden kann. Umgekehrt hat Kant Gott als transzendentale Idee für unentbehrlich gehalten, weil es nur unter Voraussetzung dieser Idee möglich ist, die Freiheit des Menschen positiv zu bestimmen. Die positiv bestimmte Freiheit ist nach Kant die Vernunft. Von Vernunft ist in der Systemanalyse nicht mehr die Rede, denn sonst wäre man genötigt, Gott einzuführen, und jener Willkür, die in aller modernen Wissenschaft als ihre verborgene Voraussetzung wirkt, wäre ein Ende gesetzt.

Es bleiben übrig: die Welt und der Mensch. Die Welt ist aber, weil Gott eliminiert wurde, nicht mehr „Welt" im Sinne von Kants transzendentaler Idee; sie ist nur noch „Natur" als Sphäre der Objekte. Das Wort „Objekt" interpretiert, wie die moderne Wissenschaft das „außer uns" versteht, das die Dimension der transzendentalen Idee von Welt bezeichnet. Alles, was außer uns ist, unterliegt dem Schematismus der Objektivation. Es ist im gleichen Sinne außer uns, in dem Descartes die *res extensa* der *res cogitans* entgegengesetzt hat. Der Austausch, die Wechselwirkungen und die Rückkoppelungsbeziehungen zwischen Mensch und Umwelt werden also nicht mehr in Betracht gezogen. Wir reflektieren nicht darauf, daß wir selbst ein Glied des Systems sind, das erkannt werden soll. Wenn die Systemanalyse das Wort „System" verwendet, versteht sie darunter immer ein Objekt unserer Erkenntnis, mit anderen Worten: ein System, in dem der Erkennende selbst nicht vorkommt. Das ist ein negativer Beweis dafür, daß das System der transzendentalen Ideen auseinandergebrochen ist. Der Mensch weiß nicht mehr, in welcher Stellung er sich zu der Welt außer uns und zu Gott über uns befindet.

Wie steht es nun in dieser Lage mit dem Selbstverständnis des Menschen? Er hat zwei Möglichkeiten, sich selbst zu betrachten: Entweder er betrachtet sich selbst als reine naturlose Subjektivität: das ist der Weg, den in Nachfolge von Kierkegaard der Existentialismus und ein wichtiger Strom der protestantischen Theologie eingeschlagen hat. Er mündet in unseres Nichts durchbohrendem Gefühle[128]. Dieser Subjektivismus beherrscht aber in versteckter Form auch ganz andere philosophische Richtungen. Zum Beispiel ist die neomarxistische Bewegung in den Sozialwissenschaften dem im Programm des Materialismus enthaltenen Bezug des Menschen zur Natur untreu geworden und interpretiert alle sozialen Phänomene

---

[128] Friedrich Schiller, Don Carlos II, 1 und II, 5.

subjektivistisch als Phänomene des Bewußtseins. Die Nichtigkeit der Subjektivität tritt dann an dem Punkt auf, wo diese Richtung des Denkens an ihrem eigenen Realitätsbezug verzweifelt und die kritische Theorie in Aktionismus umschlägt.

Die andere Möglichkeit liegt darin, daß der an seiner Subjektivität und damit zugleich an seiner Freiheit verzweifelte Mensch den Entschluß faßt, sich selbst als Objekt zu betrachten. Das führt in der Theorie zum Positivismus und zu jenen rein naturwissenschaftlich orientierten Anthropologien, die heute den Markt beherrschen. Es führt in der Praxis zur Technokratie. Der sogenannte „Positivismusstreit" war ein Musterbeispiel dafür, in welche Scheinkämpfe man sich verliert, wenn diese beiden Varianten des aus der Natur herausgebrochenen Menschen – der Mensch, der sich bloß als Subjekt versteht, und der Mensch, der sich bloß als Objekt versteht – miteinander in Kollision geraten. Dies alles ist, von *Kant* her betrachtet, nur möglich, weil das System der transzendentalen Ideen auseinandergebrochen ist, so daß der Mensch weder seinen eigenen Standort noch sein Verhältnis zur Welt außer uns und zu Gott über uns zu verstehen vermag.

⟨XII. „Das All der Wesen in einem System der Vernunft vereinigt"⟩

Ich habe diesen Ausblick auf die Problematik unserer heutigen geistigen Situation eingeschoben, damit wir nicht vergessen, wovon die Rede ist, wenn Kant es unternimmt, ein System der transzendentalen Ideen zu begründen. Er stellt unser Denken durch den Entwurf seines Systems vor eine Aufgabe, von der wir jetzt vielleicht zu erkennen beginnen, daß sie dem Menschen durch seine Natur untilgbar vorgezeichnet ist. Wie immer diese Aufgabe im Laufe der Geschichte formuliert werden mag: jedenfalls ist jetzt deutlich geworden, daß alle übrigen Aufgaben, die der Mensch lösen muß, um leben zu können, aus dem Geleise geraten und uns in die Irre führen, wenn wir diese Grundaufgabe nicht erkennen oder, wie in den letzten hundertfünfzig Jahren, aus den Augen verlieren. Auf dem Boden der Philosophie von Kant läßt sich die Grundaufgabe des Menschen so formulieren: das menschliche Denken kommt nur zur Vernunft, indem es durch die Erkenntnis der Einheit des Systems der transzendentalen Ideen die Einheit der Vernunft als seine höchste Möglichkeit konstituiert. Nachdem wir die Verhältnisse der transzendentalen Ideen untereinander und die in diesen Verhältnissen enthaltenen Aporien betrachtet haben, fragen wir deshalb jetzt nach der Einheit des Systems, das sie in Kants „großem Entwurf" verbinden soll. Ich interpretiere also jetzt die bisher noch nicht betrachtete Zeile aus dem Entwurf zu einem Titel des geplanten Hauptwerkes, den ich noch einmal wiederhole:

„**Der Transscendentalphilosophie höchster Gegenstand**
Gott, die Welt, und dieser ihr Inhaber, der Mensch
in der Welt
in Einem das All der Wesen vereinigenden System
der reinen Vernunft vorgestellt
von"

Was sollen die Worte bedeuten: „In Einem das All der Wesen vereinigenden System der reinen Vernunft"?

Vielleicht erinnern Sie sich daran, daß ich vor Weihnachten über den Begriff „System" bei Kant schon einmal gesprochen habe (71 ff.). Ich wiederhole jetzt die Stelle aus dem Beginn des Kapitels über die „Architektonik der reinen Vernunft", auf die ich mich damals bezogen habe: „Ich verstehe aber unter einem Systeme die Einheit der mannigfaltigen Erkenntnisse unter einer Idee. Diese ist der Vernunftbegriff von der Form eines Ganzen, so fern durch denselben der Umfang des Mannigfaltigen sowohl, als die Stelle der Theile untereinander *a priori* bestimmt wird." (B 860; 3, 538 f.) Der Satz, auf den wir uns beschränken wollen, ist die berühmte Definition: „Ich verstehe aber unter einem Systeme die Einheit der mannigfaltigen Erkenntnisse unter einer Idee". Was ist das für eine Idee?

In dem Titel, den wir betrachten, wird gesagt, daß die transzendentalen Ideen Gott, Welt, Mensch „in Einem das All der Wesen vereinigenden System der reinen Vernunft vorgestellt" werden sollen.

Die Idee, deren Wesen wir zu bestimmen suchen, ist also mit keiner der drei „transzendentalen Ideen" identisch; sie soll vielmehr alle drei transzendentalen Ideen „vereinigen" und so erst sichtbar machen, was die Worte „das All der Wesen" bedeuten. So aufgefaßt ist diese Idee „der Transscendentalphilosophie höchster Gegenstand". Eine Idee, die Mehreres in sich vereinigt, kann in der Transzendentalphilosophie nicht als etwas an sich Seiendes und unabhängig von uns Gegebenes betrachtet werden. Die Frage nach der „Vereinigung" der transzendentalen Ideen führt auf die Bedingung der Möglichkeit einer solchen Vereinigung zurück, und diese kann nur in der Handlung des Denkens gefunden werden, das die Vereinigung vollzieht. Deshalb heißt in diesem Titel das System, welches das All der Wesen vereinigt, ein „System der Vernunft". Nachdem wir gesehen haben, wie Kant den Horizont der endlichen Vernunft des Menschen bestimmt, können wir nicht wie Fichte und Hegel den Irrweg einschlagen zu glauben, daß die Wirklichkeit von Gott, Welt, Mensch, weil sie in diesem System vereinigt wird, von der Vernunft begründet und getragen wäre. Die Einheit des Systems, wie Kant sie denkt, ist nicht die Einheit des Alls der Wesen, wie sie an sich ist. Sie ist, nach einem Ausdruck von Kant, „projectirte Einheit" (B 675; 3, 429). Sie ist also jene Form, wie die Vernunft des Menschen die Einheit von Gott, Welt und Mensch vorstellen muß, wenn sie mit sich selbst in Einklang kommen soll. Der Einklang der Vernunft mit sich selbst ist aber nach Kant jene unendliche Aufgabe des Denkens, durch deren Erkenntnis die Vernunft sich erst die Möglichkeit schafft, Vernunft zu sein. Sie ist der Inhalt der Selbstbestimmung der Vernunft. Die Idee, die wir suchen, ist also jene Idee, durch deren Projektion sich die Vernunft in der Erkenntnis ihrer Grenzen zu ihrem eigenen Wesen erst ermächtigt. Die Vernunft des Menschen kommt nur zu sich selbst, wenn sie das All der Wesen in Einem System zu vereinigen vermag. Die Handlung, in der sie das leistet, ist, wie wir schon gesehen haben, der Entwurf, in dem die Vernunft zugleich ihre eigene Möglichkeit entwirft. In diesem Sinne ist das System der transzendentalen Ideen das allen denkenden Menschen stets aufgegebene „System der Vernunft".

Jene Idee, die es erlaubt, Gott, Welt und Mensch in Einem System zum „All der Wesen" zu vereinigen, ist also die Idee der Einheit als solche – die Identität. Kant nennt das System der transzendentalen Ideen ein „System der reinen Vernunft", weil die Vernunft, wie im Kapitel „Von der Vernunft überhaupt" dargestellt wird, das „Vermögen der Einheit" (B 359; 3, 239) ist. Kant sagt in jenem Kapitel, die „Vernunfteinheit" sei „von ganz anderer Art . . ., als sie von dem Verstande geleistet werden kann" (a. a. O.). Sie ist von anderer Art: denn während die Verstandeseinheit der reinen Apperzeption dem Verstand immer schon (durch die Vernunft) vorgegeben ist, muß die

Vernunft jene Einheit, auf die sie als Vermögen angelegt ist, nach ihrem eigenen Entwurfe „hervorbringen". Erst durch das Vorstellen, das Projektieren jener Einheit, in der und die sie sein soll, stellt die Vernunft ihr eigenes Wesen her. Vernunft ist das Vermögen der Einheit, weil sie im Ausblick auf die unendliche Aufgabe der Identität erst das, was sie sein soll, wird, nämlich Vernunft. Wie ist es möglich, daß die Idee der Identität die Vernunft dazu ermächtigt, Vernunft zu sein?

Wenn man Identität nur formal und abstrakt als Widerspruchsfreiheit versteht, ist die Idee der Identität noch nicht begriffen. Die als Widerspruchsfreiheit gedachte Identität ist die Verstandeseinheit, die Einheit der logischen Funktionen. Der Verstandeseinheit steht in Kants Analytik der Erfahrungserkenntnis die Einheit des Raumes und der Zeit als die Einheit der reinen Formen der Anschauung gegenüber, die in der „Transzendentalen Ästhetik" von der Verstandeseinheit dadurch unterschieden werden, daß ihre Einheit eine andere Gestalt hat. Die Einheit des Raumes und die Einheit der Zeit hat das, was sie umfaßt, nicht wie die Einheit des Begriffes unter sich sondern in sich. Identität ist also das *Medium* sowohl des Raumes wie der Zeit. Erfahrung kommt zustande, wenn sich diese beiden Formen von Einheit, die Verstandeseinheit und die Einheit der Anschauung, durchdringen. Deshalb ist Einheit in dieser doppelten Gestalt das, was aller Erkenntnis sozusagen als eine „Materie" zugrundeliegt. Das, was in allem überhaupt Erkennbaren notwendig immer miterkannt wird, nannte die ältere Philosophie „das Sein". Deswegen ist von Parmenides bis Hegel das Sein als die sich selbst gleiche Identität gedacht worden. Bei Kant wird, aus den Gründen, die wir besprochen haben, die Identität in das Innere der Kugel des *globus intellectualis* verlagert. Identität ist Subjektivität; sie ist nicht gegeben sondern aufgegeben. Sie wird nun als die Bedingung der Möglichkeit dafür verstanden, daß jedes Wesen, das die Wahrheit erkennt, das Vermögen zu denken dadurch empfängt, daß es „ich" sagen kann. Deswegen ist nun der Mensch im „All der Wesen" zum „Mittelbegriff" geworden. Wir können also sagen: Kants System des transzendentalen Idealismus ist das Ergebnis einer Synthese von Identität und Subjektivität. Durch die Bestimmung der Vernunft als Vermögen der Einheit erhält dieser Grundgedanke des Systems seine Formel.

Durch die Synthesis von Identität und Subjektivität verändert aber die Identität ihre Gestalt. Das Subjekt der Identität ist nämlich die endliche Vernunft. Wir können nicht behaupten, die endliche Vernunft des Menschen sei der Grund der Einheit der Welt. Wir können also nicht behaupten, Identität sei das Wesen des Seins an sich. Die kantische Idee der Identität ist mit seiner Grenzziehung des Horizontes unserer Erkenntnis untrennbar verbunden. Die Identität hat sich also durch ihre Verkoppelung mit der Subjektivität aus dem Wesen des Seins in ein Medium verwandelt, in das wir unsere Vorstellungen projizieren müssen, um überhaupt etwas erkennen zu können. Identität ist in sich doppeldeutig geworden. Sie ist einerseits der Probierstein der Wahrheit und ist andererseits das Medium des transzendentalen Scheins. Diese Doppeldeutigkeit führt dazu, daß jeder Gedanke, den wir denken können, zunächst in ein Feld des transzendentalen Scheins projiziert wird, um dann erst, wenn wir diesen Schein durchschauen, in seine mögliche Wahrheit einzutreten. Den transzendentalen Schein durchschauen wir nur, wenn wir die Krümmung des Feldes unserer Erkenntnis berechnen können. Diese Krümmung ergibt sich aus dem Rückbezug jeder Erkenntnis auf die Vernunft, die sie denkt. Die Identität ist also nun so beschaffen, daß sie im Widerspiel von Projektion und Reflexion zu einer ständigen Wendung des Blickes nötigt. Sie wird nicht in einer *intentio directa* sondern in einer Drehung des Blickes erkannt. Das System der transzendentalen Ideen ist entworfen, um das Gesetz dieser Drehung einsichtig zu machen.

Was hat dies alles mit der Fragestellung dieser Vorlesung, was hat es mit der Wahrheit der Physik und der Frage nach der Einheit der Natur zu tun? Kants Philosophie entsteht zu jenem Zeitpunkt in der Geschichte des Denkens, in dem die theoretischen Konsequenzen der neuzeitlichen Physik zum ersten Mal sichtbar wurden. Die Physik der Neuzeit hatte dem Menschen in zwiefacher Hinsicht die Grundlagen seines bisherigen Selbstverständnisses entzogen. Die klassische Metaphysik ist nur im Rahmen eines Weltbildes möglich, das dem Menschen eine Stellung im Zentrum des Universums zuweist. Im Weltbild der Newtonschen Physik hat der Mensch diese zentrale Stellung verloren. Er befindet sich nunmehr exzentrisch auf einem kleinen Planeten. Der Gedanke, daß gerade den Bewohnern der Erde die Wahrheit des Universums und die Offenbarung Gottes zuteil geworden sein sollen, wird absurd. Gleichzeitig ist die Natur der Physik einem strengen Determinismus unterworfen; die Freiheit des Menschen hat in ihr keinen Raum. Kant hat versucht, diese beiden Probleme mit einem einzigen Schlage zu lösen. Er erkennt: der Mensch ist zwar nicht Mittelpunkt des Universums; wohl aber ist er das Subjekt der Physik, die uns das Universum so zur Vorstellung bringt, daß wir darin uns selbst eliminieren. Die Himmelskörper drehen sich nicht mehr um den Menschen, aber die Physik, nach der wir ihre Bewegungen berechnen, dreht sich immer und unaufhebbar um den Menschen, der sie denkt. Die Bedingungen der Möglichkeit dieser Physik sind in dem Wesen des Menschen selbst aufzusuchen. Das Wesen der menschlichen Vernunft ist die Freiheit. Sie liegt nicht im Felde der Gegenstände unserer Erkenntnis; sie ist vielmehr Bedingung der Möglichkeit dieser Erkenntnis, das heißt sie ist Bedingung der Möglichkeit für die Form, in der die Gegenstände sich uns zeigen. So glaubte Kant, Notwendigkeit und Freiheit, Objektivität und Subjektivität, Universalität und Begrenzung so verbinden zu können, daß zugleich die Physik jene philosophische Grundlegung erhielt, die vor Kant niemand zu geben vermochte.

In diesem Semester habe ich mich darauf beschränkt, diesen großen Versuch zu einer Lösung der notwendigen Aufgaben unserer Vernunft so darzustellen, daß seine Architektonik durchsichtig wird. Im nächsten Semester werde ich in eine Kritik von Kants Kritik eintreten müssen. Das Problem, bei dem wir einsetzen müssen, ist nun sichtbar geworden: die Einheit der Natur, wie Kant sie gedacht hat, beruht auf der Verbindung von Identität und Subjektivität. Wir werden also über Kant hinausgehend fragen müssen: wird Identität hier so gedacht, wie die Einheit der Natur sich uns zeigt und von uns erfahren wird? Versteht der Mensch sich so, wie er ist, wenn er sich selbst als das Subjekt der unbewegten Identität begreift?

Dritter Teil

⟨Natur und Wahrheit

Die verborgenen Vorurteile der neuzeitlichen Wissenschaft⟩

XIII. Vorbemerkung[129]

Die neuzeitliche Naturwissenschaft kennt keinen Begriff der Natur. Ihre Konsistenz beruht auf dem System von operationellen Regeln, mit deren Hilfe sie die Natur begreift. Die Regeln des Begreifens *sind* für neuzeitliches Denken der Begriff der Natur. Dies hat Kant in der „Kritik der reinen Vernunft" demonstriert. Man muß noch heute bei diesem Werk einsetzen, wenn man die tief verborgenen Voraussetzungen der neuzeitlichen Naturwissenschaft verstehen will. Deshalb habe ich den zweiten Teil der Wintervorlesung Kant gewidmet und versucht, von seinem System der transzendentalen Ideen her zu zeigen, wie das Subjekt der neuzeitlichen Naturwissenschaft sich konstituiert. Das Ergebnis war, daß die Einheit der Natur, wie Kant sie gedacht hat, darauf beruht, daß der Mensch, der sie nach den Regeln der Wissenschaft erkennt, sich als Subjekt der unbewegten Identität versteht. In diesem Ergebnis war die Fragestellung der Sommervorlesung schon vorgezeichnet: Es mußte untersucht werden, mit welchem Recht das Subjekt der neuzeitlichen Wissenschaft die Selbstgewißheit, die sich im System seiner operationellen Regeln entfaltet, als Basis der Erkenntnis von Wahrheit betrachtet.
Diese Frage wird hier nicht abstrakt sondern im Licht der Erfahrung durchgeführt, daß das autonome Subjekt der neuzeitlichen Wissenschaft die Natur zerstört, indem es die immanenten Strukturen seiner Subjektivität objektivierend in die Welt projiziert. Wenn die Erkenntnisformen des Subjektes in ihrer Anwendung die Natur zerstören, können wir nicht mehr wie Kant davon ausgehen, sie seien uns *a priori* vorgezeichnet. So verwandelt sich die systematische

---

[129] Im Folgenden ist die Kapitelgliederung vom Verfasser vorgegeben; Kapitelüberschriften von der Herausgeberin. GP spricht in der Vorlesung von „Abschnitten"; in den bisherigen Bänden der Studienausgabe werden die größeren Abschnitte „Kapitel" genannt; deswegen wurde auch hier stillschweigend „Abschnitt" durch „Kapitel" ersetzt; gelegentlich wurde ein Hinweis auf die Wintervorlesung oder die Sommervorlesung gestrichen, wenn er durch die neue Zählung überflüssig geworden ist.

Frage nach der Konstitution der transzendentalen Subjektivität in die geschichtliche Frage, wie das Subjekt, dessen Erkenntnisformen Kant entwirft, sich im Gang der europäischen Geschichte aufgebaut hat. Diese geschichtliche Frage wird hier nicht in der Form einer historischen Darstellung sondern nach der in Kapitel XV erläuterten Methode einer „Röntgenaufnahme" des neuzeitlichen wissenschaftlichen Bewußtseins untersucht, die Herkunft und ursprünglichen Sinn seiner versteckten Vorurteile aufzudecken versucht. Dies geschieht im Rückgriff auf die Ergebnisse des ersten Teils der Wintervorlesung. Das Resultat dieser Untersuchung ist, daß die neuzeitliche Subjektivität aus einer Rückprojektion hervorgeht: zwei einander inkommensurable Formen, die Einheit der Zeit zur Vorstellung zu bringen, werden in das durch diese Rückspiegelung erst erzeugte „Innere" des Menschen reflektiert, das sich „Natur" dann als ein Äußeres entgegenstellt (XVI–XXI). Die beherrschenden Antinomien des europäischen Denkens – die Antinomie von „innen" und „außen", von Subjektivität und Objektivität, von Rationalität und Irrationalität, von Geist und Materie, von Freiheit und Notwendigkeit, von Theorie und Praxis, von Vernunft und Affekten – haben in dieser Inkommensurabilität ihren Ursprung.

Die Frage nach der möglichen Wahrheit der Erkenntnisse eines so konstituierten Subjektes führt also auf die Frage zurück, wie die Einheit der Zeit zu denken ist, wenn wir erkennen, daß das Subjekt des neuzeitlichen Denkens mit sich selbst dadurch in steten Widerspruch gerät, daß es zwei einander inkommensurable Formen, die Einheit der Zeit zu denken, repräsentiert. Der Austritt aus der Sphäre der Subjektivität und der Übergang in einen neuen Horizont des Denkens darf aber nicht willkürlich, er darf nicht in einem Sprung vollzogen werden. Es galt deshalb zu zeigen, daß das transzendentale Subjekt durch ihm immanente Momente genötigt ist, den Schematismus der Rückspiegelung, durch den es sich erzeugt, zu durchbrechen. Das „Urgestein", an dem dieser Schematismus zerbricht, ist das Gefüge der drei Modalitäten. In den Kapiteln XXIII–XXVIII konnten nur die ersten Schritte einer Untersuchung der Modalitäten durchgeführt werden. Da Wissenschaft sich seit Aristoteles als ein System von notwendigen Erkenntnissen versteht, war die Frage nach dem Wesen von Notwendigkeit dabei leitend. Die Untersuchung wurde so durchgeführt, daß dabei zugleich skizzenhaft einige Grundformen des neuzeitlichen Naturverständnisses dargestellt wurden: das Ge-

füge der aristotelischen *causae*, das neuzeitliche Raum-Zeit-Schema, die Unterscheidung von Quantität und Qualität. Kapitel XXXI zeigt in einem Ausblick, wie die Frage nach dem Verhältnis zwischen den Modi der Zeit und den Modalitäten und die Frage nach dem Sinn der Begriffe „Substanz", „Quantität" und „Qualität" zu einem Verständnis von Natur überleiten können, das im Horizont der neu verstandenen Einheit der Zeit Natur nicht mehr als den Inbegriff möglicher Objekte in Raum und Zeit sondern als den Inbegriff der in der Welt hervortretenden Phänomene deutet.
Das Thema der Sommervorlesung war deshalb der Übergang aus den Denkformen der neuzeitlichen Wissenschaft und dem ihnen zugrundeliegenden Schematismus der transzendentalen Subjektivität in jenen neuen Horizont des Denkens, den ich, anknüpfend an „Die Erfahrung der Geschichte" (1958)[130], in verschiedenen Arbeiten zu skizzieren versuchte. In der Vorlesung über „Kunst und Mythos" habe ich einen Teil dessen, was zu sagen wäre, antizipiert; sie kann auch als eine Vorlesung über die Natur verstanden werden. Die Kapitel XIV und XV dieser Sommervorlesung führen bereits in die Thematik der anschließenden Vorlesung über „Philosophie der Geschichte" ein. Wenn Geschichte – auch die Geschichte des Denkens – als ein Prozeß in der Natur verstanden werden muß, werde ich in der folgenden Vorlesung die Thematik dieser Vorlesung fortführen müssen.
Nicht thematisiert habe ich die methodischen Probleme, die sich stellen, wenn man einen solchen Weg einschlägt. Die Untersuchung des „Begriffs der Natur und seiner Geschichte" hat, ähnlich wie die Vorlesung über „Kunst und Mythos", gezeigt, daß der Begriff und seine Logik die Methode für die Erkundung des hier zu erforschenden Geländes nicht mehr vorzeichnen kann. Jeder Begriff ist ein Zeichen. Jeder eindeutige Begriff ist ein auf den Bildschirm der Identität projiziertes Zeichen. Die Aufmerksamkeit pflegt sich nur auf das zu richten, *was* jeweils ein Zeichen zeigt. Die Untersuchungen dieser Vorlesung hingegen versuchen aufzudecken, *wie*, unter welchen Voraussetzungen und in welchen Horizonten Zeichen zeigen können. Um dies sichtbar zu machen und aufzuzeigen, bedarf es einer Methode, die sich von der uns gewohnten Form philosophischer Darstellung vorsichtig entfernt. Um das vertraute Gerüst methodischer

---

[130] Wahrheit, Vernunft, Verantwortung, a. a. O., 281 ff.

Schematismen einigermaßen zu ersetzen, habe ich aus didaktischen Gründen in breitem Umfang von der Figur der Wiederholung Gebrauch gemacht. Der Leser sei darauf hingewiesen, daß jeder wiederholte Satz allein dadurch, daß er an anderer Stelle wiederkehrt, notwendig etwas Neues bedeuten muß.

⟨XIV. Das Feld der Macht⟩

Zu Beginn dieses zweiten Teils meiner Vorlesung über den „Begriff der Natur und seine Geschichte" wiederhole ich die Sätze, mit denen ich den ersten Teil eröffnet habe: „Die Menschheit ist heute in Gefahr, durch ihre Wissenschaft von der Natur den Bereich der Natur, in dem sie lebt und der ihrem Zugriff ausgesetzt ist, zu zerstören. Eine Erkenntnis, die sich dadurch bezeugt, daß sie das, was erkannt werden soll, vernichtet, kann nicht wahr sein. Deswegen sind wir heute gezwungen, die Wahrheit unserer Naturerkenntnis in Frage zu stellen." (80)
Diese Sätze formulieren unser Problem. Es hat eine andere Struktur als jene Probleme, mit denen wissenschaftliche Forschung sich sonst zu beschäftigen pflegt, und wir müssen uns die besondere Form, in der unserem Denken hier eine Aufgabe gestellt wird, klarmachen, wenn wir diese Aufgabe nicht verfehlen wollen.
Der Satz „Die Wissenschaft von der Natur zerstört die Natur" wirkt anstößig oder erregt sogar Empörung, weil er die Wissenschaft nicht rein theoretisch sondern im Hinblick auf ihre Konsequenzen beurteilt. Er lenkt die Aufmerksamkeit auf eine Grundtendenz der neuzeitlichen Wissenschaft, die zwar ganz offenkundig ist, aber gleichzeitig fortwährend getarnt wird. Die neuzeitliche Phase der europäischen Wissenschaft beginnt mit dem Satz von Bacon „Wissen ist Macht"[131]. Nur weil das Wissen seit Beginn der Neuzeit in allen Phasen der Entwicklung moderner Wissenschaft als Mittel zur Expan-

---

[131] Francis Bacon, Essayes Religious Meditations Places of perswasion and disswasion, London: Humfrey Hooper, 1597; reprint Da Capo Press, Theatrum Orbis Terrarum LTD, Amsterdam/New York, 1968, Meditationes Sacrae No. 11: De Haeresibus: „nam et ipsa scientia potestas est", 13b.

sion menschlicher Machtausübung gesucht, ausgebaut, organisiert und von den daran interessierten Kräften finanziert worden ist, konnte die Wissenschaft die Welt verändern. Es läßt sich historisch nachweisen, daß Nietzsche mindestens für diese Epoche des europäischen Denkens recht hat, wenn er die Wissenschaft als eine der maßgeblichen Gestalten des Willens zur Macht darstellt[132]. Der Satz „Wissen ist Macht" gilt nicht nur für die Naturwissenschaften und ihre technischen Triumphe, er gilt auch für die Geschichts- und Sozialwissenschaften. Daß Ökonomie und Jurisprudenz entstanden sind, weil man Wissen braucht, um Staaten zu organisieren und Wirtschaftsprozesse zu steuern, liegt auf der Hand. Weniger bekannt ist, daß die neuzeitliche Form der Geschichtswissenschaft im 18. Jahrhundert von Voltaire und Gibbon – um hier nur die größten Historiker dieser Epoche zu nennen – begründet wurde, weil das historische Wissen eine der wirksamsten Waffen der bürgerlichen Revolution gewesen ist. Der Historismus vermochte die Grundlagen jener Allianz von kirchlicher und feudaler Herrschaft zu erschüttern, auf der die Ordnung der europäischen Welt Jahrhunderte lang geruht hatte. Er setzt als bürgerliche Emanzipationsbewegung jene erste Welle neuzeitlich-historischer Forschung fort, die im 16. Jahrhundert durch die Humanisten als weltverändernde Macht gewirkt hatte. Auch die Geschichtswissenschaften haben also Macht nicht nur zu ihrem Thema, sondern sind selbst eine Macht. Begründet wurde die Identifikation von Wissen und Macht in Europa durch die Theologie. Die Vormachtstellung der Kirche stützt sich auf ihre Herrschaft über Bewußtsein. Es gibt viele Mittel, durch die eine weltliche Macht – und als weltliche Macht hat die Kirche hier gehandelt – Herrschaft über Bewußtsein erringen, sie stabilisieren und ausüben kann. Die christliche Kirche hat sie alle angewendet: von der Demagogie und der Weckung des Aberglaubens über kirchliche Jurisdiktion und Inquisition bis hin zur Bestechung durch Machtstellungen und Privilegien. Aber das menschliche Bewußtsein ist so beschaffen, daß alle diese Mittel wirkungslos bleiben, wenn sie nicht ihren Rückhalt in dem

---

[132] *Ich will mit diesem Nachweis hier keine Zeit verlieren und verweise deshalb, neben früher schon publizierten Arbeiten, auf meinen Aufsatz in der März-Nummer der „Evangelischen Kommentare" über die Verantwortung der Wissenschaft: „In der Grauzone von Moral und Erkenntnis" (Redaktionstitel), 1974, 136ff.*

haben, was das Bewußtsein *freiwillig* anzuerkennen gezwungen ist: der wirklichen oder scheinbaren Evidenz des Wissens. Deswegen braucht jede Macht, die sich auf Herrschaft über Bewußtsein stützt, ein Lehrgebäude. Der Marxismus hat dieses ganze Arsenal der Herrschaft über Bewußtsein von der christlichen Kirche übernommen. Er ist säkularisierter Katholizismus.

Es war nötig, diese Sachverhalte hier in Erinnerung zu rufen, damit nicht der Eindruck entsteht, als würden durch den Satz „Die Naturwissenschaft zerstört die Natur" ausschließlich die Naturwissenschaften auf die Anklagebank gestellt. Dazu wäre die Theologie gewiß am wenigsten legitimiert. Betrachten wir aber die europäische Philosophie, so stellt sich heraus, daß gerade sie, als Wissenschaft von der Wissenschaft, die methodischen Voraussetzungen dafür geschaffen hat, daß jener Begriff von „Wissen" sich durchsetzen konnte, der für die Expansion neuzeitlicher Wissenschaft die Bahn gebrochen hat. Das Unheil, das als Auswirkung der Wissenschaft über uns hereinzubrechen droht, kann nicht den Naturwissenschaften allein in die Schuhe geschoben werden; es ist die Auswirkung einer Gestalt des Wissens, die sämtliche Wissenschaften und darüber hinaus sämtliche Formen des europäischen Bewußtseins bis heute beherrscht. Niemand kann hier einen Stein auf den Anderen werfen. Wir sitzen alle in dem gleichen Glashaus. Und unser Problem besteht darin, daß dieses Glashaus undurchsichtig ist, so daß wir das System des Truges, in dem das moderne Denken sich bewegt, nicht durchschauen.

Dieser Trug hat offenbar damit etwas zu tun, daß durch den Satz „Wissen ist Macht" die Erkenntnis der Wahrheit in ein unaufgeklärtes Verhältnis zum Feld der Macht geraten ist. Woher kommt überhaupt in das Wissen, das sich als „reine Theorie" versteht, die Macht hinein? Wie kann das Denken gerade in seinen vermeintlich abstraktesten Formen eine Energie entwickeln, kraft deren es wie eine Pflugschar in die natürlichen Prozesse eingreift und sie verändert? Wie ist es möglich, daß Theorie Gesellschaften revolutioniert und ökonomische Systeme aus den Angeln hebt? Was befähigt eine relativ kleine Anzahl von subjektiv wohlmeinenden und harmlosen, politisch meistens unbedarften und von den Schalthebeln der Macht weit entfernten Menschen in weißen Kitteln dazu, von ihren Laboratorien aus dem Gang der Geschichte eine andere Richtung zu geben?

Macht ist in allen Gestalten, in denen sie auftritt, eine Konzentration von Energie. Energie ist ein Phänomen in der Natur. Prozesse, die durch Konzentration von Energie in die Natur eingreifen und Natur verändern, sind selbst Prozesse innerhalb der Natur. Ein solcher Prozeß ist aber die Geschichte der neuzeitlichen Wissenschaft. Deswegen habe ich schon im vergangenen Semester die These aufgestellt, das Denken müsse als ein Prozeß in der Natur verstanden werden. Diese These steht in direktem Widerspruch zu jenen Überzeugungen, durch die das europäische Denken in der Neuzeit seine Autonomie zu begründen versuchte. Wenn sie wahr ist, dann sind sowohl die Naturwissenschaften wie die Geisteswissenschaften, unbeschadet der Richtigkeit ihrer partikularen Erkenntnisse, unwahr: die Naturwissenschaften, weil sie ein Vorverständnis von Natur haben, in dem das Denken nicht vorkommt, und in dem es als ein Widersinn erscheint, von einer „Energie" des Denkens zu sprechen; die Geisteswissenschaften, weil sie in ihrer ganzen Breite, einschließlich der Sozialwissenschaften, einen Begriff des Bewußtseins und der Freiheit voraussetzen, der menschliches Bewußtsein als naturlos betrachtet. Daß wir über die Auswirkungen wissenschaftlicher Forschung jede Kontrolle verloren haben, hängt unmittelbar hiermit zusammen. Das zeigt sich an dem neuzeitlichen Verständnis von Theorie und Praxis. Die Theorie nimmt in der Neuzeit die Gestalt der „objektiven Erkenntnis" an. Das methodische Verfahren der Objektivation ist von der Naturwissenschaft entwickelt worden. Es beruht auf den selben Schematismen, durch die neuzeitliche Wissenschaft den Geist und alles, was damit zusammenhängt, aus der Natur herausgebrochen hat, um eine neutrale Objektsphäre vor sich zu haben, die sich mit operationalen Methoden beherrschen läßt. Dieser Gestalt von Theorie haben sich heute auch die Geisteswissenschaften unterworfen. Was die Neuzeit „Praxis" nennt, hat sich hingegen aus einem Begriff der menschlichen Freiheit entwickelt, für den die souveräne Autonomie der Natur gegenüber konstitutiv ist. Weder Wissenschaft noch Politik und Ökonomie wollen anerkennen, daß in der Natur der menschlichen Verfügungsgewalt Grenzen gesetzt sein könnten. Theorie und Praxis verhalten sich spiegelbildlich zueinander und rechtfertigen sich wechselseitig, weil sie die gleiche oberste Prämisse haben: die Autonomie, das heißt die Naturlosigkeit menschlichen Denkens[133]. Die „Theorie" der Neuzeit ist in ihrem Wesensgrunde

---

[133] *Zur theologischen Vorgeschichte des Theorie wie Praxis beherrschenden*

„Praxis": sie entfaltet die Methodik einer durch nichts beschränkten Verfügungsgewalt menschlichen Denkens auf dem Hintergrund eines Verständnisses von Freiheit, durch das sich das Bewußtsein aus der Natur hinaus- und damit über sie hinwegsetzt. Die neuzeitliche „Praxis" ist in ihrem Wesensgrunde „Theorie": sie trifft in allen Lebensbereichen ihre Dispositionen nach jenen Voraussetzungen und mit jenen Methoden, die theoretisches Bewußtsein entworfen hat. Sie handelt und verfügt über Menschen und Dinge, *als ob* sowohl das praktische Bewußtsein wie das theoretische Bewußtsein der Natur gegenüber autonome Freiheit besäße. Der philosophische Name für die Autonomie des seiner absoluten Freiheit von der Natur gewissen Bewußtseins heißt: „Subjektivität". Dem steht die „Objektivität" alles dessen gegenüber, was in der Theorie zum Gegenstand verfügenden Erkennens und in der Praxis zum Gegenstand erkennenden Verfügens gemacht wird. Da dieser Schematismus die Entgegensetzung von Subjekt und Objekt, von Bewußtsein und Natur zur Voraussetzung hat, schließt er die Frage aus, wie er selbst innerhalb der Natur möglich sein soll.

Dem stellen wir den „evidenten", zugleich aber undurchsichtigen Satz entgegen: „Die Wissenschaft von der Natur zerstört die Natur."[134] Wir sahen schon: in diesem Satz manifestiert sich ein wesentlicher Aspekt der Parole von Bacon „Wissen ist Macht". Den Bereich, in dem diese Macht spielt, bezeichnen wir als „das Feld der Macht". (Das Wort „Feld" soll an den physikalischen Begriff des „Feldes" erinnern, wie ihn die „Feldtheorie" darstellt[135].) Die Erinnerung an den Schematismus, durch den sich neuzeitliche Theorie und Praxis die Koordinaten ihrer Möglichkeiten des Erkennens und Handelns vorzeichnen lassen, erlaubt uns, die „Lage" des Feldes der Macht genauer zu bestimmen. Das Feld der Macht ist jene Sphäre,

---

Vorverständnisses vom menschlichen Wissen verweise ich der Abkürzung halber auf "Der Sinn der Unterscheidung von Theorie und Praxis in der Philosophie der Neuzeit", in: Wahrheit, Vernunft, Verantwortung, a. a. O., 135ff., und meinen Aufsatz "Die Dialektik von Theorie und Praxis und der Glaube", jetzt in: Hier und Jetzt I, a. a. O., 182ff.

[134] Zur Problematik von „Evidenz" s. 95ff.

[135] Vgl. hierzu vor allem „Ist eine philosophische Erkenntnis der politischen Gegenwart möglich?", in: Hier und Jetzt II, a. a. O., 229; „Ist Humanökologie möglich?", in: Humanökologie und Frieden, a. a. O., 14ff.; sowie Kunst und Mythos, a. a. O., Sachregister s. v. „Macht" und „Feld".

in die dieser Schematismus eingebettet ist. Macht ist das Medium dieses Schematismus und durchdringt ihn in allen seinen Elementen. Deshalb ist Macht die Grundbestimmung des Subjektes der Philosophie und Wissenschaft der Neuzeit. Das Wesen dieses Subjektes ist, wie Kant gezeigt hat, die sich selbst bestimmende Freiheit; und Freiheit, die sich selbst bestimmt, ist, wie nach Kant vor allem Schelling gezeigt hat, Wille. Das Medium des Willens nennen wir „Feld der Macht". Diesem Subjekt der Theorie und Praxis gegenüber erscheint als Objekt alles das, was dem Willen als Fremdes gegenüber- und entgegensteht und sich seiner Autonomie widersetzt. Es ist im Ansatz des Subjekt-Objekt-Schematismus vorgezeichnet, was Hegel in der „Phänomenologie des Geistes" und in seinem System dargestellt hat: daß das Entgegenstehende unterworfen, das Fremde verschlungen und dadurch angeeignet werden muß. Das Grundgesetz der neuzeitlichen Theorie und Praxis ist deshalb die Aneignung der Natur durch den autonomen Willen des Subjektes. Es war der ursprüngliche Sinn der eben deshalb „Materialismus" genannten Gegenbewegung von Marx, der vergewaltigten Natur wieder zu ihrem Eigenrecht zu verhelfen. Da er sich aber von Hegels Dialektik nicht zu befreien vermochte, ist diese ursprüngliche Tendenz schon innerhalb der Theorie von Marx selbst „dialektisch" in ihr eigenes Gegenteil umgeschlagen.

Wenn wir das „Feld der Macht" ins Auge fassen, treten wir aus diesem Schematismus heraus. Wir befinden uns nun nicht mehr auf dem Standort des Subjektes der neuzeitlichen Wissenschaft und Philosophie, sondern betrachten seine Verfahrensweise von außen. Es wird sich die Frage stellen müssen, ob überhaupt und wo und wie ein Standort möglich ist, von dem aus dies versucht werden kann. Aber zunächst genügt es, daß wir die Evidenz des Sachverhaltes anerkennen, daß Wissenschaft, die die Natur zerstört, in der Natur als eine Macht auftritt. „Durchsichtig" ist diese Evidenz uns nicht, aber wir können uns ihr nicht entziehen. Die Wissenschaft ist eine Macht *in* der Natur, sie ist also selbst ein Phänomen in der Natur; und diesem manifesten Sachverhalt können wir uns nicht länger dadurch entziehen, daß wir „Natur" so definieren, daß das Denken in der Natur nicht vorkommen darf. Ist aber Denken ein Vorgang in der Natur, so hat sich die Naturwissenschaft der Neuzeit von einem falschen Vorverständnis der Natur bestimmen lassen. Man kann dann zwar sagen: *Wenn* das Denken aus der Natur herausgebrochen wird, *müssen* sich alle übrigen Phänomene so präsentieren, wie die Naturwissenschaften es demonstrieren, aber man kann nicht mehr sagen: die Natur sei von sich aus so beschaffen, wie die Naturwissenschaft sie darstellt. Die operationellen Methoden, nach denen Naturwissenschaft ihre Erkenntnisse gewinnt, müssen dann in die Definition dieser Erkenntnisse mit einbezogen werden. Dann gilt: auf diese oder jene Operationen reagiert Natur zwangsläufig so oder so; hingegen gilt nicht, daß Natur von sich aus so beschaffen sei, wie sie sich bei den Zwangsmaßnahmen, denen Wissenschaft sie unterwirft, darstellen muß. Deswegen wird die Richtigkeit der Ergebnisse der Naturwissenschaft nicht in Frage gestellt, wenn wir den evidenten Satz aussprechen: „Eine Wissenschaft, die die Natur zerstört, kann nicht wahr sein."

Das „Feld der Macht" ist, wie gesagt, jene Sphäre, innerhalb derer der Mensch im Interesse der Ausübung von Macht sich selbst zum „Subjekt" und das, was ihn umgibt, die „Phänomene", zu „Objekten" deformiert. Dies ist nur möglich, weil das Feld der Macht zugleich die Sphäre ist, die den Subjekt-Objekt-Schematismus Lügen straft; denn in der Ausübung von Macht durchdringen sich die Energie des Denkens und die Energien der angeblich außermenschlichen Natur. Hier tritt die Zweideutigkeit der Verfahrensweisen des neuzeitlichen Denkens offen zutage: dieselben Subjekte, die behaupten, Natur sei nach dem Prinzip der Kausalität durchgängig determiniert, haben nicht den geringsten Zweifel daran, daß sie mit derselben Natur experimentieren können, wie sie wollen. Zwar legen sie ihren Experimenten das Prinzip der Kausalität zugrunde, aber sie täuschen sich selbst darüber hinweg, daß das Experiment eine neue Erkenntnis nur unter der Voraussetzung erbringen kann, daß das als Experimentator handelnde Subjekt der Kausalität *nicht* unterworfen ist. Kant ist der einzige Philosoph gewesen, der diese Zweideutigkeit durchschaut, zur Klarheit gebracht und in das Zentrum seiner Philosophie gerückt hat.

Wir werden sehen, daß die Zweideutigkeit oder genauer: die unendliche Vieldeutigkeit zum Wesen jenes Mediums gehört, das wir als „Feld der Macht" zu charakterisieren versuchen. Als „unendliche Vieldeutigkeit" zeigt sich aber auch, was wir „Materie" nennen. Das haben seit Anaximandros und Heraklit die Griechen gewußt, wie ich im vorigen Semester zu zeigen versuchte (160ff.). „Materie" hat primär nicht jene objektivierte Gestalt, in der Physik sie eindeutig bestimmt; „Materie" ist vielmehr das Medium, in das der Subjekt-

Objekt-Schematismus eingebettet ist. Sie zeigt sich uns hier als unbestimmte Potentialität von Macht; wobei wir uns hüten müssen, diesen Aspekt von Materie schon als ihr „absolutes Wesen" auszugeben. Kant ist in seinem Begriff der „transzendentalen Materie" dieser Auffassung von Materie sehr nahe gekommen. Ich beziehe mich mit dieser Bemerkung auf die soeben vorgelegte Dissertation von Enno Rudolph [136].

Nun müssen wir uns aber fragen, in welchem Horizont wir uns bewegen, wenn wir im Widerspruch zu der gesamten Tradition des neuzeitlichen Denkens das „Feld der Macht" so charakterisieren. Ich bin so vorgegangen, daß ich zunächst die Phänomenalität des Feldes der Macht aus der unmittelbaren Evidenz des Satzes heraus entwickelt habe: „Die Menschheit ist heute in Gefahr, durch ihre Wissenschaft von der Natur den Bereich der Natur, in dem sie lebt, und der ihrem Zugriff ausgesetzt ist, zu zerstören." Ich habe diesen Satz mit der Parole von Bacon in Verbindung gesetzt: „Wissen ist Macht" und habe zu zeigen versucht, wie in dieser Parole der Subjekt-Objekt-Schematismus vorgezeichnet ist, in dem sich die neuzeitliche Gestalt des Wissens sowohl als Theorie wie als Praxis die ihr eigentümliche Methodik schafft. Wenn dieser Methodik die Parole „Wissen ist Macht" zugrundeliegt, muß der Subjekt-Objekt-Schematismus eine Verfahrensweise der Machtausübung sein. Demnach bezeichnet das Wort „Macht" das Medium, innerhalb dessen dieser Schematismus spielt. Da aber Macht in jeder möglichen Gestalt Konzentration von Energiepotentialen ist, verweist uns der Satz „Wissen ist Macht" in jene Sphäre, in der uns Energie begegnet. Energie ist ein Phänomen ⟨in der⟩ Natur [137]. Der Satz „Wissen ist Macht" verweist deshalb das menschliche Wissen in den Bereich der Natur. Wenn dieses Wissen gleichzeitig sich selbst, *um Macht ausüben zu können,* aus der Natur herausprojiziert, und wenn es umgekehrt Natur so stilisiert, daß seine eigene Energie in dieser Natur nicht mehr vorkommen kann, ist beides ein transzendentaler Schein, den das Wissen durch seine eigenen Verfahrensweisen fortwährend selber dementiert. Dies alles läßt sich aus der „Evidenz" des Satzes ablesen, von dem wir ausgegangen sind. Daß Wissenschaft sich im Feld der Macht entfaltet, ist manifest, auch wenn wir es nicht wahrhaben wollen.

---

[136] Enno Rudolph, Skepsis bei Kant, München: Fink, 1978.
[137] Im Text: „ein Phänomen von Natur".

Nun muß ich aber darauf hinweisen, daß uns der Name „Feld der Macht" in den Horizont einer Phänomenalität verweist, die von dem neuzeitlichen Denken, eben weil es so beschaffen ist, wie ich es zu charakterisieren versuchte, in gänzlich disparate Regionen unserer geistigen Welt auseinandergesprengt wurde. Den ersten Versuch einer phänomenalen Analyse des Feldes der Macht habe ich 1969 in meiner Vorlesung über „Grundbegriffe der politischen Philosophie" vorgetragen. Von einer scheinbar völlig anderen Seite her habe ich diese Analyse in meiner Vorlesung über „Kunst und Mythos" wieder aufgenommen und fortgesetzt; hier zeigte sich die Phänomenalität von Macht in jenem Bereich, in den uns die Wahrnehmung des Hörens hinausversetzt, und dem jene Welterfahrung entspringt, die sich in den Gestaltungen des Mythos darstellt [138]. Die dem neuzeitlichen Denken inhärierende Negation des Mythos hängt eng damit zusammen, daß dieses Denken sich selbst darüber hinwegtäuschen will, daß Macht sein Medium und sein Element ist. Die Negation des Mythos ist deshalb nur dem Anschein nach ein Ausdruck des Willens zur Aufklärung. In ihrem Grunde entspringt sie dem Willen, die Aufklärung des modernen Denkens über sein eigenes Wesen zu *verhindern*. Jetzt begegnet uns das Feld der Macht weder als Medium der Politik noch als Bereich der Phänomenalität von Kunst und Mythos; es begegnet uns vielmehr als eine Sphäre der Natur und als ein Aspekt der Materie. In allen diesen Erscheinungsbereichen widersetzt sich die Phänomenalität des Feldes der Macht den Schematismen neuzeitlichen Denkens; und erst recht geraten wir zu diesen Schematismen in Widerspruch, wenn wir versuchen wollen, die getrennten Regionen, in denen sich das Feld der Macht uns zeigt, zusammenzuschließen. Was ist der Horizont, innerhalb dessen das Feld der Macht in seiner Eigenart ans Licht tritt? In welchem Horizont bewegt sich die Erfahrung, die uns das Feld der Macht zugänglich macht?
Um diese Frage angemessen stellen zu können, habe ich im vorigen Semester, ausgehend von Kant, das von ihm eingeführte Bild eines *Horizontes* unseres Denkens und unserer Erkenntnis ausführlich erörtert. Die Fragen, die ich eben formuliert habe, sind nicht derart, daß man wie ein Rezept eine Antwort aus der Tasche ziehen kann, die sie auflöst und zum Verschwinden bringt. Sie werden uns dieses Semester hindurch begleiten, und auf der Bahn, die wir durchmes-

---

[138] Kunst und Mythos, a. a. O., 435 ff.; 458 ff.

sen wollen, wird sich erst Schritt für Schritt herausstellen können, wonach in diesen Fragen eigentlich gefragt wird, und was die grammatische Form des Fragesatzes in dem Zusammenhang, in den wir hier eintreten, bedeutet. Vorgreifend formuliere ich einige Sätze, die vorerst unverständlich klingen mögen und doch vielleicht die Richtung andeuten können, in die wir vordringen wollen. Der Horizont des Feldes der Macht ist die Zeit; denn Energie ist jener Zustand, in dem sich Materie manifestiert, wenn man sie nicht korpuskular als räumlich sondern in ihrer zeitlichen Verfassung betrachtet. Der Ausdruck „Feld" soll die reine Zeitlichkeit jenes Spektrums der Phänomenalität bezeichnen, das wir in seinem korpuskularen Aspekt als Materie bezeichnen. Ich nenne das Feld der Macht ein „Spektrum der Phänomenalität", weil es das Medium darstellt, in dem sich ein großer Teil jener Phänomene strukturiert, die wir entweder als „Objekte" bezeichnen oder als Subjektivität auffassen. Wenn das so ist, dann stellen sich zwei Fragen:
– Was ist ein Phänomen?
– Wie werden Phänomene wahrgenommen?
Diese Fragen lassen sich aber nur im Hinblick auf die übergreifende Frage entwickeln: Wie ist Wahrheit zu denken, wenn sie nicht, wie in der neuzeitlichen Philosophie, in einer Evidenz verankert werden kann, die sich um die Achse der Selbstgewißheit des Subjektes dreht? Wenn Zeit der Horizont der Phänomene ist – was ist dann die Wahrheit der Zeit?
Dieser Aufriß von Fragen ist nicht ein Inhaltsverzeichnis, nach dem Sie die folgenden Überlegungen mit A, B, C numerieren können; er soll nur den inneren Zusammenhang der Untersuchung skizzieren, auf die wir uns einlassen wollen. Sie werden im Rückblick vielleicht feststellen können, daß dieser Aufriß wie die ihm vorangestellten Überlegungen nichts enthält, was nicht als unausweichliche Implikation in der „Evidenz" des Satzes schon enthalten wäre: „Die Menschheit ist heute in Gefahr, durch ihre Wissenschaft von der Natur den Bereich der Natur, in dem sie lebt, und der ihrem Zugriff ausgesetzt ist, zu zerstören."

⟨XV. Über die methodischen Schwierigkeiten
der Untersuchung⟩

⟨1. Die Negation von Natur und Geschichte
im modernen Bewußtsein⟩

Der Vorblick, mit dem ich begonnen habe, war eine Erläuterung des ersten Satzes der Vorlesung des vorigen Semesters. Ich muß also in einem zweiten Schritt zu zeigen versuchen, wie dieser zweite mit dem ersten Teil zusammenhängt. Von außen her betrachtet, war der erste Teil die der *Geschichte* des Naturbegriffs gewidmete Hälfte dieser Vorlesung. Der zweite Teil handelt nicht mehr von der Geschichte des europäischen Denkens, sondern fragt von unserem heutigen Standort aus unmittelbar nach dem *Wesen* von Natur. Daß diese äußerliche Betrachtung falsch und irreführend wäre, zeigt schon das Wort „unmittelbar"; denn was wir heute als Natur erfahren, ist die dem Zugriff von Wissenschaft und Technik ausgesetzte und durch diesen Zugriff veränderte Natur. Und wir, die wir in dieser Natur zu leben haben, können weder die Geschichte des bisherigen Denkens noch die Ergebnisse der Naturwissenschaften aus unserem Bewußtsein, unseren Denk- und Lebensformen und unserer Weise des Erfahrens austilgen. Wir sind die Produkte dieser Geschichte und vermögen nur unter Bedingungen zu existieren, die diese Geschichte hervorgebracht hat. Die vergangenen zweieinhalb Jahrtausende europäischer Geschichte liegen also nicht wie etwas Versunkenes hinter uns, sondern sind in dieser unserer Gegenwart enthalten und umreißen den Spielraum der Möglichkeiten, die wir haben, um unsere Zukunft zu antizipieren und zu gestalten. Wäre die Geschichte in dem, was wir „Gegenwart" nennen, nicht enthalten, so könnten wir sie weder erkunden noch verstehen. Wir können Geschichte nur so auffassen, wie sie sich uns hier und heute zeigt.

Wir haben also jetzt zwei Ergebnisse gewonnen, die ich noch einmal festhalten möchte. Erstens: unsere bisherige Geschichte ist nicht versunken, sondern in unserer Gegenwart enthalten. Zweitens: Wir können Geschichte nur so auffassen, wie sie sich uns hier und heute zeigt. Stellt man diese beiden Sätze nebeneinander, so drängt sich sofort eine Reihe von Fragen auf. Mag die Geschichte auch in unserer

Gegenwart enthalten sein, so ist das gegenwärtige Bewußtsein doch dadurch charakterisiert, daß es sich von dieser seiner Geschichte abkehrt, daß es sie weder zur Kenntnis nehmen noch wahrhaben will, und daß die uns geläufigen Vorstellungen von unserer Geschichte sich selbst bei der oberflächlichsten Prüfung als Geschichtsfälschungen, als Rückprojektionen aktueller Ideologien, erweisen. Dem modernen Bewußtsein zeigt die Geschichte sich *nicht,* und es ist ganz offensichtlich daran interessiert, seiner Geschichte auszuweichen. Wenn die Geschichte aber gleichwohl in dieser Gegenwart enthalten ist, so müssen wir schließen, daß das moderne Bewußtsein seiner Geschichte deshalb ausweicht, weil es seine eigene tatsächliche Verfassung nicht wahrhaben will. Es will die Geschichte nicht zur Kenntnis nehmen, weil es sein eigenes „Hier und Heute" nicht zur Kenntnis nehmen will. Die Ausflucht vor der Geschichte ist eine Ausflucht vor der Selbsterkenntnis.

Das wird besonders deutlich, wenn wir noch einmal den Satz ins Auge fassen: „Die Wissenschaft zerstört die Natur." Für die Denkweise, die sich unter der Herrschaft von Naturwissenschaft und Technik ausgebildet hat, ist der Mangel an Interesse für die eigene Geschichte besonders charakteristisch. Der Siegeszug der Naturwissenschaft setzt eine Vorstellung von „Fortschritt" voraus, die sich dadurch definieren läßt, daß alles Vergangene als „überholt", als bloße Vorstufe, als etwas hinter uns Gelassenes – mit anderen Worten: als „vergangen" – betrachtet wird. Man betrachtet die Zeit als eine schnurgerade Einbahnstraße, auf der man mit ständig wachsendem Tempo vorwärtsfährt und sich um die bereits zurückgelegte Strecke nicht mehr zu bekümmern braucht. Das Geschichtsverständnis der technischen Welt ist durch diese Vorstellung von der Zeit als Einbahnstraße seit der Mitte des vorigen Jahrhunderts völlig beherrscht. Sie bestimmt deshalb auch die gesellschaftlichen und politischen Tendenzen und projiziert sich in die Erwartungen von kontinuierlichem Wirtschaftswachstum, zunehmender sozialer Sicherheit, zunehmender gesellschaftlicher Emanzipation und wie die Leitbilder sonst noch heißen mögen. Der Fortschritt von Naturwissenschaft und Technik ist der Motor des riesigen Schwungrades, das sämtliche industrialisierten Gesellschaften mit wachsender Geschwindigkeit aus ihrer Vergangenheit herausschleudert. Dieser Prozeß ist aber identisch mit dem Prozeß der Zerstörung der Natur. Der Satz „Die Wissenschaft zerstört die Natur" ist gleichbedeutend mit dem Satz

„Die Wissenschaft zerstört die Geschichte". Wenn aber die Geschichte in unserer Gegenwart enthalten ist, so zerstört die Wissenschaft dadurch uns selbst. Auf diese negative Weise erfahren wir die Einheit von Natur und Geschichte.

Das moderne Bewußtsein ist demnach durch zwei einander korrespondierende Formen der Negation charakterisiert. Es läßt die Natur nicht die Natur sein, die sie ist. Es läßt die Geschichte nicht die Geschichte sein, die sie ist. Es verhält sich zu beiden, der Natur wie der Geschichte, destruktiv, und eben dadurch destruiert es sich selbst. Durch diese Feststellung rückt der Titel „Der Begriff der Natur und seine Geschichte" in ein neues Licht. Es drängt sich die Vermutung auf, daß wir die Wahrheit der Natur, die wir zerstören, nur wieder entdecken werden, wenn wir die Wahrheit der Geschichte wiederentdecken. Und die Entdeckung unserer wahren Geschichte ist dann vermutlich zur Entdeckung dessen, wie es in Wahrheit um uns selbst steht, ebensowenig zu entbehren wie die Entdeckung des wahren Wesens von Natur. Das war der Grund, weshalb ich im vorigen Semester unter bestimmten Fragestellungen, die die jetzige Vorlesung rechtfertigen muß, den Versuch gemacht habe, die Geschichte des europäischen Naturverständnisses auf eine, wie mir wohl bewußt ist, etwas ungewöhnliche Weise, in Erinnerung zu rufen, man könnte auch sagen: neu zu entdecken. Eine Reflexion auf die Methode, nach der ich dabei vorgegangen bin, führt schon in unsere neue Thematik ein; denn es geht ja dabei um das Verhältnis von Natur und Geschichte.

⟨2. Fortschritt durch Wissenschaft?⟩

Ich nehme den Satz wieder auf „Wir können Geschichte nur so auffassen, wie sie sich uns hier und heute zeigt". Es ist inzwischen deutlich geworden, daß die Geschichte zwar in unserer Gegenwart enthalten ist, daß aber diese selbe Gegenwart unter dem Zwang einer falschen Vorstellung vom Wesen der Zeit das moderne Bewußtsein der Möglichkeit beraubt, die Geschichte in ihrer wirklichen Gegenwart wahrzunehmen. Die Geschichte zeigt sich uns ebensowenig wie die Natur. Zwar sind geschichtliche Potenzen die Triebkräfte der mörderischen Dynamik, die uns unwiderstehlich mit sich fortreißt; aber wir haben uns der Möglichkeit beraubt, diese Potenzen zu identifizieren und zu durchschauen. Deshalb sind wir willenlos und wehrlos jenen Gewalten ausgeliefert, die wir nicht wahrhaben wollen. Historische Bücher und Darstellungen der Geistesgeschichte zu lesen, hilft uns nicht weiter, denn die Geschichtswissenschaften haben die gegenwärtige Macht der geschichtlichen Potenzen durch ihre Methodik ebenso wirksam ausgeblendet, wie es den Naturwissenschaften gelungen ist, die Allgewalt des Lebens in der Natur aus ihren Objektivationen zu verbannen. Die Geschichtswissenschaft hat die Geschichte, trotz der immensen Leistung ihrer positiven Forschung, nicht weniger wirksam destruiert als die Naturwissenschaften die Natur. In beiden Wissenschaften vollzieht sich spiegelbildlich der gleiche Prozeß. Die subtilen Schattenspiele historischer Forschung haben nicht wenig dazu beigetragen, daß sich die wirkliche Gegenwart der Geschichte dem neuzeitlichen Bewußtsein entzogen hat. Wenn man von unserer Fragestellung aus die Geschichte in ihrer Gegenwart wieder entdecken will, wird man deshalb darauf gefaßt sein müssen, daß die geschichtlichen Phänomene, in ihrer Wirklichkeit aufgefaßt, ganz anders aussehen, als sie in den Geschichtsbüchern dargestellt werden.

In der Vorlesung des vorigen Semesters konnte ich nur zwei der großen Wendepunkte des europäischen Naturverständnisses genauer darstellen: Heraklit und Kant. In beiden Fällen ergab sich ein Bild, das von den herrschenden Vorstellungen stark abweicht. Das Selbe gilt von dem Kapitel über die Evidenz und von den allgemeinen Skizzen der Geschichte des europäischen Naturverständnisses, in denen ich mich darauf beschränken mußte, auf frühere Arbeiten zu verweisen. Sie mögen selbst nachprüfen, ob die Methode der Interpretation, nach der ich vorgegangen bin, Hand und Fuß hat. Was mich selbst angeht, darf ich wohl sagen, daß es sehr beunruhigend ist und zu einer ständigen Selbstkritik Anlaß gibt, wenn man fortwährend zu Resultaten gelangt, die der herrschenden Meinung widersprechen. Hier nenne ich nur die Grundannahme, durch die sich meine Form, die großen Prägungen des europäischen Denkens zu betrachten, von den heute herrschenden Vorurteilen in der Tat diametral unterscheidet. Wenn ich einen Philosophen wie Heraklit zu verstehen versuche, gehe ich immer von der Möglichkeit aus, das, was er erkannt hat und zu sagen versuchte, könnte auch heute noch wahr sein, während sich im Gegensatz dazu sämtliche Forscher, gleichgültig, welcher Richtung sie angehören mögen, darin einig sind, daß das primitive archaische Denken eines Sonderlings, der vor zweieinhalb Jahrtausenden gelebt hat und von den Erkenntnissen der modernen Naturwissenschaft noch keine Ahnung haben konnte, unmöglich wahr sein kann, sondern durch den Fortschritt der wissenschaftlichen Erkenntnis längst überholt ist. Wenn ich Kant lese und gleichzeitig feststellen kann, daß die Naturwissenschaft des 19. und 20. Jahrhunderts die methodischen Ansätze des französischen Positivismus des 18. Jahrhunderts, also der Zeit vor Kant, reproduziert, so ziehe ich die Möglichkeit in Betracht, daß das Verhältnis dieser Wissenschaft zu Kant genau umgekehrt ist, als wir es uns vorzustellen pflegen: daß nämlich diese Wissenschaft Kant nicht überholt, sondern ihn noch nicht eingeholt hat. Der Widerspruch zu den herrschenden Meinungen ergibt sich also immer daraus, daß ich die von der modernen Wissenschaft vorausgesetzte Vorstellung von der Zeit als geradliniger Einbahnstraße nicht für richtig halte und deshalb auch das naive Dogma vom permanenten Fortschritt der Erkenntnis nicht akzeptieren kann. Stellt sich dann bei der Untersuchung heraus, daß die Gedanken von Heraklit oder Kant, wenn man nur zuläßt, daß sie wahr sein könnten, sich zu unerhört konsistenten Gebilden zusammenschließen, während sie in den üblichen Darstellungen entweder widerspruchsvoll und dürftig oder auch unsinnig erscheinen, so fühle ich mich in meiner Grundannahme bestätigt – denn ich maße mir nicht die Genialität an, einen Heraklit oder ein kantisches System der transzendentalen Ideen, wie ich sie im letzten Semester dargestellt habe, selbst zu erfinden. Tritt aber durch das Studium geschichtlicher Texte eine Gestalt des Denkens ans Licht, die wir trotz aller Entdeckungen der Naturwissenschaft noch heute allen Grund haben, ernst zu nehmen, so ist ein Teil der Basis dieser Naturwissenschaft, nämlich das von ihr als selbstverständlich vorausgesetzte Zeitverständnis, in Frage gestellt. Das ist der systematische Ertrag dieser Methode, geschichtliche Phänomene zu betrachten.

Der Glaube an den permanenten Fortschritt der Wissenschaft und die Überzeugung, vergangene Gestalten des Wissens müßten gleichsam automatisch als überholt und rückständig betrachtet werden, stützen sich vor allem auf die unermeßliche Vermehrung der Kenntnisse, die wir den modernen Wissenschaften unbestreitbar verdanken. Die Zahl, der Umfang und die Genauigkeit der unbezweifelbar richtigen Kenntnisse von Sachverhalten in der Natur ist heute so unvergleichlich viel größer als zur Zeit von Heraklit, daß man für verrückt gehalten wird, wenn man auch nur die Möglichkeit erwägt, der Wahrheitsgehalt dieser archaischen Lehre könnte mit dem Wahrheitsgehalt der Physik des 20. Jahrhunderts in Vergleich gesetzt werden. Jeder Schuljunge weiß heute von der Natur mehr, als Heraklit je wissen konnte, und fühlt sich deshalb berechtigt, dessen primitive Vorstellungen zu belächeln. Wenn man vergangene Gestalten des Denkens trotzdem ernst nimmt, trägt man eine sehr schwere Beweislast. Ich will versuchen, deutlich zu machen, wie man darauf verfallen kann.

Versteht man unter „Erkenntnis" nur die jeweils verfügbare Summe von Informationen über nachprüfbare Sachverhalte und Fakten, so ist der Stand des Wissens an der Zahl der registrierten Informationen zu messen. Das Wissen vermehrt sich dann automatisch entsprechend der Zahl der gespeicherten Daten. Es ist eine Funktion der Zeit, der Zahl der Wissenschaftler und des in Forschung investierten Aufwandes. So etwa wird der Gang der Wissenschaft betrachtet, wenn man, wie von dem Wachstum der Güterproduktion, von der „Vermehrung" der wissenschaftlichen Erkenntnisse spricht. Wir dürfen dieses automatische Wachstum der verfügbaren Kenntnisse nicht gering achten. Es hat auf eine unwiderrufbare Weise die Stellung des Menschen in seiner Welt verändert, und niemand darf sich dem Wahn hingeben, er könne sich in einen Geisteszustand zurückversetzen, in dem die Menschen über diese Kenntnisse noch nicht verfügten. Das positive Wissen hat die unheimliche Qualität, unaustilgbar zu sein. Wer über ein Faktum informiert ist, hat nicht mehr die Möglichkeit, sich so zu verhalten, als ob es ihm unbekannt wäre. In dieser Hinsicht ist die Entwicklung der neuzeitlichen Wissenschaft ein irreversibler Prozeß, den man als „Fortschritt" bezeichnen mag. Der Satz: „Eine Wissenschaft, die die Natur zerstört, kann nicht wahr sein", stellt die Richtigkeit der Informationen, die wir diesem Prozeß verdanken, nicht in Frage. In Frage stellt er die naive Meinung, was wir „Erkenntnis der Wahrheit" nennen, sei mit der Summe der verfügbaren Informationen gleichzusetzen. Es könnte ja sein, daß die moderne Wissenschaft ihre Gewinne durch einen Verlust bezahlt, den sie gar nicht bemerkt. Es könnte sein, daß es sich mit dieser Wissenschaft ähnlich verhält wie mit der industriellen Produktion: die riesige Vermehrung der produzierten Güter wurde dadurch erkauft, daß man in sehr kurzer Zeit die in Millionen von Jahren aufgebauten Reserven an fossiler Energie und anderen natürlichen Ressourcen bedenkenlos verschwendet hat, ohne zu bemerken, daß man dadurch seine Subsistenzbasis zerstört. Dann steht man zum Schluß ärmer da als zuvor. Ebenso könnte es der Wissenschaft ergehen. Sie könnte eines Tages entdecken, daß sie trotz der unübersehbaren Masse der von ihr produzierten Informationen das, was man „Wissen" nennt, verloren hat, weil sie jene Ressourcen an elementarer Welterkenntnis verbraucht hat, die in den vorwissenschaftlichen Epochen der Menschheitsgeschichte aufgebaut wurden.

Die veränderte Stellung zur Geschichte setzt also eine veränderte Auffassung vom Wesen des Wissens und der Erkenntnis voraus; und es wird eine meiner Aufgaben sein, diesen Wandel im Verständnis des Wissens und der Erkenntnis deutlich zu machen und zu begründen. Zunächst begnüge ich mich mit einer kurzen Erläuterung. Ich gebe als Illustration einen sehr einfachen Vergleich und werde anschließend sagen, was dieser Vergleich philosophisch bedeutet: Man kann die Summe der Informationen, die von der neuzeitlichen Wissenschaft gespeichert wurden, mit einem Vorrat von Milliarden sorgfältig geschliffener Mosaiksteinchen vergleichen. Dann sieht man sofort, daß weder der Besitz eines ungeordneten Haufens dieser Steinchen noch der Besitz eines wohlgeordneten Magazins, in dem sie nach Farbe und Größe sortiert, registriert und katalogisiert sind, das ergibt, was man „Wissen" nennen könnte. „Wissen" kommt erst zustande, wenn man in der Lage ist, die Steinchen zu einem Bild zusammenzusetzen. Dazu bedarf man eines Künstlers, der einen Entwurf macht, in den die Gesamtheit der Steinchen sich einfügen läßt. Man kann die Steinchen in dem Magazin registrieren und ordnen, soviel man will, und man kann sie noch so genau studieren: dem Bild kommt man auf diese Weise nicht auf die Spur, denn es ist in den Steinchen gar nicht enthalten. Für den Künstler, der den Entwurf macht, sind die Steinchen nichts als sein Material; und vielleicht ist er mit diesem Material gar nicht zufrieden, weil die Steinchen so zugeschliffen und so gefärbt sind, daß sie zu dem Bild, das er vor Augen hat, nicht passen. Wie aber kommt er zu dem Bild? Auf diese Frage wissen wir keine Antwort. Aber wir wissen doch, daß er schlecht beraten wäre, wenn er sich seinen Entwurf von den Produzenten der Steinchen diktieren lassen wollte. Heraklit hatte überhaupt keine Steinchen und wäre auch nicht daran interessiert gewesen, mit den Produzenten von Steinchen einen Vertrag abzuschließen und sich ein solches Magazin anzulegen. Aber er war ein Künstler, der einen großen Entwurf aufzeichnen konnte, und dazu brauchte er nur eine Tafel und ein Stück Kreide. Wenn nun die Steinchenproduzenten kommen und erklären: „Der kann gar nicht mitreden, er hat ja nicht einmal ein Magazin!", so könnte Heraklit antworten: „Habt ihr denn einen Künstler?", und sie stünden mit dummen Gesichtern da – *wenn* sie noch wüßten, was ein Künstler ist. Aber genau das haben sie vergessen. Es ist nämlich der geheime Zweck der ganzen Produktion von Steinchen, das Bedürfnis nach dem Künstler durch die Massenproduktion von Steinchen zu ersticken und ihn durch Magazinverwalter zu ersetzen. Um dies zu erreichen, hat man das Vorurteil verbreitet, die korrekte Registratur und der exakte Schliff der Steinchen, also die Richtigkeit der Informationen, sei mit der Wahrheit identisch.

⟨3. Inkommensurabilität
der verschiedenen philosophischen Voraussetzungen
der Wissenschaft⟩

Damit wir von diesem Vorurteil Distanz gewinnen, habe ich in der zweiten Hälfte des vorigen Semesters einen großen Teil der Interpretation von Kant darauf verwendet zu erläutern, was bei ihm die Worte „Horizont" und „Entwurf" bedeuten. Kant hat in der „Kritik der reinen Vernunft" gezeigt, daß auch die neuzeitliche Wissenschaft, vor allem aber die Physik, durch einen großen Entwurf bestimmt ist. Nur ist es für diese Wissenschaft charakteristisch, daß sie ihren eigenen Entwurf nicht thematisiert, sondern daß er im Hintergrund ihres Bewußtseins steht. Es war die große Leistung der Transzendentalphilosophie, diesen verborgenen Entwurf ans Licht zu heben und aus den ihm immanenten Voraussetzungen zu begründen. Wenn wir uns heute über die Wahrheit oder den Trug der neuzeitlichen Wissenschaft Rechenschaft ablegen wollen, müssen wir den sie aus dem Hintergrund bestimmenden Entwurf zu verstehen versuchen. Kant nennt das die Selbsterkenntnis der Vernunft, und niemand hat bis zum heutigen Tage Kant in der Durchführung dieses „beschwerlichsten aller ihrer Geschäfte" übertroffen (KrV A XI; 4, 9). Die zweite Hälfte des vorigen Semesters war einer Darstellung von Kants System der transzendentalen Ideen gewidmet, weil hier nicht das Magazin der Steinchen sondern der Entwurf der neuzeitlichen Wissenschaft in einer bis heute nicht außer Kraft gesetzten Gestalt ans Licht tritt.

Das Ergebnis war, daß in der neuzeitlichen Wissenschaft und Philosophie der Mensch sich selbst als das Subjekt der Einheit der Natur begreift, wobei diese Einheit als unbewegte Identität gedacht wird. Die Form des Denkens, die daraus entspringt, daß sich der Mensch zum Subjekt der Identität macht, ist der *Begriff*. Wenn der Mensch die Stellung in der Natur einnehmen will, die ihn als Subjekt ihrer Einheit erscheinen läßt, ist die Form des Begriffes denknotwendig. Kant hat unwiderleglich demonstriert, wie der Mensch dazu kommt, sich als Subjekt der Einheit der Natur denken zu müssen: nur unter dieser Voraussetzung ist es ihm möglich, der Natur gegenüber seine Autonomie zu behaupten. Die Autonomie der menschlichen Vernunft ist deshalb die oberste Voraussetzung jenes Entwurfes, der aus dem Hintergrund die gesamte Entwicklung der neuzeitlichen Wissenschaft bestimmt. Wenn wir die Wahrheit dieser Wissenschaft prüfen wollen, sind wir also nicht genötigt, ins Magazin zu gehen und ihre einzelnen Steinchen zu prüfen; wir müssen vielmehr untersuchen, ob es wahr sein kann, daß der Mensch das Subjekt der Einheit der Natur ist. Sollte das unwahr sein, so ist auch die moderne Wissenschaft unwahr – gleichgültig, ob ihre Informationen richtig sind oder nicht.

Wie untersucht man die Wahrheit eines solchen Entwurfes? Es gibt dazu offenbar zwei Wege, die beide gleich notwendig sind, und von denen einer den anderen ergänzt. Einerseits muß man den Entwurf selbst auf die in ihm implizierten Voraussetzungen hin überprüfen. Andererseits muß man im Blick auf die Welt, wie sie sich uns zeigt, untersuchen, ob diese Voraussetzungen wahr sind. Den ersten Weg sind wir im Wintersemester gegangen; den zweiten versuchen wir jetzt zu finden. Ich illustriere das methodische Resultat des Wintersemesters am Beispiel von Kant. Vorausgesetzt wird von Kant erstens die Idee der unbewegten Identität, zweitens die absolute Priorität des Subjektes, drittens die Denknotwendigkeit der Form des Begriffes, also die Logik. Vor diesen drei Voraussetzungen macht der Prozeß der Selbsterkenntnis der Vernunft in der Philosophie von Kant halt; sie werden absolut, und das heißt zugleich: sie werden zeitlos gesetzt. Wir sind aber heute – nicht zuletzt dank der historischen Forschung der vergangenen zweihundert Jahre – in die Lage versetzt zu erkennen, daß diese kantischen Prämissen ein Produkt der europäi-

schen Geschichte sind. Die Idee der absoluten Identität stammt von Parmenides. Der absolute Vorrang des Subjektes wurde als letztes Resultat der Theologie des Nominalismus von Descartes begründet. Die Notwendigkeit der Logik basiert auf der Ontologie des Aristoteles. Die Pfeiler, auf denen die Philosophie von Kant und, wie er nachgewiesen hat, die gesamte neuzeitliche Physik ruht, sind also nicht, wie er geglaubt hat, so denknotwendig, daß sie keiner Begründung bedürfen; sie sind vielmehr aus sehr komplizierten geschichtlichen Entwicklungen hervorgewachsen. Wenn man behaupten will, die moderne Wissenschaft sei nicht nur richtig sondern wahr, so muß man zusätzlich behaupten, daß die Geschichte des europäischen Denkens ein Fortschritt ist, bei dem die reine Gestalt der Wahrheit immer klarer ans Licht getreten sei, bis sie schließlich in der Transzendentalphilosophie zu jener absoluten Reinheit und Notwendigkeit gelangt ist, auf die sich die universale Erkenntnis der Natur, die heute die Physik beansprucht, gründen könnte. Diese Konsequenz hat Hegel gezogen. Er hat Kants These: die Einheit der Natur beruhe auf der Verbindung von Identität und Subjektivität, im Element des Absoluten zur Vollendung gebracht. Deswegen habe ich im vorigen Semester gesagt, die Physiker müßten, wenn sie konsequent sein wollten, Hegelianer sein. Aber eben durch diese These wird auch deutlich, daß die moderne Naturwissenschaft nur wahr sein kann, wenn die geschichtlichen Entwürfe, die in ihre Substrukturen eingegangen sind, wahr sind, und wenn die Wahrheit dieser Entwürfe noch heute keinen geringeren Rang hat als zu der Zeit, in der sie entstanden sind. Stellt man die absolute Wahrheit der Identität (Parmenides), die Notwendigkeit der Logik (Aristoteles) und den absoluten Vorrang des Subjektes (Descartes) in Frage, so ist der modernen Wissenschaft ihr Boden entzogen. Zwar bleibt uns das Magazin von Mosaiksteinen erhalten, aber der Entwurf, um dessentwillen sie produziert worden sind, hat sich in Nichts aufgelöst, und das bedeutet: die Kenntnisse, über die wir verfügen, lassen sich nicht mehr so zusammensetzen, daß sich aus ihnen ein Wissen ergibt. In Kapitel III der Wintervorlesung habe ich Nietzsches Diagnose dieses Zustandes in Erinnerung gerufen.
Aus diesen Überlegungen ergibt sich, daß wir die Wahrheit unserer Erkenntnis, also das Wissen, nicht in den positiven Kenntnissen sondern in dem Entwurf zu suchen haben, nach dem die positiven Kenntnisse sich ordnen und der ihrer Gewinnung stets vorausgeht.

Da der Entwurf von Parmenides bis heute das gesamte Gebäude der europäischen Wissenschaft trägt, kann man durch ein Studium des Parmenides über die Frage, ob die Physik des 20. Jahrhunderts wahr ist, mehr lernen als durch ein Studium der Physik selbst; denn die Physik reflektiert nicht auf ihre eigenen Voraussetzungen und kann uns deshalb auch nicht darüber belehren, ob sie wahr sind. Wenn man die Legitimität der absoluten Herrschaft der Logik über die exakten Wissenschaften unserer Zeit prüfen will, muß man, von Heraklit ausgehend, untersuchen, wie es überhaupt dazu gekommen ist, daß die Einheit der Natur als Logos verstanden werden konnte; wie dieser Logos im Gang der europäischen Geschichte umgedeutet wurde; und ob die Wahrheit des Logos bei dieser Umdeutung des Logos nicht verlorenging. Wie diese Frage durchgeführt werden könnte, habe ich im vorigen Semester zu zeigen versucht. Wenn man die absolute Priorität des Subjektes auf ihre Wahrheit hin untersucht, muß man die Geschichte der Konstitution des Subjektes der neuzeitlichen Wissenschaft analysieren. Dem galten im vorigen Semester der Abschnitt über die Evidenz und der Abschnitt über Kant. Diese beiden Abschnitte ergänzen Untersuchungen, die ich in „Wahrheit, Vernunft, Verantwortung" und in einer Reihe von Vorlesungen vorgelegt habe [139]. Die Leitfrage für alle diese Untersuchungen ist die Frage nach der Wahrheit der Entwürfe, auf denen unsere heutige Wissenschaft beruht, also die Frage nach der Wahrheit dieser Wissenschaft selbst. Sie machen in ihrem Zusammenhang deutlich, wie die Geschichte in dem, was wir heute denken, zugleich gegenwärtig ist und sich bis zur Unkenntlichkeit verbirgt. Sie machen aber zugleich auch deutlich, weshalb man nach der Wahrheit der *Entwürfe* fragen muß, und daß es keineswegs absurd ist, die ursprüngliche Gestalt dieser Entwürfe den deformierten Figurationen, in denen sie heute wissenschaftliches Denken bestimmen, gegenüberzustellen. Die großen Philosophen früherer Zeiten hatten sehr viel weniger Kenntnisse als wir, aber denken konnten sie unvergleichlich viel besser, und bei der Erkenntnis von Wahrheit kommt es auf das Denken an.

---

[139] Vor allem in den Kapiteln „Zur Philosophie der Neuzeit" und „Philosophische Probleme des zwanzigsten Jahrhunderts", in: Wahrheit, Vernunft, Verantwortung, a. a. O., 163 ff., 281 ff., sowie in den Vorlesungen über Kants Religionsphilosophie und über Kunst und Mythos; vgl. auch Hier und Jetzt I, Sachregister s. v. „Subjekt", „Subjektivität".

Wenn Sie die Vorlesung des Wintersemesters im Hinblick auf die jetzt formulierte Fragestellung überprüfen, werden Sie feststellen, daß sich die Geschichte des europäischen Denkens nicht so geradlinig darstellen läßt, wie Hegel das in einer gewaltigen Anstrengung des Denkens versucht hat. Die verschiedenen Entwürfe, die wir betrachtet haben, lassen sich nicht zur Deckung bringen. Es besteht schon zwischen Parmenides und Heraklit eine Inkommensurabilität, die selbst Platons ungeheurer Versuch einer Synthese dieser beiden Entwürfe nicht aufzulösen vermochte. Inkommensurabel verhalten sich auch die späteren großen Entwürfe zueinander; man könnte das etwa an Leibniz und Kant illustrieren. Die Inkommensurabilität der Entwürfe, die der heutigen Wissenschaft zugrundeliegen, übersetzt sich aber in dieser Wissenschaft selbst in Antinomien, die durch methodische Äquilibristik nicht ausgeglichen werden können. Betrachten wir die heutige Wissenschaft mit einem durch geschichtliche Schulung geschärften Auge, so gewinnen wir von ihr so etwas wie ein Röntgenbild. Wir sehen durch die Oberfläche hindurch die Widersprüchlichkeit der Entwürfe, die sie konstituieren, und gewinnen so ein kritisches Instrumentarium zur Analyse moderner Theoriebildungen. Das ist die Gegenprobe auf die These von der versteckten Gegenwart der Geschichte. In jedem Fall stellt sich heraus, daß die von dieser Wissenschaft in Anspruch genommene Konsistenz ein Schein ist, der nur dadurch erzeugt werden kann, daß man die Frage nach den Voraussetzungen der Theoriebildung, also die Frage nach den sie tragenden Entwürfen, unterdrückt und die Reflexion auf die eigene Geschichte aus der Methodendiskussion eliminiert. Es ist eine Fiktion zu meinen, man könnte jede beliebige Theorie unter Ausblendung ihrer geschichtlichen Konstitution mit einem abstrakten Instrumentarium auf eine zeitlose Konsistenz hin prüfen, von der jedermann weiß, daß sie einem Produkt des menschlichen Geistes gar nicht zukommen kann. Aber eben diese zeitlose Wahrheit wird von den exakten Wissenschaften in Anspruch genommen. Dieser Anspruch ist nachweislich unwahr. Insofern kann man sagen, daß schon die Vorlesung des Wintersemesters, obwohl sie sich nur mit der vergangenen Geschichte zu beschäftigen schien, die Unwahrheit der modernen Naturwissenschaft zu einem Teil aufgedeckt hat.

An der jetzigen Stelle unseres Weges habe ich den Rückblick auf die Wintervorlesung jedoch nicht deshalb eingeschaltet, weil ich nachträglich ihre Methode rechtfertigen wollte; weit wichtiger ist für uns

die Frage, was wir daraus für die Fortsetzung unseres Weges lernen
können. Ich will das durch ein Beispiel erläutern: Aristoteles ist der
erste Philosoph gewesen, der den verschiedenen Teilen seiner Philosophie selbständige Abhandlungen vorangestellt hat, die zeigen sollten, was die früheren Philosophen über die selben Probleme gelehrt
haben [140]. Aristoteles hat sich nicht als Historiker verstanden, und
diese Überblicke dienten nicht der Befriedigung historischer Wiß-
begierde. Sie haben vielmehr eine klar zu bestimmende methodische
Funktion. Aus der kritischen Analyse der Gedanken seiner Vorgänger hat Aristoteles die Aporien entwickelt, die seine eigene Philosophie auflösen sollte. Er zeigt, daß die Vorgänger immer nur einen
Teil dieser Aporien vor Augen hatten und deshalb nur einseitige oder
kurzschlüssige Antworten zu geben vermochten. Daraus ergibt sich
die methodische Forderung, daß jede Untersuchung, die zu halt-
baren Resultaten führen soll, damit beginnen muß, sich die *Gesamtheit*
der Aporien in einem vollständigen Katalog vor Augen zu führen [141].
Das größte Beispiel für einen solchen Aporien-Katalog ist das
III. Buch aus Aristoteles' „Metaphysik".

⟨4. Der transzendentale Schein von Identität und Logik⟩

Man könnte auch meinen kritischen Überblick über die Geschichte
des europäischen Naturverständnisses als einen solchen Aporien-Katalog auffassen; denn wenn es wahr ist, daß sich die Antinomien der
heutigen Wissenschaft aus der Inkommensurabilität der von ihr vorausgesetzten Entwürfe ableiten lassen, so ergibt sich aus der Analyse
dieser Entwürfe ein Katalog der ungelösten Grundprobleme moderner Wissenschaft; jeder Fortschritt der Erkenntnis kann dann nur aus
dem Versuch hervorgehen, uns eine so klar artikulierte Übersicht
über diese Probleme vor Augen zu stellen, daß ihre Auflösung denkbar wird. In diesem Sinne können meine bisher publizierten philosophischen Arbeiten und meine früheren Vorlesungen als mein
Aporien-Katalog angesehen werden.
Trotzdem besteht ein fundamentaler Unterschied zwischen den
aristotelischen Problemgeschichten und der Methode, nach der ich

---

[140] Vgl. Aristoteles' „De anima", a. a. O., 196 ff.
[141] A. a. O., Dritter Teil: Die Aporien, 227 ff.

vorgegangen bin. Aristoteles hat die Ewigkeit und Unveränderlichkeit der Struktur des Kosmos gelehrt. Aller Wandel im Werden und Vergehen vollzieht sich in unwandelbaren Formen – deshalb glaubt die Physik noch heute an die Unwandelbarkeit der fundamentalen Naturgesetze ebenso wie an die Unwandelbarkeit der Mathematik und der Logik, mit deren Hilfe wir diese Naturgesetze erkennen. Wenn die Struktur des Kosmos unwandelbar ist, dann sind auch die Grundprobleme des Denkens immer die gleichen, und die verschiedenen Philosophen unterscheiden sich nur durch den Grad an Klarheit und an Vollständigkeit, den sie bei der Erkenntnis dieser Probleme erreichen. Der Wandel in der Geschichte des Denkens ist dann von sekundärer Bedeutung, verglichen mit der Unwandelbarkeit dessen, was in diesem Denken erkannt wird.
Bevor ich auf den fundamentalen Unterschied zwischen der aristotelischen und meiner Methode zu sprechen komme, ist es nötig, darauf hinzuweisen, daß die aristotelische Weise, Geschichte zu betrachten, mir sehr viel näher steht als die Geschichtsbetrachtung des Historismus. Der Historismus läßt die Geschichte in die Vergangenheit versinken und hält die geschichtlichen Entwürfe, eben *weil* sie „geschichtlich" sind, im Hinblick auf die *Wahrheit* der Erkenntnis für irrelevant. Dadurch rechtfertigt er die Gleichgültigkeit der Naturwissenschaftler gegenüber ihrer eigenen Geschichte. In ihrem Grundverständnis vom Wesen der Zeit als einer geradlinig verlaufenden Einbahnstraße sind die Naturwissenschaften und die Geschichtswissenschaften sich einig. Beide betrachten die Vergangenheit als etwas, das man fortwährend hinter sich läßt. Wenn ich im Widerspruch dazu die Gegenwart der geschichtlichen Entwürfe zu demonstrieren versuche und es für sinnvoll halte, auch heute nach ihrer *Wahrheit* zu fragen, befinde ich mich in der Nachbarschaft des Aristoteles, der seine Vorgänger ebenfalls ernst genommen hat und sich bei ihrem Studium lediglich dafür interessierte, ob das, was sie gelehrt haben, wahr ist, während er die geschichtliche Bedingtheit der *Formen,* in denen ihr Denken sich aussprach, zwar kannte, aber für unwesentlich hielt. Wenn man Philosophen vergangener Zeitalter nicht die Möglichkeit zubilligt, daß sie erkannt haben könnten, was wahr ist, so sollte man sich lieber nicht mit ihnen befassen; denn man entwürdigt sie und zugleich sich selbst, wenn man es von vornherein für selbstverständlich hält, daß man weit über sie hinaus sei.
Trotzdem besteht ein fundamentaler Unterschied zwischen der

aristotelischen Problemgeschichte und meiner Methode der Geschichtsbetrachtung. Aristoteles setzt, wie ich schon sagte, die Unwandelbarkeit der Struktur des Kosmos voraus. Er stützt sich dabei auf die Lehre des Parmenides von der unwandelbaren Identität des Seins. Es ist ein Irrtum, wenn die Theologen glauben, durch die biblische Lehre von der Schöpfung sei die Lehre des Parmenides außer Kraft gesetzt, und die Neuzeit verdanke es der christlichen Theologie, daß sie das Sein „geschichtlich" versteht. Ich habe gezeigt, daß Kant und Hegel genau wie Aristoteles die Unwandelbarkeit der Identität voraussetzen müssen, weil sie die Gesetze der Logik für denknotwendig, also für unwandelbar halten. Zwar läßt man zu, daß die Natur eine Geschichte hat, aber die Gesetze des Denkens, das diese Geschichte erkennt, sollen zeitlose Gültigkeit haben. Die Identität wird also jetzt aus der Natur, die von der Physik erkannt wird, in das Subjekt dieser Physik verlagert, ohne daß sich an der Identität als solcher durch ihre Rückprojektion in das Denken etwas verändert hätte. Die Basis, von der aus Aristoteles die Ewigkeit der Welt gelehrt hat, ist auch in der Neuzeit nicht preisgegeben worden. Ob es ein Fortschritt ist, wenn statt der Zeitlosigkeit der Strukturen des Kosmos die Zeitlosigkeit des transzendentalen Subjektes gelehrt wird, darf man füglich fragen. Ich werde in diesem Semester zu zeigen versuchen, daß jene Voraussetzung, in der sich Parmenides wie Heraklit, Platon wie Aristoteles, Descartes wie Spinoza, Leibniz und Kant mit der Naturwissenschaft des 20. Jahrhunderts einig sind, auf einem transzendentalen Schein beruht: die unwandelbare Identität des Seins und der darauf sich stützende Glaube an die zeitlose Gültigkeit der Gesetze des Denkens widersprechen [142] dem Wesen der Zeit, so wie sie von sich aus ist und sich zeigt. Wenn es mir, wie ich hoffe, gelingt, dies zu zeigen, so wird sich daraus zugleich ergeben, wie meine Methode, die Geschichte des Denkens zu betrachten, sich von der aristotelischen Methode unterscheidet, und wie sie zu begründen ist.

---

[142] Im Text: „widerspricht".

⟨XVI. Das „logische Ich"⟩

⟨1. Die Realität der Projektionen der Subjektivität⟩

Die Kapitel XIV und XV dienten der Vorbereitung für unsere Arbeit. Kapitel XIV hat einige der Implikationen aufgedeckt, die in dem ersten Satz der Wintervorlesung enthalten sind: „Die Menschheit ist heute in Gefahr, durch ihre Wissenschaft von der Natur den Bereich der Natur, in dem sie lebt, und der ihrem Zugriff ausgesetzt ist, zu zerstören." Die Energie, die bei dieser Zerstörung am Werk ist, kommt in der Naturwissenschaft nicht vor. Trotzdem ist diese Destruktion ein Vorgang in der Natur. Eine Wissenschaft, die außerstande ist, diesen Vorgang in der Natur zu erklären, kann nicht die wahre Wissenschaft von der Natur sein. Die Sphäre innerhalb der Natur, in der dieser Vorgang sich abspielt, habe ich als das „Feld der Macht" charakterisiert. Im Feld der Macht durchdringt sich die der Naturwissenschaft unbekannte Energie des Denkens mit jenen Formen von Energie, die die Physik objektiviert. Die Trennung von Subjekt und Objekt läßt sich hier ebensowenig durchführen wie die auf ihr beruhende neuzeitliche Trennung von Geist und Materie. Daraus ergibt sich die schon im vorigen Semester vorgetragene These, daß wir lernen müssen, das Denken als einen Vorgang in der Natur zu verstehen.

Die Trennung von Materie und Geist spiegelt sich in der neuzeitlichen Trennung von Natur und Geschichte. Wenn Denken ein Vorgang in der Natur ist, so muß auch der Prozeß der europäischen Geistesgeschichte als ein Prozeß in der Natur verstanden werden. *Weil* die vergangene Geschichte ein Prozeß in der Natur gewesen ist und die Wirklichkeit, in deren Mitte wir leben, gestaltet hat und weiter gestaltet, können wir diese Geschichte nicht wie bloße Träume hinter uns lassen. *Weil* sie ein Prozeß in der Natur gewesen ist, ist die Geschichte wirklich gegenwärtig. Aus dieser Feststellung ergibt sich aber eine uns völlig ungewohnte Nötigung, über unsere Geschichte, die unsere Gegenwart ist, zur Klarheit zu gelangen. Das ist nur auf einem Wege möglich, der sich von den uns gewohnten Formen der Geschichtsbetrachtung fundamental unterscheiden muß. Im Wintersemester habe ich versucht, an einigen Beispielen zu demonstrieren, wie eine solche Betrachtung der Geschichte aussehen könnte. Nachdem jetzt deutlich geworden ist, daß die Geschichte aus der Natur nicht herausgebrochen werden kann, läßt sich auch nicht mehr übersehen, daß dabei ständig schon von der Natur die Rede war. Die methodischen Überlegungen von Kapitel XV sollten diesen Zusammenhang mit der Vorlesung des Wintersemesters und unserer jetzigen Arbeit deutlich machen.

Die Geschichte, als deren Resultat wir unsere heutige Situation zu betrachten haben, ist, wie sich gezeigt hat, die Geschichte eines Wandels der Stellung des Menschen innerhalb der Natur. Die Position innerhalb der Natur, der wir die Möglichkeit der neuzeitlichen Naturwissenschaft verdanken, ist dadurch charakterisiert, daß sich der Mensch als „Subjekt" versteht und sich damit zugleich aus der nun nur noch als Objektsphäre verstandenen Natur herausversetzt. Das gibt ihm einerseits eine zuvor ungeahnte Macht über die Natur; es beruht andererseits auf einer totalen Verkennung seiner wirklichen Stellung in der Natur. Denn eben dadurch, daß er sich selbst als Lebewesen in der Natur nicht mehr wahrnehmen kann, zerstört der Mensch seine Biosphäre in der Natur. Die Wintervorlesung hat schon erkennen lassen, welches „Phänomen" in der Natur durch die objektivierende Naturbetrachtung des zum Subjekt gewordenen Menschen zerstört wird: es ist das „Phänomen" des Lebens. (Ich habe das Wort „Phänomen" in Anführungszeichen gesetzt, weil „Leben" nicht als „Phänomen" sondern als Phänomenalität zu verstehen ist; was dieser Unterschied bedeutet, wird später zu erläutern sein [143].)

Sowohl das XIV. wie das XV. Kapitel haben uns zu dem gleichen Ergebnis geführt: Die Wurzel jener Verblendung, die uns zwingt, die Natur, in der wir leben, zu zerstören, ist darin zu suchen, daß der Mensch sich als das autonome Subjekt seines Denkens und seines Handelns versteht. Deshalb konnte ich im Wintersemester den Rückblick auf die Geschichte des europäischen Naturverständnisses nur so durchführen, daß ich die Vorgeschichte der Konstitution des Subjektes der neuzeitlichen Wissenschaft durchsichtig zu machen versuchte [144]. Wenn es nun wahr ist, daß wir unsere eigene – die vergangene wie die zukünftige – Geschichte nur so zu verstehen vermögen,

---

[143] 444ff.; vgl. dazu auch Kunst und Mythos, a. a. O., Zweiter Teil: „Die Phänomenalität der Kunst", 118ff.
[144] *Die Arbeiten, die ich in „Wahrheit, Vernunft, Verantwortung" veröffentlicht habe, sind ebenfalls diesem Thema gewidmet; s. Anm. 139, 318.*

wie sie sich uns hier und heute in der Durchleuchtung unserer wirklichen Situation zeigt, so können wir uns nicht erlauben, der Subjektivität einfach den Rücken zu kehren und festzustellen: das war falsch, jetzt wollen wir es einmal anders probieren. Die Subjektivität ist nämlich so beschaffen, daß sie die ihr immanenten Strukturen in der Form der Objektivation aus sich heraus in die Welt projiziert. Diese Projektionen der Subjektivität sind das, was wir mit vollem Recht als „objektive Realität" bezeichnen. „Realität" ist nicht die Wirklichkeit der Natur, sondern sie ist jene Deformation von Natur, die sich uns heute als Zerstörung präsentiert. Aber diese Deformation hat tatsächlich stattgefunden, und daß die *Negation* der Wirklichkeit die Faktizität der heutigen Welt begründet, ist jener alles beherrschende Sachverhalt, durch den wir uns genötigt sehen, über das Wesen von Natur neu nachzudenken. Unsere reale Umwelt ist, wie Hegel erkannt hat, „objektiver Geist", also in die Welt projizierte Subjektivität. Die Geschichte der Konstitution des Subjektes ist in jedem Gegenstand, den wir gebrauchen, insofern er Projektion von Subjektivität ist, real enthalten. Wenn wir, weil uns das Unbehagen bereitet, den Versuch machen wollten, in eine Art von Gegenwelt zu entfliehen und uns in eine angeblich heile Natur zurückzuträumen, so wäre das nichts als eine Fata Morgana. Alle Versuche, der Realität zu entfliehen, verstärken nur deren Eigendynamik. Man kann die Objektivationen verblendeter Subjektivität nur überwinden, wenn man der Subjektivität nicht den Rücken kehrt, sondern sie durchdringt, sie transparent macht und so – gleichsam im Kern der Subjektivität selbst – die Möglichkeiten aufbrechen läßt, durch deren Erkenntnis sie sich verwandeln muß. Kant ist in seinem Spätwerk bis an die Schwelle einer solchen Verwandlung vorgedrungen. Er hat zugleich in seinem System der transzendentalen Ideen das, was ich eben als den „Kern" der Subjektivität bezeichnet habe, in seinen Antinomien durchsichtig gemacht. Deswegen hielt ich es für nötig, gerade dieser Lehre von Kant so viel Zeit zu widmen. Wir werden also jetzt versuchen müssen, einen Ausgang aus dem selbstgezimmerten Käfig der Subjektivität zu finden. Die Richtung weist uns, wie ich vorgreifend schon sagte, die Frage nach dem Wesen der Zeit. Alles, was in der Natur ist, ist in der Zeit. Alles, was im Subjekt ist, ist in der Zeit. Die Zeit ist also der universale Horizont, der das Subjekt und seine Objektsphäre übergreift. Sowohl die Einheit der Natur wie die Einheit des Subjektes hat ihren Grund in der Einheit der Zeit. Sofern der Mensch in der Zeit ist, ist er in der Natur. Versteht er dies, so kann er sich der Natur nicht mehr als autonomes Subjekt gegenüberstellen; denn der Zeit gegenüber ist er *nicht* autonom; von der Zeit kann er sich *nicht* emanzipieren; deswegen weiß er, daß er sterben muß. Dies habe ich vorgreifend gesagt, um Ihnen die Richtung unseres Weges deutlich zu machen. Im Ausblick auf den Horizont der Zeit wiederholen wir nun die Frage nach der Konstitution des Subjektes.

⟨2. Das transzendentale Subjekt der neuzeitlichen Wissenschaft⟩

Zunächst wird es nützlich sein, daß ich noch einmal so einfach wie möglich in Erinnerung rufe, was die Philosophie der Neuzeit unter Subjekt versteht. Das Wort „Subjekt" bezeichnet nicht das Denken und Fühlen des einzelnen Menschen, so wie er sich in der Welt gerade befindet. Es bezeichnet vielmehr den Inbegriff jener Möglichkeiten, die allen Menschen zu allen Zeiten gemeinsam sind. Alle Menschen haben – im Unterschied zu den anderen Lebewesen – die Möglichkeit, „ich" zu sagen. Gerade darin, daß alle Menschen „ich" sagen können, sind sie nicht individuell sondern gleich. Außerdem haben alle Menschen, was wir „Bewußtsein" nennen; sie können denken. Das Vermögen, „ich" zu sagen, und das Vermögen zu denken sind aber nicht äußerlich zusammenaddiert, sondern fundieren sich wechselseitig. Der Mensch kann nur deshalb „ich" sagen, weil er denken kann. Er kann nur denken, weil er „ich" sagen kann. Deshalb hat Descartes diese beiden Grundbestimmungen, die sich in jedem Menschen vorfinden lassen, als eine unauflösliche Einheit betrachtet und das Wesen des Menschen überhaupt als *ego cogito* bezeichnet. Der einzelne Mensch ist nur dadurch, wie Kant dies ausgedrückt hat, ein „empirisches Subjekt", daß er im Grunde seines Wesens als das Vermögen, das sich in allen seinen Lebensäußerungen ausspricht, dasselbe *ego cogito* vorfindet, das jeder andere Mensch in sich ebenfalls vorfinden kann. Dieses Vermögen heißt bei Kant das „transzendentale Subjekt". Kant hat mit einer kühnen Umwandlung der traditionellen Terminologie das Vermögen des *ego cogito* als „Subjekt" bezeichnet, weil es das „Erste Zugrundeliegende" ist, das die Gesamtheit unserer Erkenntnisse trägt. Im gleichen Sinn hatte Descartes das *ego cogito* als „unerschütterliches Fundament", als *fundamentum inconcussum* bezeichnet. Der Begriff „Subjekt" soll diese Fundamentalität des *ego cogito* verankern. Wenn wir jeden beliebigen Menschen als „Subjekt" bezeichnen, bringen wir, soweit wir überhaupt dabei etwas denken, zum Ausdruck, daß jeder Mensch als „Lebewesen, das den Logos hat" in sich jenes Vermögen trägt, das alle Erkenntnis von Wahrheit begründet.

Die Wissenschaft der Neuzeit ist jene Form des Wissens und der Erkenntnis, die sich ergibt, wenn wir die Welt vom Standort des transzendentalen Subjektes aus nach den in der Konstitution dieses Subjektes vorgezeichneten Methoden betrachten. Das Subjekt, dessen innere Struktur Kant in seinen „Kritiken" durchsichtig gemacht hat, ist deshalb das Subjekt der Physik und der anderen neuzeitlichen Wissenschaften. Wir brauchen diese Wissenschaften nur zu betrachten, um alsbald zu bemerken, daß sie uns die Welt in einer ganz anderen Gestalt zur Vorstellung bringen, als wie wir diese selbe Welt unreflektiert aufzufassen pflegen. Die *Denkformen* des transzendentalen Subjektes haben eine andere Struktur als die Denkformen, die wir unmittelbar in uns vorfinden. Auch die *Erfahrung* des transzendentalen Subjektes – man nennt sie die Erfahrung der objektiven Realität – hat eine andere Beschaffenheit als die Lebenserfahrung jedes einzelnen Menschen. Aber jeder Mensch kann sich auf den Standort des transzendentalen Subjektes versetzen, und dann bemerkt er, daß die Formen von Erfahrung, in die er hier eintritt, eine Eigenschaft haben, die seiner alltäglichen Lebenserfahrung abgeht. Die Erfahrung der „objektiven Realität" ist allgemeingültig und notwendig. Sie ist nicht, wie die Lebenserfahrung, von der Individualität, den wechselnden Umständen und der geschichtlichen Lage der Erfahrungen machenden Individuen abhängig, sondern ist für alle Individuen eine und dieselbe. Wer immer sich den Methoden unterwirft, die in der Konstitution des transzendentalen Subjektes vorgezeichnet sind, muß bei der Beobachtung der Objekte zu den gleichen Resultaten gelangen. Auf dieser Identität der Methoden und der Resultate beruht die neuzeitliche Wissenschaft. Wenn wir für wahr halten, daß sich die Erde um die Sonne dreht, stützen wir uns darauf, daß jeder denkende Mensch, wenn er die Beobachtungen macht, auf denen diese Aussage beruht, nach denselben methodischen Regeln zu demselben Resultat kommen muß. Die Identität der Erkenntnisformen begründet die Allgemeingültigkeit der Erkenntnis physikalischer Gesetze. Da aber die Identität der Methoden ein Subjekt voraussetzt, das nach diesen Methoden denkt, wird in der Philosophie der Neuzeit, wie Kant als Erster klar herausgearbeitet hat, das transzendentale Ich zum Subjekt der Identität. Die Naturwissenschaft reflektiert nicht auf die Struktur des Subjektes, das sie voraussetzt, denn dieses Subjekt ist ja dadurch definiert, daß es sich selbst nicht als Objekt betrachten kann. Es kommt in der Objektsphäre der Naturwissenschaften gar nicht vor. Deswegen können die Naturwissenschaften auch nicht erklären, woher der Mensch die Fähigkeit hat, „ich" zu sagen. Aber wenn wir die Wahrheit der Naturwissenschaft prüfen wollen, nützt es uns nichts, bloß die Objekte anzustarren, die dieses Subjekt sich zur Vorstellung bringt. Wir müssen das Subjekt selbst ins Auge fassen. Nach welcher Methode wir dabei vorgehen, soll hier nicht abstrakt erörtert werden. Das kann nur das Verfahren selbst erweisen.

Kant, der, wie schon gesagt, als Erster die Notwendigkeit einer Analyse der konstitutiven Strukturen des Subjektes eingesehen hat, war an willkürlichen Spekulationen über Gott, die Welt und den Menschen nicht interessiert. Im Gegenteil: er wollte allen diesen Spekulationen durch die „Selbsterkenntnis der reinen Vernunft" ein Ende bereiten. Er setzte die Wahrheit der beiden neuzeitlichen Fundamentalwissenschaften – der Mathematik und der Physik – voraus und fragte, unter welchen Bedingungen wir behaupten können, diese Wissenschaften seien wahr. Diese Leitfrage hat ihn zur Entdeckung der konstitutiven Strukturen des transzendentalen Subjektes geführt. Mathematik und Physik sind wahr, wenn die Notwendigkeit und Allgemeingültigkeit der Erkenntnisformen des Subjektes dieser Wissenschaften so zwingend erwiesen sind, daß sich an ihnen nicht mehr rütteln läßt. Daraus gewinnt Kant dann Kriterien, nach denen sich seinem Anspruch nach alles beurteilen läßt, was Menschen denken und für wahr ausgeben können. Es ist wichtig, sich klarzumachen, daß die gesamte Philosophie von Kant von der Voraussetzung abhängt, daß an der Wahrheit der Mathematik und der Physik und an der Wahrheit der beide Wissenschaften fundierenden Logik nicht gezweifelt werden könne. Wir sind im Gegensatz zu Kant davon ausgegangen, daß eine Wissenschaft, die die Natur zerstört, auch wenn sie „richtig" ist, nicht wahr sein kann. Wir können die Bedeutung dieses Satzes jetzt präzisieren. Er besagt: selbst wenn nicht daran gezweifelt werden kann, daß jeder Mensch, der sich auf den Standort des transzendentalen Subjektes versetzt und sich den durch diesen

Standort ihm vorgezeichneten Regeln unterwirft, nur jene Resultate gewinnen kann, die die Naturwissenschaft uns präsentiert, so ist doch damit noch nicht ausgemacht, daß wir von diesem Standort aus die Natur so erkennen, wie sie von sich aus ist. Im Gegenteil: gerade Kant hat zwingend nachgewiesen, daß wir von diesem Standort aus die Natur nur so erkennen können, wie sie dem transzendentalen Subjekt *erscheint*. Er hielt diesen Standort trotzdem für notwendig. Aber es ist evident, daß diese Notwendigkeit sich aus der „Richtigkeit" von Mathematik und Naturwissenschaften nicht ableiten läßt; denn ihre Richtigkeit beruht ja nur auf ihrer Relation zum Standort des transzendentalen Subjektes. Darüber, ob dieser Standort selbst der wahre Standort des Menschen in der Natur ist, läßt sich aus der Richtigkeit der Naturwissenschaften weder positiv noch negativ etwas schließen. Indem wir die Frage nach der Wahrheit dieses Standortes stellen, verlassen wir also die Position von Kant, ohne die Resultate seiner Analyse der Subjektivität preiszugeben. Man könnte sogar sagen, daß wir zu Kant in einen Gegensatz treten; denn während er die Wahrheit der Naturwissenschaft voraussetzt, gehen wir von dem Satz aus: „Eine Wissenschaft, die die Natur zerstört, kann nicht wahr sein." Da wir aber die von ihm transzendental begründete *Richtigkeit* dieser Wissenschaften nicht in Frage stellen und seine Analyse der Struktur des Subjektes dieser Wissenschaft mit später zu erläuternden Modifikationen übernehmen, handelt es sich tatsächlich nicht um einen Widerspruch sondern um den *Übergang* in ein neues Gelände des Denkens, dem dann neue Formen des Denkens entsprechen werden. Bei einem solchen Übergang hängt offenbar alles davon ab, daß er in voller Klarheit und Durchsichtigkeit vollzogen wird. Die Probe auf die Wahrheit unserer nächsten Schritte ergibt sich nicht aus der Neuartigkeit und Faszination, durch die uns ungewohnte Gedanken blenden können; die Probe auf die Wahrheit liegt vielmehr in der inneren Notwendigkeit und Transparenz des Überganges, von dem ich gesprochen habe. Ich bitte Sie deshalb, Ihre Neugierde auf irgendwelche philosophische Sensationen, die immer eine fragwürdige Sache sind, zurückzustellen und sich zunächst auf diesen Übergang zu konzentrieren. Auch die methodischen Überlegungen von Kapitel XV dienten dem Zweck, diesen Übergang vorzubereiten.

3. Zusammenfassung
⟨und Entfaltung der Frage nach der Wahrheit des Denkens⟩

Ich habe in der letzten Vorlesungsstunde versucht zu zeigen, daß sich die Frage nach der Wahrheit der neuzeitlichen Naturwissenschaft auf die Frage nach der Wahrheit jenes Standortes der Erkenntnis zuspitzt, den die Philosophie der Neuzeit durch den Begriff des „transzendentalen Subjektes" bezeichnet. Wenn wir wissen wollen, ob die Erkenntnisse dieser Wissenschaft wahr sind, müssen wir untersuchen, wie das Subjekt dieser Wissenschaft beschaffen ist. Kant nennt dieses Subjekt das „logische Ich". Wir fragen also jetzt nach der „Wahrheit" des „logischen Ich".

„Wahrheit" bedeutet hier offenbar nicht „Übereinstimmung der Erkenntnis mit dem Sachverhalt". Wir setzen vielmehr, wie ich gesagt habe, hypothetisch voraus, daß die moderne Wissenschaft das Kriterium der Übereinstimmung erfüllt. Wir setzen hypothetisch voraus: *Wenn* man sich auf den Standort des „logischen Ich" begibt, könnten sich die Sachverhalte nur so präsentieren, wie die moderne Wissenschaft sie uns darstellt. Man kann auch diese Voraussetzung in Frage stellen. Ja, man muß sie sogar in Frage stellen. Deshalb gibt es in der modernen Wissenschaft so viele „Methoden-Diskussionen". Aber diese Methoden-Diskussionen bewegen sich doch, wenn ich so sagen darf, nur auf der Plattform jenes Aussichtsturmes, den sich die neuzeitliche Wissenschaft durch die Konstruktion des transzendentalen Subjektes geschaffen hat. Unsere Frage zielt hingegen auf die Wahl des Standortes für diesen Aussichtsturm, auf die Begründung seiner Fundamente und auf die Form seiner Konstruktion. Wir stellen also die Voraussetzungen, unter denen jene Methoden-Diskussionen erst möglich sind, in ihrer Gesamtheit in Frage. Wir entfernen uns damit so weit vom Standort der modernen Wissenschaft, daß wir zum Zweck der Vereinfachung ruhig die Annahme konzedieren können: wenn man sich überhaupt auf den Standort des transzendentalen Subjektes begibt, müsse die Natur sich so zeigen, wie die moderne Wissenschaft sie darstellt. Steigt man vom Aussichtsturm herunter und begibt man sich auf einen anderen Berg, so gewinnt man von derselben Landschaft ein völlig anderes Bild. Die Frage nach der Wahrheit unserer Erkenntnis hängt dann nicht mehr davon ab, ob die Okulare, die wir uns fabrizieren, ein Bild zeigen, das mit den Gegenständen übereinstimmt; sie hängt vielmehr davon ab, ob wir

einen Standort finden, von dem wir am ehesten annehmen können, daß er erlaubt, die Natur so zu Gesicht zu bekommen, wie sie von sich aus ist.
Die Metapher, die ich gewählt habe, impliziert, daß es einen absoluten Standort, von dem aus wir die Natur so sehen könnten, wie Gott sie schauen mag, nicht gibt. Trotzdem verfallen wir auch nicht dem Trug, alle Standorte seien ja doch nur relativ, und es sei deshalb völlig gleichgültig, welchen Standort wir gerade einnehmen mögen – wissen wir doch aus eigener Erfahrung, daß es Standorte gibt, von denen aus man Vieles und richtig, und andere Standorte, von denen aus man nur wenig und in verzerrter Perspektive zu sehen bekommt. Dies möge vorerst genügen, um die metaphorische Redeweise von einem „Standort" der Erkenntnis zu erläutern. In diesem metaphorischen Sinn behaupten wir, daß die moderne Wissenschaft sich auf einem ihr selbst unbekannten „Standort" befindet, den Kant durch den Begriff „transzendentales Subjekt" genau bezeichnet hat. Ich habe die zusätzliche Metapher eines „Aussichtsturmes" verwendet, um deutlich zu machen, daß dieser Standort nicht in der Natur einfach vorgefunden werden kann, sondern daß es einer höchst komplizierten Konstruktion bedurfte, um ihn dem Menschen überhaupt möglich zu machen. Wir haben also zwei Fragen zu stellen:
– Wie ist die Konstruktion des transzendentalen Subjektes beschaffen?
– Wo hat diese Konstruktion in der Natur ihren Platz?
Es wird sich zeigen, daß die Analyse der immanenten Konstruktion des transzendentalen Subjektes zugleich schon den „Platz" dieser Konstruktion innerhalb der Natur sichtbar macht.
Um die Konstruktion des Subjektes der neuzeitlichen Philosophie und Wissenschaft durchsichtig zu machen, habe ich in einem improvisierten Einschub die Vorgeschichte der Subjektivität skizziert. Der Begriff des Subjektes setzt die seit Aristoteles die europäische Philosophie bestimmende Definition des Menschen als des „Lebewesens, das den Logos hat" voraus. Das Wort λόγος heißt in dieser Definition bei Aristoteles *nicht* Vernunft; λόγος bedeutet vielmehr in dieser Definition „die Aussage", genauer: eine bestimmte Form der Aussage, nämlich jene, die Aristoteles λόγος τῆς οὐσίας nennt. Die οὐσία eines jeden Seienden ist jene Struktur, die sich im zeitlichen Wandel des Entstehens und Vergehens unverändert durchhält und es zu dem macht, was es ist. Das griechische Wort für diese unverän-

liche Struktur heißt εἶδος – die Gestalt. Der λόγος τῆς οὐσίας ist jene Form der Aussage, die durch den Vordergrund der wechselnden Erscheinungen hindurch diese bleibende Gestalt zu erfassen vermag. Wenn wir wissen wollen, warum gerade diese Form der Aussage als das eigentümliche Merkmal des Menschen aufgefaßt wurde, müssen wir uns an eine platonische Lehre erinnern, die Aristoteles in abgewandelter Form voraussetzt. Es ist die sogenannte Anamnesis-Lehre. Im „Menon" hat Platon demonstriert, daß alles Erkennen, Einsehen und Wissen primäre Grunderkenntnisse voraussetzt, die wir nicht durch Wahrnehmung oder durch Lernen in uns aufnehmen, sondern die immer schon vorgegeben sind. Der ungebildete Sklave, den Sokrates dort dahin führt, den pythagoräischen Lehrsatz einzusehen, weiß schon, obwohl er es nie gelernt hat, was eine Fläche, eine Linie und eine Ecke ist. Er weiß, was Gleichheit und was Ähnlichkeit ist, und er kann zählen. In diesem vorgegebenen Wissen ist impliziert, was wir heute als die „Axiome" der euklidischen Geometrie zu bezeichnen pflegen. Weil der Sklave das Wissen von diesen Axiomen, ohne je etwas von ihnen gehört zu haben, auf irgendeine unbestimmte Weise schon in sich trägt, ist er in der Lage, unter Anleitung des Sokrates einen aus diesen Axiomen abgeleiteten mathematischen Satz einzusehen (82 B 3–85 C 9). So verhält es sich aber nicht nur mit der Mathematik sondern mit jeder Form der Erkenntnis und des Lernens. Alle Erkenntnisse setzen primäre Einsichten voraus, die nicht aus der Erfahrung abgeleitet werden können. Kant nennt sie deshalb „Erkenntnisse *a priori*". Das, was sich uns im Licht dieser Erkenntnisse zeigt, sind die beständigen Strukturen des Seins – also jene Strukturen, die dann im λόγος τῆς οὐσίας aufgewiesen werden. Diesen Logos kann nur ein Lebewesen haben, das *a priori* jenes Wissen in sich trägt, das es die bleibenden Strukturen des Seins erkennen läßt. Im „Menon" hat Platon diese Bestimmung des Menschen in dem Satz zusammengefaßt: „Immer ist uns die Wahrheit des Seienden in der Seele."[145] Sie *ist* in der Seele: das bedeutet nicht, daß die Seele so etwas wie ein Kasten wäre, in dem die Wahrheit des Seienden aufbewahrt wäre. Es bedeutet vielmehr, daß die Wahrheit des Seienden in unserer Seele präsent ist und sich uns deshalb zeigen kann. Sie zeigt sich, wenn wir sie im Logos aufweisen. Deshalb sagt Platon im „Phaidros": „es ist notwendig, daß der Mensch versteht,

---

[145] ἀεὶ ἡ ἀλήθεια ἡμῖν τῶν ὄντων ἐστὶν ἐν τῇ ψυχῇ; 86 B 1f.

was dem εἶδος entsprechend ausgesagt wird"[146]. (Sie sehen aus dieser Stelle zugleich, daß das Wort λόγος nicht ein Seelenvermögen sondern lediglich das Instrument der Aufweisung des εἶδος bezeichnet. Das zugehörige Seelenvermögen, nämlich die διάνοια und der sie fundierende νοῦς, wird an der Stelle aus dem „Phaidros" durch das Wort συνιέναι = verstehen bezeichnet. Der νοῦς ist aber bei Platon und bei Aristoteles nicht, wie die „Vernunft" der neuzeitlichen Philosophie, ein auf sich selbst zurückbezogenes, ein reflexives „Vermögen" sondern die reine Offenheit der Seele für die Wahrheit des Seins. Daraus ergibt sich: die aristotelische Bestimmung des Menschen als „Lebewesen, das den Logos hat" bedeutet, daß das Wesen des Menschen darin liegt, daß er die Möglichkeit hat, die Wahrheit zu erkennen. Aus dem Wesen der Wahrheit wird das Wesen des Menschen abgeleitet; der Logos ist das Instrument, an dem man erkennen kann, daß das Wesen des Menschen dem Wesen der Wahrheit zugeordnet ist.

Die aristotelische Wissenschaftslehre der „Analytica Posteriora" gibt uns die Möglichkeit, genau zu bestimmen, wie hier das Wesen der Wahrheit und damit das Wesen des Menschen verstanden wird: die Wahrheit erscheint hier in der Seele des Menschen in jener Gestalt, die ich in Kapitel II als „Evidenz" charakterisiert habe. Im aristotelischen Logos wird ergriffen, wie sich das Seiende im Licht der Evidenz uns zeigt. Die Formen, in denen wir das, was evident ist, erkennen, hat Aristoteles in seiner „Logik" dargestellt. Deswegen begründet diese aristotelische Definition des Menschen die für das europäische Denken und die Naturwissenschaft der Neuzeit so folgenreiche Vorherrschaft der Logik. Der Mensch ist das Wesen, das über die Logik verfügt. Sehr bald wird vergessen, daß der Logos (und damit die Logik) ursprünglich nur Instrument der Erkenntnis ist, und daß die fundamentale Bestimmung des Wesens des Menschen die Offenheit seiner Seele für die Wahrheit des Seins ist. Man operiert mit der Logik, ohne sich um die Wahrheit des Seins weiter zu kümmern. Heidegger hat das als „Seinsvergessenheit" bezeichnet und gezeigt, daß die moderne Form von Wissenschaft durch diese Seinsvergessenheit erst ermöglicht wird.

Die aristotelische Definition des Menschen als des Lebewesens, das den Logos hat, ist unter dem Einfluß der stoischen Philosophie als-

---

[146] δεῖ γὰρ ἄνθρωπον συνιέναι κατ' εἶδος λεγόμενον; 249 B 6f.

bald umgedeutet worden. Man interpretierte den Logos als Seelenvermögen. Das *Lebe*wesen, das den *Logos* hat, verwandelte sich in das *animal rationale* – das vernunftbegabte Tier. In dieser Umdeutung geht sowohl die Wahrheit wie der aristotelische Begriff des Lebens verloren, der ebenfalls die Wahrheit in sich enthält; denn „Leben" wird von Aristoteles als Einheit von Wahrheit und Bewegung gedeutet. Die große Umdeutung des Wortes λόγος erfolgt unter dem Einfluß der stoischen Logos-Metaphysik. Diese Metaphysik knüpft nicht an Platon und Aristoteles an, sondern ist das Ergebnis einer höchst gewaltsamen Umdeutung der Lehre des Heraklit. Deswegen habe ich in Kapitel VII die Lehre des Heraklit darzustellen versucht, ohne deren Kenntnis man nicht verstehen kann, wie die Stoiker dazu gekommen sind, die Einheit, die sich in der Natur manifestiert und die Natur zusammenhält, als Logos zu bezeichnen, und diesen selben Logos mit der Vernunft des Menschen zu identifizieren. Für eine Darstellung der stoischen Logos-Metaphysik fehlt hier die Zeit. Ich darf voraussetzen, daß Ihnen bekannt ist, daß nach stoischer Lehre der selbe Logos, der als schöpferisches Prinzip die Welt gestaltet, sich in unserem Denken als die Gesetzmäßigkeit unserer Erkenntnis und in der Ethik als Norm des Handelns manifestiert. Durch die Identität des Logos, der die Natur beherrscht, mit dem Logos, der unserem Denken seine Gesetzmäßigkeit vorschreibt, ist in der stoischen Logos-Metaphysik gesichert, daß wir *natur*gemäß denken, wenn wir den Gesetzen des *Logos* gemäß denken. Durch die Identität des Logos der Natur mit den Normen des Handelns ist garantiert, daß wir *natur*gemäß leben, wenn wir das Gesetz des *Logos* befolgen. Diese Identität ist nach stoischer Lehre dadurch gesichert, daß der Mensch einen Funken des sich als Logos manifestierenden Urfeuers in seiner Seele trägt. So wird der Logos zum Seelenvermögen und erhält die Bedeutung „Vernunft". In die durch diese Metaphysik überhaupt erst produzierte Vernunft wird aber nun in einem komplizierten Prozeß der Umdeutung die aristotelische Logik hineinprojiziert. So wird das Gesetz des Logos, der die Natur beherrscht, mit der Logik identifiziert. Die Gesetze der Natur sind identisch mit den Gesetzen der Logik. In den Gesetzen der Logik erfassen wir die Gesetze der Natur. Der europäische Vernunftbegriff und der europäische Begriff der Natur sind in dieser stoischen Lehre verankert. Man muß hinter die Metaphysik der Stoa nach ihren geschichtlichen Voraussetzungen, das heißt nach Heraklit auf der einen Seite, nach

Aristoteles auf der anderen Seite zurückfragen, wenn man sich in die Lage versetzen will, zum europäischen Vernunftbegriff und zum europäischen Naturbegriff in eine kritische Distanz zu treten; denn was Europa – vor allem in der Neuzeit – unter „Vernunft" und unter „Natur" verstanden hat, ist ein und dasselbe; es ist der Logos der stoischen Metaphysik. – Die staunenswerte Vorherrschaft der Stoa in der Philosophie der Neuzeit erklärt sich daraus, daß die Philosophie und Wissenschaftslehre des 17. und 18. Jahrhunderts, wie zuerst Dilthey gezeigt hat, als eine in verschiedenen Schüben erfolgende Renaissance stoischer Philosophie dargestellt werden kann. Eine Etappe dieser Stoa-Renaissance ist die Philosophie von Kant – vor allem seine Ethik. Deswegen definiert Kant die Philosophie als „Gesetzgebung der Vernunft".

Wenn der Mensch in seiner eigenen Seele einen Funken des göttlichen Logos trägt, so ist der Weg der Erkenntnis notwendig ein Weg der Rückbeziehung alles dessen, was wir wahrnehmen und erkennen können, auf die in unserer Vernunft sich manifestierende Wahrheit. Der Weg des Denkens kann dann nur der Weg der Reflexion sein. Der stoische Begriff dafür heißt συνείδησις, lateinisch *conscientia*. In allem, was wir wissen können, ist der Logos, den wir in uns selbst tragen, notwendig immer „das Mitgewußte", und die Wahrheit dieses Mitgewußten begründet die Wahrheit alles übrigen Wissens. Nun sahen wir aber schon, daß sich nach stoischer Lehre der Logos in der Seele auf zweifache Weise manifestiert: als Gesetz des Denkens und als Norm des Handelns. Entsprechend muß auch der Begriff der *conscientia* sich in doppelter Richtung entfalten: *conscientia* ist einerseits „Bewußtsein" und andererseits „Gewissen". Bei Augustin ist diese doppelte Bedeutung des Wortes *conscientia* voll entfaltet. Da aber beide Bedeutungen von *conscientia* auf einen und denselben Logos zurückgehen, ist es nicht möglich, das Bewußtsein vom Gewissen oder umgekehrt das Gewissen vom Bewußtsein zu trennen. Wenn wir das Sich-Manifestieren des Logos in der Seele „Denken" nennen – und die gesamte europäische Tradition hat „Denken" immer so verstanden –, dann ist weder Gewissen noch Bewußtsein ohne Denken möglich. In Beidem manifestiert sich die Vernunft. Das ist der Grund, weshalb bei Kant die Vernunft in doppelter Gestalt als theoretische und als praktische Vernunft erscheint. Kant sagt in der „Kritik der reinen Vernunft": „Die Gesetzgebung der menschlichen Vernunft (Philosophie) hat nun zwei Gegenstände, Natur und

Freiheit, und enthält also sowohl das Naturgesetz, als auch das Sittengesetz, anfangs in zwei besonderen, zuletzt aber in einem einzigen philosophischen System. Die Philosophie der Natur geht auf alles, was da ist, die der Sitten nur auf das, was da sein soll." (B 868; 3, 543) Das ist der Entwurf einer auf der Basis der stoischen συνείδησις-Lehre entworfenen Metaphysik der Vernunft.

Hat man die Tradition vor Augen, die ich hier kurz zu skizzieren versuchte, so versteht man, wie Descartes den Grundriß des transzendentalen Subjektes der neuzeitlichen Philosophie konstruiert hat. Das vernunftbegabte Lebewesen erkennt die Wahrheit dadurch, daß es denkt. Zum Denken gehört zweierlei: erstens das, *was* gedacht wird; zweitens, *daß* gedacht wird. *Daß* gedacht wird, setzt ein Ich voraus, das denkt. Dieses Ich ist das in jedem Wissen Mitgewußte, in jedem Denken Mitgedachte; es ist also der nicht zu erschütternde *Grund,* es ist das *fundamentum inconcussum* des Denkens. Weil in allem, was gedacht werden kann, das denkende Ich immer mitgedacht wird, ist nicht nur das Denken sondern auch das in ihm Gedachte immer reflexiv auf das Ich zurückbezogen. Denken kann das, was in ihm gedacht wird, nur so vorstellen, daß es durch die Form der Vorstellung auf das denkende Ich zurückbezogen, daß es ein diesem Ich Entgegengestelltes, daß es *obiectum* ist. Das Denken selbst enthält durch diesen doppelten Bezug auf das *obiectum* einerseits, das „Ich" andererseits jene reflexive Struktur, die man „Bewußtsein" nennt. „Bewußtsein" ist immer „Bewußtsein eines Ich". Bewußtsein ist also immer Selbstbewußtsein. Fragen wir aber nach dem *Wesen* des Ich, also nach dem „Selbst" im Selbstbewußtsein, so taucht hinter der *conscientia* als Bewußtsein die *conscientia* als Gewissen auf. Das „Ich" findet sich in seinem Grunde auf die Wahrheit Gottes verwiesen. Das ist die Figur des Gottesbeweises von Descartes bis Hegel. Er reproduziert, wie sich nun zeigt, die Struktur der stoischen Logos-Metaphysik. Ohne Gottesbeweis hat das Subjekt keinen Grund; dann ist auch die Wahrheit des Gedachten in Frage gestellt. Diese Erkenntnis führte zur Krise der Metaphysik; sie ist identisch mit der Krise der Subjektivität.

Um uns zunächst den Zusammenhang zwischen der methodischen Struktur naturwissenschaftlicher Theoriebildung und der Konstitution des Subjektes noch einmal klar vor Augen zu stellen, zitiere ich die ersten drei Punkte der Zusammenfassung, die ich auf Seite 229 der Wintervorlesung gegeben habe:

„1. Natur ist nach Kant ‚der Zusammenhang der Erscheinungen ihrem Dasein nach nach nothwendigen Regeln, d. i. nach Gesetzen' (KrV B 263; 3, 184). Diese Definition umreißt jenes Vorverständnis von Natur, das, wie wir gesehen haben, noch heute Methodik und Theoriebildung der Naturwissenschaften bestimmt.
2. Die Regeln, als deren Inbegriff Natur sich darstellt, sofern sie wissenschaftlich erkannt wird, entspringen aus den Verstandesbegriffen, das heißt aus den elementaren logischen Funktionen. Die Einheit der Natur als Inbegriff der Objekte möglicher Erfahrung hat demnach ihre Basis in der Einheit der logischen Funktionen.
3. Die logischen Funktionen sind dadurch eine Einheit, daß sie sich als Verstandesbegriffe auf die Einheit des Bewußtseins zurückbeziehen, das in diesen Begriffen denkt und sich Natur in den Formen der Verstandesbegriffe zur Vorstellung bringt. Das Subjekt der Regeln, ‚welche allererst eine Natur möglich machen' (a. a. O.), ist das logische Ich."
Descartes hat, wie ich schon sagte, das *ego cogito* als Subjekt der neuzeitlichen Wissenschaft dadurch konstituiert, daß er das Vermögen, „ich" zu sagen, mit dem Vermögen zu denken gleichgesetzt hat. Kants Ausdruck „das logische Ich" gibt für diese Gleichsetzung die Formel. Wir prüfen: erstens, ob das Vermögen, „ich" zu sagen, in dem Vermögen zu denken unverkürzt aufgeht; zweitens, ob das Vermögen zu denken mit den logischen Funktionen so selbstverständlich identifiziert werden kann, wie Philosophie und Wissenschaft der Neuzeit das voraussetzen.

⟨XVII. Weltseele und Seele des Menschen⟩

Wir versuchen zuerst, Standort und Wesen des „logischen Ich" zu bestimmen. Vorblickend habe ich schon deutlich gemacht, welche Fragestellung uns leiten muß, wenn wir die Konstitution und den Standort des „logischen Ich" im Hinblick auf seine Stellung zur Natur für uns durchsichtig machen wollen. Da sowohl das Denken des Subjektes wie die Natur in der Zeit sind, müssen wir das Verhältnis von Subjektivität und Zeit untersuchen, wenn wir darüber ins klare kommen wollen, wie das Subjekt der neuzeitlichen Naturwissenschaft sich zur Natur, wie sie von sich aus ist, verhält. Nun ist aber

das transzendentale Subjekt für alle Menschen zu allen Zeiten das gleiche. Sein Anspruch auf Notwendigkeit und Allgemeingültigkeit seiner Erkenntnisse stützt sich auf diese seine Zeitlosigkeit. Die Zeit ist nach der Lehre von Kant nur die Form, in der das Subjekt sich selbst *erscheint*. Sein wahres, intelligibles Wesen ist außer der Zeit. Wenn wir behaupten, das Subjekt sei in der Zeit, nehmen wir bereits einen Standort ein, der außerhalb des Horizontes der Philosophie der Subjektivität liegt. Wir setzen dann schon ein Verständnis der Zeit voraus, das zum Zeitverständnis der Subjektivität und zum Zeitverständnis der neuzeitlichen Wissenschaft im Widerspruch steht. Würden wir uns gleichsam mit einem Sprung auf den Boden dieses neuen Zeitverständnisses versetzen, so hätten wir das, was wir uns vorgenommen haben, nämlich den *Übergang* aus der Sphäre der Subjektivität in eine neue Sphäre des Denkens, gerade *nicht* vollzogen. Wir werden deshalb damit beginnen müssen, die immanente Struktur des Subjektes auf ihre Konsistenz hin zu prüfen. Die Methode einer solchen Prüfung ergibt sich aus den Erläuterungen, die ich in Kapitel XV gegeben habe: Wir werden die immanenten Strukturen des Subjektes der neuzeitlichen Wissenschaft verstehen, wenn wir den geschichtlichen Prozeß durchschauen, durch den es sich konstituiert hat. Einen Teil der geschichtlichen Analysen, die dazu nötig sind, habe ich in der Wintervorlesung vorgetragen. Ein anderer Teil ist in „Wahrheit, Vernunft, Verantwortung" veröffentlicht. Der Eine oder Andere von Ihnen hat vielleicht auch die Vorlesung über das Werk des Aristoteles „Von der Seele" gehört, die ich um dieser „systematischen" Frage willen gehalten habe[147]. Ich brauche deshalb hier nicht in ausführliche historische Untersuchungen einzutreten, sondern ziehe aus diesen und anderen Arbeiten die Summe.
Im Kant-Abschnitt der Wintervorlesung habe ich versucht, von Kant her deutlich zu machen, daß es unmöglich ist, etwas zu erkennen, wenn man sich nicht vorgängig den Horizont erschlossen hat, in dem es sich zeigt. Der Horizont des „logischen Ich" ist jener Bereich, den das europäische Denken seit Platon „Seele" nennt. Bei Platon bedeutet das Wort „Seele" etwas anderes, als was das christliche Europa „Seele" nennt. Das Seminar, das ich in den vergangenen zwei Semestern über Platons „Phaidros" gehalten habe, sollte den Erfahrungsbereich zugänglich machen, in dem sich Platons Lehre von der

---

[147] Jetzt: Aristoteles' „De anima", a. a. O.

Seele gestaltet. Ich kann die Ergebnisse hier nicht rekapitulieren, sondern stelle summarisch Folgendes fest:
„Seele" bedeutet bei Platon primär nicht die Seele des Menschen sondern die Seele des Kosmos oder, wie man zu sagen pflegt, „die Weltseele". Im Kosmos ist die Seele der Ursprung aller Bewegung überhaupt, denn sie ist das, was sich selbst bewegt. Platon hat alle Bewegung überhaupt auf die Selbstbewegung der Weltseele zurückgeführt. Alles, was lebt, also auch der Mensch, hat „Seele", weil es sich selbst bewegt. Das Wort „Seele" bedeutet deshalb das Selbe wie das Wort „Leben". Für das neuzeitliche Denken sind Seele und Leben auseinandergefallen, weil Leben im Horizont neuzeitlicher Naturwissenschaft nur als ein funktionaler Prozeß in der objektivierten Natur verstanden werden kann, dessen Verlauf und dessen Gesetze man physikalisch abzuleiten versucht. (Ich verwende hier das Wort „Physik", wie es dem heutigen Stand der Wissenschaft entspricht, als eine Bezeichnung, die Chemie und Biologie als Spezialwissenschaften in sich begreift.) „Seele" hingegen wird im neuzeitlichen Denken als „Bewußtsein" interpretiert. Auch die unterbewußten und unbewußten Schichten der Seele werden, wie diese Begriffe schon sagen, im Hinblick darauf betrachtet, daß sie potentielles Bewußtsein sind. Das Wort „Bewußtsein" hat, obwohl wir das vergessen haben, immer etwas mit Wahrheit zu tun, denn selbst wenn das Bewußtsein sich täuscht, ist es in dieser Täuschung für sich selbst manifest; das Bewußtsein „weiß" sich selbst; es ist nur möglich als Selbstbewußtsein. Dieses Sich-selbst-manifest-Sein des Bewußtseins hat Descartes als Selbst*gewißheit* interpretiert. In ihr hat er die Grundlage jeder anderen Gewißheit, also die Grundlage der Erkenntnis von Wahrheit gefunden. Im neuzeitlichen Denken fallen also das als Prozeß in der Natur verstandene Leben und das auf Wahrheit bezogene Bewußtsein auseinander. Im Gegensatz dazu haben Platon wie Aristoteles das Streben nach Wahrheit als den Trieb betrachtet, durch den die Seele sich selbst bewegt und damit lebt. Das ist die Summe der Seelenlehre in Platons „Phaidros", und ebenso ist in Aristoteles' Werk von der Seele die Frage nach dem Verhältnis von Wahrheit und Bewegung, also die Frage nach dem Wesen des Lebens, die beherrschende Leitfrage[148]. Nicht nur die Reihe der Organismen bis hinauf

---

[148] Vgl. a. a. O., insbesondere den Vierten Teil: „Die οὐσία der Seele", 263 ff.

zum Menschen sondern auch die Weltseele wird durch das Streben nach Wahrheit in Bewegung gehalten, und diese Selbstbewegung ist, wie ich schon sagte, der Ursprung aller anderen Bewegung. Nun ist das Wort φύσις der Inbegriff alles dessen, was in Bewegung ist – sei es, daß es sich selbst bewegt, sei es, daß es von Anderem bewegt wird. Seele ist also nicht nur so in der Natur, wie sich andere Phänomene auch in der Natur vorfinden; Seele ist vielmehr der Ursprung und das Wesen von Natur überhaupt. Würde die Selbstbewegung der Seele zum Stillstand gebracht, so würde, wie Platon im „Phaidros" sagt, „das ganze Himmelsgebäude und die ganze Sphäre des Entstehens und Vergehens in sich zusammenstürzen und stehenbleiben und hätten niemals wieder die Möglichkeit, sich zu bewegen und in Erscheinung zu treten"[149].

Das ist der Horizont, der vorgegeben war und vorgegeben sein mußte, damit das Selbstverständnis des Menschen als Subjekt sich ausbilden konnte. Will man sich die Entstehung dieses Horizontes geschichtlich verständlich machen, so kann man sagen, daß Platons Lehre von der Seele eine Synthese von Heraklits Lehre von der Seele und der Lehre des Parmenides vom νοῦς ist. Für die Lehre des Parmenides verweise ich auf meinen Parmenides-Aufsatz[150]; Heraklits Lehre von der Seele habe ich in der Wintervorlesung dargestellt (183 ff.), weil ohne Heraklit gar nicht verständlich werden kann, daß das Wort „Seele" primär nicht die Seele des Menschen sondern eine die ganze Physis durchgreifende Manifestation des Seins bezeichnet. Ich brauche dies hier nicht zu wiederholen, sondern erinnere nur daran, daß sich der Logos, in dem die Einheit der Welt gründet, und der um der Selbstmanifestation seiner Wahrheit willen „Feuer" genannt wird, in drei Modifikationen des Seins, die Heraklit als „Wenden des Feuers" bezeichnet, in der Natur zeigt. Diese drei Brechungen der Wahrheit des Seins sind Struktur, Kontinuum und „Transparenz". Als „Transparenz" habe ich das Medium bezeichnet, innerhalb dessen alles, was in der Physis ist, sich zeigt. Der griechische Name für dieses Medium ist „Seele". Sie ist, im Wechsel von

---

[149] ἢ πάντα τε οὐρανὸν πᾶσάν τε γῆν εἰς ἓν συμπεσοῦσαν στῆναι καὶ μήποτε αὖθις ἔχειν ὅθεν κινηθέντα γενήσεται. 245 D 8 – E 2.
[150] „Die Epiphanie der Ewigen Gegenwart: Wahrheit, Sein und Erscheinung bei Parmenides", in: Wahrheit, Vernunft, Verantwortung, a. a. O., 36 ff.

Dunkelheit und Helligkeit, von Leben und Tod, in steter Bewegung. Auf die Einzelheiten kann ich hier nicht eingehen, sondern muß auf den Heraklit-Abschnitt der Wintervorlesung verweisen. Platon hat den sich selbst gleichen νοῦς des Parmenides mit der ewig bewegten Seele des Heraklit verschmolzen. Aus dieser Verschmelzung ist seine Weltseele hervorgegangen.

Durch die Verschmelzung von Parmenides und Heraklit war ein Horizont geschaffen, der alles umspanne, was überhaupt in der Physis erscheinen kann, also nicht nur die Götter und deren Erscheinung: die Sterne, sondern auch Luft, Wasser, Erde und alles, was diese Bereiche bevölkert, und in der Mitte zwischen dem, was göttlich, und dem, was vergänglich ist: der Mensch. Weil der Mensch derart in der Mitte steht und als ein Mikrokosmos alle Bereiche der Physis in seinem eigenen Wesen vereinigt, ist seine eigene Seele für alle Bereiche der Physis geöffnet. So hat er Teil an der Seele des Kosmos. Ebenso wie die Weltseele – verglichen mit der sinnlich sichtbaren Gestalt der Erscheinungen, die den Kosmos erfüllen – gleichsam als unsichtbarer Innenraum des Kosmos erscheint, entdeckt der Mensch die Universalität der Bezüge seines Lebens zur Physis nicht außer sich als etwas, das er mit Händen greifen kann, sondern „in sich". Genauer gesagt: jener durch das Wort „innen" bezeichnete Raum, den wir die „Seele" des Menschen nennen, entsteht überhaupt erst durch die Rückprojektion der Dimensionen der Weltseele in die Seele des Menschen. Was das europäische Denken „Seele" nennt, ist die in das Innere des Menschen zurückprojizierte griechische Physis. Besonders wichtig ist dabei, daß auch die Götter des griechischen Mythos in das Innere des Menschen zurückprojiziert werden. Ich habe das in der Vorlesung über „Kunst und Mythos"[151] und in einer früheren Vorlesung über Platons „Symposion" an einigen Beispielen demonstriert. Die ganze spätere Lehre von den „Seelenvermögen" ist aus der Rückprojektion von alten Göttergestalten in den nun „Seele" genannten Innenraum hervorgewachsen. Was nicht in das Innere des Menschen zurückprojiziert werden kann, sind die Phänomene, die wir sinnlich wahrnehmen: das Körperliche, das Ausgedehnte, das, was man seit Demokrit als „Materie" auffaßte. Deswegen hat Demokrit die erste physikalische Theorie entworfen, die die Natur als eine

---

[151] Vgl. insbesondere Vierter Teil, III. Kapitel „Mythos und Affekt", 441 ff.

Agglomeration von Korpuskeln im Raum, also als *res extensa* auffaßte und das Leben aus der Natur verbannte.
Daß sich der Innenraum der Seele durch eine Rückprojektion der Physis konstituiert, können wir heute noch an jener Lehre von der Unterscheidung der Seelenvermögen ablesen, die dann die ganze europäische Psychologie bis zum heutigen Tage bestimmt. Jenem Bereich in der Physis, der als die sublunare Sphäre des Entstehens und Vergehens aufgefaßt wird, entspricht das Seelenvermögen, durch das der Mensch in diese Sphäre gefesselt ist: das Begehrungsvermögen, das bei Platon die sich nach „außen" wendende Sinnlichkeit in ihrer Gesamtheit, also die Affekte und die Wahrnehmungen, umfaßt. Der Sphäre dessen, was in der Physis unwandelbar ist und von den Griechen „das Göttliche" genannt wurde, entsprechen die später „rational" genannten Seelenvermögen, durch die wir das, was immer ist, das heißt das Ewige und Göttliche, zu erkennen vermögen. Der Selbstbewegung der menschlichen Seele, die der Mittelstellung des Menschen zwischen Göttern und sinnlich erfaßbarer Welt entspricht, entspricht jenes Seelenvermögen, das Platon θυμός genannt hat. Hier, nicht hingegen in den Affekten, hat der platonische Eros seinen Sitz. In der neuzeitlichen Philosophie wurde daraus der Wille, der noch bei Kant als Spontaneität, das heißt als Vermögen der Selbstbewegung bestimmt wird.
Bei Platon werden diese drei Seelenvermögen noch als Momente einer Einheit betrachtet. Der Mikrokosmos der menschlichen Seele ist ein Abbild des Makrokosmos der Weltseele, deren sich selbst bewegende Einheit die ganze Physis zusammenhält. Es wird deshalb in Platon auch kein fremder Gedanke hineingetragen, wenn ich sage, daß der Innenraum der menschlichen Seele durch eine Rückprojektion erst geschaffen wurde, denn das Wort „Rückprojektion" interpretiert, was Platon „Abbild" nennt. Die Lehre von der Weltseele ist nach Platon die einzige Hypothese, die es erlaubt, Identität, Wahrheit und Bewegung in der Physis als Einheit zu denken. Die menschliche Seele kann die Einheit der Physis erkennen, weil sie selbst Abbild dieser Einheit ist. Das setzt aber voraus, daß die menschliche Seele ihr eigenes Wesen als Leben, das heißt als eine Bewegung begreift, die durch die Gegenstrebigkeit ihrer Vermögen stets in Gang gehalten wird. Die Erkenntnis der Einheit der Physis kann nur von der ganzen Seele vollzogen werden. Sie entspringt aus der Erfahrung der gegenstrebigen Harmonie der untereinander in Widerstreit lie-

genden und doch unlöslich untereinander verbundenen Seelenvermögen. Deshalb kann die Erkenntnis der Einheit der Physis nicht als ein Privileg des isolierten, noetischen oder dianoetischen Seelenvermögens betrachtet werden. Als „Wissenschaft" oder als reine theoretische Erkenntnis im späteren Sinne dieses Wortes ist Erkenntnis der Einheit der Natur nach Platon nicht möglich.
Im ausdrücklichen Gegensatz zu Platon versteht Aristoteles Erkenntnis – auf der Basis seiner Lehre vom Logos und ⟨von⟩ den Kategorien – als reine theoretische Erkenntnis. Dadurch hat Aristoteles die Denkform der späteren Metaphysik und Wissenschaft begründet. Erkenntnis der Wahrheit hat die Form des „Wissens", und Wissen ist nur in den vom Logos vorgezeichneten Strukturen möglich. Damit wird das oberste Seelenvermögen Platons, das „Logistikon", zum einzigen Träger des Wissens und der Erkenntnis. Thymos und Eros verschwinden aus der Erkenntnislehre und werden zusammen mit den Affekten in den Bereich der Ethik verwiesen. Die Wahrnehmung hingegen wird nun als ein im aristotelischen Sinne rein kognitives Vermögen verstanden und deshalb – ebenfalls im Widerspruch zu Platon – von den Affekten abgespalten. Der bis heute herrschende rein kognitive Wahrnehmungsbegriff und die Trennung der Wahrnehmungen von den Affekten sind das Produkt einer Rückspiegelung des aristotelischen Erkenntnisbegriffes in die Seele des Menschen. Aus seinem logischen Begriff des Wissens erklärt sich, daß das Werk „Über die Seele" sich auf die rein kognitiven Vermögen der Seele beschränkt und auch das Leben aus diesen kognitiven Vermögen erklärt. Die in der Ethik entwickelte Lehre von den Trieben und von den Affekten findet im Werk „Über die Seele" keinen Platz. Die Stoa hat in ihrer Logos-Lehre die Abspaltung des rationalen Seelenteiles von den übrigen Seelenvermögen bis zur Entgegensetzung getrieben; und die Rezeption kynisch-stoischer Moralphilosophie durch Paulus führte dazu, daß christliche Askese diese stoische Seelenlehre dogmatisierte. In dieser Tradition steht Kant: das Erkenntnisvermögen wird unter Ausklammerung der Affekte und Triebe als rein rationales Vermögen verstanden, dessen Funktionen aus der Logik abgelesen werden. Die Wahrnehmung wird als ein rein kognitives Vermögen interpretiert und enthält ihren Platz als Gegenstück zum Verstand in der Kritik der reinen *theoretischen* Vernunft. Die Affekte hingegen werden in der Moralphilosophie untergebracht; und die stoische Tradition ist so mächtig, daß sogar das *Prinzip* der Subjek-

tivität, die Freiheit, durch die Entgegensetzung der Vernunft gegen die Affekte definiert wird. Die Affekte sind die Fesseln, die den Menschen in die Sphäre seiner empirischen Subjektivität binden. Der Übergang zur transzendentalen Subjektivität hat die Gestalt der Befreiung von den Affekten, also der Emanzipation von der Natur. Deswegen ist die Entgegensetzung von Vernunft und Affekten für die Unterscheidung von empirischem und transzendentalem Subjekt konstitutiv. Das Subjekt der theoretischen Erkenntnis ist ein Subjekt, das weder lieben noch leiden, weder hoffen noch fürchten, weder leben noch sterben kann. Das ist der Sinn des Wortes „das logische Ich". Die Projektion der Denkformen dieses „logischen Ich" in die Realität der von ihm beherrschten Welt nennen wir „wissenschaftlich-technische Zivilisation". Durch sie vollzieht sich jene Zerstörung der Natur, von der wir in dieser Vorlesung ausgegangen sind, und um deren Verständnis es uns geht.

Das Ergebnis, zu dem wir durch diese Erinnerung an die Vorgeschichte der Konstitution des Subjektes neuzeitlicher Wissenschaft gelangt sind, ist merkwürdig genug. Den Horizont, innerhalb dessen Wesen und Standort dieses Subjektes zu bestimmen ist, bildet der „Innenraum", den wir „Seele" nennen. Es hat sich gezeigt, daß dieser Innenraum durch eine bewußte Rückprojektion der Weltseele in die Seele des Menschen erst hervorgebracht wurde. Bei Platon, der diesen Schritt (im Zusammenhang einer Geistesbewegung, auf die ich hier nicht eingehen kann) als Erster ausdrücklich vollzogen hat, erklärt sich dieser große Versuch, den Menschen als Mikrokosmos zu verstehen, aus einer verzweifelten Anstrengung, die Einheit der menschlichen Natur neu zu begründen und von hier aus die zerrüttete Einheit und Gerechtigkeit der Polis wieder herzustellen. Wenn die menschliche Seele ein Abbild der Weltseele ist, dann ist die Einheit der Natur des Menschen durch die Einheit des Kosmos verbürgt; dann können wir aus der gegenstrebigen Harmonie der Bewegungen im Kosmos die Gesetze ablesen, denen sich auch die menschliche Seele fügen muß, wenn sich die Menschen nicht selbst zerstören sollen. Die Sorge vor der drohenden Selbstzerstörung der Menschen bildet den stets gegenwärtigen Hintergrund für diesen Versuch zu demonstrieren, daß der Mensch in seinem eigenen Inneren die Einheit der Weltseele und damit die Einheit des Kosmos repräsentiert.

Nun haben wir gesehen, wie im Gang der weiteren Geschichte

gerade die Einheit der menschlichen Seele destruiert wird. Die Destruktion beginnt bei Aristoteles. Sie beginnt mit der Einführung jenes Begriffs vom Wissen und von der Erkenntnis, durch den die spezifisch europäische Tradition der Wissenschaftsgeschichte begründet wird. Das Subjekt der neuzeitlichen Wissenschaft zerstört die Natur, weil es aus einer Destruktion der in die Seele des Menschen zurückprojizierten Physis hervorgegangen ist. Aber ist diese in den Menschen zurückgespiegelte Physis die wahre Physis gewesen? Wie steht es um die Konstitution der Einheit, auf die Platon sein neues Verständnis des Wesens des Menschen gründen wollte?

Ich sagte schon: Ihrer Struktur nach ist Platons Lehre von der Weltseele der Versuch einer Synthese von Parmenides und Heraklit. Die Form, wie der νοῦς des Parmenides sich in der menschlichen Seele als „Wissen" manifestiert, habe ich in Kapitel XV, dem Kapitel über die Evidenz, dargestellt, um so den Zusammenhang zwischen Parmenides und der aristotelischen Wissenschaftslehre deutlich zu machen. Das Kapitel über Heraklit sollte die Herkunft aller jener Momente der platonischen Seelenlehre verständlich machen, die aus Parmenides nicht ableitbar sind. Ich habe damals schon gesagt, der Entwurf des Heraklit sei mit dem Entwurf des Parmenides inkommensurabel. Es ist nicht möglich, den νοῦς des Parmenides mit dem λόγος des Heraklit zu identifizieren. Die platonische Synthese hat diesen Bruch nicht überwinden können; und was ich vorhin als Destruktion der von Platon projizierten Einheit dargestellt habe, ließe sich auch als die Aufdeckung der von Platon nicht überwundenen Antinomien darstellen. Dann erschiene die europäische Geistesgeschichte nicht mehr als die Geschichte eines Abfalls von der ursprünglichen Wahrheit sondern als die fortschreitende Entwicklung der immanenten Widersprüche eines im Ursprung dieser Geschichte enthaltenen Truges. Beide Alternativen wären zu simpel. Wir können uns weder mit der einen noch mit der anderen zufriedengeben. Aber es drängt sich die Erkenntnis auf, daß wir beide Möglichkeiten hypothetisch durchdenken müßten, wenn wir verstehen wollen, wie das Subjekt der neuzeitlichen Wissenschaft, auf seine Wahrheit hin betrachtet, beschaffen ist.

Der Rückblick auf die geschichtliche Konstitution des Subjektes der neuzeitlichen Philosophie und Wissenschaft hat ergeben, daß das „logische Ich" ein abgespaltenes und absolut gesetztes Fragment der Seele ist, und daß die Seele des Menschen als in das Innere des Men-

schen zurückgespiegelte Weltseele verstanden werden muß. Die Abspaltung des „logischen Ich" ist aber weder ein Ergebnis der Willkür, noch läßt sie sich daraus erklären, daß sich ein aus ganz anderen Quellen – etwa aus christlichem Glauben – hervorgegangenes Selbstverständnis des Menschen durchgesetzt hätte; sie verläuft vielmehr jener Bruchlinie entlang, die Platon bei seinem Versuch einer Synthese von Parmenides und Heraklit nicht zu verdecken vermochte. Das sind Feststellungen, die wir durch eine immanente Analyse der philosophischen Lehren gewinnen können, die das europäische Denken geformt haben. Aber wir können uns bei einer Frage, die das reale Schicksal unserer gesamten Zivilisation betrifft, mit rein philosophischen – oder auch pseudo-philosophischen – Strukturanalysen nicht zufrieden geben. Aristoteles sagt, es sei nicht möglich, etwas zu wissen, was nicht *ist*. Entsprechend können wir sagen, es sei unmöglich, etwas zu denken, was man nicht erfahren hat. Zweieinhalbtausend Jahre hindurch war das Selbstverständnis der Menschen von dem Bewußtsein getragen, daß sie eine Seele haben; und seit dem 16. Jahrhundert werden die Menschen von dem Willen bestimmt, durch ihre Rationalität die Natur zu beherrschen. Selbst wenn es wahr ist, daß die Seele des Menschen die rückgespiegelte Weltseele ist – selbst wenn es wahr ist, daß die neuzeitliche Rationalität der abgespaltene und absolut gesetzte Teil dieser rückgespiegelten Weltseele ist, so ist doch mit Nachdruck festzustellen, daß die großen Wandlungen in der wirklichen Geschichte, die sich im Zeichen des Selbstverständnisses des Menschen als Seele und des Selbstverständnisses des Menschen als Rationalität vollzogen haben, nicht durch bloße Fiktionen in Gang gesetzt werden konnten. Die Worte „Seele" und „Rationalität" bezeichnen zwei verschiedene Formen der Stellung des Menschen innerhalb der Natur. Sie müssen gewaltige Fundamente in der Erfahrung von Wirklichkeit haben, wenn sie sich über so große Zeitepochen durch riesige geschichtliche Krisen hindurch nahezu unverändert durchhalten konnten. Selbst wenn wir heute einsehen müssen, daß die so begründete Stellung des Menschen in der Natur verhängnisvolle Auswirkungen hat, werden wir diesen Rückhalt in der Erfahrung dessen, was wirklich ist, weder übersehen noch gering schätzen dürfen. Wir müssen also jetzt eine doppelte Frage stellen:
1. Welche Erfahrung dessen, was wirklich ist, erschließt sich dem Menschen, wenn er sich als Seele, welche Erfahrung erschließt sich,

wenn er sich als Rationalität versteht? Was ist das in dieser Erfahrung Erfahrene?
2. Wie ist es möglich, daß trotz der Wirklichkeit dieser Erfahrung sie sich in einer Destruktion der Natur auswirkt, die uns im Spiegel unserer Werke die Verblendung unseres Denkens erkennen läßt?

⟨XVIII. Der Übertritt aus dem Horizont der Subjektivität in den Horizont der Zeit⟩

Indem wir diese Frage stellen, verlassen wir den Horizont der Seele und erst recht den Horizont der neuzeitlichen Subjektivität. Unter den Voraussetzungen jenes Denkens, das heute noch die Welt beherrscht, können diese Fragen weder gestellt noch beantwortet werden. Wir haben also jetzt die Schwelle erreicht, wo der Übergang aus dem bisherigen Denken in einen neuen Horizont des Denkens vollzogen werden muß. Vorblickend habe ich gesagt: der Horizont, in den wir übertreten, erschließt sich durch die Frage nach dem Wesen der Zeit; denn in der Zeit ist unser Denken, in der Zeit ist aber auch die Natur. Die Zeit ist deshalb der Horizont, in den wir übertreten müssen, wenn wir verstehen wollen, welche Stellung unser Denken innerhalb der Natur zur Natur einnimmt. Daraus ergibt sich, wonach wir fragen müssen, wenn wir verstehen wollen, was der Erfahrungsgehalt und was die Formen der Erfahrung sind, die dem Selbstverständnis des Menschen als Seele und als Rationalität zugrundeliegen. Wir müssen untersuchen, wie die Zeit in der Seele und wie die Zeit im Subjekt der neuzeitlichen Philosophie und Wissenschaft vorkommt. Das ist eine Frage, die so tief in die Fundamente unseres Denkens vordringt, daß sie sich nicht mit einem Schlage beantworten läßt. Ich gebe zunächst nur einige Hinweise.
Parmenides hat die Einheit der Zeit als die unbewegte Identität einer ewigen Gegenwart verstanden. Diese Erfahrung der Einheit der Zeit ist aus einer neuen Erfahrung der Gestalt des Göttlichen hervorgegangen, die im griechischen Denken des 8.–6. Jahrhunderts allmählich hervorgetreten ist. Deswegen habe ich meinem Parmenides-Aufsatz den Titel gegeben: „Die Epiphanie der Ewigen Gegenwart". Alles, was *in* der Zeit erscheint, ist in Bewegung, und weil es

in Bewegung ist, ist es bloße Erscheinung. Aber die Einheit der Zeit, die die Natur zusammenhält, ist unwandelbar und unveränderlich. Daran hat auch Kant noch festgehalten. Weil die unwandelbare Einheit der Zeit die Natur zusammenhält, ist sie das Sein. Sein wird deshalb seit Parmenides als unwandelbare Gegenwart der Einheit gedacht. Alles, was gegenwärtig ist, ist darin, *daß* es gegenwärtig ist, manifest. Dieses Manifest-Sein der unwandelbaren Gegenwart nennen die Griechen „Wahrheit". Die unauflösliche Einheit von Gegenwart und Manifestation wird in dem griechischen Wort νοῦς ausgesprochen; deswegen wird Gott als νοῦς, als die unwandelbare Präsenz der Wahrheit des Seins angeschaut.

Auch der Logos des Heraklit ist unveränderlich. Auch er hat sein Wesen darin, sich zu manifestieren. Deswegen lehrt Heraklit, der Logos sei Feuer. Er meint damit nicht ein Feuer, wie wir es brennen sehen, sondern das Flammen des Lichtes, als das sich der Logos manifestiert. Aber der Logos des Heraklit ist nicht unwandelbare Gleichheit mit sich selbst sondern gegenstrebige Harmonie. Er manifestiert sich in den „Wenden des Feuers" als Harmonie von Gegensätzen, die unablässig ineinander umschlagen. Jede Erscheinung ist zugleich Vernichtung. Jede Vernichtung ist zugleich Erscheinung. Und in der Einheit von Vernichtung und Erscheinung manifestiert sich der Logos als der, der er ist. Auch dies ist in dem Bild des Feuers enthalten, das zugleich erleuchtet und zerstört. „Seele" heißt jene „Wende des Feuers", in der der Logos sich selbst transparent wird und die Einheit seines gegensätzlichen Wesens enthüllt. Auch dieser Entwurf der Einheit der Physis versteht ihre Einheit als eine Manifestation des Wesens der Zeit. Sie bleibt sich ewig gleich und ist doch so beschaffen, daß jede neue Gegenwart die vorherige Gegenwart verzehrt und, während sie das tut, schon selbst von einer neu aufsteigenden Gegenwart verzehrt wird. Eben das ist das Wesen der Zeit: daß sie erscheint, indem sie zerstört, und daß sie zerstört, indem sie erscheint. Hades und Dionysos – der Tod und das Leben – sind, wie Heraklit sagt, ein und das Selbe.

Parmenides: das ist die Einheit der Zeit als unwandelbare Präsenz der Identität. Heraklit: das ist die Einheit der Zeit als unwandelbare Präsenz der auseinander hervorgehenden und sich dabei zugleich vernichtenden Gegensätze. Beide, Parmenides wie Heraklit, sprechen von einer und derselben Zeit. Aber das Wesen der Zeit manifestiert sich in diesen beiden Lehren auf unvereinbare Weise. Beide

verstehen die Einheit der Natur als eine Erscheinung der Einheit der Zeit, die die Natur zusammenhält. Aber das Sein der Natur ist bei Parmenides unbewegte und unerschütterliche Identität, bei Heraklit die ewige Bewegung des Umschlages der Gegensätze. Platons Lehre von der Weltseele ist, wie ich schon sagte, der Versuch, diese beiden Aspekte des Wesens der Zeit zur Einheit zu fügen und die Unwandelbarkeit der Identität mit der ewigen Bewegung zusammenzudenken. Heraklit wird in die Selbstbewegung der Weltseele und in die Lehre übersetzt, daß die Atome sich ineinander umwandeln können. Von Heraklit stammt also alles, was in der Weltseele Bewegung ist, einschließlich der Bestimmung der Materie als Beweglichkeit. Von Parmenides stammt die Idee, daß in der unablässigen Bewegung stets die eine, unwandelbare Identität zur Erscheinung gelangt. Das führt bei Platon zur Unterscheidung der Sphäre des unveränderlichen Seins und der Sphäre des Werdens und Vergehens, in der das unveränderliche Sein zum Vorschein kommt und wieder entschwindet. Der ganze Weltentwurf des „Timaios" ist auf dieser Unterscheidung aufgebaut. Auf dieser Unterscheidung beruht die folgenschwere Unterscheidung zwischen einer intelligiblen und unwandelbaren und einer sinnlich wahrnehmbaren aber vergänglichen Sphäre in der Natur. Diese Unterscheidung beruht, wie wir nun sehen, auf der Differenz zwischen zwei gegensätzlichen Formen, die Einheit der Zeit so zu erfassen, wie sie sich in der Natur manifestiert.
Wenn nun der Mensch als Mikrokosmos interpretiert wird, werden zugleich diese beiden Formen der Manifestation des Wesens der Zeit in das dadurch erst erzeugte Innere des Menschen zurückgespiegelt. Im Licht der ewigen Gegenwart der unbewegten Identität erkennt er die intelligible Sphäre der Natur. Daraus entspringt das doppelte Vermögen des νοῦς und der διάνοια – bei Kant: der Vernunft und des Verstandes, also des Vermögens der Rationalität. Der vergänglichen und in steter Bewegung befindlichen Sphäre in der Natur sind sinnliche Wahrnehmung und Affekte und das Vermögen der Selbstbewegung, nämlich der Wille, zugeordnet. So geht die Gesamtheit der Seelenvermögen aus einer Rückspiegelung der zwei Formen der Manifestation des Wesens der Zeit hervor.
Wir können also nun genauer bestimmen, was die Erfahrungsgrundlage ist, die dem Selbstverständnis des Menschen als Seele zum Rückhalt diente und ihr Wahrheit verlieh. Das, was der Mensch seine „Seele" nennt, ist nichts als Manifestation von Zeit, und zwar

derselben Zeit, die sich ihm manifestiert, wenn er aus sich heraus in die Natur blickt. Seele ist rückgespiegelte Zeit. Wir müssen aber genauer sagen: Seele ist Rückspiegelung zweier in sich gegensätzlicher Formen, in denen sich eine und dieselbe Zeit in ihrer Einheit manifestiert. Die Geschichte der europäischen Seele ist die Geschichte dieses Gegensatzes. Wenn Seele die in das Innere des Menschen zurückgespiegelte Einheit der Zeit ist, kann man verstehen, daß das europäische Denken einen Weg eingeschlagen hat, der es dahin führte, in den Tiefen des Ich den Grund der Wahrheit der Erkenntnis zu suchen; denn die Einheit, die das Ich an seinem Grunde vorfindet, ist die Einheit der selben Zeit, deren Horizont das Universum umspannt. Man kann dann auch verstehen, daß in der neueren Philosophie die Bewegung der Reflexion sich immer klarer als die Grundbewegung des neuzeitlichen Denkens herausgestellt hat, denn das lateinische Wort *reflectio* bedeutet „Rückspiegelung". Das Denken folgt auf dem Weg der Reflektion der Bewegung jener Rückspiegelung der Einheit der Zeit, durch die sich das Ich als Subjekt des Denkens erst herstellt. Die Einheit des transzendentalen Subjektes ist deshalb der Grund aller Erkenntnis, weil alles, was erkannt werden kann, ebenso wie jeder, der etwas erkennt, in einer und derselben Zeit sind; die zurückgespiegelte Einheit der Zeit ist jene Identität, auf die sich alles bezieht und die alles durchdringt, was erkannt werden kann oder was erkennt. Man versteht aber aus der Gegensätzlichkeit, in der sich die Einheit der Zeit bei Parmenides und bei Heraklit manifestiert, und die dann in die Seele zurückprojiziert wurde, auch alle jene Antinomien, die das europäische Denken zerrissen haben. Der Gegensatz des Intelligiblen und des Sinnlichen, der Gegensatz von Geist und Materie, der Gegensatz von Vernunft und Affekten, von Verstand und sinnlicher Anschauung, der Gegensatz von Subjekt und Objekt, von Theorie und Praxis, von Notwendigkeit und Freiheit – alle diese Gegensätze sind Reflexe der Antinomie zwischen den beiden Grundgestalten der Repräsentation der Einheit der Zeit, die uns in Parmenides und Heraklit begegnen. Die Dynamik dieser Gegensätze hat der europäischen Geschichte jene Richtung gegeben, durch die sie sich von der Geschichte der anderen Hochkulturen unterscheidet; denn was wir Geschichte nennen, resultiert aus den Formen, in denen sich das menschliche Denken mit der gegebenen Wirklichkeit auseinandersetzt und sie gestaltet. Weil alle Realität, die von Menschen produziert wird, durch Denken produziert wird, übersetzen sich die Strukturen des Denkens unwiderstehlich in die reale Geschichte. Die Antinomien, von denen ich gesprochen habe, begegnen uns also nicht nur in den Gedanken der europäischen Menschheit und erst recht nicht nur in Büchern. Sie begegnen uns in der realen Welt, die durch dieses Denken ihr Gepräge erhielt. Wir sehen heute in der Realität fortwährend unser eigenes Spiegelbild. Wir sehen die Reflexe jener Antinomien, von deren Herkunft ich gesprochen habe. Damit ist auch genauer demonstriert, wie die Geschichte für uns Gegenwart ist; und Sie werden vielleicht besser verstehen, warum ich in Kapitel XV die methodische Frage, wie wir zu einem Verständnis der Geschichte des europäischen Denkens und damit zu einem Verständnis unserer selbst gelangen können, so ausführlich entwickelt habe.

Wir haben nun die erste der beiden Fragen, die ich am Schluß von Kapitel XVII gestellt habe, wenigstens vorläufig beantwortet. Das, was erfahren wird, wenn der Mensch sich selbst als Seele erfährt, ist die Einheit der Zeit in ihrer zwiefachen Gestalt als ewige Gegenwart der Identität und als ewige Bewegung. Das, was der Mensch erfährt, wenn er sich selbst als Subjekt des Denkens versteht, ist die rückgespiegelte Einheit der Zeit als unbewegte Identität, unter Ausblendung ihres Wesens als ewig gegensätzlicher Bewegung. Die Einheit der Zeit als unveränderliche Identität erscheint uns rückgespiegelt als widerspruchsfreie Rationalität. Alles, was sich den Schematismen dieser Rationalität nicht unterwerfen will, erscheint in seiner rückgespiegelten Form als das „Irrationale", das heißt als Trieb, Affekt, Gefühl und Sinnlichkeit. Es wird negiert und ausgeblendet. Es drängt sich uns die Frage auf, ob die Zeit, wenn wir sie in ihrer Einheit so auffassen, wie sie von sich aus ist, in Wahrheit jene beiden in sich unvereinbaren Gestalten hat, als die sie in die europäische Seele und das europäische Denken zurückgespiegelt erscheint. Wir stellen aber diese Frage zurück und machen zunächst an dieser Stelle eine Station. Wir müssen nämlich, bevor wir weitergehen können, die zweite der am Ende von Kapitel XVII gestellten Fragen zu beantworten versuchen: Wie ist es möglich, daß trotz der Wirklichkeit dessen, was im Grunde der Seele und im Grunde der Subjektivität erfahren wird, das Denken, das aus dieser Erfahrung hervorgeht, die Natur zerstört?

⟨XIX. Was heißt: „Der Mensch zerstört die Natur"?⟩

Es ist sehr einfach festzustellen, daß der Mensch die Natur zerstört, denn wir sehen es mit Augen vor uns; und die selbe Wissenschaft, die diesen Prozeß in Gang setzt, hat uns mit der gleichen Objektivität eine riesige Masse von Daten geliefert, mit deren Hilfe wir die Zerstörung nachweisen können. Aber wenn wir darüber nachzudenken beginnen, was hier das Wort „Zerstörung" eigentlich bedeuten soll, wird das Problem auf einmal sehr schwierig. Zerstörung gehört nämlich, wie Heraklit am schärfsten ausgesprochen hat, selbst zum Wesen der Natur. Alles Leben in der Natur erhält sich durch die Vernichtung anderen Lebens. Das kann man an den beiden großen Grundprinzipien der organischen Natur ablesen: den Prinzipien der Evolution und der Selektion. Diese Prinzipien sind, wie Manfred Eigen gezeigt hat, sehr viel tiefer begründet, als man bisher ahnte. Sie machen nach seiner Theorie schon in molekularen Prozessen die „Selbstorganisation der Materie" möglich und schlagen so die Brücke zwischen Physik und Biologie. Ich widerspreche mir nicht, wenn ich mich hier auf Entdeckungen der selben Wissenschaft berufe, von der ich behauptet habe, sie könne nicht wahr sein; denn ihre Richtigkeit habe ich nicht angezweifelt. Ich bin zwar überzeugt, daß alle Theoriebildungen der Naturwissenschaft, einschließlich der Theorie von Eigen, umgebildet und daß ihre Ergebnisse neu interpretiert werden müssen; aber diese Ergebnisse werden deshalb nicht außer Kraft gesetzt und werden für unsere Erkenntnis der Natur auch in Zukunft unentbehrlich sein.
Die Prinzipien der Evolution und Selektion sind für den Bereich der Biologie konstitutiv, weil die Biologie es mit offenen Systemen zu tun hat, die sich regenerieren und fortpflanzen können, und für die deshalb, wie sich schon an Ernährung und Stoffwechsel zeigt, die Form ihrer Wechselbeziehung mit ihrer jeweiligen Umgebung konstitutiv ist. Es ist falsch, das „Leben" als Prädikat einer bestimmten Klasse von Substanzen zu betrachten, die wir, weil dieses Prädikat ihnen zukommt, „organisch" nennen. Das Wort „Leben" bezeichnet vielmehr immer die Wechselwirkung dessen, was wir „lebendig" nennen, mit seiner Umwelt in einem offenen System. Das Leben liegt also nicht innerhalb sondern außerhalb dessen, was wir lebendig nennen. Es bezeichnet die Dynamik seines Wechselbezuges mit der Um-

welt. Weil lebendige Organismen offene Systeme sind, die innerhalb von offenen Systemen existieren, sind sie labil. Diese Labilität gefährdet ihre Selbsterhaltung. Die verschiedenen Gattungen, Arten und Individuen sind aber ständig auch dadurch bedroht, daß sie sich gegenseitig Konkurrenz machen und sich vernichten. Alle Lebewesen erhalten sich, wie ich schon sagte, durch die Vernichtung anderer Lebewesen. Die Prinzipien der Evolution und Selektion definieren die Form, wie unter diesen Bedingungen jener kollektive Prozeß, den wir als „Leben" bezeichnen, vor sich geht. Pflanzen können sich nur ausbreiten, indem sie andere Pflanzen verdrängen. Tiere und Menschen ernähren sich dadurch, daß sie Pflanzen oder andere Tiere und Menschen verschlingen. Alles Leben erhält sich durch die Vernichtung von anderem Leben. Die Prinzipien der Evolution und der Selektion beschreiben die Gesetze, nach denen sich konkurrierende Kollektive in einem mörderischen Kampf ums Dasein behaupten. In der Regel besteht dieser Kampf in Konkurrenz um die Nahrung. Daß wir bei dem Wort „Kampf" vor allem an den Einsatz von Waffen denken, ist eine Spezialität des Menschen, durch die er sich von der Mehrzahl der weniger grausamen Lebewesen unterscheidet. Die Selbstbehauptung in der Konkurrenz um die Nahrung braucht nicht auf dem Einsatz von Gewalt zu beruhen. Auch wehrlose Organismen haben im „Kampf" gegen andere Arten ausreichende Chancen zum Überleben, wenn ihre Nachkommenzahl auf die Umstände gut angepaßt ist, oder wenn sie ihre Wehrlosigkeit durch eine schwer nachzuahmende Spezialisierung oder Flexibilität der Ernährung ausgleichen können. Der Kampf ums Dasein wird auch innerhalb derselben Art geführt. Hier trägt er die Züge des Messens der Kräfte, weil die Individuen oder Gruppen ungefähr gleich ausgestattet sind und um einen Platz in derselben „ökologischen Nische" kämpfen. Man versucht sich durchzusetzen und zu behaupten durch größere Stärke oder durch List. Auch List ist eine Form der Macht. Zwar gibt es instinktive Sperrmechanismen, die bei bestimmten Arten unter bestimmten Bedingungen die Tötung von Artverwandten verhindern; aber neuere Untersuchungen haben gezeigt, daß von einer gewissen Populationsdichte an diese Sperrmechanismen aussetzen können, weil nun der Kampf ums Dasein auch gegen Artgenossen geführt werden muß. Andere Tierarten verändern dann ihr generatives Verhalten. Die Alternative: Geburtenkontrolle oder Genozid ist keine Spezialität des Menschen.

Wenn man sich dies alles vor Augen führt, kann man schwer daran zweifeln, daß Zerstörung für die Phänomenalität von Leben ein konstitutives Merkmal ist. Ohne Zerstörung gibt es kein Leben. Ohne Zerstörung gibt es keine Natur.

Das Wort „Zerstörung" ist also vieldeutig, und wenn wir verstehen wollen, was geschieht, wenn der Mensch, wie wir sagen, „die Natur zerstört", müssen wir versuchen, diese Vieldeutigkeit aufzuklären.

In ihrer unmittelbarsten Gestalt begegnet uns die Zerstörung von Leben als Tod. Deswegen pflegen wir das Leben durch seinen Gegensatz zum Tod zu definieren. Dem widerspricht das in der Wintervorlesung interpretierte Wort von Heraklit: „Der Selbe aber ist Hades und Dionysos"[152]. Der Selbe ist der Gott des Todes und der Gott des Lebens. In ihrem Wesen aufgefaßt sind Tod und Leben das Selbe. Wir können diesen Satz des Heraklit, wenn wir nur gleichsam seine Außenfläche betrachten, mit Hilfe der Biologie erläutern. Das Sterben der Individuen ist die Bedingung dafür, daß eine Art am Leben bleiben kann. Jenes „Leben", dem die Biologie ihren Namen verdankt, setzt den Tod der Individuen voraus. Es kann deshalb nicht durch seinen Gegensatz zum Tod definiert sein. Wenn wir von der Selbsterhaltung oder vom „Überleben" einer bestimmten Art, wie etwa der Menschheit, sprechen, haben wir nicht die Individuen sondern die Kollektive und deren Bestand im Wechsel der Generationen vor Augen. Das Individuum erscheint im Lebensstrom der Generationen als eine winzige Welle, die, wenn man sie ins Auge fassen will, schon verschwunden ist. Es kann auch isoliert nicht existieren. Es *hat* isoliert gar kein Leben, sondern es lebt nur als Glied einer Gruppe in einer Umwelt, für deren Konstitution das Leben anderer Arten ebenso notwendig ist wie das Leben der Menschen. Wir müssen also noch einen Schritt weitergehen und sagen, daß es nicht nur falsch ist, dem Begriff „Leben" das Individuum als das Subjekt des Lebens zu substituieren; auch die Art darf nicht als das „Subjekt" des Lebens betrachtet werden. „Leben" ist vielmehr das komplexe Spiel von Wechselwirkungen innerhalb eines Bereiches (Biotop), der nicht einer einzigen Art angehört, sondern an dem eine sehr große Zahl von konkurrierenden Arten und Individuen partizipiert. Die Partizipation am Leben setzt voraus, daß die Arten und Individuen in einem Konkurrenzverhältnis stehen, in dem sie sich wechselseitig

---

[152] VS 22 B 15; vgl. Anm. 90, 188.

bedrohen oder zerstören. Auch diese Zerstörung gehört zum Leben. Wir demonstrieren das jedes Mal, wenn wir etwas essen. In diesem Wechselverhältnis können Arten zugrundegehen, und das quantitativ nicht zu bestimmende Gleichgewicht der Wechselverhältnisse kann sich verschieben; aber das Leben als solches hört damit nicht auf. Es verschwindet nur eine bestimmte Gestaltung des Lebens. In all dem zeigt sich: Tod ist nicht der Gegensatz zu Leben. Sterben können nur Individuen. Arten können zugrundegehen; aber auch das Zugrundegehen der Art eliminiert nicht das Leben überhaupt, sondern zerstört nur bestimmte Formen des Lebens. Soweit unsere Erkenntnis reicht, müssen wir sagen: Leben als solches ist unsterblich. Ich werde an einer späteren Stelle der Vorlesung zu zeigen versuchen, was der Tod der Individuen für unser Verständnis des Lebens bedeutet. Zunächst war nur wichtig, deutlich zu machen, daß Tod nicht als Zerstörung sondern im Gegenteil als Voraussetzung des Lebens verstanden werden muß.

In einem anderen Sinne des Wortes verstehen wir Zerstörung als Kampf. Im Kampf versuchen Individuen oder Kollektive, durch die Vernichtung oder Schwächung von Konkurrenten ihr eigenes Dasein zu behaupten. Ohne Kampf gibt es keine Selektion; ohne Selektion gibt es kein Leben. Das fällt uns sehr schwer einzusehen, weil die bürgerlichen Gesellschaften der Industriestaaten, obwohl sie vorwiegend von Ausbeutung leben, eine Ideologie entwickelt haben, die den Kampf in allen Formen negiert und Frieden sowohl im Verhältnis der Klassen und Gruppen innerhalb eines Staates wie im Verhältnis der Staaten untereinander als einen konfliktfreien Zustand darstellen will. Wenn Kampf Bedingung des Lebens in allen seinen möglichen Formen ist, wäre die Herstellung eines konfliktlosen Zustandes Selbstvernichtung. Ebenso selbstmörderisch ist aber die entgegengesetzte Ideologie der Sozialdarwinisten und der Fascisten, die uns vormachen will, die *conditio sine qua non* des Lebens sei der wesentliche *Inhalt* und das *Ziel* des Lebens. Der Kampf wird nämlich in der Natur immer darum geführt, einen relativ unbedrohten und relativ stabilen Zustand herzustellen. Die Zerstörung, die die Voraussetzung von Leben ist, ist gleichzeitig jener Prozeß, gegen den Leben sich schützen muß, um Leben sein zu können. In dieser eingeschränkten Bedeutung ist es sinnvoll, einen Zustand, den man „Frieden" zu nennen pflegt, als das Ziel der Kollektive zu bezeichnen; nur wird dann auch deutlich, daß der Friede nicht durch die *Eliminierung* der Konflikte sondern durch die Formen der Konflikt*bewältigung* definiert ist. Die wichtigste Form der Friedenssicherung unter Menschen ist das Recht, also der Versuch, jene Konflikte, die Leben überhaupt erst möglich machen, nicht durch Gewalt sondern nach Prinzipien zu regeln, auf die sich alle Partner einigen können, weil sie zur Erhaltung des Kollektivs unentbehrlich sind. Eine Rechtsordnung ist, biologisch betrachtet, der Versuch, den Zustand des Gleichgewichts zu stabilisieren, der für die Erhaltung der verschiedenen Gruppen und Individuen innerhalb eines Kollektivs als der relativ beste betrachtet wird. Daß auch das Recht als Machtmittel mißbraucht werden kann, um bestimmten Klassen oder Gruppen im Konkurrenzkampf einen Vorteil zu sichern, widerspricht dieser Feststellung nicht; denn innerhalb gewisser Grenzen, die sich ständig verschieben, ist auch jene Ordnung, die den jeweils Benachteiligten als ungerecht erscheint, immer noch besser als gar keine. Die Aufhebung der Rechtsordnung würde auch biologisch den Kollaps des ganzen Systems zur Folge haben und sämtliche Gruppen in den Strudel einer unberechenbaren biologischen Katastrophe ziehen. Die Zerstörung jener Form von Systemen innerhalb der Natur, die wir „Gesellschaften" oder „Staaten" nennen, wäre etwas anderes als der Tod, obwohl sie den Tod einer schwer kalkulierbaren Zahl von Individuen zur Folge hätte. Eine Gestalt des Lebens würde zugrundegehen, um neuen Gestalten des Lebens Platz zu machen, die anderen Kollektiven eine Chance geben. Es gibt in der Natur kein ökologisches Vakuum. Jede Lücke, die frei wird, wird sofort von anderen Gruppen oder anderen Arten besetzt. Deshalb ist das Zugrundegehen zwar die Zerstörung einer bestimmten Gestalt des Lebens, aber das Leben als solches wird nicht tangiert.

Wenn wir im Rahmen dieser Vorlesung davon sprechen, daß der Mensch durch sein Wissen von der Natur die Natur zerstört, sprechen wir weder vom Tod noch vom Zugrundegehen bestimmter Kollektive; wir sprechen von einer Form der Zerstörung, die in der sonstigen Natur nicht vorkommt, sondern erst mit dem Aufstieg der wissenschaftlich-technischen Zivilisation ans Licht getreten ist. Aber widerspricht eine solche Behauptung nicht allem, was wir bisher festgestellt haben? Wenn die Zerstörung zum Wesen von Natur gehört – ist es dann überhaupt möglich, die Natur selbst zu zerstören? Ist die wissenschaftlich-technische Zivilisation nicht gerade darin naturwüchsig und naturgemäß, daß sie ein Werk der Zerstörung vollbringt?

Zunächst gilt es, mit Klarheit festzustellen, daß sich hinter den heute üblichen Formen der Rede von der Zerstörung der Natur ein durch nichts gerechtfertigter Hochmut des Menschen verbirgt. Wenn wir zum Beispiel von einer Zerstörung unserer Umwelt sprechen, ist gemeint, daß der Mensch seine eigenen Lebensbedingungen gefährdet. Er tut dies dadurch, daß er in der Natur irreversible Prozesse in Gang setzt, die sich nach kurzer Zeit seiner Kontrolle entziehen. Die Wirksamkeit der Zerstörung beruht also darauf, daß die Natur selbst dieses Werk vollbringt. Sie schlägt gegen den Menschen zurück und rächt sich dafür, daß sie von ihm vergewaltigt wurde. Wenn der Mensch es so weit bringen sollte, daß er auf diesem Planeten nicht mehr existieren kann, ist nicht die Natur sondern nur seine eigene ökologische Nische innerhalb dieser Natur zerstört. Dieser Prozeß gehorcht aber denselben Gesetzen wie alle übrigen Prozesse in der Natur. Der Mensch hat nicht die Möglichkeit, diese Gesetze außer Kraft zu setzen. Im Gegenteil: seine ökologische Nische wird zerstört, weil er die Natur und ihre Gesetze nicht zerstören kann und deshalb für sein leichtfertiges Spiel mit den Kräften der Natur gnadenlos bestraft wird. Das, was er nicht zerstören kann, ist jene Zerstörung, die für das Leben konstitutiv ist, und ⟨die⟩ über ihn hereinbricht, wenn er die Gesetze der Natur nicht respektiert.

Aber eben dadurch zerstört der Mensch sich selbst, und dieses Verhalten ist naturwidrig, wenn wir davon ausgehen dürfen, daß die Triebe zur Selbsterhaltung und zur Arterhaltung für das Leben in der Natur konstitutiv sind. Die Frage: „Wie ist es möglich, daß der Mensch gerade kraft der Richtigkeit dessen, was er erkennt, die Natur, die seinem Zugriff ausgesetzt ist, zerstört?" bedeutet also präziser gefaßt: „Wie ist es möglich, daß der Mensch eine Form des Denkens ausgebildet hat, die ihn verhindert, den Gesetzen der Natur zu gehorchen und jene Anpassungen zu vollziehen, durch die sich natürliches Leben erhält?" Summarisch können wir auf Grund der bisherigen Überlegungen auf diese Frage schon eine Antwort geben. Der Mensch zerstört sich selbst, weil er sich der Natur gegenüber als autonomes Subjekt versteht. Er zerstört die seinem Zugriff ausgelieferte Natur, weil er die Denkformen dieses Subjektes als seine Objektivationen in die Natur projiziert. Der Prozeß der Zerstörung, von dem wir hier sprechen, hat also eine andere Gestalt als jene Zerstörung, die sich in der Natur ständig vollziehen muß, damit

Leben überhaupt möglich ist. Hier handelt es sich nämlich um eine Selbstzerstörung und deren Projektion in die Natur. Die Selbstzerstörung hat ihren Ursprung in einer Konstitution des Subjektes der neuzeitlichen Wissenschaft und in den in dieses Subjekt eingebauten Antinomien. Ich habe diese Antinomien in Kapitel XVIII bereits darauf zurückgeführt, daß die Subjektivität sich durch die Rückspiegelung zweier miteinander nicht zu vereinender Aspekte der Einheit der Zeit in das durch diese Rückspiegelung erst erzeugte „Innere" des Menschen konstituiert. Dieser Satz steht aber in einem so großen Widerspruch zu allen unseren Denkgewohnheiten, daß er einer genauen Erläuterung bedarf. Diese Erläuterung kann nicht in einem Zuge gegeben werden. Ich setze bei der Frage an, die sich hier als erste aufdrängen muß: Was bedeutet überhaupt die Unterscheidung von „innen" und „außen"?

⟨XX. Platons Lehre von den Seelenvermögen – Der Zusammenhang zwischen Mensch, Polis und Kosmos⟩

Wir haben in dieser Vorlesung bereits gelernt, daß man solche Fragen nicht durch abstrakte Spekulationen beantworten kann. Wenn wir verstehen wollen, was es bedeutet, daß das christliche Europa seit Paulus den Bereich der Seele als einen „Innenraum" erfährt, der von der Außenwelt unterschieden und gegen sie abgesetzt wird, müssen wir auf jene Stelle bei Platon zurückgehen, der Paulus (durch Vermittlung von Philon) das Bild vom „inneren Menschen" verdankt. Ich stütze mich dabei auf die Untersuchungen, die Ulrich Duchrow in seinem Buch über die Zwei-Reiche-Lehre vorgelegt hat; sie sind aus einer gemeinsamen Arbeit in der FEST hervorgegangen[153]. Der Text von Platon ist so wichtig, daß ich es auch in diesem systematischen Teil der Vorlesung für nötig halte, ihn im Zusammenhang vorzulegen. Sie werden aus dem Text unmittelbar ablesen kön-

---

[153] *Ulrich Duchrow, Christenheit und Weltverantwortung* (Forschungen und Berichte der Evangelischen Studiengemeinschaft, 25), ²Stuttgart: Klett-Cotta, 1983, *59ff.*

nen, wie paradox es ist, daß wir die Vorstellung, die Seele sei „innen", für selbstverständlich halten.

Der platonische Text, den wir heranziehen müssen, steht am Ende des IX. Buches des „Staates" an hervorgehobener Stelle. Hier wird nämlich die zu Beginn des II. Buches gestellte Frage beantwortet, ob es dem Menschen nützlicher sei, ungestraft Unrecht zu tun oder, selbst wenn es ihm dabei schlecht ergeht, gerecht zu bleiben. Bei Platon steht dieses Problem in direktem Zusammenhang mit der Frage nach dem Wesen der Physis. Eine sophistische Richtung, an die später Nietzsche wieder angeknüpft hat, vertrat die These, in der Natur gelte das Recht des Stärkeren. Stärker ist immer der, der ungestraft die Schwächeren unterdrücken und ausbeuten kann, mit anderen Worten: der Stärkere ist der, der unrecht handelt, und die Natur gibt ihm recht. Das ist der Gedanke, der im 19. Jahrhundert den primitiveren Interpretationen des Darwinismus zugrundegelegt wurde, und der von dort aus in die politische Ideologie des Fascismus eingegangen ist. Dem stellt Platon einen Entwurf des Wesens der Physis entgegen, wonach sowohl der Kosmos im Ganzen wie auch der Bestand und die Gesundheit von allem, was im Kosmos erscheint, auf Harmonie, auf Proportion, also auf Ordnung beruht. Gerechtigkeit ist die Tugend, kraft derer der Mensch in seiner eigenen Seele wie im Staat jene Harmonie herzustellen vermag, auf der die Erhaltung des Ganzen beruht. Nicht das die Ordnung überschreitende und mißachtende Recht des Stärkeren sondern die Einhaltung der rechten Harmonie ist der Natur gemäß, weil sie der Erhaltung dient. Von diesem Grundgedanken her ist Platons ganze Seelenlehre entworfen. Sie steht also – und das ist merkwürdig genug – unter derselben Leitfrage, von der wir heute wieder ausgehen müssen: ist der Mensch ein Wesen, das darauf angelegt ist, sich selbst und andere zu zerstören, oder vermag er in der Natur eine Ordnung herzustellen, die Bestand hat? Die Stelle, die ich Ihnen jetzt vorlesen werde, gibt eine Antwort auf diese Frage. Sie werden sehen, daß diese Antwort darauf angelegt ist zu zeigen, wie unwahrscheinlich es ist, daß der Mensch sich selbst und seine Umwelt *nicht* zerstört.

Ich lege zunächst den Text vor: „Nachdem wir an dieser Stelle der Untersuchung angelangt sind, wollen wir wieder aufnehmen, was zu Beginn gesagt wurde und uns den Anstoß gab, bis hierher zu gelangen. Es wurde behauptet, das Unrecht-Tun nütze dem, der vollkommen ungerecht ist und sich den Anschein zu geben weiß, als sei er gerecht. Oder wurde nicht dieses behauptet? – Doch, so war es. – Jetzt aber wollen wir den Dialog mit diesem Mann wieder aufnehmen, nachdem wir uns Schritt für Schritt darüber verständigt haben, was Unrecht-Tun auf der einen Seite, gerecht handeln auf der anderen Seite ihrem Wesen und ihrer Wirkung nach sind. – Wie wollen wir das tun? – Wir wollen in unserer Rede ein Abbild von der Seele formen, damit der, der jene Behauptung aufgestellt hat, vor Augen sieht, was er gesagt hat. – Was mag das wohl für ein Bild sein? – Ein Bild etwa von jener Art, wie die Alten in ihren Mythen erzählen, daß Wesenheiten entstanden seien, und wie die Chimaira und die Skylla und Kerberos und wie noch zahlreiche andere Gestalten aufgezählt werden, von denen gesagt wird, daß viele Formen in einer einzigen zusammengewachsen seien. – Das wird erzählt."[154]

Platon spricht hier von jenen Schreckensgestalten, in denen das mythische Denken Mächte symbolisiert, die sich der Ordnung des Kosmos nicht fügen wollen. Die Chimaira ist, nach einem berühmten Vers „vorne Löwe, hinten Schlange, in der Mitte Chimaira"[155]. Die Skylla hat Antlitz und Brüste einer Frau; aus ihren Flanken wachsen sechs Hundeköpfe und zwölf Füße. Der Kerberos hat drei Hundeköpfe, den Schwanz einer Schlange, und aus seinem Rücken wachsen die Häupter vieler Arten von Schlangen. Mit einem solchen urzeitlichen Ungetüm will Platon die Seele des Menschen vergleichen. Er macht dadurch zugleich deutlich, daß dieses Bild von der Seele des Menschen nichts anderes als ein Mythos ist.

„Bilde nun also zuerst die Gestalt eines vielförmigen und vielhäuptigen Tieres, das ringsherum Köpfe von zahmen und von wilden Tieren hat und fähig ist, sich zu verwandeln und aus sich selbst dies alles her-

---

[154] Εἶεν δή, εἶπον· ἐπειδὴ ἐνταῦθα λόγου γεγόναμεν, ἀναλάβωμεν τὰ πρῶτα λεχθέντα, δι' ἃ δεῦρ' ἥκομεν. Ἦν δέ που λεγόμενον λυσιτελεῖν ἀδικεῖν τῷ τελέως μὲν ἀδίκῳ, δοξαζομένῳ δὲ δικαίῳ· ἢ οὐχ οὕτως ἐλέχθη; – Οὕτω μὲν οὖν. – Νῦν δή, ἔφην, αὐτῷ διαλεγώμεθα, ἐπειδὴ διωμολογησάμεθα τό τε ἀδικεῖν καὶ τὸ δίκαια πράττειν ἣν ἑκάτερον ἔχει δύναμιν. – Πῶς; ἔφη. – Εἰκόνα πλάσαντες τῆς ψυχῆς λόγῳ, ἵνα εἰδῇ ὁ ἐκεῖνα λέγων οἷα ἔλεγεν. – Ποίαν τινά; ἦ δ' ὅς. – Τῶν τοιούτων τινά, ἦν δ' ἐγώ, οἷαι μυθολογοῦνται παλαιαὶ γενέσθαι φύσεις, ἥ τε Χιμαίρας καὶ ἡ Σκύλλης καὶ Κερβέρου, καὶ ἄλλαι τινὲς συχναὶ λέγονται ξυμπεφυκυῖαι ἰδέαι πολλαὶ εἰς ἓν γενέσθαι. – Λέγονται γάρ, ἔφη. 588 B 1 – C 6.
[155] πρόσθε λέων, ὄπιθεν δὲ δράκων, μέσση δὲ χίμαιρα, Homer, Ilias VI, 181; vgl. auch Pindar, Olympische Ode XIII, 128.

vorwachsen zu lassen. – Das wäre das Werk eines übermäßigen Bildners. Da aber die Rede ein plastischeres Material ist als das Wachs und alles, was sich damit vergleichen läßt, wollen wir annehmen, diese Form sei gebildet. – Nun bilde noch eine andere Gestalt: die eines Löwen, und dann noch eine: die eines Menschen. Das erstere Gebilde soll aber bei weitem das Größte sein; das zweite der Größe nach an zweiter Stelle kommen. – Das ist leichter, und es sei gebildet. – Nun binde diese alle drei in eines zusammen, so daß sie auf irgendeine Weise miteinander zusammengewachsen sind. – Ich habe sie zusammengebunden. – Jetzt bilde von außen her um sie herum das Abbild des Einen, nämlich des Menschen, so, daß für den, der das, was innen ist, nicht sehen kann, sondern nur die äußere Hülle erblickt, das Ganze als ein einziges Lebewesen erscheint: als ein Mensch. – Ich habe es ringsherum gebildet. – Wenn nun einer behauptet, daß es diesem Menschen nützlich sei, Unrecht zu tun, daß aber gerecht zu handeln ihm nicht förderlich sei, wollen wir ihm antworten, daß er nichts anderes sagt, als es nütze ihm, das vielgestaltige Tier zu mästen und stark zu machen und ebenso den Löwen und was zum Löwen gehört, den Menschen aber verhungern zu lassen und schwach zu machen, so daß er hingezogen wird, wohin ihn eines der beiden anderen Tiere treiben mag, und daß er keines an das andere gewöhnen und mit ihm befreundet machen kann, sondern zulassen muß, daß sie sich in sich selbst zerfleischen und im Kampf wechselseitig verschlingen. – Genau das würde in der Tat behaupten, wer das Unrecht-Tun lobt. – Würde nicht umgekehrt, wer behauptet, daß das Gerechte förderlich ist, damit sagen, man müsse das tun und das reden, wodurch der innere Mensch im Menschen am meisten gestärkt wird? Dann würde er sich um das vielköpfige Geschöpf kümmern wie ein Bauer, indem er, was zahm an ihm ist, ernährt und züchtet, das Wilde aber daran verhindert zu wachsen und sich die Löwennatur zum Bundesgenossen macht und gemeinsam für alle sorgt und sie derart aufzieht, indem er sie wechselseitig und mit sich selbst zu Freunden macht. – Das wäre ohne Einschränkung die These dessen, der das Gerechte lobt. – Auf jede Weise würde also der, der das Gerechte preist, die Wahrheit sagen. Wer hingegen das Ungerechte preist, sich täuschen." [156] – Mit diesem letzten Satz wird festgestellt,

---

[156] Πλάττε τοίνυν μίαν μὲν ἰδέαν θηρίου ποικίλου καὶ πολυκεφάλου, ἡμέρων δὲ θηρίων ἔχοντος κεφαλὰς κύκλῳ καὶ ἀγρίων, καὶ δυνατοῦ

daß die zu Beginn des II. Buches gestellte Aufgabe hier am Ende des IX. Buches durch das seltsame Bild, das Platon uns vorführt, gelöst ist. Die Lösung ergibt sich durch den Begriff des „inneren Menschen" (ὁ ἐντὸς ἄνθρωπος, 589 A 7). Weil dieses Bild nicht nur in der philosophischen Tradition des Neuplatonismus fortgelebt hat, sondern durch Paulus aufgenommen und umgedeutet wurde, erfährt das christliche Europa das Seelenleben als „Innenleben"; das mythische Ungeheuer, das Platon schildert, verwandelt sich im Klima des deutschen Kleinbürgertums in die „Innerlichkeit", die dann in zwei Weltkriegen und im Nationalsozialismus demonstriert hat, wie es in Wahrheit um sie bestellt ist. Auch der Begriff der Humanität und die Bildungsidee des Humanismus beginnt mit Platons Bild vom „inneren Menschen".

Nun müssen wir versuchen, uns kurz klarzumachen, was dieses Bild bei Platon bedeutet. Die Schreckensbilder von den Ungeheuern, deren Verknüpfung ausmacht, was wir die „Seele" des Menschen nennen, fassen alles zusammen, was Platon in den vorausgehenden Büchern

μεταβάλλειν καὶ φύειν ἐξ αὐτοῦ πάντα ταῦτα. – Δεινοῦ πλάστου, ἔφη, τὸ ἔργον· ὅμως δέ, ἐπειδὴ εὐπλαστότερον κηροῦ καὶ τῶν τοιούτων λόγος, πεπλάσθω. – Μίαν δὴ τοίνυν ἄλλην ἰδέαν λέοντος, μίαν δὲ ἀνθρώπου· πολὺ δὲ μέγιστον ἔστω τὸ πρῶτον καὶ δεύτερον τὸ δεύτερον. – Ταῦτα, ἔφη, ῥᾷω, καὶ πέπλασται. – Σύναπτε τοίνυν αὐτὰ εἰς ἓν τρία ὄντα, ὥστε πῃ ξυμπεφυκέναι ἀλλήλοις. – Συνῆπται, ἔφη. – Περίπλασον δὴ αὐτοῖς ἔξωθεν ἑνὸς εἰκόνα, τὴν τοῦ ἀνθρώπου, ὥστε τῷ μὴ δυναμένῳ τὰ ἐντὸς ὁρᾶν, ἀλλὰ τὸ ἔξω μόνον ἔλυτρον ὁρῶντι, ἓν ζῷον φαίνεσθαι, ἄνθρωπον. – Περιπέπλασται, ἔφη. – Λέγωμεν δὴ τῷ λέγοντι ὡς λυσιτελεῖ τούτῳ ἀδικεῖν τῷ ἀνθρώπῳ, δίκαια δὲ πράττειν οὐ ξυμφέρει, ὅτι οὐδὲν ἄλλο φησὶν ἢ λυσιτελεῖν αὐτῷ τὸ παντοδαπὸν θηρίον εὐωχοῦντι ποιεῖν ἰσχυρὸν καὶ τὸν λέοντα καὶ τὰ περὶ τὸν λέοντα, τὸν δὲ ἄνθρωπον λιμοκτονεῖν καὶ ποιεῖν ἀσθενῆ, ὥστε ἕλκεσθαι ὅπῃ ἂν ἐκείνων ὁπότερον ἄγῃ, καὶ μηδὲν ἕτερον ἑτέρῳ ξυνεθίζειν μηδὲ φίλον ποιεῖν, ἀλλ' ἐᾶν αὐτὰ ἐν αὑτοῖς δάκνεσθαί τε καὶ μαχόμενα ἐσθίειν ἄλληλα. – Παντάπασι γάρ, ἔφη, ταῦτ' ἂν λέγοι ὁ τὸ ἀδικεῖν ἐπαινῶν. – Οὐκοῦν αὖ ὁ τὰ δίκαια λέγων λυσιτελεῖν φαίη ἂν δεῖν ταῦτα πράττειν καὶ ταῦτα λέγειν, ὅθεν τοῦ ἀνθρώπου ὁ ἐντὸς ἄνθρωπος ἔσται ἐγκρατέστατος καὶ τοῦ πολυκεφάλου θρέμματος ἐπιμελήσεται, ὥσπερ γεωργός, τὰ μὲν ἥμερα τρέφων καὶ τιθασεύων, τὰ δὲ ἄγρια ἀποκωλύων φύεσθαι, ξύμμαχον ποιησάμενος τὴν τοῦ λέοντος φύσιν, καί κοινῇ πάντων κηδόμενος, φίλα ποιησάμενος ἀλλήλοις τε καὶ αὑτῷ, οὕτω θρέψει; – Κομιδῇ γὰρ αὖ λέγει ταῦτα ὁ τὸ δίκαιον ἐπαινῶν. – Κατὰ πάντα τρόπον δὴ ὁ μὲν τὰ δίκαια ἐγκωμιάζων ἀληθῆ ἂν λέγοι, ὁ δὲ τὰ ἄδικα ψεύδοιτο. 588 C 7 – 589 C 1.

über die sogenannten „Seelenteile" gesagt hat. Das Untier mit den vielen Köpfen ist ein Bild für das Begehrungsvermögen. Der Löwe ist ein Bild für Mut und Willen. Der „innere Mensch" ist ein Bild für jenes Vermögen, das Platon λογιστικόν genannt hat. Da die gesamte spätere Tradition das platonische λογιστικόν im Lichte der aristotelischen Wissenschaftslehre und der stoischen Logos-Metaphysik als „Rationalität" interpretiert hat, muß zunächst festgestellt werden, daß dieses Grundvermögen des inneren Menschen bei Platon eine ganz andere Funktion hat. Das Wort ist von λογίζομαι abgeleitet. Es bezeichnet das Vermögen abzuwägen, zu berechnen, miteinander in Vergleich zu setzen. Das, was der Seelenteil des λογιστικόν abwägt, ist das, was jeweils für den Menschen förderlich ist. In unserem Text wird seine Leistung durch das Bild des Bauern verdeutlicht, der das, was zahm ist, ernährt und züchtet, das Wilde hingegen am Wachstum verhindert, sich mit der Kraft des Löwen verbündet und zwischen den verschiedenen Strebungen des Seelenungeheuers Frieden stiftet. Der Bauer kann dies alles nur leisten, wenn er die Harmonie, die er herstellen soll, vor Augen hat. Dazu bedarf er der Erkenntnis der Wahrheit, die von Platon an anderen Stellen als das Göttliche in der menschlichen Seele dargestellt wird [157]. Aber der Name λογιστικόν hat nichts mit der Erkenntnislehre und erst recht nichts mit Rationalität zu tun, sondern bezieht sich auf jenes Abwägen der Güter, durch das der Friede zwischen den Seelenkräften hergestellt wird, indem einer jeden zugewiesen wird, was ihr förderlich ist. Eben dies nennt Platon „Gerechtigkeit". Daß man dann später unter dem Einfluß der aristotelischen Wissenschaftslehre das Grundvermögen des „inneren Menschen" nicht als „Gerechtigkeit" sondern als Rationalität gedeutet hat, ist einer der wichtigsten Hintergründe für die Zerstörung der Natur.

Eine zweite Feststellung, die sich ganz unmittelbar aus unserem Text ablesen läßt, ist seine Unvereinbarkeit mit allem, was man später als den platonischen „Dualismus" ausgegeben hat. Der Text belehrt uns nämlich darüber, daß der „innere Mensch" verhungern und geschwächt werden muß, sooft das obere Seelenvermögen zu den beiden anderen Seelenvermögen in Widerspruch gerät. Vor allem unter stoischem Einfluß hat die gesamte europäische Tradition bis hin zu Freud die Rationalität des Menschen zu seinem Triebleben und zu

---

[157] So z. B. Timaios 90 B 6ff. und Politikos 309 C 5ff.

seinen Affekten in einen unüberbrückbaren Gegensatz gestellt. Man hat das Bild von dem Ungeheuer, das der Mensch in seiner Brust trägt, so gedeutet, als ob es darauf ankäme, die Bestie des Begehrungsvermögens in Fesseln zu legen und zu unterdrücken. So sollte die Vernunft des Menschen zur Freiheit gelangen. Bei Platon sieht das völlig anders aus. Es ist die Aufgabe des oberen Seelenvermögens, sich die anderen Seelenvermögen zu verbünden und zu Freunden zu machen, indem es ihnen richtige Nahrung zuteilt und mit ihnen umgeht, wie ein Bauer mit Sorgfalt seinen Acker bestellt. Auch die Erkenntnis der Wahrheit ist, wie im VI. und VII. Buch des „Staates" gezeigt wird, nur dadurch möglich, daß sich das Denkvermögen von den übrigen Seelenvermögen nicht isoliert, sondern die Seele in ihrer Gesamtheit jene Wendung vollzieht, die sie die Wahrheit erkennen läßt. Was aus dem Denkvermögen wird, wenn es sich von den übrigen Seelenvermögen isoliert, schildert ebenfalls unser Text. Es wird von ihnen in Dienst genommen und von den miteinander streitenden Interessen der übrigen Seelenvermögen ausgebeutet. Dann kann es zwar immer noch kalkulieren, logisch schließen, analysieren; aber der Kalkül erfolgt im Interesse jener Triebe, die den Menschen in seiner Gesamtheit zerstören müssen.

Die Bedeutung aller dieser Feststellungen tritt aber erst zutage, wenn wir uns unserer Grundfrage zuwenden und prüfen, was das Wort „innen" hier bedeutet. Hier muß man sich etwas sehr Einfaches klarmachen. Die Einzigartigkeit des philosophischen Ansatzes, den Platon im „Staat" durchführt, besteht darin, daß er seine Lehre von der menschlichen Seele in der Form einer streng durchgeführten Analogie zwischen den Bewegungen der Seelenvermögen und den gesellschaftlichen Bewegungen innerhalb des Staates aufgebaut hat. Die Polis hat nach Platon in genau dem selben Sinne eine Seele wie der einzelne Mensch. Dem vielköpfigen Ungeheuer des Begehrungsvermögens entspricht in der Polis die in sich heterogene, in viele Gruppen aufgespaltene und mit sich selbst in fortgesetztem Streit liegende Schicht aller derer, die sich vom Streben nach Erwerb und Geld bestimmen lassen und einer Steigerung des Erwerbes blindlings nachjagen, ohne danach zu fragen, ob er für die Gesamtheit nützlich ist oder nicht. Dem Löwen entsprechen in der Polis jene, deren höchstes Ziel die Macht und die Ehre ist, also die Kriegsleute und die Politiker. Dem „inneren Menschen" entsprechen jene, die das Wohl des Ganzen vor Augen haben und dafür sorgen wollen, daß

Erwerb und Macht derart begrenzt und aufeinander abgestimmt werden, daß die Polis an ihren inneren Konflikten nicht zugrunde geht. Um das zu erreichen, dürfen sie sich nicht den Machtmenschen und den Kapitalisten blindlings entgegensetzen, denn auf sich selbst gestellt sind sie hilflos und werden von den anderen ausgebeutet. Wenn man den Kapitalismus oder die Macht bloß diffamiert, arbeitet man beiden Kräften nur in die Hände. Es käme darauf an, eine Ordnung herzustellen, die Alle nötigen würde, das Gesamtinteresse den Partikularinteressen überzuordnen. Das ist genau dieselbe Aufgabe wie die Abstimmung der Seelenvermögen in der einzelnen Seele. Platon zeigt aber in den Büchern VIII und IX, daß die Verfassung der einzelnen Seele stets ein Reflex der Gesamtverfassung der Polis ist. Damit kehrt sich das Verhältnis von innen und außen um. Die Seele des Einzelnen ist eine Rückspiegelung der Seele der Polis.

Nun hat aber Platon schon im „Staat" an wichtigen Stellen auf den Zusammenhang seiner politischen Philosophie mit der Naturphilosophie verwiesen, die er dann später im „Timaios" dargestellt hat. Die Prozesse innerhalb einer Polis gehorchen den selben Bewegungsgesetzen wie die Prozesse innerhalb der Natur, denn die Polis ist selbst ein Gebilde innerhalb der Natur und entwickelt sich aus den primären Bedürfnissen der Menschen als organischer Lebewesen. Auch die Bewegungen innerhalb des Kosmos sind durch den Widerstreit zwischen ungeordneter und geordneter Bewegung bestimmt, und jene Ordnung, die dem Kosmos seinen Namen gibt, und der er Bestand und Erhaltung verdankt, geht aus dem selben Widerstreit hervor wie die Ordnung in der Polis und in der einzelnen Seele. Auch die Seele der Polis ist also nur ein Reflex der Weltseele. Hier, in der Universalität der Bewegung des Kosmos, ist deshalb der wahre Innenraum des Menschen zu finden. Der „innere Mensch" ist nach der Lehre, die Platon im VI. Buch entwickelt, jener Mensch, der die Bewegungsabläufe in seiner Seele nach dem Vorbild der Bewegungsabläufe der Gestirne zu ordnen vermag. Die Kraft, die das leistet, ist nach Platon die Musik. Durch die Musik wird die Seele des Menschen in die Harmonie des Kosmos entrückt, und davon hängt auch die Verfassung der Staaten ab. Daraus ergibt sich die berühmte Lehre, daß jede Veränderung der Tonskalen einen Umschwung der Staatsverfassung ankündigt.

In Platons esoterischer Lehre wurde die Polarität zwischen ungeordneter und geordneter Bewegung, die seiner Seelenlehre zugrundeliegt, auf eine letzte Polarität zurückgeführt: Die Polarität zwischen ἕν und ἀόριστος δυάς – zwischen Einheit und unbestimmbarer Zweiheit. Das ist die Polarität, die dann bei Aristoteles als Polarität zwischen εἶδος und ὕλη – zwischen Struktur und Kontinuum – wiederkehrt. Ich habe schon gesagt, daß sich hinter dieser Polarität der Gegensatz von Parmenides und Heraklit verbirgt, und daß dieser Gegensatz sich auf zwei inkommensurable Formen, die Einheit der Zeit zu verstehen, zurückführen läßt. Eine Begründung dieser These würde sehr weit ausgreifen müssen. Ich bin deshalb an dieser Stelle genötigt, auf schon zitierte frühere Arbeiten zu verweisen [158]. Daraus ergibt sich dann die Grundthese von Kapitel XVII. Sie hieß: Das, was wir „Seele" nennen, ist die Rückspiegelung von zwei inkommensurablen Aspekten der Einheit der Zeit in das durch diese Rückspiegelung erst erzeugte „Innere" des Menschen.

Zusammenfassend läßt sich sagen: Zwar ist der europäische Begriff der „Seele" durch Platon erst begründet worden; zwar lassen sich alle späteren Seelenlehren bis zum heutigen Tage auf ihre platonischen Fundamente zurückführen. Aber nur spätere Mißdeutung, die schon im Hellenismus einsetzt, konnte die platonische Seele in einen „Innenraum" des Menschen verwandeln. Das groteske Bild von der Zusammenknüpfung verschiedener Ungeheuer, die dann von außen her wie mit einem Futteral mit der Gestalt des Menschen umgeben werden, ist mit unverkennbarer Absichtlichkeit so geformt, daß jedermann einsehen muß, daß dieses Bild nicht den Anspruch erhebt, die wirklichen Verhältnisse so darzustellen, wie sie sind.

Zu allem Überfluß hat Platon ausdrücklich gesagt, er könne dieses Bild nur entwerfen, weil Sprache formbarer ist als Wachs. Man kann in diesem seltsamen Material alles erfinden, was man will. Die Fiktion, vor der uns Platon dadurch warnt, ist die Meinung, die Seele befände sich wirklich im Inneren des Futterales „Körper". Prüfen wir, wie ich es skizzenhaft durchgeführt habe, an Hand der Lehren der „Politeia" nach, welche Gedanken sich hinter diesem Bilde verbergen, so stellt sich heraus: das, was uns als „Inneres" erscheint, ist

---

[158] Neben Aristoteles' „De anima" vor allem „Die Erfahrung der Geschichte", in: Wahrheit, Vernunft, Verantwortung, a. a. O., 281 ff., und „Der Begriff der Energeia bei Aristoteles", in: Hier und Jetzt I, a. a. O., 289 ff.; außerdem die Register aller vorliegenden Bände s. v. εἶδος, ὕλη, Struktur, Kontinuum.

„außen" in der Selbstbewegung der Weltseele. Jeder Gedanke, jeder Entschluß und jeder Trieb ist ein Aus-sich-Heraustreten des Menschen. Das Wesen der Seele ist, wie Platon im „Phaidon" dargestellt hat, ἔκστασις – Aus-sich-Heraustreten, Entäußerung[159]. Der Mensch ist seinem Wesen nach „ekstatisch"; er ist ein Lebewesen, das nicht in sich selbst behaust sein kann, sondern sich immer außerhalb seiner selbst befindet. Dieses Außerhalb-unserer-selbst-Sein nennen wir „Seele". Deshalb ist es nichts als Selbstbetrug, wenn wir das Außerhalb-unserer-selbst-Sein nachträglich in uns zurückprojizieren. Es stellt sich die Frage, woher es kommt, daß wir dazu eine so unwiderstehliche Nötigung empfinden.

⟨XXI. „Innen" und „außen", „wirklich", „möglich" und „notwendig" bei Kant⟩

Wir verbieten es uns auch an dieser Stelle, uns mit einem direkten Sprung in jenen Horizont zu versetzen, von dem ich schon angekündigt habe, daß er der Horizont sei, den wir suchen, nämlich den Horizont der Zeit. Wir haben uns ja vorgenommen, den Übergang aus dem Horizont der Subjektivität in den Horizont der Zeit so zu vollziehen, daß uns durchsichtig ist, warum er vollzogen werden *muß*. Die Rückbesinnung auf Platon und die Herkunft des Bildes vom „inneren Menschen" hat uns ein Stück der Vorgeschichte der Subjektivität vor Augen geführt, das uns die Fragwürdigkeit der Unterscheidung von „innen" und „außen" schon deutlich machte und auch schon zeigte, daß der sogenannte „Innenraum" durch eine Rückspiegelung von Zeit erzeugt wird. Aber wenn wir den Übergang aus der Subjektivität in einen neuen Horizont des Denkens vollzie-

---

[159] Das Wort ἔκστασις kommt bei Platon nicht vor, aber ἐξίστημι (Phaidros 249 A 8 – D 3; Kratylos 439 E 5; Politeia 380 D 8; Timaios 50 B 8); Dominic Kaegi vermutet, daß GP sich an dieser Stelle auf Burnets Anmerkung zu „Phaidon" (67 C 6f.) bezieht: „As Wohlrab justly remarked, this is to be understood in the light of the account given in Symp. 174 C and 220 C of Socrates standing still and silent for hours at a time. The religious term for this was ἔκστασις, ,stepping outside' the body." John Burnet, Plato's Phaedo, edited with introduction and notes, Oxford: Clarendon Press, [1]1911, [5]1953, 38.

hen wollen, müssen wir uns zuerst ausdrücklich in den Horizont der Subjektivität selbst versetzen. Wir betrachten also jetzt, wie sich die Unterscheidung von „innen" und „außen" auf dem Höhepunkt der Philosophie der Subjektivität, nämlich bei Kant, darstellt.

Kant unterscheidet bekanntlich zwei Formen der Anschauung: die reine Form der *äußeren* Anschauung ist der Raum, in dem für unsere Wahrnehmung alles erscheint, was für uns Gegenstand der Erfahrung sein kann. Die Form der *inneren* Anschauung ist die Zeit, in der die Subjektivität sich selbst wahrnimmt. Da alles, was Gegenstand der Erfahrung sein kann, vom Subjekt wahrgenommen wird, erscheint notwendig alles, was wir im Raum als Gegenstand erkennen, auch in der Zeit. In der Zeit erscheint aber auch solches, was wir im Raum nicht wahrnehmen können: Empfindungen, Gefühle, Triebe, Erwartungen, Träume und Gedanken. Weil dieses alles nicht im Raum erscheint, kann es in der Form der *äußeren* Anschauung nicht wahrgenommen werden. Es ist (im Unterschied zu „außen") „innen". Deshalb heißt die Zeit die reine Form der *inneren Anschauung*[160]. Kant war der erste Philosoph, der durchschaut hat, daß das Medium des sogenannten „Innenraumes" der Subjektivität die Zeit ist. Nun findet aber das Subjekt bei der Reflexion auf seine innere Konstitution in sich auch solches vor, was nicht, wie die Erscheinungen in der Zeit, verfließt, sondern sich selbst gleichbleibt und unveränderlich ist. Das Unveränderliche im Subjekt sind – im Unterschied zur Anschauung in der Zeit – die Gesetze des Denkens: die Verstandesbegriffe und die Begriffe der reinen Vernunft oder transzendentalen Ideen. Ich habe zu Beginn der Wintervorlesung zu zeigen versucht, daß diese logische Basis der Subjektivität, die Kant als das „logische Ich" bezeichnet hat, die zurückgespiegelte Evidenz ist und auf die Lehre des Parmenides von der Unveränderlichkeit des Seins zurückgeht (322). Habe ich nun recht mit meiner These, daß auch das Sein des Parmenides, in seiner Wahrheit aufgefaßt, Zeit ist – nämlich die als ewige Gegenwart vorgestellte Einheit der Zeit –, so ergibt sich für die Konstitution der Subjektivität bei Kant unter gewissen Modifikationen, die wir später noch betrachten müssen,

---

[160] KrV B 47: „Die Zeit ist ... eine reine Form der sinnlichen Anschauung"; B 48: „... wenn diese Vorstellung nicht Anschauung (innere) a priori wäre ..." (könnte) „kein Begriff ... die Möglichkeit einer Veränderung ... begreiflich machen", 3, 58f.

das Selbe, was sich schon für den sogenannten Innenraum der Seele bei Platon ergab: die Subjektivität bei Kant ist sowohl in ihrer Gestalt als logisches Ich wie in der Gestalt, in der sie sich selbst in der Anschauungsform der Zeit erscheint, durch und durch nichts anderes als Zeit. Aber die Einheit der Zeit wird in zwei einander inkommensurablen Formen vorgestellt: als Anschauung ist sie permanentes Verfließen; als Begriff ist sie unveränderliche Gegenwart. Ich werde später noch darauf zu sprechen kommen, wie Kant zwischen diesen beiden Formen, die Einheit der Zeit vorzustellen, zu vermitteln versucht. Für uns, die wir uns die Vorgeschichte der Konstitution der Subjektivität klargemacht haben, springt in die Augen, daß die kantische Unterscheidung zwischen Anschauung und Begriff ein Reflex des Gegensatzes zwsichen Heraklit und Parmenides ist.

Nun wollen wir sehen, warum und in welchem Sinne Kant sich genötigt sieht, auf der Basis dieser Voraussetzungen zwischen „innen" und „außen" zu unterscheiden. Es gab schon vor Kant zwei einander entgegengesetzte Lehren, die die dogmatisch gegebene Unterscheidung zwischen „innen" und „außen" zur Voraussetzung hatten. Die eine Lehre, die behauptete, nur das, was innen ist, sei unbezweifelbar, wirklich und wahr, heißt „Idealismus". Sie wurde vor Kant von Berkeley vertreten. Alles, was außen ist, sollte nach dieser Lehre nur Schein, nur Projektion, nur Vorstellung des Subjektes sein. Gegen diese Lehre hat Kant in der zweiten Auflage der „Kritik der reinen Vernunft" seine „Widerlegung des Idealismus" geschrieben (B 274ff.; 3, 190ff.). Die entgegengesetzte Lehre, die nur das Äußere für wahr und wirklich, das Innere hingegen als bloßen Reflex des Äußeren, als bloße Spiegelung und damit als Schein betrachtete, ist der „Materialismus", wie er, vorbereitet durch den englischen Empirismus, vor allem in Frankreich etwa von Holbach vertreten wurde. Dem stellt sich Kant dadurch entgegen, daß er seine Philosophie als „transzendentalen Idealismus" bezeichnete. Ich will jetzt nicht erklären, was das bedeutet. Es genügt zu sehen, daß Kant eine Position einnimmt, die zwar die strikte Unterscheidung zwischen dem Inneren und dem Äußeren voraussetzt, aber nicht zuläßt, daß nur die eine dieser beiden Seiten als wahr und wirklich, die andere hingegen als bloßer Schein aufgefaßt wird. In Kants kritischer Philosophie bedingen die beiden Seiten sich wechselseitig. Das spricht er in der „Widerlegung des Idealismus" aus: „Das Bewußtsein meines eigenen Daseins ist zugleich ein unmittelbares Bewußtsein des Daseins anderer Dinge außer mir." (B 276; 3, 191f.) Warum das so sein muß, kann man sich sehr einfach klarmachen. Hätte das „Innen" kein wirkliches „Außen" sich gegenüber, so wäre es kein Innen mehr; es würde sich in nichts auflösen. Wäre umgekehrt das, was außen ist, nicht mehr das, was für ein wirkliches Inneres außen ist, so wäre es seines Außen-Seins und damit zugleich der Garantie für seine reale Wirklichkeit verlustig gegangen. Es würde sich ebenfalls in nichts auflösen. Die Idealisten leben von Gnaden der Materialisten; die Materialisten leben von Gnaden der Idealisten. Würde eine dieser beiden Schulen den Sieg davontragen, so wäre dieser Sieg die Selbstvernichtung. Weil Kant das durchschaut hat, die Unterscheidung zwischen „innen" und „außen" aber nicht preisgeben will, muß er statuieren, daß die Vorstellung des „Innen" unmittelbar die Vorstellung des „Außen" impliziert: „Das Bewußtsein meines eigenen Daseins ist zugleich ein unmittelbares Bewußtsein des Daseins anderer Dinge außer mir." Was zeichnet das „Bewußtsein des Daseins anderer Dinge außer mir" aus? Kant beweist, daß „die Bestimmung meines Daseins in der Zeit nur durch die Existenz wirklicher Dinge, die ich außer mir wahrnehme, möglich" ist (B 275f.; 3, 191). Es ist nicht nötig, diesen Beweis vorzuführen; für uns genügt die Feststellung, daß die Bestimmung meines Daseins in der Zeit, also die Form, wie wir Subjektivität empirisch erfahren, davon abhängig ist, daß wir uns Dinge außer uns nicht nur vorstellen, sondern daß diese Dinge uns wirklich gegeben sind. Es geht demnach um die Realität. Es geht darum, daß nach Kant die Selbstgewißheit des Subjekts die Realität der Dinge außer uns notwendig voraussetzt. Wie Kant dies beweist, hat Enno Rudolph soeben in seiner Dissertation über Kants skeptische Methode dargestellt [161].

Nun ist es dem Menschen unmöglich, Wirklichkeit isoliert und absolut zu denken. Das, was wir Wirklichkeit nennen, steht in einer unauflöslichen Relation zur Möglichkeit und zur Notwendigkeit. Kant interpretiert diese drei Begriffe, sofern sie sich auf Gegenstände möglicher Erfahrung beziehen und deshalb als Verstandesbegriffe auftreten, als „Kategorien der Modalität". Ihre Bedeutung für unsere Erkenntnis der Gegenstände außer uns erläutert er in dem Kapitel „Die Postulate des empirischen Denkens überhaupt" (B 265ff.; 3, 185ff.). Ich empfehle Ihnen das Studium dieses Kapi-

[161] Vgl. Anm. 136, 305.

tels, das ich hier nicht interpretieren kann, weil sich daraus sehr viel über den Naturbegriff der Neuzeit lernen läßt. Ich muß mich damit begnügen, das Problem sehr einfach darzustellen.

Die drei Modalitäten – möglich, wirklich, notwendig – bereiten dem naturwissenschaftlichen Denken der Neuzeit große Schwierigkeiten[162]. In der durchgängig determinierten Natur der neuzeitlichen Physik verlieren die Modalitäten nämlich ihren Sinn. Hier gilt der Satz: „Alles, was ist, ist notwendig". Die neuere Philosophie und Wissenschaftstheorie hat daraus die Konsequenz gezogen, die Modalitäten aus der Natur gleichsam herauszuziehen und in das Denken, also in das Subjekt zu verlagern. Nun ist die Unterscheidung zwischen möglich, wirklich und notwendig nicht mehr „außen" sondern „innen". Nicht die Natur sondern das denkende Subjekt ist so beschaffen, daß es genötigt ist, zwischen Möglichkeit, Wirklichkeit und Notwendigkeit zu unterscheiden. Man wäre damit vielleicht noch durchgekommen, wenn nicht schon die Thermodynamik und noch radikaler später die Quantenphysik dazu genötigt hätten, in die Beschreibung der Naturvorgänge den Begriff der Wahrscheinlichkeit, das heißt den Begriff der Möglichkeit einzuführen und damit den strikten Determinismus der klassischen Physik aufzuweichen oder gar grundsätzlich in Frage zu stellen. Zu Letzterem konnte man sich nicht entschließen, weil man sich auf wissenschaftliche Methoden festgelegt hatte, die den Determinismus schlechterdings voraussetzen. Was macht man aber dann mit dem Begriff der Wahrscheinlichkeit? Man hilft sich dadurch, daß man sagt, die Wahrscheinlichkeit sei nicht ein Prädikat der natürlichen Prozesse selbst sondern ein Prädikat der Aussagen über diese Prozesse. Dann ist die Wahrscheinlichkeit ein Maß, nach dem sich berechnen läßt, wie oft Prognosen über Prozesse zutreffen werden. Aber man kommt auf diese Weise nicht durch, denn die Physik soll ja nicht eine Theorie über Aussagen, sie soll vielmehr eine Theorie über die wirklichen Vorgänge in der Natur sein. Daraus ergab sich eine große und sich ständig fortpflanzende Konfusion: Man sah sich einerseits genötigt, Ereignisse oder Zustände als möglich oder wahrscheinlich zu bezeichnen, und wurde andererseits wieder darauf zurückgeworfen, Aussagen, die die Begriffe „möglich" oder „wahrscheinlich" enthalten, nicht als

---

[162] Vgl. zum Folgenden: „Die Zeit und die Modalitäten", in: Hier und Jetzt I, a. a. O., 362ff.

Aussagen über die Zustände oder Ereignisse selbst sondern als Aussagen über unsere *Erkenntnis* dieser Zustände oder Ereignisse aufzufassen. Die Physik des 20. Jahrhunderts ist deshalb nahezu undurchdringlich geworden, weil es prinzipiell nicht mehr möglich ist, in ihren Theorien zu unterscheiden, welche Aussagen sich auf die Ereignisse oder Zustände selbst und welche Aussagen sich auf Aussagen „über" diese Ereignisse oder Zustände beziehen. Wo hat diese Konfusion ihren Ursprung?

Wenn wir die Modalitäten aus der Natur in das denkende Subjekt verlagern, können wir sagen: als möglich gilt alles, was gedacht werden *kann*, ohne daß wir gegen die Regeln des Denkens verstoßen. Als notwendig gilt alles, was nach den Regeln des Denkens gedacht werden *muß*. Aber wie sollen wir dann die Modalität des Wirklichen bestimmen? Was wirklich ist, hängt nicht vom Denken ab. Das Wirkliche ist dadurch definiert, daß es besteht – gleichgültig, ob ein Subjekt es erkennt und zu denken vermag oder nicht. Die Wirklichkeit des Wirklichen kann nicht aus der Innerlichkeit des Subjektes abgeleitet werden. Damit haben wir ein sehr wichtiges Kriterium dafür gewonnen, was das Wort „außen" bedeutet. Bei dem Wort „außen" wird in irgendeiner Weise die Unabhängigkeit dessen, was gegeben ist, vom Denken des Menschen angedeutet. Die Frage ist nur, ob wir diese Unabhängigkeit richtig auffassen, wenn wir sie durch das Wort „außen" bezeichnen. Die Problematik, die sich hier verbirgt, können wir uns wieder an den Modalitäten klarmachen.

Wir haben inzwischen eingesehen, daß es nicht möglich ist, die Modalitäten in ihrer Gesamtheit in das Subjekt zu transportieren. Mindestens die Wirklichkeit ist dadurch definiert, daß sie „außen" ist. Wie steht es aber mit der Notwendigkeit? Wenn die Physik behauptet, die Vorgänge in der Natur seien durch das Prinzip der Kausalität notwendig determiniert, gibt sie sich nicht damit zufrieden zu erklären, die Naturgesetze seien notwendig, weil wir als Subjekte sie so denken müssen. Sie verlagert vielmehr auch die Modalität der Notwendigkeit nach außen. Sie behauptet, die wirkliche Natur müsse diesen Gesetzen gehorchen, gleichgültig, ob wir sie erkennen oder nicht. Entsprechend habe ich am Begriff der Wahrscheinlichkeit demonstriert, daß man nicht durchkommt, wenn man die logischen Schwierigkeiten, die sich aus der Kollision zwischen kausaler Notwendigkeit und Wahrscheinlichkeit ergeben, dadurch vermeiden will, daß man die Wahrscheinlichkeit als Prädikat der Aussagen über die Zustände oder Ereignisse definiert. Man ist *gezwungen* zuzugestehen, daß es in der Natur selbst Zustände oder Ereignisse gibt, die wahrscheinlich oder unwahrscheinlich, mit anderen Worten: die möglich sind. Nun ist also die Möglichkeit wieder ein Prädikat von Vorgängen, die „außen" sind. Das Unternehmen „Neuzeit" ist gescheitert: es hat sich als undurchführbar erwiesen, die Modalitäten in das Subjekt zu verlagern. Damit bricht aber die Unterscheidung zwischen „innen" und „außen" in sich zusammen. Die Wirklichkeit des Wirklichen sollte dadurch garantiert sein, daß sie im Unterschied zur Möglichkeit, die in das Innere verlagert wurde, „außen" ist. Im Inneren war auch die Notwendigkeit verankert, denn wenn wir die Notwendigkeit der Naturgesetze beweisen wollen, werden wir auf die Logik zurückgeworfen. Logik ist die Wissenschaft von den Gesetzen des Denkens, und die Gesetze des Denkens sind innen. Was wird dann aber aus der Wirklichkeit des Wirklichen? Sollen wir etwa nicht mehr glauben dürfen, das Wirkliche sei deshalb wirklich, weil es in der Natur notwendig ist? Sollen wir nicht mehr glauben dürfen, politisches Handeln sei deshalb wirklich, weil es reale Möglichkeiten ergreift und unseren Willen, also etwas Inneres, dadurch realisiert, daß es es draußen zur Wirklichkeit bringt? Es zeigt sich: das Gefüge der Modalitäten ist, weil es die Modalität der Wirklichkeit in sich enthält, so etwas wie ein Urgestein, an dessen Riff sich die Willkür der Unterscheidung zwischen innen und außen sowie der ideologischen Entgegensetzung von Idealismus und Materialismus bricht.

⟨XXII. Die undurchdringliche Evidenz der Modalitäten des Seins – Rückblick auf die Konstitution des transzendentalen Subjekts⟩

Wir haben in diesem letzten Abschnitt einen Schritt vollzogen, dessen Bedeutung sich erst im Fortgang herausstellen wird. Die Untersuchung der sogenannten „Modalitäten" – Möglichkeit, Wirklichkeit, Notwendigkeit – hat erwiesen, daß die traditionelle Unterscheidung zwischen solchem, was „innen", und solchem, was „außen" ist, bei der Erfahrung von Natur nicht durchgehalten werden kann. Man kann die Modalitäten weder in ihrer Gesamtheit in das Subjekt, noch kann man sie in ihrer Gesamtheit in die Objektsphäre verlagern. Man kommt aber auch nicht durch, wenn man behauptet, sie bezeichneten verschiedene Formen der Relation zwischen Subjekt und Objekten. Sie lassen sich auf das Subjekt-Objekt-Schema überhaupt nicht verrechnen. Die Unterscheidung zwischen innen und außen zerbricht vielmehr am Urgestein der Modalitäten im Ganzen. Haben wir bisher nur durch einen Rückblick auf die *Geschichte* der Konstitution des Subjektes unsere These zu begründen vermocht, das, was wir als Innenraum der „Seele" betrachten, sei eine Rückprojektion von zwei inkommensurablen Formen unserer Auffassung der Einheit der Zeit, so ergibt sich das selbe Resultat jetzt aus einer Analyse der „Wirklichkeit als solcher". Wirklichkeit ist als solche undenkbar, wenn wir sie nicht in einem Horizont auffassen, der durch die Worte „Möglichkeit" und „Notwendigkeit" bezeichnet wird. Da alle bisherigen Formen, die Trias von Möglichkeit, Wirklichkeit und Notwendigkeit zu interpretieren, wie sich gezeigt hat, gescheitert sind, können wir an der jetzigen Stelle unseres Weges nur sagen, daß uns die Bedeutung der Worte „Möglichkeit", „Wirklichkeit" und „Notwendigkeit" schlechterdings unverständlich geworden ist. Das ändert aber nichts daran, daß wir überhaupt nichts von dem, was ist, zu verstehen vermögen, ohne in irgendeiner Form von dem so dunkel gewordenen Gehalt der Worte „Möglichkeit", „Wirklichkeit", „Notwendigkeit" Gebrauch zu machen. Hier begegnet uns also die Evidenz in jener Gestalt, die ich im Kapitel XV herauszustellen versuchte: Möglichkeit, Wirklichkeit und Notwendigkeit sind schlechterdings unausweichlich aber undurchsichtig. Und diese undurchsichtige Unausweichlichkeit erfahren wir, weil sie zwingend ist, in dem gleichen Sinne als evident, in dem wir uns auch dem Zeugnis unserer Sinne beugen müssen, obwohl das „Evidente", das sie uns zeigen, uns undurchdringlich und unverständlich erscheint. Wir brauchen vor der Undurchsichtigkeit dessen, was evident ist, nicht zu kapitulieren. Ich werde später versuchen, auch in die Undurchsichtigkeit der drei Modalitäten ein neues Licht zu werfen. Aber zunächst ist zu sagen, daß uns das, was wir hier durchschauen wollen, in seiner zwingenden Gewalt erst zugänglich wird, wenn wir zuvor die durch nichts zu beugende Macht der Undurchsichtigkeit seiner Evidenz erfahren haben. Die europäische Philosophie nennt diese Macht: das Sein. Notwendigkeit, Wirklichkeit und Möglichkeit sind die drei Modalitäten *des Seins*. Alles, was *ist*, zeigt sich uns entweder als notwendig oder als wirklich oder als möglich, oder in einer Verschränkung dieser Modalitäten. Die undurchsichtige Evidenz der Modalitäten hat ihren zwingenden Charakter daher, daß wir das Sein des Seienden anerkannt haben müssen, um anfangen können zu denken. Alle Menschen versuchen ständig, über das Sein hinwegzudenken. Das Sein ist im Denken stets das Verdrängte. Aber der neuzeitliche Versuch, das Ich aus dem Sein herauszudenken und in seine angemaßte Freiheit jenseits des Seins zu katapultieren, scheitert mit dem Zusammenbruch der aus diesem Versuch hervorgegangenen Zivilisation. Er scheitert an der Zerstörung der Natur. Wer sich aus dem Sein herausdenken will, bricht sich den Hals.

Mit dieser Überlegung ist zunächst nur angezeigt, wovon denn eigentlich die Rede ist, wenn wir in unsere Überlegung die Frage nach den Modalitäten einführen. Aber es gilt ja nun, genauer zu bestimmen, wohin der jetzt vollzogene Schritt uns geführt hat. Zu diesem Zweck ist es nötig, den in den Kapiteln XVI–XXI zurückgelegten Weg noch einmal knapp zu rekapitulieren. Wir sind von der Behauptung ausgegangen, die Wurzel jener Verblendung, die uns zwingt, die Natur, in der wir leben, zu zerstören, sei darin zu suchen, daß der Mensch sich in der Neuzeit als das autonome Subjekt seines Denkens und seines Handelns versteht, und daß er die immanenten Strukturen dieser seiner Subjektivität in der Form der Objektivation aus sich heraus in die Welt projiziert. Wenn das so ist, dann müssen wir die Wurzel für die Zerstörung der Natur durch die Wissenschaft in der Konstitution des Subjektes dieser Wissenschaft aufsuchen. Kant nennt dieses transzendentale Subjekt der objektiven Erkenntnis „das logische Ich". Deshalb haben wir gefragt: Was ist die Konstitution des logischen Ich?

Der Begriff „das logische Ich" ist eine Umformung der griechischen Bestimmung des Wesens des Menschen als ζῷον λόγον ἔχον. Es gilt also zu verstehen, was geschehen ist, damit sich das Lebewesen in das transzendentale Ich und der griechische Logos in jene Funktionen des Denkens verwandeln konnte, die Kant „logisch" nennt. Aristoteles entwickelt das Wesen des Lebens aus der Einheit von Bewegung und Wahrheit. Die Selbstbewegung alles dessen, was lebt, vollzieht sich von den untersten Stufen des organischen Lebens an in der Form einer Entdeckung und Entfaltung dessen, was wahr ist. Das Ich bestimmt sich ebenfalls aus seiner Selbstbewegung. Sie trägt bei Kant den Namen „Spontaneität". Aber vom Leben hat das transzendentale Ich sich losgelöst. Es ist zeitlos und kann weder leben noch sterben. Das, was wir „Leben" nennen, ist nur seine empirische Erscheinung in der Anschauungsform der Zeit. Zugleich mit dem Leben hat das Ich auch seinen Bezug zur Wahrheit verloren. Wahrheit erscheint ihm nur noch in der abstrakten Gestalt seiner eigenen Identität mit sich selbst. Deshalb bedarf das transzendentale Subjekt zur Begründung der Wahrheit dessen, was es erkennt, des Rückhaltes im ontologischen Gottesbeweis. Auch Kants Postulatenlehre ist im weiteren Sinne als „ontologischer Gottesbeweis" zu interpretieren, denn der als notwendiges Postulat gedachte Gott ist Bedingung der Möglichkeit der Vernunft, und Vernunft ist das Vermögen der Einheit der logischen Funktionen. Die Abstoßung des Lebens und der Wahrheit aus der Konstitution des logischen Ich ist ein Prozeß der Destruktion der Voraussetzungen, unter denen dieses Ich als Lebewesen in der Zeit existiert. Deshalb beginnt die Destruktion der Natur mit jener absoluten Setzung des denkenden Ich, durch die sich dieses Ich bei Descartes als *fundamentum inconcussum* alles Denkens und Handelns konstituiert.

Parallel zum Übergang vom Lebewesen zum Ich verläuft die Umdeutung des Logos. Die aristotelische Lehre vom Logos setzt, wie ich gezeigt habe, den Horizont der platonischen Anamnesislehre voraus, die Aristoteles in seine Lehre vom νοῦς transformiert hat. Der Mensch hat im Logos ein Instrument, das ihn die reine Struktur dessen, was ist, entdecken und aufweisen läßt, weil seine Seele durch das Vermögen des νοῦς der Wahrheit des Seins geöffnet ist. Im aristotelischen Logos wird ergriffen, wie sich das Seiende im Licht der Evidenz uns zeigt. Unter dem Einfluß der stoischen Logos-Metaphysik verwandelte sich die Logik aus der Kunst der Aufweisung dessen, was ist, in die Struktur eines Seelenvermögens. Die logischen Funktionen wurden dem aristotelischen νοῦς substituiert. Die Logik verwandelte sich aus den Formen der Aufweisung der Strukturen dessen, was in Wahrheit ist, in das Gesetz des Denkens überhaupt. So ging der Bezug zur Wahrheit verloren. Das ζῷον λόγον ἔχον war nun nicht mehr das Lebewesen, das der Wahrheit des Seins geöffnet ist; es war vielmehr das *animal rationale*, das mit dem Vernunftvermögen begabte Tier, das nach den Gesetzen der Logik denkt. Verbindet man diese Umdeutung des Logos mit dem Übergang vom Lebewesen zum Ich, so erhält man das transzendentale Subjekt, das durch die logischen Funktionen seine Einheit begründet. Dieses Subjekt ist bis zum heutigen Tag das Subjekt jener Form des Denkens, die wir Wissenschaft nennen. Kant hat die Konstitution dieses Subjektes durch den Begriff „das logische Ich" genau bezeichnet.

Wir haben nun in einem nächsten Schritt versucht, den Standort dieses Subjektes innerhalb der Natur zu verstehen, wobei wir uns darüber klar waren, daß wir mit dieser Frage den Bannkreis der Subjektivität verlassen haben. Wenn man verstehen will, was etwas ist, muß man den Horizont aufdecken, innerhalb dessen es sich zeigt. Der Horizont, innerhalb dessen in der Geschichte des europäischen Denkens das transzendentale Subjekt der Wissenschaft sich konstituiert hat, heißt: die Seele. Was in Europa „Seele" genannt wird, ist von Platon entdeckt und entworfen worden. Primär ist „Seele" bei Platon die Seele des Kosmos, aus deren Selbstbewegung alle Bewegung in der Natur hervorgeht. Eine Rückspiegelung der Seele des Kosmos ist die Seele der Polis, deren Bewegungsabläufe wir in der Verfassung der Polis erkennen. Auch die Seele des Menschen ist eine Rückspiegelung oder ein Abbild der Seele des Kosmos. Deswegen vermag der Mensch sein eigenes Wesen als einen Mikrokosmos zu verstehen, der in der gegenstrebigen Harmonie seiner Bewegungsabläufe alle Sphären des Kosmos vom Sinnlichen und Vergänglichen bis zum Göttlichen und Unveränderlichen durchgreift. Diese Rückspiegelung der Einheit der gesamten Physis in sein eigenes Wesen nennt der Mensch seine Seele. Er faßt sie, im Unterschied zum Vergänglichen, das seinen Leib affiziert, als ein Inneres auf und entdeckt die Wahrheit dieses Inneren darin, daß er daselbst *nicht* innen sondern aus sich heraus in die göttliche Selbstbewegung der Weltseele entrückt ist. Diese Wahrheit ist aber dem Menschen nur solange erschlossen, als seine Seele sich als Einheit begreift. Ich habe gezeigt, wie Aristoteles auf Grund seiner Wissenschaftstheorie diese Einheit destruiert und die (im Sinn seiner Wissenschaftslehre) kognitiven Vermögen der Seele von den anderen Seelenvermögen abspaltet. Diese Abspaltung wird durch die stoische Entgegensetzung von Vernunft und Affekten radikalisiert und führt schließlich, wie wir gesehen haben, zu Kants Begriff der Freiheit als autonomer Gesetzgebung der Vernunft in ihrem Gegensatz zur Anschauung auf der einen Seite, zu Lust und Unlust auf der anderen Seite. Daraus ergab sich: das transzendentale Subjekt hat sich im Horizont der Seele konstituiert; aber was in ihm absolut gesetzt ist, erweist sich als ein Fragment der Seele. Zugleich ist die Erkenntnis verlorengegangen, daß die

Seele des Menschen eine Rückspiegelung der Seele des Kosmos, also eine Rückspiegelung der Einheit der Physis ist. So ist die Destruktion der Einheit der Physis schon in die Konstitution des transzendentalen Subjektes eingemauert. Es projiziert sein eigenes Wesen, wenn es die Natur um sich herum zerstört.

Dies alles reichte aber noch nicht aus, um zu verstehen, wie sich das transzendentale Subjekt in der Natur befindet. Denn die Destruktion, die unser Thema ist, hatte ja nur deshalb eine solche Gewalt, weil die Erkenntnisse, die auf der Basis der transzendentalen Subjektivität gewonnen wurden, richtig sind und alles weit hinter sich gelassen haben, was früheren Epochen der Menschheitsgeschichte von anderen Standorten aus erschlossen war. Solange wir nicht begründen können, wie die Richtigkeit objektiver Erkenntnis innerhalb der Natur möglich war, haben wir die Konstitution und den Horizont des transzendentalen Subjekts noch nicht verstanden. Richtig kann die objektive Erkenntnis nur dadurch sein, daß dem transzendentalen Subjekt durch die selbe Form seiner Konstitution, die wir bisher nur kritisch betrachtet haben, ein Durchblick in die Wahrheit erschlossen ist, der aus allen früheren Gestalten menschlicher Welterkenntnis ausbricht und sie hinter sich läßt.

Was in der Konstitution des Subjektes gibt dem Licht der Erkenntnis eine solche Kraft, daß es wie Laserstrahlen alles, was ist, durchschneiden kann? Ich nehme die Antwort auf diese Frage vorweg und werde sie anschließend erläutern.

Kant hat in der „Kritik der reinen Vernunft" gezeigt, daß alle Formen objektiver Erkenntnis darauf zurückgeführt werden können, daß das Subjekt das jeweils Erkannte auf die Einheit des transzendentalen Subjektes zurückbezieht. Die Einheit des transzendentalen Subjektes wirkt also wie ein Spiegel, der das von den Erscheinungen ausgesandte Licht auffängt und zurückwirft. In dem zurückgeworfenen Licht erkennen wir die Erscheinungen als Objekte. In unserer alltäglichen Wahrnehmung und Welterfahrung ist das Licht, in dem die Phänomene sich zeigen, diffus und erscheint uns in unendlicher Brechung. Der Spiegel der Einheit des transzendentalen Subjektes erlaubt uns, alle diese Strahlen in dem einzigen Punkt der Einheit der transzendentalen Apperzeption zusammenzufassen und nun geradlinig auf die Erscheinungen zurückstrahlen zu lassen. Dadurch entstehen jene Laserstrahlen der Erkenntnis, die die erscheinende Aura der Phänomene durchdringen und ihre Phänomenalität analytisch in ihre Elemente zerlegen. Solange man von der Voraussetzung ausgeht, die Einheit des transzendentalen Subjektes liege außerhalb der Natur, ist nicht zu verstehen, wie sie das Licht des Erscheinenden in der Natur in dieser Form sammeln, auffangen und zurückwerfen sollen. Wir müssen, um dies leisten zu können, von einer Möglichkeit der Natur selbst Gebrauch machen. Nun habe ich in verschiedenen Abschnitten dieser Vorlesung von verschiedenen Seiten her zu zeigen versucht, daß die Einheit des transzendentalen Subjektes nichts anderes ist als die unter bestimmten Bedingungen zur Vorstellung gebrachte Einheit der Zeit. Das Wissen des Menschen ist universal und vermag die Weiten des Weltalls zu durchdringen, weil er gelernt hat, die Einheit der Zeit, die das Universum zusammenhält, in der Gestalt der Identität zu erfassen und als Reflektor zu gebrauchen. Die Richtigkeit der objektiven Erkenntnis beruht darauf, daß es die Einheit der Zeit selbst ist, auf die alles, was ist, zurückgespiegelt wird. Denn alles, was ist, ist in der Zeit. Alles, was ist, hat also einen Bezug auf die Einheit der Zeit. Erfassen wir es in diesem Bezug, so erfassen wir es so, wie es ist. Deshalb ist objektive Erkenntnis „richtig".

Zugleich aber wird sich demonstrieren lassen, daß der Reflektor, den wir aufgebaut haben, die Einheit der Zeit, so wie sie von sich aus ist, *deformiert*. Die Einheit der Zeit hat *nicht* die Gestalt der unveränderlichen, sich selbst stets gleichbleibenden Identität, denn die so vorgestellte Identität unterschlägt die Differenz der drei Modi der Zeit: Vergangenheit, Gegenwart, Zukunft. Deswegen genügt es nicht zu sagen, die Einheit des transzendentalen Subjektes sei die zurückgespiegelte Einheit der Zeit; wir müssen hinzufügen, daß bei dieser Rückspiegelung die offene Vieldimensionalität der Zeit in perspektivischer Verzerrung erscheint. Der Spiegel hat eine Krümmung, die der Phänomenalität der Zeit nicht gerecht wird. Er ist ein Hohlspiegel, in dessen Zentrum sich das logische Ich als Subjekt der Identität versetzt hat. Deswegen haben die von diesem Hohlspiegel auf die Erscheinungen zurückgeworfenen Strahlen eine andere Gestalt als jenes diffuse Licht, das der Hohlspiegel aufgefangen hatte. In dem vom Hohlspiegel zurückgeworfenen Licht der Objektivität erscheinen die Gegenstände anders, als wie sie sich der unmittelbaren Wahrnehmung zeigten. In der diffusen Phänomenalität der Erscheinungen in unserer Welt zeigen sich uns die Erscheinungen so, wie sie in der offenen Vieldimensionalität der Einheit der Zeit des Universums schweben. In dem vom Reflektor zurückgestrahlten Licht der als Identität aufgefaßten Einheit der Zeit zeigen sie sich in einer perspektivischen Verzerrung, die der Verzerrung der Einheit der Zeit in die Gestalt der Identität entspricht. Jene Deformation, die uns heute als die Zerstörung der Natur begegnet, ist also eine Projektion jener verzerrten Gestalt der Einheit der Zeit, die als Idee der Identität den Reflektor des neuzeitlichen Bewußtseins bildet. Die Erkenntnis, daß die Einheit des transzendentalen Subjektes die in deformierter Gestalt zurückgespiegelte Einheit der Zeit ist, erklärt also zugleich die Richtigkeit und die Unwahrheit objektiver Erkenntnis. Hier finden wir die Antwort auf unsere Frage: wieso die Erkenntnisse der Naturwissenschaft gerade dadurch, daß sie richtig sind, die Natur zerstören. Aber wir sind noch weit davon entfernt, die Antwort, die wir gefunden haben, zu verstehen. Deshalb war diese Antwort nur ein Vorgriff, den ich an dieser Stelle zugelassen habe, damit Sie die Richtigkeit unseres Weges verstehen.

Es wird Ihnen nämlich jetzt, wie ich hoffe, einsichtig sein, warum ich auf die Analyse der geschichtlichen Konstitution des Subjektes der neuzeitlichen Wissenschaft so viel Zeit und Mühe verwendet habe. Die Geschichte der Konstitution dieses Subjektes ist, wie sich nun herausstellt, gleichbedeutend mit dem Prozeß der Konstruktion des Reflektors, der es der neuzeitlichen Wissenschaft erlaubt hat, ihre zugleich alldurchdringenden und destruktiven Formen der Erkenntnis zu entwickeln. Das wichtigste Ergebnis unseres Rückgangs in die Vorgeschichte der Subjektivität wird in seiner Tragweite jetzt erst einsichtig. Ich rekapituliere deshalb auch diesen Schritt.

Um das Wesen des transzendentalen Subjektes zu bestimmen, fragten wir nach dem Horizont, in dem es hervorgetreten ist. Dieser Horizont war, wie wir sahen, die Seele. Die menschliche Seele ist, so zeigte sich, die rückgespiegelte Seele des Kosmos. Die platonische Weltseele ist aber ihrerseits der Versuch einer Synthese zwischen zwei inkommensurablen Formen, die Einheit der Zeit aufzufassen: dem νοῦς des Parmenides und dem Logos des Heraklit. In dieser Inkommensurabilität erfassen wir jene Brechung, die die Einheit der Zeit in dem Reflektor der Identität deformiert. Ich habe angedeutet, wie die Antinomien, von denen das europäische Denken beherrscht wird – die Antinomie von innen und außen, von Subjektivität und Objektivität, von Rationalität und Irrationalität, von Geist und Materie, von Freiheit und Notwendigkeit, von Theorie und Praxis, von

Vernunft und Affekten, und wie die Antinomien sonst noch heißen mögen –, in der Inkommensurabilität dieser zwei Formen, die Einheit der Zeit aufzufassen, ihren Ursprung haben. War „Seele" der Horizont des transzendentalen Subjektes, so sind diese zwei inkommensurablen Manifestationen der Einheit der Zeit der Horizont der Seele. Erst mit der Frage nach dem wahren „Wesen" der Einheit der Zeit gelangen wir also in die Dimensionen, in denen sich der Horizont der Frage nach dem „Wesen der Natur" uns auftun kann. Der Horizont des Wesens der Natur ist zugleich der Horizont des Wesens der Seele und der Horizont des Wesens des transzendentalen Subjektes. Wir bezeichnen ihn durch die Worte: „die Einheit der Zeit". Was diese Worte bedeuten, wissen wir noch nicht; aber wir haben doch schon Hinweise gewonnen, die uns bei unserer weiteren Untersuchung anleiten können. Als jenes Urgestein, an dem die bloße Vorstellung der Subjektivität – nämlich der vorgestellte Innenraum des menschlichen Denkens – schließlich zerbrochen ist, erwies sich das Gefüge der drei Modalitäten. Die Evidenz der Modalitäten hat uns zu der Erkenntnis gezwungen, daß das Ergebnis des geschichtlichen Rückblicks mit dem übereinstimmt, was die unmittelbare Evidenz „der Sache selbst" uns einsichtig macht. Die Modalitäten sind die Modalitäten des Seins. Das Sein ist aber weder innen noch außen. Es läßt sich in dem Subjekt-Objekt-Schematismus, der auf der Unterscheidung von innen und außen beruht, überhaupt nicht unterbringen, denn wir haben erkannt, daß wir das Gefüge der Modalitäten weder nach innen noch nach außen transponieren können. Die Evidenz des Seins enthüllt deshalb jenen doppelten Projektionscharakter des Subjekt-Objekt-Schemas, den ich durch das Bild des Reflektors erläutert habe. Bis an diesen Punkt sind wir gelangt. Wir müssen nun prüfen, ob uns eine genauere Untersuchung der drei Modalitäten erlaubt, die Undurchsichtigkeit, in der uns die Evidenz des Seins zunächst mit zwingender Gewalt entgegentrat, schrittweise aufzuhellen. Deswegen untersuchen wir im Licht der Frage nach der Einheit der Zeit das Gefüge der drei Modalitäten.

⟨XXIII. Notwendigkeit und Grund⟩

Ich habe im letzten Abschnitt gesagt, es sei unmöglich, das, was ist, zu erkennen, ohne in irgendeiner Form von den drei Modalitäten Notwendigkeit, Wirklichkeit und Möglichkeit Gebrauch zu machen. Bezeichnen wir das, was ist, als wirklich, so stellt sich doch alsbald heraus, daß wir Möglichkeit und Notwendigkeit hinzudenken müssen, wenn wir sagen wollen, was das Wort „Wirklichkeit" bedeutet. Umso verwirrender ist die Feststellung, daß jedes dieser Worte in den verschiedensten Bedeutungen gebraucht wird, und daß über nichts in der Philosophie so wenig Einigkeit besteht wie über die Bedeutung der drei Modalitäten. Da es uns hier um das Verständnis der neuzeitlichen Wissenschaft geht, untersuchen wir zunächst, was das Wort „Notwendigkeit" bedeutet, denn eine Erkenntnis gilt als wissenschaftlich, wenn sie bewiesen ist. Ein Beweis ist aber nichts anderes als die Demonstration der Notwendigkeit dieser Erkenntnis. Wir haben einen Sachverhalt dann nach den Regeln der Objektivität erkannt, wenn wir beweisen können, daß er nur so und nicht anders sein kann, wenn wir also seine Notwendigkeit bewiesen haben. Warum ist jene Form des Wissens, die in Europa den Namen „Wissenschaft" trägt, auf die Erkenntnis der Notwendigkeit orientiert? Was ist das Wesen dieser Notwendigkeit? Was gibt uns das Recht, im voraus anzunehmen, wir hätten die Natur dann so erkannt, wie sie in Wahrheit ist, wenn wir das Natürliche auf seine Notwendigkeit festgelegt haben?

Der Begriff der Notwendigkeit begegnet uns in der modernen Wissenschaft in zwei verschiedenen Gestalten. Die eine ist die logische Notwendigkeit; die andere ist die Notwendigkeit der Kausalität. Die logische Notwendigkeit ist zeitlos. Sie ist die Notwendigkeit der Deduktion von Schlüssen aus vorausgesetzten Axiomen. In ihrer reinsten Form begegnet uns diese Gestalt der Notwendigkeit in der Mathematik. Die Notwendigkeit eines mathematischen Beweises beruht nicht darauf, daß die verschiedenen Sätze sich wie Ursache und Wirkung zueinander verhalten; sie beruht vielmehr auf der Korrektheit der Schlüsse. Deswegen folgern wir aus dieser Notwendigkeit, daß ein mathematischer Beweis zu allen Zeiten wahr sein muß. Das Prinzip der Kausalität hingegen bezieht sich auf die Reihenfolge von Ereignissen in der Zeit. Hier wird nicht die *zeitlos* gültige Verknüpfung von *Aussagen* sondern die *zeitliche* Verknüpfung von *Ereignissen* als notwendig bezeichnet. Wir werden später sehen, wie diese beiden Formen der Notwendigkeit ineinander verschränkt sind. Aber wenn man erkennen will, wovon die Rede ist, muß man sie zunächst voneinander klar unterscheiden.

Wir betrachten zunächst die erste Form der Notwendigkeit. Ich bezeichne sie im Unterschied zur Kausalität zunächst als „zeitlose" Notwendigkeit, obwohl wir schon wissen, daß das Wort „zeitlos" einen transzendentalen Schein enthält, den wir später durchbrechen müssen. Ich habe diese Form der Notwendigkeit schon 1958 in einer Arbeit über die „Voraussetzungen der Wissenschaft" behandelt, mit der „Wahrheit, Vernunft, Verantwortung" beginnt (11 ff.). Hier fasse ich nur das Wichtigste im Hinblick auf unsere Fragestellung zusammen.

Der Begriff der Notwendigkeit des Wissens wird von Aristoteles in demselben Kapitel aus dem I. Buch der „Analytica Posteriora" eingeführt, dem wir jene Charakterisierung der Evidenz des Wissens verdanken, die ich in Kapitel II der Wintervorlesung erläutert habe. Aristoteles sagt: „Wir sind dann überzeugt, jeweils etwas zu wissen und zwar schlechthin und nicht auf die sophistische, die beiläufige Weise, wenn wir überzeugt sind, den Grund zu erkennen, durch welchen die Sache *ist*, daß er hiervon der Grund ist, und wenn wir zugleich überzeugt sind zu erkennen, daß dies sich nicht anders verhalten könne."[163] Ich will versuchen, diesen gar nicht einfachen Satz zu erklären. Er fängt an mit den Worten ἐπίστασθαι οἰόμεθα ἁπλῶς. Das Wort ἁπλῶς heißt: einfach, rein und unvermischt. Der Satz gibt also an, wann wir ein Wissen haben, das unvermischtes, reines Wissen ist, ein Wissen, dem nichts anhaftet als nur, was unmittelbar zum Wissen gehört. Wir können das, was uns gegeben ist, auf vielfältige Weise auffassen, und diese mannigfaltigen Formen der Erfahrung vermitteln uns immer irgendeine Form von Wissen. Aber wir sind dann nicht in der Lage zu unterscheiden, was den betreffenden Sachverhalt als solchen ausmacht, und was nur beiläufig und zufällig mit ihm auch sonst noch verknüpft sein mag. Diese Formen des Wissens

---

[163] Ἐπίστασθαι δὲ οἰόμεθ' ἕκαστον ἁπλῶς, ἀλλὰ μὴ τὸν σοφιστικὸν τρόπον τὸν κατὰ συμβεβηκός, ὅταν τήν τ' αἰτίαν οἰώμεθα γινώσκειν δι' ἣν τὸ πρᾶγμά ἐστιν, ὅτι ἐκείνου αἰτία ἐστί, καὶ μὴ ἐνδέχεσθαι τοῦτ' ἄλλως ἔχειν. 71 b 9ff.

pflegt man heute mit dem Sammelbegriff „Empirie" zu bezeichnen und bildet sich ein, sich dabei auf Aristoteles berufen zu können. Aber Aristoteles selbst bezeichnet, wie dieser Satz uns lehrt, die sich am Beiläufigen entlang bewegende Empirie als die sophistische Weise des Wissens im Unterschied zum wahren Wissen. Das reine Wissen, das Wissen schlechthin und nichts als Wissen ist, streift das, was beiläufig mitherläuft, ab und erfaßt nur das, was ist, sonst nichts.

Wann erfassen wir einen Sachverhalt als das, was er ist? Wenn wir den *Grund* erfassen, durch den er ist. Erkennen wir nämlich den Grund des Sachverhaltes, so erkennen wir, daß der Sachverhalt sich nur so und nicht anders verhalten kann. Deshalb bezeichnet Aristoteles ganz allgemein das, was sich nicht anders verhalten kann[164], als den eigentlichen Gegenstand des Wissens. Sowohl das Wissen selbst wie der Gegenstand des Wissens wird also dadurch charakterisiert, daß die Möglichkeit ausgeschieden wird, um die Notwendigkeit herauszustellen. Im Bereich der Sachverhalte erfolgt die Ausklammerung der Möglichkeit durch die Unterscheidung des Sachverhaltes „an sich" von dem, was nur als beiläufig gilt. Im Bereich des Wissens wird die Möglichkeit durch die Regel ausgeschaltet, daß nur das, was sich nicht anders verhalten kann, als Gegenstand des Wissens gilt. Das Wissen weist sich also als reines Wissen, als Wissen schlechthin allein dadurch aus, daß es den Grund eines Sachverhaltes angeben kann. Die Aufweisung des Sachverhaltes von seinem Grund her heißt auf griechisch ἀπόδειξις, auf lateinisch *demonstratio*, auf deutsch „Beweis". Die Regel, daß die Wissenschaft nur solche Aussagen zulassen darf, die man beweisen kann, ist in diesem ersten Satz der Wissenschaftslehre des Aristoteles aufgestellt worden.

Seit Schopenhauers Abhandlung „Über die vierfache Wurzel des Satzes vom zureichenden Grunde" herrscht die zuletzt von Heidegger mit Nachdruck vertretene Meinung, Leibniz habe als Erster den Satz vom Grunde „als einen Hauptgrundsatz aller Erkenntniß und Wissenschaft förmlich aufgestellt"[165]. Schopenhauer bezieht sich auf §§ 31 und 32 der „Monadologie":

„31. Die Handlungen unserer Vernunft sind begründet auf zwei

---

[164] τὰ μὴ ἐνδεχόμενα ἄλλως ἔχειν; *An. Post. 89b 17.*
[165] Arthur Schopenhauer, Sämtliche Werke, Hg. Julius Frauenstädt, Leipzig: Brockhaus, ²1922, 2. Kap. § 9, Bd. 1, 17.

große Prinzipien: das des Widerspruchs, kraft dessen wir als falsch beurteilen, was einen Widerspruch einschließt, und als wahr, was dem Falschen entgegengesetzt oder kontradiktorisch ist.
32. Und auf das des zureichenden Grundes, kraft dessen wir annehmen, daß keine Tatsache sich als wahr oder existierend und keine Aussage sich als wahrhaft erweisen kann, ohne daß es einen zureichenden Grund dafür gibt, daß es sich so und nicht anders verhält. Freilich können uns diese Gründe meistens nicht bekannt sein." [166]
Bei Leibniz sind diese beiden Prinzipien den Modalitäten der Möglichkeit und der Notwendigkeit zugeordnet: was ohne Widerspruch gedacht werden kann, ist möglich; was sich, nach dem Satz des zureichenden Grundes, nur so und nicht anders verhalten kann, ist notwendig. Wir werden darauf später wieder zurückkommen.
Ich habe § 32 der „Monadologie" von Leibniz wörtlich zitiert, weil der Vergleich der Formulierung des Satzes vom zureichenden Grund mit dem Beginn des zweiten Kapitels der „Analytica Posteriora" I zeigt, daß Leibniz dieses Prinzip nicht, wie behauptet wird, neu eingeführt, sondern aus der aristotelischen Definition der Wissenschaft übernommen hat. Aber auch Aristoteles ist nicht der Erste, der gelehrt hat, daß wir erst dann überzeugt sind, etwas zu wissen, wenn wir erkannt haben, aus welchem Grund es ist, was es ist. Wie Aristoteles hier die reine Wissenschaft von der beiläufigen sophistischen Weise des Wissens unterscheidet, so hat schon Platon im „Menon" das Wissen von der „wahren Auffassung" (ἀληθὴς δόξα) durch die Erkenntnis des Grundes unterschieden. Die wahren Auffassungen bleiben, wie Platon sagt, nicht haften, sondern entlaufen wieder aus der Seele des Menschen. Sie sind dem Prozeß des Entstehens und Vergehens, des Auftauchens und wieder Verschwindens ausgeliefert. Zu einem Wissen, das beständig ist, gelangt die Seele nur, wenn sie den Grund der wahren Auffassungen erkennt. Deswegen sagt Pla-

---

[166] 31. Nos raisonnemens sont fondés sur deux grands Principes, celuy de la Contradiction, en vertu duquel nous jugeons faux ce qui en enveloppe, et vray ce qui est opposé ou contradictoire au faux.
32. Et celuy de la Raison suffisante, en vertu duquel nous considerons qu'aucun fait ne sauroit se trouver vray ou existant, aucune Enontiation veritable, sans qu'il y ait une raison suffisante, pourquoy il en soit ainsi et non pas autrement, quoyque ces raisons le plus souvent ne puissent point nous être connues.
Leibniz, Monadologie, Gerhardt VI, 612.

ton, die wahren Auffassungen seien „nicht viel wert, bis einer sie fest bindet durch die Erkenntnis des Grundes . . . Dadurch also hat das Wissen höheren Rang als die wahre Auffassung. Das Wissen unterscheidet sich von der wahren Auffassung durch das Gebundensein."[167] Wie aber gelangen wir zu einer Erkenntnis des Grundes, die unsere wahren Auffassungen so festzubinden vermag, daß sie nicht mehr entlaufen können? Platon sagt: „Die Erkenntnis des Grundes ist die Anamnesis", kantisch gesprochen: die Erkenntnis *a priori*. Der Grund, auf den die Wissenschaft die wahren Auffassungen zurückführen muß, damit sie sich in Wissen verwandeln, kann nicht in der Sphäre des Entstehens und Vergehens liegen. Er kann nicht sein, was wir eine „Ursache" nennen, denn dann wäre er selbst dem Wechsel unterworfen; er stünde nicht fest und böte keinen Halt, an den wir unsere wahren Auffassungen festbinden könnten. Unveränderlichkeit und Beständigkeit sind die Bedingung dafür, daß ein Grund den Halt bietet, durch den sich wahre Auffassung in Wissen verwandelt. Der Grund des Wissens muß deshalb dem zeitlichen Wandel entrückt sein. Er darf vom Wandel des Entstehens und Vergehens nicht berührt werden, sondern muß in dem verankert sein, was immer ist. Die Erkenntnis dessen, was immer und unveränderlich ist, trägt bei Platon den Namen ἀνάμνησις. Das, was in dieser Form der Erkenntnis erkannt wird, ist die Wahrheit in der Gestalt der Evidenz. Wenn Aristoteles auf die Definition des Wissens durch die Erkenntnis der Gründe des Gewußten unmittelbar seine Charakterisierung der Wahrheit als Evidenz folgen läßt, hält er sich streng im Rahmen jenes Entwurfes des Wesens der Wissenschaft, den Platon im „Menon" zum ersten Mal vorgelegt hat.

Im „Phaidon" hat Platon diese Wissenschaftslehre einer neuen Definition der Philosophie zugrundegelegt, die später einen bestimmenden Einfluß auf die Philosophie des Aristoteles ausgeübt hat. Er nennt dort die gesamte Philosophie „eine Seefahrt auf der Suche

---

[167] Καὶ γὰρ αἱ δόξαι αἱ ἀληθεῖς, ὅσον μὲν ἂν χρόνον παραμένωσιν, καλὸν τὸ χρῆμα καὶ πάντ'ἀγαθὰ ἐργάζονται· πολὺν δὲ χρόνον οὐκ ἐθέλουσι παραμένειν, ἀλλὰ δραπετεύουσιν ἐκ τῆς ψυχῆς τοῦ ἀνθρώπου, ὥστε οὐ πολλοῦ ἄξιαί εἰσιν, ἕως ἄν τις αὐτὰς δήσῃ αἰτίας λογισμῷ. Τοῦτο δ'ἐστίν, ὦ Μένων ἑταῖρε, ἀνάμνησις, ὡς ἐν τοῖς πρόσθεν ἡμῖν ὡμολόγηται. Ἐπειδὰν δὲ δεθῶσιν, πρῶτον μὲν ἐπιστῆμαι γίγνονται, ἔπειτα μόνιμοι· καὶ διὰ ταῦτα δὴ τιμιώτερον ἐπιστήμη ὀρθῆς δόξης ἐστί, καὶ διαφέρει δεσμῷ ἐπιστήμη ὀρθῆς δόξης. Menon 97 E 6 – 98 A 8.

nach dem Grunde" (πλοῦν ἐπὶ τὴν τῆς αἰτίας ζήτησιν, 99 D 1). Diese Definition der Philosophie enthält das Grundgesetz für die gesamte europäische Metaphysik. Man erkennt das unmittelbar, wenn man sie in die Sprache Kants übersetzt. Dann heißt sie: Philosophie ist die Untersuchung der Bedingungen der Möglichkeit der Erkenntnis. Wodurch sich Kant von Platon unterscheidet, wird später noch zu besprechen sein.

Damit uns noch deutlicher vor Augen tritt, was „Grund" in der aristotelischen Definition der Wissenschaft bedeutet, und wie dieses Verständnis von „Grund" in die europäische Naturwissenschaft eingegangen ist, verweise ich noch auf den Beginn der Darstellung seiner Naturphilosophie, die Platon im „Timaios" gegeben hat. Er stellt dort an die Spitze seiner Untersuchung zwei Grundsätze, die das gesamte Gebäude des Werkes tragen. Der erste stellt die Unterscheidung auf zwischen dem, was immer und deshalb in Wahrheit ist, und dem, was immer in Erscheinung tritt und wieder entschwindet und deshalb im eigentlichen Sinne niemals *ist*. Wahrhaft gewußt werden kann nur, was wahrhaft ist. Das Werdende und Vergehende hingegen kann nur in einer ungesicherten Auffassung, einer δόξα, erfaßt werden (27 D 5ff.). Dieser Satz, der in der platonisch-aristotelischen Auffassung der Wahrheit als Evidenz begründet ist, verankert für die gesamte Tradition der Metaphysik die Unterscheidung zwischen intelligibler Erkenntnis und Erkenntnis durch sinnliche Wahrnehmung. Von den empirisch gegebenen Erscheinungen kann es nach Platon keine Wissenschaft im strengen Sinne dieses Wortes geben. Das gilt, wie im Widerspruch zu einer weit verbreiteten Aristoteles-Legende immer wieder festgestellt werden muß, auch für die Wissenschaftstheorie des Aristoteles.

Der zweite Grundsatz legt fest, in welchem eingeschränkten Sinne trotzdem von den Erscheinungen in der Sphäre des Werdens und Vergehens eine wissenschaftliche Erkenntnis möglich ist. Er heißt: „Alles, was in Erscheinung tritt, muß notwendig unter der Wirkung irgendeines Grundes in Erscheinung treten."[168] „Was in Erscheinung tritt" – γιγνόμενον –, ist die platonische Bezeichnung für das, was *wir* „das Seiende" nennen, nämlich die Gegenstände, die uns in Raum und Zeit erscheinen. Deshalb heißt dieser Satz in unserer

---

[168] Πᾶν δὲ αὖ τὸ γιγνόμενον ὑπ' αἰτίου τινὸς ἐξ ἀνάγκης γίγνεσθαι· 28 A 4f.

Sprache: Alles Seiende ist notwendig aus einem Grunde; lateinisch: *nihil est sine ratione*. So heißt der Satz vom Grund bei Leibniz. Er ist eine wörtliche Übersetzung des zweiten Grundsatzes aus Platons „Timaios". Bei Leibniz wie bei Platon setzt der Satz von Grund den ersten platonischen Grundsatz, nämlich die Unterscheidung zwischen dem Intelligiblen, das unveränderlich ist, und dem zeitlichen Wandel im Werden und Vergehen voraus. Diese Unterscheidung ist also die Begründung des Grundes, denn sie macht erst möglich, daß sich ausweisen läßt, was das Wort „Grund" bedeuten soll. Alles, was wir als „Gründe" erfassen, hat dadurch den Charakter des Grundes, daß es unveränderlich und beständig ist. Die Sphäre dessen, was unveränderlich ist, ist die Sphäre dessen, was sich selbst gleich bleibt und nicht erschüttert werden kann. Das ist die Sphäre der Identität. Deshalb können wir nunmehr sagen: die Identität ist der Grund aller Gründe.

Ich unterbreche hier die Erklärung dessen, was in der aristotelischen Wissenschaftstheorie „Notwendigkeit" heißt, um Sie darauf aufmerksam zu machen, wie die Begriffe der Notwendigkeit und des Grundes sich mit den Ergebnissen zusammenschließen, die wir bei der Untersuchung der geschichtlichen Konstitution des transzendentalen Subjektes gewonnen haben (326ff.). Ich rufe in Erinnerung: Unsere unmittelbare Auffassung dessen, was in der Welt erscheint, kann wahr oder falsch, sie kann eine ἀληθής oder eine ψευδὴς δόξα sein. Aber *Wissen* kann sie niemals sein, denn was uns als Erscheinung entgegentritt, ist dem Wandel des Entstehens und Vergehens unterworfen. Es hat in sich selbst keinen Halt. Von „Wissen" können wir nur dort sprechen, wo das Gewußte etwas ist, das sich nur so und nicht anders verhalten kann. Wißbar ist nur, was unveränderlich ist. Das Unveränderliche ist das Sein, das sich im Wechsel des Werdens und Vergehens enthüllt und verbirgt. Platon hat dieses unveränderlich Seiende, das wir durch den Schleier des Erscheinens hindurch kraft der Erkenntnis *a priori* zu erblicken vermögen, als „Idee" bezeichnet. Es ist nach dem zweiten Grundsatz des „Timaios" nicht möglich, daß etwas in Erscheinung tritt, das nicht ein unveränderliches Sein als seinen Grund in seinem Erscheinen hervortreten ließe. Die heutige Wissenschaft pflegt dies im Wandel der Erscheinungen Beharrliche als „Struktur" zu bezeichnen. „Strukturen" erfassen wir nicht durch die Empfindung unseres Wahrnehmungsvermögens, denn dieses wird nur vom Wechsel affiziert und vermag das im Wechsel Beständige vom Fluß des Wandels nicht zu unterscheiden. Deshalb erfassen wir Struktur nur durch unser intelligibles Erkenntnisvermögen. Die Unterscheidung zwischen dem, was unveränderlich sich durchhält, und dem, was sich wandelt, ist gleichbedeutend mit der Unterscheidung zwischen intelligibler Erkenntnis und sinnlicher Wahrnehmung. Die Unveränderlichkeit des intelligibel Erkannten ist aber jene Eigenschaft, durch die es sich als Grund der Erkenntnis ausweist. Deshalb enthält der erste Grundsatz des „Timaios" – die Unterscheidung zwischen dem, was unveränderlich ist, und dem, was im Wandel der Zeit entsteht und vergeht – die Begründung des Grundes. Unveränderlich nennen wir das, was sich selbst gleich bleibt und nicht erschüttert werden kann. Was sich selbst gleichbleibt, ist immer mit sich selbst identisch. Deshalb ist der Grund aller Gründe die Identität.

Identität ist aber, wie wir sahen, auch das Wesen der transzendentalen Subjektivität. Kant hat das „logische Ich" als „Subjekt" bezeichnet, weil das Wort *subiectum* – als Übersetzung des griechischen Wortes ὑποκείμενον – das „Zugrundeliegende" bedeutet. Das „Ich denke" liegt allem, was gedacht werden kann, zugrunde, weil es in sich selbst das Prinzip jener Identität enthält, auf die alle Erkenntnis zurückgeführt werden muß, wenn sie als Wissen in ihrer Notwendigkeit ausgewiesen werden soll. Weil „der Grund aller Gründe", nämlich die Identität, in das Innere des Subjektes zurückgespiegelt ist, versteht nun das Subjekt sich selbst als die Bedingung der Möglichkeit aller notwendigen Erkenntnis; es versteht sich selbst als den begründenden Grund des Wissens. So zeigt sich, daß zugleich mit der Identität auch die platonisch-aristotelische Wissenschaftslehre in das Subjekt zurückgespiegelt werden mußte, um den Begriff der Subjektivität möglich zu machen. An der Grundstruktur dieser Wissenschaftslehre hat sich bei der Rückspiegelung nichts verändert. Die Konstruktion des Perspektivs, durch das die europäische Wissenschaft die Welt betrachtet, ist von Aristoteles bis Kant die gleiche geblieben. Verändert hat sich nur, daß für die Griechen die Identität die gesamte Physis, einschließlich des Menschen, zusammenhält, während in der Neuzeit der aus der Natur herausgebrochene Mensch sich selbst so stellen muß, als ob er die Identität aus sich selbst heraus ständig produzieren könnte. Am Wesen der Identität kann dieses hybride Unterfangen nicht rütteln. Sie kann nur deshalb als der Grund aller Gründe erscheinen, weil sie die rückgespiegelte Einheit der Zeit ist. Denn alles, was ist, ist in der Zeit, und sein Bezug auf die Einheit der Zeit ist deshalb in der Tat „notwendig".

Durch diese Überlegung haben wir den Zusammenhang zwischen dem Begriff des Grundes und dem Begriff des Subjektes aufgedeckt. Es wird damit zugleich einsichtig, warum jene Notwendigkeit, die nach der aristotelischen Wissenschaftslehre das Erkennbare mit seinen intelligiblen Gründen verbindet, in der neuzeitlichen, vom Subjekt ausgehenden Philosophie die Gestalt notwendiger Gesetze des Denkens annehmen muß. Logik ist die Wissenschaft von jenen Schemata, die wir anwenden müssen, um das Erkennbare auf seine Gründe und damit letztlich auf Identität zurückzuführen. Wir können auch umgekehrt sagen: Logik ist die Wissenschaft von den Formen, in denen wir Identität in die Welt der Erscheinungen projizieren. Deshalb ist in der Vorherrschaft der Logik über die europäische Wissenschaft begründet, daß die Erkenntnisse dieser Wissenschaft zugleich richtig und unwahr sind. Sie sind *richtig*, denn sie erfassen ihre Objekte in deren Bezug auf die Einheit der Zeit. Sie sind *unwahr*, denn die Einheit der Zeit hat nicht die Gestalt der sich selbst gleichen Identität.

Vierter Teil

⟨Natur und „Welt"

Die Modalitäten und die Zeit⟩

⟨XXIV. Zwischenbetrachtung über den Horizont der Untersuchung der Modalitäten⟩

Bevor wir weitergehen, ist es nötig, daß wir uns noch einmal klarmachen, an welcher Stelle unseres Weges wir uns befinden. Wir haben einen Punkt erreicht, an dem ich auf die Wintervorlesung zurückgreifen muß, um einsichtig machen zu können, was die Probleme, mit denen wir uns jetzt beschäftigen, mit unserer Grundfrage nach dem Begriff der Natur und seiner Geschichte zu tun haben.

In der Wintervorlesung habe ich gezeigt, daß die neuzeitliche Naturwissenschaft einen „Begriff" der Natur im landläufigen Sinne dieses Wortes nicht kennt. Sie erklärt die Einheit und damit das Wesen der Natur aus der Widerspruchsfreiheit und Konsistenz der Regeln, nach denen sie bei ihrer Erkenntnis der Natur verfährt. Die Einheit der Natur wird also auf die logische Konsistenz der Formen zurückgeführt, in denen wir die Natur *begreifen*. Die Widerspruchslosigkeit der Regeln des *Begreifens* ist der neuzeitliche *Begriff* der Natur. Die Regeln des Begreifens haben ihren Sitz nicht in dem, was uns als Natur gegenübertritt; sie haben vielmehr ihren Sitz in dem Subjekt, das diese Natur erkennt. Deshalb setzt die neuzeitliche Naturwissenschaft, wie Kant aufgedeckt hat, voraus, daß es notwendig sei, die Einheit der Natur mit der Einheit des Subjektes der Naturerkenntnis gleichzusetzen. Kant hat dieses Grundprinzip der neuzeitlichen Naturwissenschaft in dem obersten Grundsatz aller synthetischen Urteile ausgesprochen: „Die Bedingungen der Möglichkeit der Erfahrung überhaupt sind zugleich Bedingungen der Möglichkeit der Gegenstände der Erfahrung." (KrV B 197; 3, 145)

Daraus ergab sich für uns zunächst die Notwendigkeit, die Frage nach dem Wesen der Natur gleichsam um ihre eigene Achse zu drehen. Wer diese Frage unbefangen auffaßt, wird es für selbstverständlich halten, daß man in die Natur hinausgehen muß, wenn man verstehen will, wie sie beschaffen ist. Man vergißt sich selbst und blickt hinaus in die Welt. Wenn aber die Einheit der Natur, so wie die neuzeitliche Wissenschaft und Philosophie sie versteht, in der Einheit des Subjektes begründet ist, das sie erkennt, dann ist uns dieser unbefangene Weg der Naturauffassung versperrt. Wir müssen uns dann, um die Natur zu verstehen, um unsere eigene Achse drehen und die Konstitution des Subjektes betrachten, das den Anspruch erhebt, die Natur zu erkennen. Die Naturerkenntnis hat dann ihre Basis in der Selbsterkenntnis der menschlichen Vernunft. Diese Achsendrehung hat Kant als die kopernikanische Wendung bezeichnet. Die Methode, nach der sie vollzogen wird, nennt er „transzendentale Methode". Die „transzendentale Methode" ist keine private Marotte eines verstiegenen Philosophen aus Königsberg. Sie ist vielmehr bis zum heutigen Tage der einzig mögliche und verbindliche Weg, um zu entdecken, was in der neuzeitlichen Naturwissenschaft wirklich geschieht, auf welchen Implikationen sie beruht, und was von dem Bild der Natur zu halten ist, das sie nach ihren Verfahrensweisen entwirft. Die „Kritik der reinen Vernunft" hat für die Erklärung der Physik des 20. Jahrhunderts die gleiche Relevanz wie für die Erklärung der klassischen Mechanik, über die Kant schon weit hinausgedacht hat. Deswegen habe ich den zweiten Teil der Wintervorlesung darauf verwendet zu erklären, wie nach der Lehre von Kant die Konstitution des transzendentalen Subjektes der neuzeitlichen Wissenschaft beschaffen ist.

Das Resultat der Untersuchung habe ich in den letzten Sätzen der Wintervorlesung zusammengefaßt: „Die Einheit der Natur, wie Kant sie gedacht hat, beruht auf der Verbindung von Identität und Subjektivität. Wir werden also über Kant hinausgehend fragen müssen: wird Identität hier so gedacht, wie die Einheit der Natur sich uns zeigt und von uns erfahren wird? Versteht der Mensch sich so, wie er ist, wenn er sich selbst als das Subjekt der unbewegten Identität begreift?" (292). Mit diesen Sätzen war das Problem der Sommervorlesung formuliert. Wie sind wir vorgegangen, um es beantworten zu können? Ich zitiere noch einmal die Wintervorlesung: Kant hat die Frage nach dem Begriff der Natur in die Frage nach der Natur des Begreifens verlagert; hingegen hat er nicht erkannt, daß die *Natur* jener Form des Begreifens, die sich in den operationellen Regeln der neuzeitlichen Naturwissenschaft darstellt, nur aus der *Geschichte* des Begreifens erklärt werden kann[169]. Wir stehen heute an einem Kri-

---

[169] Paraphrase, vgl. 205.

senpunkt in dieser Geschichte des Begreifens. Wir erkennen nämlich, daß die Form, in der die neuzeitliche Wissenschaft die Natur begreift, das, was begriffen werden soll, zugleich zerstört. Deswegen habe ich zu Beginn der Sommervorlesung die Frage, die sich am Schluß der Wintervorlesung ergab, mit der Ausgangsfrage der Wintervorlesung in Zusammenhang gebracht. Diese Ausgangsfrage sei hier noch einmal wiederholt: „Die Menschheit ist heute in Gefahr, durch ihre Wissenschaft von der Natur den Bereich der Natur, in dem sie lebt und der ihrem Zugriff ausgesetzt ist, zu zerstören. Eine Erkenntnis, die sich dadurch bezeugt, daß sie das, was erkannt werden soll, vernichtet, kann nicht wahr sein. Deswegen sind wir heute gezwungen, die Wahrheit unserer Naturerkenntnis in Frage zu stellen." (80) Die Wahrheit unserer Naturerkenntnis beruht nach Kant darauf, daß sich der Mensch als das Subjekt der unbewegten Identität begreift. Es galt also, geschichtlich aufzuklären, wie der Mensch überhaupt dazu gelangen konnte, sich zum Subjekt der unbewegten Identität zu machen. Es galt, darüber hinaus zu erklären, warum der Mensch in dieser Position eine Form der Erkenntnis gewinnt, die sowohl ihn selbst wie die von ihm erkannte Natur zerstört. Es galt schließlich zu erklären, wieso diese Form der Erkenntnis einerseits richtig und andererseits trotzdem nicht wahr ist. Dieser große Zusammenhang von Fragen wird überhaupt nur zugänglich, wenn man erkennt, daß er ein *Zusammenhang* ist, der nur durchsichtig wird, wenn man ihn in seiner Einheit erfaßt. Wir standen deshalb vor der Aufgabe, die Einheit dieses Zusammenhanges schrittweise ans Licht treten zu lassen.

Wie die Erkenntnis der Einheit von großen Zusammenhängen beschaffen ist, wurde mir einmal klar, als ich in meinen Studentenjahren an der Nordsee war. Man sah dort nachts den Lichtkegel eines Leuchtturms über den Horizont wandern. Der Leuchtturm selbst war unsichtbar. Er lag jenseits des Horizontes. Daran konnte man die Krümmung des Globus erkennen. Die Strahlenbündel, die er ausschickte, wanderten in einer Kurvenlinie über das Meer durch den nächtlichen Himmel. Die Einheit des Zusammenhanges, der sich bei diesem Schauspiel zeigte – die Einheit von gekrümmter Erdoberfläche, dem von einer unsichtbaren Quelle ausgesandten Licht, Meeresspiegel, Nacht, Bewegung der Lichtstrahlen und dem Beobachter am Strand –, ist in einer einzigen Aussage nicht zu fassen. Man kann versuchen, den Horizont dieser Einheit zu benennen. Ich bezeichne ihn als Zeit. Die Zeit erscheint uns als *Horizont* der Erkenntnis eines solchen Zusammenhanges, wenn wir sie in ihrer *Einheit* erfassen. Um die Einheit der Zeit erkennen zu können, müssen wir das Zusammentreffen, die Überschneidungen und das Wechselverhältnis einer Vielzahl von Bewegungen erkennen. Jede dieser Bewegungen muß in ihrem Vollzug aufgefaßt, sie muß also nachvollzogen werden. Wir nähern uns der Erkenntnis von Wahrheit in dem Maße, in dem wir nicht nur einzelne Bewegungen sondern einen ganzen Komplex von Bewegungen in ihrem Wechselverhältnis und in der durch dieses Wechselverhältnis bezeugten Einheit zu erfassen vermögen. In der Form der Aussage ist das nicht möglich. Deshalb kann ich den Weg, den wir bei unseren Überlegungen durchlaufen, nicht dadurch rekapitulieren, daß ich einen Schlußstrich ziehe und ein Resultat formuliere. Es kommt vielmehr darauf an, daß Sie, wie der Beobachter am Strand, in jenen Schwebezustand geraten, in dem der ganze Verlauf einer Vielzahl von Bewegungen die Offenheit der selbst bewegten Landschaft sichtbar macht. Hier erinnere ich nur an *Einen* der Durchblicke, die das wandernde Strahlenbündel sichtbar macht.

Wir gehen wieder von der Einleitung zum Kant-Abschnitt der Wintervorlesung aus. Ich hatte dort darauf hingewiesen, daß das Wort „Natur" im neuzeitlichen Denken die gesamte Sphäre dessen bezeichnet, was außerhalb des menschlichen Daseins liegt (199ff.). Alle Prozesse in der Natur sind der Kausalität unterworfen. In der Natur herrscht die Notwendigkeit. Demgegenüber hat das europäische Denken die Sphäre der Subjektivität und den Bereich, in dem Subjektivität in die Wirklichkeit eintritt, nämlich die Geschichte, als ein Reich der Freiheit verstanden. Freiheit kann sich nur in einer Sphäre von Möglichkeiten entfalten. So zeigt sich, daß der Gegensatz zwischen Natur und Freiheit eine bestimmte Form der Unterscheidung der beiden Modalitäten Notwendigkeit und Möglichkeit voraussetzt. Die Form, wie diese Modalitäten hier unterschieden werden, ergibt sich aus ihrer Zuordnung zu der Unterscheidung zwischen „außen" und „innen". „Außen" ist jetzt die Sphäre der Notwendigkeit, „innen" dagegen die Sphäre der Möglichkeit. Von Wirklichkeit sprechen wir dort, wo das Subjekt das außer ihm Gegebene wahrnimmt. Das Wort „Wirklichkeit" bezeichnet also die Berührungslinie von innen und außen. Sie erscheint sozusagen als der Übergang zwischen der außen liegenden Notwendigkeit und der innen liegenden Möglichkeit.

Es ist auf den ersten Blick nicht einzusehen, warum die Modalitäten des Seins in dieser Weise auf die Sphäre des „außen" und die Sphäre des „innen" verteilt werden sollen, und wir haben uns auch noch nicht die Voraussetzungen geschaffen, um den Sinn dieser Verteilung einsehen zu können. Ich hielt es aber schon an dieser Stelle für nötig, Sie auf dieses neuzeitliche Schema der Verteilung der Modalitäten hinzuweisen. Denn so wird sichtbar, in wie tiefe Fundamente des neuzeitlichen Denkens die Frage nach dem Wesen der Modalitäten uns einführt. Wenn die Natur in ihrer Gesamtheit von der Notwendigkeit beherrscht wird, so muß man verstehen, was Notwendigkeit heißt, wenn man das Wesen der Natur verstehen will. Wenn Subjektivität sich als Freiheit in der Sphäre der Möglichkeiten entfaltet, so ist die Möglichkeit das Tiefste, was sich im Grunde der Subjektivität aufdecken läßt. Deshalb fragt die Transzendentalphilosophie von Kant nach den Bedingungen der *Möglichkeit*. Sämtliche Denkformen und Handlungsweisen der Neuzeit sind auf dieses Schema der Verteilung der Modalitäten ⟨auf⟩getragen[170].

Die neuzeitliche Philosophie und Wissenschaft entspringt also aus dem Versuch, das Schema der Modalitäten mit dem Schema der Unterscheidung von „innen" und „außen" zur Deckung zu bringen. Aus diesem Grunde haben wir zunächst in einer Reihe von Schritten, die ich hier nicht zu wiederholen brauche, die Herkunft und den primären Sinn der Unterscheidung zwischen „innen" und „außen" betrachtet. Es stellte sich dabei heraus, daß jener Raum, den wir als „innen" bezeichnen, durch eine Rückspiegelung erzeugt wird. Was dabei rückgespiegelt wird, ist die Einheit der Zeit in zwei inkommensurablen Gestalten. Fassen wir die Einheit der Zeit als ewige Gegenwart der unbewegten Identität auf, so ergibt die Rückspiegelung das „logische Ich", die Einheit der transzendentalen Apperzeption. Nun ist also die Identität ins Innere des Subjektes verlagert. Mit der Identität ist aber untrennbar jene Gestalt der Wahrheit verklammert, die ich im zweiten Kapitel der Wintervorlesung als „Evidenz" charakterisiert habe (95 ff.). Im Licht der Evidenz erkennen wir, was unveränderlich mit sich selbst identisch, beständig und unerschütterbar ist. Im Licht der Evidenz erscheint uns also die Wahrheit als Notwendigkeit. Damit haben wir aber eine Achsendrehung vollzogen: Nun liegt die Notwendigkeit nicht außen in der Natur; sie liegt vielmehr innen

---

[170] Im Text: „eingetragen".

im Subjekt, und die Natur erscheint uns nur deshalb als notwendig, weil das Subjekt in seinen Handlungen des Denkens die in ihm selbst liegende Notwendigkeit in die von ihm erkannten Objekte projiziert. So erklärt Kant die wissenschaftliche Erkenntnis. Das Subjekt ist als Subjekt der Identität zugleich das Subjekt der Notwendigkeit. Die Möglichkeit erscheint dann an der äußersten Peripherie des Denkens in einer unbestimmbaren Mannigfaltigkeit der sinnlichen Empfindungen. Die Unterscheidung zwischen Notwendigkeit und Möglichkeit dient nun als Basis für die Unterscheidung zwischen Vernunft und Sinnlichkeit. So ist die Möglichkeit nun auf einmal außen. Zugleich aber behält sie ihren Sitz im Kern der Subjektivität als Freiheit, die, höchst paradox, als Freiheit bestimmt wird, nach *notwendigen* Gesetzen zu denken und zu handeln.

Neben dieser parmenideischen Gestalt der Erscheinung der Einheit der Zeit als Identität wurde aber in den Innenraum auch eine damit inkommensurable Erscheinung der Einheit der Zeit zurückgespiegelt, die Heraklit als Logos darstellt. Es ist nicht möglich, das Schema der Modalitäten auf die Physis des Heraklit abzubilden. Man bringt es auch im Sein des Parmenides nicht unter. Wie die Philosophie des Parmenides ist auch die Philosophie des Heraklit von der Notwendigkeit beherrscht. Nur hat die Notwendigkeit hier eine völlig andere Gestalt als die Notwendigkeit der evidenten Wahrheiten. Notwendig ist bei Heraklit die unerschütterliche Proportion im ständigen Umschlag von Werden und Vergehen. Notwendig ist die Einheit von Leben und Tod, von Aufgang und Vernichtung im Strom der Zeit. Dieser Logos manifestiert sich in allem, was ist. Seine Erkenntnis zwingt uns, hinter allem, was ist, auf diesen Logos zurückzugehen. Das hat für die platonische Synthese von Parmenides und Heraklit die Folge, daß nun ein neuer Begriff aufsteigt, der im Horizont des Parmenides undenkbar ist: der Begriff des Grundes. Das Denken sieht sich nun genötigt, über das Sein des Parmenides hinaus nach etwas zu fragen, was „jenseits des Seins" liegt: den Grund des Seins. Weil wir aber nach Aristoteles nichts wissen können als das, was ist, wird dieser Grund des Seins von Aristoteles in das Sein selbst zurückprojiziert. So entsteht der aristotelische Begriff des Gottes, der als reines Sein durch seine in sich selbst verharrende Bewegung sich selbst begründet. Dadurch, daß er sich selbst begründet, ist er Subjekt. Dadurch, daß er in seinem Sich-selbst-gleich-Sein verharrt, ist er Identität. So wird bei Aristoteles Gott als Subjekt der Identität gedacht; und dieser aristotelische Gottesbegriff wird dann, wie wir gesehen haben, durch die neuzeitliche Philosophie in das menschliche Innere zurückprojiziert, das durch die Rückprojektion zum Subjekt wird.

Ich habe dies hier eingeschoben, um Ihnen die Dimensionen noch einmal vor Augen zu führen, in die wir vorstoßen müssen, wenn wir die Modalitäten – Notwendigkeit, Wirklichkeit, Möglichkeit – verstehen wollen. Da in der Neuzeit einerseits die Natur als Sphäre der Notwendigkeit betrachtet wird, und andererseits die Wissenschaft sich als ein System notwendiger Erkenntnisse versteht, führt uns die Frage nach der Wahrheit der Naturwissenschaft zunächst zu dem Versuch zu erklären, was der Sinn des Wortes „Notwendigkeit" ist. Notwendig nennen wir, was unveränderlich ist; unveränderlich ist, was sich selbst gleichbleibt. In diesem Sinne können wir sagen: das Wesen der Notwendigkeit sei die Identität. Darauf beziehen wir uns, wenn wir sagen, daß die Natur ewigen und unveränderlichen Gesetzen gehorcht. Aber das, was diesen Gesetzen gehorcht, ist zeitlich, also veränderlich. Es ist, eben weil es veränderlich ist, mit dem Unveränderlichen *nicht* identisch. Wenn wir in dem, was zeitlich und veränderlich ist, die unveränderlichen Gesetze wiedererkennen wollen, müssen wir durch das Zeitliche hindurch nach dem zurückfragen, was es begründet. Wir befinden uns nun nicht mehr in der Sphäre, wo mit Parmenides gesagt werden kann, das Wesen der Notwendigkeit sei die Identität. Wir fragen vielmehr mit Heraklit durch die Zeitlichkeit hindurch nach ihrem Grund. Ich werde im nächsten Abschnitt zu zeigen versuchen, wie diese beiden inkommensurablen Formen, das Wesen der Notwendigkeit zu erfassen, in der Wissenschaftslehre des Aristoteles miteinander verbunden sind. Dieser Abschnitt sollte nur dazu dienen, die Dimensionen unserer Frage sichtbar zu machen. Er sollte außerdem zeigen, wie die Synthese zweier verschiedener Formen, die Einheit der Zeit aufzufassen, dazu geführt hat, daß das Subjekt der neuzeitlichen Wissenschaft nach dem Aufweis von Kant sich als Subjekt der Identität verstehen mußte.

⟨XXV. Identität als Medium der Notwendigkeit⟩

Wir kehren nun zur Untersuchung des Begriffes der Notwendigkeit in der aristotelischen Wissenschaftstheorie zurück. Sie werden sehen, was die eingeschobene Zwischenbetrachtung für das Verständnis dieser Theorie austrägt.
Platon wie Aristoteles – so zeigte sich – haben das Wissen vom unmittelbaren Auffassen des Gegebenen (der ἀληθὴς δόξα) unterschieden. Wissen ist nicht unmittelbares Erkennen sondern Erkennen durch Vermittlung eines Grundes; denn nur durch den Umweg über den Grund gelangen wir zu der Einsicht, daß das Erkannte sich nur so und nicht anders verhalten kann. Andererseits nennt aber Aristoteles in dem selben Satz das durch die Erkenntnis des Grundes *vermittelte* Wissen „Wissen schlechthin", „einfaches und unvermischtes Wissen" (An. Post. 71b 9ff.; 101). Was wir als das Wesen des Wissens betrachten, nämlich die Erkenntnis der Notwendigkeit des Gewußten, wird nicht durch die direkte Betrachtung sondern auf einem Weg gewonnen, der vom Betrachteten zu seinem Grund und dann vom Grund wieder zu dem Betrachteten zurückkehrt. Das Wissen erscheint gerade dann in seinem reinen Wesen, also unmittelbar, wenn die Erkenntnis den Weg der Vermittlung gegangen ist. Das ist die Auffassung vom Wesen der Erkenntnis, aus der sich später die Dialektik von Hegel entwickelt hat; sie setzt die griechische Lehre vom Wissen, vom Grund und damit vom Sein voraus. Auch die neuzeitliche Naturwissenschaft hat, ohne sich darüber klar zu sein, diese „dialektische" Struktur: sie geht von der wahrgenommenen Erscheinung auf das Gesetz zurück, das ihr zugrundeliegt, um dann von der Erkenntnis des Gesetzes wieder zu der Erscheinung zurückzukehren. Erst wenn wir vom Gesetz zur Erscheinung zurückgekehrt sind, haben wir das gewonnen, was die Wissenschaft eine objektive oder eine „positive" Erkenntnis nennt. „Positiv" bedeutet also niemals: „unmittelbar gesetzt"; es bedeutet vielmehr immer: „durch eine begründende Gesetzlichkeit gesetzt". Da aber die Wissenschaft des 20. Jahrhunderts auf ihr eigenes Vorgehen nicht reflektiert, fällt sie auf sich selbst gleichsam herein und bildet sich ein, das unmittelbar Gegebene sei in dieser seiner Unmittelbarkeit schon das Positive.
Daß Wissen auf den Grund zurückgehen muß, ergab sich, wie wir gesehen haben, aus dem Satz, daß wir dann überzeugt sind, etwas zu

wissen, wenn wir erkennen, daß dieses sich nicht anders verhalten könne. Aristoteles hat diese Bestimmung des Wissens für selbstverständlich gehalten. Er sagt in der „Nikomachischen Ethik", daß wir alle annehmen, das, was wir wissen, könne sich nicht anders verhalten. Denn wenn es sich auch anders verhalten könnte, als wie wir es wissen, so wäre unser Wissen kein Wissen mehr[171]. Aristoteles begründet also seine Theorie des Wissens auf eine allgemeine Überzeugung, die jedermann für selbstverständlich hält. Er tut das keineswegs naiv, sondern reflektiert in seinen Schriften unentwegt auf den *consensus omnium* als Kriterium der Wahrheit. Metaphysisch ist diese Legitimation der allgemeinen und selbstverständlichen Überzeugung in der aristotelischen Lehre vom νοῦς begründet. Darauf will ich hier nicht eingehen. Ich will Sie aber darauf aufmerksam machen, daß sich hinter diesen allgemein angenommenen Selbstverständlichkeiten die wichtigsten und am wenigsten aufgeklärten Voraussetzungen auch der neuzeitlichen Wissenschaft verbergen.
Wir verdanken der Bewußtseinskritik, die teils vom Historismus, teils von der Soziologie, teils von der Psychoanalyse ausgegangen ist, daß wir heute höchst argwöhnisch werden, wenn Menschen etwas für selbstverständlich halten. Die unbefragte Selbstverständlichkeit einer Annahme ist nämlich ein fast untrügliches Indiz dafür, daß diese Annahme ein Vorurteil ist. Wir geben unsere Vorurteile als etwas aus, was sich von selbst versteht, weil sich hinter ihnen Motive verstecken, die wir uns selbst und anderen nicht eingestehen wollen. Wenn etwas selbstverständlich ist, so ist es verboten, dahinter zurückzufragen, und an diesem Verbot sind wir interessiert. Das wirft ein neues Licht auf einen der wichtigsten Begriffe der europäischen Wissenschaftstheorie: den Begriff der Evidenz. Die Evidenz ist nämlich, wie ich in der Wintervorlesung gezeigt habe, das Wesensmerkmal jener Erkenntnisse, deren Notwendigkeit sich von selbst versteht, so daß wir nicht nach dem Grund zurückfragen müssen, um uns ihrer Notwendigkeit zu versichern. Die Evidenz charakterisiert deshalb alles, was wir als erste Gründe wissenschaftlicher Erkenntnis voraussetzen müssen. Hat man einmal bemerkt, daß die Berufung auf Selbstverständlichkeit immer suspekt ist, so muß sich der Verdacht aufdrängen, daß das System der ersten Gründe des Wissens ein

---

[171] πάντες γὰρ ὑπολαμβάνομεν; ὃ ἐπιστάμεθα, μηδ' ἐνδέχεσθαι ἄλλως ἔχειν· Eth. Nic. 1139b 19ff.

System von Vorurteilen ist. Der erste Philosoph, der nicht unerschütterliche Prinzipien sondern diesen Verdacht gegen alle Prinzipien zum Ausgangspunkt seiner Philosophie gemacht hat, ist Nietzsche gewesen. Das erste Hauptstück aus „Jenseits von Gut und Böse" unternimmt es, unter dem Titel „Von den Vorurtheilen der Philosophen" sämtliche Prinzipien der europäischen Philosophie und Wissenschaft von diesem Verdacht her als Ideologie zu demaskieren. Wenn ich hier die These durchführe, „eine Wissenschaft, die die Natur zerstört, kann nicht wahr sein", stelle ich von einem anderen Ausgangspunkt her ebenfalls die Gesamtheit der Prinzipien der europäischen Wissenschaft und Philosophie in Frage. Deshalb mußte ich erläutern, wie problematisch es ist, daß Aristoteles sich bei der durch ihn für die gesamte europäische Tradition dogmatisierten Definition des Wissens auf eine Selbstverständlichkeit beruft, die keiner weiteren Begründung bedürfe.

Aus der selbstverständlichen Annahme, daß wir nur dann etwas wissen, wenn wir einsehen, daß es sich nur so und nicht anders verhalten kann, ergeben sich aber Folgerungen, die keineswegs selbstverständlich sind. Aristoteles hat sie in der „Nikomachischen Ethik" mit voller Klarheit ausgesprochen[172]. Wenn alles, was wir im eigentlichen Sinne wissen können, darauf festgelegt ist, daß es nur so sein kann, wie es in unserem Wissen erfaßt wird, so besteht das Gewußte ἐξ ἀνάγκης – auf Grund von Notwendigkeit. Der Nachweis der Notwendigkeit ist dann das Kriterium, nach dem unser Wissen sich als Wissen ausweist. Bis zum heutigen Tage versteht sich die europäische Wissenschaft als die Kunst, die Notwendigkeit alles dessen zu erweisen, was gewußt werden kann. Dadurch wird auch die Methode des wissenschaftlichen Denkens festgelegt. Die Forderung der Notwendigkeit des Wissens erzwingt den Rückgang zu der Aufweisung des Grundes. Damit wird zugleich die Methode des wissenschaftlichen Denkens festgelegt. Wissenschaftliche Erkenntnis muß, als Erkenntnis aus Gründen, die formale Struktur des Beweisens haben. Den Kanon der Regeln des Beweisens enthält die Logik. Die Lehre, daß das unverfälschte und reine, also das unmittelbare Wissen seine Erkenntnis nur auf dem Wege der Vermittlung durch die Gründe des Gewußten gewinnt, legt deshalb fest, daß das europäische Denken als Wissen nur anerkennen kann, was sich den Regeln der Logik fügt.

[172] *III, 6; 1139b 18ff.*

So hat Aristoteles in einem einzigen Satz die Grundlegung sowohl der klassischen Logik wie der Hegelschen Dialektik vollzogen. Wenn wir heute feststellen, daß diese Form des Wissens das, was sie zu erkennen vorgibt, zerstört, werden wir diesen Satz des Aristoteles in Frage stellen müssen.

Aber zunächst interessiert uns, wie hier die Notwendigkeit verstanden wird. Aristoteles sagt, der mögliche Gegenstand des Wissens – das ἐπιστητόν – gehe aus Notwendigkeit – ἐξ ἀνάγκης – hervor. Wo ist die Notwendigkeit, aus der er hervorgeht? Diese einfache Frage wird in der nach-aristotelischen Philosophie so gut wie immer übersprungen, weil sie die Logik, die diese Form von Notwendigkeit etabliert, stets schon voraussetzt. Wo ist der Sitz dieser Notwendigkeit? Wir sagen, der Sachverhalt selbst sei notwendig. Zugleich aber stellen wir fest, daß wir beim bloßen Auffassen des Sachverhaltes diese seine Notwendigkeit gerade nicht entdecken. Wir müssen vielmehr zum Nachweis der Notwendigkeit des Sachverhaltes auf den Grund zurückgehen, aus dem er sich ableiten läßt. Wir suchen nun also die Notwendigkeit in der Sicherheit des Grundes, auf den wir den Sachverhalt zurückgeführt haben. Wenn aber die Notwendigkeit nur auf der Seite des Grundes läge, so würden wir gerade das, was wir suchen, wenn wir den Rückgang zum Grund antreten, nämlich die Notwendigkeit des Sachverhaltes, verlieren. Die Notwendigkeit liegt also weder auf der Seite des Grundes noch auf der Seite des Sachverhaltes. Trotzdem sagen wir von beiden, vom Grund wie vom Sachverhalt, aber in verschiedenem Sinne, sie seien „notwendig". Also kann die Notwendigkeit nur das unausgesprochene und unaussprechbare Band sein, das Grund und Sachverhalt auf asymmetrische Weise verbindet. Aber was ist das für ein rätselhaftes Band? Wodurch hängen Grund und Sachverhalt zusammen?

In Kapitel XXIII–XXV haben wir gesehen, daß die Notwendigkeit sowohl des Grundes wie des Begründeten auf ihrer Unveränderlichkeit beruht. Die Basis der Unveränderlichkeit ist die Identität. Jeder Nachweis von Notwendigkeit besteht in der Rückführung auf Identität. Deswegen habe ich die Identität als den Grund der Gründe charakterisiert. Das Band der Notwendigkeit ist also das Sein, sofern es als Identität interpretiert wird. Die logischen Funktionen sind die Formen, nach denen wir Identität in die Sphäre der Veränderung in der Zeit projizieren. Die Asymmetrie zwischen Grund und Begründetem hat ihren Ursprung in der Inkommensurabilität der zwei Gestalten der Auffassung der Einheit der Zeit, die ich hier kurz mit den Namen Parmenides und Heraklit bezeichnen kann.

Das neuzeitliche Denken verlagert die intelligible Sphäre der unveränderlichen Gründe in das Denken des Menschen. Das Denken wird nun zum Grund der Gründe, zum *subiectum*; es ist der Sitz der Identität. Aber der Schematismus, der das zu Begründende mit seinen Gründen verbindet, wird durch diese Verlagerung nicht angetastet. Er konstituiert vielmehr nun das Verhältnis zwischen dem, was aus Gründen erkannt werden soll, den Objekten, und dem, was diese Erkenntnis begründet, den Funktionen des denkenden Subjektes. Der ganze Subjekt–Objekt-Schematismus der neuzeitlichen Philosophie hat deshalb die gleichsam umgekippte aristotelische Wissenschaftstheorie zu seiner Basis. Das Wort „umgekippt" soll bedeuten, daß durch die neuzeitliche Philosophie das Verhältnis von Grund zu Begründetem so interpretiert wird, daß es sich auf das Schema „innen–außen" abbilden läßt. Alles, was Grund ist, wird nach innen verlagert, alles Begründete wandert nach außen. Was bei den Griechen unvermeidliches Sein war, konstituiert bei dieser Rückprojektion die Subjektivität des Subjektes. Was bei den Griechen „Entstehen" und „Vergehen" heißt, wird nun als Objektsphäre der Natur interpretiert. Als Schematismus, der das begründende Innen mit dem begründeten Außen verkoppeln soll, dient das Prinzip der Kausalität, ⟨von⟩[173] dessen Problematik später noch die Rede sein soll. Die immanente Zweideutigkeit der Kausalität, die einerseits den Gesetzen des Denkens gehorchen, andererseits aber die Zeitfolge der wirklichen Ereignisse bestimmen soll, verdeckt für das neuzeitliche Denken unsere Frage nach dem Band der Notwendigkeit, das Grund und Begründetes verbindet. Nachdem wir eingesehen haben, daß die Gründe in der Einheit der Zeit als Identität, das Begründete hingegen in der Einheit der Zeit als ewiger Veränderung seinen Sitz hat, werden wir nicht mehr annehmen können, daß sich die Kluft zwischen diesen beiden inkommensurablen Gestalten der Einheit der Zeit durch die Notbrücke der Kausalität überwinden läßt. Legt man sich einmal darüber Rechenschaft ab, daß die Unterscheidung zwischen Subjekt und Objekt an jener Bruchlinie entlangläuft, die durch den platonischen Versuch einer Synthese zwischen Heraklit und Parmenides nicht getilgt werden konnte, so nehmen alle Grund-

---

[173] Im Text: „über".

probleme der neuzeitlichen Wissenschaft eine veränderte Gestalt an. Aber diese Bemerkung greift unserem Gedankengang vor. Zunächst kam es nur darauf an zu zeigen, daß das Medium der Notwendigkeit in der neuzeitlichen Wissenschaft, wie bei Aristoteles, die Identität ist, und daß die Nötigung zum Rückgang auf den Grund sich aus der Inkommensurabilität zwischen der unbewegten Identität der Gründe und der Veränderlichkeit des Begründeten ergibt. Wissenschaft ist der Versuch, alles, was überhaupt erkennbar ist, der Notwendigkeit und damit der Identität zu unterwerfen. Da sich der Mensch in der Neuzeit zum Subjekt der Identität gemacht hat, unterwirft er durch diese Methode alles Erkennbare seiner eigenen Herrschaft. Wenn dieser Prozeß die Natur zerstört, so werden wir daraus folgern müssen, daß die Natur von sich aus die Gestalt der Identität nicht haben kann.

Zum Schluß muß aber noch einmal daran erinnert werden, daß Aristoteles selbst durch diese Kritik an den Auswirkungen seiner Wissenschaftstheorie nicht getroffen wird. Aristoteles hatte aus seiner Definition des Wissens geschlossen, daß Wissen im strikten Sinne dieses Wortes nur von dem möglich ist, was von der Veränderung in der Zeit nicht berührt wird. Im strengen Sinne wissenschaftliche Erkenntnis ist nur vom Allgemeinen möglich, also in der Natur von den Gattungen und Arten, von denen er glaubte, sie seien unveränderlich. Alle individuellen Erscheinungen in der Zeit sind nur in verschiedenen Graden der Annäherung, aber niemals im strengen Sinne wissenschaftlich erkennbar. Auch aus der Logik hat Aristoteles die Individualurteile ausgeklammert. Die logischen Formen lassen sich nicht auf das applizieren, was entsteht und vergeht. Aristoteles hat also die Grenze zwischen Identität und Bewegung streng eingehalten. Erst durch die Verlagerung der Sphäre des unveränderlichen Seins in ein aus der Natur herausgeworfenes Subjekt war die Voraussetzung dafür gegeben, daß die intelligiblen Bestimmungen des Seins operationalisiert und in Funktionen des Denkens umgedeutet wurden. Das diese Funktionalisierung des Seins aus dem Hintergrund beherrschende Prinzip ist der Satz von Francis Bacon: „Wissen ist Macht" (298). Man erkannte, daß man die aristotelische Schranke zwischen Struktur und Bewegung durchbrechen und mit Hilfe bestimmter Methoden auch die unveränderliche Natur der Herrschaft der Notwendigkeit und damit der Herrschaft des Menschen unterwerfen kann. Man applizierte die Logik auf die veränderlichen Erscheinungen. Da die Erscheinungen sich freiwillig dieser Operation nicht fügen, mußte eine Methode erfunden werden, die Verhältnisse so einzurichten, daß die Erscheinungen dazu gezwungen werden. Diese Methode ist das Experiment. Man schafft Bedingungen, die in der Natur, wie sie von sich aus ist, nicht gegeben sind und zwingt durch eine solche Versuchsanordnung die Phänomene, sich so zu präsentieren, daß sie der aristotelischen Definition dessen, was wißbar ist, gehorchen. In einer solchen Versuchsanordnung verwandelt sich auch ein zeitliches Phänomen in ein Objekt, das nur so und nicht anders sein kann. Das liegt aber nicht an den Phänomenen selbst sondern an dem durch die Versuchsanordnung ihnen oktroyierten Zwang. Wir nennen die Modelle, innerhalb deren zeitliche Bewegungsabläufe so reguliert werden können, daß sie eindeutig und berechenbar verlaufen, Maschinen. Der Gang unserer Überlegungen hat uns gezeigt, nach welchem Prinzip man Maschinen konstruiert: Jede Versuchsanordnung, die Notwendigkeit und damit Eindeutigkeit produziert, ist ein Schematismus der Projektion von Identität. In den Grenzen, innerhalb derer die Phänomene sich der Versuchsanordnung fügen, gelten dann die Regeln der Logik auch für zeitliche Bewegungsabläufe. Aber wir gleichen Taschenspielern, die auf ihre eigenen Tricks hereinfallen, wenn wir zuerst mit großem Aufwand Experimente einrichten, die die Natur zu widernatürlichen Reaktionen zwingen, und dann im zweiten Gang behaupten, die Natur sei selbst eine Maschine und verhalte sich auch ohne unser Zutun so, wie wir sie gezwungen haben, sich zu verhalten.

Diese Überlegung sollte dazu dienen, die innere Problematik des Begriffs der Notwendigkeit deutlich zu machen. Die neuzeitliche Wissenschaft zerstört die Natur, weil sie etwas höchst Paradoxes veranstaltet hat. Sie hat nämlich Methoden erfunden, die in der *Notwendigkeit* implizierten *Möglichkeiten* zu mißbrauchen. Aber das konnte sie nur tun, weil es so etwas wie Notwendigkeit „gibt". Wir werden die Notwendigkeit nicht los, wenn uns ihr Mißbrauch durchsichtig wird. Aber es zeigt sich, daß nichts so rätselhaft ist wie jene Notwendigkeit, die wir zugleich als „evident" bezeichnen. Wir werden deshalb dem Zusammenhang zwischen Notwendigkeit und Grund noch weiter nachgehen müssen.

⟨XXVI. Das Gefüge der vier *causae* bei Aristoteles⟩

Die aristotelische Wissenschaftslehre spricht nicht von einem einzigen Grund. Sie führt die Masse dessen, was erkannt werden kann, nicht, wie die Metaphysik des Spinoza, geradlinig auf die Identität zurück und erweckt nicht den Schein, das Prinzip der Identität sei das oberste aller Axiome. Sie spricht vielmehr von einer Vielzahl von Gründen.

Es muß also noch aufgeklärt werden, in welchem Sinne wir im Plural von einer Mehrzahl von Gründen sprechen können, wenn doch die Identität als solche „der Grund aller Gründe" sein soll. Entsprechend der Vielgestaltigkeit dessen, was ist, und der Vielgestaltigkeit dessen, was wir erkennen, gibt es eine unübersehbare Vielzahl von Gründen. Aristoteles hat diese Vielzahl von Gründen auf eine, sie gemeinsam begründende Struktur zurückgeführt, die man versteht, wenn man sie in der Form eines Achsenkreuzes aufzeichnet:

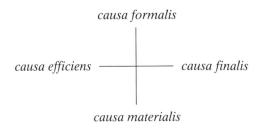

Die Horizontale bezeichnet den Verlauf des Werdens und Vergehens in der Zeit. Alles, was im Verlauf der Zeit als gegenwärtiger Zustand oder gegenwärtiges Ereignis hervortritt, ist dadurch in den Verlauf der Zeit gebunden, daß es in ihm selbst begründet ist. Es ist die Folge von vorausgehenden Zuständen oder Ereignissen; wäre das, was vorausgegangen ist, nicht einmal gegenwärtig gewesen, so könnte auch das jetzt Gegenwärtige nicht da sein. Es ist zugleich auf das Zukünftige verwiesen; der Keim antizipiert den zukünftigen Baum. Die Begründung des Gegenwärtigen durch das Vergangene heißt *causa efficiens*; seine Begründung durch das Zukünftige heißt *causa finalis*. Die *causa efficiens* ist also die „Ursache" im Sinn des Prinzips der Kausalität. Die *causa finalis* heißt in der Sprache der neueren Philosophie „der Zweck". Wir werden später sehen, daß sowohl der neuzeitliche Begriff der „Ursache" wie der des „Zweckes" aus einer *Umdeutung* der entsprechenden aristotelischen *causae* entspringt. Aber diese Differenz wollen wir zunächst unterschlagen. Wir können uns leicht klarmachen, wie es dazu kommt, daß wir bei Vorgängen in der Zeit diese zwei Formen von Ursachen unterscheiden müssen. Wenn ich meine Mappe in diesen Hörsaal trage, ist die Bewegung meiner Beine die mechanische Ursache dafür, daß diese Mappe in diesen Hörsaal gelangt. Mit jedem Schritt, den meine Beine tun, kommt die Mappe dem Hörsaal näher, bis sie schließlich in diesen Raum transportiert ist. Die Motorik meiner Beine ist also die *causa efficiens* für den Sachverhalt, daß sich die Mappe jetzt in diesem Hörsaal befindet. Aber was ist der Grund dafür, daß ich mich überhaupt hierher bewegt habe? Der Grund ist, daß ich mir vorgesetzt habe, um 11.15 Uhr in diesem Hörsaal zu sein. Ich habe meine Anwesenheit in diesem Hörsaal antizipiert, und diese Antizipation hat meinem Gang die Richtung gewiesen. Hätte ich mir nicht vorgenommen, hier zu sein, so hätte ich auch die Mappe nicht hierher transportiert. Hier ist also die Antizipation des Zustandes, der jetzt eingetreten ist, die Ursache dafür, daß ich mich mitsamt meiner Mappe hier befinde. Sie ist die *causa finalis* dieses Sachverhaltes. Die *causa efficiens* ist jene Form von Ursache, die im Vergleich zu dem dann als „Wirkung" bezeichneten Sachverhalt in der Vergangenheit liegt. Aber dieser Sachverhalt konnte nur eintreten, weil ich den Vorsatz hatte, hierher zu gelangen. Er war für jeden meiner Schritte das antizipierte Ziel und damit eine Ursache, die in der Zukunft lag. Das Beispiel zeigt, daß diese beiden Formen von Ursache sich nicht ausschließen, sondern ineinandergreifen und sich ergänzen. Wenn ich nicht wüßte, daß die Motorik meiner Beine im Sinn der *causa efficiens* wirken könnte, hätte ich nicht die Möglichkeit, mir vorzunehmen, daß ich um 11.15 Uhr in diesem Hörsaal sein will. Es ist deshalb nur ein Zeichen von Gedankenlosigkeit, wenn die Naturwissenschaftler die Legende verbreiten, Kausalität und Finalität stünden im Widerspruch zueinander.

Nun scheint aber die Einordnung der *causa efficiens* und der *causa finalis* in den Verlauf der verstreichenden Zeit der Feststellung zu widersprechen, daß die Gründe der Erkenntnis zeitlos sind. Jede Ursache ist ein Ereignis in der Zeit. Jeder Zweck ist ein antizipierter Zustand in der Zeit. Demnach sieht es so aus, als würden durch die Begriffe *causa efficiens* und *causa finalis* Ereignisse oder Zustände in der Zeit als „Gründe" bezeichnet; dadurch würde das Verhältnis von Grund und Sachverhalt, im Widerspruch zum „Satz vom Grunde", gleichsam um seine Achse gedreht und in den Ablauf des Zeitlichen verlagert. Aber das sieht nur so aus; denn wenn ich sage: „*Jede Ursache geht ihrer Wirkung voraus*", weise ich im zeitlichen Ablauf ein unveränderliches und deshalb zeitloses Schema auf. Das Prinzip der Kausalität besagt, daß jeder mögliche Vorgang in der Zeit in der Vergangenheit wie in der Zukunft diesem sich selbst stets gleichbleibenden und unveränderlichen Schema gehorchen muß. Wenn ich ein bestimmtes Ereignis als „Ursache" für eine bestimmte Wirkung bezeichne, binde ich es in diesem zeitlosen Schema fest. Ich führe es auf den allgemeinen und zeitlosen Grund des Schemas der Kausalität zurück. Daraus entspringt die Erkenntnis von Gesetzen zeitlicher Prozesse. Diese Erkenntnis ist in der Reduktion dieser Prozesse auf ein zeitloses Schema „begründet". Nur wo die Reduktion der zeitlichen Prozesse auf ein zeitloses Schema gelingt, spricht die Naturwissenschaft von der Erkenntnis eines „Gesetzes". Deshalb gehorcht auch die moderne Naturwissenschaft der aristotelischen Definition des Wissens.

Nun kommen aber in dem Beispiel von meinem Weg in diesen Hörsaal auch die beiden anderen aristotelischen *causae* vor. Man kann die Frage stellen: Warum hat Picht sich vorgenommen, um 11.15 Uhr in diesem Hörsaal zu sein? Die Antwort heißt: weil er Professor ist und laut Vorlesungsverzeichnis die Pflicht hat, sich jeden Mittwoch und Freitag um 11.15 Uhr hier zu befinden. Damit haben wir einen Grund für meine Anwesenheit in diesem Hörsaal bezeichnet, der nicht nur für diesen einmaligen Vorgang sondern, solange man meine Vorlesungszeiten respektiert, für die gesamte Dauer meiner Lehrtätigkeit wirksam ist. Der Grund dafür, daß ich mich winters wie sommers Mittwoch und Freitag um 11.15 Uhr in diesem Hörsaal einfinde, ist die Definition meiner dienstlichen Pflichten als Professor, die in meiner Bestallungsurkunde festgelegt sind. Diese Definition ist die *causa formalis*, die über viele Jahre hinweg den Ablauf meiner Bewegungen zwischen Schmeilweg 5 und Universität festlegt. In ihr sind sowohl die *causae efficientes* wie die *causae finales* einer großen Zahl von zeitlichen Abläufen vorgezeichnet. Wenn meine freundliche Fahrerin um 11.05 Uhr auf den Gashebel tritt, fügt sie sich dem Strukturgesetz dieser *causa formalis*. Nach dem Prinzip der Kausalität läßt sich keine Verbindung zwischen meiner Bestallungsurkunde und dem Tritt auf den Gashebel herstellen. Trotzdem ist meine Dienstverpflichtung als Professor der Grund dafür, daß der Gashebel bedient wird.

Aber die Erfüllung der durch die allgemeine Form der Dienstverpflichtung vorgezeichneten Bewegungsabläufe ist von einer unübersehbaren Zahl von Bedingungen abhängig. Wenn ich krank werde, unterwegs einen Autounfall habe, auf dem Weg von der Straße hierher stolpere und mir ein Bein breche, wenn die Studenten streiken, oder wenn eine andere Verpflichtung mich nötigt, die Vorlesung ausfallen zu lassen, kann ich mich nicht um 11.15 Uhr hier befinden. Die unbestimmte und unübersehbare Mannigfaltigkeit von Bedingungen, die erfüllt sein müssen, damit ich wirklich dem Prinzip der *causa formalis* gehorchen kann, faßt Aristoteles in dem Begriff der *causa materialis* zusammen. Denn in der Gesamtheit dieser prinzipiell offenen und unbestimmbaren Bedingungen zeigt sich, was Aristoteles „Materie" nennt. „Materie" ist in diesem Sinne nicht nur, was wir sinnlich wahrnehmen können. „Materie" ist die ungeordnete Wechselwirkung einer unabzählbaren Menge von Vorgängen innerhalb eines offenen Systems. Die Einwirkung der *causa formalis* bringt in die unbestimmbare Flut dieser Wechselwirkungen eine Ordnung, die mir ermöglicht, mit verblüffender Regelmäßigkeit Mittwoch und Freitag um 11.15 Uhr hier zu erscheinen. Aber die Materie ist jenes Element der Unberechenbarkeit, das dazu führt, daß es eine absolute Garantie für diese Regelmäßigkeit nicht geben kann.

Mein Weg zum Hörsaal ist ein beliebig herausgegriffener Vorgang in der Natur. Ich konnte ihn als Beispiel verwenden, weil sich an ihm eine Struktur aufweisen läßt, die – das ist die These des Aristoteles – wie ein Koordinatensystem allem zugrundeliegt, was in der Natur zur Erscheinung kommen kann. Um so merkwürdiger ist es, daß die Naturwissenschaft der Neuzeit drei dieser causae – die *causa finalis*, die *causa formalis* und die *causa materialis* – eliminiert hat und nur die *causa efficiens* gelten läßt. Diese Zertrümmerung des vierdimensionalen Gefüges der Gründe erklärt unmittelbar die durch diese Wissenschaft ausgelöste Zerstörung der Natur. Wir müssen sie deshalb genauer betrachten.

Begonnen hat die Destruktion des Gefüges der Gründe mit der Elimination der *causa finalis*. Die Antizipation eines zukünftigen Zustandes kann einen Vorgang als sein Grund nur bestimmen, wenn der als *causa finalis* vorgestellte Zweck in einem Spielraum unbestimm-

ter Möglichkeiten liegt. Wäre der Verlauf der Prozesse in der Zeit eindeutig determiniert, so müßte der Zustand eintreten, gleichgültig, ob er antizipiert wird oder nicht. Ich wäre dann automatisch gezwungen, um 11.15 Uhr in diesem Hörsaal zu sein, auch wenn ich gar nicht die Absicht hätte, meine Dienstpflichten zu erfüllen. Meine Bewegungen würden einem mechanischen Zwang gehorchen. Ich würde auf Grund eines mechanischen Zwanges in diesem Augenblick diese Laute artikulieren, und es wäre völlig gleichgültig, ob ich mir dabei etwas denke oder nicht. Lasse ich umgekehrt zu, daß Vorgänge in der Natur wie mein Weg zur Universität oder mein Sprechen in diesem Augenblick durch Zwecke veranlaßt sein können, so habe ich nicht mehr die Möglichkeit zu behaupten, alle Vorgänge in der Natur könnten auf Grund von Gesetzen vorausgesagt werden. Das einzelne Ereignis oder der einzelne Zustand gehören dann nicht mehr zu der Klasse dessen, was, nach der Formel des Aristoteles, sich nur so und nicht anders verhalten kann. Das hat dann zur Folge, daß von Vorgängen in der Zeit eine Wissenschaft im strengen Sinne des Wortes nicht möglich ist. Aristoteles hat, wie schon gesagt, diese Konsequenz auch gezogen. Eine der wichtigsten Regeln seiner Wissenschaftstheorie ist, daß die logischen Formen nur im Bereich der Gattungen und Arten, also nur im Bereich dessen, was dem zeitlichen Wandel nicht unterworfen ist, Gültigkeit haben. Individualurteile sind aus der Logik ausgeschlossen. Die Physik der Neuzeit hingegen hat das Programm, im Widerspruch zur griechischen Ontologie auch die Sphäre der Veränderung in der Zeit der strikten Notwendigkeit zu unterwerfen; denn nur, wenn die platonische Unterscheidung zwischen dem, was unveränderlich ist, und dem Wechsel des Werdens und Vergehens in der Zeit aufgehoben und die Gesamtheit aller Prozesse der Notwendigkeit unterworfen wird, ist Wissenschaft, im strengen Sinne des Wortes, auch von natürlichen Prozessen möglich. Der neuzeitliche Begriff des Naturgesetzes ist das Ergebnis dieser Projektion der strikten Notwendigkeit in den Bereich der natürlichen Abläufe in der Zeit. Notwendig ist ein Prozeß aber nur dann, wenn er eindeutig so determiniert ist, daß jede einzelne Phase nur so und nicht anders aus der vorangehenden Phase folgt. Sind die Prozesse in der Natur so beschaffen, dann ist die Wirkung einer *causa finalis* nicht mehr möglich. Die *causa finalis* muß also aus der Naturerklärung verschwinden.
Wie muß man vorgehen, wenn man das Handeln nach Zwecken aus

der Natur eliminieren will? Was ein Zweck ist, erfahren wir unmittelbar nur in unserem eigenen Handeln. Ich weiß, daß ich einen Spielraum habe, innerhalb dessen ich mir überlegen kann, was ich heute nachmittag tun will. Je nach dem Zweck, den ich mir vorsetze, kann ich entweder meine Pflichten erfüllen oder einen Spaziergang machen. Ich habe diese Möglichkeit, weil ich einen Zustand in Gedanken antizipieren und ihn mir vorstellen kann. Nach Zwecken handeln, heißt nach Vorstellungen handeln. Das ist aber, nach der Lehre der neuzeitlichen Philosophie, das Privileg des Wesens, das „ich" sagen kann, nämlich des Menschen. Man braucht also nur das denkende Ich aus der Natur herauszubrechen und in ein Niemandsland außerhalb der Natur zu versetzen, so wird man, wenn man nicht zu genau hinschaut, den ganzen Ärger mit der *causa finalis* los und kann alle übrigen Naturprozesse streng deterministisch erklären. Die erdrückende Mehrzahl der Naturwissenschaftler denkt immer noch nach diesem Schema und ist überzeugt, daß man es schließlich so weit bringen wird, auch das Denken des Menschen deterministisch zu erklären. Öffnet man nämlich für die Wirksamkeit der *causa finalis* auch nur den leisesten Spalt, so zerbricht alsbald der monolithische Block der Notwendigkeit, auf dessen Geschlossenheit das gesamte Gebäude der Physik beruht. Zwar wissen wir heute durch die Verhaltensforschung, daß es nicht möglich ist, das Ich des Menschen aus der Kette der übrigen Lebewesen herauszubrechen. Wir wissen, daß es für das menschliche Handeln nach Zwecken eine breite Skala von tierischen Vorstufen gibt. Wir wissen – oder sollten doch wissen –, daß die Kategorie der Finalität aus der Biologie nicht eliminiert werden kann. Aber das widerspricht einer besonderen Form der Finalität, nämlich jener, der das physikalische Denken selbst sich unterworfen hat. Jeder Physiker treibt Physik mit dem Zweck, Kausalität im Sinne der *causa efficiens* aufzudecken; und die Physik hat sich mit dieser Zwecksetzung derart identifiziert, daß sie nicht einmal mehr bemerkt, daß das Unternehmen „neuzeitliche Physik" das überwältigendste Beispiel für die Wirksamkeit der *causa finalis* ist.
Es gibt nun aber noch einen tieferen Grund, weshalb die Physiker sich genötigt sahen, die Wirksamkeit der *causa finalis* zu leugnen. Die Zeit wird nämlich in der Physik als ein geradliniger Parameter vorgestellt, auf dem sich jede Phase des Prozesses in der Zeit eindeutig in die Reihe der vorausgehenden und nachfolgenden Phasen einordnen läßt. Wenn Zeit derart linear gedacht werden muß, dann sind

Freiheitsspielräume in der Zeit nicht denkbar, denn sie würden die Eindeutigkeit der Zuordnung jedes Ereignisses in der Zeit zu den vorausgehenden und nachfolgenden Ereignissen durchbrechen. Wenn man Zeit als linearen Parameter vorstellt, ist man gezwungen zu behaupten, jedes Ereignis in der Zeit werde durch das vorangehende Ereignis eindeutig determiniert. Stellt man aber in Frage, daß sich die Zeit als linearer Parameter darstellen läßt, so erschüttert man das Fundament der gesamten klassischen Physik, und auch die Physik des 20. Jahrhunderts müßte dann revolutionär verändert werden. Wir kommen darauf später wieder zurück. Zunächst galt es nur festzustellen, daß die Elimination der *causa finalis* sich zwangsläufig aus der Form ergibt, wie die Zeit in der neuzeitlichen Physik dargestellt wird.

Zum gleichen Resultat gelangt man, wenn man wissen will, warum die beiden anderen aristotelischen *causae* – die *causa formalis* und die *causa materialis* – von der Physik der Neuzeit über Bord geworfen wurden. Wir haben schon gesehen, daß der Begriff des Subjektes sich dadurch aufbaut, daß der gesamte Bereich der Identität in den Innenraum der Seele zurückgespiegelt wird. Der Bereich der Identität ist der Bereich der Erkenntnisse *a priori*, oder, platonisch gesprochen, der Bereich alles dessen, was durch Anamnesis erkannt wird. Es ist also der Bereich dessen, was wahrhaft und unveränderlich ist; mit anderen Worten: jener Bereich, in dem die aristotelischen *causae formales* ihren Sitz haben. Deshalb hat Kant die Gesamtheit der *causae formales* als notwendige Handlungen des Denkens neu interpretiert. Als Handlungen des Denkens liegen sie außerhalb der Natur. Sie sind durch die Geschichte der Konstitution des Subjektes in die Subjektivität zurückgespiegelt worden. Im Alltag der naturwissenschaftlichen Forschung manifestiert sich die Wirksamkeit der *causa formalis* durch die naive Selbstverständlichkeit, mit der die Naturwissenschaftler die Mathematik auf Prozesse in der Natur anwenden. Wenn man sagt, daß ein Prozeß in der Natur einer bestimmten mathematischen Formel „gehorcht", bringt man zum Ausdruck, daß der Prozeß durch diese Formel in seinem Ablauf bestimmt wird. Was einen Ablauf bestimmt, ist für diesen Ablauf ein Grund. Daß die moderne Naturwissenschaft die Wirkung der *causa formalis* nicht kennt, liegt also lediglich daran, daß sie nicht darauf reflektiert, wieso unwandelbare mathematische Strukturen Vorgängen in der Zeit „zu Grunde liegen" können.

Besonders aufschlußreich für die Differenz zwischen dem platonisch-aristotelischen und dem modernen Naturverständnis ist die *causa materialis*. Der Materiebegriff der klassischen Mechanik ist kein Produkt der Neuzeit. Die Physiker des 17. und 18. Jahrhunderts haben vielmehr bei ihrer Suche nach möglichst einfachen und handlichen Grundbegriffen für die Erklärung der mechanischen Bewegungen in der Natur auf die Theorie der griechischen Atomisten zurückgegriffen, die ihnen durch Lukrez und Cicero vertraut waren. Die Materie besteht nach dieser Theorie aus ausgedehnten, unteilbaren Korpuskeln, die sich im Leeren bewegen und durch ihre Zusammenballung Körper bilden. Die einzigen Prädikate der Atome sind Ausdehnung, Undurchdringlichkeit und Schwere. Die Bewegungen von Korpuskeln, die durch diese Eigenschaften charakterisiert sind, lassen sich mathematisch als Bewegungen im dreidimensionalen Raum darstellen. Deswegen war diese Atomtheorie für eine Physik besonders geeignet, die sich, bis einschließlich Newton, zur mathematischen Darstellung ihrer Gesetze ausschließlich der euklidischen Geometrie bediente. Wenn Descartes die Natur in ihrer Gesamtheit als *res extensa* bestimmt, setzt er diese korpuskulare Atomtheorie voraus; denn die Ausdehnung ist nach dieser Theorie die Grundbestimmung der Materie. Ich gehe hier nicht darauf ein, wie schon Leibniz und Kant die Problematik dieses Materiebegriffs durchschauten, und wie er sich in der Physik des 20. Jahrhunderts, vor allem in der Quantenphysik, modifiziert hat. Wir brauchen nicht bei Bohr und Heisenberg einzusetzen, um die Problematik der korpuskularen Atomtheorie zu durchschauen, denn schon Platon und Aristoteles haben bei ihrer Auseinandersetzung mit Demokrit alles, was wesentlich ist, erkannt und ausgesprochen. Platons „Timaios" und die „Physik" des Aristoteles sind deshalb, wie Heisenberg und Weizsäcker ausgesprochen haben, die beste Einführung in die Probleme der Grundlagenkrise der Physik des 20. Jahrhunderts. Der Begriff der *causa materialis* bei Aristoteles ist das Resultat dieser Auseinandersetzung mit der korpuskularen Theorie der Materie. Ich entwickle das hier nur so weit, wie es nötig ist, um den Begriff der *causa materialis* zu erklären.

Der Ansatzpunkt der platonisch-aristotelischen Kritik an der korpuskularen Theorie der Materie war eine mathematische Antinomie, die schon Parmenides und sein Schüler Zenon entdeckt hatten. Der Raum ist ein Kontinuum, das heißt er ist ins Unendliche teilbar. Die

Korpuskeln hingegen sollen ἄ-τομα, sie sollen unteilbar sein. Wenn sie unteilbar sind, so können sie nicht räumlich ausgedehnt sein, denn räumliche Ausdehnung ist durch unendliche Teilbarkeit definiert. Sind sie umgekehrt räumlich ausgedehnt, so können sie keine unteilbaren Korpuskeln sein, denn die Unteilbarkeit impliziert die Negation des Raumes. Platon und Aristoteles haben hieraus die Konsequenz gezogen, die Materie, sofern sie das letzte Zugrundeliegende aller Erscheinungen ist, durch ein Prädikat zu bestimmen, das nichts anderes als das Medium der Kontinuität des Raumes und der Zeit ausdrückt: die Materie ist τὸ ἄπειρον – das Unbegrenzte und Unbegrenzbare. Jeder Körper im Raum, sei es auch nur die kleinste Korpuskel, ist bereits *geformte* Materie. Er läßt im an sich formlosen Medium der Materie eine bestimmte Struktur erscheinen. Wo keine Struktur erscheint, ist überhaupt keine Erscheinung: das begründet die Notwendigkeit der *causa formalis*. Gibt es kein Medium, in dem Struktur sich manifestieren kann, ist ebenfalls keine Erscheinung: das begründet die Notwendigkeit der *causa materialis*. Wir stoßen also in jeder Erscheinung, die in der Natur vorkommen kann, auf die Polarität von Form und Materie, modern gesprochen: von Struktur und Kontinuum.
Wodurch unterscheidet sich dieser Begriff der Materie vom Materiebegriff der klassischen Physik?
In der korpuskularen Theorie der Materie wäre es sinnlos, die Materie als „Grund" zu bezeichnen. Die Primitivität und zugleich die Stärke dieser Theorie liegt vielmehr darin, daß sie nach einem *Grund* des Vorhandenseins der Korpuskeln gar nicht erst fragt. Es *„gibt"* sie, und es *„gibt"* außerdem den leeren Raum. Das Sein der Erscheinungen wird auf die nackte Faktizität dieses Gegebenseins reduziert. Daß sie eine Form haben und zugleich ausgedehnt sind, sind Eigenschaften, über die man nicht nachdenken darf. Ebenso ist es verboten, darüber nachzudenken, was der Satz bedeuten soll: es *gibt* den leeren Raum. In der Neuzeit haben Leibniz und Kant wieder entdeckt, daß diese primitiven Grundannahmen der korpuskularen Materie-Theorie unauflösbare Widersprüche in sich enthalten[174]. Das haben aber schon Platon und Aristoteles durchschaut. Sie haben

---

[174] Vgl. den *Briefwechsel zwischen Leibniz und Clarke,* a. a. O., Bd. VII, 347ff.; *Kants „Transzendentale Ästhetik"* (KrV B 33ff.; 3, 49ff.) *und die „Metaphysischen Anfangsgründe der Naturwissenschaft"* (4, 465ff.).

erkannt, daß man diese Widersprüche nur auflösen kann, wenn man durchschaut, daß alles, was in der Natur gegeben sein kann, nicht nur für uns sondern von sich aus den Grundcharakter der *Erscheinung* hat; sie knüpfen dabei an Parmenides an, der als Erster den gesamten Kosmos als eine Sphäre der Erscheinungen dargestellt hat. Die Analyse dessen, was Erscheinung ist, führte darauf, daß jede Erscheinung durch zwei Momente konstituiert wird, die nicht aufeinander reduziert werden können. Zu jeder Erscheinung gehört: erstens das, was in ihr zur Erscheinung kommt: die Struktur; zweitens das Medium, in dem das, was zur Erscheinung kommt, sich zeigt.
Wir sind also nun durch die Analyse der Erscheinungen dazu geführt worden, zwei voneinander unabhängige, allgemeine Bedingungen des Erscheinens von Erscheinendem zu erkennen; ich habe diese Bedingungen vorhin durch die modernen Namen „Struktur" und „Kontinuum" bezeichnet. Der Erscheinungscharakter des Erscheinenden nötigt uns, in doppelter Richtung über das Erscheinende hinauszufragen und die Bedingungen für sein Erscheinen aufzusuchen. Die Bedingungen seines Erscheinens sind die Gründe dafür, daß es als ein Erscheinendes überhaupt ist. Deshalb spricht Aristoteles von der *causa formalis*. Deshalb spricht er von der *causa materialis*; denn „Materie" ist nun nicht das, was erscheint; „Materie" ist vielmehr einer der Gründe dafür, daß überhaupt etwas erscheinen *kann*. Weil aber die Physik der Neuzeit von der Korpuskulartheorie ausgegangen ist, hat sie sich, trotz der Grundlagenkrise ⟨der Physik⟩ des 20. Jahrhunderts, bisher nicht dazu entschließen können, von der Voraussetzung abzuweichen, Materie sei das, was es *gibt*; die nackte „positive" Faktizität mache das Wesen der Materie aus. Dieser Begriff der Materie ist, wie ich schon einmal sagte, idealistisch; denn er oktroyiert der Materie eine Bestimmung, die sich nur aus der Vorstellungsweise von Menschen ableiten läßt, deren Denkart eine spezifische Phase der europäischen Zivilisation widerspiegelt. Die neuzeitliche Rekapitulation der Atomtheorie von Leukipp und Demokrit hat völlig andere Voraussetzungen, als jene griechische Theorie sie haben konnte; sie ist (was hier nicht ausgeführt werden kann) ein Reflex des bourgeoisen Frühkapitalismus. Auch der Marxismus bleibt bourgeoisem Denken verhaftet, wo er diese Materie-Theorie, die durch die Entwicklung der Physik längst überholt ist, unkritisch übernimmt und in reaktionärer Mentalität festhält.
Geführt wurden wir auf die Frage nach den vier aristotelischen *cau-*

sae durch unsere Leitfrage nach dem Sinn der Modalitäten. *Innerhalb* des Gefüges der vier *causae* ergibt sich eine durchsichtige und einfache Erläuterung der Modalitäten. Notwendig ist nach Aristoteles das, was sich nur so und nicht anders verhalten kann. Diese Bestimmung gilt, wie wir schon sahen, im strengen Sinne nur von den Strukturen, die in der Natur als *causa formalis* wirken. Dieser Notwendigkeit steht gegenüber die Unbestimmbarkeit der Materie, die als kontinuierliches Medium des Erscheinens die verschiedensten Gestalten in sich aufnehmen kann. Sie kann bald so, bald anders erscheinen. Die Unbestimmbarkeit ist positiv dadurch charakterisiert, daß sie nichts als Möglichkeit ist. Die Polarität von Struktur und Kontinuum hat deshalb zu ihrem Hintergrund die Polarität von Notwendigkeit und Möglichkeit. Die Möglichkeit wird aber nicht als Spielraum dessen, was in Zukunft sein kann, aufgefaßt, so wie umgekehrt die Notwendigkeit nicht der Vergangenheit zugeordnet wird. *Causa formalis* und *causa materialis* stehen vielmehr auf dem Achsenkreuz der aristotelischen *causae* senkrecht zum Verlauf der Zeit. Zu *allen* Zeiten stehen sich Notwendigkeit und Möglichkeit, Struktur und Kontinuum polar gegenüber. Weil diese Polarität zu allen Zeiten vorgegeben ist, ist sie als solche ewig oder, wie man dafür auch zu sagen pflegt, „zeitlos".

Wo aber findet sich, was wir das „Wirkliche" nennen? Als Wirkliches zeigt sich uns in der Natur alles, was in der Zeit *erscheint*. Die Sphäre der Wirklichkeit ist also jene Sphäre, in der auf der horizontalen Achse der *causae* die Polarität von *causa efficiens* und *causa finalis* das Erscheinende bestimmt. Wir können uns die Differenz zwischen der Polarität von Notwendigkeit und Möglichkeit und der quer zu ihr stehenden Polarität von *causa efficiens* und *causa finalis* dadurch verständlich machen, daß wir *causa formalis* und *causa materialis* als „Gründe", die zeitlichen *causae efficientes* und *causae finales* hingegen als „Ursachen" bezeichnen. Dann könnte man sagen: jeder Prozeß in der Zeit ist durch das Ineinandergreifen von Kausalität und Finalität *verursacht*; aber daß er überhaupt derart verursacht sein kann, ist in der Polarität von *causa formalis* und *causa materialis* begründet. Allerdings muß man sofort hinzufügen, daß die Polarität von *causa efficiens* und *causa finalis* selbst ein allgemeines Schema ist, das sich zu allen Zeiten durchhält. Die einzelne Kausal- oder Finalursache in der Zeit kann nur deshalb *Ursache* sein, weil sie in diesem allgemeinen Schema ihren *Grund* hat.

Diese Überlegung führt uns aber dazu, daß wir fragen müssen, wie das Schema der Modalitäten *außerhalb* des Gefüges der vier aristotelischen *causae* vorkommt. Wenn alles, was überhaupt in der Natur erscheinen *kann*, innerhalb dieses Gefüges erscheinen *muß*, so ist das Gefüge als solches für alles, was erscheinen kann, *notwendig*. Und eben diese Notwendigkeit wird dadurch angezeigt, daß Aristoteles sämtliche vier *causae* als Gründe bezeichnet. Nun kommt also die Modalität der Notwendigkeit, der wir zunächst nachgefragt haben, in doppelter Bedeutung vor: es ist *notwendig,* daß wir *innerhalb* des Gefüges der *causae* zwischen Notwendigem, Möglichem und Wirklichem unterscheiden. Es ist notwendig, daß es Notwendigkeit „gibt"; es ist aber auch notwendig, daß es Wirklichkeit und Möglichkeit gibt. Der Begriff der Notwendigkeit ist also doppeldeutig: er ist in dieser neuen Bedeutung dem gesamten Gefüge der Modalitäten übergeordnet, und das Wort „Grund" verweist uns, wie sich nun zeigt, auf die Notwendigkeit in dieser übergeordneten Bedeutung. Hier stehen wir vor einem großen Rätsel, denn es muß sich alsbald die Frage aufdrängen, ob diesem übergeordneten Begriff der Notwendigkeit ein übergeordneter Begriff der Möglichkeit und ein übergeordneter Begriff der Wirklichkeit korrespondieren. Um diese Frage beantworten zu können, müssen wir in einen neuen Kreis von Überlegungen eintreten.

⟨XXVII. Τόπος und Raum–Zeit-Schema,
Qualität und Quantität
in der griechischen und in der neuzeitlichen Physik⟩

Bevor wir weitergehen, müssen wir uns eine tiefgreifende Differenz zwischen der platonisch-aristotelischen Denkweise und der Denkweise der neuzeitlichen Naturwissenschaft klarmachen, die es uns heute außerordentlich schwer macht, die griechische Betrachtungsweise der Natur zu verstehen und zu der neuzeitlichen Form, dieselbe Natur aufzufassen, in ein durchsichtiges Verhältnis zu setzen.
Ich habe schon darüber gesprochen, in welcher Form das Gefüge der aristotelischen *causae* zertrümmert werden muß, wenn man dogma-

tisch voraussetzt, die Materie bestünde aus Korpuskeln; sie sei also das Ausgedehnte im Raum, die *res extensa*. Von dieser nicht weiter begründeten sondern dogmatisch vorausgesetzten Grundannahme aus hat die neuzeitliche Naturwissenschaft konsequent weiter geschlossen, daß alles, was materiell und damit wirklich ist, notwendig auch quantitativ bestimmbar sein müsse. Was nicht quantifizierbar ist, das ist nach dieser Auffassung nicht wirklich. Dieses naturwissenschaftliche Dogma beherrscht heute auch die Ökonomie und die Sozialwissenschaften, es beherrscht in weitem Umfang die Politik und ist das Vehikel für die Zerstörung der Natur. Was wir in der Natur als Qualitäten auffassen, muß deshalb durch seine Reduktion auf quantitative Bestimmungen erklärt werden. Die Kategorie der Qualität gehört der subjektiven Auffassung an; sie wird, wie alles, was die Naturwissenschaft nicht erklären kann, in die Sphäre des Subjekts verlagert. Hingegen ist Quantifizierbarkeit das Kriterium der Objektivität. Die neuzeitliche Wissenschaft nennt „objektiv" nur das, was quantifiziert werden kann. Hier springt der Zusammenhang dieser Gestalt der Wissenschaft mit den Produktionsformen einer kapitalistischen Industriegesellschaft in die Augen: was quantifiziert werden kann, läßt sich durch mathematische Methoden beherrschen. Es läßt sich, wie man zu sagen pflegt, „verwerten"; denn auch der Begriff des „Wertes" verdankt seine Popularität in einer kapitalistischen Ökonomie dem Umstand, daß „Werte" quantitativ verrechnet werden können. Die Sozialisten sind, wie die Theorie des Mehrwertes beweist, genauso kapitalistisch wie die Kapitalisten. Sie wollen nur die Verteilung der quantifizierbaren Güter verändern, aber an dem kapitalistischen Grundprinzip der totalen Quantifizierbarkeit darf nicht gerüttelt werden. Deshalb wurde im nunmehr anti-dialektischen Materialismus die korpuskulare Atomtheorie dogmatisiert.

Wenn Platon und Aristoteles die Natur als Sphäre des Entstehens und Vergehens darstellen, sind umgekehrt nicht die quantitativen sondern die qualitativen Bestimmungen dessen, was in der Natur erscheint, für das, was es ist, konstitutiv. Entstehen ist das Hervortreten qualitativ unterschiedener Phänomene in der Natur. Vergehen ist ihr Entschwinden, ihre Auflösung oder ihre Zerstörung. Auf den qualitativen Bestimmungen beruht nämlich die unendliche Mannigfaltigkeit der Erscheinungen in der Natur. Die qualitativen Bestimmungen begründen die Einmaligkeit jedes einzelnen Phänomens. Sie begründen seine Individualität. Was Aristoteles ein σύνολον

– lateinisch ein *concretum* – nennt, ist immer ein Einmaliges und Individuelles. Die *causa materialis* ist der Grund dafür, daß in der Natur nichts zur Erscheinung kommt, was nicht eine einmalige und individuelle Gestalt hätte. „Materie" ist also bei Platon und bei Aristoteles nicht das quantitativ Bestimmte sondern der Grund für die qualitative Bestimmbarkeit alles dessen, was ist.
Die Unterscheidung zwischen quantitativer und qualitativer Bestimmung dessen, was ist, hat in den Modalitäten ihre Basis. Der Versuch der modernen Naturwissenschaft, alles auf quantitative Bestimmungen zu reduzieren, erklärt sich daraus, daß das quantitativ Bestimmte berechnet werden, also auf die Notwendigkeit der mathematischen Gesetze reduziert werden kann. Alle qualitativen Bestimmungen hingegen bewegen sich in einem Spielraum prinzipiell unberechenbarer Möglichkeiten. Deshalb ist bei Aristoteles wie bei Platon die Grundbestimmung der Materie nicht die Notwendigkeit sondern die δύναμις – die Möglichkeit.
Der Kunstgriff, den die neuzeitliche Wissenschaft erfunden hat, um die gesamte Natur gleichzeitig als eine Sphäre dessen, was durchgängig quantifiziert werden kann, und als eine Sphäre der strikten Notwendigkeit darstellen zu können, ist die Projektion alles dessen, was ist, in das Koordinatensystem des geometrischen Raumes, dem als vierte Koordinate der lineare Zeitparameter hinzugefügt wird. Man pflegt den geometrischen Raum als „euklidischen Raum" zu bezeichnen, weil er durch das sogenannte Parallelen-Axiom des Euklid definiert ist[175]. Aber die Griechen kannten keinen unserem Wort „Raum" äquivalenten Begriff. Bei Demokrit gibt es zwar „das Leere"; aber „das Leere" des Demokrit hat keine mathematischen Koordinaten; „leer" wird bei Demokrit als *qualitatives* Prädikat verstanden. Es lohnt sich, darüber nachzudenken, warum die Griechen den Begriff des Raumes nicht kennen, und wie sich der sogenannte „Raum" des Euklid zu der Sphäre der griechischen Physis verhält.
Nach dem griechischen Weltbild hatte der Kosmos eine Kugelgestalt. Zu fragen, was sich jenseits der Kugel befände, war nicht nur unmöglich sondern sinnlos. Innerhalb dieser Kugel gibt es „Regionen"; das griechische Wort dafür heißt τόπος, es wird meistens unrichtig als

---

[175] Richtiger: Parallelen*postulat*; s. 421; vgl. Kants Religionsphilosophie, a. a. O., Anm. 26, 220f.

„Ort" übersetzt. Außerdem ist den Griechen wesentlich gewesen, daß der sogenannte Raum die Phänomene und ihre Gestalten aufnehmen kann. Das griechische Wort dafür heißt χώρα. Im Lexikon finden Sie dafür die Übersetzung „Land"; das deutsche Wort „Gelände" käme der griechischen Bedeutung näher. In der philosophischen Sprache Platons wird darunter jenes Medium verstanden, in das alles Erscheinende eingetreten sein muß, um erscheinen zu können; dieses Medium ist gleichsam das „Gelände" der Phänomene, die es in sich aufnimmt. Der einigermaßen äquivalente Begriff der neuzeitlichen Physik wäre nicht „Raum" sondern „Feld". Das, was die Phänomene in sich aufnimmt, ist deshalb nach griechischem Verständnis nicht der geometrische Raum sondern die Materie. Das Kontinuum, das in der modernen Physik als abstrakte Qualität des mathematischen Raumes verstanden wird, ist in der platonischen Physik, weil es als Medium gedacht wird, die Grundbestimmung der Materie. Die Griechen hatten also den Begriff des „Raumes" nicht nötig. Die Lage der verschiedenen Körper und Regionen innerhalb einer Hohlkugel bestimmt man nicht durch ihre Relation zu den drei Koordinaten eines unendlichen Raumes sondern durch die Verhältnisse der Kreissphären, auf denen sich die Himmelskörper bewegen. Um die relative Lage der Orte und Regionen auf der Erde zu bestimmen, bedarf man nicht der euklidischen sondern der sphärischen Geometrie. Die für die klassische Mechanik nicht zu beantwortende Frage, was es physikalisch bedeutet, daß jeder Körper einen Platz einnimmt, gehört für griechisches Denken nicht in die Theorie des Raumes sondern in die Theorie der Materie.

Wie deuten die Griechen dann aber den geometrischen Raum? Die Punkte, Linien, Flächen und Körper der Geometrie sind rein noetische Gebilde. Sie liegen nach Platon in einer außer-kosmischen Region. Verstehen wir unter „Raum" das Leere, in dem sich sinnlich wahrnehmbare Körper bewegen, so sind die geometrischen Körper nicht im Raum, denn sie können nicht sinnlich wahrgenommen werden. Würden wir umgekehrt die Sphäre der geometrischen Körper als „Raum" bezeichnen, so könnten wir nicht länger behaupten, wir selbst befänden uns mit allem, was wir sinnlich wahrnehmen können, im Raum. Deshalb kommt der Begriff „Raum" in der griechischen Geometrie überhaupt nicht vor. Das sogenannte Parallelen-Axiom wird von Euklid nicht als Axiom sondern als Postulat eingeführt. Es hat lediglich die Funktion, eine notwendige Implikation des Satzes aufzuweisen, daß die Winkelsumme eines Dreiecks = 2 rechte ist. Die Charakterisierung des Satzes als Postulat macht deutlich, daß er nicht behaupten will, es gäbe wirklich einen unendlichen Raum, in dem sich parallele Geraden nicht schneiden. Es besagt nur, daß wir die endlichen Strecken, mit denen Geometrie es zu tun hat, noetisch unter der Voraussetzung betrachten, sie seien in dem durch das Postulat definierten Sinn „parallel".

Durch diese Überlegung wird deutlich, daß der uns so geläufig gewordene Begriff des unendlichen dreidimensionalen Raumes aus einer für das neuzeitliche Denken charakteristischen Vermengung zwischen dem noetischen Raum der Mathematik und dem physikalischen Raum der Materie hervorgegangen ist. Der Raum der neuzeitlichen Physik ist ein Zwittergebilde. Man kann von ihm weder sagen, daß er ist, noch daß er nicht ist. Die Zweideutigkeit macht sein Wesen aus, und alles, was in ihm erscheint, ist von dieser Zweideutigkeit durchtränkt. Deswegen konnte das neuzeitliche Denken zwischen der mathematischen Kategorie der Ausdehnung und dem physikalischen Phänomen der Materie keine Unterscheidung mehr erkennen. Aber durch die Projektion mathematischer Anschauungsformen in den Bereich der Natur hat die Physik sich die Möglichkeit geschaffen, alles, was materiell ist, zu quantifizieren. Sie kann das Materielle so behandeln, als ob es mathematisch wäre. Deshalb ist gerade die Zweideutigkeit der Vorstellung „Raum" der geheime Kunstgriff, dem die Physik der Neuzeit ihre Triumphe verdankt.

In der Neuzeit hat erst Kant mit seinem durchdringenden Scharfsinn durchschaut, daß die Ausdehnung eines mathematischen Körpers im *mathematischen* Raum etwas prinzipiell Anderes ist als die Weise, wie Körper den physikalischen Raum erfüllen. Er unterscheidet deshalb in den „Metaphysischen Anfangsgründen" die Weise, wie eine geometrische Figur einen Raum *einnimmt,* von der Form, wie ein physikalischer Körper den Raum *erfüllt.* Die Erfüllung des Raumes ist eine Eigenschaft der Materie, während geometrische Figuren keine Materie haben. Will man wissen, wie die Materie dazu kommt, den Raum erfüllen zu können, so lautet die Antwort von Kant: „Die Materie erfüllt einen Raum, nicht durch ihre bloße Existenz, sondern durch eine besondere bewegende Kraft."[176] Hier wird

---

[176] Zweites Hauptstück, Metaphysische Anfangsgründe der *Dynamik, Lehrsatz 1;* 4, 497.

also die Materie nicht, wie bei Descartes, auf die Ausdehnung sondern auf die Energie zurückgeführt. Dadurch hat Kant der Physik seiner Zeit weit vorausgegriffen. Er gelangt damit in die Nähe der Griechen, weil nun der physikalische Raum vom geometrischen Raum wieder unterschieden und als ein Wirkungsfeld von Kräften, als Medium der Materie beschrieben wird. Der geometrische Raum wird zwar vorausgesetzt, weil sonst mathematische Naturwissenschaft nicht möglich wäre, aber er erscheint nun als das, was er ist: als reine Form der äußeren Anschauung, das heißt als unsere Projektion. Wenn man alles, was in der Natur erscheint, in das abstrakte dreidimensionale Koordinatensystem des geometrischen Raumes projiziert, ist jeder Massenpunkt eindeutig einem Raumpunkt zugeordnet. Verwendet man als vierte Koordinate den linearen Parameter der Zeit, so ist er außerdem eindeutig einem bestimmten Zeitpunkt zugeordnet. Die Zuordnung der Erscheinungen zu diesem rein mathematischen und deshalb als absolut betrachteten Koordinatensystem legt also vor jeder möglichen Erfahrung die durchgängige Determiniertheit aller Erscheinungen in der Natur bereits fest. In diesem mathematischen Ordnungsschema kann nichts vorkommen, was nicht quantitativ eindeutig bestimmt, was nicht ein meßbares Quantum wäre. So ist das gesamte Programm der neuzeitlichen Physik durch die mathematische Vorstellung von Raum und Zeit, die ihr zugrundeliegt, bereits antizipiert. Es ist auch schon vorweggenommen, daß wegen der Eindeutigkeit der Zuordnung zu Raum und Zeit hier nichts erscheinen kann, was nicht notwendig wäre. Die Projektion der Erscheinungen in den mathematischen Raum und die mathematische Zeit oktroyiert also den Erscheinungen zugleich die Modalität der Notwendigkeit; die Möglichkeit, ja sogar die Wirklichkeit sind ausgeschaltet. An die Stelle der Modalität der Wirklichkeit tritt die Faktizität; als „fact" wird alles das bezeichnet, was einem bestimmten Ort im mathematischen Raum und einem bestimmten Zeitpunkt eindeutig zugeordnet ist. Es ist in den mathematischen Raum und in die mathematische Zeit „gesetzt" und trägt deshalb den Namen „positiv". Hat man aber – mit Kant – einmal durchschaut, daß die empirischen physikalischen Räume mit dem mathematischen Raum nicht identisch sind, so ist es nicht mehr länger möglich, den mathematischen als den absoluten Raum zu betrachten. Der mathematische Raum und die ihm korrespondierende lineare Zeit sind Projektionsschematismen, die es erlauben, die Erscheinungen unter bestimmter Perspektive zu ordnen. Daraus, daß alles, was unsere Augen sehen, sich nach den Regeln der Perspektive anordnen läßt, kann noch nicht geschlossen werden, daß es *an sich* jenen Verkürzungen unterworfen wäre, die das Gesetz der Perspektive vorschreibt. Daraus, daß alles, was ist, in den mathematischen Raum projiziert werden kann, folgt noch nicht, daß es von sich aus jene Gestalt hätte, die das Parallelen-Axiom vorschreibt. Aber die Durchschlagskraft der mathematischen Simplifizierung, die das neuzeitliche Raum–Zeit-Schema ermöglicht, war so stark, daß es außerordentlicher Anstrengungen bedarf, sich von diesem Projektionsschematismus des neuzeitlichen Denkens zu befreien.

Ich mußte schon an dieser Stelle skizzenhaft auf das neuzeitliche Raum–Zeit-Schema eingehen, weil uns der Zugang zum Verständnis des Gefüges der Modalitäten versperrt ist, solange wir uns von diesem Schema nicht emanzipieren. Ich sagte schon: die Projektion in das mathematische Raum–Zeit-Schema ist nichts anderes als die Projektion aller Erscheinungen in eine Sphäre, die von der Modalität der Notwendigkeit beherrscht wird. Das ist der Sinn dieser Projektion: sie soll uns die Möglichkeit geben, alles, was ist, durch Eindeutigkeit seiner Zuordnung zu Raum und Zeit als etwas zu bestimmen, „das sich nur so und nicht anders verhalten kann". In der Wissenschaftstheorie des Aristoteles ist, wie wir schon sahen, τὸ μὴ ἐνδεχόμενον ἄλλως ἔχειν die Definition der möglichen Gegenstände des Wissens. Die Projektion der Erscheinungen in das mathematische Raum–Zeit-Schema ist also der Kunstgriff, der es dem neuzeitlichen Denken erlaubt – im Widerspruch zur aristotelischen Wissenschaftstheorie –, die gesamte Sphäre des Entstehens und Vergehens als eine Sphäre objektiver Erkenntnis zu betrachten. Das mathematische Raum–Zeit-Schema macht Wissenschaft im Sinne der Neuzeit, also objektive Erkenntnis von eindeutigen, positiven Fakten, erst möglich. Setzt man naiv voraus, dieses Raum–Zeit-Schema sei die absolute Ordnung der Natur an sich, so beraubt man sich der Möglichkeit, den Sinn der Modalitäten noch zu verstehen; denn es ist ja gerade die Leistung des Raum–Zeit-Schemas, die Modalität der Möglichkeit auszuschalten und damit auch die Modalität der Wirklichkeit ihres Sinns zu berauben. In diesem Raum–Zeit-Schema gibt es nur Notwendigkeit, und es ist die Grundhypothese der neuzeitlichen Wissenschaft zu behaupten, alles, was ist, sei allein dadurch, daß es ist, notwendig, die Modalitäten der Möglichkeit und der Wirklichkeit hingegen seien nur Ausdruck subjektiver Betrachtungsweisen, durch die der eherne Gang der Notwendigkeit nicht berührt wird.

Wie steht es nun mit dem sogenannten „euklidischen Raum"? Wir haben gesehen, weshalb die Griechen die *Erscheinungen*, die in der Natur entstehen und vergehen, nicht in den absoluten mathematischen Raum einordnen konnten. Aber beweist nicht die Geometrie des Euklid, daß sie alles, was unveränderlich und wahrhaft ist, in das Ordnungsschema des dreidimensionalen Raumes eingefügt haben?

Wir stoßen mit dieser Frage in ein Feld von Problemen vor, zu deren Lösung Platon und Aristoteles verschiedene Wege eingeschlagen haben. Die Abkehr des Aristoteles von Platon hängt wesentlich damit zusammen, daß er das Verhältnis von Mathematik und Physik anders bestimmt hat als Platon. Da aber die aristotelische Wissenschaftstheorie für die gesamte europäische Wissenschaft grundlegend ist, gehe ich hier auf Platon nicht ein. Wir halten uns vielmehr an die aristotelische Bestimmung der möglichen Formen wissenschaftlicher Erkenntnis der Natur. Aristoteles unterscheidet drei Teile der theoretischen Philosophie: die Physik betrachtet das Seiende, sofern es in sich ein Prinzip des Lebens und der Bewegung enthält. Die Mathematik und Geometrie betrachtet das Seiende, sofern es nach Zahl und Größe bestimmt ist. Die Erste Philosophie betrachtet das Seiende, sofern es überhaupt ist. Sie untersucht, welche Bestimmungen ihm allein dadurch zukommen, daß es ist. Uns interessiert hier die Unterscheidung von Mathematik und Physik. Hierzu sagt Aristoteles: „Der Mathematiker betrachtet, was auf Grund von Abstraktion erkennbar ist. Er nimmt nämlich bei seiner Betrachtung ringsum alles weg, was sinnlich wahrnehmbar ist (zum Beispiel Schwere und Leichtigkeit, Härte und ihr Gegenteil, ferner Wärme und Kälte und alle übrigen sinnlich wahrnehmbaren Gegensätze, und läßt nur übrig die Quantität und das Kontinuum), sei es in einer, sei es in zwei, sei es in drei Dimensionen, und betrachtet das, was diesen Gegenständen zukommt, ausschließlich, insofern sie quantitativ und kontinuierlich sind und unter keiner anderen Hinsicht. Und so macht er denn zum Gegenstand seiner Untersuchung bei dem Einen die gegenseitige Position und was davon abhängt, bei dem Anderen die Kommensurabilität und wieder bei Anderem die Proportionen. Aber trotz dieser Unterschiede legen wir fest: es sei eine und dieselbe

Wissenschaft, die sich mit all diesem beschäftigt, nämlich die Geometrie."[177]

Um diese Sätze richtig zu verstehen, muß man sich klargemacht haben, daß „Abstraktion" bei Aristoteles etwas gänzlich anderes bedeutet als in der europäischen Philosophie seit dem Nominalismus. Wir können uns das Wesen der Abstraktion am besten an der sinnlichen Wahrnehmung verdeutlichen. Die Wahrnehmung durch das Auge hebt von den Erscheinungen ihre Gestalt und ihre Farbigkeit ab – also alles das, was sich im Lichte zeigt. Dabei bleibt alles, was wir nur durch andere Sinne wahrnehmen können, zurück: ihre Schwere, ihre Härte, ihr Geruch. Die reine Bildgestalt wird abgehoben, und dieses Abheben heißt griechisch ἀφαίρεσις – lateinisch *abstractio*. Mit dem sogenannten „Begriff" und mit der Reflexion hat dies noch gar nichts zu tun. Die Sinneswahrnehmung durch das Auge selbst leistet das reine Abheben der Bilder von den Phänomenen, die sich in der Natur uns zeigen. Das Gleiche vollzieht sich bei jener Form der intellektuellen Anschauung, die der Mathematik eigentümlich ist. Sie hebt von den Phänomenen in der Natur das ab, was der Kategorie der Quantität entspricht, und klammert die übrigen Bestimmungen der Phänomene aus. So ist die Mathematik in der Lage, alles das zu erkennen, was in der Natur an rein quantitativen Strukturen und Verhältnissen erscheint und sich aus diesen quantitativen Strukturen erklären läßt. In dem Gefüge der vier aristotelischen *causae* gehören die quantitativen Strukturen in den Bereich der *causa formalis*: sofern natürliche Prozesse durch mathematische Strukturen bestimmt sind, kann der Mathematiker den Grund für den Verlauf dieser Prozesse angeben. Ein hübsches Beispiel dafür

---

[177] καθάπερ δ' ὁ μαθηματικὸς περὶ τὰ ἐξ ἀφαιρέσεως τὴν θεωρίαν ποιεῖται (περιελὼν γὰρ πάντα τὰ αἰσθητὰ θεωρεῖ, οἷον βάρος καὶ κουφότητα καὶ σκληρότητα καὶ τοὐναντίον, ἔτι δὲ καὶ θερμότητα καὶ ψυχρότητα καὶ τὰς ἄλλας αἰσθητὰς ἐναντιώσεις, μόνον δὲ καταλείπει τὸ ποσὸν καὶ συνεχές, τῶν μὲν ἐφ' ἓν τῶν δ' ἐπὶ δύο τῶν δ' ἐπὶ τρία, καὶ τὰ πάθη τὰ τούτων ᾗ ποσά ἐστι καὶ συνεχῆ, καὶ οὐ καθ' ἕτερόν τι θεωρεῖ, καὶ τῶν μὲν τὰς πρὸς ἄλληλα θέσεις σκοπεῖ καὶ τὰ ταύταις ὑπάρχοντα, τῶν δὲ τὰς συμμετρίας καὶ ἀσυμμετρίας, τῶν δὲ τοὺς λόγους, ἀλλ' ὅμως μίαν πάντων καὶ τὴν αὐτὴν τίθεμεν ἐπιστήμην τὴν γεωμετρικήν), τὸν αὐτὸν δὴ τρόπον ἔχει καὶ περὶ τὸ ὄν. Metaphysik XI, 1061a 28ff. Zitiert nach: Aristotle's Metaphysics, Hg. W. D. (Sir David) Ross, 2 Bde., Oxford: Clarendon Press, 1924; Ross setzt allerdings, wie man sieht, die Klammer anders und folgt damit Bonitz.

steht in den „Analytica Posteriora": „Es ist Sache des Arztes zu wissen, *daß* kreisförmige Wunden langsamer heilen; zu wissen, *warum* das so ist, ist Sache des Geometers."[178]
Die aristotelische Aufzählung aller jener Eigenschaften, die der Mathematiker ausblenden muß, um zur reinen Erkenntnis der mathematischen Strukturen zu gelangen, gehört im Schema der aristotelischen Kategorien unter die Kategorie der Qualität. Mit diesen Bestimmungen hat es, im Gegensatz zum Mathematiker, der Physiker zu tun. Der Gegenstand der physikalischen Forschung sind nicht die abgehobenen Strukturen (εἴδη) sondern die Materie in ihrer qualitativen Bestimmbarkeit. Die Materie ist nämlich das Medium der Bewegung. Sie ist im Unterschied zu den reinen Strukturen nicht in ein sich stets gleichbleibendes Gefüge von Relationen gebunden, sondern spielt, um beweglich sein zu können, in einem unbestimmbaren Feld von Möglichkeit. Den Unterschied zwischen der Sphäre der unveränderlichen Eindeutigkeit, der die reinen mathematischen Strukturen angehören, und der Sphäre des Wechsels qualitativer Bestimmungen in einem Feld des Wechsels von Möglichkeiten erläutert Aristoteles an der zitierten Stelle aus der „Metaphysik" dadurch, daß sich die Qualitäten stets als Übergänge zwischen polaren Gegensatzpaaren zeigen: schwer/leicht, hart/weich, warm/kalt etc. Das ist das gemeinsame Charakteristikum der Sphäre sinnlicher Wahrnehmung. Für uns, die wir durch unseren bisherigen Gang bereits gelernt haben, hinter die Kulissen der aristotelischen Theorie zu blicken, zeigt sich das überraschende Ergebnis, daß die Kategorie der Quantität der Ontologie des Parmenides, die Kategorie der Qualität hingegen der Ontologie des Heraklit zugeordnet ist. Erfaßt man die Einheit der Zeit als unbewegte Identität, so erscheinen die Phänomene in der Natur als mathematisch bestimmbare quantitative Größen. Erfaßt man die Einheit der Zeit hingegen als ewige Bewegung, so treten die qualitativen Bestimmungen dessen, was ist, in ihrer polaren Gegensätzlichkeit hervor. Da aber diese beiden Formen, die Einheit der Zeit aufzufassen, einander inkommensurabel sind, so ist sowohl die Verabsolutierung der quantitativen wie die der qualitativen Betrachtung unmöglich.
Wir sind mit dieser Überlegung wieder an den Ausgangspunkt dieses

---

[178] ὅτι μὲν γὰρ τὰ ἕλκη τὰ περιφερῆ βραδύτερον ὑγιάζεται, τοῦ ἰατροῦ εἰδέναι, διότι δὲ τοῦ γεωμέτρου. An. Post. 79a 14ff.

Abschnittes zurückgekehrt. Wir hatten festgestellt, daß die Naturwissenschaft der Neuzeit alles, was ist, auf quantitative Bestimmungen zurückführt. Quantifizierbarkeit gilt als das Kriterium der Objektivität. Die Kategorie der Qualität hingegen wird in die Sphäre des Subjekts verlagert. Was wir „Qualitäten" nennen, ist die Form, wie Quantitatives uns erscheint. Wenn hingegen Platon und Aristoteles, so sagte ich, die Natur als Sphäre des Entstehens und Vergehens darstellen, sind nicht die quantitativen sondern die qualitativen Bestimmungen für die Phänomene in der Natur konstitutiv. Um uns die Gründe für diese Differenz zwischen der neuzeitlichen und der platonisch-aristotelischen Physik klarzumachen, mußten wir einen ziemlich weiten Weg einschlagen, der zunächst als ein Umweg erschienen sein mag; denn auf den ersten Blick ist nicht einsichtig, warum im mathematischen Raum–Zeit-Schema der neuzeitlichen Wissenschaft weder Qualitäten vorkommen können, noch Werden und Vergehen erklärt werden können. Wir mußten zunächst versuchen, uns klarzumachen, wie das mathematische Raum–Zeit-Schema zustande kommt. Wir mußten erkennen, daß es ein Vorurteil ist, wenn wir uns einbilden, die Dinge befänden sich so im absoluten Raum und in der absoluten Zeit, wie die Physik der Neuzeit das voraussetzt. Wir sehen jetzt, daß der mathematische Raum und die mathematische Zeit Projektionsformen sind, die einen Schematismus vorzeichnen, der es erlaubt, die Phänomene als Objekte eindeutig zu fixieren und zu bestimmen. Wenn dieser Schematismus vorgegeben ist, ist die Erkenntnis *innerhalb* dieses Schematismus notwendig. Zu diesem Zweck wurde er nämlich erfunden. Er sollte es möglich machen, auch von den zeitlichen Prozessen in der Natur jene Form der notwendigen Erkenntnis zu gewinnen, die Aristoteles „Wissenschaft" genannt, aber auf die Sphäre der unwandelbaren Strukturen beschränkt hat. Hingegen beweist die griechische Philosophie, daß Kant sich geirrt hat, wenn er lehrte, die reinen Formen der Anschauung – Raum und Zeit – seien selbst schon notwendig und *a priori* gegeben. Denn wenn Platon und Aristoteles vom Entstehen und vom Vergehen sprechen, projizieren sie die Phänomene nicht in das mathematische Raum–Zeit-Schema. Man muß sich vielmehr von diesem Schema befreit haben, um allererst zu Gesicht zu bekommen, wie Entstehen und Vergehen hier aufgefaßt wird und welche Auffassung der Natur dieser Lehre vom Entstehen und Vergehen zugrundeliegt. Im Zug der Fragestellung, die wir hier durchführen wollen, hatte die Untersuchung der Konstitution des neuzeitlichen mathematischen Raum-Zeit-Schemas zunächst eine nur negative Funktion: sie sollte die neuzeitlichen Vorurteile abtragen, die uns verhindern, die griechische Physik so zu interpretieren, wie sie gedacht ist. Im Hinblick auf diese negative Funktion der Untersuchung habe ich sie einen Umweg genannt. Aber auf diesem Umweg sind Zusammenhänge ans Licht getreten, die direkt auf unserem Wege liegen. Unser Weg ist durch die Frage nach dem Sinn der Modalitäten vorgezeichnet. Wir haben auf dem vermeintlichen Umweg erkannt, daß es die Funktion des mathematischen Raum-Zeit-Schemas ist, die Notwendigkeit in die Sphäre der zeitlichen Erscheinungen zu projizieren, um auch von diesen Erscheinungen – im Widerspruch zu Aristoteles – eine Wissenschaft möglich zu machen, die der aristotelischen Definition der Wissenschaft genügt. Die Modalitäten der Wirklichkeit und der Möglichkeit werden durch diese Projektion aus der Natur eliminiert. Die Untersuchung des mathematischen Raum-Zeit-Schemas hat uns also gezeigt, warum die neuzeitliche Philosophie und Wissenschaft bei der Erklärung der Modalitäten in jene Schwierigkeiten geraten ist, von denen wir ausgegangen sind. Wir werden die Ergebnisse dieser Untersuchung später wieder aufgreifen müssen, wenn sich die Frage stellt, wie Raum und Zeit zu denken sind, wenn wir die wirkliche Natur und nicht nur deren Projektion in ein künstlich konstruiertes Schema verstehen wollen. Zunächst aber stellen wir diese Frage zurück, denn wir fragen vorläufig nur nach dem Sinn der Modalitäten und nach der Form, in der sich die Modalitäten in der griechischen Auffassung vom Entstehen und Vergehen darstellen. Wir beschränken uns dabei wieder auf Aristoteles.

⟨XXVIII. Entstehen und Vergehen bei Aristoteles, Platon und Heraklit⟩

Zunächst muß ich die Behauptung rechtfertigen, daß nicht die quantitativen sondern die qualitativen Bestimmungen konstitutiv sind, wenn Aristoteles die Natur als Sphäre des Entstehens und Vergehens darstellt. Aristoteles sagt im I. Buch der „Physik": „Es entsteht nicht Beliebiges aus Beliebigem, außer wenn man es nach dem zufälligen

Zusammentreffen auffaßt. Denn wie sollte das Weiße aus dem Musischen entstehen? Es sei denn, daß das Musische zufällig auch weiß oder schwarz ist. Nein! Das Weiße entsteht aus Nichtweißem, und zwar nicht aus allem, dem das Prädikat ‚nichtweiß‘ zukommt, sondern aus dem Schwarzen oder den Zwischenfarben. Und das Musische entsteht aus dem Nichtmusischen, aber nicht aus jedem Nichtmusischen, sondern aus dem Unmusischen oder einer Zwischenstufe. Es wird auch nichts in ein beliebiges Nächstes zerstört. Zum Beispiel das Weiße löst sich nicht in das Musische auf, es sei denn zufällig, sondern in das Nichtweiße, und zwar nicht in jedes Beliebige, sondern in das Schwarze oder eine Zwischenfarbe. Ebenso löst sich das Musische in das Nichtmusische auf, und auch hier nicht in jedes Beliebige, sondern in das Unmusische oder eine Zwischenstufe. Ebenso verhält sich dies auch bei allem anderen. Denn auch das nicht Einfache, sondern Zusammengesetzte von dem Seienden verhält sich nach dem selben Schema. Weil aber die einander entgegengesetzten Zustände der entsprechenden Benennungen entbehren, bleibt uns verborgen, daß dies so eintritt. Denn notwendig entsteht alles Gefügte aus Ungefügtem und alles Ungefügte aus Gefügtem, und es wird zerstört das Gefügte in Auflösung, und zwar nicht jede beliebige sondern in die entgegengesetzte. Es macht aber keinen Unterschied, ob wir von Fügung oder von Ordnung oder von Zusammensetzung reden, denn es ist evident, daß das selbe Schema zugrundeliegt." [179] Was ist aus dieser Stelle zu lernen?

[179] ... οὐδὲ γίγνεται ὁτιοῦν ἐξ ὁτουοῦν, ἂν μή τις λαμβάνῃ κατὰ συμβεβηκός· πῶς γὰρ ἂν γένοιτο λευκὸν ἐκ μουσικοῦ, πλὴν εἰ μὴ συμβεβηκὸς εἴη τῷ μὴ λευκῷ ἢ τῷ μέλανι τὸ μουσικόν; ἀλλὰ λευκὸν μὲν γίγνεται ἐξ οὐ λευκοῦ, καὶ τούτου οὐκ ἐκ παντὸς ἀλλ᾽ ἐκ μέλανος ἢ τῶν μεταξύ, καὶ μουσικὸν οὐκ ἐκ μουσικοῦ, πλὴν οὐκ ἐκ παντὸς ἀλλ᾽ ἐξ ἀμούσου ἢ εἴ τι αὐτῶν ἐστι μεταξύ. οὐδὲ δὴ φθείρεται εἰς τὸ τυχὸν πρῶτον, οἷον τὸ λευκὸν οὐκ εἰς τὸ μουσικόν, πλὴν εἰ μή ποτε κατὰ συμβεβηκός, ἀλλ᾽ εἰς τὸ μὴ λευκόν, καὶ οὐκ εἰς τὸ τυχὸν ἀλλ᾽ εἰς τὸ μέλαν ἢ τὸ μεταξύ· ὡς δ᾽ αὔτως καὶ τὸ μουσικὸν εἰς τὸ μὴ μουσικόν, καὶ τοῦτο οὐκ εἰς τὸ τυχὸν ἀλλ᾽ εἰς τὸ ἄμουσον ἢ εἴ τι αὐτῶν ἐστι μεταξύ. ὁμοίως δὲ τοῦτο καὶ ἐπὶ τῶν ἄλλων, ἐπεὶ καὶ τὰ μὴ ἁπλᾶ τῶν ὄντων ἀλλὰ σύνθετα κατὰ τὸν αὐτὸν ἔχει λόγον· ἀλλὰ διὰ τὸ μὴ τὰς ἀντικειμένας διαθέσεις ὠνομάσθαι λανθάνει τοῦτο συμβαῖνον. ἀνάγκη γὰρ πᾶν τὸ ἡρμοσμένον ἐξ ἀναρμόστου γίγνεσθαι καὶ τὸ ἀνάρμοστον ἐξ ἡρμοσμένου, καὶ φθείρεσθαι τὸ ἡρμοσμένον εἰς ἀναρμοστίαν, καὶ ταύτην οὐ τὴν τυχοῦσαν ἀλλὰ τὴν ἀντικειμένην. διαφέρει δ᾽ οὔθὲν ἐπὶ ἁρμονίας εἰπεῖν ἢ τάξεως ἢ συνθέσεως· φανερὸν γὰρ ὅτι ὁ αὐτὸς λόγος. 188a

Zunächst sehen wir, daß das Entstehen und Vergehen sich zwischen polaren Gegensätzen bewegt. Jedem dieser polaren Gegensatzpaare entspricht eine Skala von Qualitäten. Betrachtet man nur die Elemente, die Aristoteles „das einfache Seiende" nennt, so hat man es mit einfachen Polaritäten zu tun. Die Elemente – Feuer, Luft, Wasser, Erde – sind nämlich bei Aristoteles wie bei den ionischen Naturphilosophen, wie wir bei der Heraklit-Interpretation gesehen haben, nicht quantitativ sondern als reine Qualitäten bestimmt, die sich wie jede Qualität auf einer Skala zwischen polaren Gegensätzen bewegen. Aber in der Natur haben wir es in der Regel mit zusammengesetztem Seienden, also mit Mischungen der Elemente zu tun. Wenn hier etwas entsteht oder vergeht, verändert sich das Phänomen in einem Netz sich überschneidender Gegensatzpaare. Dadurch entsteht erst, was Aristoteles „Gestalt" (μορφή) nennt. Eine Gestalt ist etwas Gefügtes; aber sie bildet sich aus Ungefügtem und löst sich in Ungefügtes wieder auf. Das Verhältnis von „gefügt" und „ungefügt" gehorcht demselben Schema wie das Verhältnis von weiß und schwarz oder warm und kalt. Auch die Zusammensetzung der Gestalt ist qualitativ in einem Schema polarer Gegensätze und der dazwischen liegenden Übergänge bestimmt; und wir bemerken das, wie Aristoteles sagt, nur deshalb nicht, weil unsere Sprache für die Zustände, die der jeweiligen Gestalt entgegengesetzt sind, keine Worte hat. Wir können unbestimmt und allgemein von dem Gegensatz zwischen Ordnung und Unordnung reden, aber wir haben keine Bezeichnungen für die spezifische Ordnung und die spezifische Unordnung. Deshalb bleibt uns verborgen, daß auch hier nicht jedes Beliebige aus Beliebigem hervorgehen kann, sondern immer das Spezifische aus seinem spezifischen Gegensatz oder einer der Zwischenstufen hervorgeht. Daraus ergibt sich der allgemeine Satz: „Alles in der Natur erscheint entweder in Gegensätzen oder aus Gegensätzen."[180]

Auf den ersten Blick ist schwer zu verstehen, was diese Lehre von der Bestimmung alles Entstehens und Vergehens durch polare Gegensatzpaare mit unserer Fragestellung zu tun hat. Daß uns das

---

33 – b 16. Zitiert nach: Aristotle's Physics, Hg. W. D. (Sir David) Ross, Oxford: Clarendon Press, 1936.
[180] ὥστε πάντ' ἂν εἴη τὰ φύσει γιγνόμενα ἢ ἐναντία ἢ ἐξ ἐναντίων. *Physik, 188 b 25 f.*

zunächst dunkel ist, ist kein Zufall. Es liegt daran, daß wir die Phänomene, von denen Aristoteles hier redet, in unser durch das mathematische Raum–Zeit-Schema geprägtes naturwissenschaftliches Weltbild schwer einordnen können. Aristoteles sucht nach allgemeinen Prinzipien alles Entstehens und Vergehens in der Natur. In der intelligiblen Sphäre der Mathematik gibt es kein Entstehen und Vergehen. Hier gibt es nur unveränderliche Strukturen im Medium der reinen Identität. Entstehen und Vergehen gibt es nur im Bereich der Materie. Es geht also um die Frage, was materielle Körper von mathematischen Körpern, was materielle Prozesse von mathematischen Funktionen unterscheidet, und wie die Wirklichkeit der Natur von dem unterschieden werden kann, was sich in der Natur mathematisch erfassen und beschreiben läßt. Was macht eigentlich die Natur zur Natur?

Die erste Antwort, die wir auf diese Fragen zu geben pflegen, heißt: ein natürlicher Körper ist materiell; ein mathematischer Körper ist immateriell. Wir unterscheiden die Sphäre der Natur von der intelligiblen Sphäre der Mathematik durch ihre Materialität. Nach diesem Kriterium unterscheidet Aristoteles das noetisch erfaßte und von allen materiellen Bestimmungen losgelöste, also das im aristotelischen Sinne „abstrakte" εἶδος von der μορφή – der materiellen Gestalt. Wenn wir eine Blume betrachten und sagen: dies ist eine Rose, so haben wir eine intelligible Gestalt vor Augen, die immateriell, zeitlos und unveränderlich ist. Im Hinblick auf diese intelligible Struktur können wir die einzelne Blume als Rose identifizieren. Wir können auch sagen, daß jeder einzelnen Rose notwendig alle Prädikate zukommen müssen, die die Struktur der intelligiblen Rose konstituieren. Wenn Botaniker Pflanzen bestimmen, richten sie sich nach den Kriterien, die in den intelligiblen Strukturen vorgezeichnet sind. Aber keine einzelne Rose hat die Gestalt der intelligiblen Rose. Die einzelne Rose ist deshalb nicht gestaltlos. Sie hat ihre einmalige, unverwechselbare individuelle Gestalt, aber es ist unmöglich, daß diese individuelle Gestalt mit der intelligiblen Struktur von „Rose überhaupt" jemals identisch wäre. Diese individuelle Gestalt nennt Aristoteles μορφή. Wenn wir verstehen wollen, wodurch sich ein materieller Körper von einem mathematischen Körper unterscheidet, müssen wir untersuchen, was das spezifische Wesen der μορφή ist, und warum die μορφή nie mit dem εἶδος, das εἶδος nie mit der μορφή identisch sein kann. Was macht eigentlich die μορφή zur μορφή?

Hier genügt es nun nicht mehr zu antworten: ihre Materie, denn „Materie" ist ein bloßes Wort. Wir wollen aber wissen, was dieses Wort bedeutet. Die Atomtheorie des Demokrit oder der klassischen Physik gibt uns, wie wir schon sahen, ebenfalls keine Antwort, denn sie definiert die Materie durch eine abstrakte Eigenschaft der materiellen Körper, durch ihre Ausdehnung, also mathematisch. Sie bestimmt das εἶδος, nicht die μορφή und ist deshalb durch und durch „idealistisch". Aristoteles gibt eine andere Antwort, die später Kant wieder aufgenommen hat. Er sagt: überall, wo Materie ist, ist Bewegung. Also muß das Materielle als ein Bewegliches verstanden werden. Damit haben wir nun schon ein sehr wichtiges Kriterium für die Unterscheidung von μορφή und εἶδος gewonnen. Die intelligible Rose verändert sich nicht; sie bleibt sich selbst immer gleich; sie ist unbeweglich. Die in der Materie erscheinende Gestalt hingegen ist immer im Übergang, bleibt sich selbst nie gleich. Sie tritt hervor und verschwindet wieder. Und gerade durch dieses ihr immanentes Bewegtsein gewinnt sie ihre individuelle Form. Wenn man die Natur nur mathematisch beschreibt, muß das spezifische Wesen alles Natürlichen, seine Beweglichkeit und Individualität, sich der Erkenntnis stets entziehen. Wir erfassen dann gleichsam ein Gitternetz der Natur, aber die Natur in der Natur bleibt uns ewig verborgen. Wir haben es immer nur mit dem εἶδος, niemals mit der μορφή zu tun.

Nun stellt sich die Frage: Was ist denn Bewegung? Aristoteles unterscheidet zwei Formen der Bewegung: die Ortsbewegung (φορά) und die Verwandlung (ἀλλοίωσις). Wenn man alles, was in der Natur erscheint, quantitativ bestimmen will, darf man nur die Ortsbewegung in Betracht ziehen, denn innerhalb des mathematischen Raum–Zeit-Schemas läßt sich jede Ortsbewegung eindeutig beschreiben. Aus diesem Grunde hat die neuzeitliche Physik den Versuch unternommen, alle Bewegung überhaupt auf Ortsbewegung zu reduzieren. Was wir „Verwandlung" nennen, gilt als ein bloßes Erscheinungsbild, das sich auf Ortsbewegung der Atome zurückführen läßt. Die ἀλλοίωσις wird also in der neuzeitlichen Physik wie alles, was sie nicht erklären kann, auf die Seite des Subjektes geschoben. Auch Platon und Aristoteles haben gewußt, daß es ohne Ortsbewegung keine Verwandlung gibt, und daß eine theoretische Möglichkeit besteht, den Aspekt der Verwandlung auszublenden und alle Bewegung als Ortsbewegung zu interpretieren. Das staunenswerteste theoretische Experiment dieser Art ist die mathematische Atomtheorie in Platons „Timaios", auf die ich hier nur verweisen kann[181]. Aber daraus, daß der Prozeß des Entstehens und Vergehens immer *mit* Ortsbewegung *verbunden* ist, folgt nicht, daß er *aus* Ortsbewegung *erklärt* werden kann. Jedes Entstehen ist eine Verwandlung. Jedes Vergehen ist eine Verwandlung. Die Worte „Entstehen" und „Vergehen" bezeichnen eine Qualität der Phänomene, die aus der bloßen Ortsbewegung nicht erklärt werden kann. Hier treten nämlich *Gestalten* ans Licht oder gehen wieder zugrunde. Das ist eine andere Dimension von Bewegung; sie ist für das Natursein der Natur konstitutiv. Konstitutiv für das Natursein von Natur ist aber, wie wir sahen, auch ihre Materialität. Also werden wir das Wesen der Materie erst verstehen, wenn wir die Form von Bewegung verstehen, die Aristoteles ἀλλοίωσις nennt.

Im Unterschied zur Ortsbewegung hat Aristoteles diese Form der Bewegung als ἐντελέχεια ἀτελής – als nicht zum Ziel gelangtes In-sich-Haben des Ziels – bestimmt. Wenn eine Rose wächst und aufblüht, vollzieht sich in der Natur eine Bewegung. Diese Bewegung ist dadurch charakterisiert, daß jede ihrer Phasen durch den Grad ihrer Annäherung zur Gestalt der in voller Blüte stehenden Rose beschrieben werden kann. Dies meinen wir, wenn wir das Wort „Entstehen" aussprechen. Wenn die Griechen die Natur φύσις = Wachstum nannten, sprach sich in diesem Wort die Überzeugung aus, daß diese Form der Bewegung die Natur im Ganzen erst zur Natur macht. Denn alles Mannigfaltige, was sich in der Natur vorfindet, ist entstanden und wird wieder vergehen. Nur weil Entstehen und Vergehen alles Natürliche zu dem macht, was es ist, können wir nachträglich dieser Natur das Gitternetz einer mathematischen Erklärung applizieren. Wenn Aristoteles die Materie als gestaltlose Beweglichkeit auffaßt, hat er nicht die Ortsbewegung sondern die Bewegung des Entstehens und Vergehens, also die ἀλλοίωσις im Blick. Wie stellt sich die Materie dar, wenn sie unbestimmte Beweglichkeit ist, die sich in einer unendlichen Skala von Übergängen der Gestaltung nähert und wieder von ihr entfernt? Sie muß dann als reine Möglichkeit gedacht werden. Deshalb ist Möglichkeit bei Aristoteles die Grundbestimmung der Materie.

An dieser Stelle des Gedankenganges setzt jene Lehre von den polaren Gegensatzpaaren ein, von der wir ausgegangen sind. Es muß sich

---

[181] Timaios 53 C 5 – 56 C 7.

nämlich die Frage stellen, ob sich, wie für die Ortsbewegung, so auch für die Bewegung der ἀλλοίωσις, eine allgemeine Struktur aufweisen läßt. Die Ortsbewegung können wir als eine Kurve mathematisch darstellen. Zur Berechnung dieser Kurven bedient sich die moderne Mathematik der Funktionen. Was Aristoteles „Materie" nennt, geht bei dieser Form der Darstellung von Bewegung verloren. Die Kurven der Ortsbewegung sind, wie Aristoteles sagen würde, rein eidetisch. Daß es etwas gibt, das sich *auf* diesen Kurven bewegt, muß bei der Anwendung dieser Kurven schon vorausgesetzt werden. Aristoteles aber fragt, woher es kommt, daß es ein Bewegliches überhaupt gibt. Er stellt fest: Damit es ein Bewegliches überhaupt gibt, muß es zuvor entstanden sein. Er fragt also nach der Bewegung des Entstehens. Wenn sich bei der Beantwortung dieser Frage das Selbe ergeben würde, was bei der mathematischen Erklärung der Ortsbewegung sich ergeben hat: daß nämlich die Materie sich entzieht, so wäre die Antwort offenbar verfehlt. Es gilt also, eine Bewegungsstruktur zu finden, die uns die Ausflucht in eidetische Beschreibungen der Bewegung verbietet. Wie ist die Skala zwischen Potentialität und Gestalt, wie ist die Skala der unendlichen Übergänge des Entstehens und Vergehens beschaffen?

Um diese Frage beantworten zu können, greift Aristoteles wie vor ihm Platon auf Heraklit zurück. Er lehrt, daß jede Phase des Entstehens und Vergehens in einem Spielraum verläuft, dessen Grenzwerte durch polare Gegensätze bezeichnet sind. Und er lehrt, daß diese Gegensätze nicht beliebig miteinander ausgetauscht werden können, sondern spezifisch einander zugeordnet sind. Alles, was wir naiv als „Qualität" bezeichnen, ist, wie Aristoteles am Beispiel der Farben erläutert, einer spezifischen Skala von Übergängen zwischen spezifischen Extremwerten zugeordnet. So erscheinen hinter den Oberflächenqualitäten die fundamentaleren Qualitäten, die durch die Gegensatzpaare definiert sind. Daraus ergibt sich, wenn dieser Ausdruck erlaubt ist, so etwas wie eine Mathematik der Qualitäten. Was Aristoteles μορφή nennt, resultiert, im Unterschied zu den mathematischen Figuren, nicht aus der Zusammenfügung quantitativ bestimmbarer Teile sondern aus der Zusammensetzung verschiedener Qualitäten, von denen jede einzelne sich dadurch charakterisieren läßt, daß sie an irgendeiner Stelle der spezifischen Skala zwischen spezifischen Gegensatzpaaren liegt. Was wir „Entstehen" nennen, ist die auf diese Weise beschreibbare Zusammenfügung qualitativer

Bestimmungen. Das Vergehen ist die entgegengesetzte Bewegung der Auflösung solcher Gestalten. Erst im unendlichen Wechselspiel dieser qualitativen Bestimmungen erfassen wir die Materie nicht eidetisch sondern materiell. Erst in den qualitativen Verhältnissen erfassen wir eine Gestalt nicht als εἶδος sondern als μορφή. Die Bewegung, die wir „Entstehen" nennen, bewegt sich allgemein auf einer Linie, die durch das Gegensatzpaar ὕλη und μορφή charakterisiert ist. Zur Bezeichnung der entgegengesetzten Bewegung, in der die Gestalt sich wieder auflöst, hat Aristoteles einen neuen Begriff eingeführt: er bezeichnet sie als στέρησις, lateinisch *privatio*, die Beraubung. Hier wird nämlich dem, was die Gestalt gewonnen hatte, diese Gestalt allmählich wieder entzogen. Nun dürfen wir aber nicht aus dem Auge verlieren, daß der Weg von der ungestalteten ὕλη zur μορφή zugleich ein Weg der Annäherung zu jener Struktur ist, die wir noetisch erfassen können. Jede Phase im Wachstum einer Rose ist zugleich Annäherung an ihre individuelle Gestalt und Annäherung an jenes Bild, das wir als die Struktur von Rose überhaupt noetisch erfassen können, und das unveränderlich ist. Durch diesen Bezug auf die unveränderliche Struktur bewahrt der Kosmos im Ganzen seine unveränderliche ewige Ordnung. Durch sie erhalten sich die Gattungen und Arten. Jene Strukturen, die Aristoteles εἶδος nennt, sind deshalb nicht bloße Abstraktionen; sie sind die *causa formalis* dafür, daß das Bewegliche in der Natur das sein kann, was es ist. Jene Gegensatzpaare, die die Grenzwerte für die qualitativen Veränderungen festlegen, bestimmen dadurch die Grenzen der Bewegungsmöglichkeiten des Beweglichen überhaupt. Sie legen die unveränderlichen qualitativen Bestimmungen von Struktur als solcher unveränderlich fest.

⟨XXIX. Der doppelte Ursprung des neuzeitlichen Verständnisses der „Notwendigkeit" in der Natur⟩

In Kapitel XXV dieser Vorlesung habe ich darauf hingewiesen, daß wir Grund haben, argwöhnisch zu sein, wenn Menschen etwas für selbstverständlich halten (401). Die moderne Naturwissenschaft hält für selbstverständlich, daß nur das wirklich ist, was notwendig ist.

Sie unterwirft die gesamte Natur der Modalität der Notwendigkeit. Wie Menschen dazu kommen können, eine so ungeheuerliche Voraussetzung für selbstverständlich zu halten, wird nicht gefragt; denn eben das ist ja die List der Berufung auf Selbstverständlichkeit, daß sie jede Rückfrage verbietet. Aber es müßte wenigstens erlaubt sein zu fragen, was das Wort „notwendig" eigentlich bedeutet. Darüber denkt die moderne Wissenschaft nicht nach. Wenn man darüber etwas erfahren will, muß man von ihr jene geschichtliche Röntgenaufnahme machen, die uns erkennen läßt, auf welchen Strukturen die Denkweisen aufgelagert sind, die sie als selbstverständlich ausgibt.

Grundlegend für jenen Begriff der Notwendigkeit, der die neuzeitliche Wissenschaft beherrscht, sind zwei, wie wir inzwischen gesehen haben, durchaus heterogene und verschiedenen Geschichtsepochen zugehörige Positionen:

1. Nach der Wissenschaftstheorie des Aristoteles können wir nur dann sagen, daß wir etwas wissen, wenn wir den Grund oder die Gründe angeben können, aus denen es mit Notwendigkeit hervorgeht. Die Notwendigkeit der obersten Gründe erkennen wir durch ihre Evidenz. Deswegen ist diese Definition der Wissenschaft im zweiten Kapitel von „Analytica Posteriora" I mit jener Definition der Evidenz verbunden, die ich in Kapitel II erläutert habe. Die Ableitung der Notwendigkeit des Gewußten aus seinen evidenten Gründen erfolgt nach den Regeln der Logik. Notwendig ist alles, was sich logisch beweisen läßt. Deshalb ist die europäische Wissenschaft von Aristoteles bis heute durch das Dogma bestimmt, die Logik sei der Kanon, der die notwendigen Gesetze des (wissenschaftlichen) Denkens enthält. In der Neuzeit hat sich darüber hinaus der Aberglaube ausgebreitet, die Logik enthalte die notwendigen Gesetze des Denkens überhaupt. Dieser Aberglaube steht mit der Struktur des Mediums unseres Denkens, nämlich der Sprache, in einem so manifesten Widerspruch, daß ich ihn hier beiseitelassen kann. Die strengen Logiker haben ihn nie geteilt. Aber für das Denken der exakten Wissenschaften sind die Regeln der Logik in der europäischen Tradition verbindlich. Eben dies bedeutet das Wort „exakt". Die Paradoxie dieses Begriffs der Notwendigkeit liegt darin, daß das, was wir als notwendig ausgeben, unmittelbar seine Notwendigkeit nicht zu erkennen gibt. Wir müssen hinter dem Gewußten die Gründe des Gewußten erkennen, wenn seine Not-

wendigkeit sich zeigen soll. Die logische Notwendigkeit ist nicht unmittelbare sondern mittelbare, sie ist durch Gründe vermittelte Notwendigkeit.

Nach Aristoteles ist diese Gestalt der Notwendigkeit auf die Sphäre dessen beschränkt, was unveränderlich ist, zu allen Zeiten gilt und deshalb im strengen Sinne des Wortes „allgemein" ist. In der Sphäre dessen, was entsteht und vergeht, tritt diese Notwendigkeit nur mittelbar und gebrochen in Erscheinung. In der Natur steht der Notwendigkeit immer die Möglichkeit, der Struktur immer die Unbestimmtheit der Materie gegenüber. Die Phänomene in der Natur treten ans Licht, wo sich Notwendigkeit und Möglichkeit durchdringen. Nach Aristoteles ist deshalb von der Natur eine Wissenschaft in jenem strengen Sinne, den die Wissenschaftstheorie der „Analytica Posteriora" darstellt, nicht möglich. Wie ist es dem neuzeitlichen Denken gelungen, die gesamte Natur der logischen Notwendigkeit zu unterwerfen und die Naturwissenschaften als strenge Wissenschaften aufzubauen?

2. Mit dieser Frage kommen wir zum zweiten Aspekt jener Notwendigkeit, die von der Naturwissenschaft der Neuzeit als selbstverständlich ausgegeben wird. Die Naturwissenschaft der Neuzeit hält ⟨es⟩ für selbstverständlich, daß alles, was in der Natur ist, sich im Raum und in der Zeit befindet. Der Raum wurde bis zu Einstein als ein dreidimensionales Kontinuum vorgestellt; die Zeit wird in der Gestalt eines linearen Parameters als vierte Koordinate „angelegt". Wie Raum und Zeit miteinander verbunden sein sollen, darf man nicht fragen. Die Physiker waren damit zufrieden, daß dieses vierdimensionale Koordinatensystem ihnen ein einfaches Operationsschema anbot, mit dessen Hilfe sie glaubten, alle Phänomene in der Natur mathematisch darstellen zu können. Das ist das Programm der klassischen Mechanik.

Nun zeigt schon ein Blick auf die Philosophie der Griechen, daß es durchaus nicht selbstverständlich ist zu behaupten, alles, was in der Natur in Erscheinung tritt, befände sich im dreidimensionalen Raum. Die Griechen kennen keinen Begriff des Raumes. Die Frage, wie Platon das Verhältnis der Geometrie zur sinnlich wahrnehmbaren Natur gedacht hat, würde uns zu sehr schwierigen und weitgreifenden Untersuchungen nötigen. Ich will versuchen, eine sehr vereinfachende Antwort zu geben. Wenn wir die Ausdehnung von Körpern mathematisch bestimmen wollen, bedienen wir uns geometrischer Modelle. Nun läßt sich jeder geometrische Körper als Projektion von Zahlenverhältnissen darstellen. Er ist ein Abbild dieser Zahlen. Um ein Abbild konstruieren zu können, brauchen wir ein Medium, in das hinein wir es projizieren. Das Medium, in dem die Ausdehnung von Körpern erscheint, ist die Materie. Das „reine" Wesen der Materie, sozusagen die Idee der Materie, ist die Kontinuität des Kontinuums. In diese Kontinuität projiziert Geometrie die reinen Zahlen. Also ist schon die reine Geometrie eine Annäherung der immateriellen Zahlen an Materialität. Projiziert man die mathematischen Körper in das Medium jener Materie, die den Kosmos erfüllt, so erscheinen die intelligiblen Figuren der Geometrie als sinnlich wahrnehmbare Körper. Die Gesamtheit dessen, was sinnlich wahrnehmbar ist, ist dadurch gekennzeichnet, daß es einerseits Struktur hat und andererseits jenes Medium enthält, in dem Struktur sich als Körper darstellt. Struktur kann es nur haben, wenn es begrenzt ist. Deswegen haben die Griechen den Kosmos aus rein mathematischen Gründen als eine Hohlkugel dargestellt. Körperlich kann es nur sein, wenn in dieser Begrenztheit ein Medium enthalten ist, das sich der Begrenzung widersetzt. Das ist die Materie. Es ist nicht zulässig, jene Synthese von intelligibler geometrischer Struktur und Körperlichkeit, die der Begriff der „Ausdehnung" bezeichnet, von ihrem materiellen Substrat zu lösen und absolut zu setzen. Die geometrischen Körper sind, weil sie nur intelligibel sind, nicht ausgedehnt. Umgekehrt sind die physikalischen Körper nur ausgedehnt, weil in ihrem materiellen Medium geometrische Strukturen erscheinen. Aber auch diese geometrischen Figuren sind, wie schon gesagt, bereits eine Projektion der reinen Zahlen. Die Zahlen selbst sind nicht im Raum. Was jenseits des Kosmos liegt, muß deshalb von der Materie, die den Kosmos erfüllt, qualitativ unterschieden, es kann also nicht ausgedehnt sein. Zwar ist es möglich, sich eine Vielzahl von Kosmoi zu denken; man kann sogar in einem Gedankenspiel unendlich viele Kosmoi annehmen. Aber es beruht auf einem Fehlschluß, wenn man denkt, „zwischen" diesen Kosmoi müsse sich ein ausgedehnter Raum befinden. Denn Ausdehnung, es sei wiederholt, ist ein Begriff, der nur aus der Synthese von Struktur und Materie hervorgeht. Wo keine Materie ist, ist Ausdehnung und damit Raum nicht möglich.

Die neuzeitliche Vorstellung des unendlichen Weltraumes hat ihren Ursprung in einer theologischen Spekulation von Nicolaus von

Kues, die einen platonischen Gedanken christlich weiterbildet. Nach der Lehre Platons hat der Kosmos deshalb Kugelgestalt, weil er ein Abbild Gottes, ein Götterbild ist, denn die Kugelgestalt ist in der platonischen Zahlenlehre die vollkommene Gestalt. Nicolaus von Kues hat diese Lehre übernommen. Aber als christlicher Theologe konnte er Gott nicht endlich, er mußte ihn unendlich denken. Er lehrt deshalb, daß Gottes Unendlichkeit ihr mathematisches Gleichnis in einer unendlich großen Kugel habe. Bei der Schöpfung hat Gott der Welt soviel von seiner Vollkommenheit mitgeteilt, als möglich war, wenn sie sich noch von ihm unterscheiden sollte. Er hat die Welt als sein geometrisches Gleichnis, er hat sie als eine unendlich große Kugel geschaffen. Ein unendlicher Kreis ist nicht gekrümmt sondern identisch mit der unendlichen Geraden. In einer unendlichen Kugel ist der Mittelpunkt überall und der Umfang nirgends. Also befindet sich die Natur in einem unendlichen dreidimensionalen Raum.

Daß diese theologische Spekulation von der neuzeitlichen Physik übernommen wurde und heute als selbstverständlich gilt, hat aber, wie wir gesehen haben, einen Grund, der mit Theologie und Zahlenmystik nichts mehr zu tun hat. Man entdeckte nämlich, daß, wenn der wirkliche Raum der unendliche Raum ist, die euklidische Geometrie sich auf den wirklichen Raum übertragen läßt. Das Parallelenpostulat des Euklid wurde nun ein physikalisches Axiom. Es gab an, wie die wirkliche Struktur des wirklichen Raumes beschaffen sei. Das machte es möglich, die intelligiblen Sätze der euklidischen Geometrie unmittelbar auf die Natur zu übertragen. Man konnte nun von der Voraussetzung ausgehen, daß alles, was sich in der Natur vorfindet, allein dadurch, daß es im Raum ist, den Gesetzen der Geometrie unterworfen sein müsse. Das ist die Basis für die cartesische Lehre, die Natur sei *res extensa,* alles in der Natur sei ausgedehnt und müsse deshalb so beschaffen sein, daß es sich quantitativ bestimmen läßt. Eines der Fundamentalprinzipien der neuzeitlichen Naturwissenschaft heißt: alles, was ist, ist quantifizierbar. Dieser Satz hat in der *res extensa*-Ontologie des Descartes seinen Ursprung. Das neuzeitliche Raum–Zeit-Schema hat sich, wie ich gezeigt habe, durchgesetzt, weil innerhalb dieses einfachen Koordinatensystems jeder Massenpunkt eindeutig einem Raumpunkt und einem Zeitpunkt zugeordnet werden kann. Unter dieser Voraussetzung ist es dann prinzipiell möglich, jedes Phänomen in der Natur und jeden Prozeß eindeutig zu bestimmen. Was eindeutig bestimmt ist, kann sich nur so und nicht anders verhalten. Es ist notwendig. So erlaubte das neuzeitliche Raum–Zeit-Schema der Wissenschaft, von der Hypothese auszugehen, alles, was in der Natur ist, müsse, weil es in Raum und Zeit ist, notwendig sein, und diese Notwendigkeit werde durch seine quantitative Bestimmung erkannt. Das neuzeitliche Raum–Zeit-Schema machte es also möglich, die aristotelische Definition der Wissenschaft auf die Erkenntnis veränderlicher Phänomene zu übertragen. Das ist die paradoxe Konsequenz der Gotteslehre von Nicolaus von Kues.

Ich hielt es für nötig, diesen doppelten Ursprung des neuzeitlichen Begriffes der „Notwendigkeit" zu rekapitulieren, damit Ihnen die Bedeutung der folgenden Schritte, die wir vollzogen haben, deutlich wird. Wir haben nämlich festgestellt:

1. Wenn alles, was in der Natur ist, notwendig ist, verschwindet die Modalität der Möglichkeit aus der Natur. Sie wird zurückprojiziert in das naturlose Subjekt und bildet den Spielraum seiner Freiheit. Daraus ergibt sich dann freilich das Problem von Kant, wie der Mensch in einer durchgängig determinierten Natur die Möglichkeit haben soll, aus Freiheit zu handeln. Die Naturwissenschaft hat zwar in ihren Experimenten von dieser Freiheit schrankenlos Gebrauch gemacht. Aber sie hat sie zugleich theoretisch geleugnet und hofft noch heute, die gesamte Sphäre der Subjektivität auf deterministische Modelle reduzieren zu können. Man kann den Prozeß der Naturwissenschaft als ein einziges großes Unternehmen beschreiben, das dem Versuch gilt, den Bereich der Möglichkeit der Modalität der Notwendigkeit zu unterwerfen. Das führt, wie wir heute sehen, zur Zerstörung der Natur. Deshalb habe ich das Problem der Modalitäten in das Zentrum dieser Vorlesung gerückt.

2. Wenn Ausdehnung in Raum und Zeit die Grundbestimmung der Natur ist, muß sich alles, was ist, quantitativ bestimmen lassen. Die Kategorie der Qualität bezieht sich dann nur auf die Empfindung von Subjekten. Sie hat mit der Natur der Dinge nichts mehr zu tun. Alle Veränderungen in der Natur müssen sich dann auf Ortsbewegungen im Raum–Zeit-Schema reduzieren lassen. Alles, was uns als qualitativ erscheint, ist in seiner objektiven Realität erst dann erkannt, wenn es sich auf quantitative Daten zurückführen läßt. Ein Vergleich dieser neuzeitlichen Grundhypothese mit der Physik des Aristoteles hat ergeben, daß in der aristotelischen Lehre von der Materie die Kategorie der Qualität mit der Modalität der Möglichkeit

verkoppelt ist. Im Unterschied zur quantitativ bestimmbaren Ortsbewegung verlaufen alle qualitativen Veränderungen nach Aristoteles in einem Gitternetz von polaren Gegensatzpaaren. Zwar ist in der Natur mit jeder qualitativen Veränderung der quantitativ beschreibbare Transport von Materie verbunden. Aber wir können nicht behaupten, daß diese Ortsbewegungen für die qualitativen Veränderungen konstitutiv seien. Im Gegenteil: damit es überhaupt etwas gibt, was bewegt werden kann, müssen Qualitäten schon vorgegeben sein. Es fehlt uns die Zeit, dies hier zu vertiefen. Wir halten zunächst nur fest, daß die neuzeitliche Eliminierung der Kategorie der Qualität aus der Naturerklärung mit der Eliminierung der Modalität der Möglichkeit unmittelbar zusammenhängt.

Diese Rekapitulation eines Teils der Ergebnisse, die wir gewonnen haben, hielt ich für nötig, damit wir nun den nächsten Schritt in unserem Gedankengang klar vollziehen können.

⟨XXX. Erfahrung und Darstellung
der Unerschöpflichkeit der Natur in der Kunst –
Das Phänomen in seiner Welt⟩

Die Neuzeit hat an der antiken Lehre festgehalten, Natur sei der Inbegriff alles dessen, was wir mit unseren Sinnen wahrnehmen können. Die Natur wird als der *mundus sensibilis* aufgefaßt, im Unterschied zum *mundus intelligibilis* der Ideen. Zwar hat die Neuzeit, wie ich schon zeigte, den *mundus intelligibilis* der Ideen in das Subjekt zurückgespiegelt und damit entweltlicht. Aber an der Grundfigur der Unterscheidung zwischen *mundus sensibilis* und *mundus intelligibilis* wird dadurch nichts verändert, daß diese Unterscheidung mit der Unterscheidung von Subjektivität und Objektivität zur Deckung gebracht wurde. Die Unterscheidung dient jetzt zur Bestimmung der Grenzlinie zwischen dem, was *innen,* und dem, was *außen* ist. Die Außenwelt ist die Sinnenwelt. In das Innere wird alles verwiesen, was man in dieser Außenwelt nicht unterbringen kann.

Nun steht aber der Satz „Natur ist die Sphäre dessen, was sinnlich wahrnehmbar ist" in einem unüberbrückbaren Gegensatz zu der Grundhypothese der modernen Naturwissenschaft: Natur sei der

Inbegriff alles dessen, was quantitativ bestimmbar ist. Was unsere Sinne wahrnehmen, sind Qualitäten. Was der Verstand durch seine operationellen Methoden im Raum–Zeit-Schema erkennt, sind Quantitäten. Ist die Natur so beschaffen, wie die Physik sie darstellt, so kann sie in dieser Beschaffenheit sinnlich nicht wahrgenommen werden. Ist es hingegen das Wesen der Natur, sinnlich wahrnehmbar zu sein, so dementieren unsere Sinne die Aussagen der Naturwissenschaft.

Tatsächlich ist es nicht schwer festzustellen, daß die Naturwissenschaft sich längst von den Sinnen des Menschen emanzipiert hat. Sie beschafft sich die Informationen über die Materie, die sie braucht, durch immer gigantischere Apparaturen und Instrumente, die den menschlichen Entdeckergeist unermeßlich weit über die Sphäre der menschlichen Sinnlichkeit hinausgeführt haben. Nahezu alle Phänomene, mit denen ein moderner Physiker sich beschäftigt, sind unseren Sinnen unzugänglich. Atomkerne und Gammastrahlen, Ultraschall und Infrarot, Radiowellen und elektromagnetische Felder können von uns nicht wahrgenommen werden. Es gehört schon ein ungewöhnliches Maß von ideologischer Verblendung dazu, wenn man auch heute noch die Materie als das bestimmen will, was sinnlich wahrgenommen werden kann. Die Welt, in die uns moderne Physik versetzt hat, ist nicht mehr der *mundus sensibilis* lebender Menschen; sie ist die nichtsinnliche Welt des transzendentalen Subjektes, das alle Grenzen der Sinnlichkeit gesprengt hat.

Schon in Kants „Kritik der reinen Vernunft" wird sichtbar, daß die Naturwissenschaft diesen Weg einschlagen mußte. Zwar beziehen sich nach Kant die reinen Verstandesbegriffe auf das Mannigfaltige der Empfindung, das uns in den reinen Formen der Anschauung, das heißt in Raum und Zeit, gegeben ist. Aber wenn man die Frage stellt, was denn die Mannigfaltigkeit des Mannigfaltigen ausmachen soll, bleibt Kant uns die Antwort schuldig. Er sagt, das Mannigfaltige sei unendlich. Unendliches kann nur dadurch mannigfaltig sein, daß es sich in eine unendliche Skala von Verschiedenheiten differenziert. Eine unendliche Skala von Verschiedenheiten setzt eine entsprechende Mannigfaltigkeit von Qualitäten voraus. Da aber Kants Theorie der Natur das neuzeitliche Programm der durchgängigen Quantifizierbarkeit aller Erscheinungen zur Grundlage hat, kommt eine transzendentale Deduktion der Wahrnehmung von Qualitäten, also der Differenz der menschlichen Sinne, bei Kant nicht vor. Zwar redet er abstrakt von der Sinnlichkeit. Er versteht darunter die reine Rezeptivität. Aber diese Sinnlichkeit ist eine Bestimmung des transzendentalen Subjektes. Sie ist sozusagen eine Sinnlichkeit ohne Sinne, eine Wahrnehmung ohne Organe. In moderner Terminologie wäre deshalb festzustellen, daß von der sinnlichen Wahrnehmung, die bei den Griechen das Feld der Naturerkenntnis definierte, bei Kant nur noch eine Ideologie übriggeblieben ist.

Wenn man die unendliche Mannigfaltigkeit der Phänomene in der Natur nicht versteht, hat man die Natur als solche nicht verstanden. Diese unendliche Mannigfaltigkeit ist aber eine Mannigfaltigkeit von Qualitäten. Da uns die Naturwissenschaft über die qualitative Unerschöpflichkeit der Natur nicht belehrt, habe ich mir die Frage gestellt, wo denn im neuzeitlichen Denken, das theoretisch die Qualitäten eliminiert, die Erfahrung dieser Unerschöpflichkeit ans Licht tritt. Die Antwort läßt sich einfach geben: die Erfahrung der Unerschöpflichkeit der Natur findet in der Neuzeit ihren Ausdruck in der Kunst. Eine transzendentale Deduktion unserer Erkenntnis der Unerschöpflichkeit des Mannigfaltigen in der Natur kann also nur dadurch gewonnen werden, daß man die Formen analysiert, in denen die Künste diese Unerschöpflichkeit aufzufangen vermögen. So schließen sich die Untersuchungen, die ich in meiner Vorlesung über „Kunst und Mythos" vorgelegt habe, mit unserer jetzigen Untersuchung zusammen.

Es fehlt mir die Zeit, das explizit zu entwickeln. Ich hebe nur ein einziges Ergebnis der dort durchgeführten Analysen heraus, das zeigen soll, wie sich die Erfahrung der Sinne von jenen Objektivationen unterscheidet, die die Naturwissenschaft in das Raum–Zeit-Schema projiziert.

Durch unsere Sinne nehmen wir nicht Objekte, wir nehmen vielmehr Phänomene wahr. Das Kunstwerk ist nicht eine Reproduktion der auch ohne seine Hilfe wahrnehmbaren Phänomene, es bricht vielmehr durch ihre Oberfläche hindurch und bringt ihre Phänomenalität zur Erscheinung. Das Wort „Phänomenalität" bezeichnet den Inbegriff alles dessen, was ein Phänomen zum Phänomen macht, also den Inbegriff alles dessen, was möglich macht, daß in der Welt überhaupt etwas zum Vorschein kommt. Insofern die Kunst uns sichtbar macht, in welchen Formen und unter welchen Bedingungen Phänomene in der Natur zum Vorschein kommen können, ist sie eine ursprüngliche Form der Welterkenntnis. Sie liegt der Wissenschaft voraus, weil Wissenschaft erst zum Zuge kommt, wenn uns die Phänomene schon gegeben sind.

Die Form, in der uns Kunst die Phänomenalität der Phänomene entdecken läßt, habe ich in „Kunst und Mythos" allgemein als „Darstellung" charakterisiert [182]. Wie Darstellung sich zu jenen Formen der Erkenntnis verhält, die wir als Wissenschaft bezeichnen, kann man sich durch eine einfache Überlegung klarmachen. Die wissenschaftliche Erkenntnis ist nach Kant „Vorstellung durch Begriffe". Was Kant „Vorstellung" nennt, ist eine spezielle Form von Darstellung, und Begriffe sind nur eines neben vielen anderen Mitteln, etwas zur Vorstellung zu bringen. Wenn Darstellung die Grundform ist, in der wir die Phänomenalität der Phänomene erkennen, so ist die wissenschaftliche Erkenntnis nur ein sehr eingegrenzter Sektor der dem Menschen möglichen Welterkenntnis. Sie kann nicht absolute Gültigkeit in Anspruch nehmen und ist nur unter spezifischen Bedingungen möglich, die eine spezifische und eingeschränkte, perspektivisch verkürzte Form partikulärer Welterkenntnis zugänglich machen. Als Sonderform der Darstellung unterliegt die Wissenschaft analogen Gesetzmäßigkeiten wie alle anderen menschlichen Künste. Will man verstehen, was Wissenschaft ist, so muß man die Formen der wissenschaftlichen Darstellung mit denselben Methoden untersuchen, die ich in „Kunst und Mythos" am Beispiel anderer Künste zu demonstrieren versuchte. Wie jede andere Form der Darstellung ist dann auch Wissenschaft eine bestimmte Form der Projektion. Ich habe im Kapitel IX zu zeigen versucht, wie schon Kant dieser Erkenntnis auf der Spur war. Das neuzeitliche Raum–Zeit-Schema, dessen Problematik wir uns klarzumachen versuchten, hat für die wissenschaftliche Erkenntnis die selbe Funktion wie ein nach bestimmten Gesetzen konstruierter Projektionsschirm für die Reproduktion von Bildern. Es zeichnet die Sphäre vor, in die durch wissenschaftliche Erkenntnis die Phänomene projiziert werden müssen, um als Objekte erscheinen zu können. Wenn wir behaupten, Raum und Zeit seien in der Gestalt, wie die klassische Physik sie konstruiert, die wirkliche Form der wirklichen Welt, fallen wir auf unsere eigene Projektion herein. Wir vergessen die Kunstgriffe, die wir nötig hatten, um Phänomene als Objekte erscheinen zu lassen.

---

[182] Vgl. insbesondere den Zweiten Teil von Kunst und Mythos: „Die Phänomenalität der Kunst", a. a. O., 118 ff.

Was aber ist ein Phänomen? Wie erkennen wir den ursprünglichen Horizont, in dem Phänomene zum Vorschein kommen? Ich habe gesagt, die Kunst sei als Darstellung der Phänomenalität von Phänomenen die ursprüngliche Form der Welterkenntnis. Diesem Satz ist jetzt ein zweiter Satz hinzuzufügen: Kunst stellt in allen ihren Formen die Phänomene nicht für die Funktionen des Verstandes, sie stellt sie für die Wahrnehmung der Sinne dar. Die philosophische Erkenntnis des Wesens der Kunst trägt nur dann mit Recht den Namen „Ästhetik", wenn wir in Widerspruch zu den modernen Vorstellungen, die sich mit diesem Namen verbinden, das Wort „Ästhetik" so deuten dürfen, daß in der Kunst in Erscheinung tritt, wie die Sinnlichkeit des Menschen das Wahre in seiner Wahrheit aufzunehmen, also wahrzunehmen vermag. Die Erkenntnis der Wahrheit nennen wir „Denken". Daraus ergab sich in „Kunst und Mythos" der dort ausführlich erklärte Satz „Die Sinne denken" (336ff.). Ich muß an dieser Stelle darauf verzichten, diesen Satz genauer zu explizieren.

Das Wahre, das die Sinnlichkeit des Menschen in seiner Wahrheit auffaßt, nannten wir „Phänomen". An jedem Phänomen muß sein Erscheinungsbild von dem unterschieden werden, was in diesem Bild hervortritt. Es gehört deshalb zum Wesen des Phänomens, für solches, was nicht mit ihm identisch ist, transparent zu sein. Ich nannte diese Eigenschaft aller Phänomene überhaupt die „Transparenz" der Phänomene. Das menschliche Bewußtsein hat die Tendenz, sich einzubilden, eine solche Unterscheidung zwischen dem sich verbergenden Gehalt und dem Erscheinungsbild träte nur bei den vom Menschen selbst hergestellten Gestaltungen auf. Wenn schon die Erzeugnisse des Menschen so ungreifbar und so vieldeutig sind, daß wir im flimmernden Prisma des Erscheinens niemals die klar umrissene Substanz zu fassen bekommen, bei der sich eindeutig feststellen ließe, was hinter den Erscheinungen „das Wahre" ist, so soll doch wenigstens auf die Objekte Verlaß sein. Wir haben das Bedürfnis, daß ein Stein, ein Baum, ein Tier, ein Ozean, ein Kontinent, ein Himmelskörper nichts weiter ist als das, was er eben ist. Wir wollen, daß daran nicht gerüttelt werden darf. So soll auch die Materie etwas Massives und Stabiles sein. Sie soll keinen weiteren Hintergrund verbergen. Sie soll einen solchen Hintergrund auch nicht zur Erscheinung bringen. Wir fordern von der Materie, daß es sie „gibt". Aber gäbe es Materie in dieser Form, so wäre Materie kein Phänomen und könnte sinnlich nicht wahrgenommen werden. Denn alle sinnliche Wahrnehmung erfaßt die Transparenz der Phänomene. Wenn die Materie als Phänomen in der Natur zu gelten hat, so muß im Hintergrund der Materie und durch sie hindurch zum Vorschein kommen, was *in* der Materie erscheint. Tatsächlich hat die Physik des 20. Jahrhunderts sich genötigt gesehen, Materie in diesem Sinn als Phänomen zu erkennen. Wir wissen heute: Materie „ist" Energie. Im Phänomen der Materie kommt Energie zur Erscheinung. Von Energie können wir nur sprechen, wo Bewegung ist. In jeder Bewegung manifestiert sich die Zeitlichkeit von Zeit. Deshalb können wir sagen: die Materie ist transparent für die Zeitlichkeit von Zeit. In der Wahrnehmung von Materie gewinnen wir einen Durchblick in den Horizont, aus dem sie herkommt, nämlich den Horizont der Zeit. Weil die Materie derart transparent ist, hat sie die Struktur des Phänomens. Weil diese Transparenz, wie sich an der Kunst demonstrieren läßt, sinnlich wahrnehmbar ist, wird es möglich, daß unsere denkenden Sinne die Phänomenalität von Materie erkennen.

Den allgemeinen Horizont von Phänomenen überhaupt bezeichnen wir als „Welt". Jedes Phänomen begegnet uns „in" seiner Welt. Es begegnet uns vor dem Hintergrund seiner Welt. Es tritt aus seiner Welt gleichsam hervor und ist für diese Welt transparent. Die Welt, in der die Phänomene derart sind, ist zugleich unsere eigene Welt. Wenn wir im Akt der Objektivation die Phänomene isolieren, blenden wir ihre „Eigenschaft", aus ihrer Welt hervorzutreten, aus. Wir destruieren damit zugleich die Transparenz der Phänomene. Was aber wird dann aus der Welt? Die Welt wird dann so vorgestellt, als ob sie so etwas wie ein Kasten wäre, in dem die Phänomene zusammengepackt sind, und aus dem man sie hervorholen kann, ohne den Kasten selbst weiter zu bedenken. Man meint, das Phänomen verändere sich nicht, wenn man vergißt, daß es für seine Welt transparent ist. Man meint, die Welt habe ihren Bestand in sich selbst – gleichgültig, welche Phänomene sich in ihr befinden. So wird in der klassischen Physik mit Raum und Zeit faktisch umgegangen. Der Raum erscheint als ein unendlich großer Behälter, in dem man die Objekte in der Richtung des linearen Zeitparameters verschieben kann, ohne daß sich an Raum und Zeit dadurch selbst etwas verändert. Betrachten wir hingegen die Phänomene in ihrer Transparenz als Phänomene, so kann der Satz: „Die Phänomene sind in der Welt" nicht mehr so verstanden werden, als ob sie sich in einem Kasten befänden. Die Bedeutung der Präposition „in" ergibt sich dann aus der Transparenz der Phänomene. Die Transparenz der Phänomene zeigt, daß jedes Phänomen, insofern sich in ihm etwas darstellt, sich innerhalb eines Mediums bewegt, das die Kraft hat, alles, was in es eintritt, dazu zu veranlassen, daß es erscheinen muß. Ich habe das an der Darstellungsfunktion jeder Bewegung demonstriert[183]. Alles, was sich bewegt, befindet sich allein dadurch, daß es sich bewegt, in einem Medium, das das Bewegte nötigt, durch seine Bewegung darzustellen, was mit dem Bewegten nicht identisch ist. Das allgemeine Medium, in dem sich alles Bewegte immer befindet, ist die Zeit. Die Zeit ist aber der universale Horizont von Welt. Sie ist das Medium, das die Phänomenalität aller Phänomene in der Welt dazu nötigt, sich zu manifestieren. Weil unsere Wahrnehmung in jedem Phänomen seine Zeitlichkeit mit wahrzunehmen vermag, sind alle von uns wahrgenommenen Phänomene in ihrem sinnlichen Erscheinen transparent für die Welt.

Was ergibt sich aus den hier in Erinnerung gerufenen Thesen der Vorlesung über „Kunst und Mythos" für die Fragestellung, die wir durchzuführen versuchen? Ich erwähne zunächst, was das Auffälligste ist. Sucht man den Zugang zum Verständnis von Welt auf dem Weg über eine Explikation der Phänomenalität der Phänomene, so dringt man überall in Zeitlichkeit vor. Das, was dabei verschwindet, ist die neuzeitliche Vorstellung vom Raum. Das ist nicht überraschend, wenn man sich klarmacht, was die spezifische Leistung der Vorstellung vom unendlichen dreidimensionalen Raum ist. Der dreidimensionale Raum ist ein mathematisches Schema der Anordnung einer Vielzahl von Objekten, von denen angenommen wird, daß sie gleichzeitig vorhanden sind. Wenn wir eine Vielzahl in der als linearer Parameter vorgestellten Zeit anordnen wollen, sagen wir: sie sind nacheinander. Nehmen wir von einer Vielzahl von Objekten an, daß sie gleichzeitig vorhanden sind, so können wir nicht mehr sagen: sie sind nacheinander; wir sagen dann: sie sind nebeneinander. Das Koordinatensystem, das uns erlaubt, solches, was gleichzeitig nebeneinander ist, so anzuordnen, daß für jedes Objekt sein Ort eindeutig bestimmt werden kann, ist der dreidimensionale Raum. Seine Basis ist die Gleichzeitigkeit; sein Wesen ist die als Gleichzeitigkeit zur Vorstellung gebrachte permanente Gegenwart. Der sogenannte „Welt-

---

[183] A. a. O., 311 ff.

raum" ist also eine Projektion der als ewige Gegenwart vorgestellten Einheit der Zeit in die unendliche Vielzahl der Phänomene. Die Quantifikation der Phänomene ist das Verfahren, das wir anwenden müssen, um sie in den als ewige Gegenwart vorgestellten Raum projizieren zu können. Alle übrigen Eigenschaften der Phänomene werden bei diesem Verfahren ausgeblendet. Sie zeigen sich dann als sekundäre Qualitäten. Aber die Kategorie der Qualität verweist uns, wie wir aus Aristoteles sahen, in eine andere, der Vorstellung der ewigen Gegenwart des Raumes inkommensurable Form, die Einheit der Zeit zur Vorstellung zu bringen.

Sowohl die Polarität von Notwendigkeit und Möglichkeit wie auch die Polarität von Quantität und Qualität führt, wie unser geschichtliches Röntgenbild ergab, auf die Inkommensurabilität des νοῦς von Parmenides und des λόγος von Heraklit; sie führt auf die Inkommensurabilität von zwei miteinander unvereinbaren Formen, die Einheit der Zeit zur Vorstellung zu bringen, zurück. Zugleich wird aber von unserem Denken verdrängt, daß es die Zeit ist, deren Einheit durch die fundamentalen Voraussetzungen des europäischen Denkens repräsentiert wird. Alles, was wir denken können, ist in der Zeit. Aber das europäische Denken stützt sich darauf, seine Prämissen als zeitlos auszugeben. Das Werk der Destruktion, das die moderne Wissenschaft und Technik vollbringt, ist die äußerste Konsequenz des europäischen Versuches, die zeitliche Natur in zeitlosen Formen begreifen zu wollen. Daraus ergibt sich, daß in der heutigen Krise der Geschichte die Frage nach dem Wesen der Natur bis in jene Fundamente vorgetrieben werden muß, in denen die ungelösten Antinomien des europäischen Denkens verankert sind. Die letzte Antinomie, auf die wir stießen, war die Antinomie zwischen zwei unvereinbaren Formen, die Einheit der Zeit zur Darstellung zu bringen. Die Frage nach dem Wesen der Natur geht also über in die Frage nach der Einheit der Zeit und ihrem Wesen.

⟨XXXI. Die Frage nach der Einheit der Zeit⟩

Ich kann in der letzten Stunde dieses Semesters die Frage nach dem Wesen der Zeit und ihrer Einheit nicht mehr entwickeln, sondern beschränke mich darauf, kurz anzuzeigen, wie das Wesen der Zeit mit den beiden Problemkreisen zusammenhängt, die uns beim Austritt aus der Sphäre der Subjektivität zuerst begegnet sind: dem Problem der Modalitäten und dem Problem des Verhältnisses von Quantität und Qualität.

1. Die Zeit und die Modalitäten

Ich fasse hier sehr kurz und in vereinfachter Form zusammen, was ich unter der gleichen Überschrift in einem Beitrag für die Heisenberg-Festschrift „Quanten und Felder" geschrieben habe[184]. Ich habe dort die These aufgestellt, die Differenz der drei Modalitäten habe in der Differenz der Modi der Zeit ihre Basis. Wenn man die Zeit, wie die neuzeitliche Physik ⟨es tut⟩, als linearen Parameter darstellt, tritt die Differenz der Modi der Zeit – Vergangenheit, Gegenwart, Zukunft – nicht in Erscheinung. Das ist, wie Weizsäcker gezeigt hat, der formale Grund dafür, daß weder die klassische Mechanik noch die moderne Atom-Mechanik die Unumkehrbarkeit der Zeit enthält. Nach den Gleichungen der Mechanik kann jede Bewegung der Atome oder der Himmelskörper auch in umgekehrter Richtung ablaufen. Erst in der kinetischen Gastheorie der Wärme wurde durch Boltzmann die Unumkehrbarkeit der Zeit in die Physik eingeführt. Das war erforderlich, weil hier der Begriff der Wahrscheinlichkeit eingeführt wurde. Wahrscheinlichkeit ist ein verengter Begriff von Möglichkeit. Möglich ist nur, was noch nicht festliegt. Dies aber können wir nur von dem Zukünftigen sagen. Zwar muß hinzugefügt werden, daß die Physik bis heute noch nicht die Konsequenzen daraus gezogen hat, daß mit der Einführung der Wahrscheinlichkeit in den Verlauf physikalischer Prozesse eine Asymmetrie eingeführt wird, die der Darstellung der Zeit durch den linearen Parameter einer unendlichen Geraden widerspricht. Sie hält an der Konvention des linearen Zeitparameters fest und versucht, durch komplizierte Hilfshypothesen den Schwierigkeiten Rechnung zu tragen, die sich aus der Asymmetrie ergaben, die in alle zeitlichen Prozesse eindringt,

---

[184] Hier und Jetzt I, a. a. O., 362ff. Zum Folgenden vgl. in allen vorliegenden Schriften von Georg Picht die Register s. v. „Zeit", „Modi der Zeit", „Vergangenheit", „Gegenwart", „Zukunft", „Modalitäten".

wenn man den Begriff der Wahrscheinlichkeit zuläßt. Die Asymmetrie ergab sich aus der Nötigung, im Widerspruch zum neuzeitlichen Raum–Zeit-Schema der Modalität der Möglichkeit bei der Erklärung von Naturvorgängen einen, freilich immer noch sehr eingeschränkten Spielraum zu gestatten. Die große Grundlagenkrise der Physik des 20. Jahrhunderts läßt sich auf allen Gebieten, wo sie schon eingetreten ist, als eine Folge dieses Schrittes darstellen. Das auf der Modalität der Notwendigkeit beruhende Gebäude der klassischen Physik wurde einem Erdbeben ausgesetzt dadurch, daß man die Erfahrung machte, daß die Modalität der Möglichkeit nicht unterdrückt werden kann. Wie ist das zu erklären? Wenn man die Zeit als unendliche Gerade darstellt, unterschlägt man jenes Merkmal der Zeit, durch das sich der Zeitparameter von den Koordinaten des Raumes unterscheidet. Konstitutiv für Zeit als solche ist ihre Irreversibilität. Alles, was in der Zeit verläuft, ist durch die Zeit gerichtet. Alles, was in der Zeit ist, hat dadurch, daß es in der Zeit ist, eine Richtung, die unumkehrbar ist. Fragt man, woher es kommt, daß Zeit eine Richtung gibt, so stößt man auf einen Sachverhalt, der für die gesamte Natur fundamental ist: es ist unmöglich, was einmal geschehen ist, wieder ungeschehen zu machen. Zwar kann sich ein Zustand, der einmal eingetreten ist, verändern. Ja, er muß sich sogar, weil er in der Zeit ist, verändern; aber jeder neue Zustand geht aus dem vorherigen Zustand hervor. Wäre der vorherige Zustand nicht gewesen, so könnte auch der neue Zustand nicht sein. Der neue Zustand enthält also alles, was der vorherige Zustand an ihn kommuniziert. Als kommunizierter Zustand ist der vorherige Zustand in dem neuen Zustand präsent. Der Satz, es sei unmöglich, was einmal geschehen ist, wieder ungeschehen zu machen, beruht also auf dem Satz: nichts, was vergangen ist, vergeht. Weil nichts, was vergangen ist, vergeht, kann man die Zeit nicht in umgekehrter Richtung durchlaufen. Hier begegnet uns die Notwendigkeit in unausweichlicher Gestalt. Mag man alles, was sonst notwendig ist, in Frage stellen – die Irreversibilität der Zeit kann niemand aufheben. Sie ist ohne jeden Vorbehalt und ohne jede mögliche Einschränkung notwendig.

Alles Vergangene ist also in dem Sinn notwendig, daß es unaufhebbar ist. Das Zukünftige hingegen ist möglich. Es kommt auf uns zu in einem Spielraum, der eingegrenzt ist durch das, was notwendig sein muß, und das, was unmöglich sein kann. In diesen offenen Spiel-

raum hinein bewegt sich jeder Prozeß in der Zeit. Die Zeit ist also asymmetrisch gebaut. Ihre Struktur ist so beschaffen, daß durch sie alles Vergangene festgelegt, alles Zukünftige in den Grenzen des Möglichen offengehalten ist. Dank der Asymmetrie zwischen unaufhebbarer Vergangenheit und offener Möglichkeit ist Zeit gerichtet. An dieser Asymmetrie manifestiert sich die Differenz der Modi der Zeit.
Aber was heißt „notwendig"? Was heißt „möglich"? Möglich nennen wir alles, was wirklich sein kann, notwendig alles, was wirklich sein muß. Entsprechend nennen wir zukünftig alles, was einmal gegenwärtig sein kann, vergangen alles, was einmal gegenwärtig war. Die Modalität der Wirklichkeit korrespondiert dem Zeitmodus der Gegenwart, und auf die wirkliche Gegenwart sind Notwendigkeit und Möglichkeit bezogen. Aber die Gegenwart, die der Wirklichkeit korrespondiert, ist nicht identisch mit dem Zeitpunkt, den wir durch das Wort „jetzt" bezeichnen und auf dem Zeitparameter durch eine Zahl markieren können. Wenn das Wort „Gegenwart" mit dem Wort „Wirklichkeit" korrespondiert, kann seine Bedeutung nur aus dem Horizont gewonnen werden, in dem Wirklichkeit erscheint. Den Horizont, in dem Wirklichkeit erscheint, habe ich im Kapitel XXX durch das Wort „Welt" bezeichnet (447f.). Was immer das Wort „Welt" bezeichnen mag – jedenfalls läßt sich rein formal sagen:
– Welt ist immer vieldimensional;
– Welt ist immer ein Kommunikationszusammenhang.
Das Wort „Gegenwart" verweist uns also auf den vieldimensionalen Horizont des Kommunikationszusammenhanges, innerhalb dessen Wirkliches erscheint. In geometrischer Projektion wird der vieldimensionale Horizont der Gegenwart dreidimensional als Raum dargestellt. Ich brauche nicht zu wiederholen, was diese Projektion unterschlägt. Ich stelle hier nur fest: Wenn das Wort „Gegenwart" auf den vieldimensionalen Horizont des Kommunikationszusammenhanges verweist, in dem uns Wirkliches erscheint, dann läßt sich die Bedeutung des Wortes „Welt" von der Bedeutung des Wortes „Zeit" nicht mehr unterscheiden. Das gilt auch von jener verkürzenden Projektion von Welt, die das neuzeitliche Denken als „Raum" bezeichnet. Raum ist dann der Inbegriff alles dessen, was zugleich gegenwärtig ist – mit anderen Worten: Raum ist Zeit. Genauer gesagt: Raum ist die Projektion der als Gegenwart vorgestellten Einheit der Zeit.

Ich führe hier nicht aus, daß diese phänomenale Interpretation der Gegenwart den Begriff der Gleichzeitigkeit aus den Angeln hebt, und gehe nicht darauf ein, wie sich das astronomische Weltbild verändern muß, wenn wir die Vorstellung aufgeben müssen, daß alle Bewegungen im Weltraum sich nach der Skala eines absoluten Zeitparameters messen lassen. Hier kam es nur darauf an zu zeigen, wie das Gefüge der Modalitäten Notwendigkeit, Möglichkeit, Wirklichkeit in den drei Modi der Zeit Vergangenheit, Gegenwart, Zukunft verankert ist.

Nun vermögen wir aber die Modalitäten zu erkennen. Es ist uns möglich, Möglichkeit, Wirklichkeit und Notwendigkeit zu denken. Wir denken wirklich, wann auch immer wir denken, Möglichkeit, Wirklichkeit und Notwendigkeit. Ja, es ist sogar notwendig, daß wir Möglichkeit, Wirklichkeit und Notwendigkeit denken, denn außerhalb der Modalitäten vermögen wir überhaupt nicht zu denken. Hier begegnen uns also die Modalitäten auf einer neuen Stufe, die jener ersten Gestalt der Modalitäten, in der sie den Modi der Zeit zugeordnet waren, übergeordnet ist. Ich nenne deshalb diese neue Gestalt der Modalitäten die Modalitäten in der zweiten Potenz. Durchsichtig wird die Unterscheidung der Modalitäten der ersten und der zweiten Potenz erst dann, wenn man sich klarmacht, daß die Worte „möglich", „wirklich", „notwendig" auf beiden Stufen nicht das Gleiche bedeuten. In der ersten Potenz bezeichnen sie das, von dem wir sagen können, daß es in einem der drei Modi der Zeit ist. In der zweiten Potenz beziehen sich die Worte „möglich", „wirklich" und „notwendig" auf drei Grundformen, in denen uns entgegentritt, was wahr ist. Weil alles, was ist und was gedacht werden kann, im Horizont der Zeit hervortritt, ergibt sich die Bedeutung des Wortes „wahr" aus der Beziehung dessen, was ist, auf die Einheit der Zeit. Wir dürfen deshalb sagen: Wahrheit ist die Erscheinung der Einheit der Zeit. Weil Vergangenheit, Gegenwart und Zukunft in der Einheit der Zeit schweben, empfangen die Modi der Zeit ihren Sinn aus ihrem Bezug auf die Einheit der Zeit. Entsprechend empfangen die Modalitäten der ersten Potenz ihren Sinn aus ihrem Bezug zu den Modalitäten der zweiten Potenz.

Im Zeitalter der Metaphysik hätte dieser Satz nicht ausgesprochen werden können; denn auf der Stufe der zweiten Potenz kannte die Metaphysik nur Notwendigkeit. Daraus ergab sich der Begriff des Absoluten. Erkennen wir aber, daß auch in der zweiten Potenz alle drei Modalitäten begegnen, so ergibt sich, daß die Wahrheit nicht als die ewige Gegenwart des Notwendigen interpretiert werden kann, sondern daß die Wahrheit als solche zeitlich ist. Ich bezeichne die Zeit in der ersten Potenz als „phänomenale" Zeit und unterscheide von ihr die „transzendentale" Zeit, in der uns die Modalitäten der zweiten Potenz begegnen. Die Phänomenalität der Phänomene zeigt sich uns in dem Zwischenraum zwischen phänomenaler und transzendentaler Zeit. Daraus ergibt sich die Bedeutung von „Welt": „Welt" ist der Zwischenraum zwischen phänomenaler und transzendentaler Zeit[185].

2. Substanz, Quantität und Qualität

In der Welt zeigen sich uns die Phänomene. Wenn Welt der Zwischenraum zwischen phänomenaler und transzendentaler Zeit ist, muß sich dies an der Phänomenalität der Phänomene ablesen lassen. Im Zuge unseres Gedankenganges ist bisher von der Phänomenalität der Phänomene nur die Differenz zwischen Quantität und Qualität hervorgetreten. Ich skizziere deshalb zum Schluß noch kurz, wie sich das Problem des Verhältnisses von Quantität und Qualität im Licht unserer bisherigen Ergebnisse darstellt.

In der Kategorienlehre des Aristoteles, der wir diese Begriffe verdanken, sind Quantität und Qualität Bestimmungen der Substanz. Wenn wir eine Größe messen, denken wir eine Substanz hinzu, von der wir sagen, daß sie diese Größe „hat". Ebenso fassen wir Qualitäten als Eigenschaften von Substanzen auf. Deswegen muß zuerst aufgeklärt werden, was in der Natur das Wort „Substanz" bezeichnen soll, bevor wir anfangen können zu interpretieren, was die Worte „Quantität" und „Qualität" bedeuten sollen.

Von Aristoteles bis Leibniz stand die Philosophie so stark unter der Vorherrschaft der aristotelischen Kategorienlehre und Logik, daß sie diese Frage nicht gestellt hat. Erst Kant hat bei seinem heroischen Vorstoß in das Feld der verborgenen Voraussetzungen des europäischen Denkens auch den Begriff der Substanz in Frage gestellt und

---

[185] Vgl. auch „Philosophie und Völkerrecht", in: Hier und Jetzt I, a. a. O., 109ff., sowie „Ist eine philosophische Erkenntnis der politischen Gegenwart möglich?", in: Hier und Jetzt II, a. a. O., 230ff. und 327ff.

aufgehellt. Kant bezeichnet als „Substanz" nicht dieses oder jenes durch Prädikate bestimmte Seiende sondern „das Reale" der Erscheinung, an welchem „alles, was zum Dasein gehört, nur als Bestimmung kann gedacht werden" (KrV B 225; 3, 162). Das Wort „Substanz" bezeichnet also die reine Identität des Seins mit sich selbst, die immer schon vorausgesetzt wird, wenn wir uns Seiendes in den Kategorien der Quantität oder der Qualität vorstellen. Wenn wir feststellen, daß ein Baum wächst, setzen wir etwas voraus, was wir sinnlich nicht wahrnehmen können. Wir setzen nämlich voraus, daß es eine von uns als Baum bezeichnete Substanz gibt, die im Lauf der Zeit ihre Quantität verändert, zugleich aber mit sich selbst identisch bleibt. Das Selbe setzen wir voraus, wenn wir feststellen, daß ein Gegenstand seine Farbe, seine Temperatur oder irgendeine andere Eigenschaft verändert: Die Identität des Gegenstandes mit sich selbst, die wir derart voraussetzen, können wir sinnlich nicht wahrnehmen; denn was wir wahrnehmen, sind seine Ausdehnung und seine Eigenschaften, also alles das, was als Bestimmung der Substanz gedacht wird, niemals hingegen die Substanz als solche. Die Substanz als solche denken wir uns zu diesen Bestimmungen hinzu. Man muß sich fragen, wie wir dazu kommen, und was es eigentlich ist, was da hinzugedacht wird.

Kant hat uns darauf eine klare Antwort gegeben. Als Substanz des Baumes betrachten wir das, was mit sich selbst identisch bleibt, während die quantitativen und qualitativen Bestimmungen des Baumes wechseln. Die Substanz ist also durch die Negation des Wechsels definiert. Sie ist also die als Unwandelbarkeit vorgestellte Identität. Was aber ist der Rechtsgrund dafür, daß wir uns das den wechselnden Bestimmungen zugrundeliegende Sein als Identität vorstellen? Es ist eine der größten Entdeckungen von Kant, daß er die Antwort auf diese Frage gefunden hat. Kant lehrt, daß uns das Sein der Substanz in allem Wechsel der Bestimmungen die Unwandelbarkeit der selbst nicht wahrnehmbaren Zeit zur Vorstellung bringt. Der Begriff der Substanz ist nichts als ein Spiegel der als ewige Gegenwart vorgestellten Einheit der Zeit. Wenn wir sagen, daß die Bestimmungen der Quantität oder der Qualität wechseln, die Substanz aber mit sich selbst identisch bleibt, so bringen wir nichts anderes damit zum Ausdruck, als daß der Wechsel der Erscheinungen auf die Einheit der Zeit zurückbezogen werden muß, um als ein Wechsel erkennbar zu sein. Wir bringen darüber hinaus zum Ausdruck, daß die Erscheinung von Quantitativem und Qualitativem für die Einheit der Zeit transparent ist. Der Begriff der Substanz ist deshalb eine unverstandene Chiffre für jene Struktur der Phänomenalität der Phänomene, die ich als ihre „Transparenz" charakterisiert habe. Unverstanden blieb diese Chiffre deshalb, weil die Zeit hier, wie Kant ausdrücklich sagt, als „stehende Gegenwart" verstanden wird [186]. Dieser Entwurf des Wesens der Zeit negiert die Differenz der Modi der Zeit. Er negiert die Zeitlichkeit der Zeit. Er enthält eine Negation der Zeit. Genauer betrachtet, ist der Begriff der Substanz nicht eine Projektion der Einheit der Zeit sondern eine Projektion dieser Negation. Deswegen assoziieren wir bei dem Begriff der Substanz die Unwandelbarkeit, die Stabilität, die Massivität. Die Transparenz, die sich eben aufgetan hatte, wird durch die Negation wieder zugenagelt. Der billigste Abklatsch dieser Negation ist dann der landläufige Begriff der Materie.

Durchschauen wir den Projektionscharakter des Substanzbegriffes und verstehen wir, daß das, was hier projiziert wird, die Einheit der Zeit ist, so können wir nicht länger behaupten, daß es in der Natur Substanzen „gibt". Das hat aber zur Folge, daß wir Quantität und Qualität nicht länger mehr als Eigenschaften von Substanzen auffassen können. Das Schema der Kategorien kann dann nicht mehr, wie bei Aristoteles und wie in anderer Form bei Kant, als Grundschema der Welterkenntnis gelten. Es ist dann unmöglich, das, was ist, in Kategorien zu erkennen. Was wird aus Quantität und Qualität, wenn sie nicht mehr als Kategorien gedacht werden dürfen?

Aus dem hier durchgeführten Ansatz ergibt sich, daß wir das Wesen von Quantität und Qualität nur aus der Phänomenalität der Phänomene entwickeln können. In „Kunst und Mythos" habe ich bei der Analyse der Wahrnehmung gezeigt, daß jedes Phänomen in einer

---

[186] Vermutlich ein Hörfehler beim Diktat. Die Worte „*stehende* Gegenwart" finden sich bei Kant nicht. Wie GP an anderen Stellen ausführt, liegt Kants Zeitbegriff „die ständige Gegenwart der Ewigkeit" zugrunde (Hier und Jetzt I, 366). Bei Kant heißt es: „Die Zeit bleibt und wechselt nicht" (KrV B 224f.; 3, 162) und: „Die Zeit verläuft sich nicht ... Der Zeit also, die selbst unwandelbar und bleibend ist, correspondirt ... die Substanz" (B 183; 3, 137). Der scheinbare Widerspruch zwischen dieser Stelle und den Ausführungen in „Kants Religionsphilosophie", 245f., erklärt sich aus dem Kontext: hier geht es um das Wesen der Zeit; dort um die Weise, wie Erscheinungen in der Zeit gegeben werden.

Sphäre zur Erscheinung kommt, die ich als seinen „Darstellungsraum" charakterisiert habe [187]. Da uns hier zu einer genaueren Analyse die Zeit fehlt, stelle ich summarisch die Behauptung auf: die Worte „Quantität" und „Qualität" bezeichnen die Dimensionalität zweier verschiedener Darstellungsräume, innerhalb deren Phänomene sich als quantitativ oder qualitativ bestimmbar manifestieren. Wie in der Kunst, so zeigt sich auch bei allen Phänomenen in der Natur, daß es zur Phänomenalität von Phänomenen gehört, niemals in einem einzigen Darstellungsraum sondern stets in einer ganzen Flucht hintereinander geschalteter, ⟨sich⟩ ineinander spiegelnder und zueinander in Spannung stehender Darstellungsräume zum Vorschein zu kommen. Die Differenz der Darstellungsräume macht die Erscheinung von Phänomenen erst möglich. In der Spannung von „Quantität" und „Qualität" begegnen wir einer solchen Differenz der Darstellungsräume. Es ist ebenso falsch, die qualitativen auf quantitative wie die quantitativen auf qualitative Bestimmungen zu reduzieren, denn erst in der unreduzierbaren Differenz dieser einander inkommensurablen Aspekte tritt das in Erscheinung, wovon die Rede sein soll.

Hätten wir zu einer genaueren Analyse noch Zeit gehabt, so würde ich versucht haben zu demonstrieren, daß die Differenz zwischen Quantität und Qualität in der Sphäre unserer sinnlichen Wahrnehmung auf die Differenz zwischen Sehen und Hören zurückführt. Sie können in „Kunst und Mythos" nachlesen, was das bedeutet: Das Auge erfaßt Strukturen, das Ohr nimmt Kräfte wahr; in Kräften manifestiert sich uns die Kontinuität des Kontinuums. Die Polarität von Struktur und Kontinuum repräsentiert also die nicht zu reduzierende Differenz zwischen Sehen und Hören [188].

Nun haben wir aber auch gesehen, daß Quantität und Qualität zwei verschiedenen Formen, die Einheit der Zeit aufzufassen, zugeordnet sind. Denkt man die Einheit der Zeit wie Parmenides als ewige Gegenwart, so entwirft man eine Welt des Auges. Hingegen ist die Welt von Heraklit eine Welt des Ohres. Ich füge ohne Begründung hinzu: der Welt des Auges entspricht die phänomenale, der Welt des Ohres die transzendentale Zeit. Wenn „Welt" in Wahrheit der Zwischenraum zwischen phänomenaler und transzendentaler Zeit ist, so wird

---

[187] A. a. O., vor allem 224 ff., 296 ff.
[188] A. a. O., Dritter und Vierter Teil, 273 ff. und 365 ff.

in beiden Formen, die Welt zu entwerfen, sowohl die Weltstruktur von Welt wie die Phänomenalität der Phänomene verfehlt. Dieses Verfehlen dessen, was die Welt ist, und dessen, was die Phänomene sind, ist der Ursprung der heutigen Zerstörung der Natur. Wir fügen uns nicht in die Einheit der Zeit, obwohl sie ihre Wahrheit der Wahrnehmung unserer Sinne manifestiert. Sich in die Einheit der Zeit und damit in die Wahrheit zu fügen, ist die Aufgabe der menschlichen Geschichte. Deshalb stehen wir jetzt an der Schwelle zur Vorlesungsthematik des nächsten Studienjahres: Philosophie der Geschichte.

Editorisches Nachwort[1]

I.

Georg Picht wurde 1965 auf den neugeschaffenen Lehrstuhl für Religionsphilosophie an der Evangelisch-Theologischen Fakultät der Universität Heidelberg berufen. 1978 ließ er sich emeritieren. In den dreizehn Jahren seiner Lehrtätigkeit lag das Schwergewicht seiner philosophischen Arbeit auf den Vorlesungen, die häufig zwei Semester überspannten, und von denen er keine wiederholte. Carl Friedrich von Weizsäcker sagt in einer Gedenkrede auf den 1982 verstorbenen Freund: »Daß er einen philosophischen Lehrstuhl innehatte und beachtete philosophische Aufsatzsammlungen veröffentlicht hat, verrät fast nichts darüber, was für ein Philosoph er war: weder die politische Öffentlichkeit noch die gelehrte Zunft hat ihn wirklich als Philosophen wahrgenommen. Quantitativ gesprochen liegt das an der Verborgenheit seines Werks. Die Veröffentlichung seiner ausgearbeiteten Manuskripte, vorwiegend Texte seiner akademischen Vorlesungen, würde den vier Bänden, die er allein veröffentlicht hat, und den zahlreichen Beiträgen zu Sammelbänden wohl noch wenigstens vierzehn Bände hinzufügen. Und erst aus den Vorlesungen, in denen seine Philosophie epische Breite gewinnen durfte, ist voll abzulesen, was hinter den öfter wiederholten Kurzformeln der Aufsatzsammlungen steht.« – »Die Pflicht zur großen Vorlesung, die er seinem Lehrstuhl . . . verdankt, hat in seiner philosophischen Biographie eine fast entscheidende Rolle gespielt. Sie verschaffte ihm die Nötigung, seine Philosophie schriftlich in derjenigen Breite zu entwickeln, ohne welche sie nahezu unverständlich bleiben muß.«[2] Zahlreiche Hinweise in Georg Pichts gedruckt vorliegenden Arbeiten bestätigen diese Sätze. Immer wieder zwangen zeitliche Ein-

---

[1] Die Bände der Studienausgabe sind als Einzeltitel konzipiert; deshalb ist es unvermeidlich, daß sich in den editorischen Nachworten ganze Passagen wiederholen.
[2] Georg Picht – Philosophie der Verantwortung, Stuttgart 1985, 46 und 75.

schränkungen und thematische Zuspitzungen zum Verzicht darauf, tragende Gedanken so ausführlich darzustellen und zu begründen, daß sie in jedem Schritt nachvollziehbar blieben, daß sie in ihrer Konsistenz durchsichtig wurden, und daß die Notwendigkeit ihrer wechselnden Konstellationen sich enthüllte.

Georg Picht hatte es sich zur Regel gemacht, alle Vorlesungen auszuarbeiten. Er diktierte die Texte und sah sie durch, ehe er sie vortrug. Natürlich wich er in der Situation der Lehrveranstaltung häufig von den Manuskripten ab, erläuterte, extemporierte und beantwortete Fragen, die ihm die Studenten stellten. Er lehnte es aber immer wieder ab, seine Vorlesungen auf Band aufnehmen zu lassen, weil er die gefrorene Unmittelbarkeit solcher Fixierung nicht mochte. Die wirklich gehaltenen Vorlesungen sind also nur in der Erinnerung und in den Mitschriften seiner Hörer aufgehoben. Aber wir besitzen die diktierten Kollegvorlagen aus den Jahren 1965 bis 1977. Im letzten Jahr seiner Lehrtätigkeit veranstaltete er Blockseminare, um Zeit für die Ausarbeitung seines philosophischen Hauptwerkes zu gewinnen. Einige der Kollegmanuskripte hat er ganz oder teilweise überarbeitet, damit sie für die Studenten vervielfältigt werden konnten. Einige waren dazu bestimmt, Grundlagen für Bücher zu bilden. Veröffentlicht hat er nur die dialogische Vorlesung »Theologie – was ist das?« (Stuttgart 1977). Ungedruckt blieben auch Georg Pichts Dissertation über die »Ethik des Panaitios«, ein ausführlicher Kommentar zu dem platonischen Dialog »Laches«, zwei Ausarbeitungen über Heidegger und eine Reihe kleinerer Texte zu Themen, die an dem von Georg Picht seit 1958 geleiteten interdisziplinären Institut, der Forschungsstätte der Evangelischen Studiengemeinschaft (FEST), diskutiert worden sind. Unveröffentlicht sind natürlich die Briefe. Unveröffentlicht ist aber vor allem auch das umfangreiche Manuskript jenes Buches, in dem er die Summe seines Philosophierens ziehen wollte: »Im Horizont der Zeit«. Von diesem Buch liegen große zusammenhängende Abschnitte fertig ausgearbeitet vor; andere wollte er ändern und erweitern; bestimmte Schlüsselkapitel sind nur durch Überschriften angezeigt. Aus diesen nachgelassenen Schriften und Vorlesungen wurden für die Studienausgabe die wichtigsten ausgewählt; sie werden in möglichst rascher Folge veröffentlicht.

Es ist, wie Carl Friedrich von Weizsäcker in seinem Vorwort hervorhebt, Georg Pichts Denken unangemessen, zwischen »historischen« und »systematischen« Arbeiten zu trennen. Er selbst hat einerseits

Geschichte der Philosophie immer »in systematischer Absicht« betrieben und sah auf der anderen Seite jene Fragen, die wir uns angewöhnt haben, »systematisch« zu nennen, stets im Horizont der Geschichte. Ihm schien die traditionelle Unterscheidung naiv. »Wir werden die Geschichte der Wahrheit nur dann erforschen... können, wenn sich die große Geduld der Philologie mit der großen Geduld des fundamentalen Fragens verbindet«, schreibt er 1959³. Im vorliegenden Band bildet die Rückbindung der systematischen Fragestellung an die Geschichte ihrer Entfaltung wie die Konzentration auf die Geschichtlichkeit des Phänomens, dem sie sich zuwendet, geradezu ein Leitmotiv. Das sagt schon der Titel, den der Verfasser im Einleitungstext ausführlich erläutert (17ff.).

II.

Ein zweites, das wichtigste Leitmotiv des Buches klingt in dem immer wieder zitierten Satz auf:
»Die Menschheit ist heute in Gefahr, durch ihre Wissenschaft von der Natur den Bereich der Natur, in dem sie lebt, und der ihrem Zugriff ausgesetzt ist, zu zerstören. Eine Erkenntnis, die sich dadurch bezeugt, daß sie das, was erkannt werden soll, vernichtet, kann nicht wahr sein. Deswegen sind wir heute gezwungen, die Wahrheit unserer Naturerkenntnis in Frage zu stellen.« Für Georg Picht manifestiert sich die Krise des europäischen Geistes nicht nur, wie er in »Kunst und Mythos« dargestellt hat, in der Kunst; sie vollzieht sich auch als Grundlagenkrise der Naturwissenschaft. So setzt die Vorlesung über den »Begriff der Natur und seine Geschichte« die Kunstvorlesung fort; sie setzt sie voraus. Beide sind Teile eines Ganzen, das, nach dem Sturz der Metaphysik, der Philosophie aufgegeben ist, neu zu denken.
Aber nicht erst im Zusammenhang seiner Kollegs fragt Georg Picht nach der Reichweite der Naturwissenschaft. Eine seiner frühesten Veröffentlichungen beginnt mit den Sätzen: »Der Mensch des 20. Jahrhunderts steht zur Naturwissenschaft in einem gespaltenen Verhältnis. Auf der einen Seite erlebt er in Naturwissenschaft und

---

³ »Die Epiphanie der Ewigen Gegenwart«, in: Wahrheit, Vernunft, Verantwortung, a. a. O., 38.

Technik eine schwindelerregende Entfaltung menschlichen Wissens und menschlicher Macht, die ihm bisher ungeahnte Möglichkeiten der Planung und Herrschaft und, in Eins damit, eine neue Erfahrung seines Wesens auftut. Auf der anderen Seite wird immer deutlicher, daß in dieser Macht eine eigentümliche Ohnmacht verborgen ist: der Mensch wird zum Sklaven seines eigenen Herrschaftsapparates und scheint sich um so mehr zu verlieren, je selbstherrlicher er auftritt. So ist die Wesensentfaltung, die wir der Naturwissenschaft verdanken, von einem Wesensverlust begleitet; der Mensch droht unter der Herrschaft des naturwissenschaftlichen Denkens zum Funktionär, zum technischen Tier zu werden. In dieser Situation ›stellt sich die Frage nach Sinn und Berechtigung des wissenschaftlichen Erkenntnisstrebens mit tödlichem Ernst‹ (C. F. von Weizsäcker); wir müssen uns fragen, ob etwa die selbe Wissenschaft, die auf dem Wege ist, die äußere Vernichtung des Menschengeschlechtes möglich zu machen, als äußerste Leistung menschlicher Autonomie auch eine innere Selbstvernichtung, eine Wesensvernichtung herbeiführen könnte.«[4]
Viele Aufsätze und Vorträge kreisen, fast immer implizit, häufig ausdrücklich um »die Situation des Menschen in der Zukunft der technischen Welt« – so der Untertitel der knappen Schrift über »Prognose – Utopie – Planung« aus dem Jahre 1967[5]. Die Aufsätze über »Die Voraussetzungen der Wissenschaft« (1958[6]), »Technik und Überlieferung« (1959[7]), »Struktur und Verantwortung der Wissenschaft« (1966[8]), die wissenschaftskritischen und wissenschaftspolitischen Kapitel des Buches »Mut zur Utopie« (1969), die Vorträge »Technik und Utopie« (1972), »Die Bedingungen des Überlebens« (1973) sowie endlich, die Summe ziehend, die Erörterung der Frage »Ist Humanökologie möglich?«[9] behandeln, unter wechselndem Blickwinkel, die Rolle der Wissenschaft in jener »künstlichen Welt«, die sie hervorgebracht hat. Die Vorlesung »Der Begriff der Natur und seine Geschichte« fragt über diese Verantwortung der neuzeitlichen Naturwissenschaft zurück nach deren Konstitution. In immer

---

[4] Georg Picht, Clemens Münster, Naturwissenschaft und Bildung, Würzburg: Werkbund-Verlag, 1954, 33f.
[5] Jetzt: Wahrheit, Vernunft, Verantwortung, a. a. O., 373ff.
[6] A. a. O., 11ff.
[7] Hamburg: Furche-Verlag, 1959.
[8] Wahrheit, Vernunft, Verantwortung, a. a. O., 343ff.
[9] Vgl. 79, Anm. 19 und 54, Anm. 12.

neuen Anläufen, unter schrittweise am Horizont des Denkens entlang wandernder, fast unmerklich sich verschiebender Perspektive entwickelt Georg Picht, wie sich aus der ungelösten Aporie antiker Traditionen in der Neuzeit ein Umgang mit der Natur herausbildet, der diese immer nur partikulär in den Blick nimmt. In Gestalt des »Begriffes« schafft sich die Wissenschaft ein Instrument, das ihr erlaubt, in die Natur einzugreifen. Dabei kann sie die Natur nicht wahr-nehmen, wie diese von sich aus ist; sie erkennt sie vielmehr so, wie sie sich dem verfügenden, dem »objektivierenden« Umgang zeigt. Ihre Machtförmigkeit enthüllt Wissenschaft in der Herrschaft des Begriffes als einer Gestalt der operationellen Logik. Da die Priorität des durch diesen Begriff begreifenden Subjektes vor all dem, was das Subjekt sich gegenübersieht, in der Philosophie von Kant kulminiert, wird dessen Entwurf einer Selbsterkenntnis der Vernunft in eindringender Interpretation entfaltet. Den zweiten Schwerpunkt der historischen Untersuchungen bildet die Darstellung der griechischen Naturphilosophie. Das Physis-Verständnis von Aristoteles, Platon und vor allem von Heraklit und Parmenides beleuchtet, wie reduktionistisch der moderne Naturbegriff ist. Die Untersuchung der unvereinbaren Formen des Zeitverständnisses von Parmenides und Heraklit führt an die Schwelle eines neuen Denkens von Zeit. So öffnet sich vielleicht ein Weg, den Zwiespalt zu überwinden, der sich zwischen Natur und Geschichte, zwischen Gesetz und Freiheit aufgetan hat, obwohl er in den Phänomenen selbst nicht gründet.

III.

Auch diesem Band liegen maschinenschriftliche Originalmanuskripte von Georg Picht zugrunde, die von ihm mit handschriftlichen Korrekturen versehen wurden, deren Entzifferung an keiner Stelle Schwierigkeiten bereitete. Als »Einleitung« wurde die erste, teilweise skizzenhafte Fassung der Wintervorlesung 1973/74 abgedruckt. Sie enthält Überlegungen, deren Kenntnis der Verfasser im Folgenden voraussetzt und nicht oder nur stark abgewandelt wiederholt. Während Georg Picht diese Vorlesung, teils nach diktiertem Manuskript, teils frei hielt, bereitete er sich auf seine erste und einzige Japanreise vor. Er war absorbiert von der Aufgabe, vor der »Philosophischen Gesellschaft« der Universität Kyoto über seine Kritik am theorieförmigen Denken europäischer Wissenschaft zu sprechen, und versuchte, dem Vortrag über »Theorie und Meditation« eine Form zu geben, die darstellen sollte, was er inhaltlich sagte. Darüber schreibt er später in einem kurzen Vorwort zum Wiederabdruck des Vortrages: »Welche ›Inhalte‹ wir zu erkennen vermögen, hängt von den Formen ab, in denen wir denken. Deshalb stellt diese Kritik am europäischen Denken . . . die Grundformen der europäischen Philosophie und Wissenschaft in Frage. Das wirkt sich auf die Darstellung aus. Wenn auf ein Textstück ⟨immer wieder⟩ eine ›Zusammenfassung‹ folgt, wird der Leser genötigt, sich vom Text zu distanzieren und seinen Gehalt aus weiterem Abstand, konzentriert und unmerklich verändert, neu zu betrachten. Er fühlt sich in einen vieldimensionalen Raum versetzt und entdeckt, daß der erfahrene ›Inhalt‹ dessen, was er denkt, sich weder mit dem Wortlaut der Textstücke noch mit dem der Zusammenfassungen zur Deckung bringen läßt. Was mitgeteilt wird, ist die Bewegung eines Denkens, das die lineare Bahn der europäischen ›Methode‹ verläßt, ohne deshalb der Willkür zu verfallen. Diese Bewegung ist eine Erfahrung von Zeit, die in die vorgeprägten Modelle der logischen Aussageformen nicht projiziert werden kann.«[10]

Wäre ihm die Zeit geschenkt worden, die Vorlesung über den Begriff der Natur in ein Buch umzuformen, so hätten solche Überlegungen sicherlich auch die Gestalt dieses Buches bestimmt. An einigen Stellen des hier veröffentlichten Textes tritt davon etwas ins Licht; der Gesamtduktus jedoch bleibt geprägt vom Vorlesungsstil.

In den Weihnachtsferien 1973 diktierte Georg Picht mir eine Neufassung des bisher Vorgetragenen, »damit das Skriptum kein Stückwerk bleibt«, in der er die Grundzüge des bisher Vorgetragenen so weit ausführte, »daß die Anlage des ersten Teiles der Vorlesung durchsichtig wird«[11]. Dieser Text erscheint hier als Erster Teil. Der Zweite Teil enthält den Kollegabschnitt der zweiten Hälfte des Wintersemesters, die Teile Drei und Vier das Vorlesungsmanuskript des Sommersemesters 1974. Diese Texte wurden später kopiert, mit »Vorbemerkungen« versehen und Studenten, Kollegen an der FEST sowie einigen seiner naturwissenschaftlichen Gesprächspartner zur Verfügung gestellt – an erster Stelle Carl Friedrich von Weizsäcker, der ihm mit zahlreichen Annotationen antwortete.

---

[10] Hier und Jetzt I, a. a. O., 391.
[11] Vgl. Vorbemerkung, 79.

Außer zehn verworfenen Seiten der ersten Fassung ist der Text vollständig abgedruckt worden, obwohl er ungewöhnlich viele Wiederholungen enthält. Das verdankt sich allerdings nur teilweise der Entstehungsgeschichte. Georg Picht macht zu Beginn des Sommersemesters 1974 darauf aufmerksam, daß die vielen Wiederholungen einer methodischen Absicht entspringen: »Die Untersuchung des ›Begriffs der Natur und seiner Geschichte‹ hat, ähnlich wie die Vorlesung über ›Kunst und Mythos‹, gezeigt, daß der Begriff und seine Logik die Methode für die Erkundung des hier zu erforschenden Geländes nicht mehr vorzeichnen kann. Jeder Begriff ist ein Zeichen. Jeder eindeutige Begriff ist ein auf den Bildschirm der Identität projiziertes Zeichen. Die Aufmerksamkeit pflegt sich nur auf das zu richten, *was* jeweils ein Zeichen zeigt. Die Untersuchungen dieser Vorlesung hingegen versuchen aufzudecken, *wie,* unter welchen Voraussetzungen und in welchen Horizonten Zeichen zeigen können. Um dies sichtbar zu machen und aufzuzeigen, bedarf es einer Methode, die sich von der uns gewohnten Form philosophischer Darstellung vorsichtig entfernt. Um das vertraute Gerüst methodischer Schematismen einigermaßen zu ersetzen, habe ich aus didaktischen Gründen in breitem Umfang von der Figur der Wiederholung Gebrauch gemacht. Der Leser sei darauf hingewiesen, daß jeder wiederholte Satz allein dadurch, daß er an anderer Stelle wiederkehrt, notwendig etwas Neues bedeuten muß.« (297f.)

Die Kapitelgliederungen des Dritten und Vierten Teiles stammen von Georg Picht. Die übrigen Unterteilungen habe ich nach dem Vorbild der für die gesamte Edition maßgeblichen Kant-Vorlesung, die vom Verfasser selbst vollständig durchgegliedert wurde, vorgenommen. Bis auf Überschriften wie »Vorbemerkung« oder »Zusammenfassung« habe ich auch, ebenfalls nach dem Muster des Kant-Bandes und einiger von Georg Picht selbst gegliederter Kapitel von »Kunst und Mythos«, die Titel formuliert. Sie sind, wie alle Herausgeberzusätze im Text, durch spitze Klammern gekennzeichnet.

Der Text wurde nicht verändert. Zweifellos hätte der Verfasser ihn nicht ohne nochmalige gründliche Überarbeitung in Druck gegeben; ich fühle mich jedoch nicht ermächtigt, meinerseits nachträgliche »Verbesserungen« anzubringen. Die wenigen Stellen, an denen Einschübe oder kleine Änderungen das Verständnis erleichtern sollen, sind mit spitzen Klammern versehen. Offensichtliche Hör- und Schreibfehler wurden stillschweigend berichtigt. Erwies es sich als

ratsam, einen Satz umzustellen, so ist der ursprüngliche Wortlaut in einer Fußnote angegeben.
Da Georg Picht mir alle seine Manuskripte diktierte, lag die Hauptverantwortung für Rechtschreibung und Zeichensetzung ohnehin bei mir; deshalb konnte ich auch in diesem Buch beides für den Druck vereinheitlichen oder korrigieren, ohne das in jedem Fall anzumerken. Dabei half mir die Erfahrung der langen gemeinsamen Arbeit bei dem Bemühen, seinen Intentionen auch dort zu folgen, wo sie von den zur Zeit geltenden Regeln für Orthographie oder Interpunktion abweichen.
Griechische Worte sind im allgemeinen mit griechischen Lettern wiedergegeben – auch dort, wo sie im Manuskript, das unter dem üblichen Zeitdruck entstand, einmal in Umschrift, einmal in der Originalschrift vorkommen. Ausnahmen bilden die Worte »Logos« und »Physis«, die nur an denjenigen Stellen auf griechisch erscheinen, an denen es der interpretatorische Kontext erfordert. Im Register werden alle griechischen Worte in Umschrift gedruckt; dieses von Georg Picht für seine Aufsatzbände eingeführte Verfahren wurde, außer bei der Aristoteles-Vorlesung, für die Studienausgabe übernommen.
Die meisten Anmerkungen stammen von mir. Gelegentlich aus dem Text in die Fußnoten versetzte Anmerkungen oder Anmerkungsteile des Verfassers sind kursiv gesetzt. Druckfehler wurden eliminiert, Schreibweise, Zeichensetzung und Zitierweise nach den Grundsätzen, die für die Edition maßgeblich sind, geändert. Sämtliche Zitate wurden überprüft und im Text oder in den Anmerkungen nachgewiesen. Im Text sind Seitenzahlen der Zitate mit runden Klammern versehen; eckige Klammern kennzeichnen Einfügungen des Autors innerhalb von Zitaten. Hinweise auf ihn sind durchgehend mit seinen Initialen versehen. Auch in diesem Band werden alle vom Verfasser aus anderen Sprachen übersetzten Zitate in den Anmerkungen mit den Originalstellen belegt. Für diejenigen Leser, die in der Geschichte der Philosophie, in den europäischen Literaturen und in der klassischen Philologie weniger zu Hause sind als der Autor, werden Textausgaben und Literaturangaben vollständiger nachgewiesen, als das in einem Buch erforderlich gewesen wäre, das sich ausschließlich an Spezialisten richtet. Die Herausgeber hoffen jedoch, mit der Studienausgabe einen breiteren Leserkreis zu erreichen.
Es war der Wunsch von Georg Picht, daß seine Vorlesungen mög-

lichst schnell zugänglich gemacht werden sollten. Die Studienausgabe verzichtet deshalb auf den zeitaufwendigen Ballast eines kommentierenden Apparates, wie er bei historisch-kritischen Ausgaben unvermeidlich ist. Sollte einmal der Versuch unternommen werden, eine solche Ausgabe zu machen, müßten neben dem Briefwechsel vor allem die zahlreichen Marginalien und Verweise in den vom Verfasser benutzten Büchern und Text-Ausgaben herangezogen werden.

IV.

Nach vielen Vorüberlegungen haben wir uns dazu entschlossen, die Studienausgabe nicht nur mit Personen- und Stellenregistern sondern auch mit Sachregistern zu versehen. Es ist eine nahezu unlösbare Aufgabe, für ein philosophisches Buch ein angemessenes Sachregister zu machen, das mehr darstellt als einen mangelhaften Index. Martin Heidegger hat ausdrücklich verboten, für die Gesamtausgabe seiner Werke Register anzulegen. Aber Georg Picht, der selbst schon bei der Herstellung der Druckvorlagen für seine Aufsatzsammlungen immer wieder vor diesem Problem stand, hat sich entschlossen, nicht auf Register zu verzichten. Im Vorwort zu »Hier und Jetzt« Band I formuliert er die Sätze, die mir auch bei der Erstellung der Register der Studienausgabe als Richtlinie dienen. Das Sachregister, schreibt er dort, erhebt keinen Anspruch auf Vollständigkeit, kann aber, in Verbindung mit dem ausführlichen Inhaltsverzeichnis, dem Leser den Weg durch das Buch erleichtern; »seine Stichworte beziehen sich nicht in jedem Fall auf den Wortlaut der Texte, sondern wollen die innere Organisation der Gedanken sichtbar machen«. Für die Register der Studienausgabe stellt sich eine weitere Aufgabe: neben der Aufschlüsselung der Einzelbände sollen sie dazu beitragen, deren Einordnung in die Ausgabe zu fördern, ein Gesamtregister vorzubereiten sowie Rückverweise auf die bereits veröffentlichten philosophischen Arbeiten zu ermöglichen. Der Reichtum, die innere Konsistenz und die Offenheit des Denkens von Georg Picht, das sich jedem Versuch entzieht, systematisch verfügbar gemacht zu werden, tritt in den von ihm selbst zusammengestellten Sachregistern klar hervor. Diese doppelte Aufgabe des Sachregisters erklärt das Gewicht, das einigen Stichworten gegeben wurde; so im vorliegenden Band besonders den Worten »abstrakt«,

»Licht«, »Struktur«, »Transparenz«, »Weg«, »Wesen«, »Widerspruch«, »sich zeigen«. »Form« ist wegen der Bedeutung des Wortes für das Denken Georg Pichts auch in diesem Register wieder überrepräsentiert. »Wissenschaft« kommt passim vor. Die Stichworte »Naturwissenschaft« und »Wissenschaft« werden im Register nur für diejenigen Stellen verzeichnet, in denen sie ausdrücklich thematisiert werden. Aus erkennbar stilistischen Gründen spricht Georg Picht synonym von »Wissenschaft«, »Naturwissenschaft«, »moderner Wissenschaft«, »neuzeitlicher Wissenschaft« ohne strikt durchgeführte terminologische Distinktion. Die einschlägigen Stellen wurden im Register unter dem Stichwort »Naturwissenschaft« aufgeführt; das Stichwort »Wissenschaft« enthält nur Hinweise auf Passagen, die ausdrücklich unterscheiden zwischen Wissenschaft im umfassenden und Naturwissenschaft im engeren Sinne. »Geisteswissenschaft« ist ein besonderes Stichwort; »Geschichtswissenschaft« findet sich unter dem Stichwort »Historie«, um sie klar zu unterscheiden von der geschehenden Geschichte, die unter dem Stichwort »Geschichte« erscheint, obwohl mir auch hier die philosophische Fragwürdigkeit eines solchen Schematismus durchaus bewußt ist. Sehr selektiv werden andere Worte behandelt: nicht jede Frage ist eine »Fragestellung«.

Die vom Verfasser beim Diktieren häufig verwendeten Zusammensetzungen mit »Grund-« – »Grundform«, »Grundprinzip«, »Grundmächte« usw. – sind im Register unter »Form«, »Prinzip«, »Macht« usw. verzeichnet. Um der größeren Übersichtlichkeit willen habe ich gelegentlich verwandte Begriffe unter einem Stichwort zusammengefaßt: »Aufbau/Aufriß/Bau«, »Bereich/Region«, »das Ganze/Gesamtheit«, »Schema/Schematismus«, »Sinnlichkeit/Sinne« usw. Solche Mehrfachstichworte sollen nicht etwa die Identität der derart zusammengestellten Begriffe prätendieren; sie verweisen lediglich auf ihre Nachbarschaft im Rahmen des Buches. Darüber hinaus möchten sie helfen, das dichte Geflecht der sich gegenseitig erhellenden Beziehungen zwischen jenen Themenfeldern durchsichtig zu machen, denen sich Georg Picht im Laufe seines Lebens zugewandt hat; gelegentlich mögen sie auf Konstellationen Licht werfen, die aus sich selbst heraus ihre Evidenz nicht zeigen.

V.

Wie immer gilt es, Vielen zu danken: Carl Friedrich von Weizsäcker, der durch sein Vorwort zeigt, wie er das lebenslange, oft spannungsreiche Gespräch mit dem Freund nicht abreißen läßt, auch und besonders da, wo die leidenschaftliche Auseinandersetzung ins Zentrum seiner eigenen Wissenschaft vordringt. Edith Picht-Axenfeld und die Kollegen von der FEST, das Wissenschaftliche Kuratorium, der Vorstand und die Mitglieder der Evangelischen Studiengemeinschaft unterstützten mich auch in diesem Jahr in vielfältiger Weise bei der zeit- und kraftraubenden Arbeit. Anna Frese half mit Sachverstand, Präzision und Geduld. Sie verantwortet das Personen- und Stellenregister. Gabriele Herbrig beteiligte sich an den Schreibarbeiten. Enno Rudolph und Dominik Kaegi erleichterten mir die Arbeit für die Anmerkungen mit zahlreichen Literaturhinweisen.

Ich kann diese Dankesworte nicht beenden, ohne des viel zu jung verstorbenen Leiters der FEST zu gedenken. Klaus von Schubert hat in den fünf Jahren, die ihm in unserem Kollegenkreis vergönnt waren, mit solcher Wärme und so viel Verständnis meine Arbeit an der Studienausgabe von Georg Picht gefördert und geschützt, daß es mir ein Bedürfnis ist, an dieser Stelle dafür zu danken.

Heidelberg, den 14. Juli 1989

Sachregister

Aberglauben 52, 82, 89, 115, 138, 205, 247, 299, 437
Abgrund 10, 14, 84
das Absolute/absolut 21, 24, 27, 30, 32, 81 ff., 126, 129 ff., 133, 135 f., 138, 147, 150 f., 219 f., 222 ff., 234, 258 f., 269 f., 277, 302, 305, 316 ff., 331, 346, 370, 376 f., 410, 423 ff., 427 f., 439, 445, 453
Abstraktion/abstrakt 28, 36, 84, 89, 104, 172, 180, 191, 290, 295, 300, 319, 328, 358, 376, 421, 423, 425 f., 432 f., 436, 444
Ägypten 19
Ästhetik 52, 70, 446
Affekte 296, 342 ff., 349 ff., 364, 377, 381
Aggregat 62 ff., 67, 256
„Aias" 54 ff., 160 ff.
aisthesis 106
aitia s. a. Ursprung 101, 105
Akademie, platonische 66, 97 ff.
Akustik s. a. Hören 34, 140
aletheia s. a. Wahrheit 55, 101 161, 173
das All/to pan 3 f., 12, 22 f., 89, 93 f., 124, 162 f., 176 f., 182 f.
All der Wesen 71 f., 74, 93, 212, 230, 279 f., 287 ff.
Allgemeinheit/allgemein 95, 105, 155 ff., 171, 178 f., 187, 220, 227, 240, 282, 327 f., 338, 401, 405, 416 f., 435, 438
Amerika 149
Analogie 170, 224, 364
Analphabetismus 19
Analyse 14, 73, 92, 96, 127, 211, 261, 319 f., 320, 328 f., 331, 346, 364, 374, 378, 416, 444, 456 f.
Anamnesislehre 332, 376, 386, 413

Anatomie, vergleichende 42, 52
Anpassung 357
Anschauung 41 ff., 51 f., 72, 148, 167, 176, 196, 201, 232 f., 238 ff., 249, 254, 266 f., 269, 271, 276, 290, 328, 348, 350, 368 f., 377, 422, 426
–, intellektuelle 72, 269 f., 426
–, reine Formen der 121, 202 f., 232 f., 269, 276 f., 290, 368 f., 376, 423, 428, 443
Anthropologie s. a. Mensch, Menschheit 31, 133, 215, 223, 287
Anthropomorphismus 91
Anthropozentrismus 23, 126 ff.
Antinomie s. a. Gegensatz 110, 194, 238, 296, 319 f., 325, 345, 350 f., 358, 380 f., 414, 449
Antizipation 65, 132, 138, 297, 308, 407 f., 410 ff., 423
Anwendung (von Wissenschaft) s. a. Technik 6, 9, 12, 35, 85, 115, 126, 130, 151, 199, 295
apeiron 185 f., 415
Apollon 186 ff., 190
Apollon-Hymnus 190
Aporie 103, 278 f., 288, 320
Apperzeption, transzendentale 214, 232, 239, 244, 250, 289, 378, 397
a priori 67, 88, 104, 120, 129, 211, 216, 224 ff., 228, 231 f., 234, 236, 240, 268, 288, 295, 332, 428
Arbeit 180
arche 69, 104, 106, 110
Architektonik 62, 69, 70, 96, 292
Architektur 123
Archonthropine 19
Aristotelismus 8, 87, 91, 149
Art 114, 139, 154 ff., 158, 353 ff., 357, 405, 411, 436

Askese 343
Aspekt 24, 27 f., 89, 120, 130 f., 178, 283, 302, 305 ff., 349, 358, 366, 433, 438, 457
Astrophysik 23 ff., 29 f., 33, 129, 131 ff., 136, 157, 453
Asymmetrie 403, 450 ff.
Atmosphäre 143
Atom 154 ff., 200 f., 349, 450
Atombombe 16 f., 21
Atomkern 59, 443
Atomtheorie/Atomismus 8, 155, 175, 183 f., 414 ff., 419, 433 f.
Aufbau/Aufriß/Bau 14, 23, 66 f., 96, 100 f., 105, 120, 125, 136, 138, 195, 234 f., 243, 307, 318, 387, 412, 451
Auffassung, wahre/alethes doxa 385 ff., 400
Aufgabe, unendliche 68, 230, 242 f., 253 f., 257 f., 263 f., 278, 287, 289 f., 295
Aufklärung 92, 153, 200, 205, 306
Aufweisung/apodeixis/demonstratio s. Beweis
Auge 179 f., 224 f., 231, 249, 252, 352, 359, 363, 424, 426, 457
Aura 378
Ausbeutung 144, 355
Ausblendung 95, 123, 155, 163, 319, 427, 447, 449
Ausdehnung s. a. res extensa 55, 414 f., 419, 422 f., 433, 439 ff., 455
Aussage/Satz 10 ff., 26 ff., 46 f., 65 ff., 95, 100 ff., 106, 110, 112, 115, 120 ff., 151, 153, 156, 170, 227, 246, 248, 267, 279, 327, 331 f., 371 f., 383, 385, 395 f., 406, 443
Aussagenlogik 139, 204
außen 271, 274, 276 f., 284, 286 f., 296, 303, 308, 341 f., 352, 358 f., 361, 367 ff., 379 ff., 396 ff., 404, 413, 442
Automat 123, 141
Autonomie 84, 91 f., 152, 203, 207, 248, 295, 301 ff., 316, 324, 326, 357, 375, 377
Axiom 31, 66, 82, 100, 105, 108, 110, 116 f.,, 120, 133, 136 f., 200, 225, 332, 382, 407, 421, 440

Bann 104, 377
Basis s. Fundament
Bedingungen der Möglichkeit s. Möglichkeit
Bedürfnis 40, 365
Beethoven-Symphonie 34 f., 140 f.
Begehrungsvermögen/thymos 342, 363 f.
Begriff 3 f., 13 f., 18, 22, 24, 39, 42 f., 45 ff., 51 f., 55 ff., 60, 64 ff., 70, 72, 80 ff., 87 f., 91, 93, 95 ff., 102, 105, 107, 111, 115 ff., 119, 122, 124, 126, 129 ff., 134, 136 f., 144 f., 148 f., 151 ff., 156 ff., 168, 180, 192 f., 195 f., 199, 201 f., 204 ff., 212, 214, 217, 219 f., 224, 230 f., 235, 238 f., 244 ff., 249, 262, 264, 268, 275, 281, 290, 295, 297, 300 ff., 310, 316, 334 f., 343, 366, 369, 371, 389 f., 393 f., 398, 401, 411, 413, 415 f., 422, 426, 437 ff., 439, 441, 445, 450 f., 453, 455 f.
Beobachter 13, 28, 74, 90 ff., 231 f., 252, 254, 284, 327, 395 f., 400
Bereich/Region s. a. Sphäre 5 f., 31, 38, 56, 64, 69, 80, 110, 133, 137, 151, 157, 161, 166, 196, 204, 208, 213, 224, 228, 242, 277, 298, 302, 305 ff., 323, 338, 341 ff., 352, 357 f., 395 f., 411, 413, 418, 420 ff., 426, 432, 441
Bewegung 27 f., 39 f., 53, 58, 112, 116, 141, 149, 165, 180, 187, 219, 292, 334, 339 ff., 344, 347 ff., 351, 364 f., 375, 377, 394 ff., 405 f., 408, 410 f., 414, 420, 425, 427, 433 ff., 442, 447 f., 450, 452 f.
Beweis 16, 35, 100 f., 103, 110, 120, 141, 170, 193, 286, 313, 370, 382, 384, 402, 437
Bewußtsein 6 f., 23, 33, 36, 44, 57, 89, 112 f., 126, 134, 136, 142, 145, 149, 167, 187, 194 f., 203, 207, 209, 212, 214 f., 220, 229, 243, 252, 266, 271,

273, 281, 285, 287, 296, 299 ff.,
308 ff., 315, 326, 335 ff., 339, 346,
369 f., 380, 401, 446
Bibel 3 f., 7, 47, 85 f., 88, 91, 174,
203 f., 271, 322, 358, 362
Bild 27 f., 57 f., 69, 98 f., 131, 164,
182, 194, 224, 226, 232 f., 235, 238,
240, 242 f., 250 ff., 256 f., 271, 282,
306, 311, 314, 330, 342, 344, 348,
360 ff., 366 f., 377, 381, 394, 426,
436, 439 f., 445 f.
Bildung 146, 206, 362
Biologie 4 f., 8, 20, 37, 47, 49 f., 145,
151, 153, 158, 283 f., 339, 352, 354,
356, 412, 432
Biologismus 46, 48 f., 144
Biosphäre 35, 58, 165, 324
Blasphemie 86
Blitz 175 f., 178, 182, 192, 251
Bogen 189 ff., 238 f.
Bürgertum 299, 355, 362, 416

Cartesianismus 13, 15, 31, 33 ff., 45,
58 f., 65, 90, 97, 126 f., 129, 133,
136 ff., 140, 142, 145 ff., 149, 156,
166, 205, 266, 268, 317, 322, 326 f.,
336, 339, 440
causa efficiens 407 ff., 412, 417
causa finalis 407 ff., 417
causa formalis 407, 409 f., 413, 415 ff.,
426, 436
causa materialis 407, 410, 413 ff.,
420
causae, aristotelische 297, 407 ff.,
426, 436
Chemie 175, 210, 339
Chimaira 360
China 20 f.
Christentum 21, 56 ff., 85, 90 f., 116,
164, 166, 259, 299 f., 322, 338, 343,
346, 358, 362, 440
Christenverfolgung 166
Christologie 88
Christus 30, 125, 273
Club of Rome 285
Computer 200
conscientia s. Gewissen, Gewißheit

Dämon, Laplacescher 25, 27
Darstellung 26, 32, 43, 51, 64, 68,
72 ff., 81 f., 88, 109 f., 122, 135, 164,
194, 201, 203, 210 f., 221, 229, 233,
248, 251, 266, 282, 292, 296 f., 304,
306 f., 315, 413 f., 416, 429, 434 f.,
438 f., 442, 445 f., 448 ff., 452
Darstellungsraum 457
Darwinismus 7, 31, 133, 156, 158 f.,
359
Dasein 93 f., 187, 190, 206, 211 f., 229,
245 f., 258 f., 261, 263 f., 271, 277 f.,
337, 355, 369 f., 385, 396, 422, 455
Datum 127, 313, 352, 441
Davoser Diskussion 262
Deduktion 66, 100 ff., 106, 266, 382
–, transzendentale 443 f.
Definition 49, 74, 100, 102, 114 f., 129,
152 f., 155, 158, 201 f., 227, 229,
232, 241, 243 f., 288, 304, 331, 333,
337, 354, 372 f., 385 ff., 402, 405 f.,
409, 415, 420, 424, 429, 433, 437, 441
Delphi 186 ff.
Demaskierung 23 f., 129 f., 402
Demiurg 57, 164
Denken passim
Destruktion s. a. Zerstörung 59, 215,
217, 243 f., 257, 264, 269, 285,
310 f., 323, 345, 347, 351 ff., 376 ff.,
380, 410, 447, 449
Determinismus 13 f., 25, 91, 95, 207,
212, 291, 304, 371 f., 411 ff., 423, 441
Dialektik 110, 115, 147 f., 249, 269 f.,
281, 292, 303, 403, 406
–, negative 257
–, transzendentale 72, 216 f., 224, 237,
258, 264
dianoia 333, 349
Dichtung 30, 44, 51 ff., 58, 160 ff.,
169, 256, 271
Differenz 94, 265, 349, 408, 417 f.,
450, 452, 456 f.
Dike 177
Dimension(en) 7, 18, 29, 57, 86 ff.,
125, 157, 190, 195, 261, 271, 274,
277, 286, 341, 379, 381, 399, 410,
422 f., 434, 438, 440, 448, 452, 457

473

Ding s. a. Gegenstand 49, 85, 90, 93, 158, 220, 229, 231, 245 f., 252, 266, 273, 276, 370, 428, 441
Ding an sich 52, 211, 220, 222, 229
Dionysos 188, 190, 192, 348, 354
Distanz 130, 213, 223, 284, 315, 335
Dogma/dogmatisch 6 f., 87, 119, 147, 151, 157, 216 f., 236 f., 258, 312, 343, 369, 402, 418 f., 437
Dualismus 149, 363
dunkel 14, 26, 96 f., 118, 173, 184, 250, 275, 341, 374, 432
Dynamik 17, 285, 309 ff., 325, 350, 352

ego cogito s. a. res cogitans 33, 126, 147, 205, 295, 326 f., 337
eidos 331 ff., 366, 432 f., 436
Eigenschaft 14, 24, 49, 85, 96, 104, 108, 112, 130, 158, 175, 187, 284, 389, 414 f., 422, 427, 433, 446 f., 449, 454, 456
Einbildungskraft 98, 221, 231 f., 238, 254, 268 f.
–, produktive 70, 74
Eindeutigkeit 102, 115, 122, 209, 227, 264, 297, 304, 406, 413, 423 f., 427 f., 433, 440, 446, 448
Einfachheit 10 f., 14, 96, 106, 109, 141 f., 146, 232, 430 f.
Einheit 9 f., 26, 59, 61 f., 64, 66 ff., 72, 82, 89, 110, 142, 147, 153, 188 ff., 193 f., 195, 201 ff., 210, 213 ff., 218 f., 228 ff., 233 ff., 238, 241 ff., 249 f., 252 ff., 263, 267 f., 272 ff., 280, 288 ff., 295, 310, 316 ff., 325 f., 334, 337, 340, 342 ff., 348 f., 366, 375 ff., 393 ff., 398
Eiszeit 19
ekstasis/Entäußerung 118, 147, 223, 367, 377, 393
Elektrodynamik 61
Element 14, 69, 89, 96, 104 f., 162, 175 f., 183, 195, 303, 306, 378, 410, 431
Elementenlehre 175 f., 178, 180, 183 f.
Emanzipation 20, 87, 128, 143 f., 205, 219, 299, 309, 326, 344, 424, 443

Empfindung 246, 388, 398, 441, 443
Empirie 82, 113, 200, 211, 221, 227 f., 231 ff., 235 f., 240, 246, 249, 251, 278, 344, 370, 384, 387, 423
Empirismus, englischer 206, 212, 235, 369
enargeia 97 ff., 117 f.
Encyclopädisten, französische 64, 255
endlich 27, 31, 81, 147, 289, 291, 421, 440
energeia 172
Energie 143 f., 201, 208, 300 f., 304 f., 307, 313, 323, 422 f., 447
England 45
Entdeckung 8, 22 ff., 30, 44 f., 49, 53, 70, 136, 150, 156, 212, 221, 310 ff., 328, 352, 375 ff., 455
entelechie 434
Entfremdung 44
Entscheidung 9, 94, 212, 443, 445
Entstehen/Werden 20, 50, 55 ff., 89, 105, 114, 139, 157, 159, 161 ff., 174, 176 f., 180, 185, 190, 321, 331, 340, 342, 349, 385 ff., 398, 404 f., 407, 411, 419, 424 f., 428 f., 431 ff., 438
Entwicklung 15 f., 20 f., 32, 49, 52, 65, 157 ff., 160, 206, 266, 285, 298, 313, 316 f., 345 f.
Entwurf 17, 25, 30, 60, 66, 70, 73 ff., 98, 109, 146 f., 169, 195, 209, 213, 219, 226, 228, 230 f., 233, 235 ff., 243, 251, 254 ff., 261 ff., 268 ff., 279 f., 282 f., 287 ff., 296, 314 f., 317 ff., 345, 348 f., 359, 377, 386, 394, 456 ff.
Ephesus 179
Epiphanie 117 ff., 347
Erde 3, 18, 21, 24 f., 33, 35, 40, 126, 128, 131, 134 ff., 143 ff., 175 ff., 183, 185, 191 f., 194, 221, 223 ff., 227 f., 231 ff., 235 f., 238 f., 268, 291, 327, 341, 357, 395, 421, 431
Ereignis 25, 371 ff., 382 f., 404, 407 ff., 411, 413
Erfahrung 14, 16, 18, 20, 38, 43 f., 49, 56, 68, 71, 73, 83 ff., 88, 90, 96, 115, 118, 156, 158, 164, 170, 172 f., 179 f.,

193, 202, 208 ff., 218, 221 f., 224 ff.,
228 f., 232, 235, 239 ff., 249 f.,
252 ff., 256 f., 263, 267, 279, 290,
292, 295, 306, 308, 327, 331 f.,
337 f., 342, 346 f., 349, 351, 368,
370, 373, 378, 383, 393 f., 423, 442,
444, 451
Erinnerung 20, 27, 260
Erinnyen 177
Erkenntnis (auch passim) 3 f., 8, 10 f.,
13 ff., 17, 21, 23 ff., 29 ff., 33, 35, 38,
48, 51 ff., 58 f., 62 ff., 66 ff., 72 ff.,
80, 82 f., 86 ff., 92, 95, 97 f., 100 ff.,
106 f., 109 ff., 116, 118 f., 121, 125 f.,
128 ff., 133 ff., 140, 142, 150 f.,
154 ff., 179, 184, 186 ff., 194 f.,
201 ff., 206, 209 f., 212, 215 ff.,
222 ff., 230 ff., 242 f., 245 f., 249 ff.,
253 ff., 264, 266 ff., 272, 282, 285 f.,
288 f., 291 f., 295 f., 298, 300 f., 304,
306, 312 ff., 317, 320 f., 325 ff., 330,
332, 335, 338 f., 342 f., 345, 350,
355, 363 f., 372, 377 ff., 384 ff., 389,
393 ff., 398 ff., 404, 408 f., 424 f.,
427 f., 433, 441, 444 ff.
- a priori 14, 96, 282, 386, 388, 413
Erkenntnistheorie 70, 195, 206
Erkenntnisvermögen 106, 116, 218,
236, 240 f., 245, 263, 389
Eros 342 f.
Erscheinung 13, 17, 37, 39, 41, 43 f.,
52, 54 ff., 62, 64, 68 f., 89, 114 f.,
117 f., 121 ff., 135, 147, 161 ff.,
171 ff., 178, 182, 186, 191, 209,
211 ff., 218, 220, 226, 229, 239 ff.,
244 ff., 252, 259, 268, 272 ff., 306,
329, 332 f., 337 f., 340 f., 347 ff.,
359, 366, 368 f., 376, 378 f., 387,
390, 397 f., 400, 405 f., 415 ff.,
428 f., 431, 433, 438 f., 443, 446 ff.,
450, 455 ff.
Ethik 334 f., 343
Ethnologie 63
Europa/europäisch 3 f., 6, 8 f., 11, 13,
18, 20 ff., 29 f., 32 f., 45 f., 50, 53,
58, 66, 81 ff., 88, 100, 109, 111, 116,
119, 125 f., 131 f., 136, 138, 144, 153,
160, 162 f., 163, 169, 179, 180 f., 185,
192, 195 f., 205 f., 259, 296, 299 ff.,
308, 310, 316 ff., 331, 333 ff., 338,
342 f., 345 f., 350 f., 358, 362 f., 366,
374, 377, 380, 382, 387, 389 f.,
401 f., 416, 425 f., 437, 449, 454
Evangelium 86
Evidenz 10 ff., 14 f., 17, 26, 31, 47,
95 ff., 99, 100 ff., 116 ff., 126,
128 ff., 135 ff., 142, 145, 147, 151 f.,
158 f., 169, 172 f., 180, 195, 272,
300, 302 f., 305, 307, 311, 318, 329,
333, 345, 368, 373 ff., 381, 383,
386 f., 397 f., 401, 406, 430, 437
Evolution 25 f., 31, 48 f., 133, 152 f.,
156 ff., 352 f.
Evolutionstheorie s. a. Darwinismus
31, 133 f., 136 f.
Ewigkeit/ewig s. a. unendlich 17,
22 f., 27, 29, 31, 39, 41, 81 f., 91, 114,
116, 125, 139, 169, 171, 174, 176 ff.,
191 f., 259, 321 f., 342, 347, 349,
351, 368, 397, 399, 404, 417, 433,
436, 449, 454 ff.
Existentialismus 258 ff., 286
Existenz s. Dasein
Experiment 13, 15 ff., 21 f., 35, 51,
85 f., 91 f., 95, 115, 123, 143, 200,
209 ff., 232, 254 f., 304, 406, 433,
441

Faktizität 123, 163, 325, 415 f., 423 f.
Faktum 21, 122 f., 146, 154, 214, 229,
313
Falsifizierung 17, 285
Farbe 426, 430, 435, 455
Faschismus 355, 359, 362
Feld s. a. Sphäre, Bereich 20, 36, 87,
200, 204 f., 209, 216, 218, 227,
240 ff.., 248 f., 251 f., 291 f., 298,
300, 302, 421, 423, 425, 427, 444, 454
- der Macht 300, 302 ff., 323
-, elektromagnetisches 443
Feldtheorie 302
Feudalismus 299
Feuer 19, 174 f., 177 f., 182, 186,
191 f., 194 f., 334, 340, 348, 431

–, Wenden des 174 ff., 182 ff., 186, 191 f., 194 f., 340, 348, 398
Fiktion 216 ff., 230, 244, 271, 319, 346, 366
Finalität 412, 417
Fläche 332, 421
Fluß 190, 194, 369, 389
focus imaginarius 68 f., 249, 251 f., 258
Form 3 f., 6, 10 f., 14 f., 19 ff., 32 f., 38, 51 ff., 55, 63 ff., 67, 69, 81, 83, 93 ff., 102, 104 ff., 110, 112, 115, 119 f., 122 f., 125, 170, 173, 179 ff., 195 f., 199 ff., 203, 205 f., 208 ff., 213, 215, 217 f., 223 f., 229, 231, 240, 242, 247 f., 253 ff., 260, 264 ff., 276 f., 284, 286, 288, 290, 292, 295 ff., 300, 307 f., 310 f., 316, 321, 323, 325, 327 ff., 332 f., 336, 338, 343 ff., 347, 349 f., 352 f., 355 ff., 364, 366, 369 f., 374 ff., 390, 393 ff., 399, 402 f., 405, 408, 410 ff., 415, 418 f., 422, 425 ff., 433 ff., 444 ff., 449, 453, 457 f.
Fortschritt 16, 70, 150, 206, 216, 228, 237, 258, 309 f., 312 f., 317, 320, 322
Fragestellung 3 ff., 12 f., 16 ff., 21, 24, 26, 32, 62, 71, 79 ff., 95, 100, 119, 131, 135, 167, 199, 201, 205, 207, 209, 211, 213, 219, 223, 234, 263, 265, 279, 282 f., 291, 295, 298, 303, 310 f., 318 ff., 337, 347, 383, 428, 431, 448
Frankreich 256, 369
Freiheit 25, 44, 58, 72 ff., 91 ff., 98, 137, 143, 152, 166, 207, 212, 217 f., 222, 229 f., 233, 237, 248, 255, 257 f., 270 ff., 277 f., 280, 284 ff., 291 f., 296, 301 ff., 336, 344, 350, 364, 375, 377, 380, 396 ff., 413, 441
Frieden 190, 192, 258, 355 f., 363
Fundament/fundamental 4 ff., 8, 10, 14, 25, 44, 46, 51, 60 f., 83, 89, 100, 104, 110, 130 f., 134, 136, 138 f., 142, 145, 147, 155 ff., 160, 194, 215, 226, 230, 241, 246, 257, 265, 292, 295, 319, 321, 327 f., 330, 333, 337, 339, 343, 346 f., 366, 368 f., 378, 394, 397 f., 403, 413, 420, 423, 443, 448 ff.
fundamentum inconcussum 126, 138, 326, 336, 376
Funktion 34 f., 84, 112, 141 f., 144, 201, 204, 212, 218, 229, 233, 244, 247 f., 250, 269, 290, 313, 320, 337, 339, 343, 375 f., 403 ff., 421, 429, 432, 435, 445 f., 448
Funktionalität 34, 84, 140, 153, 405

Gammastrahlen 443
das Ganze/Gesamtheit 15, 25, 54 f., 61, 67, 69 f., 95, 122, 139, 145 ff., 149, 153, 157, 160, 162 f., 171 f., 174, 177, 179, 185 f., 189, 191, 210, 228, 234 f., 239, 255, 288, 234 f., 239, 255, 288, 326, 359, 364, 372, 397, 402, 411, 434, 436, 439
Gattung 114, 139, 155 f., 223, 353, 405, 411, 436
Geburtenkontrolle 353
Gefüge 6, 69, 195, 381, 407, 410, 417 ff., 424, 426 f., 430 f., 453
Gefühl 36, 38, 40, 47, 141, 286, 351, 368
Gegenbewegung 37, 42 f., 45, 53, 57, 148 ff., 165, 303
Gegenreformation 86 ff., 92
Gegensatz 33, 44, 57 f., 87, 137 f., 166, 174, 178, 188 ff., 195, 212, 226, 329, 343, 348 ff., 354 f., 364, 366, 369, 377, 396, 425, 427, 431, 434 ff., 442
Gegenstand 24, 51, 61, 68 f., 71 f., 130 f., 137, 199, 202, 217 f., 225, 227 f., 230, 236, 238 ff., 244 f., 249 ff., 255, 263 f., 271 ff., 276, 279 ff., 288, 292, 302, 325, 330, 368, 370, 379, 384, 387, 393, 403, 424 f., 427, 455
Gegenstrebigkeit 189 ff., 342, 348, 377
Gegenwart 4, 6 ff., 27, 29, 41, 45, 53, 58, 65, 84, 119, 122, 124, 179, 259, 308 ff., 319, 321, 325, 347 ff., 351, 368 f., 379, 397, 407, 448 ff.
Gehalt 29, 42, 46, 116, 173, 374, 446

Gehirn 34 ff., 140 ff.
Geist 22 f., 29 f., 32, 35, 41 ff., 47 f.,
 57, 81, 83, 86, 92, 126, 128 f., 135,
 140, 147 ff., 157, 164, 184, 207, 278,
 296, 301, 319, 323, 325, 350, 380
Geistesgeschichte 46, 207, 311, 323,
 345
Geisteswissenschaft 25, 47, 93, 136 f.,
 301
Genf 155
Genozid 353
Genesis s. a. Entstehen 55, 89 f.,
 161 f., 164, 174
Genetik 223
Geographie 63, 225, 227, 235, 237
Geologie 52
Geometrie 65 f., 147, 180, 225, 232 f.,
 238, 254, 268 f., 332, 414, 420 ff.,
 425 ff., 438 ff., 452
Geopolitik 36
Gerechtigkeit 344, 359 ff., 363
Geschichte 3 f., 7 ff., 12, 15, 17 ff.,
 25 ff., 29 f., 32 ff., 45 f., 48 ff., 53 f.,
 59, 61, 63, 65, 80 ff., 86, 88, 91 ff.,
 97, 100, 107 f., 111, 116, 119, 124,
 129 f., 132, 134 ff., 148 ff., 156 ff.,
 160, 163 f., 167 f., 179 ff., 195,
 204 ff., 213, 221 f., 224, 228, 258 f.,
 262 f., 272 f., 287, 291, 296 ff., 305,
 308 ff., 314, 317 ff., 323 ff., 327, 331,
 335 f., 338, 340, 343 ff., 350 f., 367,
 369, 374, 377 f., 380 f., 388, 393 ff.,
 413, 437, 449, 458
Gesellschaft 17, 32, 36, 38, 43 f.,
 50, 59, 83, 94, 135, 140, 143 f.,
 149 ff., 159, 161, 166, 199, 205, 210,
 223, 286, 300, 309, 355, 356, 364,
 419
Gesetz 10 f., 20, 27, 39 f., 47, 49, 67,
 69, 82 f., 92 f., 109, 111, 115, 126 f.,
 133, 136 ff., 145, 151, 155, 200 f.,
 206 f., 211, 214, 218, 220 ff., 227,
 229, 233, 236, 241, 252 f., 255 f.,
 269, 280, 291, 303, 321 f., 327,
 334 ff., 339, 344, 353, 357, 365, 368,
 372 f., 376 f., 387, 390, 398 ff., 404,
 409, 411, 414, 420, 424, 437, 440, 445

Gestalt/morphe 10 f., 13, 17, 20, 24,
 39, 41, 47, 58, 62, 65, 70, 90, 99, 112,
 117, 119, 124, 129 ff., 135, 139, 155,
 157 f., 161, 165, 167 ff., 181, 185,
 187 f., 190 f., 193 f., 207, 209, 217,
 225 f., 230 f., 236, 252, 255, 290 f.,
 299 ff., 304 ff., 312 f., 316 ff., 327,
 332 f., 341, 347, 350 f., 354 ff., 366,
 369, 374, 376, 378 ff., 382, 386, 390,
 397 f., 403 ff., 417, 419 ff., 424, 426,
 431 ff., 438, 440, 445, 451, 453
Gewalt 21, 83, 311, 353, 356, 374, 378,
 381
Gewissen/conscientia/syneidesis
 333 ff.
Gewißheit 11, 14, 25, 31, 96, 98, 126,
 129, 133 f., 236 f., 307, 339
Gibeon 86
Glauben 12, 57, 85 ff., 91, 116, 119,
 124, 130, 136, 164, 223, 322, 346, 373
Gleichgewicht/Balance 40, 148, 162,
 356
Gleichzeitigkeit 448, 453
globus intellectualis 227 f., 233 f.,
 238 ff., 243, 245, 257 f., 269, 290
Götter/göttlich s. a. Gott 6, 31, 58 f.,
 89 f., 92, 117 ff., 147, 166, 172, 174,
 176 ff., 182, 184, 187 f., 190, 192,
 335, 341 f., 347 f., 354, 363, 377,
 398 f., 440
Götterbild 89
Gott 3, 6, 17, 30, 43, 56, 58 ff., 62,
 71 ff., 81 f., 85, 88, 91, 107, 111, 116,
 124 ff., 133, 141, 147, 164, 166, 174,
 215, 218, 222, 230, 233, 241, 244,
 257, 266 ff., 270 ff., 275 f., 277 ff.,
 282, 285 ff., 291, 328, 331, 336, 376,
 440 f.
Gottebenbildlichkeit 91 f., 152, 166
Gottesbeweis, ontologischer 107, 127,
 133, 142, 216, 244, 336, 376
Gottlosigkeit 166
Gravitationsgesetz 155
Grenze 47, 54, 58, 68, 93, 102, 113,
 138, 150, 158, 161, 185 f., 200, 212,
 216, 218 f., 222 ff., 231, 233 ff., 242,
 247, 249 f., 257 ff., 264, 267, 269,

285, 289, 291 f., 301, 356, 404 ff., 436, 439, 442 f., 451 f.
Grenzwert 435 f.
Grund 24, 33, 35, 41, 58, 62, 67, 101, 103, 106, 111, 114, 136, 160, 163, 169, 172, 174, 205, 224, 226, 230, 269, 276, 291, 306, 325, 336, 350 f., 382 ff., 397 ff., 420, 425 f., 437 f., 440, 450
Grundlegung 51, 66, 212, 247, 403
Grundsätze des reinen Verstandes 211, 214, 241
Grundsatz 107 f., 112, 202, 214 f., 230, 236, 239, 387, 393

Hades 188, 190, 192, 348, 355
Handeln 20, 87, 90, 93, 143, 172, 199, 201 ff., 222, 224, 242, 244, 248, 258, 263, 273, 275, 282, 289, 302, 324, 334 f., 359 ff., 373, 375 f., 384, 397 f., 411 ff., 441
Harmonie 180 f., 189, 191 ff., 195, 222, 289, 342, 344, 348, 359, 363, 365, 377
Heidelberg 27 f., 37
Helios 177
Hermeneutik 111, 203 f.
Herrschaft/Erdherrschaft 8, 10, 18, 21, 36, 83, 127, 132, 138, 143 f., 151, 153, 224, 299 f., 309, 318, 333, 346 f., 380, 390, 405, 419, 424, 437
Historie/Geschichtswissenschaft 18, 33, 36, 50, 63 f., 159, 169, 299, 311, 316, 320 f.
Historismus 28, 32 f., 49, 63, 134 ff., 158 f., 299, 321, 401
Hochkultur s. Kultur
Hochmut 22 ff., 29, 125, 128, 130, 134, 357
Höhlengleichnis 118
Hören 179 ff., 306, 457
Homo faber 124
– Heidelbergensis 19
– sapiens 19 ff.
Homologie 179, 181 f., 193
Horizont s. a. Grenze 9, 27, 29, 60, 132, 162 f., 195, 208, 219 ff., 227 f.,
231 ff., 237 ff., 242 f., 246 f., 254, 258 f., 367 f., 374, 376 ff., 380 f., 393, 395 f., 398, 446 ff., 452 f.
Humanismus 299, 362
Humanität 59, 274, 362
Humanökologie 50, 94, 155, 159 f.
hypokeimenon/Zugrundeliegendes s. a. Subjekt 99, 240, 326, 389, 415
hypothesis 95, 102, 110

Ich 187, 205, 229, 271, 290, 326, 328, 336, 350, 375 f., 412
–, logisches 211, 218, 229, 323, 330, 337 f., 344 ff., 368 f., 375, 377, 379, 389, 397
–, transzendentales 328, 375 f.
Ich-denke s. a. ego cogito 250, 389
Ideal 242, 273, 278
Idealismus/Deutscher Idealismus 5, 30, 42 ff., 52, 57, 59, 65, 71 f., 109, 116, 125, 128, 147 f., 164, 179, 201, 208, 221, 226, 228, 234, 256, 258, 266, 269 f., 275, 278, 289, 303, 317, 319, 369 f., 373, 416, 433
Idee 67, 69, 73, 75, 108 ff., 167, 185, 217, 226, 230, 242, 244 f., 249 ff., 253, 258, 264, 266 f., 271 ff., 277, 286, 288 f., 316 f., 388, 439, 442
–, absolute 17
– des Guten s. a. Gott 111, 251, 274
Ideen, transzendentale (Vernunft-) Ideen s. a. Gott, Freiheit, Unsterblichkeit 70, 72, 167, 213 ff., 222, 226, 228, 230, 233 f., 241 ff., 248 ff., 252, 254, 256, 262 ff., 274 f., 278 ff., 284 ff., 295, 312, 315, 325
–, eingeborene 107
Ideenlehre 108 ff.
Identität 34, 48 f., 62, 82 f., 107, 113, 116, 123, 140 f., 146 f., 158, 164, 168, 174, 186, 188, 190, 191, 195, 201 ff., 211, 253, 257, 259, 271, 289 ff., 295, 297, 299, 309, 315 ff., 320, 322, 327 f., 334, 342, 347 ff., 376, 379 f., 388 ff., 394 f., 397 ff., 403 ff., 413, 423, 427, 432, 448, 452, 455

Identitätsphilosophie 43, 145
Ideologie 6, 36, 44, 46, 144, 206, 273, 309, 355, 359, 373, 402, 443 f.
Illusion 39, 249 ff., 273
Imperativ, kategorischer 215, 242, 272 f., 277, 288
Indien 20 f.
Indifferenz 11, 162, 321
Individualität 39, 49, 114 f., 158, 326 f., 419 f., 432, 436
Individuum 39, 48, 146, 157 ff., 221, 240, 273, 353 ff., 405, 433
Industrie 6, 9 f., 38, 59, 70, 83, 143 f., 149 f., 313, 355, 419
Industriegesellschaft s. Gesellschaft
Information 312 ff., 443
Informationstheorie 81
Inhalt 28, 34, 36, 47, 84, 86, 121, 134, 140, 151, 238, 252, 355
Inkarnation 87
Inkommensurabilität 169, 194 f., 296, 315, 319 f., 345, 348 ff., 363, 366, 369, 374, 380 f., 397 ff., 403 ff., 427, 449, 457
innen 195 f., 230, 254, 267 ff., 271, 273 f., 276 ff., 290, 296, 341 f., 344 f., 349 f., 352, 358 f., 361 ff., 377, 380 f., 389, 396 ff., 404, 413, 442, 447
Inquisition 299
Instinkt 284, 353
Instrument/Werkzeug 3, 19, 21, 24, 34, 130, 140, 147, 200, 206 f., 210, 319, 333, 376, 443
intellectus Dei 91
Intellekt 22, 29 f., 125, 129, 132
Irreversibilität 313, 357, 450 f.
Irrtum 195, 199, 220, 287, 289, 322

Jahrhundert
–, 16. n. Chr. 18, 21, 87, 299, 346
–, 17. n. Chr. 18, 21, 87, 168, 335, 414
–, 18. n. Chr. 18, 21, 25, 32, 44 f., 63 ff., 83, 91, 144, 148, 168, 206, 212, 299, 312, 316, 335, 414
–, 19. n. Chr. 18, 21, 26, 30, 33, 65, 70, 91, 144, 156, 206, 212, 216, 219, 244, 256, 309, 312, 316, 359
–, 20. n. Chr. 3 ff., 18, 20 f., 25 f., 35, 51, 61, 67, 70, 83 f., 94, 119, 144, 168 f., 194, 196, 202, 206, 212, 265, 270, 287, 312 f., 318, 322, 372, 394, 400, 406, 413 f., 416, 447, 451
–, 5. v. Chr. 18, 20, 168, 179
–, 6. v. Chr. 347
–, 7. v. Chr. 347
–, 8. v. Chr. 347
Jena 42
Jonier 171, 175, 185 f., 431
Judenverfolgung 166
Jüngster Tag 275

Kampf 284 f., 353, 355 f., 361
Kapitalismus 32, 53 f., 57, 92, 135 f., 143 f., 149 f., 161, 165, 364 f., 416, 419
katalepsis/comprehensio/perceptio 98 f.
Katastrophe 132, 356
Kategorien 156, 208, 343, 370, 412, 419, 422, 426 ff., 441 f., 449, 454 ff.
Kategorienlehre 111 f., 153
Katholizismus 87, 157
Kausalität s. a. causa 35, 92, 137, 143, 206 f., 211, 222, 229, 235 f., 304, 372, 382 f., 396, 404, 407 ff., 412, 417
Kerberos 360
Kirche 6 f., 87 f., 92, 126, 157, 299 f.
Klarheit 10, 14 f., 26, 45, 71, 95, 97, 127, 141, 150, 167, 173, 184, 213, 253, 257, 263, 266, 270, 275, 279, 304, 317, 321, 323, 329, 383, 402
Klasse 273, 355 f.
Königstuhl 27
Körper 126 f., 341, 366, 414 f., 421, 432 f., 439
komplementär/Komplementarität 14, 18, 33, 136, 180
Komplexität 96, 109, 153, 354
Konflikt 353 ff., 364 f.
Konsequenz/Folge 28, 33 f., 53, 55, 84, 115, 132, 138, 143, 149, 151, 161,

211, 267, 291, 298, 317, 371, 407, 411, 415, 441, 449
Konsistenz 62, 66 f., 69 f., 92, 123, 192, 195, 201 ff., 210 f., 220, 232, 251, 253, 295, 312, 319, 338, 393 f.
Konstitution/konstituieren 13, 48, 68, 91 f., 96, 107, 112, 123, 127, 136, 138, 146, 154, 158, 162, 167, 213 ff., 218, 229 ff., 233, 240, 243 f., 249 f., 254, 264 f., 275, 278, 281, 288, 295 f., 318 f., 324 ff., 336 ff., 342, 344 f., 350, 352, 354, 357 f., 368 f., 373 ff., 380, 388, 394, 404, 413, 416, 419, 428 f., 432, 434, 442, 451
Konstruktion 42, 68, 72 f., 85, 121, 190, 225 ff., 232, 238, 251, 254, 268, 269 f., 285, 330 f., 336, 380, 389, 406, 429, 439, 445
Kontingenz 139
Kontinuum/hyle 183 f., 191, 194 f., 216, 340, 366, 414 ff., 421, 425, 436, 438 f., 457
Koordinaten(-system) 209, 420 f., 438, 446, 448, 451
Korpuskel 414 ff., 419
Kosmos s. a. Universum 57, 80, 89, 114, 125 f., 146, 148, 164, 174, 177 f., 180, 321 f., 339, 341, 344, 358 ff., 365, 377 f., 380, 416, 420 f., 438, 439 f.
Kraft s. a. Macht 11, 45, 146, 180, 189, 245 f., 248, 276 f., 310 f., 353, 363, 365, 378, 422 f., 448, 457
Kreuz 87
Krieg/polemos 17, 190, 192, 285, 362
Krise 6 ff., 17 f., 24, 58, 80, 86, 124, 165, 219, 282, 285, 300, 346, 375, 394 f., 414, 416, 449, 451
Kriterium 57, 98, 108, 160, 165, 203, 222, 232, 328, 330, 372, 401 f., 419, 428, 432 f.
Kritik 37, 129, 147, 199, 235, 245, 265, 269, 292, 311, 319 f., 335, 378, 401, 405
Krümmung 233, 238 ff., 252, 291, 379, 395, 440

Kugel/Erdkugel 225 ff., 231 ff., 235 f., 238 ff., 245 f., 252, 254 ff., 267 ff., 272 f., 290, 395, 420 f., 439 f.
Kultur 20 f., 86, 350
Kunst 4, 6, 8, 19, 22, 39, 44, 62, 68 ff., 123, 189, 259, 297, 306, 314 f., 376, 442, 444 ff., 456 f.
Kybernetik 202

Landschaft s. a. Sphäre, Bereich 9, 26 ff., 35 ff., 50 f., 219, 236 f., 239, 251, 258, 268, 297, 329 ff., 395, 420 f.
Leben 11, 18, 37, 39 f., 44, 46 ff., 58, 69 f., 85, 87, 90, 94, 144 ff., 149 ff., 159 f., 164 ff., 172 f., 176, 178, 186, 188, 190 ff., 195, 209 f., 259, 278, 283 f., 287, 298, 302, 305, 307 f., 311, 323 f., 326, 334, 339, 341 f., 344, 348, 352 ff., 375 f., 398, 425
Lebensphilosophie 46, 144
Lebewesen 20, 27, 30, 37, 56, 59, 132, 146, 148, 223 f., 272, 277, 284 f., 324, 326 f., 333 f., 336, 356, 361, 365, 367, 375 f., 412
das Leere 420
Lehrsatz des Pythagoras 332
Leier 189, 191
Lenaeenfest 188
Licht/ans Licht treten 26, 35, 51 f., 55 ff., 84, 89 f., 103, 106, 108 f., 112, 118 f., 123 f., 129, 134 f., 137, 150, 161 ff., 165 ff., 172 f., 191, 203, 231, 247, 268, 274, 282, 295, 306, 310, 312, 315 ff., 332 f., 348 f., 356, 363, 374, 376, 378 ff., 395, 397, 401, 426, 429, 434, 438, 444, 454
Liebe 40, 43, 344
Linearität 26, 29, 50 f., 260, 309, 312, 321, 412 f., 420, 423, 438, 447 f., 450 f.
Linie 332, 421
Logik 14, 62, 64, 66, 81 ff., 100, 104 f., 109 ff., 115 f., 126, 136 ff., 145, 153, 155, 157, 162, 170 f., 200 ff., 211, 214 f., 220, 223, 229, 231, 244, 246 ff., 275, 290, 297, 316 ff., 320 ff., 328, 333, 337, 343, 364, 368, 372 f.,

376, 382, 390, 393, 402 f., 405 f.,
  411, 437 f., 454
–, operationelle 83 f.
–, transzendentale 204
Logistikon 343, 364
Logos 98, 110, 160, 162, 168 ff.,
  176 ff., 185 ff., 191 ff., 195, 318, 327,
  331 ff., 340, 343, 345, 348, 363,
  375 f., 380, 398, 449
– tes usias 331 f.
Lüge 22 ff., 29, 35, 83, 86, 124 f.,
  128 ff., 134, 259, 304
Luft 175 f., 183 f., 210, 255, 341, 431
Lust 40, 377

Macht 9, 20, 26, 35, 39, 41, 53, 83, 93,
  123, 143, 163, 167, 182, 193, 207 f.,
  298 ff., 311, 324, 353, 356, 360,
  364 f., 374, 405
Makedonien 20
Makrokosmos 342
Malerei 19, 68 f., 249 ff.
Manifestation/manifest 12, 15, 17, 19,
  47, 49, 55 f., 58, 89, 103, 106 f., 109,
  112 f., 120, 122 f., 127, 129, 146,
  150 ff., 163, 166, 172, 178, 181 f.,
  186, 190 ff., 195, 259, 265, 302 f.,
  305, 307, 334 f., 339 f., 345, 348 ff.,
  381, 413, 415, 447 f., 452, 457 f.
Mannigfaltigkeit 67, 162, 195, 246,
  288, 383, 398, 407, 410, 419, 434,
  443 f.
Marxismus 43, 53, 148 f., 206 f., 270,
  286 f., 300, 303, 416
Maschine 11, 85, 141 f., 406
Maschinenzeitalter 38, 53, 149
Maß 165, 174, 177 f., 185 f., 188,
  190 f., 371
Masse 149, 180, 193, 200
Massenpunkt 155, 423, 440
Materialismus 109, 116, 226, 255, 286,
  303, 369 f., 373, 419
Materie 41 ff., 109, 114 f., 127, 145 ff.,
  151 f., 154, 175, 184, 201, 226, 246,
  290, 296, 304 ff., 323, 341, 349 f.,
  352, 380, 410, 414 ff., 419 ff., 427,
  432 ff., 438 f., 441 ff., 446 f., 456

Mathematik 10, 14, 48, 64 ff., 82, 84,
  89, 100, 104, 109, 114, 121 f., 127,
  139, 145, 150, 154, 157, 170, 185,
  200 f., 204 f., 214, 225 f., 231 f., 249,
  285, 321, 328 f., 332, 382, 413 f.,
  419 ff., 432 ff., 438 ff., 448
Mechanik 61, 414, 421, 438, 450
Mechanismus 38, 44, 48, 53, 57, 85,
  141 f., 146, 148 f., 165, 210, 394, 411
Medium 17, 45, 175 f., 185, 186,
  290 f., 303 ff., 340, 368, 400, 405,
  415 f., 421, 423, 427, 437, 439, 448
Medizin 155 f., 427
Meer 175, 177, 183, 191, 194, 228
Mehrwert-Theorie 419
Mensch 3 f., 6, 8, 11, 13, 17 ff., 23 ff.,
  29 ff., 34 f., 40, 42, 50, 53, 56 ff., 62,
  71 ff., 75, 80, 84, 90 ff., 103, 107,
  112, 118, 123, 125 ff., 129, 133 f.,
  137, 140 f., 143, 152, 159 ff., 163 f.,
  166, 171 ff., 178, 180 f., 183 ff.,
  192 f., 199, 201, 205, 207 ff., 211 f.,
  215, 218 ff., 223 f., 230, 233, 241,
  244, 257, 259, 265, 267, 270, 272 ff.,
  277 ff., 282 ff., 295, 302, 304, 313,
  316, 324, 326 ff., 332 f., 335, 337 ff.,
  349 ff., 356 ff., 364 ff., 370, 372,
  375, 378 f., 385, 389, 394 ff., 399,
  404 f., 412, 441, 443, 446, 458
Menschheit 9, 17 ff., 22 f., 25, 32, 80,
  92, 94, 130, 134 f., 144, 224, 235,
  242, 298, 305, 307, 313, 323, 351,
  354, 378
messen 34, 130, 140, 423, 453
Metamorphose der Pflanzen 42
Metapher 224, 227 f., 231, 233 ff.,
  237 f., 240, 243, 246, 248 f., 251 ff.,
  260, 277, 306, 311 ff., 331
Metaphysik 17, 23 f., 31 f., 59 f., 62,
  73, 81 ff., 95, 107, 121, 124 ff.,
  130 ff., 137 f., 151, 158 f., 200, 208,
  215 ff., 223, 228, 230 f., 234, 237,
  244, 257 ff., 260, 265 ff., 267 f.,
  272 f., 275, 291, 334 ff., 363, 376,
  387, 401, 407, 453
– der endlichen Vernunft 218, 222 f.,
  228, 234, 270

481

–, Zeitalter der 17, 81, 108 f., 122 ff., 453
–, Zusammenbruch/Krise der 23 f., 26, 29, 31, 33, 59, 124 f., 128, 130, 132 f., 136, 158, 216, 259, 336
Methode 3 f., 13 ff., 23, 26, 29, 34, 50 f., 83 f., 88, 92, 94 ff., 115, 127 f., 136, 138, 140, 143 f., 147, 149 ff., 153, 155, 158, 187, 193 f., 196, 199 f., 203 f., 209 ff., 229, 235, 247, 256, 269 f., 296 ff., 300 ff., 304 ff., 316, 319 ff., 327 ff., 330, 336 ff., 351, 370 f., 393 ff., 402, 405 f., 419, 437, 443
–, transzendentale 394
Mikrokosmos 341 f., 344, 349, 377
Milchstraße 23
mittelbar/unmittelbar 106 ff., 112 f., 127, 129, 151, 160, 164, 176, 181, 193, 308, 354, 369 f., 379, 383, 388, 400, 402, 412, 438, 440
Mittelbegriff 75, 274 f., 277, 279, 290
Modalitäten 296 f., 370 ff., 381 f., 385, 393, 396 f., 417 f., 420, 423 ff., 429, 437, 441 f., 445, 450 ff.
– in der zweiten Potenz 453 f.
Modell 28, 44, 65 ff., 73 f., 109, 146, 185, 209, 225 ff., 231 ff., 236, 238, 254, 268, 285, 406, 439, 441
Modi (der Zeit) 122, 147, 162, 176 f., 180, 297, 379, 450, 452 f., 456
Möglichkeit 20 f., 44, 57 f., 68, 82, 98, 113, 131, 138, 143 f., 151, 157 f., 164, 170 f., 175 ff., 183, 200, 205, 211 f., 216, 218, 222, 229 f., 239, 249 ff., 257, 261, 263 ff., 273, 278, 281, 284 ff., 302, 309 f., 312 f., 321, 324 ff., 333, 340, 345, 357 f., 367, 370 ff., 379, 382, 384 f., 393, 396, 398 f., 406, 411 f., 417 f., 420, 422 ff., 427, 429, 434, 436, 438, 441 f., 449 f.
–, Bedingungen der 121, 137, 202, 209, 218, 221, 223, 230, 232 f., 239 f., 243, 245 f., 248, 261 ff., 267, 276 ff., 282, 289 f., 292, 376, 387, 389, 393, 397

Monadenlehre 154 f., 251
Moral 22, 75, 124, 255, 259
morphe 431 ff.
Morphologie 44, 52
mos geometricus s. Geometrie
mundus intelligibilis 442
mundus sensibilis 442 f.
Musik 140 f., 180, 189, 191, 365
Musiktheorie 62
Mythos 4, 6, 22, 57, 117 f., 164, 182, 194, 297, 306, 341, 360 ff., 366

Nationalismus 256
Natur (auch passim) 3 ff., 20 ff., 25 f., 28, 31 ff., 55 ff., 80 ff., 107 ff., 119 f., 122 ff., 131, 134 ff., 142 ff., 154 ff., 171 ff., 175 f., 180 f., 187, 190, 193 ff., 199 ff., 214, 216, 218, 220, 223 f., 226, 228 ff., 235, 237, 242, 245 f., 248, 252, 255, 259, 261 ff., 265 ff., 270, 278, 283, 286 f., 291 f., 295, 297 f., 300 ff., 316 ff., 322 ff., 328 f., 331, 334 f., 337, 339 ff., 344, 346 ff., 354 ff., 363, 365, 371 ff., 375 ff., 381 f., 389, 393 f., 395 ff., 402, 404 ff., 410 ff., 420, 422 ff., 428 f., 431 ff., 436 ff., 440 ff., 447, 449, 451, 454, 456 ff.
–, heile 325
natura 54, 89 f., 113, 162
Naturbegriff 3 ff., 9, 27, 32, 44 ff., 51, 54 ff., 60 f., 124, 136, 161 ff., 200, 213, 234, 308, 335, 371
Naturgeschichte 63, 255
Naturkunde 51, 63, 255
Naturphilosophie (auch passim) 42, 52, 57, 89, 108, 111, 148, 169, 175 ff., 365, 387, 431
Naturrecht 157
Naturverständnis s. a. Naturbegriff 239, 265, 311, 320, 324, 414, 444
Naturwissenschaft/moderne Wissenschaft s. a. Wissenschaft, Neuzeit 4 ff., 10 ff., 15 ff., 21, 25, 31 ff., 35, 37 f., 43 f., 48, 51 ff., 55, 57, 59 f., 60, 63 ff., 80, 82, 85 ff., 111, 114, 123, 126, 129, 131 ff., 143, 149 f.,

154, 156 ff., 163, 166, 168, 175, 179, 187, 194, 199 ff., 213 ff., 218, 220, 223 f., 229 f., 232, 234, 246, 249, 254 ff., 282, 287, 298 ff., 304 f., 307, 309, 311, 317, 319, 322 ff., 328 ff., 333, 336 f., 339, 371, 387, 393 ff., 399 f., 409 f., 413, 418 ff., 423, 428, 432, 436, 438 f., 441, 443 f., 449
Naturwissenschaftler s. a. Personenregister 4 f., 9, 13, 21, 34, 42, 44 ff., 81 ff., 91 f., 95, 114, 140 f., 199 f., 210, 212, 217, 236, 295, 313, 408, 412, 443
Neckar 190
Negation/negativ 83, 85, 92, 129, 195, 247, 269 f., 296, 308, 310, 325, 329, 350, 415, 429, 455 f.
Neukantianismus 70, 212, 216, 262
Neuplatonismus 362
Neuzeit/neuzeitlich 3 f., 8, 10, 12 ff., 18, 20 f., 23, 29, 32 f., 35 f., 43, 45, 47, 49, 51, 54 f., 57 ff., 64, 80, 82 ff., 93 ff., 100, 107, 110 ff., 120, 123, 126 ff., 135 f., 138, 143 f., 147, 149 f., 152, 158, 161 ff., 165 ff., 181, 187, 193 ff., 199 f., 203 ff., 207 ff., 211, 213, 247, 291, 295 ff., 300 ff., 305 ff., 311, 313, 315 f., 322 ff., 326 ff., 330, 333, 335 ff., 342, 344 f., 347, 358, 371, 373, 375, 380, 382, 389 f., 393 ff., 399, 404 ff., 408, 410 f., 414 ff., 418 ff., 428 f., 433, 436 ff., 444 f., 448, 450 ff.
Nichts/Nichtigkeit 33, 40, 49, 65, 91, 130, 132 f., 159, 187 f., 286 f., 317
Nihilismus 30 ff., 124, 132 ff.
–, Überwindung des 30, 132
Nische, ökologische 37, 50, 159, 283, 353, 357
noesis 107, 116, 226, 343, 421 f., 432, 436
Nominalismus 8, 91, 274, 317, 426
Norm 334 f.
Notwendigkeit 25, 29, 63 f., 67 ff., 83, 93, 108, 111, 115, 121, 126, 137 ff., 145, 152, 200, 206 f., 222, 229, 234, 240 f., 244, 246, 249 f., 252 f., 255, 260, 272, 277 f., 282 f., 286, 290, 292, 296, 316 f., 322, 327 ff., 332, 337 f., 350, 367 f., 370 ff., 380, 382 ff., 388 ff., 393, 396 ff., 405 f., 411 ff., 415, 417 ff., 423 ff., 428 ff., 436 ff., 441, 449, 451 ff.
nus/noein 106 f., 111, 116, 164, 333, 340 f., 345, 348 f., 376, 380, 401, 449

Oberfläche (der Erde, der Kugel) 35, 143, 224 ff., 231 ff., 235, 239 ff., 243, 252, 254, 272, 319, 444
Objekt 12 f., 35, 59, 62, 71, 74, 85, 90, 92, 98, 113, 115, 127, 137 f., 147, 166, 194 f., 201, 209, 217 f., 223, 229 f., 240 ff., 249, 251, 263, 268, 274 ff., 279, 281, 286 f., 297, 301 ff., 307, 323 f., 328, 336 f., 350, 374, 378, 390, 398, 404, 406, 428, 444 ff.
Objektivität/Objektivation 10, 32, 51 ff., 83, 92, 97, 115, 122, 150, 209 ff., 230, 232 f., 241, 264, 266 f., 286, 292, 295 f., 301 f., 304, 311, 323, 325, 352, 357, 375, 379 f., 382, 400, 419, 424, 428, 441 f., 444, 447
Ökologie 7 f., 17, 50, 58, 79, 143, 154, 159, 161, 165, 283 ff., 354, 356
Ökonomie s. Wirtschaft
Offenbarung 21, 87, 291
Offenheit/offen 27, 49, 158, 261, 263, 333, 341, 376, 379, 396, 451 f.
Ontologie 81, 102, 105, 111, 127 f., 133, 138, 142, 145, 153 f., 156, 260, 317, 376, 411, 427, 440
Operation/operationell 16, 115, 200 ff., 204 f., 207 f., 295, 301, 304, 394, 405 f., 438, 443
Ordnung 67, 69 f., 73, 89, 135, 177 f., 185, 216 f., 221, 253, 273, 299, 317, 356, 359 f., 365, 410, 423 ff., 430 f., 436
Organ/organisch 48, 58, 69 f., 94, 145 f., 149, 151 ff., 160, 165, 176, 210, 444
Organisation/organisierend 70, 146, 219, 299

Organismus 48 ff., 149, 152 ff., 156 ff., 283 f., 339, 352 f.
Ort/topos 27, 220, 251, 448
Orthodoxie, lutherische 86
Ortsbewegung 433 ff., 441 f.
Ozean 143

Pantheismus 41, 43 f., 265 ff., 270, 275
Paradoxie 31, 33, 91 f., 120, 134, 142, 150, 172 ff., 193, 285, 359, 398, 406, 437, 441
Parallelenpostulat 420 ff., 424, 440
Parameter 412 f., 423, 438, 447 f., 450 f., 453
Partikularisierung 67, 445
peras 185 f.
Persien 20
Perspektive/perspektivisch 24 f., 27 ff., 68 f., 80, 96, 130 f., 158, 208, 220 f., 231, 250 ff., 256, 259, 265, 331, 379 f., 424, 445
perspicuitas 97, 99, 119 f., 172 f.
Perzeption 141 f.
Pflanze 42, 49, 58, 143, 154, 165, 201, 353, 407, 432, 446, 455
Pflicht 72, 272 ff., 277, 280, 412
Phänomen 4, 12 f., 28, 31, 34, 36 f., 46, 59, 63, 113, 115, 119, 123, 134, 140, 143, 146, 148 ff., 155 ff., 160, 164, 166, 201 f., 210, 220 f., 226 f., 259, 283, 286 f., 297, 301, 303 ff., 307, 311 f., 324, 340 f., 378, 406, 419, 421 f., 426, 428, 431 f., 434, 438, 440 ff., 456 ff.
Phänomenalität 305 ff., 324, 354, 378 f., 444 ff., 453 f., 456 ff.
Phänomenologie 119
Phantasie 47, 234
Philologie 168, 194, 203
Philosophie passim
–, Erste 103 f., 425
–, französische 148
–, griechische s. a. Personenregister 3 f., 8 f., 11 ff., 20, 31, 36, 44 ff., 49, 53 ff., 66, 69, 81, 89 f., 92 ff., 96, 98 ff., 102 ff., 122, 127, 131, 133, 138 f., 146 ff., 152 ff., 160 ff., 168 ff., 204, 228, 230, 236, 251, 271, 274, 296 f., 304, 311 ff., 317 ff., 331 ff., 338 f., 345 ff., 352, 358 ff., 375 f., 380, 383 ff., 398 ff., 407 ff., 444, 449, 454, 457
–, „historische" 134
–, kritische 369
–, politische 365
Philosophieverbot 207
phronesis 187, 195
phthora s. a. Vergehen 55, 90, 161 f., 174
Physik 4 ff., 10 ff., 26 f., 35, 44 f., 52, 55, 59 ff., 64, 66, 84, 88, 90, 92 ff., 109, 111, 114, 125 ff., 129, 131, 134 ff., 139 f., 143 ff., 148 ff., 155, 157, 160 f., 165, 194, 196, 204, 206 ff., 210, 212, 220, 232, 236, 255, 291 f., 302, 304, 313, 315, 317 f., 321 ff., 327 f., 339, 341, 352, 371 f., 394, 411 ff., 418, 421 ff., 425, 427 ff., 433, 440 f., 443, 445, 447, 450 f.
Physiologie 35
physis 8, 45 f., 53 ff., 63, 89 f., 92, 94, 104 ff., 108, 110, 113, 116 f., 160 ff., 168 f., 173 f., 176 ff., 188 ff., 228, 340 ff., 345, 348, 359, 377 f., 389, 398, 420, 434
Planung 59, 166
Plastik 8, 19
Platonismus 45, 149, 259
Polarität 41, 148, 162, 174, 178, 191, 365 f., 415, 417, 427, 431, 434 f., 442, 449, 457
Politik 36, 64, 83, 135, 140, 199, 273, 300 f., 306, 309, 359, 364 f., 373, 419
Positivismus 148, 206, 212, 285, 287, 312
Positivismus-Streit 287
Positivität/positiv 11, 23, 33, 82, 95 f., 122 f., 128 ff., 134 ff., 138, 148, 150 f., 154, 158, 194, 200, 247, 255, 286, 311, 313, 317, 329, 400, 416 f., 423 f.
Postulat 67, 248, 253 f., 258, 272, 277, 376

Potentialität 305, 435
Prädikat 75, 101, 103, 113, 153, 274 f., 283 f., 352, 371 ff., 414 f., 420, 430, 432, 455
Prämisse s. a. Voraussetzung 20, 23 f., 81 f., 99, 101, 111, 126, 128, 130 f., 133, 136, 149, 151, 155, 170, 257, 316, 449
präsentieren s. sich zeigen, sich manifestieren
Praxis 36, 91, 131, 137, 172, 207, 248, 287, 296, 301 ff., 305, 350, 380
principium individuationis 48, 154 ff.
Prinzip 13 f., 17, 48 f., 55, 67, 69 f., 85, 96, 100 ff., 110, 112 f., 116, 127, 138 f., 142, 147, 152, 154, 156 ff., 187, 195, 200, 203, 211, 213 ff., 222, 225 ff., 230 ff., 240 f., 244 f., 248 ff., 253 ff., 257 f., 267 f., 273, 304, 334, 343, 352 f., 356, 372, 382, 385, 389, 393, 402, 404 ff., 409 f., 419, 425, 432, 440
Produkt 113, 159, 172, 201, 203, 206, 213, 308, 313, 316, 319, 414, 446
Produktion 10, 35, 57 f., 83, 85, 113, 140, 164, 268, 290, 313 ff., 334, 350, 389, 406, 419
Produktionsverhältnisse 57, 165
Projektion 25, 59, 112, 129, 138, 150 f., 161, 166, 187, 199, 207, 250, 252 ff., 256, 258, 268, 273, 275 ff., 282, 289, 290 f., 295 ff., 305, 309, 322 f., 325, 334, 341 ff., 350, 355, 358, 369, 374 f., 378, 380 f., 390, 398 f., 403 f., 406, 411, 420, 422 ff., 428 f., 439, 441, 444 f., 449, 452, 456
Proportion 170, 177 f., 180, 186, 359, 398, 425
Prozeß 6, 10, 16 f., 20, 35, 48 f., 82, 90, 92 f., 104, 132, 140, 143 f., 151, 157, 159, 165, 206 ff., 236, 283 ff., 297, 300, 309, 311, 313, 316, 323, 334, 338 f., 352 f., 355, 357, 365, 371, 376, 380, 385, 396, 405, 409, 411 ff., 417, 426, 428, 432, 434, 440 f., 450, 452
Psychoanalyse 363, 401

psychologia rationalis 215
Psychologie 97, 104 f., 342
Pythagoräer 62

Qualität 19 f., 55, 89, 150, 161, 185, 297, 313, 418 ff., 427 ff., 431, 434 ff., 439, 441 ff., 449 f., 454 ff.
Quantenphysik 5, 61, 91, 145, 371, 414, 450
Quantität 54 ff., 89, 145, 151, 161, 163, 165, 186, 285, 297, 355, 418 ff., 422 f., 425 ff., 431, 433, 435, 440 ff., 449 f., 454 ff.

Rätsel 4, 26, 122, 176, 406, 418
Rationalität 17, 45, 59, 180 f., 219, 255, 296, 342 f., 346 f., 349, 351, 363, 380
Raum 68, 81, 127, 131, 145, 200, 203, 210, 221, 224, 228, 232 f., 238, 269, 271, 276 f., 290, 292, 297, 307, 341 f., 379, 387, 397, 414 f., 418 ff., 428 f., 432, 438 ff., 443, 445, 447 ff., 451 f.
reaktionär 206 f., 416
Realität s. a. Wirklichkeit 10, 55, 59, 163, 218, 327, 455
Recht 89 f., 277, 356, 359, 455
Reduktion 34, 85, 140, 161, 177, 409, 415 f., 419 f., 441, 457
Reflexion 36, 82, 92, 181, 187, 195, 214, 276, 278, 291, 310, 318 f., 328, 335, 350, 368, 400 f., 426
Regel 26, 66, 68, 95, 100, 102, 115, 156, 202 ff., 207, 209 ff., 213 f., 229 f., 232, 241, 244, 249 ff., 253 f., 256, 284, 295, 327, 329, 337, 372, 382, 384, 393 f., 402, 406, 411, 424, 437
Relation/relativ 27 f., 66, 105, 220, 231 f., 329, 370, 374, 421, 427
Relativität 28, 32, 49, 135 f., 158 f., 331
Relativitätstheorie 5, 61
Religion s. a. Gott 89, 188
Reminiszenz 205
Renaissance, Zeitalter der 149, 227

repräsentieren 82, 155, 296, 350, 449, 457
Reproduktion 312, 336, 444 f.
res 90, 162
- cogitans 58, 137, 140, 266, 286
- extensa 33, 55, 58, 137, 140, 147, 152, 176, 186, 205, 266, 286, 342, 414, 419, 440
- familiaris 163
- natura 163
Res Publica 162 f.
Ressourcen 144, 313 f.
Resultat 16 f., 132, 208, 210 f., 296, 311, 316 f., 320, 327, 329, 350, 374, 394, 396, 413 f.
Revolution/revolutionär 64, 66, 86 ff., 126 f., 222, 232, 241, 255, 299, 413
-, französische 64 f., 207, 237
Richtigkeit 10 f., 17, 25, 27, 30 f., 42, 123, 130 ff., 203, 210, 222, 232, 301, 304, 312 f., 315 ff., 328 f., 331, 352, 357, 378 ff., 390, 395
Römer 89, 162 f., 166, 255
Röntgenaufnahmen 296, 437, 449
Rousseauismus 44

Sachverhalt 14, 24, 70, 82, 96 f., 101, 103, 105 f., 109, 121, 130, 138 f., 150, 170 f., 173, 181, 202, 226, 246, 303, 312 f., 325, 330, 382 ff., 403, 408 f., 451
Satz vom Widerspruch 27, 110 f., 142, 385
Satz vom (zureichenden) Grund 142, 384 ff., 388, 409
Schatten 118, 124 f., 150, 159
Schein 25, 115, 144, 224 ff., 233, 247, 259, 319, 369, 407
-, transzendentaler 153, 172, 214 f., 223, 227 f., 233, 237, 243 f., 246, 251 f., 257, 263, 267 ff., 281 f., 291, 305, 320, 322, 383
Schema/Schematismus 70, 151, 155, 211, 254, 276 f., 286, 296 ff., 301 ff., 351, 374, 381, 390, 397 f., 404, 406, 409, 412, 417 f., 423 ff., 427 ff., 432, 440 f., 443 f., 445, 448, 451, 456

Schluß 103, 170, 205, 382
Schönheit 89, 189
Schöpfer 3, 56 f., 85, 164, 166, 174
Schöpfung 3 f., 12, 54, 56 ff., 80 f., 85 ff., 91, 93 f., 124, 163 f., 166, 322, 440
Schöpfungstheologie 12, 88
Scholastik 8, 13, 96
Schrift 19 f., 179
„Schule von Athen" (Raffael) 193
Seefahrt 386 f.
Seele 99, 138, 146, 183 ff., 192, 194, 332 f., 335, 337 ff., 349 ff., 358 ff., 362 ff., 374, 376 ff., 380 f., 385, 413
Seelenlehre 73, 184, 257, 359, 363, 366
Seelenvermögen s. a. Vermögen 358, 364 f., 376 f.
Seiendes 111, 115, 139, 147, 160, 175, 180, 185, 191, 261, 289, 331 f., 375 f., 387 f., 425, 430 f., 455
Sein 10, 12, 14, 55 f., 58, 89, 102 f., 105 ff., 112 f., 119 ff., 127, 139, 147, 162, 164, 166, 172, 175 ff., 181, 184 f., 195, 259 ff., 263, 267, 274, 290 f., 322, 332 f., 340, 348 f., 368, 373 ff., 379, 381 f., 387 f., 397 f., 400, 403 ff., 415, 455
Seinsstrukturen 105, 112, 115, 138 f.
Seinsvergessenheit 333
Selbstbetrug 32, 38, 128 f., 135, 187, 367, 406
Selbstbewegung 112, 146 f., 186, 339 ff., 346, 349, 367, 375, 377
Selbstbewußtsein/conscientia 123, 160, 195, 214 ff., 229, 271, 336, 339
Selbsterhaltung 354, 357
Selbsterkenntnis 74, 230, 242, 257 f., 278, 281 f., 309,. 315 f., 328, 394
Selbstorganisation 48, 157, 352
Selbstverständnis 18, 64, 91, 200, 286 f., 291, 340, 346 f.
Selbstzerstörung 83 f., 358, 370
Selektion 284, 352 f., 355
Setzung s. thesis, positio
Sinnlichkeit/Sinne 38, 74, 98 ff., 106 f., 118, 124, 126, 180, 216, 221 f., 224 ff., 231 ff., 240, 245, 254, 268 f.,

271, 276 f., 341 f., 349 ff., 374, 377, 387, 389, 398, 410, 421, 425 ff., 438 f., 442 ff., 446 f., 455, 457 f.
Sittengesetz 255, 272, 336
Situation 29, 32, 47, 53, 59, 86, 135 f., 204, 283, 287, 324 f., 327
Sizilien 42
Skepsis 11, 33, 95, 98 f., 136, 147, 216, 234, 236 f., 258
Skylla 360
Sonne 86, 126, 176, 194, 221, 232, 327
Sonnengleichnis 251
Sonnensystem 22 f., 29, 124, 130
Sophistik 101, 359, 383 ff.
sophrosyne 187 f.
Sozialismus 54, 57, 143, 161, 165, 273, 419
Sozialwissenschaft 36, 50, 151, 159, 207, 286, 299, 301, 355, 401, 419
Spannung 189, 193, 195
Sphäre s. a. Bereich, Feld 12 f., 38, 47, 50 f., 55 f., 58 f., 71, 83 ff., 90, 92, 94, 113 ff., 127, 137, 145, 151, 162 f., 166, 194, 206 f., 212, 224, 232, 238 ff., 246, 267, 269, 278 f., 286, 296, 301 f., 304 ff., 323 f., 328, 338, 340, 342, 344, 349, 374, 377, 386 ff., 396 f., 399, 403 ff., 411, 416 f., 419 ff., 424, 427 ff., 432, 438, 441 ff., 449, 457
Sphärenharmonie 180
Spiegelung/Reflex/Spiegelbild 3, 32, 51, 59, 80, 135, 144, 150, 158, 187, 249, 251 ff., 273, 275, 296, 301, 311, 333, 336, 343, 346 f., 349 ff., 358, 365 ff., 377 ff., 389, 397 f., 413, 416, 442, 455, 457
Spiel 39 ff., 53, 357, 439
Spielraum 25, 58, 165, 208, 261, 264, 284, 308, 410, 412 f., 417, 420, 435, 441, 451 f.
Spinozismus 43 ff., 266 f., 407
Spiralnebel 59
Spontaneität 233, 277, 342, 375
Sprache 3, 38 ff., 46, 80 f., 193, 238, 245, 272, 366, 430 f., 437

Staat 36, 50, 64, 94, 135, 143, 159, 162, 299, 355 f., 364
Staatsidee 64
Staatstheorie 36
Standort 4, 9, 27 f., 36 f., 52, 84, 219 ff., 231 ff., 242, 250, 252, 254, 280 ff., 287, 303, 308, 327 ff., 337 f., 344, 377 f.
Steigerung 41, 148, 157
Sterblichkeit 58, 166, 178, 326
steresis/privatio 436
Stern/Gestirn/Planet 22 ff., 29, 58, 124 f., 130, 145, 157, 159, 165, 175, 201, 221 ff., 232, 291 f., 341, 357, 365, 421, 446, 450
Steuerung 176, 181 ff., 299
Stoa 44, 98 ff., 107, 118, 168, 180, 195 f., 333 ff., 343, 376 f.
Stoffwechsel 283, 352
Struktur 58 f., 64, 69, 73 f., 91, 106, 109 f., 112 ff., 138 f., 141, 144 ff., 153, 156, 159, 165 f., 170, 180, 183 ff., 191, 194 f., 224, 226, 231, 235, 240, 261, 266, 268, 279, 285, 295, 298, 307, 317, 321 f., 325, 327 f., 331 f., 336, 338, 340, 343, 345, 351, 366, 375 f., 388 f., 400, 402, 405, 407, 409 f., 413, 415 ff., 426 ff., 432, 435 ff., 447, 452, 456 ff.
Subjekt 13, 27, 62, 72, 74 f., 84, 91 f., 107 ff., 120, 126, 128 f., 131, 134, 136 ff., 140, 142, 145 ff., 150, 158, 162, 195, 204, 211, 218, 229, 232, 240, 242, 269, 271, 281, 283 f., 287, 291 f., 295 f., 302 ff., 307, 316 ff., 322 ff., 330, 336 ff., 340, 344, 347, 350 f., 354, 357 f., 368 f., 371 ff., 378, 380 f., 389 f., 393 ff., 398 f., 404 f., 413, 419, 428, 433, 441 f.
–, transzendentales 187, 296, 322, 326 ff., 336, 338, 350, 373, 375 ff., 388, 394, 443 f.
Subjekt – Objekt 113
Subjektivität 34, 51 ff., 74, 84, 91, 97, 104, 107, 112, 116, 126, 129, 137 f., 142, 145, 147, 149 ff., 159, 203, 207, 240 ff., 252, 266 ff., 277 f., 286 f.,

290 ff., 295 f., 302, 307, 317, 323, 325, 329, 331, 336 ff., 343 ff., 347, 351, 358, 367 ff., 377, 380, 389, 394, 397 f., 404, 413, 441 f.
–, transzendentale 137, 240, 273, 296 f., 344, 378, 389
Substanz 49, 111, 139, 141 f., 146, 153 ff., 158, 283, 297, 352, 446, 454 ff.
Sumerer 19
Syllogismus 103, 110, 170, 275
synholon 419 f.
Synthese 14, 73 f., 96, 110, 169, 192, 214 f., 269, 290, 319, 340, 345 f., 380, 398 f., 404, 439
System, Systematik 23, 26, 30, 45, 59 ff., 67 ff., 81, 92, 116, 125, 127, 158, 202 ff., 207, 213 ff., 219 f., 222, 230, 233 ff., 241 ff., 245, 253 ff., 262, 265 ff., 274, 278 ff., 282, 284, 286 ff., 295, 300, 303, 312, 315, 336, 338, 356, 399, 401 f.
–, offenes 352, 410
Systemanalyse 285 f.
Systementwurf s. a. Ideen, transzendentale 30, 59, 62, 70, 219, 255 ff., 265 ff., 275, 279 ff., 312, 315, 325

Täuschung/Trug 10, 27, 29, 31 f., 38, 64, 98, 100, 108, 119, 124, 131, 134, 172, 178 f., 187, 199, 249, 251, 253, 300, 313, 315, 331, 339, 345, 361, 443, 445
Technik 6, 9 ff., 19, 34, 83, 129, 132, 140, 150, 285, 299, 308 f., 448
Technokratie 11, 287
Teleologie, transzendentale 69, 242, 245 f.
terribilità 193
Tertiär 19
Theologie 6 ff., 12, 18, 21, 44, 59, 73, 85 ff., 91 f., 107, 111, 116, 125, 127, 156 f., 203 f., 257, 274, 286, 299 f., 317, 322, 439 ff.
Theorie 13, 32, 36, 61 f., 82 f., 90 f., 95, 100, 102, 106, 109, 116, 123, 126, 131, 133, 135, 137, 139 ff., 143, 145 f., 150, 155, 172, 181, 194, 201 ff., 208, 210 ff., 215, 221, 229 f., 254, 287, 296, 300 ff., 305, 319, 336 f., 341, 343, 350, 371 f., 380, 401, 414 f., 427, 443
–, abgeschlossene 61 f., 143, 207
–, kritische 287
Thermodynamik 371, 450
thesis/positio 102, 105 f., 108 ff., 122 f., 126
Thüringen 52
thymos 342 f.
Tiefurter Journal 38
Tier 18 f., 22, 29 ff., 36, 42, 50, 58, 125, 133, 143, 159, 165, 201, 259, 278, 284, 353, 360 ff., 412, 446
–, vernunftbegabtes/animal rationale 31, 133, 334, 376
– -Mensch-Übergangsfeld 19
Tod 40, 125, 183, 188, 190, 192, 195, 326, 341, 344, 348, 354 ff., 376, 398
Tod-Gottes-Theologie 125
Totalität 227 f., 238 f.
Tradition 11, 13, 44, 96, 111, 146, 153, 168 f., 180, 185, 195 f., 206, 210, 227, 230, 256, 272, 274, 290, 305, 343, 345, 362 f., 387, 402, 437
Transparenz 175 f., 184, 186, 278, 325, 329, 340, 349, 406, 417, 437, 446 ff., 453, 456
Transzendentalphilosophie s. a. Idealismus, Deutscher 7, 29 ff., 44, 51 f., 60 ff., 70 ff., 81, 84, 125, 138, 148, 167, 201 ff., 208 ff., 262 ff., 295 f., 304, 311 f., 315 ff., 322, 325, 328, 330 f., 335 ff., 343 f., 349, 367 ff., 375, 387, 389, 399, 413, 415, 422 f., 441, 443 ff., 454 ff.
Traum 118, 368
Trieb 342 ff., 350 f., 357, 363 f., 367 f.
Trug s. Täuschung
Tugend 187 f., 359

Übereinstimmung 51 f., 82, 109, 146, 179, 181, 193, 200, 222, 289, 330
Überleben 5, 354

Umwelt 37 f., 49 f., 58, 94, 158 f.,
  285 f., 325, 352 ff., 357, 359
unendlich 48, 113, 129, 147, 154 ff.,
  171, 225, 233, 238, 251, 267, 414,
  419, 421 f., 436, 439 f., 443 f., 448 ff.
Universalität 292, 325, 365, 379
Universum s. a. Welt, das All 3 f., 18,
  23 ff., 29 f., 33, 49, 57, 74 f., 93 f.,
  124 ff., 134, 136 f., 139, 145, 155,
  157, 159, 162, 181, 220 f., 239, 274,
  278, 291 f., 325, 350, 379, 439, 453
Unmittelbarkeit 101 ff., 106, 109 f.,
  112 f., 129, 151, 160, 181, 308, 400,
  402
Unsterblichkeit 58, 73, 218, 355
unveränderlich s. a. zeitlos, Identität
  114, 116, 138 f., 156, 166, 171, 185,
  346, 348 f., 368 f., 377, 379, 386,
  388, 397, 399, 403 ff., 409, 411, 413,
  427, 436, 438, 447, 455 f.
Ursache 35, 143, 382, 386, 407 ff., 417
Ursprung 31, 42, 70, 104, 116 f., 119 f.,
  133 f., 147, 160, 175, 185, 201, 204,
  207, 246, 251, 274 f., 277, 282, 296,
  339 f., 358, 367, 372, 381, 403
Urteil 75, 97, 115, 204 f., 215, 244, 255
–, synthetisches a priori 238 f.
Urteilskraft 72, 230, 268, 273

Vakuum 356
Venedig 42
Veränderung 19, 39, 115 f., 121, 135,
  138 f., 142 f., 156, 259, 272, 285,
  299 ff., 308, 313 f., 321 f., 324 f.,
  331, 346, 348, 365, 368 f., 377, 379,
  386, 388, 397, 399, 403 ff., 409, 411,
  413, 431, 436, 441 f., 447, 451, 453,
  455
Verantwortung 87
Verblendung 23, 324, 347, 375
Verborgenheit 10, 14, 22, 39, 41, 54 f.,
  58, 82, 89, 94, 112, 121, 136, 161 ff.,
  167, 170, 172 f., 176, 190, 194, 240,
  268 f., 286, 315, 318 f., 388, 401,
  430 f., 433, 446, 454
Verdrängung/Vergessen 8, 92, 131 f.,
  220, 223, 375, 449

Vererbung (erworbener Eigenschaften) 20
Verfügen 90, 94, 163, 166, 208, 301 f.,
  333
Vergänglichkeit 17, 56, 377
Vergangenheit 9, 41, 205, 309 f., 321,
  323, 379, 407 ff., 417, 450 ff.
Vergehen s. a. Werden 39, 55 f., 59,
  90, 105, 114, 161 ff., 174, 176 f., 180,
  185, 190, 321, 331, 340, 342, 349,
  385 ff., 398, 404 f., 407, 411, 419,
  424 f., 428 f., 431 ff.
Verhalten 4, 181, 223, 283 ff., 400 f.
Verhaltensforschung 223, 412
Verifikation 16 f., 49, 86
Vermittlung 98 f., 101 ff.
Vermögen 31, 38, 56, 68 ff., 133, 156,
  164, 166, 213 ff., 218, 221, 223 f.,
  230, 233 f., 241, 244 ff., 249, 258,
  263, 269, 272 f., 275, 289 f., 326 f.,
  333 f., 337, 341 ff., 349, 363, 376 f.
Vernichtung s. Zerstörung
Vernunft 3, 31, 64, 67 ff., 71 ff., 81, 87,
  91, 98, 107, 137, 167 f., 195, 203,
  213 ff., 221 f., 224, 227 f., 230 f.,
  233 ff., 241 ff., 248 ff., 254 ff.,
  262 f., 267 f., 272 f., 278 f., 281 f.,
  286 ff., 296, 315, 328, 333 ff., 344,
  349 f., 364, 376 f., 381, 384, 394,
  398
–, praktische 137, 248, 335
–, theoretische 137, 335
Vernunftbegriffe 67, 72, 196, 202 f.,
  205, 208, 212 f., 217, 227, 237, 244,
  269, 288, 368
Vernunfteinheit 62 f., 65, 168, 252, 264
Vernunft-Ideen 68 ff.
Vernunft-System 64, 81
Vernunft-Vermögen 167, 256, 376
Verstand 67 f., 169, 211 f., 214, 217 ff.,
  223 f., 234, 236, 239, 241, 244, 246,
  249 f., 254, 256, 268, 270, 289, 343,
  349 f., 443, 446
Verstandesbegriffe 68, 72, 112, 196,
  202 ff., 208, 211 ff., 218, 229 ff., 237,
  240 ff., 244 ff., 249 f., 264, 269, 275,
  337, 368, 370, 443

489

Verstandeseinheit 65, 290
Verstandeserkenntnis 67 ff., 71, 214, 234, 237 f., 243, 253 f., 256, 279
Verstandesprinzipien 217, 237
Verstandesregeln 213 ff., 219, 229 f., 241, 244, 249
Versuchsanordnung 16 f.
Verwandlung 433 ff.
vieldeutig 97, 291, 304, 354, 418, 446
voluntas Dei 91
Voraussetzung 10, 14, 21 f., 24, 46 f., 60 ff., 65 f., 81 f., 96 f., 100, 109, 111, 121, 123, 138, 140, 150, 156 f., 167 f., 195, 199 ff., 203, 218, 220, 227, 230 f., 262, 268, 275, 277, 282, 284, 286, 295, 297, 300 f., 304, 312, 315 f., 318 ff., 322, 328, 330, 332, 347, 355, 369 ff., 376, 379, 382 f., 397, 401, 403, 405
Vorderasien 19
Vorgang 10, 12, 15, 34 ff., 46 f., 49, 53, 58, 63, 82, 91, 121, 137, 140, 142, 144, 150 ff., 160, 192, 211, 303, 323, 371 ff., 408 ff., 413, 451
Vorrang/Priorität 101, 104 f., 115, 130, 138, 150, 163, 176, 179, 217, 317, 386
Vorstellung 6, 13, 18, 41, 50, 71 ff., 85, 89, 95, 98 f., 122, 142, 146, 169, 182, 199, 225, 229 f., 239, 241, 250, 252, 263 f., 269, 271, 276 f., 279 ff., 288 ff., 296, 309 ff., 327 f., 336 f., 359, 369 f., 379, 381, 412, 416, 422 f., 439, 445, 447 ff., 452 f., 455
Vorurteil 4, 6, 11, 18 f., 21 ff., 36, 46, 53, 80, 84, 86, 108, 131, 144, 151, 158, 205, 240 f., 262, 296, 311, 314 f., 401 f., 428 f.

Wachstum/wachsen 54 ff., 90, 144, 160 f., 163, 165, 186, 191, 219, 309, 313, 363, 434, 436, 455
–, Grenzen des 285
Wahrheit 10 f., 14 ff., 21 ff., 26 ff., 30 ff., 47, 49, 51 ff., 55, 62, 64, 80 ff., 86 f., 94 ff., 105 ff., 110 ff., 116 f., 119 ff., 128 f., 144, 146, 149 ff., 158 ff., 161, 164, 169 f., 172 f.,
175 f., 178 ff., 184, 186 f., 192 ff., 211, 219 f., 222, 231, 241, 248, 252 ff., 257, 266, 272 f., 291, 295 f., 298, 300 f., 304, 307, 310 ff., 315 ff., 321, 323, 327 ff., 332 ff., 338 ff., 342 f., 345, 348 ff., 361 ff., 365, 368 f., 375 f., 378, 381 f., 384 ff., 395 ff., 401 f., 425, 446, 453 f., 457 f.
Wahrnehmung 38, 43, 98 ff., 106 f., 118, 124, 126, 173, 180 f., 209, 211, 225 f., 232, 241, 254, 260, 276 f., 283, 306 f., 324, 332, 335, 341 ff., 349, 368, 378 f., 387 ff., 400, 410, 421, 425 ff., 438 f., 442 ff., 446 ff., 455 ff.
Wahrscheinlichkeit 21, 32, 91, 359, 371 ff., 451 f.
Wasser 175 f., 190, 192, 255, 341, 431
Wechselverhältnis/Wechselwirkung 49 f., 113, 141, 146, 153, 155, 158 f., 180, 263, 283 ff., 352, 354 f., 396, 410, 436
Weg/Gang s. a. Methode 4, 22, 26 f., 29, 32, 34, 38, 43, 46, 50, 53, 60, 71, 84, 100, 104, 122, 152, 155, 169, 185, 192, 196, 199, 209, 213, 222, 230, 236 f., 258, 265, 274, 296 f., 300, 306, 313, 316, 318, 320, 323, 326, 335, 344, 350, 374 f., 380, 393 ff., 400, 405 f., 425, 427 ff., 436, 442 f., 448, 454
Weimar 38, 42
Weisheit 179, 181 ff., 188, 193, 216, 222
Welt 13, 23, 59, 63 f., 71 ff., 80, 89, 91, 93 f., 96, 123, 125, 128, 131, 162 f., 174, 177, 179, 181 ff., 186, 193, 195, 212, 215, 218, 229 ff., 233, 237, 241, 244, 255, 257, 260 f., 263 f., 266 ff., 270 ff., 274 ff., 282, 286 ff., 291, 295, 297, 299, 313, 316, 322, 325 ff., 334, 340, 342, 344, 347, 351, 375, 379, 388 ff., 393, 440, 442 f., 447 ff., 452, 454, 457 f.
Weltall s. das All
Weltanschauung 94 f., 132
Weltbegriff 237, 242 f., 248, 262

Welterfahrung 4, 306
Welterkenntnis/Weltbild 3 f., 12 f., 21, 23, 32, 48, 91, 112, 125 ff., 129, 131, 133, 136, 145, 163, 206, 291, 313, 378, 420, 432, 444 ff., 453, 456
Weltgeist 21, 147
Weltgeschichte 22 f., 25, 29, 125, 128, 134, 137
Weltorientierung 19, 21, 81, 213
Weltraum 448 f.
Weltseele 146 f., 164, 180, 185 f., 339 ff., 344 ff., 349, 365, 367, 377 f., 380
Wendung/Wechsel/Wandlung s. a. Revolution 5 ff., 19 f., 26, 30, 64 f., 73, 93, 114, 190, 204, 207 f., 221 ff., 232, 241, 281 ff., 291, 311, 329, 331, 340, 347 f., 364 f., 367, 386, 388 f., 394, 411, 413, 431, 435, 455
Werden s. Entstehen
Werk 170, 172 f.
Wert 36, 143, 157, 419
Wesen 5, 8, 10, 13 f., 17 f., 24, 31, 39 ff., 46, 55, 58 f., 62, 64, 74, 81 f., 84, 89, 91, 93 ff., 97, 99 f., 108, 111 f., 114, 116 f., 119 f., 122 f., 130 ff., 134, 139 f., 146, 152 ff., 160, 164 f., 172, 175 f., 189 f., 193, 195, 199, 204, 208, 223, 228, 234, 242 f., 248, 251, 258 f., 275, 277 f., 281, 285, 289 ff., 296, 303 ff., 308, 310, 314, 321 f., 325 f., 333, 336 ff., 340 f., 344 f., 347 ff., 351 f., 354, 359, 367, 375, 377 f., 380 f., 383, 386, 389, 393, 397, 399 ff., 412, 416, 422, 432, 434, 439, 443, 446, 448 ff., 456
Widerspruch/Widersprüchlichkeit 9, 11, 27 f., 35, 43, 52, 62, 65, 86 f., 96, 98, 100 f., 111, 120 f., 131, 141, 151, 183, 193, 195, 207, 211, 216, 222, 225 f., 229 f., 244, 253 f., 257, 260, 296, 301, 305 f., 311 f., 319, 321 f., 329, 338, 343, 345, 351, 358, 363, 385, 387, 393, 408 f., 411, 415 f., 424, 437, 446, 451, 456
Widerspruchsfreiheit 66 f., 69 f., 100 f., 204, 290

Willen 58, 72, 74, 91, 126, 129, 166, 271, 303, 306, 342, 346, 349, 363, 373
– zur Macht 129, 299
Willkür 52, 207, 240, 257, 285 f., 296, 346, 373
Wirklichkeit/wirklich 24, 28, 51, 85, 100, 109 f., 119, 123, 130 f., 135, 150, 163, 172, 181, 200, 241, 251 ff., 260, 267 f., 283, 287, 289, 300, 309 ff., 323, 325, 344, 346 f., 350 f., 366 f., 369 ff., 382, 396, 399, 404, 417 ff., 423 ff., 429, 432, 436, 440 f., 445, 452 f.
Wirkung 382, 408 f., 413
Wirkungszusammenhang 276
Wirtschaft 50, 54, 57 f., 83, 94, 135, 143 f., 151, 159, 165, 299 f., 309, 419
Wissen 10, 14, 20, 23 f., 27, 31, 63, 67, 96, 101 ff., 105, 112, 114, 130, 133 f., 181, 183, 187 f., 194 f., 225, 255, 258 f., 285, 298 ff., 302, 305, 313 f., 317, 327, 332, 335 f., 343, 345, 356, 379, 382 ff., 388 f., 400 ff., 405, 409, 424
Wissenschaft 13 ff., 17 f., 20 f., 23, 26, 32, 36 f., 50, 52 f., 62 ff., 81, 83, 86 ff., 96, 100 f., 103, 105, 108 ff., 114, 116 f., 119 ff., 127 f., 136, 150 ff., 159, 167, 181, 194 f., 199, 201, 203 f., 211, 220, 224 f., 228, 241, 243, 247, 256 f., 285 f., 296, 298 f., 301, 303, 305, 308 ff., 312 ff., 326 f., 337 f., 343 ff., 347, 352, 358, 375, 377, 380, 382 ff., 394 f., 397 f., 405 f., 411, 420, 424 ff., 428 f., 437, 439, 441, 445, 449
–, positive 23, 81, 95, 123, 128, 130 f., 135, 138, 150 f., 158, 311, 317, 319
Wissenschaftslehre 65 f., 69, 96, 107, 110, 127, 216, 237, 333, 335, 345, 363, 377, 384, 386, 389 f., 399, 407
Wissenschaftstheorie 13, 15, 47, 63, 66, 70, 95, 100, 105, 108, 113, 120, 127, 251, 371, 387 f., 400 f., 404 f., 411, 424 f., 437 f.
world dynamics 285
Wort 170, 172 f., 195

491

Zahl 58, 109, 120 f., 165, 210, 332, 425, 439 f., 449
Zeichen 297
sich zeigen/manifestieren s. a. ans Licht treten 11 f., 15, 17, 26 ff., 51, 55 f., 60, 85, 87, 89, 106, 108, 112 f., 115, 119, 121, 123, 135, 152, 162, 172, 175 f., 190 f., 194, 211, 224, 231, 292, 304, 306, 308 ff., 316, 322, 325, 330, 332 f., 340, 376 ff., 389, 406, 416, 426, 449, 454, 457
Zeit 7, 10, 12, 14, 17, 29, 32, 54 ff., 58, 62, 82, 114, 119 ff., 139, 161 ff., 185, 203, 207, 220, 232, 245, 258, 260, 265, 269, 271, 273, 276, 290, 297, 307, 310, 312 f., 321, 325 f., 331, 337 f., 347 ff., 367 ff., 376, 379 ff., 386 f., 389 f., 396, 398, 403 ff., 407 ff., 411 ff., 415, 417 f., 420, 423 f., 428 f., 432, 438, 440 f., 443, 445, 447 ff.
–, phänomenale 454, 457
–, transzendentale 454
–, Einheit der 62, 122, 162, 296 f., 325 f., 347 ff., 358, 366, 368 f., 374, 379 ff., 389 f., 396 ff., 404, 427, 449, 452 f., 455 ff.
Zeitlichkeit 56, 114 f., 135, 307, 388, 399, 406, 429, 447 f., 454, 456
zeitlos 17, 27, 32, 81 f., 94, 116, 121, 134 ff., 138 f., 159, 174, 205, 220, 264, 272 f., 316, 319, 322, 338, 349, 376, 382 f., 386, 408 f., 417, 449

Zerstörung/Destruktion 3, 5, 8 ff., 15 ff., 25, 35, 38 f., 58 f., 80, 84 ff., 90, 94 f., 115, 123 f., 131, 143 f., 150 ff., 155, 165, 181, 187, 196, 199, 204, 208, 216, 295, 298, 300, 302 ff., 307, 309 f., 313, 323 ff., 328 f., 344 f., 348, 351 ff., 359, 363 f., 375, 378, 380, 395, 398, 402 f., 405 f., 410, 419, 430, 441, 458
Zeus 181 f.
Ziel 40 f., 46, 50, 68, 228, 246, 249 f., 263, 355, 364, 408, 438
Zimmern 72 ff., 268
Zivilisation, wissenschaftlich-technische 18, 44, 86, 149, 208, 219, 247, 285, 344, 346, 356, 375, 416
zoon logon echon s. a. Tier, vernunftbegabtes 327, 331 ff., 375 f.
Zufall 145 f.
Zukunft 20, 25, 30, 41, 66, 80, 84, 132, 309, 324, 352, 379, 407 ff., 417, 450 ff.
Zustand 175 ff., 183, 191 f., 371 ff., 430 f., 451
Zweck 69, 73, 216 ff., 237, 242 f., 245, 248 f., 263, 285, 407 f., 410 ff.
Zweideutigkeit 23, 71 f., 404, 422
Zweifel 10 f., 30 ff., 61, 97, 100 f., 106, 120 f., 131, 133 f., 136, 216 ff., 224, 236, 304
Zwei Reiche-Lehre 358
Zwischenkieferknochen 42
Zwischenraum 454, 457
Zwiespalt s. Widerspruch

Personenregister

Adorno, Th. W. 59
Aischylos 182
Alexander d. Gr. 20
Anaximandros von Milet 185f., 304
Anna Amalia, Herzogin von Sachsen-Weimar 41
Aristoteles 8, 11, 13ff., 20, 47, 49, 66, 69, 81, 87, 89, 96, 98, 100–118, 120ff., 127, 131, 133, 138f., 153ff., 156, 158, 160, 169f., 172, 183, 191, 204, 283, 296, 317, 320ff., 331ff., 334f., 338f., 343, 345f., 363, 366, 375ff., 383–390, 398–420, 424–438, 440ff., 449, 454, 456
von Arnim, J. 99, 133
Augustin 8, 335

Bacon, F. 298, 302, 305, 405
Beethoven, L. van 34f., 140f.
Berkeley, G. 369
Bohr, N. 196, 414
Boltzmann, L. 450
Bonitz, H. 426
Bornkamm, G. 125
Bruno, G. 149
Burnet, J. 367

Cassirer, E. 262
Chrysipp 133
Cicero 97ff., 106, 117f., 120, 162, 414
Clarke, S. 415
Cohn, L. 133
Colli, G. 22

Darwin, Ch. 26, 31, 133, 158
Demokrit 109, 341, 414, 416, 420, 433
Descartes, R. 4, 13ff., 31, 33f., 35, 43, 45, 55, 58, 65, 90f., 93, 96f., 126f., 129, 133, 136ff., 140, 142f., 145ff.,
148f., 166, 176, 205, 266, 286, 317, 322, 326, 336f., 339, 376, 414, 423, 440
Diels, H. 170, 184
Dilthey, W. 335
Domitian 166
Dornseiff, F. 45
Duchrow, U. 358
Dürer, A. 68

Eigen, M. 48, 145, 157, 352
Einstein, A. 32, 135, 196, 438
Empedokles 162
Engels, F. 43, 148
Epikur 98, 118
Euklid 65f., 147, 233, 238, 332, 420f., 425, 440

Feick, H. 44
Fichte, J. G. 30, 65, 72, 100, 201, 258, 266, 269f., 289
Forrester, J. W. 285
Fraenkel, E. 182
Frauenstädt, J. 384
Frege, G. 204
Freud, S. 363f.

Galilei, G. 4, 13, 15f., 32, 85, 87, 126, 209, 232, 254f.
Gerhardt, C. J. 141, 385, 415
Gibbon, E. 63, 299
Gildersleeve, B. L. 118
Glockner, H. 82
Goethe, J. W. von 32, 37f., 41ff., 44f., 51f., 135, 147ff., 157

Hamann, J. G. 45
Hegel, G. W. F. 17, 23, 30f., 42ff., 45, 47, 52, 59, 62, 75, 81ff., 111, 125f.,

493

128, 133f., 147ff., 169, 179, 201,
    208f., 221, 234, 258, 266, 269f., 275,
    281, 283, 289f., 303, 317, 319, 322,
    325, 336, 400, 403
Heidegger, M. 44, 75, 119, 258ff.,
    262ff., 265, 333, 384
Heimsoeth, H. 251, 256
Heisenberg, W. 8, 61, 414, 450
Hekataios 180
Heraklit 160, 167–196, 228, 304, 311ff.,
    314f., 318f., 322, 334, 340f., 345f.,
    348ff., 352, 354, 366, 369, 380, 398f.,
    404, 427, 429, 431, 435, 449, 457
Herder, J. G. 45
Herodot 63, 171
von Herrmann, Fr.-W. 259
Hesiod 180
Hölderlin, F. 179
d'Holbach, P. H. D. 255f., 369
Homer 117f., 172, 182, 184, 189
Howe, G. 6
Hume, D. 95, 235ff.
Husserl, E. 119, 121, 260ff.

Jacobi, F. 43f., 149
Jacobi, M. 42
Janssen, P. 119
Jean Paul 30, 125
Jebb, R. C. 160f.

Kaegi, D. 133, 367
Kambartel, F. 104
Kant, I. 7, 14, 29f., 35, 38, 44, 51f.,
    60–75, 81, 83f., 93, 96, 110, 121,
    125, 129, 137f., 142, 147f., 153, 157,
    167f., 172, 179, 187, 196f., 201–282,
    284, 286–292, 295f., 303ff., 306,
    311f., 315ff., 318f., 322, 325–332,
    335, 337f., 342f., 348f., 367ff., 370,
    375ff., 378, 386f., 389, 393–399,
    413ff., 422f., 428, 433, 441, 443ff.,
    454ff.
Kepler, J. 180
Kierkegaard, S. 286
Kirk, G. S. 168f., 188, 190, 192
Kopernikus, N. 221ff., 232, 241
Kranz, W. 170, 175, 180

Laplace, P. S. Marquis de 25, 27, 59
Leibniz, G. W. 7, 44, 63, 85, 129, 141f.,
    146f., 149, 154f., 180, 251, 319, 322,
    384f., 388, 414f., 454
Lenin, W. I. 148
Leukipp 109, 175, 416
Link, Ch. 125
Lukrez 162, 414
Luther, M. 8

Marx, K. 37, 43f., 53, 147ff., 207, 303
Meadows, Dennis 54
Meadows, Donella 54
Merguet, H. 97
Michelangelo 193
Milling, P. 54
Monod, J. 145f.
Montinari, M. 22
Müller, A. M. K. 7
Müller, F. Th. A. H., Kanzler von 38,
    41, 43, 51f., 148, 157

Nero 63, 255
Newton, I. 32, 43f., 52, 63ff., 135,
    196, 236, 291, 414
Nicolaus von Kues 439ff.
Nietzsche, F. 7, 22ff., 25f., 29ff., 32,
    35, 43, 53, 124f., 128ff., 131ff.,
    134ff., 137f., 149, 169, 259, 299,
    317, 359, 402
Nobbe, K. F. A. 97

Parmenides 62, 169, 180, 290, 317ff.,
    322, 340f., 345ff., 348ff., 366,
    368f., 380, 398f., 404, 414, 416, 427,
    449, 457
Paulus 343, 358, 362
Philon 133, 358
Pindar 118, 360
Platon 8f., 31, 45, 57, 66, 89, 96, 98,
    102, 108ff., 111, 118, 133, 146ff.,
    164f., 169, 176, 180, 183ff., 186, 191,
    193, 226, 245, 251, 274, 319, 322,
    332ff., 338–346, 349, 358ff., 362ff.,
    365ff., 369, 376f., 380, 385ff.,
    388f., 398, 400, 411, 413ff., 418ff.,
    421, 425, 428f., 433ff., 438, 440

Plinius d. Ä. 63, 255
Plutarch 178
Pölitz, K. H. L. 242
Popper, K. 47
Pythagoras 180

Raffael 193
Ranke, L. von 134
Ritter, J. 104
Ross, W. D. 101, 426, 431
Rousseau, J. J. 44
Rudolph, E. 305, 370

Schelling, F. W. J. 5, 7, 30, 37, 42 ff., 45, 52, 57, 59, 62, 65, 72, 75, 113, 129, 147 ff., 164, 179, 201, 258, 266, 269 f., 275, 303
Schiller, F. 286
Schlechta, K. 129
Schleiermacher, F. 147, 149
Scholz, H. 104, 116 f.
Schopenhauer, A. 384
Schröter, M. 113
Schüßler, I. 44
Schweitzer, A. 265
Seidel, Ph. 38
Sextus Empiricus 133
Shaftesbury, A. A. C. 3. Earl von 45

Simplikios 185
Snell, B. 175
Sokrates 332, 367
Sophokles 54 ff., 58, 160 ff., 163 ff.
de Spinoza, B. 43 ff., 59, 62, 65, 147 ff., 265 ff., 270, 274 f., 322, 407
Stahl, G. E. 255
Streeter, B. H. 166

Thales 81, 160
Tobler, G. Ch. 38, 51, 56, 147 f.
Torricelli, E. 255
Trunz, E. 42

Voltaire, F. M. 63, 299

Wagner, R. 32, 135
von Weizsäcker, C. F. 5, 7 f., 25, 60 ff., 64, 66, 134, 157, 179, 201, 414, 450
von Weizsäcker, E. 79
Wendland, P. 133
Wohlrab, M. 367
Wolff, Ch. 270

Xenophanes 180

Zahn, E. 54
Zenon 98 f., 133, 414

Stellenregister

Aischylos
Agamemnon, 182 f.   182

Anaximandros von Milet
VS 12 B 1   185

Aristoteles
Analytica Posteriora, 71 a 1 f.	104
71 b 9 ff.	100 f., 114, 383, 400
71 b 21 f.	101
71 b 25 f.	102 f.
71 b 31 f.	103 f.
71 b 31 ff.	105
72 a 7	110
72 a 15 ff.	102
72 a 19 f.	110
79 a 14 ff.	427
89 b 17	384
Ethica Nicomachea, VI, 1139 b 18 ff.	402
1139 b 19 ff.	401
Metaphysica, XI, 1061 a 28 ff.	425 ff.
Physica, I, 188 a 33 – b 16	429 ff.
188 b 25 f.	431 f.
Politica, I, 1253 a 9 f.	133

Bacon
Meditationes Sacrae, No. 11, 13 b   298, 302, 305, 405

Bibel
Jos. 10, 13   86

Cicero
Academica, II, 17	97 f.
II, 144	99

Goethe
Fragment „Die Natur" und Erläuterung,
Hamburger Ausgabe, 13, 45 ff.	38–42, 43 ff., 51 ff., 56
13, 48	148

497

Anmerkungen zum Naturfragment,
Hamburger Ausgabe, 13, 571   45

Hegel
(Theorie Werkausgabe)
Phänomenologie des Geistes, 3, 82 ff.   126 f.
Logik, 5, 44   81 f.

Heidegger
Sein und Zeit, WW 2, 192   263
                    192 f.   261 ff., 264
                    193   264
                    577   259 f.
Davoser Disputation,
in: Kant und das Problem der Metaphysik, 246 ff. 262
Vom Wesen des Grundes, WW 9, 123 f.   262 f.
Schelling: Über das Wesen der menschlichen
Freiheit, WW 42   44

Heraklit
VS 22 A 6   190
VS 22 A 15   190
VS 22 B 1   169 ff., 173 f., 178 f., 191 f.
VS 22 B 2   171, 178, 187
VS 22 B 6   176
VS 22 B 10   190 ff.
VS 22 B 12   190
VS 22 B 15   188, 354
VS 22 B 16   193 f.
VS 22 B 30   174, 177 f., 186, 191
VS 22 B 31   175, 177, 183
VS 22 B 32   181, 183
VS 22 B 36   183, 192
VS 22 B 40   180
VS 22 B 41   182 f.
VS 22 B 42   182
VS 22 B 45   185 f.
VS 22 B 48   190
VS 22 B 49 a   190
VS 22 B 50   179, 181 f.
VS 22 B 51   188 f.
VS 22 B 53   192
VS 22 B 54   193
VS 22 B 64   176, 182, 192
VS 22 B 67   190
VS 22 B 72   187
VS 22 B 76   183

VS 22 B 89	178, 188
VS 22 B 91	190
VS 22 B 93	186, 190
VS 22 B 94	177
VS 22 B 101	186
VS 22 B 113	187f.
VS 22 B 115	186
VS 22 B 116	188
VS 22 B 117	184, 187f.
VS 22 B 118	184
VS 22 B 123	172, 176

Homer
Ilias, 6, 181	360
20, 131	117
Odyssee, 16, 161	117

Husserl
Formale und transzendentale Logik,
Husserliana XVII, 164	119
Ideen zu einer reinen Phänomenologie, III, 58f.	260

Jean Paul
Rede des todten Christus vom Weltgebäude herab,
daß kein Gott sei, I, 6, 247ff.	30, 125

Kant
KrV, WW 4, A XI	315
WW 4, A XIII	257
WW 3, B XII f.	254 f.
WW 3, B XIII	73, 255, 268
WW 3, B XVIII	73
WW 3, B XX	222
WW 3, B XXII	222
WW 3, B 33 ff.	415
WW 3, B 47	368
WW 3, B 48	368
WW 3, B 183	456
WW 3, B 197	202, 239, 393
WW 3, B 224 f.	456
WW 3, B 225	455
WW 3, B 263	211, 229, 337
WW 3, B 265 ff.	370 f.
WW 3, B 274 ff.	369
WW 3, B 275 f.	370
WW 3, B 276	369 f.
WW 3, B 283 f.	250

WW 3, B 359	213f., 230, 241, 244, 289
WW 3, B 368ff.	245
WW 3, B 385f.	217f.
WW 3, B 395, Anm.	73, 218, 257, 282
WW 3, B 396ff.	215
WW 3, B 399ff.	214
WW 3, B 670	245, 248
WW 3, B 672	68
WW 3, B 672f.	249ff., 252
WW 3, B 673	63, 67
WW 3, B 675	253, 289
WW 3, B 784	236
WW 3, B 785	236
WW 3, B 786	224, 235
WW 3, B 787	225, 238
WW 3, B 787f.	227
WW 3, B 788	235
WW 3, B 789	257f.
WW 3, B 789f.	236f.
WW 3, B 790	238ff.
WW 3, B 860	62f., 67, 69, 288
WW 3, B 866	237, 248
WW 3, B 866f.	242f.
WW 3, B 868	255f., 335f.
KpV, WW 5, 35	215
Prolegomena, § 14, WW 4, 294	93
§ 36, WW 4, 318	209
Metaphysische Anfangsgründe,	
WW 4, 465ff.	415
WW 4, 467	245
WW 4, 497	422f.
Streit der Facultäten, WW 7, 83	221f.
Geschichte in weltbürgerlicher Absicht, WW 8, 18f.	258
Fortschritte der Metaphysik,	
WW 20, 259	228, 234
WW 20, 272f.	216f.
WW 20, 273	237
Op. Post., WW 21, 27	75
WW 21, 38	71ff., 75, 274ff., 279f., 282, 288
WW 21, 39	74
WW 21, 40	272
WW 21, 41	72, 74f., 268, 271, 278
WW 21, 42	230, 271, 278
WW 21, 42f.	277
WW 21, 43	74
WW 21, 50	266f.
WW 21, 54	72, 280

WW 21, 58 281
WW 21, 59 280f.
Logik (Pölitz), WW 24, 521 242

Leibniz
Monadologie, § 17, Gerhardt VI, 609 141f., 146
§§ 31, 32, Gerhardt VI, 612 384f.
§ 87, Gerhardt VI, 622 141
Briefwechsel mit Clarke,
Gerhardt VII, 347ff. 415

Nietzsche
Ueber Wahrheit und Lüge im aussermoralischen
Sinne, KGW III 2, 369 22ff., 29ff., 124f., 128, 132
Fröhliche Wissenschaft, KGW V 2, 169 259
Jenseits von Gut und Böse, KGW VI 2, 10–33 129

Philon
De Abrahamo, 32 133

Pindar
Olympische Ode, VII, 42 118
XIII, 128 360

Platon
Kratylos, 439 E 5 367
Menon, 82 B 3 – 85 C 9 332
86 B 1f. 332
97 E 6 – 98 A 8 385f.
Phaidon, 67 C 6f. 367
99 D 1 386f.
Phaidros, 245 D 8 – E 2 340
249 A 8 – D 3 367
249 B 6f. 332f.
Politeia, 380 D 8 367
509 B 9 111, 274
515 C 6 – 516 118
588 B 1 – C 6 359f.
588 C 7 – 589 C 1 360ff.
589 A 7 362
Politikos, 309 C 5ff. 363
Timaios, 27 D 5ff. 387
28 A 4f. 387
50 B 8 367
53 C 5 – 56 C 7 433f.
90 B 6ff. 363
92 C 5ff. 146

501

Schelling
Ideen zu einer Philosophie der Natur,
WW I/2, 62 ff. 113
Einleitung zu dem Entwurf eines Systems
der Naturphilosophie, WW III, 284 113
WW III, 288 113
System des transzendentalen Idealismus,
WW III, 372 f. 113
WW III, 452 113

Schiller
Don Carlos, II, 1 und II, 5 286

Schopenhauer
Über die vierfache Wurzel des Satzes
vom zureichenden Grunde, WW 1, 17 384

Sophokles
Aias, 646/7 54 ff., 58, 160 ff.

Zenon
Stoicòrum Veterum Fragmenta, I, 59 99
I, 66 99

GEORG PICHT
VORLESUNGEN UND SCHRIFTEN

Studienausgabe

herausgegeben von Constanze Eisenbart
in Zusammenarbeit mit Enno Rudolph

Einzeltitel:

KANTS RELIGIONSPHILOSOPHIE
Mit einer Einführung von Enno Rudolph
1985

KUNST UND MYTHOS
Mit einer Einführung von Carl Friedrich von Weizsäcker
1986

ARISTOTELES' »DE ANIMA«
Mit einer Einführung von Enno Rudolph
1987

NIETZSCHE
Mit einer Einführung von Enno Rudolph
1988

DER BEGRIFF DER NATUR UND SEINE GESCHICHTE
Mit einer Einführung von Carl Friedrich von Weizsäcker
1989

PLATONS DIALOGE »NOMOI« UND »SYMPOSION«

DIE FUNDAMENTE DER GRIECHISCHEN ONTOLOGIE

GLAUBE UND WISSEN

PHILOSOPHIE DER GESCHICHTE

IM HORIZONT DER ZEIT I

IM HORIZONT DER ZEIT II

Es ist geplant, 1 Band pro Jahr herauszubringen.

Klett-Cotta